新中國出土墓誌

上海 天津 下册

中國文化遺産研究院
上海博物館
天津市文化遺産保護中心 編

文物出版社

目録

釋　文（上海地區）

釋　文(天津地區)

釋　文（上海地區）

一　北魏故歸太原郡李氏（盧子真夫人）墓誌石

〔蓋文〕

故歸太原郡」李氏墓誌石

〔誌文〕

維大魏神䴥五年歲次壬申二」月癸卯朔十六日丁卯〔一〕，中書博」士子真盧公　夫人太原李氏」不幸染疾，藥餌無助，奄歿范陽」涿郡私第，春秋五十有七。夫人」德行賢明，慈順婉淑，方登笄年，」以配盧氏。内外六姻九族，無不」敬之以禮。何期天□其壽，魂赴」泉臺。夫人有五子，唯長自育，餘」皆別生。遂于其年九月庚戌六」日庚辰〔二〕，葬在城東岷山之陽。恐」年久遠，陵谷遷易，題誌刊石，埋」於壙頭。千載而後，永存不朽。

〔簡注〕

〔一〕據陳垣《二十史朔閏表》，南朝宋元嘉九年當北魏神䴥五年，是年二月丙子朔，十六日辛卯。

〔二〕同前，是年九月壬寅朔，六日丁未。

二　唐故郁府君（楚榮）墓誌

〔誌文〕

唐故郁府君墓誌　」

府君諱楚榮，兗州人也。淑温崇德，「紹」繼宗祧，六睦風其典仁，黨塾稱為嶺」袖〔一〕。□有高祖貴，祖政義，父懷振。以」振長子楚榮，時春秋七十有五，「永」泰二年五月七日，終於茲室。其年五月」十二日，葬南解浦孔子宅窆塋，禮也。去」崑山縣八十里。有子阿扶。厥妻姚氏。」

歲居永慟，日有長悲。幽泉寂寂，」泣血何追。哀哀昊天，德帳空垂。恐」陵谷遷改，刻石銘之。

一百卅八字。

〔簡注〕

〔一〕「嶺袖」之「嶺」，應為「領」之誤。

三　唐故施氏夫人（陳琳妻）墓誌

〔誌文〕

唐故施氏夫人墓誌并序　」

夫人吴郡也〔一〕。故父諱小光。適陳」氏之門。維夫人雍雍和睦，四德無」虧。年六十一，以大和四年十月十五」日壽終，至十一月十二日，遷奉合葬」蘇州華亭縣北七十里北平鄉□」野浦北二里東□江計一百步斯營〔二〕，」礼也。有一子，少真，哀號擗踊，泣」血三年。恐後墳墓遷移，故」以鐫磚，以為銘記。」銘曰：

□兮夫人，魂兮□」□。忽□□戾，淹至沉」□。何期一□，永閉泉」門。

〔簡注〕

〔一〕「也」上應脱「人」字。

〔二〕「營」應為「塋」之誤。

四　唐故陳府君（琳）墓誌銘

〔誌文〕

唐故陳府君墓誌銘并序　」

府君諱琳，潁川人也。故祖諱□□，」父諱沛維。府君温良，志性清高，不」窺名利，遁迹丘園。何期□□□」徵，降鍾斯禍。年六十一，以大和四」年九月六日命終〔一〕，至十一月十二日，」與妻施氏同遷葬▨」（後缺）

〔簡注〕

〔一〕「終」為補字。

五　唐故姚氏李夫人（正姬）墓誌銘

〔誌文〕

唐故姚氏李夫人墓誌銘并序〔一〕 」

夫人字正姬，江夏人也。祖諱□。父」諱華。夫人即君之小女也。琴瑟□」諧，廿餘載矣。育子二人：長曰師約，」次曰師益。有子三人，二人以配君」子，小女無異成立。夫人知命春秋」有一，以開成二年遘疾，終于私第」焉。其年五月廿日，葬於華亭縣西」丘涇東買丘勤地新塋，礼也。恐陵」谷變移，故勒塼為誌。銘曰： 」

孤塚愁人，悲風四起。 」一為泉壤，千秋永矣。

〔簡注〕

〔一〕「姚氏」為補字。

六　唐故沈府君（仁儒）墓誌銘

〔誌文〕

唐故沈府君墓誌銘并序 」

府君諱仁儒，吳興人也。祖賓，父叔，皆高尚不仕。府」君即叔之長子也。襲□惟長，稟靈斯哲，加以」中年悟道，深契玄門，雖處囂塵，而囂塵不染，」可謂方外之士也。誠謂　府君延之永壽，終于」百年。誰期寢疾，以開成二年八月五日，終於」吳郡華亭縣集賢鄉私第，春秋四十九」歲。其年十一月十二日，葬于縣西脩竹鄉丘塔」村之原建塋，礼也。　府君娶富春孫氏，有子二人：」長曰慶，次曰寧，並茹荼泣血，哀幾不勝。慮年」深歲久，松栢為薪，乃述遺芳，紀之貞礎。銘曰： 」

猗嗟哲人，壽忽何促； 遽奄夜泉，俄同風燭。」黃天難問，西京易傾； 一辭人世，永閉佳城。

七　唐釋僧（蔣）敬章墓誌

〔誌文〕

唐乾符四年歲次戊戌二月己亥」朔十八日乙卯〔一〕，樂安俗姓蔣，釋僧」敬章，時年甲子五十七。乃幼習儒典，」□歲披緇，好遊雲水，參禪問道，」金剛辨宗，疏為業焉。知生死常道，」預修丘阜，函木具矣。今恐桑田改」變，遺列不彰〔二〕，故剋貞塼〔三〕，」乃述讚曰： 」

年過耳順，勢之豈長。 」同超苦海，普願西方。

〔簡注〕

〔一〕據陳垣《二十史朔閏表》，唐乾符四年歲次丁酉，二月癸卯朔，十八日庚申。

〔二〕「遺列」之「列」，應為「烈」之通假。

〔三〕「剋」應為「刻」之通假。

八 唐故京兆宋府君墓誌

〔蓋文〕

唐故京」兆宋府」君墓誌

九 北宋故孫府君（偁）墓銘

〔銘文〕

故孫府君墓銘并序 」

尚書祠部員外郎充秘閣校理錢藻譔 」

尚書虞部員外郎通判越州韓正彦篆蓋 」

朝奉郎守秘書丞賜緋魚袋章楶書 」

府君諱偁，字禹卿，姓孫氏。曾大父昭，蓋餘杭人。大父漢英，事吴越，」嘗為崑山鎮遏將，歸 朝，改洋州真符縣令，卒官。其妃尹氏，□」諸孤，居崑山，始為崑山人。父巖，不享年。君幼事□，無以為朝□□，」乃掊類章句之學，益讀《詩》、《書》，以為訓導鄉里子弟之□□□□□」脯羞，而旨甘不闕。門中上下凡千指，君既長，所以承奉而□□□，」耘耕鋤溉，無一不循手以奸其間。既而仲、季有欲分異者，君不能」□□□財予之，絲豪無所顧〔一〕。與人論，言侃侃終日。或及□之□輒」□□□器。居嘗治梁道、捐衣食，務以濟人，忘其己力之無足，有為」□□□□□□者，鄉里謂為長者。里中有惡少，凌忤醜衆，無所忌，」□□□□□不犯。先是諸父岳以進士擢景德之選，聲名走」□□□□□□□□所以紹之，力訓諸子，盡使從賢者游，處講解」□□□□□□業之進退，以□之程，不中程相與達旦不」□□□□□□□□□□□□□□士，取乙科，除越州剡縣尉。君」□□□□□□□□迨告終無亂命，迺治平丙午九」□□□□□□□□□□□之三。前夫人陸氏、後夫人何氏，皆先」□□□□□□□□剡尉；季用思，為浮屠。女三：歸人一，」□□□□□□□□□□月十六日，葬于崑山縣春申鄉練祈」之西先塋□□□□□載以新管勾廣南東路經略安撫司機宜」文字□□□□□□□銘抑之久而志益堅，迺著以銘：」

造□□艱，成也不貲。」□□□歟，我無與虧。

任裕摹刊

〔簡注〕

〔一〕「絲豪」之「豪」，應為「毫」之通假。

一〇　北宋姑蘇孫府君墓誌銘蓋

〔蓋文〕

宋姑蘇」孫府君」墓誌銘〔一〕

〔簡注〕

〔一〕此蓋「孫府君」佚名。前誌孫府君偁，後誌孫府君傅，其名均從「人」，應為兄弟行。此蓋應為此二人所有。孫傅卒年不詳。姑繫於孫偁誌之後、孫傅夫人劉氏誌前。

一一　北宋故孫府君（傅）夫人劉氏墓誌銘

〔誌文〕

宋故孫府君夫人劉氏墓誌銘」

姪男朝奉郎通判陝州軍府兼管内」勸農事上騎都尉賜緋魚袋孫載譔」

姪孫郊社齋郎孫寔書」

夫人姓劉氏，蘇州崑山縣人。長而婉淑。父諱」渭，尤鍾愛之，選所宜歸，遂妻吾叔父諱傅府」君。吾家大族，諸房尊幼幾千指。夫人事上」撫下，恩意周洽，各得其歡心，而莫不慶孫氏」有婦焉。府君早世，兒女尚童幼，未堪克家事，」夫人養育訓飭，使為成人。而門户生産，維持」完守，不減於府君在時。元豐中，載奉使廣東，」過鄉里省　夫人，氣體康强，未甚覺老態。比」年，忽纏疾恙，遂不能起。元祐二年九月十八」日，卒於家，享年六十有二。六男：　安禮、安節、安」親、安之、安度，道輝為浮屠，安節而下皆　夫」人出。安禮，安節先亡。三女，悉嫁邑人。以元祐」四年十一月十八日，葬于練祁春申鄉赤蓮」里祖塋之西，以祔府君。葬有日，安親書来請」銘。謹為之銘，曰：」

生得所歸，死得所藏。」嗚呼夫人，始終其臧。

徐隆刊

一二　南宋故吴郡黄府君(俣)墓誌銘

〔誌文〕

宋故吴郡黄府君墓誌銘」

孝姪鄉貢進士黄淇撰」

余幼侍曾祖母吴氏之側，下視諸姪，詵詵成行，會食堂上者常百口，内外無間言，迄五世不分，鄉閭」以孝義稱。吾伯父與先君致政，欽奉家訓，尤篤孝友。伯父有四弟，先君其仲也。吾祖服除後數年，兄」弟怡怡，初無意於異居。鄉人當執役者，偶以人共户開訐之，因與先君謀，對泣，而均其貲産，外不假人」與議，視祖考無忝焉。伯父諱俣，字惟大。少穎悟，從故參政鄭公聞及鄉先生潘承議孜受《尚書》，後」喜習詞賦。甫冠，有聲於郡庠，屢以進士試於有司，數奇不偶，未老即謝場屋。雖杜門却掃，然亦未」嘗廢卷。性恬澹節儉，不為居養所移，而又處事謹愿，遇下慈祥。惜夫自庠序聘舉之法壞，而國論」罕及乎！閭閻之隱士之行義無愧，如吾伯父者，世莫得而聞之，是亦可為於邑也已。嘉泰四年八月初」五日，以疾卒于家，享年七十有六。娶董氏。二子：深、漄。二女：長適將仕郎顧燧，次適進士朱允成。」孫男四人：敏求，早卒；次敏學、敏功、敏修。孫女三人：長適進士陳居仁，餘尚幼。越開禧改元九月丁酉，」葬于所居崑山縣臨江鄉清洲之原。於其葬也，深弟來請銘。淇勉紀其行實，泣而銘曰：」

孝友足以睦於族，節儉足以律其身。謹愿足以處其事，」慈祥足以思於人。而銘之以此，足以遺其子孫。」

孝男深泣血謹書

一三　南宋故吉州吉水縣主簿楊昕墓誌

〔誌文〕

先君諱昕，字世南，吴郡崑山縣人。曾祖維則。祖敏文，承務」郎、江淮都督府幹辦官。考士達，承信郎、監紹興府蕭山縣」酒稅；

妣沈氏。先君以紹興壬戌三月戊戌生。嘉泰壬戌□」進士第，調吉州吉水縣主簿，開禧丙寅十月之官，次年□」月朔視事，越四日以微疾終，享年六十有六。又二十日，晟」忍死護喪歸。十有二月壬寅朔，葬于縣之安亭鄉盛涇之」北。娶宋氏。生二子：長曰晟，次曰豹。豹蚤夭。女三人：長適鄉」貢進士唐伯棨，次待補國學進士李烜，次鄉貢進士周袞」然。孫一人，未名。晟已比次平昔，求銘於當世君子，謹叙其」卒葬歲月，刊而納諸壙云。

孤子楊晟泣血敬書

親末文」林郎知慶元府象山縣事兼主管玉泉鹽場周袞然填諱

一四　南宋故封保義郎周知柔墓誌

〔誌文〕

先君姓周，諱知柔，字文中，家吴郡崑邑之東。曾祖傳，晦德不仕。祖」宋，保義郎致仕。考浩，承節郎。先君生于紹興戊午，歲際開禧三年」郊禮，以男必强叨仕版，封保義郎。嘉定二年六月二十九日，以疾」終于家，卜以次年庚午三月八日丙申，葬于縣之春申鄉梁家浜」之東。娶楊氏。生二子：長必强，忠訓郎、新製造　御前軍器所監造」官；次必進，承節郎、前鎮江府大港鎮税〔一〕。女四人：長適從事郎、嘉興」府崇德縣主簿葉時中，次適國學進士朱檜，次適從事郎、前知武」岡軍武岡縣張欽臣，次適進士魏必達。孫一人，次臯。孫女二人，尚」□。□君仁而有勇，謙而善下，凡律身齊家，動有繩檢。晚好佛乘，悟」□□□理，先十年規葬地，治後具，皆親為之，無憚色。嘗戒子弟，曰：」□□□□行事熾惡自著，我死毋效世俗，求稱美於人，自蹈諛諂，」□□□□受命弗敢違越，姑自叙其卒葬歲月，而納諸壙云。

孤子」□□□□□血敬書

親末朝奉大夫新知武岡軍兼管内勸」□□□□□□□邊溪洞都巡檢使衛藻填諱　」

張允成刊

〔簡注〕

〔一〕「鎮江府」前，據後周知柔妻楊氏壙銘，脱一「監」字。

一五　南宋故孺人賜冠帔楊氏（周知柔妻）之壙銘

〔額文〕

宋故」孺人」賜冠」帔楊」氏之」壙銘

〔銘文〕

先妣孺人賜冠帔楊氏，世家平江府崑山縣。曾祖維則，」隱不仕。祖敏文，承信郎、江淮都督府幹辦官。父士達，承」信郎、監紹興府蕭山縣酒税。先妣生於紹興戊午，年二」十歸我先君。有子二人：長必强，忠訓郎、前充製造　御」前軍器所監造官；次必進，承節郎、前監鎮江府大港鎮」税。女四人：長適從事郎、嘉興府崇德縣主簿葉時中，次」適國學進士朱檜，次適從事郎、監　行在文思院中門」張欽臣、次適進士魏必達。孫男四人，孫女三人，皆幼。歲」際開禧郊禮，以男必强叨仕版被封。嘉定六年十二月」二十三日，以疾卒于正寢，享年七十有六。病革，呼必强、」必進，戒曰：吾性不好華靡，因崇西方法得其趣，今幸啓」手足，汝兄弟當亟辦我歸土，以順吾好，毋效世俗浮飾，」停喪于家。必强等不敢違越，以次年二月二十五日庚」申，合葬于崑山縣春申鄉練祁市梁家浜東，祔　先君之」兆。先君保義郎致仕，諱知柔，與妣氏實同庚，先五載」而歿。不肖孤謹敬識卒歲月納諸壙云。

孤子周必强、」必進泣血敬書

迪功郎新江州司户參軍孫華仲填諱」

張允成刊

一六　南宋故承信郎張公（瑋）墓誌

〔誌文〕

宋故承信郎張公，諱瑋，字叔和，嘉興府華亭縣人也。曾祖文富，祖奉義，皆隱」德弗仕。考伯珣，贈迪功郎；妣陸氏，贈孺人。公純厚質實，不苟言笑。重然諾，自」少無嬉遊浮靡之習。勤儉自力，以封殖其家。所以節約中外，臨長族屬，戒飭」童僕者，□□不可犯。若子若姪，□贈饋問必告。盼賦稟給必均，闔門千指無」違言。聚會，公在坐，譃者為止，謹者為默，其嚴憚之若是。與人交際，」意所不合，不□色上面。至於傾鄉則掀髯談譃，連日夜不休。凡應酬賓親，迎」接故舊，率盡禮貌。以至恩鰥寡、字孤幼、惠困窮，旁及棺櫝、殯藥、橋道、井泉之」屬，給予除治，亡所靳。公天性明敏，物□土俗，洞見表裏。鄉有大事，如隅官，如」賑濟，令長皆倚公以辦。往年　朝廷出□，公入貲佐縣官，得贈爵考妣。未幾，」與其子俊籲俱以是　恩補官，　命下之日，鄉人榮之。然公初無意於禄仕」也。始命下，御冠裳拜於庭，退則褐衣如他日。今　司農卿錢公持節總領淮」甸軍賦，雅知公材，辟為幕僚，公謝而不赴。屬纊之夕，召諸弟、子姪，告以立身」正家之道，言訖，儼然而逝，實嘉定六年九月十四日也，享年五十有二。兩娶」翁氏，皆先卒。繼室朱氏。男三：長曰俊臣，亦前公卒；次曰俊籲，今為承節郎；次」遺腹，未名。女四：長適陸琮而亡，次適朱唐卿，次為尼，次在室未行。孫男一人、」女二人。將以明年十二月初六日，葬于高昌鄉錢漕之北原。先葬，其孤屬滋」叙大概而納之幽壙，辱在姻契，義不得而辭。

迪功郎新臨安府左司理參軍」孫滋謹記

修武郎監湖州都商稅□可大書

吴文宝刊

一七　南宋故都監杜公（申之）墓碑

〔額文〕

宋故」都監」杜公」墓碑

〔碑文〕

先君姓杜，諱申之，字伯禄，世居嘉興府華亭之章廟。曾祖顯，故」不仕；曾祖妣馬氏。祖祥，故迪功郎；祖妣王氏孺人。父國珍，故任從」義郎；妣沈氏，封孺人。先君生於淳熙乙未九月十五日。幼服儒」業，以科名為意，蹭蹬不偶。勉就　皇后親屬，補承信郎，材武合」格。初任監紹興府山陰縣錢清鎮兼巡檢，滿替磨勘，轉承節郎。」次授常州兵馬監押，未赴。間嬰疾，卒于正寢，時嘉定八年四月十」二日也，享年四十有一。娶董氏，先十四年而卒；再娶錢氏，吴越忠」懿王五世孫濠梁郡丞錢萃之仲女。男二人：士熊，士龍。女三人：長適」主管　皇太子宫生料庫陳仲炳，餘未行。先君温厚通練，喜愠」不形于色。奉先大父至孝，事所生尤恭，敬兄友姪，雍睦無間言。平居以」翰墨自娱。易簀之日，聞者嗟悼。人物氣概，衆期遠到，遽止於斯，嗚」呼！即以是年十二月十三日，葬于本縣海隅鄉莞浦之西原，與前妣」董氏合袝焉。士熊痛深創巨，欲報罔極，謹泣血百拜，叙大概以」納諸幽。尚當求銘於賢有文者，以垂不朽云。」

婿陳仲炳填諱

丁彦刊

一八　南宋故秉義郎御前軍器所監造官周公（必强）墓誌

〔誌文〕

公姓周氏，諱必强，和卿其字也。公之始祖居三衢，好遊江浙間，因樂吴會風土」而宅焉，今為崑山人。曾祖宲，故封保義郎致仕。

祖浩，故任承節郎。考知柔，以公」故封保義郎致仕；妣楊氏孺人，賜冠帔。公天資不凡，穎悟絶人，好學操筆為篇」章，然志慕高尚，視軒冕之榮澹如也。長樂推恩，補承信郎，遇 登極恩，轉承」節郎，授紹興府溪口鎮税〔一〕，兼蕭山、諸暨兩縣巡檢。鎮據山依谷，其民險悍，号為」難治，販鹺茗者百十為群，率以成習。公至之日，歎曰：此吾之責也。公家之利而」私有之，其可聽其自為而置之不問乎？飭吏捕之。一日，吏獲數十輩，而來曰：是」將為盜鬻者。公察其情，止罪其渠魁，餘則諭以禍福，開其自新之路而放縱之。」自是闔境晏然。轉保義郎，授無為軍襄安鎮。未上，會言者以襄安事繁物夥，易」以左選。公以成忠郎改差充製造 御前軍器所監造官。未幾，轉忠翊郎。丁保」義公憂，公哀毁骨立，克襄厥事。妣楊氏素有目疾，至是大作。公切於救療，勿憚」勞苦，上而侯門戚畹之家，下而至於重巖複嶺、野人所居，不遠千里，或丐其方，」或市其藥，用是疾小間。然楊氏處性嚴急，公承順顔色，必歡然而後已。既而丁」内艱，公曰：我之求仕為親榮也，親既没，何以仕為？遂閉關却掃。每與客言，則論」文賦詩，消摇終日〔二〕。閲《華嚴》日數卷不輟也。丙子鄉間行願品社，公為之首，季一周之。」與釋子亹亹談論，皆超詣至理，得其旨歸焉。累官至秉義郎，人以為賀，公獨介」然不移。丙子七月〔三〕，俄得疾，公指臆間曰：是中未嘗不了了。呼童櫛髪，櫛罷，瞑矣，」寔閏月初三日也，享年五十歲。娶耿氏。男二人：長曰次皐，次尚幼。女一人，未嫁。」以明年十二月初三日丙午，葬於春申鄉梁家浜之東，祔于考保義公之穴，從」吉兆也。公之妹歸于欽臣，故公之歷官持己，欽臣知之為甚詳，姑次其大概，以」納諸壙。

妹婿宣教郎新知臨安府於潛縣主管勸農公事張欽臣謹誌

張宗元刊

〔簡注〕

〔一〕「紹興府」前，應脱一「監」字。

〔二〕「消摇」應為「逍遥」之通假。

〔三〕此「丙子」，據後周必强妻耿道真墓誌，知為嘉定九年（一二一六）。

一九　南宋故承信郎于君（之英）墓誌

〔誌文〕

承信郎于君以嘉定戊辰三月卒于家，殯于祖墳之圓通菴。後十」三年，母太君秦氏人終，父承節公命諸孫以君柩葬于母家之側，」實嘉定辛巳正月□□□日也。君諱之英，字德謙。世居華亭縣白」砂鄉，潛隱不耀，至承節公遂為富家。君襟懷慷慨，方童丱時，已有」輕財重義意。既壯，即慕名豪大□之為人。方將策足宦塗，而無復」所能於事矣。殯之日，過車□哭，□□親族鄉黨所愛慕，可知也。

君」□□酒，□以此致疾，享年廿二□焉。嗚呼！君啓手足之日，三子皆」在齠齔中。妻謝氏尚豐少，誓不可奪，撫養諸孤卒為成人，克奉襄」事。長子時舉，娶玉牒趙氏；仲子時亨，□承信郎、新京西路轉運司」幹辦公事，娶黄氏；季子時升，將仕郎，娶張氏。皆宦族也。女一人，適」里士趙翊龍。孫一人，榮祖。君雖不享于其身，而遺其澤於後之人」亦厚矣。汝諧娶君之女兄，又與君同居凡八年，故知君為尤詳。時」舉等俾汝諧書其梗概，以納諸壙。汝諧不得辭，若夫狀君之行、誌」君之墓，則敬俟他日立言之君子。

免解進士許汝諧謹書

二〇 南宋故保義于公（寛）墓銘

〔銘文〕

宋故保義于公墓銘 」

嘉定十七年七月二十有八日，保義郎于公以疾卒于家；以其年九月十日，合葬于先妻太君秦氏之墓。葬有日，其孫時舉、時亨、時升謂」其婿許汝諧，曰：先大父襄奉已涓吉矣，礱一石，欲書世次爵里、卒葬歲月，納諸壙，敢以為請。汝諧曰：保義公富擬封君，壽登八秩，門户光」顯，為一邑之望，宜得有學問、能文章者銘，盛德垂不朽，乃為稱，汝諧何敢當此？則又合辭曰：陰陽家謂此日為最利，今期已迫，不皇他求。」況知先大父詳且實者，莫如君。遂不得辭。公諱寛，字仲慶，世居華亭白砂鄉之南橋。曾祖致遠，祖炳，父居安，皆隱德不耀。妻秦氏，先公四」年卒。男之英，承信郎，前淮南路轉運司催發綱運，亦先公十有七年卒；孫三人：時舉，進士，娶秦王宮少師之孫女；時亨，修職郎、新」紹興府諸暨縣尉，娶知廣德軍黄公之孫女；時升，將仕郎，娶潼川府路運使張公之孫女。公有女三人：長適汝諧，次在室，幼贅承直郎、知」復州景陵縣事錢籯。孫女一人，適里士趙翊龍。曾孫一人，老僧，甫十歲。公沉毅介潔，治生以勤，發身以財，守財以儉，此平生大節也。至於」施予，務為實惠。凡所興造梵宇神祠、興梁道路費，以至萬緡，皆出自己意。晚年拜官，未嘗改其度。鄉人有為京西路使者，檄公權均州鄖」鄉縣事，公以疾辭，人皆高之。公年未七十，於宅後高原營壽藏，又於其旁建佛廬，規摹與名藍等，華麗過之，棺槨衣衾與□□□之具，色」色預備，自屬纊至窆穸，不勞營求一物。公既老，愛孫尤切，不惟撫養教誨而已，一念慮、一云為，無非□□□□□□□曰：□□□矣，及吾」無恙，宜與標撥，俾自營運。今三孫儼然在喪服之中，治喪事無闕，不負所托矣。嗚呼！公由中産至巨富，起□□仕□□□□□□交，皆」簪纓閥閱之家，生有以養，死有以葬，傳龜襲紫，餘慶可卜。汝諧辱公妻以女，身處脂膏，不能自潤。昔太史公之書崇□□□□□□有」以夫！公儀貌魁偉，音吐鴻暢，素未識公者，見之駭異，以為非貴即富人也。公之生斯世，亦豈偶然也哉？！謹系之銘曰：」

富貴壽考，多得其偏。洪範五福，公庶乎全。」公之生世，夫豈偶然。蘭玉之孫，宜永其傳。

二一　南宋故孺人耿道真（周必强妻）墓誌

〔誌文〕

孺人諱道真，姓耿氏，姑蘇人。年十八歸汝南周氏，為致」政撫屬諱知柔之冢婦、故秉義郎御前軍器所監造官」諱必强之配。周氏為練谿望族。孺人入門，以恭孝事公」姑，以義順事夫，以和處家，以惠浹族。御幹公先孺人十」三年没，幼子纔四歲，左撫右訓，期紹箕裘。孺人初焉克」全婦道，逮嫠居而志操明潔，中外無間言者四十三載，」亦可謂賢且淑矣。孺人疾痱愈而復作，移城闉就醫，竟」弗瘳，以紹定二年正月初六日卒，享年六十有一。明年」十月廿六，即嘉定縣守信鄉良家浜東之先塋，從御幹」公而合葬焉。男二人：伯震，永錫。女一人，適從事郎、前臨」安府鹽官縣主簿袁惟寅。忝戚從事郎高郵軍軍學教」授朱檜謹識歲月而納諸幽堂云。

平江張宗元刊

二二　南宋故承務譚公（思通）封誌

〔誌文〕

宋故承務譚公封誌　」

先君姓譚，諱思通，字志達，東國大夫之後，以國為氏，世為蘇之崑山人。後割五□，别為一」邑，故今所居，乃嘉定縣守信鄉□蓮里。曾祖考晟，妣公氏；　祖考□，妣方氏；　考證，妣金氏。皆」隱德弗耀。先君生於紹興三十年七月十六日子時。其為人也，□美甚□，曲盡物情，剛柔」緩急，動與理合，篤睦而和，家道以正，鄉井化之。晚年留意釋典，遂□所居西偏建大招提，」為十万天台教院，以敕賜浄信為額。日鳩工，至大成，皆出獨□。一事一物纖悉備具，買」田若干畝，歲收若干石，俾為常住，其詳有□□□□也。生平□□□，實無意於□□　」恭聖仁烈皇后慶典，用友諒恩以京秩致□□□端平元年七月□日午時，以疾終于正」寢。於乎！　□不使二子奉色養於期頤，而奪□□□遽也。□里人□□者宗臣於港東創□」練若，曰興聖院。樂善好施，遠近稱之。金夫人□□也，一夕夢何□□攜紫囊趨寢室，□□」先君生焉。夙習不忘，每念興聖，值有營費，必翼□成。人□為何□者後身不誣。先君□死」生之理，預卜吉壤於浄信院之西南隅。配先妣安人鄒氏，先十年而卒，實嘉定十七年十」一月二十日之丙夜也。以寶慶二年五月六日□□葬于所卜。先妣柔順有守，正位□□，」可為儀則。男二人：　長友諒，承直郎；　次友聞，忠訓郎。女二人：　長適進士馬伯璋，蚤亡；　次適將」仕郎楊天麟。孫男四人：　執椝、執柔、執椝、執棐，皆業進士。孫女一人，適進士華陽王遜。□□」九月十三日未時，以禮合葬，衣衾棺槨之外，弗加珍玩。蓋先君曾於暇日戒友諒等曰：□」汝母未嘗以金玉斂，他日汝輩謹勿以此為我□。今不敢違治命故也。友諒□□□□□」未能以功名自奮，以慰其心。友聞計偕□竟未試春官，而先君逝。嗚呼！音容邈矣，抱恨□」天，窀穸有期，扶憊以紀歲月，若夫發潛德之光，俟求銘□當世之君子。

男友諒泣血謹□　」

五峰翁聿填諱

張宗元刊

二三　南宋故訓武鈐轄周公（必進）壙誌

〔額文〕

宋故」訓武」鈐轄」周公」壙志

〔誌文〕

公姓周氏，諱必進，字晉卿，姑蘇嘉定人。曾祖宲，保義郎致政。祖浩，贈修武」郎。父知柔，累贈武經郎。娶陳氏，贈孺人，前淮東提舉諱茂英之女。公自壯」年有志，事功中書省，恩補承信郎，監鎮江府大港鎮稅。客舟輻湊，以課」最聞。時龍制沈公作賓、寶制趙公師羼、集撰俞公烈，悉以剡薦。屬開禧邊事」講解，就辟董歲幣綱過北虜，備殫忠勞，轉承節郎。繼差建寧府崇安縣汭」口水路鈐轄，磨勘，轉保義郎。寶賞恩，轉成忠郎。玉牒所恩，轉忠翊郎。　寧皇」升遐，提點支費文字恩，轉忠訓郎。磨勘，轉秉義郎。塑制　恭淑神御恩，轉」從義郎。　壽明冊尊號恩，轉修武郎。慶典恩，轉訓武郎。武經男二人：秉義，」御幹，長也；公為次。自御幹歿，經理家務幾三十載，日□月益，無一髮私意。」户門肅然，急義如渴，一鄉稱善。每歲春夏之交，□□米□過平時價。疾」者藥，死者櫝。因遇異僧指，瘖劉涓子方，治發背如神，十痊八九。集僧道經文，」摘關洛警語，選嬰孩良方，鋟梓鏤石。樂施廣勸，仁聲薰郁。公稟賦龐碩，」辭灑兼美，見者敬愛。當淳祐元年五月二日，以筋寒作楚，激動癰疾，沒于正」寢，享年六十有九。冬十二月十七日庚午，即嘉定縣守信鄉積慶庵先孺」人墳合葬焉，公所營也。姪二人：　次臯，承信郎；　永錫，承信郎。男五人：　君錫，承信郎，」娶鄭氏；　天錫，承信郎，未娶；　師錫，擬補承信郎，定新通州軍事判官王遵廙女；　」申錫，擬補承信郎，定王氏；　元錫，尚幼。女四人：　長適陳文林必昌，次適顧承信時」英，皆亡，餘未行。公視子姪，愛均一體，門無白丁，公之力也。晚歲雍容家食，」壽考康寧，明禋卹典，三賁泉壤，自號汝南遺老。臨終語次臯，曰：　勉」力支撐，無忘義聚之意。次臯抆淚，謹識歲月，而納諸壙。

姪次臯謹書

二四　南宋故主簿林公（沐）墓碣

〔額文〕

宋故」主簿」林公」墓碣

〔碣文〕

宋故主簿林公墓碣　」

曾祖華國，故左朝請大夫、提□福建路蠶茶事。　」祖□望，故任朝奉郎、建康軍節度判官廳公事。　」父敷，故任文林郎、通州軍事判官。　」公諱沐，字子木，嘉興青龍人也，東軒居士迺其道號。其先世本莆陽之望族，代以儒科顯。公敏而好學，」博覽《書》、《傳》。始侍父宦游錢塘，授《尚書》業于釋褐焉。公講貫日益，不久學成。次遊烏江，改肄《春秋》。迨郡」判公將任通川，而遽即謝世，公獨身家事，侍偏親，領諸孤，備嘗艱苦。隨宜處置，一無所闕，鄉閭親友，聞」而嘉之。嘉定庚午，天子令郡國舉士，公賈勇應　詔于鄉，學富文贍，有司擢為舉首。自□朝紳戚畹，莫」不以名而敬公。端平乙未，叨特恩，注簿嘉定。閒居需次，事佛唯謹，經教禪律，罔不究心，故身雖蝟冗，」口必嘿而誦之。是以臨終，安祥而逝，良有以夫！公感寒疾，不十日卒于正寢，實淳祐初元十月二十五」日也，享年六十有七。初娶劉氏，先公三十年而亡；次□氏，亦先公二十年而亡；次李氏。有子繼曾，亦先」公十二年而亡。孫男一人，壽祖。公之在世，其困衡於患難之間者至矣，暮年僅得雍容，戍將及而祿不」及，得非命歟。時梓夙聯姻籍，歲甲午，侍公宴鹿鳴于鄉郡，見公議論文章，卓然優異，方以遠者、大者期」公，而訃音忽來，使人痛恨不已。越歲壬寅，其孫壽祖用十二月壬申，葬公於華亭縣新江鄉四十四」保贗固村篠涇北之西原，且泣血以告余，曰：　今　先大父卜葬有日，請為碣以識歲月。時梓既托姻好」者凡三世，且知公之行事為詳，無得而辭焉，故書。

□姪修職郎吏部擬注趙時梓譔

合沙宗姪京庠進」士林宗傳題蓋并書

丁日新刊

二五　南宋故孺人鄭氏（妙靜）墓誌

〔誌文〕

孺人鄭氏，諱妙静，吴縣武山之裔，將仕郎」名贇之長女。兩家同桑梓，與余生同年，「天」作之合。奉事舅姑，執禮不懈。平居敬謹，無」戲容、無燕色。賦性慈惠，中外翕稱。余丁 「先君訓武鈐轄之戚，在哀疚中，孺人協力」繐悼，憂泣過度，甫遂終喪，未及從吉，忽癸」卯五月二十三日夜半，氣血暴脱而亡。吁！」結髮七禩，既變迅倏，定數莫逃，痛割心膂。」子一人，慶孫。孺人享年三十有一。以淳祐」四年十一月庚申，祔葬于嘉定縣守信鄉」積慶庵翁姑墳塋之後旁。大承信郎周君」錫，湝淚竟迺事，併記歲月而納諸壙。」

〔題記〕

此宋人墓志，向在城西門外地藏殿後田河側。嘉慶丙寅十二月十日，瞿中溶移置學宮，以永其傳，因題記。

二一六 南宋故特封安人趙氏（淑真）墓誌

〔誌文〕

特封安人趙氏，諱淑真，家居吴門嘉定蕭涇里。曾大父諱瑄，大父諱革，俱潛德」弗耀。父諱安國，故成忠郎致仕。安人幼奉姆儀，稟性和柔，雅好沉静，笄後七載」歸于我。孝事舅姑，克勤于家，内助惟多，婣族閭里盡稱曰賢。嘉熙庚子歲秋旱，」邊餉匱，因講荒政，安人乃出帑積以助給，朝廷嘉之， 特授封賞。生三男一女：」長自强，見任進義校尉、太平州繁昌縣上下莪橋酒税； 仲自明，季執渠，皆習舉」業； 女在仲、季間，適華陽王逖。安人以兒女婚嫁畢，勉我以家政付諸子，結廬曲」江，偕往為投閑養静之地，嘗受秘籙于信之龍虎元壇，其嗜樂清虚出於天性。」鄉佛尤謹。初，先君經始浄信十方天台教院于兹山之陰，金碧交映，輪奂一新，」咸驚湧出，協贊落成，安人預有力焉。先君殁後垂二十有二年，安人拳拳不忘，」而粉飾之，歲無虚度，近又塑大士于今隴致嚴庵，晨香夕燈，亦承先志也。凡架」亭施泉，其所有三。至於助浮圖氏之祝髮者甚衆。賑貧恤孤，崇善好施，不靳不」倦。蓋我先外舅致政，因奉佛樂施，而江浙有聲，今安人崇尚，是以似之。奈何稟」受素弱，晚年羸疾間作，然雖喜持晨素，日誦西方聖號，寒暑莫輟，自後疾勢寖」增，醫禱備試，竟爾弗瘳。忽一日，召諸子及女暨諸婦、諸孫，環立于前，囑以齊家」睦族理致之事，語畢奄然而逝，享年七十。生於淳熙十四年九月十四日未時，」終於寶祐四年五月三日巳時，龜筮襲吉，以是年十月四日乙時，葬于姑蘇之」東二百里嘉定縣守信鄉赤蓮里蒲淒之原，祔于先府君、先夫人兆域内之東」偏。葬日薄，姑摭其大概，以納諸壙云。死生不齊，此理之常，而遽奪我伉儷，使有」終天之訣。嗚呼痛哉！

夫承直郎前特改辟差主□□□□庫譚友諒誌并書

二七　南宋故先妻吕氏(處淑)墓誌

〔誌文〕

先妻吕氏,諱處淑,其先萊州人,徙壽州,靖康間寓平」江之崑山,今析邑曰嘉定川沙里,因家焉。曾祖顔,祖」□,父□游,皆隱德弗耀。妣何氏。先妻生於嘉定丁丑」□月二十有二日,端平丙申歸于我,年方二十。事舅」姑□肅□懈,約己以儉,處妯娌以和,待婢媵寬嚴以」□,子女滿前,愛均如也。景定庚申五月初十日,竟以」□卒于正寢,得年四十有四。嘗該　恩封孺人。男三」人:□□、□祖、新祖,皆習舉子業。女二人:安娘、寧娘。孫」男一,□。將以咸淳丁卯十一月十九日,葬于邑郭之」□守信鄉第三都赤蓮里。懼其殁而無考也,□摭歲」月納諸幽。

夫兩浙漕貢進士承節郎王子□書

二八　南宋故府君上舍陸公(垚叟)壙誌

〔誌文〕

宋故府君上舍陸公壙誌」

先君姓陸,諱垚叟,字仲高,居嘉興雲間。雖宣公之胄,遥遥然百世不變,而曰姓者,」其敢自外,況世居是邦,繇　南渡以前,迨今有日矣。曾大父寅,大父伯禋,俱業儒。」父宣義執禮,生二子:長夢炎,次先君,代襲箕裘。長子領鄉薦。宣義因該　慶典恩,」授迪功郎。先君甫年十八,贅通判郭氏。少有立志,肄業京泮,屢先諸子鳴。失怙來」歸,以繼志述事為重,遂自修于家。曾兩亞鄉薦,而浮雲功名,終莫奪其清隱之志,」因自名其小圃曰前林。每游心經籍,必摽題圈畫,以研精于道。深識買櫝還珠之」蔽,酷好《南華經》,及玩味雜篇,輒鄙其長舌,亦以荒誕。故其為文也,主韓、柳而出入;」其讀史也,薰班、馬之芬芳。時乎賓朋簪盍,暢叙幽情,一觴一詠,儻得句則扁之,故」有緑浄古風,就華唐律。凡訓迪諸子,常以勿令書種斷絶為戒。此皆先君之用心」也。先君秉性平,律身正,待人恕,處事義,故自號曰砥齋。要之一毫偏頗私曲無有」也,至於畢而婚嫁,字而孤幼,族之不給者月有饋,鄰之艱糴者時有賑,鄉人之善」者咸稱焉,意者先君生平受用,皆自道學諸君子言語中得之。邇來春秋高,其艱」苦儉勤之志,視初年曾不少懈,抑將以身法示家法邪。先君生於嘉泰壬戌九月二十日,殁於咸淳辛未十」月初一日,享年七十。前君豫等罪逆不天,先君竟」以一蹶終于正寢。嗚呼痛哉!先君生於嘉泰壬戌九月二十日,殁於咸淳辛未十」月初一日,享年七十。

氏； 應子，貢補京學進」士，娶黃氏； 君輔，娶陳氏； 君澤，貢補進士，聘謝氏。女五人： 榮一娘，適武經孫進士杜」龍躍； 榮二娘，適金紫孫進士陳公昭； 榮三娘，適太學立禮齋生顧仲方； 榮四娘，適」承節郎、差監蘭風酒庫顧帝與； 榮五娘，許進士謝觀壽。孫男開衍，居髫。孫女三，咸」幼。君豫等奉母命，忍死涓當年十二月十二日壬寅，葬于重固欽順庵祖塋之側。」未暇丐銘于當代鉅公，姑誌歲月而納諸壙。

孤子君豫等泣血百拜謹書 」

眷儒林郎特差知南康軍星子縣主管勸農公事郭聞禮填諱

二九　元故中順大夫浙東宣慰副使任公（仁發）墓誌

〔誌文〕

先考任公，諱仁發，字子明，號月山，世居嘉禾青龍」鎮東。父珣，故贈中順大夫、高郵府知府、上騎都尉，」封樂安郡伯。妣夏氏，追封樂安郡君。先考歷仕至中」順大夫、浙東宣慰副使。泰定四年冬，逝于正寢。嗚」呼！ 先考生於寶祐二年七月十二日午時，卒於丁」卯十二月□□日□時，享年七十三。娶高氏，先歿。」繼黃氏。子三人。女八人。孫男十二人。孫」女□□人。□□□□□以泰定五年三月初九日」□□□□□□□□郭巷涇南之祖塋，姑記其」▨。

▨子任□□等泣血謹書

▨世澤填諱

三〇　元故敕授集慶路溧陽州儒學教授任公（良佑）墓誌

〔額文〕

大元

〔誌文〕

故 」敕授集慶路溧陽州儒學教授」任公，諱良佑，字子德，係松江府上」海縣人。考諱仲夫，母高氏。至元十八」年歲次辛巳九月初四日生。娶吳」氏。子五人： 敬德、敬誠、敬古、敬簡、敬」善。女五人。孫男八人。孫女五人。存日享」年五十八歲，於至元四年歲次戊寅」閏八月初五日終。是月十七日己酉」吉辰，葬于新江鄉松澤里郭」巷涇南祖塋之左。

至元四年閏八」月十七日

孝男任敬德等謹誌

三一　元故提舉任公（賢德）墓誌

〔蓋文〕

大元」故提舉」任公墓

〔誌文〕

先考姓任氏，諱賢德，字子恭。先世居徐邳三山，因仕於吴，遂為青龍鎮人。」曾大父通，故宋宣義郎；　妣胡氏。大父珣，故贈中順大夫、高郵府知府、上騎」都尉，追封樂安郡伯；　妣夏氏，贈樂安郡君。父仁發，故中憲大夫、浙東道宣」慰副使；　妣高氏、黄氏，贈樂安郡君。先考生於己丑至元二十六年十一月」廿五日寅時。幼而穎悟，長而卓立。孝友于家，勤儉于躬。遇事能決如蓍龜，」所行必合於規矩。好義樂善，本乎自然。繼志述事，靡不周至。尤長於水利」家傳之學，人皆愛慕而敬服焉。嘗奉　」王宮令旨，提舉錢穀稱職，主者將上其功，能遷膴仕，辭以疾，不就。家居日」以琴尊款客為娱，《詩》、《書》教子為務。乙酉至正五年夏，忽感末疾，醫禱罔功，」十一月廿二日午時，終于正寢，享年五十有七。嗚呼哀哉！諸孤忍死卜以」次年四月十三日，禮葬於松澤里郭巷涇之陰。其塋域密迩先壟，蓋生前」所自經營，嘗曰：　樂哉斯丘！吾他日得所藏矣。今從先志也。娶金氏。子男三」人：　士質，娶蒙古必闍赤高時中之女；　士文，參　監脩　」國史掾史，娶南安路達魯花赤别里怯之孫；　士珪，娶教授徐于正之女。女」二人：　長適徐子敬學録，次在室。孫男三人：　佐才、太平奴、百家奴。孫女七人。」皆幼。葬日薄，未能請銘當世立言君子，姑叙其歲月梗概納諸幽，而藏其」副於家。

孤子士質等泣血謹誌　」

朝請大夫吉安路吉水州知州兼勸農事陳明填諱

三二　元故承務郎寧國路涇縣尹兼勸農事知渠堰事任公（賢能）之墓誌

〔蓋文〕

大元」故承務郎寧國路涇縣尹兼」勸農事知渠堰事任公之墓

〔誌文〕

先考姓任氏，諱賢能，字子敏，號雲間子，居松江府上海縣青龍鎮。曾大父」通，故宋宣義郎。大父珣，故贈中順大夫、高郵府知府、上騎都尉，追封樂安」郡伯。父仁發，故中憲大夫、浙東道宣慰使司副使。妣高氏，追封樂安郡君；」黄氏，封樂安郡君。至元二十二年九月初二日生。幼熟經書，長多材藝。忠」孝盡於己，謙和接於人。大德、皇慶間，入　」覲進畫，　」賜金段旨酒。延祐初，特除太常寺大樂署丞，轉將仕郎、兩淮都轉運鹽使」司廟灣場鹽司丞，陞登仕郎、淮安路鹽城縣主簿，又陞承事郎、秦家渡倉」監支納，除平江路嘉定州判官。蒞政廉明，民服德化。至正八年春，選除　」承務郎、寧國路涇縣尹，兼勸農事，知渠堰事。未幾偶疾，至正八年三月二」十四日，卒于正寢，享年六十有四。配丁氏，中順大夫、同知兩浙都轉運鹽」使司事之女，先卒，追封宜人。繼沈氏，封宜人。子男三人：長士中，娶俞氏，早」世；　次士誠，娶章氏；　次奴奴，在幼。女四人：　長妙寧，贅王畋；　次妙静，適錢氏；　妙」嚴，適周氏；　三奴，幼在室。孫男一人，兼善。孫女四人，皆幼。卜至正九年正月」二十八日，葬于新江鄉郭巷涇南原祖塋之東。葬日薄，未能請銘當世大」手筆，姑叙梗概納諸壙。

孤子士誠泣血謹誌　」

奉議大夫嘉興路海鹽州知州兼勸農事知渠堰事葉大中填諱

三三　元故信州路疊山書院山長先考任公（良輔）墓誌

〔誌文〕

先考姓任氏，諱良輔，字子翼，號肅齋。先世居徐邳之三山，有仕于吴，遂」家於秀之青龍鎮。曾大父通，宋宣義郎。大父珣，贈中順大夫、高郵府知」府、上騎都尉，追封樂安郡伯。父仲夫，旌表義士；　母高氏。考生於至元二」十六年十二月初十日。家世業儒。浙省以才德兼備，檄授松江府」青龍鎮儒學教諭，及寧國路太平縣儒學，轉平江路儒學，録陞信州路」疊山書院山長。將登名銓曹，適有疾，卒于至正十年十月十七日，享年」六十有二。娶李氏。男五人：　義男敬忠，娶李氏；　嫡男敬祖，娶王氏；　敬父，娶」李氏；　庶男敬伯，娶吴氏；　敬叔，在幼。女四人，適康、適錢、適譚、適萬。孫男五」人。孫女五人。以十二月初三日，奉柩葬于松澤里郭巷涇南原祖塋之」后，從治命也。葬日薄，未能請銘當世鴻筆，姑述梗概納諸幽。嗚呼痛哉！　」

孤子敬忠等泣血謹誌　」

正議大夫前贛州路總管兼管内勸農事伯篤魯丁填諱

三四　元故中議大夫同知贛州路總管府事陳公（明）墓誌銘

〔誌文〕

□□諱明，字彦古，號雲山，世居松江府上海縣青龍鎮。故宋宣義郎任公諱通」之曾孫，贈中順大夫、高郵府知府、上騎都尉、追封」樂安郡伯諱珣之孫，旌表義」士諱仲夫之子，後繼嗣於姑之夫承信校尉、湖廣等處泉貨少監，贈宣武將軍、」同知平江路總管府事、騎都」尉，追封潁川郡伯陳公諱勇，遂姓陳氏。孝友謙恭，」動合禮法。壯遊　京師。公卿交辟。薦初為太尉府宣使，尋擢知印。孝滿，除承」直」郎、大有倉使。料量平，陞朝列大夫、同知全州路事。遷朝請大夫、吉安路吉水州」知州，兼勸農事。轉中議大夫、同知贛州路總管」府事。所至以廉律己，以惠及民。」交僚寀以敬，臨吏胥以寬。去思有碑，備述政績。官贛垂滿，因督運軍賦往武昌，」抱疾歸寓舍，即」移文求致仕，未幾卒，享年六十有六。生於至元二十三年丙戌」正月十四日，卒于至正十一年辛卯八月初五日。母任氏，追封潁川郡」君。娶章」氏，封潁川郡君。又娶色目氏。子男四人：長補賢，娶張氏；次補化，娶章氏；辟識温，」娶李氏；識里温，娶李氏。女」三人，適王氏、張氏、蒙古氏。孫男二人：顯忠、秉忠。孫女」四人。曾孫虎兒。諸孤自贛治喪，官為賵賻，遂奉柩以歸。忍死卜至正」十一年十」二月廿又二日，葬于新江鄉郭巷涇之陰祖塋之左。葬日薄，未能請銘鐫石，姑」叙梗概納諸壙。

孤子補賢等泣血謹誌　」

中順大夫贛州路達魯花赤兼管內勸農事前兵部尚書全普菴撒里填諱

三五　元故孺人欽察台氏（守真榮）之墓誌

〔蓋文〕

大元」故孺人欽察台氏之墓

〔誌文〕

先室孺人欽察台氏諱守真榮，榮禄大夫、江浙等處行中書省平章政事」諱完者都拔都，封林國公，謚武宣之曾孫女，故嘉議大夫、南」安路達魯花」赤，兼勸農事諱别里怯之孫女也。考諱闊闊出，直省舍人；母畏吾氏。林國」公以大勳勞歷膴仕，寓居高郵，為世臣之」家。嘉議公來監松江郡，擇婿宦」門，以故中憲大夫、浙東道宣慰副使任公有孫習《詩》、《禮》，故孺人歸于我。貞」静孝慈，所事所言，皆」從儀法。余領　」監脩國史掾，與孺人留　」京師，咸稱内助之賢。後遷秘書監校書郎，孺人南還理家，訓子女，内外整」然。及赴江浙省照磨官，將迎孺人，而以疾竟不起。嗚呼！ 失此賢淑，未及受」生封，命矣夫！ 享年三十有七，卒於至正十三年七月十四日，以是年十二」月廿八日，禮葬于新江鄉郭巷涇南原先塋之左。 子男三人： 長佐才，娶徐」教授孫女； 次惟吉，次祐童，在幼。 女三人： 長玉真，許適江陰鎮守萬户買□； 」次妙堅，許適錢大本； 次壽真，未笄。 葬日薄，未能請銘，故叙梗概納諸壙。」

從仕郎江浙等處行中書省照磨官任士文謹誌

三六 元故承務郎汴梁路考城縣尹先君任公（賢才）墓誌

〔誌文〕

先君姓任氏，諱賢才，字子文，以野雲自號，松江府上海縣青龍鎮人也。 祖」諱珣，贈中順大夫、高郵府知府、上騎都尉、樂安郡伯； 祖妣夏氏，贈樂安郡」君。 父諱仁發，中憲大夫、浙東道宣慰使司副使致仕； 妣高氏，封樂安郡君； 」庶母畢氏，封宜人。 延祐初，先君侍中憲宦遊，留 」京師。 時大臣有以其才薦者， 」仁宗皇帝召見異之，授將仕佐郎、秘書監秘書郎。 延祐六年，轉將仕郎、太」醫院照磨，兼管勾承發架閣。 至治二年，遷凌州酒醋税務提領。 泰定二年，」改從仕郎、秘書監辨驗書畫直長。 至順改元，除承事郎、淮安路安東州税」課提領。 至元四年，陞承務郎、汴梁路考城縣尹，兼管諸軍奥魯勸農事，知」河防事。 惟先君幼穎悟，志若成人，讀書嗜學，尤精於畫史，長登膴事，以公」勤廉讓自著，故歛歷中外，籍籍有聲□自考城來歸〔一〕，即有閒退之志。 至正七」年，移官真定，俾驗使命之真僞，遂不赴。 十四年，上休致請，未報，後竟以疾」卒于正寢，得年七十三。 嗚呼痛哉！ 何天降之酷而至於斯也！ 娶孟氏，封宜」人，先卒。 子男三人： 長時，娶徐氏，早卒； 次暉，娶徐氏、曹氏； 次昉，娶諸氏。 孫男」三人： 炳、贇、焕。 孫女五人。 先君生於至元甲申二月廿七日，卒于丙申六月」十五日。 卜是年七月十九日，奉柩葬于新江鄉郭巷涇南原祖塋之側，從」治命也。 日薄事嚴，未克乞銘於時彥，姑誌歲月以納□諸壙云。」

孤哀子暉泣血」謹書

奉議大夫江浙等處行中書省左右司都事□□□住閆填諱

〔簡注〕

〔一〕第二「籍」字，原為重文符號，補刻於「有」字右上。

三七 元璜谿處士吕公（良佐）壙誌

〔蓋文〕

有元璜谿處」士吕公之墓

〔誌文〕

璜谿處士吕公壙誌

有元璜谿處士吕公，名良佐，字輔之，世居華亭胥浦之南、溧瀆之陽。曾、高□上皆好義，急人之患，」遠近鄉□姓其里曰□□。祖德謙，字偉謙，聲業益振。父允恭，字萊翁，尤倜儻魁偉。公，萊翁幼子也。」□才器識，尤系人望。以公出太公望系，太公嘗釣渭得璜，又識其瀆曰璜谿，號公曰璜谿處士。公」蚤穎悟，讀書輒强記，通旨義，氣質□□，儀狀□□。幼稚若老成，性□□，年十二□□□□□氏，敬」養備至，母疾，禱以身代。業儒術，兼通蒙古與語，□□□□□□□□□□□□□□□□者多」咨於公，據經援史，處使必當。教子必延名師，豐幣卓禮，士子樂為之。賓□□□□□□四方之士」費百金，無吝色。擬建□聖金華黄承□□□記。其以兵興，未果□。丙申□□□□」浙省參政納麟公總兵來守，聞公賢，枉□公里與語，大悦，即出」墨敕，授公華亭令。力辭，弗□。納麟公總督之署多義士，俾率義民保障其境。時□□□□□□□」略，烏合日盛，公諄率里人□戮其尤□者數人，群盗遂戢。民感其義，日踵門致饋，公一毫無所受。」親故有孤寒者賑之，死喪者賻之。好賢禮士，故賢士大夫多歸之，燕來贐往，終歲無虚日□多得」美譽湖海間。二子恒、恂，皆賢而克孝，善繼其志，幹蠱應賓，舉無廢事。至正丙申，雖兵□□至，帥」多辟公，□謝弗就。又辟其子恂判海鹽，亦以就養辭。時」浙師泰識公，奉」旨便宜行事。聞恂賢，」授華亭丞，亦力辭。公於典章律令、卜筮醫藥，靡不通其要。喜怒不形，善謀能斷。身長七尺，其聲」如鐘，魁梧矍鑠，鄉□之儀□也。至正己亥□月五日，以疾終而寢。公生於元貞乙未之六月廿有」□日，距寢之歲享壽六十有五。冬十月辛酉，卜葬于璜谿之北原□□□□□珍玩，遵治命也。」□娶高氏，□□萬户宣武高公女孫也。子男二人：恒，娶□氏；恂，娶夏氏。女三人：慧清適史氏；淑真」適邵氏，前崇德□判官，先卒；慧明適謝氏。皆高氏出也。孫五人：允閭、□□，恒子也；宗濟、宗岳、宗望，」恂子也。允閭娶邵氏，餘未娶。女孫三人，皆幼。公昆仲二人，兄□□東□先卒，東□子鍾亦先卒，鍾」□□□□道志明心仁。子梁、子道、子閏，皆幼。從兄良□，□□□，從弟□□□□□嘉會子」□□□皆先卒。從姪四人：鑑、鎰，子閏子也，鎰先卒；元士、元華，嘉會子也。姪孫及甥男女□廿有餘」人□□□□，姑叙其概，納諸壙云。

三八　明修元倪雲林（瓚）墓銘

〔銘文〕

倪雲林墓銘　」

倪雲林，姓倪氏，諱瓚，字元鎮，所居號雲」林，因號雲林，生其家，常州無錫富家。至」正初，兵未動，鬻其家田産，不事富家事，」事作詩。人竊笑其為。兵動，諸富家剽剥」廢田産，人始賞其有見。性好潔，盥頮□」□數十次振拂，冠服著時數十次振拂，」齋閣前後樹石嘗洗拭，見俗士避去如」恐逸。徒王文友讀書，文友死，斂葬不計」所費，一如其所親。交張伯雨，後伯雨至」其家，會鬻田産得錢百千緡，念伯雨老」不再至，推與不留一緡。盛年詩名在館」閣，晚當至正末，飄流中作詩，益自喜其」作詩，信口率與唐詩人語合。年若干葬」□□習里。卒後人倩其詩，散逸無全。」銘曰：」

□□□何求？吁嗟乎其為安所由。身」□□□□其时躅所□名何留？吁嗟」▨

長樂王賓□

三九　明修前元從仕郎浙東道宣慰使司都事朱公妻孫氏（妙清）宜人之墓誌

〔蓋文〕

前元從仕郎浙東道」宣尉使司都事朱公」妻孫氏宜人之墓

〔誌文〕

宜人孫氏，諱妙清，松江府華亭縣人。考」諲，母邵氏。大德元年六月廿二日生，洪武」十一年正月十九日終，是年二月十六日葬于」白砂鄉。宜人適從仕郎浙東道宣尉使」司都事朱公，因次子熙，致封宜人。子男」三人：長炅，娶孫氏；次熙，奉訓大夫、廣西」等處行中書省左右司郎中，娶何氏；次」煜，敦武校尉、崇德州判官，娶賈氏、陶氏，」皆先亡。女二人：長浄淳〔一〕，適邵德載；次浄章〔二〕，適」衛叔益，先亡。孫男四人：長璧，娶何氏；次」舉，娶張氏、秦氏；次垕，敦武校尉、海鹽州」判官，娶夏氏；次垻，未娶，先亡。孫女四人。」玄孫一人，壽昌。童玄女孫六人。」

洪武十一年歲舍戊午二月十六日

孝孫男朱垕謹書」

賜同進士出身前將仕郎監察御史袁凱填諱

〔簡注〕

〔一〕「浄淳」二字共一格。

〔二〕「浄章」二字共一格。

四〇　明故太倉衛指揮王將軍（得）壙誌銘

〔誌文〕

故太倉衛指揮王將軍壙誌銘　」

將軍諱得，淮之鳳陽府定遠縣東城鄉人。家本農業，向因原季師興。考王祥，」妣谷氏，蚤喪，不遑以記。王氏之祖系時鄉井起義兵，輔佐　」王師。將軍年纔弱冠，驍勇逸倫，轉戰渡江，為什伍長，克蠻中丞，下陳也先，莫不」以先登敵乘大軍。平陳友諒，擒張士誠，數冒矢石以鏖戰。從魏國公，北取中」原，選補麾下驍騎戰士。獲王信於沂州，降俞保偏裨於賓隸。取汴梁，入河南，」破潼關，追詹童之逃北。洪武元年秋，始除祥符衛百户，授昭信校尉。取蒲州，」收太行山之餘寨。復參隨魏國公。西入關陝，則李思齊降。攻慶陽，困環州，則」張思道平。越一百八渡，次興原城以班師。又調隨大軍西征隴蜀，進取街、文」二州，緣山開道，攻成都，則明昇降。凱旋，復隨魏國公征西涼、甘肅沙漠之地，」追朵兒只班之窮虜。班師，陞青州衛千户。捕萊州海島之倭賊。又調從大軍，」東征遼左，克納哈赤以還　」京。除瀋陽右衛千户，調征南蠻，討石澑、鐵山之群獠。洪武二十二年夏，　」欽除太倉衛指揮僉事，授明威將軍，追贈考明威將軍，妣恭人，妻王氏封恭人。」凡鎮太倉將遑十年。控滄海，轄連城，軍務庶績，惟在簡要。賓僚佐□，咸無間」言。麾下士卒，樂為之用。洪武丁丑季冬五日，但一息而卒，享年六十□歲。」妻王氏，純善，本舒之同城縣故家女。端莊儉約，善處家門之務。生一男、二女。」嫡男名通，年將弱冠，丰姿俊逸，襲太倉衛指揮，授爵如舊。長女妙真，次善賢。」庶子佛保。而指揮通娶陳氏。繼子曰壽安。然先將軍驅馳於戎馬之時，百戰」於疆場之間，倚鞍而食，枕戈而臥，笮汁而飲，裹創而戰，計三十餘載。矧今　」華夷統一，萬方承平，而將軍冠華冠，衣錦衣，授大爵，享厚禄，坐於高堂之間，」出號入令，勳亦立矣，名亦振矣，貴亦顯矣。視茲卜宅兆於崑山之東□十五」里惠安鄉二十七保朝字圍，南至致和塘四十步，東至太倉城二百一十步。」安厝斯塋，使子孫綿延。歲時祭祀，誠有考焉。銘曰：

王氏右系，□□臣陵。」千載之餘，華裔繩繩。瞻彼將軍，鞍馬是乘。平夷□戎，百戰百勝。」高名大爵，授鎮婁城。惠推遐邇，子愛士民。一□□息，安厝斯塋。」子孫振振，永安永寧。」

洪武三十一年歲次戊寅四月丁丑朔

吴東陳延齡撰　」

釋智深篆盖

□陵張琬書

四一　明吴淞江守禦所千户施武略室宜人鍾氏之墓誌

〔蓋文〕

吴淞江守禦所」千户施武略室」宜人鍾氏之墓

〔誌文〕

鍾氏者，温州府永嘉縣中界山元朝元」帥鍾擇美之女也。未笄，明州衛百户施」承信為長男求聘焉，親迎過門，既長畢」姻。至孝敬和睦，克全婦德。洪武十年，夫」襲除淮陽大河衛百户。二十八年，陞吴」淞江千户。二十九年，因夫榮授世襲，」誥命封宜人。治家嚴整，而益謙恭。生七男」女，述有螽斯之風。俄而有疾，迺於建文」二年八月初九日、壽四十而卒。卜擇建」文四年十一月初三日，於練川吴淞江」任所坤隅而葬焉，故以為記。」

洪武三十五年十一月初三日誌〔一〕

〔簡注〕

〔一〕「洪武三十五年」即前「建文四年」。

四二　明中奉大夫廣東等處承宣布政使司右布政使王公（寅）墓誌

〔額文〕

中奉」大夫」廣東」等處」承宣」布政」使司」右布」政使」王公」墓誌

〔誌文〕

中奉大夫廣東等處承宣布政使司右布政使王公墓誌」

賜進士出身前禮部右侍郎亞中大夫□□□□處▨」

賜進士出身前監察御史中大夫▨」

余來□□□□□布政使王公▨」小民□□□□□□之皆驚報▨」□未泯，余既□□其家▨」以狀来請。嗚呼！□□公幸忝□□□□誨▨」其可以不□辭乎？按状：公諱寅，□□□姓王▨」大父安之，俱以儒業世家□三□之後世食▨」□不好弄三□□所□□□□□自知□書▨」甫十□，有司以才▨」中言□奏□□□」上意，前後被」賜甚厚。既而□□明年戊寅秋還」京，授奉議大夫、應天府治中。己卯夏，陞本府丞，並以賢能見舉▨　」命，上嘉其勤，　」賜賚有加。□□夏，陞授中奉大夫、四川布政使司右布政使，治政▨　」朝廷議營建□北京，　」命冬官尚書宋公與公董督采砍之役。公處置得宜，丁夫數萬，咸樂▨」總運官軍粮賞。公慎於所事，夙夜惟勤，既而役夫不勞而餉▨」弗靖，公親往于瓊，深入黎境，招来其衆，宣布　」朝廷威德，喻以禍福，黎衆皆感悦而歸之。瓊嘗四月弗雨，公率官▨」吾本布衣，遭際　」聖明，今位備方岳，官膺二品，縱迂疏無以為報，又豈可污行以重吾▨」弟崑，愛百姓如□子。民有來訟于庭者，必順其辭□以推▨」不忍欺，民懷其德，相戒不得以非禮犯。凡有詞詣公，亦莫▨」終日宴飲，亦未嘗見其甚醉。平生性不尚侈靡，至貴為方▨」居雍訥若不能言者。及臨大事、□大疑，則論議英發，務歸▨」報而卒。吾不佞獲承世澤之餘□□昇平叨享禄位三十▨」藉餘蔭而已。顧吾血肉之軀，安能固如磐石乎？宜▨」日，即正襟危坐，奄然而逝，時永樂二十年壬寅八月▨」曰琪、曰瓊，皆端謹好學，有文行名。女一人，曰妙善，適同▨」大其用，盡展所藴，以被於海□誠不止於斯也。何□之▨」倚欤公先汴名閥，三槐種德萃厥澤，奕葉繩繩引無墜，▨」白璧飛，步　」□天衢待　」宸極，□承　」恩光□　」寵錫，再躋京兆聲甚籍，兩于蕃宣並著績，位司喉舌施▨」貞石，後欲求之此其跡。」

大明永樂二十一年歲次壬寅八月二十一日卒▨[一]

〔簡注〕

〔一〕「永樂二十一年」之「一」，據前文及下記歲干支，應為衍字。

四三　明故中奉大夫廣東等處承宣布政使司布政使王公亮（寅）夫人朱氏之墓誌蓋

〔蓋文〕

明故中奉大夫廣」東等處承宣布政」使司布政使王公」亮夫人朱氏之墓[一]

〔簡注〕

〔一〕本誌蓋時間不詳，暫繫於誌主朱氏夫王寅墓誌之後。

四四　明故松江府儒學生廷璧王公（璚）墓誌銘

〔蓋文〕

故松江府儒學生」廷璧王公墓誌盖

〔額文〕

明故松江府儒學生墓誌銘」

〔誌文〕

直隸松江府儒學教授孫鼎撰 」

大理寺左寺副同郡張黻書丹 」

賜進士出生翰林檢討錢溥篆額 」

明故松江府儒學生墓誌銘 」

璹，字廷璧，其先汴人，宋王晉公之裔，八世祖始遷于松江之華亭。曾」大父安之，大父德宏，俱隱德不仕。父公亮，洪武中郡邑以才德薦于」廷，累官至廣東布政使，政聲著于 」朝野。璹之有造，實本乎庭訓，且師其執友參政吾公。璹侍父于東廣，大」理卿胡公昔為東廣按察使，見璹而奇之。及公拜 」上命，行便宜于雲間，遣璹入郡庠，學益懋，德益脩。嘗兩試于京闈，未捷，人」咸惜之。宣德甲寅，予領教至雲間，璹見予，禮甚恭謹，常作《詩經四書」義》質於予，理達而辭順。正統戊午秋，奉 」敕提督學校，侍御彭公按臨，試璹居前列，即廩餼之。璹再拜，辭曰：廩餼所」以養賢。璹愧涼德膚學，其敢廩乎？予申命強之，而後就居。無何嬰疾，」予頻往視之，璹□疾甚□。逾歲，疾益劇，載往視之，唯相視涕泣。余曰：」命稟於有生，子素順性命，績學篤行，亦何愧乎？未幾，不幸物故。予□」哭甚哀。嗚呼！璹之先公，鉅人長德，子弗壽而通顯，其天也耶？永樂癸」未七月三十日，其生也；正統辛酉六月二十五日，其歿也。妻錢氏，今」禮部尚書郎中錢公之女。子曰阿，二歲而死。命姪輔後之。女曰金蓮，」尚幼。卜以正統壬戌正月十一日，葬于柘林先塋之次。璹仲兄廷瓚」率孤子輔哀拜乞銘。嗚呼！予忍銘璹也耶？璹視予若父兄，予能視璹」若子弟耶？天假之以年，璹登進士第，行其所學，又豈後於時髦者耶？」其可慟也。欲不銘可乎？其詞曰：」

子之孝親，愛敬兼至。子之友兄，和悅尤備。」視彼庸人，壽胤或延。□□若斯，而歸九泉。」柘林之塋，封樹堅□。□□先□，棲神妥只。」□□謂予，□□□章。子其永歸，德音不忘。

四五　明故松崖處士梅公（彝）壙誌銘

〔蓋文〕

故松崖處」士梅公懿」則閨人潘」氏壙志銘

〔誌文〕

奉直大夫協正庶尹禮部祠祭清吏司致仕員外郎張錞篆盖」

故松崖處士梅公壙誌銘　」

處士生於大明洪武五年壬子正月初吉，卒于正統七年壬戌十月廿有四日辛亥，」享年七十有一。配潘氏閨人，雖未及笄，恒以衿鞶惟謹，卒先六十八日，年視處士踰」二歲。厥子侃，字公毅，號麗澤，倜儻不群，雅好翰苑鄉校、鷲嶺蓬島，名流苟一臨之，款」洽連日夜，劇談賦詩以為樂，凡魯典、竺墳、丹書、稗官之説，靡不記覽，亦歿瘗于處士」之先。越歲有奇，其原距私第東南二里許，永安橋左，去烏逕三百步而近，處士以今」年三月十有八日合葬於此。孫粱始舁葬父，又舁葬祖，慟哭将欲無生，請雷狀其群」行来徵銘。處士諱彝，字用和，號松崖，姓梅氏，邑南梅家弄，其世居也。曾大父字鼎珎，」慷慨有大節，以鄒魯正學，擢為有元宣使，而蔚為名臣，娶湯氏。生大父字伯顔，號竹」泉，局度凝廓，而克繼先緒，娶宣使朱氏女。生父字廷瑞，適　」大明開天八表混一之初，迁居今之錦澳，創燕居，以奉經明行修之士，寅晡講貫，暇則躬」親畎畝，以樂　」文明極盛之治，人因以畊隱称。娶鶴砂瞿氏，運使公之孫女，曰妙清，是為母夫人。故處士」習聞家庭之訓。出居邑庠弟子員。當其燒灯夜誦，閨人極力承之，以助其志。将舉，忽」兩髀遘腫疾甚革，進退弗能療，遂絶意仕進，退休林栖。厥性謹慤，遇事各有條理，不」可越尺寸。鄉尹里師謀於縣大夫，起膺粮儲之寄，處士以疾耄辭，不果，既而釐正編」户，酌産厚薄為差，俾循次而輸。其或逋者，閨人私出己藏完之。於是，不二三載，而竄」者復，窘者贍，屈者伸，而訟者息矣，細民德之，上官称焉。生女二：長適潘大本；次適褚」彦安，卒。麗澤系實已自備於厝刻。粱，字克成，號雪屏，盖其所出也。嘗從予游，不意父」遽齎志長逝，祖亦遽賫魄，其甚可哀也。夫處士生紈綺家，又與閨人俱得上壽以死，」死且與子得同其葬。原視寒窶夭折、不克礼厝者，又何如？處士可以無憾。粱在形影」相吊間，彼之陵轢者或得利其孤弱，使處士有灵，目決不瞑于泉下，奈之何不哀乎？」雷因拉淚以銘曰：

雍雍梅公，宣使孫也。燒燈夜誦，德弥尊也。閨人承之，志弥勤也。起」膺萬石，一何均也。閨人完逋，又何仁也。永安橋左，金鰍原也。既固既藏，永利後崑也。」

正統八年歲次癸亥三月　日

會乩雨軒盧雷謹述

四六　明蕭氏貞一（淑婉）孺人墓誌銘

〔誌文〕

蕭氏貞一孺人墓誌銘　」

同里儒士凌孟庸撰　」

練川鄉校張玘如篆額　」

同邑鄉校凌鎮書丹　」

孺人諱淑婉，謚貞一，其先山東文登人也。父復齋先生，舉儒士，任寧國」儒學訓導。永樂初，東吳水灾，　」户部尚書夏公薦其才能，特　」召來蘇郡修治水利，因以孺人適雲間士族金志學氏。及□，姑已早喪，大舅」姑咸年耄耋，孺人怡愉婉娩，奉養定省，未嘗有怠。居七年，大姑嬰疾，孺」人蒼惶憂懼，草茵就側，以候起居，溺器親滌，弗使人代。凡八越月，大姑」卒，斂殯在堂，甫期月，淨素翁舅卒，□鬻妝奩，二喪同舉，如禮葬焉。又」四年，　寧静翁大舅病，孺人衣不解帶，□　」寢忘食，不離左右，奉終送葬，咸盡哀戚。族有□□伯姑，寡老無依，延留同居，」奉養如姑。孺人無己出，吐哺仲姪，曰復立，□□承金氏之宗，娶張氏，生」孫，曰□生，流傳宗祀。按孺人殼恭婦道，仁養諸老，天倫明矣。一尽慈」愛，養姪繼宗，大義樹矣。勤儉謹慎，而素自奉，盛德□矣。享」年五十，正寢而逝，善終得矣。孺人生於洪武丙子正月十八日，卒於」正統乙丑十一月初八日。卜其年十二月初七日，葬先壟之穆位。子曰：　後者恐」没親德。泣血奉狀請銘。辭不獲，乃系之以銘，曰：

生日為人，」死德不朽。有榮於前，有光於後。鑒茲實行，婦道之首。

四七　明故處士陳汝敬（欽）墓誌銘

〔誌文〕

故處士陳汝敬墓誌銘　」

嘉定縣儒學教諭新喻劉達撰」

嘉定縣儒學訓導鄱陽李輔篆」

庠生韓肇書」

嘉定縣學生陳濂持乃父敬庵行状泣訴於予，曰：　先君以卓異之」行，未遂厥志，而中道棄捐。今卜葬有期，幸先生肯銘，以為九原之」光。予按：　處士諱欽，字汝敬，號持謹，晚號敬庵。其先世居廬陵，自曾」祖茂林喜嘉定川流如練而縈迴，林壑尤美，乃擇守信鄉居焉。唐」宋以来，其間賢人君子，如桂溪先生與歐陽文忠公締交，齊名當」時；　學樵齋教授袁州，師表一方者，歷歷可數。至其徙嘉定也，代亦」有人，若處士者，隱君益莊、號安分之聞孫，宿儒叔禮、號存誠之令」子也。處士性温良，好儒術，不尚浮靡。其事親也孝，其事長也弟，其」治己也敬，其待人也恕。凡賓親往來，尤能倒屣投轄，以篤其情好。」應務有餘，必披經閱史，而自暢于懷。嘗為萬石長，一循禮法，未嘗」恃富以自驕，亦董事封□，緩急得宜，未嘗獲戾于上下，所以官長」器之，鄉人敬之，因自號為敬庵焉。先娶龔氏，前處士卒。生男四：長」曰瀚，娶韓氏，醇厚而好禮，勤儉而克家。次曰濂，娶王氏，早游邑庠，」明葩經，積學有年，殆見擢高科、登顯仕，而光前振後矣。三曰沛，娶」張氏；四曰渤，未娶，皆事耕學，不墜父風。繼娶翟氏，生男一，曰潚，贅」吕氏。處士生于洪武乙亥八月九日，歿于景泰辛未九月廿九日，」蓋享齡五十有七也。是歲十二月二十日甲申，葬于本縣圓通庵」西、祖塋之南，坐乙向辛，與龔室合壙也。嗚呼！處士生逢盛世，死終」令命，本蕃枝茂，子孫相仍，求之如公者，鮮矣。銘曰：」

有學有識，有言有行。俯仰無慚，始終其敬。雖死猶存，」孰匪天定。勒之斯石，千載足證。

疁城朱珙刊

四八　明故唐（侃）孺人左氏（懿正）墓誌銘

〔誌文〕

故唐孺人左氏墓誌銘」

賜進士奉訓大夫刑部員外郎同邑潘暄撰文」

徵事郎中書舍人吴門沈銘書丹篆額」

景泰五年甲戌十月九日丁亥，練川慎菴唐侃妻孺人左氏以疾」卒，卜以次年乙亥八月廿七日庚午，葬於邑守信鄉北、盛溇之陽。」前期，厥子栱纍然縗絰，齎致仕訓導三省先生曾魯狀，踵門泣拜，」曰：先母葬有日，不朽之圖，惟先生無以託用，特乞銘於先生。復拜」曰：先生幸無辭。余與唐、左氏皆有親蔓之好，往還久，聞孺人賢，不」可以辭，遂序而銘之。按狀：孺人諱懿正，姓左氏。其先汴人。六世祖」諱良璞，侍宋高宗南渡，授富陽縣尹。生諱贇，由富陽遷蘇之練川」居之，故今世為吴人。曾大考諱天驥，大考諱敬，考諱澂，皆隱德弗」祿。妣顧氏。孺人自幼貞淑勤慎，平居言動舉止，皆有規矩。顧之母」何，以節著名，故嘗舉之訓諸子，曰：女輩當效之。時孺人未笄，獨曰：」守節，婦道之當然。舍此，非人焉，用生為？考聞之，曰：是其知所自立」者，其配尤宜慎擇。既笄，歸名家，為慎菴妻。敬事舅姑，舅姑安之。善」處妯娌，妯娌宜之。舅没姑老，昕夕侍奉，益勤不懈。有疾即憂形于」色，愈而後已。祭祀、奉養，洎賓客之需，躬理中饋，不坐視指使。稍暇，」服勤績紡。其居處闤闠櫛比，未嘗聞笑諠之聲者，三十年如一日，」閨門之内斬如也。所生子女，慈而知教。待臧獲均而不偏。慎菴精」毉術，且文之以學行，未嘗規規於利，而家日裕者，由相之者有道」也。歲庚午，厥考妣繼卒，哀痛不已，言及必流涕。疾革之日，家事無」所囑，惟以不克終養老姑為恨，屢言而卒。其孝道之篤，蓋出於天」性云。享年四十有九。所生子男一，即栱。女二：長納陸搢聘，次納徐」寅聘。銘曰：」

既豐其德，胡嗇其壽。天非不仁，將錫爾後。

四九　明范宗常（彝）室邵孺人（淑清）墓誌銘

〔蓋文〕

范宗常」室邵孺」人之墓

〔誌文〕

范宗常室邵孺人墓誌銘　」

崑山沈魯譔　」

太常寺卿會稽郡夏昶書　」

賜進士出身同郡張翥篆　」

進士范純狀其母邵孺人之行，持以之余，而求銘諸墓，且言曰：吾母生我勞」苦，成我艱虞，而棄我太蚤。升斗之禄不及養，而天遽降罰，以禍我所恃，我其」何以仰息而自存哉！幸哀而畀之言，以圖其不朽者，庶有以慰吾父，而紓哀」於衰年也。予憫其言，而為摭其概焉。孺人，邵姓，淑清諱，世為蘇之嘉定人。始」祖華甫，樂善急義，為邑里望族。曾大父子善。大父思敬。思敬無子，以宗人孟」瑄為後，而室以朱孺人，父母也。長擇配適同邑范彝宗常。宗常少孤，力學能」自樹，孟瑄處以甥館。時思敬之配沈年加耄耋，性嚴厲而辟，孺人能委曲承」順，竟得其歡心。宗常家故多資，母殁而悉為伯氏所有，宗常與孺人未嘗一」言及之。尤厚於宗族，而於夙昔有憾者弗報，有德者則不忘也。鄰嫗来亦待」以禮，而未嘗一蹟其户。宗常值多故，始而家豐，後乃歉約。孺人善相之，不憚」勞瘁。平居必勤儉，女紅必緻精，主饋必豐潔，奉先款賓，禮師教子，必誠必厚，」雖脱簪珥、鬻衣奩，不少靳。宗常工詩，而語意和平，不事雕琢。尤善教子。而孺」人性慈愛，然不務姑息。宗常或出，而諸子釋書以游戲，必叱怒曰：汝父昨教」汝云何，而遽違之邪？宗常歸，必以為言，使懲其後。由是子多以賢稱。而純以」學官弟子鄉舉，屢見黜。宗常曰：汝怠學耳，非數奇也。孺人曰：然事未有勤而」無成者，爾宜益勵焉。後由鄉貢登甲科，歸省，宗常曰：爾一第自溷，未足多也。」必若古人，基此而崇功業者自待耳。孺人曰：然驟進而易驕者，未足與言遠」大也。故得失不見喜愠之色。至與諸子婦亦相親愛，無異己女。雖多疾，未嘗」見其惰容。天順戊寅十二月初九日卒，去其生之年為永樂庚寅三月四日，」享年四十有九。子三：純，其長也，天順丁丑進士，娶金，先卒，繼王；次粹，娶嚴；次」和，議王氏。女一，嫁凌鳳。孫男二：曰俊；曰如意保，蚤卒。孫女四。卜以明年十一」月十二日庚寅，葬邑城西項涇之東原。純稱母氏賢明淑順，可為世則。予稽」其狀行，而知其不誣，遂為銘曰：」

惟其能孝，宜嗣人之承教。惟其能賢，宜順正於所天。嗚呼！胡不遐壽？命也其」誰咎？

崑山唐芸鐫

五〇　明故迪功郎順德府知事潘公（譽）墓誌銘

〔蓋文〕

明故迪功」郎順德府」知事潘公」墓誌銘

〔誌文〕

明故迪功郎順德府知事潘公墓誌銘」

賜進士出身國子監祭酒安成吴節撰」

賜進士出身通政使司左參議趙昂書」

賜進士出身尚寶司少卿凌信篆」

公姓潘，諱譽，聲遠其字也。世居河南，隨宋南遷，遂占籍于蘇之嘉定焉。曾祖以上，譜系散失，不」可考。祖四道，考思銘，俱隱弗仕。思銘娶張氏，生子男四，公居最幼。公生少岐嶷，體貌豐偉，識慮」不群。弱冠，尋以才能從事縣曹，上天官，歷事内臺。未幾，拜順德唐山幕。公自抵任来，律己修職，」積勤效勞。凡邑之政，雖出於令佐，而贊畫之功，公嘗居多，故政績著人耳目者，不可殫舉。若鄰」□趙州有僧曰楊和尚者，污合人妻，既叛而殺其夫。夫歿具一日夜，忽感神人□其醒，指示□」向，且云：唐山西宅潘爺者，能理冤獄，盍往訴焉。公是夕寢□弗寐，恍若冤訴於側，旦視門外，果」有□□人，公問其由，乃告曰：其姓孟名敬，趙州人也，因妻與是州僧楊和尚污合叛去，隨訪至」唐山□□□□，遇其僧，遭其以亂石擊死而去，今不知身之至此。公得其情，尋獲奸僧與其」妻，鞫實，遂伸其冤。唐邑廟□歲久傾圮，聖像廊廡俱廢，」公為葺治。經始之際，夜夢虺蛇繞身，達」旦，□土築廡□□□□□□□，由是□□聖像焕乎一新，即樹碑以祀之。正統辛酉，歲歉，民」□□食。公　」准發倉出麥萬□□賑濟，饑民賴以全活。是歲壬戌，　」詔□求經明行修士，公聞同邑陳瑞、楊縉讀書明經，首薦之，□□中式，□俱授訓導職。癸亥，平定」州守禦軍下屯於縣，每歲終取調赴京操備，鼓吹軍器，發砲石搶虜孳牧，蝕損於民。公為具　」奏禁止。復舉是州千户所百户趙昇職專其責，軍民各安生業。乙丑，巡撫刑部侍郎薛希璉舉公」廉能，宜任撫民。檄下，公即查所轄户，分立等差，均其利益，督勸耕蚕，居民自是得所。是歲，縣民」接踵逋逃。公為綏輯，民感其化，取次復業。及他郡流民入境，公為撫恤，有願占籍者，餘三千户」焉。以故，時之好事者，咸第其異政之名，以歌詠之，□□不輟人口。九載秩滿，將謁選銓曹。適巡」撫大理卿李奎、陳詢，巡按御史全智，僉以順德土地，民窘衣食，寇賊擾攘，交章上疏，薦公廉能。」上允其薦，□」璽書陞公為是郡知事，專職巡捕。公領是責，益殫厥心，□□民□□寇賊斂跡，民咸樂業。景泰癸」酉，公解職東歸，至臨清，伏覩」詔下，願出粟賑飢者授以冠帶。公即出粟千斛以納，復授冠帶回。公居鄉里，自邑城北，徙居城市，」營置産室，次第一新。日延賓客，以杯觴自樂。復購田若干畝，日督僮僕事耕耨，以供伏臘。治生」之餘，嘗積書萬餘卷，俾其子□習肄經史，奮力舉子業，期仕進以紹公之後也。厥子生秀朗，克」□□旨，遂鼓笥入邑庠，補廩膳員，嘗□□就試鄉闈，不售，而進學之心益拳拳焉。公平疇操履，」與夫居官蒞政，大率類此。天順辛巳冬，俄遘疾卒，春秋五十又九。卜天順壬午十二月二十四」日，葬于邑之守信鄉楊涇之原。娶陸氏，生子一，即齡，娶黃氏； 女一，曰妙善，贅陳護。側室喬氏，生」子一，曰斷，聘王氏，亦讀書學禮； 女一，曰妙寧，歸上洋鄉進士張慶。孫男一，曰隆； 孫女一，曰素貞，」俱幼。嗚呼！ 公卒之日，厥子齡以狀乞銘。銘曰：」

方幼而習，孰識其得？ 既壯而行，孰枉其生？ 逮老而終，得於天者，亦鮮與之同。楊涇之原，風氣固」完。茲之永藏，將遺後者昌。

吴郡何璡鐫

五一　明故處士陳公（昭）墓誌銘

〔誌文〕

明故處士陳公墓誌銘」

賜進士奉政大夫兵部武選司郎中雲間盛綸撰」

承直郎南京太僕寺寺丞華亭葉藻書」

賜進士中憲大夫都察院右僉都御史同邑徐瑄篆」

公姓陳，諱昭，字緯明，明軒其號也。世居姑蘇練川之桃溪。高祖諱某，曾祖」諱善長，祖諱高可，父諱孟誠，俱隱弗耀。家素饒裕，世總稅於鄉，心存愛惠，」不事苛刻，有司稱其□，鄉人頌其德，咸以長者目之。孟誠生子三人，公其」季也。資稟端重，不茍言笑，重然諾，嘗受業于司令雲間王公衛先生之門，」每授書，務求其義，懇懇審問，□造其理，弗措也。又以聖賢指要，古今事宜，」無不該博。事父母極致其孝，處昆弟克盡其和，儕輩恒敬憚，弗敢與狎，父」母鍾愛之逾於衆子。同里鉅族陸彥和甫讀書尚義，財甲於鄉，無嗣，生一」女，諱惠，字惠寧，賦性柔嘉，端□恭儉，慎擇所配，以承其後。彥和甫一見公，」即驚異之，曰： 此子不凡，吾今得壻矣。遂徵為壻。公至陸第，事外父母無異」於事親，待族姻不殊於昆弟，處朋友必致其信，遇臧獲必推以恩。力勤生」業，躬課農桑，由是家日以饒，業益以盛。鄉有强□梗者，犯之弗與較； 貧而」無依者，□恤無吝容。鄉無長幼，待之一出於至□，怡怡如也。凡寺觀、橋梁」傾圮，叩者□施財以完構之。時□□民飢，即出粟以賑給之。有司嘗旌其」義，然此亦多□□□助之賢也。人皆曰：非公□宅心忠厚，不能施此仁義」於家邦；非陸孺人之賢助，亦□以成公之仁義如是耶。鄉黨宗族稱之無」間言。生子二：長嫡曰篚，次庶曰篋。女一，聘綸為婿，未歸而殤。孫男三，孫女」一。公年六十又六，以疾卒于正寢。生於洪武己卯十一月十一日，卒于天」順甲申正月十五日，以是年二月一日葬于□仁鄉之原。越十月二十六」日，孺人亦卒，年六十又二，生于永樂癸未四月十五日。卜以成化乙酉二」月二十五日，合葬於公之右。其子篚、篋泣□徵綸□銘，以葬其墓。嗚呼！公」與孺人愛綸□子，□□迫切，痛裂心腑，尚忍銘耶？此親愛之至，惡乎無銘，」以昭潛德於不朽？乃抆淚而為之銘。銘曰：」

維積之厚，其發斯茂。善萃于躬，業昌厥後。」合窆幽藏，勒銘永久。

五二　明封王（以中）宜人徐氏墓誌銘

〔蓋文〕

封王宜」人徐氏」墓誌銘

〔誌文〕

封王宜人徐氏墓誌銘」

賜進士出身承直郎兵部武選清吏司主事同邑張弼撰」

賜進士出身中憲大夫□□等處提刑按察司副使同邑吳玘書」

賜進士□□□□□□四川重慶府合州知州同邑唐珣篆」

南京工部虞衡清吏司員外郎王績，推」恩封父以中如□□，母徐宜人□□□□歸松江既□地以□及禫，母卒」成化六年八月四日。□謀以是年十二月廿七祔葬，而泣謂其鄉友兵」部主事張弼曰：績不幸洊遭大故，忍死將□先妣，墓上之石，子其誌之。」弼念與績交久，嘗拜老宜人於堂，竊知其概，□不辭而□□。宜人姓徐，」郡城東門内之舊族。祖子厚，父文聰，皆以質厚長者称。母何氏。宜人二」十五歸以中。勤儉有賢智，舅姑安之。以中遣子從師，宜人脱簪珥以資，」束脩略不少靳。績由甲戌進士，拜行人司行人，將使於外，嘗戒之曰：自」尔祖宗来，以醫為業，往往活人，不求報。或報□過□□□不自安，所以」積而至於今日。今尔使於外，衣食乘馬，無往不仰」朝廷，若更有他私，以辱」君命，非好兒也。惟小心清慎，無顧家為。□陞工部，戒益詳懇。故居頗隘，家」人謀欲别置廣宅，宜人聞之，亟呼子及婦□□□□□尔父相繼為」醫士，我從居京師者二十餘年，東僦西賃，僅取容身□□□大夫，車馬」日輳，不以隘嫌，此乃祖居，不知幾百年於此矣。屋雖□，家聲實□。有司」又為尔建進士坊於前，有□□可，而欲他徙耶。吾□□里間高堂大厦，」朝歌暮絃，不三四十年又□□□□□□小□而能□□身寬不如心」寬，斷不可也。由是，不敢復□□□□□□子□□□曰□止□□一男，常」以為儉，今□止一女，而□□生□祀□□□妾不可以也。蓋其為遠慮」□□□□□□□耶，□□□□以記□□也。銘曰：

右望通波，左傍集」□□□□□□□□□□□□□□□，此其永傳千萬年。

五三　明故承事郎大興縣丞致仕韓公（思聰）墓誌銘

〔蓋文〕

明故承事」郎大興縣」丞致仕韓」公之墓

〔誌文〕

明故承事郎大興縣丞致仕韓公墓誌銘　」

儒林郎致同知東平州事渤海封錦撰　」

鄉貢進士穎川陳洵書　」

賜進士承直郎刑部主事同邑沈塈篆　」

成化十二年冬十一月初三日，承事郎大興縣丞致仕韓公卒于家，其子珮」持庠友駱應辰狀，遵治命偕來請銘，誼弗可辭。公諱思聰，字以德，姓韓氏，世」居蘇之嘉定邑治東，距城一舍餘，許月浦之陽。高、曾以上皆有隱德。大父道」榮，祖妣蔡氏，素積善，喜施與。考天章，妣高氏，尤樂為善事。生三子：孟思敬，仲」思廉，季即公也。自少志氣不凡，好讀書，善記誦。甫成童，縣尹祖侯選入庠校。」既冠，學《易經》，習舉業，駸駸有進。累應鄉試，弗克遂志。景泰紀元，膺貢登胄監，」大司成劉公深器之。後歷政夏官，著能聲。天順辛巳，銓曹考優列，授順天府」大興縣丞，職務繁劇，應答旁午。公宅心謹厚，佐理克勤，以刑獄為民命所繫，」每存憐恤，捐俸市材，造囹圄地閣，時設粥濟囚。若令缺，公攝行邑事，緩急適」宜，上下莫不称焉。在官凡三年，忽興桑梓之念，致政南歸。公天性孝友慈祥，」恒欲濟人利物，如修緝傾圮橋梁，遇貧窘者則解衣衣寒，推食飼飢。其於鄉」黨宗族，凡有不給者，輒盡心賑卹。見漁獵有物命可生者，即買縱放。公之仁」德大率類此。一旦，召子姓囑曰：我壽已近，汝輩自為之計。囑後，果以疾終正」寢。公生于永樂壬辰十二月十五日，春秋六十有五。初娶同里張氏，蚤世。繼」娶管氏，又卒。續娶黃氏，亦卒。晚娶顧氏，無出。子男三：珵，張出，娶陸氏。珮、瑛；女」二：静、瓊皆管孺人所生。珮娶孫氏，故給事中濬之孫；瑛娶張氏，静適錢鳳，瓊」歸陳以誠。孫男四：汝寧、汝賢、永吉、宗辰。孫女七：汝芳贅陳孟暄，汝清嫁范宗」文，餘尚幼。卜今年丁酉春二月望日甲申，葬于守信鄉所居里斜涇之原。嗚」呼！公多懿行，宜壽享期頤，胡止於斯？然仁者有後，觀公諸子若孫森如蘭玉，」克世其家，可謂有後矣。銘墓以傳不朽，宜矣哉。銘曰：　」

韓氏之先，奕業為善。餘慶所致，生公實賢。佐理京邑，克盡厥職。」惠洽編氓，政聲洋溢。休致家居，廣施仁德。公雖歿矣，有子有孫。」芝蘭玉樹，庭訓是遵。厝茲窀穸，永世無斁。

五四　明故（徐博）妻張氏（貞）墓誌銘

〔誌文〕

故妻張氏墓誌銘　」

鄉貢進士承德郎福建泉州府通判致仕弟張瀞篆盖　」

成化十四年五月甲戌，吴嘉定徐博之妻張氏卒；八月丙申，祔葬」城西先塋。博銘其墓，曰：君諱貞，同邑人，山西太原令澹庵先生葵」之女。先生端重方正，與先君松石翁交稔，因締婚焉。母夫人董氏，」有賢行。君少聰慧，温柔莊静。讀《孝經》、《論語》，潛識義理。善剪製縷結」事。性至孝，父母鍾愛，年廿三，乃歸徐氏。事先君□太夫人，極盡奉」養。躬家事匪懈，恭儉有節。敦睦夫黨，致肅雍之美。享賓客、承祭祀，」一以豐潔。婦德用光，家道甚宜。嘗從予官于京師，之湖湘，一遇節」敘，必曰：舅姑耄年，不得供甘旨。邑邑不豫者旬日。余拜監察御史，」入内臺，逮謫官往□越六載，君與二子家居，攻苦食淡，猶日治絲」枲，不廢經畫。内政斬斬中度，畜妾御能正以仁。其馴德淑行，協于」上下，内外無怨。適先君病革，君朝暮奉湯藥，既逝，速予奔訃，竭力」營葬事。侍太夫人，朝不血食，誦佛書，不離左右。君生七子，皆夭殤。」抱伯子與庶子育之、教之，均若己出。子就學，遣從明師。篝燈晨昏，」誨厲教督，手自紉綴，連寒暑彌不倦，重誡曰：汝等年漸長，當奮發」砥礪，以經史為生業，其毋從慆慢，毋事荒辟，毋悖格言，毋忝所生。」他日庶幾不墜前脩，增光吾門者，深有望於汝曹也。君歷任勞苦，」遘病踰九月，卒之日，内外親無老幼疏近，皆吊哭之哀有餘。烏乎」痛哉！君德如此，宜其安享禄壽，以衍慶澤於無窮，豈謂遽喪我賢」妻哉。君年五十，生于宣德四年十二月二十二日。子男三：曰瑋，聘」張氏；曰瑮，聘長洲侍御同年胡公之女；曰珊，尚幼。女一，適庠生侯」粲。銘曰：　」

孝祇順慈兮内外稱賢，允膺福祉兮綿綿，奈何乎天兮弗與」之永年。於嗟與君兮隔九泉，我作茲銘兮詔子姓以世傳。

五五　明柴幽人（貴）墓誌銘

〔誌文〕

柴幽人墓誌銘

邑人朱珙鐫」

幽人姓本柴，蠻音誤呼為翟，幼名貴，字貴喜，錢唐人。父崇善，以解」鳴鳳儀器，供奉　」內廷。生二女，其姊字貴蓮，隨　」宣宗聖駕登遐。訖永樂十七年十月十一日，幽人生于重□太清梅」屋中。幼巧慧閑静，剪製挑描，烹饋織紡，大概皆宜。正統間，予遊蟾」宮，度曲江，而幽人一遇於予，遂目成而心許之。自後，予以功名，故」不相見面，幽人亦閉門不出。景泰初，幽人以例歸錢唐，予適在富」貴中，偶憶前盟，用白金二千四百銖，介神武衛千户付成，執柯於」幽人表兄御醫金亮第。金為之主婚，遂定姻娶，館于付成宅中之」別第。與予生二子：長曰秀，次曰慶。天順間，予被誣，謫宦開平。而幽」人左右挈二子乘馬度居庸關，凡七百二十里，與予住五年。冷風」黄沙，裂膚墜指，受□赦□，不曾赧色。正如柳先生於雷五之姨，而」幽人之立志操行則大過之焉。成化改元，予偕幽人蒙　」恩南還。予重沐冠帶，家山閑居。幽人與予綜理家事，以善相勸，不壞」予家政。此其大略也。歲己丑七月八日，忽遘疾，沉綿久之。將殂，泣」謂予曰：妾以君子故，凡二十餘祀，謹慎奉承，惟恐弗逮。今不幸病，」亟將與君子別，獨二子雖有聘定名，而未得遂所願。予念其患難」功名，故一依其將瞑意。以秀嘗疣庠生施鎰，遺幣招其權過予門；」次慶，歸儒醫子沈[illegible]。是冬臘朔，幽人卒，壽五十一。卜以己亥十月」初八日，葬宅後邑墅涇南。予恐人昧而不知，故直寫其實，以示予」子孫，不可輕易□幽人也。《易》曰：履道坦坦，幽人貞吉。惟幽人平昔」所操所持，平坦而不險阻，故其從予也，得正而且□，善始善終如」此哉。銘曰：

幽人匪雷五之姨，實出淤泥之蓮花也。其人□□□□」心為者，有無心失禮者，幽人與無心人伍可也，若其忍□□□□」無焉。噫！若幽人者，誠女中豪傑也，是為銘。

刑部郎中□□□□□

五六　明柴幽人（貴）輓詩墓誌銘

〔額文〕

柴幽」人輓」詩墓」誌銘

〔誌文〕

玉骨英英不染塵，太清梅屋座中人。無端」棄我仙遊去，一度懷思一愴神。」

富貴相從衆所同，謫官千里獨相從。亭亭」浄植非凡卉，一似深岩雪後松。」

雖無剪髮斷機聲，總抱明枇出塞情。謚法」幽人定無忝，芳馨千古賁佳城。」

幽人節義似田横，新刻榮易自製銘。□底」漆燈蜚□處，文光争與□光明。」

誰識仙姿㮴調清，冰霜嚴勁□□□。□□」金鐵相礱礪，堅白剛方氣愈增。」
掛劍孤忠脱世塵，相從患難見情真。□□」歸嘯空山月，已了前生未了因。」
二十年来百感并，龍門邊塞赤霞□。□時」從我今相別，臥對靈筵幾淚傾。」
清魂渺渺去何之，清□□□勤我思。應□」太清□□□，□所清瀣酌瑶卮。」
□塋修竹翠交枝，□外清流□給奇。厦屋」渠渠□岑並，中間容我醉吟詩。」
吕墅涇南鬱翠岑，麒麟鸞鳳結松林。後人」知是榮易兆，夜静争聽虎豹吟。

五七　明故致仕教諭陳公（瑜）墓誌銘

〔誌文〕

明故致仕教諭陳公墓誌　」

鄉貢進士嘉定儒學教諭莆田李長源譔文　」

儒林郎東平州同知致政邑人封錦書并篆　」

先生姓陳，諱瑜，字廷璧，別號自警齋，世居姑蘇嘉定桃溪之左。曾大父」承五，大父子榮，父子釧，皆隱德弗耀。先生昆季三人：孟曰琮，仲曰璞，季」即先生也。先生天性穎敏不群，祖母金氏、母童氏咸鍾愛之。自童丱時」入邑庠為弟子員。正統甲子，以禮經登鄉薦。乙丑，赴春闈，中乙榜，授河」南温縣學教諭。居二載，丁外艱。服闋，景泰辛未，除浙江臨安縣學。秩滿」考最，以得舉子一人。為例所拘，天順庚辰，改任江西廣昌縣學。居五載，」慨然興桑梓之懷。成化乙酉，遂解組歸田里。讓祖居於伯兄之子鴻，自」構新室於右隙地以居焉。前後凡三持教鐸，務崇正學、迪正道，觝排異」端，不混流俗。同官讓其老成，生徒服其矩矱，上官甚禮重之。科貢多得」其人，既去，而人思之。始自結髮，至於從欲，表裏一致。性耿介，未嘗頫仰」於人。平居不嗜酒，其遇親友造飲，必極其懽洽。訓迪子孫，克勤克儉，可」謂能令始令終者矣。娶楊氏，先卒。繼娶程氏，亦卒。子男三人：長曰冠，邑」庠弟子員；次曰弁，司鄉社教。皆楊出。又次曰綦，綜理家事。女二，皆程出。」孫男四：曰孝恭，曰孝寬，曰表，曰章。孫女五。成化己亥九月二十四日卒」於正寢，上距生時永樂庚寅八月十七日，享年七十。先數年，先生築新」塋于祖塋之側，葬程氏於右，今闕二窆，卜以是年十一月二十五日，葬」先生於中，因遷楊氏於左而合葬焉。前期，長子冠具衰絰，持其父執致」政太尹沈能狀，乞銘于予。予与冠有師生之好，矧先生又士林之翹楚，」義不可辭，遂為之銘。銘曰：　」

陳氏之先，桃溪一區；　韜光弗耀，三世莫渝。　卓彼先□，有亢厥祖；　科目」發身，儒道宗主。　先生之志，廉介自持；　足人軌範，終始無遺。勿謂微流，」其源不休；　勿謂小就，綽有裕後。桃溪之原，佳城鬱鬱；　我銘貞石，以發」潛光於不没。

邑人張鎬鐫

五八　明故處士黃孟瑄墓誌銘

〔蓋文〕

故處士」黃孟瑄」墓誌銘

〔誌文〕

故處士黃孟瑄墓誌銘　」

鄉貢進士薛瑛譔文　」

蘇郡庠生皇甫信書丹篆盖　」

處士姓黃，諱孟瑄，世居蘇之練邑東也。父諱玉，母」朱氏，皆以善稱。孟瑄少贅依仁鄉顧子茂家，勤儉」自持，卓立門户。後徙居月溪，遨遊江湖，家道日裕。」其為人克孝於親，誠實謹慤，言行未嘗有或欺。於」鄉黨宗族，有乏者，則弗計其有無以周給。里人咸」羨之。子二：　長曰浩，娶王氏；　次曰潤，娶朱氏。俱善樹」立，繼守先業。女二，悉以女紅為務，長適顧信，次適」王瑞。孫男三：　曰楷，曰格，浩所生也；　曰樞，潤所生也。」悉方成童，學讀儒書。孟瑄生於永樂甲辰三月十」四日，卒於成化丁酉三月八日，春秋五十又四。卜」於成化庚子十二月二十八日，安厝於守信鄉之」原。其子浩等縗跣泣血，持同年徐兄之狀，載拜請」銘，故叙而銘之，曰：　」

繄維斯人，克儉克勤。秉心誠實，周給族鄰。」五十餘禩，已蜕其形。我今銘之，永昭後人。

五九　明故宋諫妻范氏（秀清）墓誌銘

〔蓋文〕

明故宋」諫妻范」氏墓誌」銘

〔誌文〕

宋諫妻范氏墓誌銘　」

松江府儒學生邑人俞琳書丹并篆盖　」

范氏諱秀清，松江華亭脩竹鄉人。祖父諱永」亨，任湖廣德安府照磨； 祖母趙氏。父諱廉，不」仕； 母張氏。正統九年甲子閏七月十一日生，」成化二年適宋諫。諫實瑛伯兄味梅子，為仲」兄古愚後。味梅兄貴德樂義，嘗為諫擇配，得」范氏。簡靜柔和，事上敬，處下寬，不擅為，不躁」怒，宗族鄉黨咸稱焉。年三十八，成化十七年」辛丑九月七日戊寅以疾卒。子男二： 公亮、公」權。女一。俱幼。今味梅、古愚兄及諫俱先卒，瑛」以工部主事致仕，還家已十七年，知其事概。」且范氏疾革時，嘗達顧其男女意。故為卜是」年十二月二日壬寅，合葬于諫墓。銘曰： 」

其夭繫天，其性行人罔不憐，斯銘斯鐫其永」年。

六〇　明故刑部郎中奚君（昊）墓誌銘

〔蓋文〕

明故刑」部郎中」奚君墓」誌銘

〔誌文〕

明故刑部郎中奚君墓誌銘 」

賜進士出身翰林院侍講兼修國史經筵官▨ 」

賜進士出身江西等處提刑按察司副使郡▨ 」

賜進士出身刑部郎中嘉▨ 」

刑部郎中奚君時亨勘獄瑞州，還至杭州，得疾卒。按察▨」學浙江，日視疾，具湯藥。比卒，治含斂衾櫬甚備航。君喪▨」人及妻若子女，皆寓京邸，聞訃慟絕。諸寮友皆驚悼，相▨」慰曰： 李君不負時亨，吾徒可獨負哉。於是，屠郎中元勳、▨」郎中太璞、柳員外拱之諸君屬予銘。適君女兄之夫孫▨」自京，因寓銘俾刻石内君墓壙。予辱君還往，□□且▨」之知君□為詳，乃叙銘之。君諱昊，字時亨，姓奚氏，號千▨」人。曾祖興益，祖文華，累世儒隱。考諱盛，歷霸、合二州▨ 」□承德郎、刑部主事。母梁氏， 」封太安人。君質貌穎異，九歲就外傅，間囊白金為學資，有▨」貧鬻線，得百錢而遺之。舅姑老，無以為饘粥具，君即以▨」德公。公曰： 兒能如是，吾無憂矣。君弱冠，從承德公于合▨」以身代，又重傷太安人心，匿不使聞。公卒，君奉母扶櫬▨」為弟子員，舉成化戊子鄉薦，□擢己丑進士第，援例贈▨」明敏，精吏法，片言擿伏，人服其能。遷員外郎，勘貴州獄▨ 」旨進郎中。庚子，復乞歸省太安人，□就養焉。居數月，會瑞▨ 」命往，日奔走勞瘁，成疾以卒，壬寅三月望日也，年□十六▨ 」封安人。子一，曰伸。女四，皆在室。君和厚且直，重恩義。幼學時▨」讓兄冕。俸所得金帛，必分族屬。為員外時，同年董知縣▨」為□穀給綈纊厚賻之。還使經景州，有父故□□判官死

〼」且卹其家。平居恭遜，見鄉先輩無窮達，皆不敢慢。處家〼」多愛樂之。尤嗜問學，寒暑不時輟，喜臨晉唐書法詩文，性〼」□值□得，恒夜分不寢。有《千東子稿》若干卷藏于家。君〼」化十九年春三月四日從吉卜也。銘曰：

〼」光彩□□孰爾淬之復爾閟之，□神有靈〼

六一　明故昭信校尉徐公（勉）墓誌銘

〔蓋文〕

昭信校尉」徐公之墓

〔誌文〕

明故昭信校尉徐公墓誌銘　」

太學生古婁方瑞撰文　」

鄉貢進士嘉定王春書丹　」

進士古婁施裕篆盖　」

公諱勉，字敏德，其先武昌郡人也。世累武功，授昭信校尉。父諱亮，洪」武初調吳淞所守禦，没於蟲幹。公幼依母李氏訓。長兄福亦早世。公」自匍匐，已食天禄。及長，襲父職，尚氣節，多謀略，特達過人。居官惟以」廉介自守，好理《陰符》、《握機》、《孫子》之術，獵涉書史，理以處事，信以與友，」仁以御下，接□衆以和，以故見知當道，咸加德色。若都督董公、監察」御史鄭公，禮愛尤厚。時海道生寇，寇衆，負險蔑德，勢不可膺，公往捕」之，進不避難，外□威武，旁達明信，一動而渠魁授頸，海道賴以安寧。」由是當道益加重焉。後復如是者二，而公之厥聞愈彰。□食之餘，則」立産業，以遺後嗣。構堂宇以為□謀，與夫祠廟、田舍之所，靡不焕然」一新。一日，與余飲□酣，商及先塋之可否意在別遷。余曰：何必改作。」昔唐□準自以生前卜葬惟大岡不食地，顧所積何如耳，塚墓奚以」遷改為哉！況以今日□之足以驗祖塋之善。公意遂止。後以□歷海」道，冒風成疾，卒於正寢。成化癸卯十一月壬寅，舉葬於祖壙之東南，」相去五步，許從昭位也。距其生自宣德己酉，享年五十有一。配馮氏。」子男二：長曰瓏，娶劉氏，已歿，續娶郭氏；次曰璀，娶朱氏。女二，皆早逝。」孫男三：曰嵣，曰山，曰魁。皆劉所出也。嗚呼！□□□□没，余知之最深，寧」無辭以答其孤之請耶。銘曰：

」

誕實匍匐，尋受天禄。孔學既成，孫編是讀。待己惟嚴，」整戎以肅。懋哉嘉聲，鬱乎芬郁。輯寧海道，寇攘息毒。」創業成家，竟致饒沃。中道而蹎，云歸何速。南浦之原，」佳城是卜。用妥靈儀，是憑是復。子孫繩繩，永宜其福。

六二　明故樂閑處士劉公（宗海）墓誌銘

〔誌文〕

故樂閑處士劉公墓誌銘　」

賜進士奉議大夫廣東等處提刑按察司僉事奉　」敕提督學校前禮部員外郎郡人張習撰文并書　」

處士諱宗海，字天注，姓劉氏，世為嘉定守信鄉人。其」父文富，富而好禮，乃萬石之長也。有子四：長即處士」也。處士身樂於閑，而自足以知其閑閑之樂，故自號」曰樂閑。次弟曰天澤，號葵軒。三弟天源，號耕樂。俱先」卒。四弟天瀞，號芸軒。處士平日與弟葵軒友愛尤篤。」尤能敦睦於宗族，篤信義於朋友，賢者事之，困者甦」賓週之，少者慈之，具各適其可，略無驕吝之態。人咸」曰：天注，仁人也。吾邑□之者鮮矣。處士娶王氏，先卒。」有子二：長曰棟，娶李氏；次曰桴，娶楊氏。俱能幹蠱，克」承家業。女一，秀春，適邑人李賢。繼室王氏無出。孫男」二：珵，娶顧氏；瑛，幼。孫女一，勝蓮，尚幼。曾孫男一，孝郎；」曾孫女一，玉蓮。皆幼。處士生於永樂乙未，卒於成化」甲辰七月初二日，壽享七旬矣。卜是年十月初七日，」葬於橫涇之西原先塋之次。其子棟等狀其父之實，」衰踵門乞銘於予，曰：願一言以慰吾考於地下。予既」見哀棟等之請，遂不辭而為之銘。曰：」

父之教，子之孝。身之享，維其效。」歿也寧，先人塋。後之存，我有銘。

六三　明故儲（勳）母居氏孺人墓誌銘

〔蓋文〕

明故儲」母居氏」孺人墓」誌銘

〔誌文〕

明故儲母居氏孺人墓誌銘　」

同邑儒士黃宏撰文」

恩授迪功郎同邑姚民書丹并篆」

成化壬寅歲，孺人卒。越二稔，甲辰之冬，始事于安葬。其子勳狀孺人」之行，衰絰拜吾廬，乞余銘以納諸壙。按狀：孺人姓居。父以寧處士，世」為海鄉著姓，敦朴好古，而不尚靡麗，人以忠厚長者稱之。生孺人為」長女，雖甚鍾愛，然於閨門之脩，教之必盡其方，由是孺人女紅織紝」之習□□□□□。既長，擇德為廷玉公之配。克閑婦道，孝于舅姑，」睦于宗族。勤勞以生業，和樂以宜家。處妯娌無可擇之言，撫卑幼有」□□之德。且性好質素，不事容飾，樂于濟匱。猶善教子，能愛而知勞，」□其□□，戒其遊惰，而諸子悉有造就。姆儀閨範為里所師。以故」□□宗族□以賢婦、賢母稱焉。廷玉公亦倜儻有為，凡董鹺于官数」十年，同事者多破其產，而公以孺人之賢，戮力輔佐于內，家視昔反」日益饒裕，所知靡不為之敬羨。其生之年永樂壬寅四月七日，沒則」成化壬寅之五月廿有六日也，春秋六十有一而考終焉。嗚呼！賢若」孺人，宜享永年，為鄉邦式，胡亦以數而終耶？男三：曰勳，曰烈，曰熙。皆」讀書好禮，善生業而立門户。勳娶李氏，烈娶蔡氏，熙娶張氏。咸能克」纘孺人之女事。女二：長適楊祚，次適吴經。悉望族之胄。孫男：曰經，曰」綸，曰紘、繡，曰綱，曰維，曰綵，曰綎，曰純，曰組，曰綬，凡十有一，而加冠有室」者三四矣。孫女五，各有家而未歸。曰雲，則孫而又孫也。勳等卜以本」年十二月二十九日，奉柩安厝於所居之□、六竈港之陽，附祖塋而」昭穆葬焉。余忝孺人子勳連姻之末，而知孺人之平生頗悉，矧感賢」郎禮意之誠，銘其辭乎？傳曰：有善而不知，不明也；知而不傳，不仁也。」況孺人之賢，表表可述。如此，是宜為之銘焉。銘曰：」

金質以精，玉德以良。猗彼芝蘭，以奇以香。卓哉孺人，」賢胡可量？刻辭銘窆，厥幽允彰。于萬斯年，似續永昌。

六四　明故義官怡晚宣公（孟宗）妻陸孺人（妙安）合葬墓誌銘

〔誌文〕

故義官怡晚宣公妻陸孺人合葬墓誌銘　」

賜進士中憲大夫四川等處提刑按察司副使致仕范純譔文　」

賜進士中憲大夫廣東惠州府知府遂昌吴志書丹　」

賜進士文林郎南京大理寺評事邑人葛鏞篆盖　」

成化乙巳春三月二十三日，義官怡晚宣公卒。其子泉，同知廣東惠州府，」聞訃歸，持服如制。秋八月十八日，公之配陸孺人繼卒。泉卜明年丙午十」二月一日，奉柩合葬於邑城東姚浜之新塋。先期具重服詣余林□泣拜」請銘。於乎！先主事府君與怡晚公交游甚契，余又締為姻家，不可謂不知」公者，銘其何辭？按狀□李君吉夫所述事實：公諱孟宗，字宏本，怡晚其別」號也，姓宣氏，世為嘉定人。曾大父□，」二大父□□，大父□，母陳氏。公自幼」卓立，讀書通大□□□□父以□□□□□□□漸優裕，學脩文廟，」市建石梁。公□□□□□□□□□□□□□□□□□□僧宇以賁樂施。先」是舉長□□□□□□□□□□□□□□氏憐愛之，」二三年竟謝」去，斥斷□□□□□□□□□□□□□□□□□觴酌酣暢，其樂陶陶然。」尤篤意教子，□□□□□□□□□□□□均策名科第。乙未歲歉，「發」粟若干石，賑濟飢民。□□□□□□□□大夫。歲舉鄉飲，禮以為賓，以」齒以德，僉曰無忝。孺人□□□□妙安，公同里舊家，既笄歸公，勤儉克相，」養舅姑，奉祭祀，待賓客，皆順遂公志。蚕桑紡績，必躬任其事，勤而弗怠。其」處子婦，撫諸孫，御家衆，能教而有恩，可謂兩□婦道、母道者矣。公生永樂」丁亥十二月二十一日，享年七十有九。孺人生永樂乙酉四月十二日，享」年八十有一。長子昇，孝友克家，娶姜氏，皆先卒。次子即彔，娶張氏，先卒，繼」娶張氏。昇生女七：長贅沈璲。次皆有歸，陳綵、謝鎮、翟涑、徐沛、諸貢，□□也。」末女納徐琨，聘未行。子一，廷禮，聘孫氏。此二幼側室陸氏出。彔生子二：廷」政，娶封氏；廷教，聘王氏。女一，嫁余次子豐。公與孺人務德力善，□福兼備，」況有子顯貴高遠，未□可謂没無遺憾者矣，是宜銘。銘曰：」

伉儷偕老，同室共穴，人心願欲也。脩短不齊，或鰥或寡，人命管束也。並福」齊壽，窀穸同吉，公没應瞑目也。有子顯貴，為善獲報，天道如燭照也。我勒」銘石，雙璧騰光，千載表遺躅也。

六五　明故處士宣君汝暘（昇）合葬墓誌銘

〔蓋文〕

故處士」宣汝暘」合葬墓

〔誌文〕

明故處士宣君汝暘合葬墓誌銘」

賜進士文林郎前陝西道監察御史▨」

賜進士奉政大夫禮部郎中王▨」

賜進士承德郎南京刑部主事同邑▨」

君諱昇，字汝暘，姓宣氏，世居蘇之嘉定城。曾祖諱道興，祖諱▨」輸粟授冠帶，□韜晦不仕。妣陸氏，有賢德，生君。蚤歲不凡，為▨」義理。及長□□成立，遨遊湖海間，涉歷世事，幹蠱用譽，凡事▨」人後。性孝□，善養父母，得其歡心。平居尚禮好義，鄉人有貧不▨」以財。死無以為殮者，則施之以衾櫝。假貸有不能償者，則焚其券▨」者，常以溫言譬解之，或蠲己財以平其所競。生平負質直，不尚浮▨」大樂也。凡縉紳大夫士過其家，必張席款洽，以得迺父愛客之真情▨」遊邑庠，勉之曰：為學必求顯親揚名，願吾弟毋負所志。日給供需，吾▨」□汝思也。汝昭果積學，蜚聲于時，以《詩經》中成化戊子科南畿鄉貢▨」惠州府同知，緝有能聲。而君平日贊助之功居多也。天順間，厥父為萬▨」之□輸賦□□出於公平，上為有司所嘉，下為區氓所德，不數年，以迺父▨」苦于事，自白官免役。每處田園恬如也。闢廣廈，搆高樓，父子昆季與親朋▨」適于茲，無虛日。忽遘風疾，少瘥，艱于舉動者四三年，一旦前病復作，藥餌弗

〼」成化丙辰十月十四日，卒于正寢，距其生宣德丙午四月十五日，享年五十〼」終下壽也。厥配姜氏孺人，婉順孝慈，懿德著聞，内外稱其賢。生子女雖多，而〼」夭殤，遂為君□側室陸氏，得子一，以承宗嗣。孺人之賢德概可見矣。孺人以舅姑」之柩在堂，而君遽卒，悲惋益深，亦得疾，後君七月而卒，寔成化乙巳閏四月十三」日，壽六十有一。女七人：長曰淑蘭，贅沈璲；次曰淑蓮，適陳綵；淑圓適謝鎮；淑芳適」翟涑；淑端適刑部郎中徐君之子沛；淑完適上舍諸君之子貢。此孺人所出也。曰」秀寧，適□先□鄉貢進士德充先生之子琨。子男一人，曰廷禮，聘邑庠俊士孫君」孔廉之女。此陸氏出也。厥弟汝昭卜丙午十二月初一日壬申，葬二親于邑城東」姚浜原新塋，□君夫婦合葬于其次。攜其孤哀姪廷禮具衰絰詣博再泣再拜，奉」予友蔡君一□所為狀請銘。汝暘，予故人也，且有媚婕之好，義不容辭。且《檀弓》有」曰：合葬非古也。自周公以来，未之有改也。《儀禮》曰：夫婦生時同室，死同葬之。又曰：」合葬，所以固夫婦之道也。故《詩》曰：死則同穴。古禮然也。故序而銘之。銘曰：」

繆城之陽，著姓曰宣。德積久遠，慶衍若川。芝蘭永芳，維君乃顯。孝弟恭信，克全其」天。周財曰義，幹蠱曰賢。有子以祀，有業以綿。厥配乃祔，共妥九原。合閟幽宮，古禮」云然。

六六　明故賓桂處士方公（浩）墓誌銘

〔蓋文〕

故賓桂」處士方」公墓誌」銘

〔誌文〕

故賓桂處士方公墓誌銘」

賜進士第徵仕郎中書舍人直」文淵閣上海張穀撰文」

賜進士第文林郎刑部主事上海談詔書丹」

賜進士第奉訓大夫禮部員外郎邑人王皋篆盖」

處士方公宗瀚既殁之明年，其子泰奉彭静趣所為狀乞銘誌諸壙。於」乎！宗瀚，予内兄也。予不肖，辱公與余契分之深，情好之篤，與凡患難則」必赴，有無相通共。自予布衣至出仕，以及今告歸，周旋三十年，始終如」一日。去年，公疾革，予問之，執手永訣。公已矣，予之哀可止耶？公諱浩，字」宗瀚，世為華亭青林人。曾大父彦實，弗仕。大父庸，永樂間膺薦與修《永」樂大典》，授太僕主簿。父鎮，弗仕。母王氏，有賢行。公幼穎悟，讀書通大義。」甫冠，喪考妣，始經紀家事。人不見其聲色，而充盈亨大之福，自然日通」而不已。族黨之不自給者，親戚之無所依者，友朋之流寓而不能遂者，」公意性所到，皆能随事為義。嘗董醝司粟，役重事繁，處之裕如，不違期」而辦用。是有司重其能，民庶懷其德。鄉里有不平，質諸公，一言而決，罔」不敬服焉。至於修橋梁，葺道路，賑卹貧乏，意尤汲汲。世俗侈靡，及一切」鉤距機械傷人害物事，未嘗一存諸念。沈静寡言，性至緩。或以佩韋戒」之，曰：吾豈不知此。吾見叫呼號呶，自取僨敗者衆，吾誠緩，不失事，蓋老」而益審焉。嘗植桂于庭，日觀書軒中，以賓桂自號。客過從，輒張酒□□，」論古今人物，賢否得失，確如也。成化甲辰十月十四日，以疾卒于□□。」公生于宣德丙午九月十五日，享年五十有九。娶邵氏，先卒。繼娶李□，」淮府長史李公女。子一，即泰，李出也。女三：長贅劉緣，次適李爵、談□□□」族子卜以成化二十二年十二月十三日，葬于先塋之右。於乎！□□□」深願其壽，而遽哭其死，尚忍銘其墓耶？！然静趣之命不可辭，乃□□□」情與公之行，而系以銘。銘曰：」

少壯兮為姻，跡疏兮情親。老可樂兮意空勤，忽死□□□□」真。於乎！噫嘻兮淚泫泫，述懿行兮勒貞珉，耀百世□□□□。

六七　明封奉政大夫南京刑部郎中李公（綱）繼配朱宜人墓誌銘〔一〕

〔誌文〕

（前缺）□□□□□□□□□□□歸怡桂。初，怡桂配前宜人鄒氏▨」□□□前宜人相怡桂綜理家事甚周密，家庭之間井井▨」意尤篤。景泰初，命良為邑庠弟子，直相依以習舉子業。戊寅▨」怡桂娶宜人繼之。宜人既歸怡桂，撫諸子如己出，信與能▨」配之，其待前宜人父母，亦如己所由出。至於理家政，奉賓客，▨」皆倣前宜人平昔所施者施之，以故稱其善者内外無間言▨」闈鄉試，明年己丑，登狀元張昇榜進士，授南京刑部四川司▨　」封怡桂如良官，二宜人皆贈封安人。成化丁酉，直亦中京闈▨」部陝西司郎中，進　封怡桂如良所陞官，二宜人亦由之▨」良擢守江西瑞州，奉例分禄歸養。未幾，宜人又以疾卒于▨」九日也〔二〕。距其生年永樂己亥正月十四日，享年六十有九。▨」良歷官内外幾二十年，所至皆以清慎稱，配徐氏，　封安人。▨」皆先卒。胡氏、徐氏，其配也。文，配唐氏，長萬石于鄉。能，配周▨」妙芳，適同邑吴洪。妙貞，幼卒。孫男七：縉，配張氏。憲，國學生，▨」配倪氏。室，未聘。鳳，聘葉氏。錫，聘陳氏。女九：　秀蓮、秀英、秀芸、▨」秀蕙、秀金，龐軒、陳鑑、吴全、張鐸、陶錫、孫璧、張珣，其婿也。▨」宜人卒之時，良適在官，聞訃哀毁踰禮。及奔喪，卜以卒之▨」□□□葬先塋前宜人兆。挹其邑進士楊尚絅所為狀▨：　」

若質德焉允殖，歸若匹儀焉匪忒。撫若息恩▨」□□壽若德為銘諸石，世若澤嗣者其百。

〔簡注〕

〔一〕本誌前及下部原缺，題目據本書六八、八五號墓誌擬定。

〔二〕誌主朱宜人卒年原缺，據下稱生於「永樂己亥（十七年）」（一四一九），享年「六十有九」順推，應卒於成化二十三年（一四八七）。

〔誌文〕

先考封奉政大夫南京刑部郎中府君墓誌　」

府君諱綱，字公紀，別號怡桂，世為蘇之嘉定真如鎮人。曾大父敬甫，大父文興，父彦華，代有」隱德。府君少性穎敏，質岐嶷。稍長讀書，善楷法。年十八，邑人鄒公吉民子幼，未克家，以先妣」姻府君甥館，付以家政。府君承命，竭力營之。數年間，鄒之業得以不墜者，府君之力也。正統」丁卯，鄒之子既長，府君還其家業，别樹第于邑城西南隅舊李巷，迎先祖考妣奉養之，祖產」遜諸弟，且奉鄒之夫婦甚謹。鄒有事，先其子以服其勞，有酒食奉養之，無間於二親。由是內」外悅其孝友，鄉黨德其義讓。景泰初，府君命良若弟直師縣博，以習經義，手植二桂于庭，祝」曰：桂其榮茂，吾二子當成立。因自號曰怡桂。成化戊子，良忝鄉舉；明年己丑，倖第甲科，授南」京刑部四川司主事。三載　」封府君如良官，階承德郎。成化丁酉，直亦中京闈鄉試。府君曰：吾植桂數年，今日始償其願矣。」□良尋陞本部陝西司郎中，　」封府君如良所陞官，階奉政大夫。因□良曰：人生天地間，有能首不霑一命者，有子欲養而親」□□者，今我以子貴而□□　」封，非易事也。▨　」□□□不可▨　」□於其中扁□□恩翰林□□公□有詩文□□其事，邑俗重□□藏，鄉飲與其列，而實不」□矣，□為□□□□□□□其列位大賓者數□年未嘗見議於人也。府君性耽玩」□□□□□□□□□□四時葱蒼蓊鬱，殊可人意。每花朝月夕，必延四五知己玩」□之樂。既及己雖七旬□□□成化甲辰，良擢守江西瑞州，瀕行，府君諭曰：汝官至」□□次長，吾與汝母亦皆▨　」封□□□□也。汝當以□慎□□，終始□節，慎勿怠忽，以　」封廷盛典。良泣拜，領之而行。弘治改元七月二十日，以疾卒于家。距生年永樂辛卯三月三十」日，享年七十有八。配即先妣鄒氏，繼配朱氏，皆有淑行，贈封安人至宜人。子男五：長即良，」配徐氏，累封如先妣封。次即直，次信，皆先卒，胡氏、徐氏，其配也。文，配唐氏，司粟于鄉。能，配周」氏，輸粟授承事郎。女二：妙芳，適同邑吳洪。妙貞，幼卒。孫男七：縉，配張氏。憲，國學生，配吳氏，繼」配封氏。奎，配徐氏。璧，配倪氏。室，聘童氏。鳳，配葉氏。錫，聘陳氏。孫女十：秀蓮、秀英、秀芸、秀芳、秀」菊、秀蘭、秀馨、秀蕙、秀觀、秀金，龐軒、陳鑑、吳全、張鐸、陶錫、孫璧、張珣，其婿也。曾孫男三，尚幼。先」良在官時，聞繼妣朱氏訃，即奔喪歸，葬未及小祥，府君又奄棄遺，良哀號悲恨，痛徹心骨，不」能自生。乃以卒之年十二月十三日，葬於邑城西南隅之先塋。痛念府君生存盛德，無文示」後，不孝之罪益深也，故次其大略，納之幽室。若夫德之積于躬，見于事，推及于宗戚鄉黨者，」當求諸石華，表諸墓，以垂永久。良哀痛昏憒，不能悉書也。於乎痛哉！　堇誌。

〔蓋文〕

明故儼」山韓先」生之墓

〔誌文〕

儼山韓先生墓誌銘　」

鄉貢進士崑山沈僎撰　」

有高年厚德，若古之所謂長者，曰儼山韓先生。先生姓韓，諱瑄，字汝温，別號養素。其」先越人，系出宋魏國忠獻王十四世孫。五世祖子方，仕元江浙行省宣使。子方生道」華，為先生高祖，嘗因其外舅趙氏僑寓吴中，遂占籍蘇之嘉定，今為嘉定人。曾祖諱」禮。祖諱英。考諱昇，字士暘，號竹雪，家豐於貲而崇乎禮，所交皆一時名勝，東南文獻」家，士論多歸於韓。妣黄氏。先生生有異質，為童兒儼若成人，即長益不混於流俗。處」事不為隨徇矯異，必求合宜。待人務於誠厚，深懲憸薄，故聞人有善，若出諸己，不善」亦掩匿之。士有困阨無依者，留連館穀，久而不厭，已而復資之。人有稱貸不能償者，」即毀其券，使不存其跡。嘗究岐黄之書，居良藥以去人疾，以疾来告，即随告者往，不」憚寒暑風雨。飢者或食糜粥，死者或施於衾櫬。鄉人德之。曩歲，吴中大疫，先生裹藥」往，寓蘇之承天寺，所濟蒙活者甚衆。先生惟德量宏遠，故意思舒曠而志行高潔。嘗」作別墅於所居之東，天順間，民以濬河聚土，積而成丘，随所積之高下起伏，有岡陵」旋繞之勢，乃甃池搆屋，疊湖石，植嘉木，遠近望之，儼然一山秀出平原百里之間。大」冢宰雲間錢公元溥嘗過之，因名曰儼山，刻石以記。先生因以為號，而鄉人皆以儼」山先生稱之。先生猶博雅好古，多聚圖書彝器於其間，日與客講討鑒別，已而或循」逕，或俯檻，賦詩銜盃於水樹間，飄然若神仙侶，山下事一毫有不可干，雖邑大夫每」以鄉飲賓禮聘先生，先生以為：今俗行禮，情文不足，黼黻有餘，吾不易吾山間之樂」也。屢以疾辭不赴，人多高之。成化丁未，」詔錫官帶，優老先生。至是乃曰：冒進而求榮，士之恥也。今」明天子舉行盛典，在我老人分所宜得，敢不敬恭服」命，以榮吾之考終令乎？人又豔之。壽八十有七。生於永樂元年十月初七日，卒於弘」治二年二月廿八日。以明年十二月十三日，葬於斜涇之先塋。配王氏，有淑行。子男」二：長肇，由胄監授河南之河内丞致仕；次肅，能守先業。女二，適張佩、王樞。繼室吕氏。」女二，適周碩、張鼎。孫男七：祜、禧、禎、禬、褑、禋、祓。孫女五，皆適名族。曾孫男十三：約、絅、紳、」經、纁、紀、綉、綸、紋、維、紾、綺、績。曾孫女七，皆幼。余生也晚，近而獲交於祜，繼而進交於河」内君，獨不得接先生之闊矩遠度，以消我後人鄙狹之私，徒緬懷長者之風於文字」間，使人慨涕之無已也。河内君以其友浦東白狀來徵銘。銘之曰：　」

安陽傳葉十有四，遺德綿綿能世濟。給困扶危多善施，問之鄉人難屈指。」萬役千趨齊覆簣，天與佳山儼然峙。百尺山居迥遺世，山下行人仰高止。」八十餘□若川逝，斜逕膴原玉斯賁。我昭銘辭真有侯，咨爾□□復其始。

七〇　明故處士楊寅菴（達）墓誌銘

〔蓋文〕

故處士」楊寅菴」墓誌銘

〔誌文〕

明故處士楊寅菴墓誌銘　」

登仕佐郎直隸松江府儒學教授鄉進士錢塘朱佐撰　」

儒林郎雲南麗江府蘭州同知鄉進士同郡錢中書　」

河南河南府陝州儒學學正鄉進士郡人陳瀚篆　」

弘治庚戌十□月二日，處士楊寅菴以疾卒于正寢。其子桂卜以辛亥年十」二月十一日，奉柩歸葬□通波塘祖塋。□□迺以行狀泣拜請銘。予念其姪」孫雲門弟也，弗克有□□。按狀□而銘之。處士諱達，字士通，別號寅菴，世為」松之華亭人。祖諱孝禮，父諱□□，隱德弗仕。母張氏，有賢行□□□□□□」既長，克承父訓，勤而且儉，庶事不□□□親視心以安。□而奉□唯恐弗□。」既喪，哭踊頓絕方甦。兄諱俊，」恩例授七品散官。處士愛敬篤至，無少□□□□□□，相處怡怡，各克奮家。□」時造版籍，或勸其兄弟析户，處士堅不從。□□□□尚義，樂善好施。成化□」年，有郭姓者，賣田若干畝，其家將鬻女為□□□□之不忍，即與彼田，不計」原賚。又有丁、吴、陸、蔣四姓者賣田若干畝□□□□□壻霖聞之于官□□」收籍。處士恤彼貧窘，俱與之，亦不計原賚。景泰間，徙居秀野橋側，門第□□，」皆處士一力所為。四方商賈來貨□□□□喻以□金□□宗□□□□」來寓居，幾四十年，始終略無間言。蓋處士待人接物出於誠敬，雖居市廛，而」無市廛之態。是以四方人多德之矣，□□□□其家。至於教子壻則□□勤」儉，處宗族則一以和睦，待僮僕則一以心愛。凡里人事有爭辨者，處士公其」是非，决以一言，莫不愧服。其為鄉里所敬重□如此。不幸遘疾弗起，聞訃無」親疏長幼，咸悼惜之。距其生永樂辛丑四月十□日，至卒時享年七十。配俞」氏，多內助。側室徐氏、何氏。子二：長曰松，徐所出，早卒。次即桂，何所出，克世其」家，娶孫氏。女四：長，俞所出，贅邑人趙霖，頗諳世故，善理家業。次配張欽，太學」生。三配邑人顧述。四尚幼。外孫三：曰驊，曰騮，曰驄。俱霖之子也。嗚呼！處士立」心制行如此，可謂賢矣，惡可無銘？銘曰：　」

嗟嗟處士，善著一鄉。其積既厚，其慶必長。今雖已矣，」没世流芳。波塘之陽，嘉木蒼蒼。銘告爾後，善嗣勿忘。

七一　明故芸軒處士劉公（宗湜）墓誌銘

〔蓋文〕

明故芸」軒處士」劉公墓」誌銘

〔誌文〕

明故芸軒處士劉公墓誌銘　」

邑庠生鄢菴張錦譔文　」

邑庠生一葵浦博書篆　」

處士姓劉，諱宗湜，字天瀞，别號芸軒，世為蘇之嘉定人。始祖貴三，」元海道萬户。曾祖道果，祖可久，考文富，俱隱德弗耀。先妣龔氏、妣」李氏，皆有淑行。處士秉性忠厚，意度澹如。平居善於事親，友於兄」弟。謹言慎行，不事矯飾。春秋烝嘗必精潔，田園邸舍必整肅。處宗」族以和悦，理家事以勤儉。於義也，衆違之我遵之，毅然以自信；於」利也，衆趨之我避之，怯然以自處。鄉人有困乏者，輒周給而不責」其報。鄰里有争訟者，即解紛而諭之以理。凡聲色奢侈之習，一無」所預。暇則涉獵書史，教誨子孫。以故縉紳士夫無不敬羡。与夫遠」近見聞之人，亦莫不以長者稱之。弘治庚戌十月十六日卒，享年」六十有一，距其生寔宣德庚戌二月初七日也。配楊氏，端莊孝敬，」克盡婦道。處士所以修其身而全其譽者，一皆内助之功焉。子男」三：長榷，娶徐氏。次璞，在襁褓中，處士尊考命以為姪椿嗣。次權，娶」陳氏。女二：長鳳仙，適丁鎬。次鳳清，適須源。孫男三：長琰，娶陳氏，繼」娶董氏。次珮，娶朱氏，邑庠廩膳生，明《詩經》，科第有日矣。次瓘，娶張」氏。曾孫男三：坦、堉、埠。曾孫女一，壽端。俱幼。卜以卒之明年辛亥十」二月十八日，葬於横涇西原之先塋。奉状泣血請銘者即珮也。珮」與予有師友之義，辭非所辭，遂銘之。銘曰：」

善積厥躬，其祚必長。慶垂於後，其胤必昌。曰祚曰胤，」惟公允當。存吾順事，没吾以康。勒銘貞礎，永貢無疆。

七二　明故范（時彦）孺人俞氏（秀英）墓誌銘

〔蓋文〕

明故范」孺人俞」氏墓誌」銘

〔誌文〕

明故范孺人俞氏墓誌銘　」

鄉貢進士文林郎在平縣知縣邑人金泂撰文」

孺人姓俞氏，諱秀英，嘉定外崗鎮舊家俞子誠之中女。母趙」氏。孺人生而端静淑順，父母鍾愛之。既笄，慎擇所歸，配四川」提刑憲副范公之長子時彦。時彦少性敏，為邑庠生。孺人入」門，恪守婦道，孝事舅姑。舅没，而奉姑安人，委曲承順，恭謹愈」至。奉祭待賓必誠必厚，處妯娌以和，御婢僕以慈。力於勤儉，」躬自紡織，每中夜鄰壁猶聞機杼聲。能忘其勞，少暇即從容」勸於時彦，曰：妾在室嘗聞大人言，吾舅舅以清苦力學，少年」舉進士，歷職郎署，至遷高位，食重禄，垂裕後昆，以至今日。」曩時知君能继其志，致政歸，即遣游庠序，盖欲見君學業有成，」接踵科第，以同榮於時。不幸棄背，願常以先人為心，慎毋忘」其所學。况姑已垂白，子初知讀書，養之教之，責將焉歸。凡家」事分所當為者，妾必黽勉從命，不使少累於君。由是十有餘」年，時彦略無内顧，專心致志，肆力於學，而有進不已，皆孺人」善相之力也。歲時洊饑，弘治癸丑春夏復大疫，孺人以家衆，」而心獨憂之，為之治生，日夜勞瘁致疾，而竟不能起，時五月」二十八日也。生於天順戊寅二月初三日，年三十六。子男一，」嵩，聘天官郎中龔元之女。女二：酉生、胖胖。皆幼。卜以是年十」二月壬午，安厝於項涇祖塋之次。嵩来泣拜請銘。予辱為時」彦姻戚，亦常得聞其槩，銘奚可辭？銘曰：　」

内與其孝，外與其賢。胡不永年，厥命自天。　」斯人之亡，斯德可述。婦道之貞，閫門之則。　」

邑人盛奎鐫

七三　明故足菴唐公（珣）墓誌銘

〔蓋文〕

明故足」菴唐公」墓誌銘

〔誌文〕

明故足菴唐公墓誌銘　」

賜進士第榮禄大夫太子太保禮部尚書兼武英殿大學士洛南劉健撰文　」

賜進士第榮禄大夫太子太保兵部尚書均陽馬文升書丹　」

賜進士第嘉議大夫禮部右侍郎兼翰林院侍讀學士長沙李東陽篆盖　」

資政大夫、奉　」敕贊理征夷軍務、兼巡撫總督廣東廣西等處、都察院右都御史唐公終于位，　」上聞悼恤，遣官即其家致祭，　」敕葬於華亭城北荷祥涇之原。其子瀾詣　」闕謝　恩，遂持翰林修撰錢福所述狀来乞銘其墓。余吊其子而哭，銘何忍辭。按狀：　公諱珣，字廷貴，足菴其號也。先世河南人，」宋末徙居于松。有諱德亮者，其祖也。考諱顯，以公貴，　贈刑部員外郎；妣計氏，　封太宜人。公生而岐嶷警敏，有大志，精」《毛氏詩》，領丙子鄉薦。明年丁丑，遂擢進士第。時松郡應舉者十有三人，甲科為特盛，而公年獨少，人益榮之。出知四川合」州。至則興學校，課農桑，決滯獄，勵風俗，朞月之間，翕然稱治。凡豪右素侵漁于人者，遂用屏息，盜賊亦皆散去。民懷其惠，」為建生祠，立碑頌德，至於今不忘。遷刑部員外郎，歷再考，陞郎中，以年勞著績，出知福州府。時歲旱，到官之日，霖雨滂」沛，人皆相賀。先是迎公者援故事，請先謁藩臬，公曰：未成婦而見姑嫜，可乎？竟先之任。人由是知公不可犯矣。時中貴方」用事，聲勢震赫，官吏輒望塵屈膝，有冒其名入閩者，衆皆股栗，公獨察其偽，執而囚之，諸司悉驚駭，既而忸怩。公亦未嘗」以此自矜也。有兇僧殺人者，獄久不決，公洞燭其情，寘之於法，由是囹圄空虛，人自以不冤矣。設義塚以收無歸之骸，仍」嚴焚屍之禁。開仁惠里洲田，以廣民業。築五虎門海塘，以備水患。凡有便於民者，必竭力為之，他不暇計也。閩人之思慕」者，形諸傳記，尤有甚於合焉。遷湖廣右參政，改布政使。賑飢恤匱，事妥民安，深得藩服之體。　」上聞其賢，召尹順天府。人私議必易所操，否則禍患有所不免。公則毅然以正道自持，不私厚於權豪，不偏信於僕隸，干謁」請託者由此斂迹矣。改都察院右副都御史，奉　」敕巡撫北直隸。或勸其治第京城，公曰：吾無家累，何居第為？乃館於遵化之公署。偏歷險要，整飭兵備。守將以下，不少假貸諸」郡，聞風畏懼，邊境由是肅清矣。季子淮卒，歸喪，公不為送，蒞事如故，其急於公義如此。母喪，去位，上疏乞以三品禮葬。　」朝廷從之，遣官為營塚壙，仍　賜祭焉。服將闋，　」上特降敕，即其家起之。公時有微疾，親故悉勸其少留，公曰：君言不宿於家，況邊務所繫之重哉。吾身已許國，不暇自顧矣。即」兼程而進。至則虜適犯邊，公乃會諸監帥調兵進剿，破其村寨、岩洞一百八十六，斬首六千七百級，俘獲八百三十四，陷」於虜者悉得來歸。捷奏，　」上乃降敕獎諭，有同心□策、善於調度之褒，賜以白金、采段。公由是感激，疏奏《乞慎選守令》文。數稽考巡守等官，月報出入」之期，故邊境有備，而軍政振肅。夫何以勤勞致疾，竟不起矣，享年六十有三。宣德癸丑閏八月二日，生之辰也；　弘治乙卯」十月十日，卒之辰也。配朱氏，有賢行，侍姑孝，封宜人，先公十四年卒。子五人：長洪，次浩，次源，次瀾，次淮。源、瀾，俱太學生，」浩、淮，亦先卒。女三，皆適士族。孫男八：稟、稼、穗、秩、穆、穩、粱、稑。嗚呼！公竟止此也耶！使天假公以年，將大有為於時，非吾輩可」及，必能追配古之名臣而後已。於乎！公竟止此也耶！矧公天性孝友，豁達大度。兄瓘為郡從事，公事之甚謹。弟珉撫之尤」篤，致其貲產獨厚。訓飭諸子，過於嚴師。處鄉黨僚友，俱得其歡心。凡周窮恤匱，皆素志也。故公喪來歸，賻祭吊哭者旁午，」士林咸為歌詩以挽之，生榮死哀，可謂無遺憾矣。論者謂其文武兼資，有過人之器，信哉。是宜銘。銘曰：　」

東吳之濱，迥出偉人。早登黃甲，聿冠縉紳。敭歷州郡，澤被生民。入掌邦禁，冤抑以伸。出司藩服，　」敷化聿新。尹正天府，明察如神。鐵冠峩峩，蹇帷埋輪。提兵于南，蛮夷率循。無忝方叔，有耀甫申。　」□□□□，□□□頻。中外僚屬，罔不悲辛。太史秉筆，勒茲銘文。凡百行轅，宜式斯墳。

七四　明故奉議大夫福建汀州府同知潘公（齡）墓誌銘

〔誌文〕

明故奉議大夫福建汀州府同知潘公墓誌銘　」

弘治十一年二月十五日，福建汀州府同知潘公以疾卒于官，其子龍奉柩歸殯於□竁，卜以是年十一月」二十八日，葬於楊涇祖壠之次。先期持陳克之狀，乞銘於予。按狀：公諱齡，字壽夫，姓潘氏，海雲其別號也，世」居邑城。祖諱思明，隱耀弗仕。父諱轝，將仕郎、順天府知事，以公貴，贈奉直大夫。母陸氏，贈宜人。公生數歲，而」穎悟絶人。既冠，入邑庠，為弟子員。博學强記，專於《易》。凡伊洛闗閩遺書，性命道德之□，靡不精思力索而□」踣之。為文章，尚理趣，所著有《奏稿》一編，藏于家。其草書亦有法度。成化乙酉，領鄉薦入賢闗。歲丁未，釋褐，除」授永平府灤州知州。灤附」京師五百里，實畿内重地，軍民雜處，奸弊滋多，加役重□穰，號稱劇郡。公下車首詢□□，均徭役，課樹藝，攘除」之為民厲者。蒞事之□，夢一女婦来前，愬夫死非命，一□衣叟從而辨之，公指叟曰：其夫必死汝乎？叟詞屈，」乃曰：負某賃房錢，被逼，乃遂雉經。明旦，坐堂上，果有如夢中見者兩人互訟庭下，公一詰即□，灤民驚異，以」為神明，事載」《□廟實録》。暇則優禮耆儒，講論政體，增脩學校，鼓舞師生，以教以育，士習翕然。曾不踰年，弱者以健，踣者以起，强」梁者斂避。於是，修舉廢墜，创建八蜡祠，為民祈禳。脩演武場以示有備，鑿城池以成金湯，闢山路以為坦道。」作亭金泉，築堤捍水，又皆餘力所及也。」今上皇帝臨御之初，」詔求直言。公首陳十事，皆天下大計，國家重務，係生民之休戚者。」上嘉納之。在任九年，章累上，建白凡三十三事，」朝廷多見施行之。極言馬政之弊。自成化十五年以裏拖欠備用及生派馬凡一千餘匹，每匹直銀二十餘兩，」州民苦之，典田宅，鬻子女，一馬抵十人直，民不能庚，則將轉乎溝壑。」命下，得蠲其半，均被鄰境，共免銀一萬餘兩。又如順天、永平二府，遵化廠炒鋏夫匠減免一半，小民陰受其助」者夥矣。弘治三年七月，有虎入境，僉議欲掩捕之。公弗聽，乃為文，禱於山川之神，虎遂絶跡。五年，旱蝗，公焚」香籲天，是夕，飛蝗蔽天，而過州獨不菑。非有以契天心，其能然乎？訟牒堆几，群議方譁，公徐以片言折之，當」於理而比於律，晝一發遣，庭無滯事，吏之舞手謀利者無所售其奸，而民始得安於生産作業。四三年間招」徠流民五千餘，口户增倍。昔公始至，預備倉糧甚少。公多方措置，得五萬餘石，民用是濟，而封内家給人足。」雞犬牛羊之聲相聞，桑麻榆棗之陰相接，政通人和，嘉禾瑞麥，疊見於四境。園茄有四顆之奇，池蓮有並頭」之□。公本之以學術，濟之以廉慎，成之以明敏，雖專方面不難矣，况為郡乎？公在官九年，約公守法，無毫髮」□□。宣部使者累累旌異，不一而足，故得推」□追□其□□如公□。弘治九年，改陞福建汀州府同知。到官裁五越月，而頌聲方作。尋以一疾弗起，此其道」之所以□□□而其□之所以不遠被也。位不滿德，用不盡才。悲夫！公生於戊午，卒亦戊午，正月十二日其」生之辰也，得年六十有一。配黄氏，贈宜人。繼室徐氏，封宜人。宜人，故武功伯有貞之女。執婦道，以配君子。子」男二：長即龍，邑庠生，□歲順天府鄉闈未偶，然而自期待者遠且大也。娶吴氏，為同邑承事郎散官塾之女；」繼娶于氏，□□鴻臚寺丞浩之女。次子鳳，亦聘吴氏。女三人：長壽清，贅壻楊武，為袁州府節推九韶之子，亦」庠生，圖進士□□。壽□，□蘇郡王俸，以進士出身，吉水□□□。壽□，贅壻□相。孫男二：繼宗，夭。紹宗，方期歲。」公家食時，与予交□，為知己。及任官南北，別□餘十年。今□已□不可得而見之，得見其履業之詳如此，寧」不深哀而痛惜之，故其葬也，宜予銘，予為其友浦杲也。銘曰：」

猗嗟潘公，人中豪雄。□□周孔，萬理貫通。胸吞雲夢，氣凌華嵩。接□□□，和氣□容。□書山積，如決川壅。迎」刃肯棨，運斤成風。專城之任，拔除奸兇。朱衣□□，儀度雍雍。數宣□」仁，達于困窮。□□來歸，□□嬰童。以煦以□，置懷□□。□□□□，地無蒿蓬。□□蔚蔚，▨」獲歲□。展修石□，萬馬可容。奏躅馬價，惠及鄰封。□不入□，□暴□□。□考妣▨，」□□□崇。猗嗟潘公，能亢厥宗。垂裕後昆，百世昌隆。

七五　明先考州判侯府君（爵）墓誌

〔誌文〕

先考州判府君墓誌」

先府君諱爵，字良貴，姓侯氏，別號止菴，世為蘇之嘉定人。曾祖諱彦明，妣莊氏。祖諱」秩，妣陸氏。考諱杲，妣黄氏。府君生於正統丁巳十一月二十六日。自幼不凡。年十七」游邑庠，精於《易》學。既而失恃，益奮勵，遂補廩籍。累戰文場，不利。成化丙午年，賓貢于」朝，有志不大，遂乞歸。更號梅隱，日觀韓、柳文諸書史以自怡。己未年，因泰兄震能克」家，乃以邑西祖居屬之，徙居於東隅別第。時　」憲宗上　」太上皇后徽號，推恩天下，詔凡登名銓曹不願仕者，授州判職，有司以礼優待。明年戊申，」皇上登位，改元弘治，憲臣審所在願奉詔者□部，府君乃樂就之，衣錦懸銀，優游里閈，咸」高其節。每遇　」聖節慶賀及春秋祭　」先聖，必預齋戒，至日夙興，俟主者而行礼。歲時鄉飲，嘗位僎席。或親朋會□，遇有歌妓，輟」避席而出。年逾五十，自謂氣力衰憊，度不能久，爰方古式，製深衣冠□，凡附身、附棺」之具，悉備之。戊午年，忽病喘，急弗瘳，五月二十一日，沐浴而卒於正寝，享年六十有」二。娶諸孺人，邑處士琛之女。男三：長震，邑庠生，先二年卒。仲即泰，次鼎，時亦俱庠生」也。女二：閏秀，適趙觀，先卒。毓秀，受庠生陳鳳聘，亦先卒。葬祖墓殤位，從遷如故。孫男」二：應元、效才。孫女二：曰玉，曰德。俱幼。初府君病將革，命□曰：祖塋卑濕，我日夕哀痛，」欲改葬而未就，今事已在汝矣。若得水深土厚之地立我墓，必遷我父母於尊位，蓋」我父母之體即我之體，詎可委於卑濕乎？又曰：喪葬称家有無，當一遵家礼。若墓誌」者，但述世系、生卒年月，不可聘浮以諂温公之誚。□□承遺命，既殯，即擇地穆，卜□」吉於邑城東楊樹浜之南立墓，巽向，謹於閏十一月二十一日，奉柩葬於昭一位，并」□兄柩葬於穆一位，其迁葬祖考妣如命，又在前月二十二日也。嗚呼！府君天性剛」直，渾是一團天理。見人之善，愛而成之；見人之惡，疾而戒之。其立心制行異□者，昭」人耳目，弗克盡舉。泰亦不敢違命騁浮，但觀所著聯句揭於坐隅者，曰：身閑□共聖」賢語，心泰只從天地游。又曰：□□孔顔賢聖，達則堯舜君民。則為人概可知矣。以府」君之為人若此，而不得大伸其志於時，然而深有望泰兄弟矣。以是徙居，時嘗囑之，」曰：吾無良田厚産遺兒曹，而以詩書遺之兒曹，能尽力於此，不惟足以光前裕後，抑」亦可以報效」朝廷，以補吾之不及也。因筆學到聖賢，方是學名魁甲□始成名之句以励之。泰受」命来，乾乾惕若，欲副所望。不幸兄既先卒，鼎又幼，泰亦無所肖，未克显揚幽德，實天」地中一罪人也。風木之恨，蓼莪之哀，殆抱於終天。噫，痛哉！

孤子泰泣血稽顙謹誌」

太學生邑人梅谷徐勗校正填諱」

邑人盛奎鐫

七六　明徐（旒）母王孺人（素寧）墓誌銘

〔蓋文〕

徐母王」孺人墓」誌

〔誌文〕

徐母王孺人墓誌銘」

賜進士行人司行人崑山馬慶譔文」

賜進士北京禮部主事楊循吉書篆」

孺人諱素寧，姓王氏，蘇之嘉定人也。父諱景文，」母孟氏。自少以孝謹和順稱。及笄，歸同邑徐君」用，與之處甚宜，而婦道母儀，亦罔不盡。性尤好」施，雖過厚不責其報。至於道路橋梁有險隘傾」圮者，人死喪有暴露不舉者，亦或脩葺、斂藏之。」蓋其賢為人所稱者多類此。弘治八年二月十」七日，俄以疾卒，遡其生為永樂八年正月初十」日，享壽八十有六。以弘治十二年十一月二十」一日，葬漕涇祖塋，祔其夫之兆。邑人陶士顒率」子旒衰絰謁館乞銘。子二：長冕，先卒，娶蘇氏；次」旒，輸粟賑邊，授章服，娶錢氏。孫男二：鉞、鎧。曾孫」男四：寅、憲、宏、宸。女一，玄孫女一。銘曰：」

壽母之積，子寧弗敦。永言孝慈，式遺後昆。」

邑人盛奎鐵筆

〔題記〕

明人墓志銘并篆蓋，瞿中溶」自東門外三里徐家宅後移置」學宮。

時嘉慶丙寅十二月十日

七七　明故顔（鈫）母唐孺人（玉英）墓誌銘

〔額文〕

故顔母唐孺人墓誌銘」

〔誌文〕

明故顔母唐孺人墓誌銘　」

鄉貢進士邑人沈壽撰并書篆　」

弘治庚申歲孟冬朔前一日，孺人以疾卒。厥哀胤鈫奉克敬陳先生」狀，再拜曰：　先生天下之名能文辭者，其所言必傳世行後，敢乞一言」以銘。余按狀：　孺人諱玉英，姓唐氏，世儒仲德之長女也。母高氏。孺人」生而秀穎，舉止不凡，德性明敏，優於女工。自幼沐家訓，即善書，如《孝」經》之屬，亦克識誦，父母甚鍾愛。既笄，歸廷貴，是為教官芸軒翁之冢」婦也。凡中饋裳衣，靡不精緻。芸軒謂廷貴曰：　吾兒得佳婦，顔氏殆昌」後乎？　婦道秩如，閨門雍肅。事舅姑甚得其歡心，相夫子卒成其德業。」奉蒸嘗必躬必親，處妯娌以謙以和。夙興夜寐，躬勤織紝之勞，無间」寒暑。量入為出，未嘗妄費。雅不喜羅綺之侈，恒以綈布自衣。教子姓」必以義方，待宗姻不踰禮度。一畝之宅，言笑不聞於鄰，亦未嘗輕出」與宴。撫下嚴而以惠，僮僕訢訢，庭無間言。迨廷貴紹尊府，掌外賦，凡」資貨之入，孺人必囑之曰：　此咸官錢粮也，慎勿妄費。若等能從吾言，」吾寧勞機杼，以贍常需，不苟憚也。以故廷貴暨仲子偕為粮宰之白」眉，上下皆器重焉。祭祀、賓客，罔計有無，竭力營辦。嗚呼！　若孺人者，可」謂無愧於子道、婦道、母道者矣，亦可謂顔氏内壼之儀範矣。享年六」衰，上距正統六年辛酉九月二十八日，其生辰也。子男二：　長曰鈫，為」縣學生，仰□有日，問學卓然，娶沈氏。次曰鉞，蚤司萬石，先孺人卒，娶」李氏，繼娶張氏。女二：　福珍、福丹。其婿則王鯨、張瓚，咸儒裔也。孫男漢」方，習舉學，聘徐氏。孫女四：　文秀，適楊濆；　文英，適葉芮；　文金、文恩，尚幼。」卜其年十二月二十六日，葬于邑西河門南原祖塋之次。嗚呼！　孺人」之悴行如是，庸可已於銘耶？　」

嗟嗟孺人，貞懿淑純。閨閫肅嚴，儀範攸存。愛慈愛孝，」允儉允勤。相夫昌業，姆聞日新。佳胤奇瑰，回鸞有旬。」胡疾彌留，遂反厥真。隴阡玉瘞，永綏萬春。」

邑人盛奎鐫

七八　明故橘逸吴公（惟學）妻蘇氏（妙貞）墓誌銘

〔蓋文〕

明故橘」逸吴公」妻蘇氏」墓誌銘

〔誌文〕

明故橘逸吴公妻蘇氏墓誌銘　」

鄉貢進士同邑包祥撰文并書篆」

蘇氏諱妙貞，嘉定沙溪故蘇伯喻之女。幼性聰慧，不喜」華靡，習女事甚閑。即笄，歸為舟溪吴惟學之妻。惟學故」梅軒翁之仲子也。惟學好□□四時，花卉盈砌，而蘇氏」未嘗簪一花。自歸吴為婦，而宜禮無違。為妻而随事無」瘝，為母而慈教無戲。門内長幼，門外戚疏，遠而賓旅，近」而使令，待之無不中則。年四十有九，而惟學蚤世，蘇氏」益以勤儉厲志。總理内外，凡春秋祀事、婚姻喪葬、延師」教子，條度井井。而家業亦饒裕，宗族鄉黨稱為賢助者」無間言。今年秋九月念二日，疾作，尋命子鍔徙於正寢，」呼子姓謂曰：吾疾度不能起矣，若輩當勤儉以保厥家，」毋隋侈以瘝先業。言訖而卒。生正統丙寅三月十八日，」享年五十有六。子男一，曰鍔，娶劉氏，狄溪望族女也。女」四：長適潘龍，蚤卒；次適劉璋、潘鳳、毛鸞。卜是年十一月」十六日，合葬于先夫君惟學兆中。其孤哀子鍔先期抱」鄉先生高慶先状，衰跣踵門，泣而尋拜，以誌墓之銘為」請。予與其叔□惟升先生交久且厚，亦□聞蘇氏之賢，」故不辭而為之銘。銘曰：」

相儀靚頠，順惠且賢。維家之嬴，不嬴其年。永藏既安，」流慶嬗嫣。

姑蘇何節刻

七九　明故蕭（英）恭人孫氏（惠寧）墓誌銘

〔誌文〕

故蕭恭人孫氏墓誌銘　」

恭人諱惠寧，明威將軍僉金山衛指揮事孫公旭之女，蕭公」英之配，今公貞之母也。自幼端淑純誠，□□聰慧，為父母鍾」愛，及笄擇配，歸于蕭門。事舅姑孝而且殷，理家事儉而且勤，」待族屬和而有禮，撫僮婢寬而有恩，尤閑習貞女烈婦□□」言懿行，服履不違，內外疏戚，罔不称其賢。夫英歷官十有三」年，勞于王事，一以安邊禦侮，保民恤士為心，而略無內顧之」憂者，皆恭人助之之力也。夫歿，子元繼之，克蕭前□。恭人□」□□之曰：古人有言：貧乏不能存，此是好消息。若聞貲貨充」足，能□□□。誠確論也，吾亦困是訓，尔宜佩服之。元奉母教，」居□□□□五載，一考績必居其最。元歿，次子貞繼之，克修」□□，□有能声。為上司簡守備青村、南匯二□，令行禁止，人」無不□之□。此皆平日恭人教之之功也。若恭人者，信可謂」□□賢母矣。成化年間，以夫貴，受」誥封恭人。子四：曰元，娶陳氏；曰貞，娶李氏；曰□，娶蔣氏；曰政，娶顧」氏。女二：長適金山衛指揮僉事吴江，次適後所五千户張□。」孫男三：曰□，曰□，曰寅。孫女二：曰淑蘭，曰淑蕙。生于宣德二」年十一月十二日，歿于弘治十三年十二月二十四日，享年」七十有三。卜以弘治十六年十二月丙申，葬□于雲間鄉查」□之先□。□□為狀謁予請銘。嗚呼！恭人德儀□美，膺受」□□□封□□□□，世不多见，□□□德，弗可無也。銘曰：」

猗歟恭人，閨閫稱賢。以□□□，操比石堅。」□□□□，一于終始。以□□□，克成厥子。」□□□□，急□有□。□化之勸，慶澤之垂。」□□□□，□□□□。勒此銘辭，以詔厥後。

八〇　明故資德大夫正治上卿太子少保南京兵部尚書致仕張公（悦）墓誌銘

〔誌文〕

明故資德大夫正治上卿太子少保南京兵部尚書致仕張公墓誌銘」

賜同進士出身中憲大夫奉敕巡福海道□□□□□□按察司副使致仕友〼」

賜進士出身□議大夫資治尹都察院右副都御史前翰林庶吉士致仕同門〼」

賜進士出身翰林院侍讀兼脩《會典》經筵官同邑晚生顧〼」

國朝以來，吾鄉先達固多文翰氣節之士，而以德業聞望，師表一世，致位將相，優老歸□，化導〼」忠獻范文正公，指不多屈，能無而有之，全始全終，吾於定菴張公見之矣。公疾革時，語其子牧曰：吾〼」制為吾誌，事具□□譜，副使曹時中，吾同志友也，往□之。語畢而逝。將葬，牧率從子坤與其子艮〼」銘其石，以納諸幽。時中聞之，不□欷歔失涕，□而謂曰：公之功德，照耀」國史，□□□□□□同遊庠校，切磋成德，且同薦于鄉，故知公者，無踰于時中。義不可辭，乃序而銘〼」悦，字時敏，定菴為別號，世居華亭曹涇鎮，後公徙居城南，今為定居。曾大父華甫，事迹無所考。大父彥才，父寬〼」仕。公生稟純粹，志行端莊，年踰十歲，知小學詩書史略大義，成童幾廢學。甫十八，知自奮勵，從進士陳文璧習舉▨」記千言。年二十，肆力經史百氏之籍，研窮聖賢心術之微。充然有得，欲舉于鄉。遭大故，始推所學，以淑人聲譽隆隆，然起」縉紳間。薦入郡黌，從游者衆，三試薦于鄉，刻其文，為士子式，一舉登進士，臚傳三甲第一。天順癸未，授刑部主事，歷員外」郎。會讞大獄，一以正己格物，人莫能欺，時為衆所推重。成化己丑，轉僉江西，政聲丕著，知公者以學行，俱優。薦統兩浙學」政，凡行于身示諸人，皆大公至正之道，人倫日用之常。或有以士薦于公，果賢矣，雖賤貧所不遺，苟不賢，大官勢人交言」之，一不以為意。故浙之士皆歸服。縉紳巖穴之賢者，或以道學尊稱之。公平生不輕毀譽人。士之獲所譽者，往往登高第，」擢大魁，拜卿相，世以公知言且知人歸之。公持脩此道，若將終身。兩轉而為四川按察使。丁太夫人憂。終喪，補湖廣，以恕」求情，寃獄賴以平反者衆。甲辰，進僉都御史。丁未，轉工部侍郎。」憲宗升遐，與議山陵，」今上嗣登大寶，在朝大臣相率上疏欲去位，公獨不可，曰：更新之始，正當竭忠報國，豈可以去言耶？弘治元年，遷禮部，與議」先皇大喪禮。己酉，再遷吏部，天下愈推為人望。庚戌，授通議大夫。癸丑，進階正議大夫、資治尹。時大旱，」□□進言時政，公陳遵舊章、卹小民、崇素儉、裁冗食、禁濫罰數條，并脩德圖治二疏，」上皆嘉納之。陞南京都察院右都御史。憲度清肅，寮屬協從出其門者，皆風裁表表。乙卯，轉南京吏部尚書。慎選賢能，上章論」薦□□得其一二使。公久於其位，盖不□□。居無幾，」上以留都重地，戎務彌殷，必欲得人以稱要任。在」朝公卿，咸以公才望老成，薦改南京兵部尚書，參贊機務。公宣布」德意，恩威並行，將卒悦從，中外敬服，今之忠獻也。公嘗自謂未學軍旅之事，懇以盛滿弗戡，求去，不聽。丁巳，進階資政大夫，加」贈祖與考如公官，祖母楊、母陸皆夫人。八月，力以疾乞休致，弗果。己未，連前疏七上，始」賜俞允，加太子少保、兵部尚書致仕。特降」璽書，有完名全節之褒，仍月給米二石，吏四名戒行。公卿大夫供張都門外，輿馬塞途，觀者嘆羡，奚讓二疏哉。既歸，□□第為」□老之所，出俸餘購贍老之田，貽厥孫謀，推及□□之貧無所□者。堅坐一室，手不釋卷，纂成三譜，以為後人□□。鄉黨」□□人争化之，漸以成風，咸知重其□而厚其□，去其奢而崇其儉，雖文正公之在當時，亦不是過。公平生□□與夫詩」文雜著之稿，悉秘藏于家，郡賢大夫將謀行于世。年七十七，薨于正寢，□壬戌十月廿五日，盖致仕後之四年也。訃聞，朋」友□□□□家弟子相與哭于位，公卿大夫士相與哭于」朝，四方之人識與不識，素所景仰者，或咨嗟傷悼不能已。」上念公歷事累朝，特遣官為營葬事」諭祭於家者三。□□□癸亥十二月初三日，葬公所預卜蟠龍塘□□□南之原。尤□以見我」朝崇德禮賢之盛典，非公之惠正淳誠，其何以堪此哉。配戚氏，□□封夫人□□□。子二：長岳，有志□□，先十年卒。次牧，服」養志□，廕補國子生。女三，□□、沈夔、宋□□，其婿也。孫□□乾、坤、艮皆府學生，有學行。震□以是年繼公卒。□□□□」嗚呼！張公德盛望隆，泰山北斗，海内咸宗，□人□□□□□登□□□，為卿為相，□□□□□行于于厥□□□□」擴其有餘，□慎其□，兵欲其戢，知人為難，寧□汲汲□□□□」三朝之儀，□□之師，□□留都保障倚任□□□□終□□□□□□□□□即訃聞」上心，悄悄後事，」恩賁於丘園。竭忠報勩，上下弗諼。人為公喟，我為公喜。全節完名，公其▨：

□□□□，」錫謚孔嘉。銘幽以俟，千載之華。

邑人□□□鐫

八一　明故通議大夫工部右侍郎談公（倫）墓誌銘

〔蓋文〕

明故通議」大夫工部」右侍郎談」公墓誌銘

〔誌文〕

故通議大夫工部右侍郎談公墓誌銘　」

公談姓，諱倫，字本彜，其先開封之祥符人，有□宋⧄」吴興，後遷上海之鶴坡，族日蕃大。公之曾祖諱季芳，⧄」國初，諸鉅族皆謫戍，人服其識。祖諱節，□□法而⧄」郎。公長身豐頤，儀觀瑩然，見者奇之。景泰癸酉，□應⧄」忠肅公為冢宰，風岸孤峭，意輕南士，見公瞿然曰：江南有此⧄」外。又一年，遂擢郎中。公性開朗，又□□勤，凡司封條例，因革興廢，⧄」司事不治者，多委治之。」英廟嘗召忠肅，忠肅以公自隨。」上問：誰也？忠肅以公名對，且曰：臣老矣，於」聖諭恐有遺忘，此郎代臣志之，且其為人可信也。」上因欲大用公。忠肅以公年少，乃扣頭言：竢少練習，用之未晚。久之，歸省，值母王淑人憂，廬於墓」側。服闋，至京，則濟南尹公為冢宰，仍欲寘之吏部。公辭要乞閑，乃補虞衡司。三載，擢應天府丞。」數辦疑獄。部院寓囚多瘐死者，公命煮粥飼之，多所全活。織院上供之數，滋多於昔，民不能堪。」公□減歲數若干，且厚其直以與民，仍著為令。溧陽大水，尹京者畏縮不敢以」聞，公乃自署其奏。是歲，」詔免秋粮數萬，懽聲載道。擢尹順天，以父憂去，後復順天。會軍興，横索民車以千數，公不得已，」許以百輛，不可，倍之，不可，再倍之，又不可，公乃會計以」聞，詔以十兩與之，自是軍士無敢横者。進工部右侍郎，筦易州薪政。八府五州，弊孔百出，公至，」搜逋抉隱，剗削奸蠹，歲得羡餘若干萬。作上下通知冊，吏不得侵牟。群小怨之，相與謀構於」上，不聽。兩疏辭，皆不允。有南昌人李孜省，以左道亂政，數有乾没，公拒之，不知其能為害也。居無」何，尹公子被逮，尹公去，公亦隨之矣。初，公受知於王忠肅，忠肅之病也，日侍湯藥於左右，忠肅」臨終，以公託崔、尹兩亞卿，兩亞卿亦自才之，故公往来三家，如家人父子。成化末，眉山萬公在」内閣，積憾於尹，謂其莫己從也，乃與孜省百方媒蘖，醖釀以成其獄，朝士出入尹公門者盡逐」之，凡占山東籍者盡逐之，與山東有連者亦逐之。」朝班為之一空，人皆懍懍，莫敢自必。尹公之門，無敢闖焉。而公獨往来如故，□□也獨往餞之。」尹公去三月，□有飛語」聞，遂罷歸。」今上登極，公道昭宣，孜省伏誅，謫逐者多召還，而公竟不起。日與知舊飲酒賦詩。篤喜種植，手樹」所在成林。年七十五，一旦無疾卒，弘治甲子正月十八日也。明年乙丑十二月初四日，葬邑之」鶴坡先塋之東。淑人王氏、張氏祔公。生子輒夭。年四十以弟之子田後。女一，適喬容。田能輯父」事無實，言及輒流涕，人謂公有子矣。公家居，歲遣人起居尹公於山東。忠肅之薨也，公祀之別」室。崔公没，亦如之。尹公没，亦如之。蓋其篤於恩義如此。於乎！公固一時通才也，不幸而為當道」諸公所知，或推或輓，乃以顛殞。不然，公之器識所至，何可涯乎？而止冬官一□□而已哉！雖然，」其亦命而已矣。銘曰：」

九輓而前，一擠而□，其曷為然。退處而年，睹天之還，□□□□。」

嘉議大夫吏部右侍郎前詹事府少詹事兼翰林院侍讀學士吴郡王鏊撰

八二　明故陸溪雲處士（瑜）并室張孺人合葬誌銘

〔蓋文〕

明故陸溪」雲處士并」室張孺人」合葬誌銘

〔誌文〕

明故陸溪雲處士并室張孺人合葬誌銘　」

賜進士第浙江提刑按察司副使致仕郡人曹時中撰文　」

文華殿中書舍人華亭沈世隆書丹　」

賜進士第□□給事中同郡張弘至篆蓋　」

去郡城之東，□□□□□□□□□屬上海邑地之世望，有陸氏於處」士溪雲則□□振。予痛其没已久，而其幼子銓，今廩食郡庠，為衆」所□望者。處士没既葬，歷今廿載餘，而處士之室孺人没，銓與兄輩縗杖」遠以處士平昔狀且□孺人狀屬予為誌銘。狀乃銓所述也。視之，將令人」莫勝痛。處士有隱德，而孺人尤足□。自處士没，于今當所葬孺人日，方訝」銓兄弟不以誌銘葬其父，而銓之狀有曰：　吾兄弟姑之夫憲僉莫謹，昔於」吾父没，諭吾兄弟輩曰：　汝嚴雖没，而汝慈尚無恙，葬欲誌銘，再石幾繁贅，」盍俟他日併以石禮，胡不可？　兄弟如其言。而今吾母没，其初志敢不少償？」窆穸既卜，□無忍没吾二親之懿。予德之。論處士之望，人既已知之矣。深」念夫處士所生，能以勤儉自持，克幹蠱，善待群下，雖髫齔時無謔言，與諸」堂兄弟最友愛，推及於鄉鄰。然平易鄉有貧乏不能婚葬者，悉為給之；　有」負□者，不强取其直。聲奕奕聞于一時，鄉薦于有司，長鄉賦，而人為倚乎」者，無爾我，人罔不稱處士□。然又獲聘於孺人。孺人為華亭之張涇盛俗，」甫笄歸處士。宜於家，勤紡織。凡外有所為，内罔不承；　内有所承，外無不稱。」是今之合葬□□□□□水幾□里，為正德元年正月初二日。高祖諱」仲源，曾祖華，祖□□□。考直生處士，諱瑜，字廷美，溪雲處士之別號也。□」□：　長□，娶李氏。次錤，娶范氏。次□，娶楊氏。皆業農。而錤已故。次銓，即□□」□□□氏，續黄氏。女一，適□□□□。孫：　□□、時俸、時儼、時雍、時偉、時□、□」□。□□處士生於宣德丁未正月二十八日，卒於成化乙巳十二月初一□，」

□□□十有九。孺人生於宣德壬子，没於弘治乙丑八月十二日，為壽七」□□。□乎！人孰不有生，亦孰不有死。其□貴者乃在有傳。今處士、孺人」□□□□澤於後，宜有銘，故序而銘之。」

□□□□□□也。于陸可誇，維婚姻之接也。殆非天□，既宜配而宜家」□。□□□□□□雖嗟兮其可嘉，人孰得而譁。勒之石，永世兮罔嗟。

八三　明伯姑張（友梅）孺人楊氏（瑛）墓誌銘

〔誌文〕

伯姑張孺人墓志銘

姪進士楊鼐譔」

弘治乙丑五月廿一日乙巳，伯姑張孺人以疾卒于家。鼐時」居京師，訃至，悲號徒切，不獲臨其喪。既而冢孫瓚緘所為狀」□□□以遐告我，維明年十月廿五日庚午，葬之辰也。願立」□□□石於□幽。安忍于言哉！孺人為吾祖承事郎樂閒府」君之□女。未笄，姆儀子道，恒若性成。嬪于張，益光厥德。張氏」□□□□□其夫友梅君旦夕承歡，竭乃心力，迨死葬，情」□□□□□于禮。劉氏姑蚤寡，孺人恩之、範之，竟全其節。」□□□□治生，友梅君悉委家政，尋盟訪勝，託杯酒以為」□□孺人應之，每先事而自集，使元不獨當其勞。撫諸孫抵」□□□屬繼異恒曲成之。事友梅五十餘年，相敬如一日。歸」□□祖，雖垂白不廢愉悅。吾母輩動以為則，實吾家女師也。」而及視孺人之行既久，且嘗辱于館，得悉其微。然而不繁其」□者，慮以瀆其大也。孺人姓楊氏，諱瑛，字素英。生宣德甲寅」五月五日，壽七十有一，弘治癸亥喪。友梅始膺疾，是年哭其」子元，遂踰百日而卒。於乎痛哉！子男一，即元。女二：長適聽選」□陳藺，次適宣紳。孫男五：瓚、瑋、珵、珊、玠。珵，邑庠生。玢，幼，鞠于」□□孫男一。墓在新團涇之原，啓友梅封而合窆焉。弟之子」□為之志，且銘曰：

子而子，婦而婦。豈惟克母，亦復能祖。女之」□□，□斯盡矣。新團之藏，詎不安耶。

八四　明誥封張（悦）夫人戚氏墓誌銘

〔蓋文〕

大明誥」封張夫」人戚氏」墓誌銘

〔誌文〕

大明誥封張夫人戚氏墓誌銘 」

賜進士及第嘉議大夫南京吏部右侍郎前國子祭酒翰林侍講兼 」經筵講官同脩國史餘姚黄珣撰文 」

賜進士出身奉政大夫□□通政使司左參議□□穆温書丹 」

奉政大夫南京尚寶司□□中書舍人□□劉稱篆盖 」

太子少保南京參贊機務兵部尚書張公既卒之後五年，夫人戚氏卒。仲子左軍都督府都事牧」□哀述狀泣拜請銘。珣感而□曰：嗚呼！公嘗奉 」敕督視浙省學政，英才□髦，多所造就，而珣亦謬承□授德□□，至今不少衰。□茲銘也，敢以膚」謭辭□□□□□氏，華亭東南沙岡望族，正統丁卯，□□擇所宜歸，卒儷於公。□儉而中，和」而確。平居服食，雖□□□，勤女紅，躬紡績，以率婢□，晨夕不怠。用□出入，尤善綜理，一不經公」心，故公得以□□于政。事姑孝，奉祭祀必豐潔，處鄰里宗戚曲盡禮意，教子嚴，不事姑息。公以」名進士發身，敭歷中外，□四十年，而夫人常與俱，防範周密，家政肅然。凡私覿私干，足跡不敢」陷門閾，由是公得□盡忠厥職，而無内顧之憂者，夫人與有力焉。夫人以公貴，初封安人，進封」淑人，已而加封夫人， 」誥敕輝煌，恩寵稠疊，式克□承，亦□遇也。弘治己未，夫人從公致仕還，接鄉鄙親戚，依然故態。初，」□□尊顯□□□□□加敬慕。歲壬戌，公以疾卒于家，夫人執喪如禮。比襄事，亟遣子牧詣」闕謝□□□ 」恩□乞贈謚□乙丑秋， 」詔贈公太子太保，謚莊簡。夫人悲且喜曰：吾事畢矣，死當瞑目，無復遺恨矣，至是而卒，時正德丙」寅九月二十八日，生正統丙辰十一月初七日也。初，訃至南都，子牧哭之慟，即匍匐奔喪歸。歸」□□□□分□殯地□再□蘇而言曰：與其毀而滅，□以為孝親苦求加□典以榮親之為」□□□是焚□□□□例具疏 」請□□□ 」□□□□□□孝理□□即 」□□允□□部典祭一壇翰林院□□□一通工部□有司□直開壙合葬□□有隆□□□。嗚」呼！□□生死□□□□□□子男二：長岳，先夫人十四年卒。次即牧，請銘者，以資廕授今官。」□□□□性沈□□公美，皆得□□。孫男四：乾、坤、艮，俱郡庠生；承慶，□幼。孫女六，楊鏐、葉應貞、」□□□□□□承恩，其婿也；□□□聘。曾孫男三：勇、宗、泰。茲卜以卒之明年丁卯十月二十」□□□□□□□□□□□□□□□遵卹典也，亦古禮也。珣嘗歷觀古今為婦者，亦□矣。或得」□□□□□□□□□□□□□如夫人者，指不多摟，盖有其德，而食其報，固其所也。 」聖□有□□□壼之□□□□□□倖□而□□□是宜銘。銘曰： 」

▨，閨門之則。葛覃守貞，采蘋效職。壽考維□，□ 」錫以□。▨。□□以蘭，種之以德。有鬱斯封，雙環合璧。勒辭貞珉，永□無斁。

八五　明義官承事郎李朝章（縉）墓誌銘

〔誌文〕

義官承事郎李朝章墓誌銘　」

覃恩賜章服九十翁京兆浦杲譔　」

朝章，諱縉，李氏，別號静菴，練川名宦樗軒先生堯臣之家嗣也。妣徐」氏。堯臣發身科第，仕至中憲大夫、瑞州府知府，」朝廷推恩，封其父怡桂府君公紀南京刑部郎中，妣鄒氏贈為宜人，是為」朝章大父母也。朝章生有至性，事父母不虧子道。自幼兩目不見物，」無用於世，然而機警有智略，能殖貨，厚其家業，盖獨盲於目，其心則」能辨別是非，其口固能言也。於稠人廣坐中聆其談吐，便便言，非庸」衆人所能及也。人有逋欠，持鏹物布帛来償者，入手即知真偽高下，」人莫能欺。或以生年、月、日、時為問者，乃於袖中輪其五星躔度，言其」壽夭、富貴、貧賤，百不失一，皆其所能也。故雖盲，心靈如此。嘗效卜式，」輸財實邊，義授散官承信郎。配張氏，南京金吾左衛指揮使盛之女，」婦德尤著，內助之功居多。子三人：長一元，娶楊進士厚甫之妹；次一」亨，娶彭氏，為庠英思廉之女；再次一貞，尚幼。常誨其子曰：吾生不辰，」不能事於學，每念之戚戚靡寧。爾祖父以讀書起家，為大官，官至良」二千石，顯親揚名，振耀門户。爾叔父新軒先生大章，亦以文學仕為」上林苑蕃育署典署，接武卿相，羽儀　」天朝。爾等盍亦觀感，脱去凡近，趨向高明，以古為砥礪，無忝所生。外則尊」禮賢師友，内則尊敬叔父友月先生。其言諄諄然，諸子皆克佩服唯」謹。朝章達生委命之人也，預知天年不永，乃傳家政於其長子，遺次」子為邑庠生，處置後事，罔有缺遺。坦然懷抱，日具觴壺，請族人故舊，」相與娱樂。無何一疾，竟捐館舍。悲夫！時正德丁卯閏正月二十五日」也。距其生天順戊寅十二月二十二日，得年五十。將以是年十一月」初三日，安厝先塋。前期，因其妹丈庠英孫漢章口録其狀，率其孤縗」絰踵門泣拜，請銘其墓。予忝姻末，稔知有素，遂不辭而為之銘。銘曰：」

繄材之良，維行之臧。獨盲於目，晦而弗章。其心了了，以濬厥光。既没」永藏，將遺嗣者昌。」

邑人盛奎刻石

八六　明旌表孝子沈公（輔）墓誌銘

〔誌文〕

旌表孝子沈公墓志銘　」

賜進士及第翰林院侍講同修國史經筵官永嘉王瓚撰文 」
賜進士出身翰林院庶吉士餘姚倪宗正書丹 」
賜進士及第翰林院修撰崑山顧鼎臣篆蓋 」

嘉定有孝子曰沈公，諱輔，字良弼。弘治乙丑十二月□日卒於家，距其生宣德甲寅六月二十二」日，壽七十二。諸孤將以正德丁卯十二月十五日，奉窆□崇孝之阡□孫□行人炤奉陸編修子」淵所為狀請銘。頃予預修 」《孝廟實録》，寔嘗見有司奏孝行之懿，既據以書于□□然有司奏詞不及□備，蓋奏舉□□□□」諸行也。公幼有至性，竭力奉親，□□□□，忽心竊汗，□驚曰：得無二親疾乎？即馳歸，則母黄安人」癰潰不救矣。哭踊絶水粒者□日。及葬，天□雨□□□□□籲天□□□□□雨□□故父」患氣疾，夜多不寐。公衣不解帶，達旦侍側。□諸孫歌詩□□□□□寝□□□父患□屢藥弗」效，公復齋戒致禱，願以身代，拜□□□瘡，忽聞異香，□□遂愈。潘郎中時□傳其□，錢文通公溥、」吴文定公寬諸名流，並有紀述，人誦傳之。有司□□□□ 」朝，詔旌其門，吴越間稱曰孝子而不名。公年六十而父没，哭踊如喪母，侍廬□□側三年。公好觀經」史，涉獵大義。多收法書名畫古物器，且善鑒定。每与賢士大夫游會，則雅歌□並彈絲吹竹以為」樂。樹祠堂以謹先祀，建家塾以迪子姓，□□□以濟往來。一言一行，恪率古道。□□黨以□□鄉」閭，周其匱貧，而拯其患難，惟恐不及。天順辛巳，郡境海溢，漂溺三千餘家，公輸粟四百斛于官賑」之。成化壬寅，吴饑，輸粟五百斛，」朝廷錫章服以□其躬。繼輸粟若干于邊□□以得一官，乃以讓其兄□。弘治辛亥，吴□饑，乃輸粟」一千二百斛，」詔復以尚義旌其門。壬子夏旱，公請於官□種□□□□□□□□□鄉抑强扶弱，衆□□公。民有」逋負者，矜其□貧，則取其券焚之。有訟辯者，□□□□□獲□□言即釋。嘗有盗□□□其鄉，公」以計擒送于官，鄉人□□□于有司請□鄉飲賓□敬重焉。□□蒔菊□十本，暇輒盤桓其間，意」趣怡適，因□號菊軒。□□□□□□□□□稱也。歲□□，以上 」兩宫尊號恩□孝子，例有綿□、肉、米，章服□□□公□□為沈□□為鳳陽人，有諱都遠者，登宋進」士第，南渡仕於蘇，遂家□□□□七□□曾祖垚、祖璞、父篪，並茂隱德。公衍其餘□，族愈昌大。配」瞿氏，同德媲美，號□雙孝。子男四：梁、當、棣、□。孫男十四：炤、燿、灼、熜、□、煦、爚、烋、烈、爀、燾、燭、熞、□。炤，壬」戌進士，拜今官；灼，辛酉□進士；燿、煦、□，皆廩生。女亦十四□□□族□□□未行。曾孫男一、女七。」公屬纊之際，炤、灼同以 」朝命便程還家，獲領公將終□□孝□儉勤等□□□□發聞仕途，荐臻柄用，式克嗣□公之善」遺者。炤京邸與予鄰比，相知也，是以屬銘。□聞孝者，□□之本，誠篤於孝，則仁心恒存，而諸行自」淑，人稱之，天祐之， 國恩之，滂洋世澤之，□楙子姓之□且賢若公者，固無忝所謂沈氏有功、有」德之祖也。 」國史尚登載之，况墓隧哉！是宜篆銘貞石，使行道聞之，曰：此 」皇明孝子沈公之墓，其有以勸孝而興教矣。銘曰： 」

敦孝于家，受旌于 國，名實式符，是曰完德。天享公祉，初終具美，家則有傳，國則有史。天享公 」祉，流慶無疆，胤嗣彌昌，家聲用張。勒文貞石，于阡有耀，匪我私公，允以勸孝。

八七　明故武略將軍伯明臧公（鑑）太宜人郭氏（寧）合葬墓誌銘

〔蓋文〕

明故武略」將軍伯明」臧公太宜」人郭氏合」葬墓誌銘

〔誌文〕

明故武略將軍伯明臧公太宜人郭氏合葬墓誌銘　」

封太宜人郭氏，乃武略將軍伯明臧公之配也，殁於正德丙寅」五月四日申時。其子軍政操事武略將軍清，以明年丁卯」朔巳時〔一〕，安厝于華亭之柘湖鄉平原□以伯明衣冠之函」合焉。先是清乃跣泣，奉状来銘，且曰：不肖清幼荷母教育，」為憶先人葬□，今失其處，而又失記生殁月日，痛哉！願乞」一言，為地下□，而信百世也。按状：公諱鑑，字伯明，姓臧，為」泰州南門外高橋望族。少游武泮，立志誠篤，持心忠孝，襲」先職，上器重而下懷感，為所侯中之表表。殁於景泰甲戌」春也，距生宣德丙午，僅享年二十有八。父諱貴，副千户。」母黄氏，□樹德。宜人姓郭氏，諱寧，字妙寧。性慈儉善，事舅」姑克□□□，内助之賢也。中饋修潾，特餘事耳。歸臧門，自」伯明故遊，孀居五十餘年，訓迪子清，以至成立。宜人生於宣德丁未五月五日申時也，春秋八十有一。父諱琪，□樹」德前伯□麟之從兄。母張氏。子一人，即清。孫男二人：□，早」卒；藝，尚幼。曾孫女一人，女寶，亦幼。嗚呼！以伯明之才、之能，」而太宜人賢而理家，誠為之良配也。余辱與清知厚，遂不」辭而銘之。銘曰：」

伯明英妙，官廕于先。有聲政事，忠孝兩全。」讀書好禮，果行踐言。何奪之速，飲恨終天。」太宜人郭，性質純清。相夫教子，家業是成。」彼鬱而蒼，柘湖佳城。夫婦同窆，長夜冥冥。」

四□乙卯科舉人直隸金山衛儒學掌教授事廣都李暘」撰

是學生員金陵顧㝗書并篆

〔簡注〕

〔一〕「朔」上脱月份。

八八　明故沈君友梅（棣）墓誌銘

〔誌文〕

明故沈君友梅墓誌銘 」

賜進士及第奉政大夫左春坊左庶子 」兼翰林院侍讀同脩 」國史 」經筵講官郡人毛澄譔 」

賜進士第監察御史崑山馬慶書 」

鄉貢進士太倉金緯篆 」

嘉定之清溪有鉅族沈君，家世八傳，而聞望益振。至名炤者，以經學發身，」登進士第，任行人司行人。其諸父諱棣，字時韡，别號友梅，卒於弘治甲子」又四月十一日，越正德戊辰年正月十一日，卜葬於戴溪南祖塋之側。先」期以番禺令慈谿趙君叔敬所述事狀，扣余為誌銘。按狀：沈之先，鳳陽人，」宋季有為揚州守者，曰都遠，復官蘇郡，值元兵繹騷，不克歸，遂寓郡之烏」鵲橋，再遷嘉定之清溪，子孫相繼居之。都遠府君之後曰元震。元震生觀」光，觀光生垚，垚生璞。璞生篪，號思善，以壽遇」例冠帶。思善生輔，號菊軒，娶瞿氏，夫婦行孝感天，有司聞於 」朝，旌其門曰雙孝。菊軒生四子，而時韡居三。為人貌偉度宏，穎出群表。遇事善」於應酬，瞬息間即分歧徑。家居篤於事親，昕夕承顔，惟順適是務，親有命」則鋭力幹蠱，□敢或違。處昆弟能盡友于，無粟帛斗尺之譏。撫諸姪尤切」教誡，罔異己出。性復英毅，御下孔嚴，家庭内外，恒肅如也。時韡少時已藴」成立志，長而勤事生産，經理得宜，由是起富，埒於素封。宗戚鄉黨有窘無」告、葬無歸者，必先事賑貸之。凡四方文士，至則礼之，往則饋之。鄉鄙小民，」亦以惠利相卹，不加轅轢。此其德義之昭著者，舉其大則細者可略焉。遡」其生寔天順戊寅九月二十二日，享年四十有七。娶黄氏，有賢行。子男四」人：長勳，娶錢氏。次烈、熹、默，俱習舉業。女六：長德清，適陳金。次德貞，適太倉」衛指揮僉事郭乾。次德温，適潘乾。次德柔，受上洋山拱朝聘。次德英，受上」洋郁士傑聘。俱庠生。次德□，尚幼。為之 」銘曰：

惟積之豐，其發故隆。惟修之充，其□迺崇。德業益茂，本諸厥躬。余銘孔壽，」庸賁厚封。

太倉李冠刊

八九　明故義授郎南畊尹公（希）墓誌銘

〔蓋文〕

明故義」授郎南」畊尹公」墓誌銘

〔誌文〕

（前缺）家從□時，公甫五歲。□□□□□□□□□」□□□□□□□□□及壯，果迥出流輩中，能讀書，亦不喜仕□□□□□□」□□□□□□□為□後仲氏由開平衛學生以□□□□喪歸□□□□□□」學官歷州吏□未久亦卒，竟獨留公。公孝而知敬，義而

□□□□□□□□□」鄉有貧不能治喪者，至以棺給之。及死於道路者，亦買棺埋之。□□□□□□」為設衣食而飽煖之。凡此之意甚多。孫殁，公□□□□□□□□□□□知」倦情亦煦煦。成化己丑歲，出粟賑邊乏，以」恩授七品散官，於是見知當道。弘治己未，邑侯李君欲建崇文□□□曰：舉大事，宜」選一人督衆役。邇吾聞尹希政有能幹者，遂委之。繼又總□□□□院之清風亭。」致繡□劉君有老成義官之稱。郡守劉侯、陳侯兩以禮嘉之，得題名於碑石。卜居」以規□□繩自蹈。人法公之德者亦多。年漸高，於勞攘事頗不□前。七十歲由舊」居遷居于城西之外秀野橋，有庄於四保，盖公□□往来□□□於是一意於畊，」則南畊之號不虛設也。生於宣德三年二月十八日，卒於弘治十八年十一月初」十日，享年七十有四。配葉氏，先公之卒者逾十六年，已葬於集賢涇祖塋□□。繼」室沈氏，側室黄氏。子男三：長元，次亨，葉所出。次貞，黄出。沈無育。元亦充開平衛學」生，屢試場屋，未就緒而卒，娶朱氏，繼吴氏。亨充郡掾，全兩考，娶唐氏，□□。貞時」甫年九歲，已聘張氏。女四：長適沙萬户之玄孫森，次適僉憲曹國用子□□，次適」□□守之弟悌，次適顧義官奎，各為今之名家。孫男三：應乾，已聘龔舉人□□□」□□□元出。應宿，亨以唐未出，而懷抱唐之弟次子為己子。孫女一，亦元出。□□」□□□俞世醫家。正德戊辰十二月二十一日子亨為公理喪事，舉公之□□□」合葬焉。亨謂葬不可以無銘，来請予銘。予亦知公之深者□□為□□銘之。銘曰：」

作之者誰，曰南畊君。克世□□，□□□敏。」於親則孝，曰所□盡。□貧則施，□□□□。」動也有規，静也有準。□□□□，□□□□。」庶幾其人，與古道脗。□□□□，□□□□。

九〇　明江東沈處士（梁）墓誌銘

〔蓋文〕

江東沈」處士墓」誌銘

〔誌文〕

江東沈處士墓誌銘」

禮部儀制主事前進士□農□□□撰文」

□□大夫刑部員外郎□□□□□□」

賜進士出身翰林院編修上海陸□篆盖」

青浦在嘉定縣治東七十里，別名徑東。其地世家□□□□」□知楊川都遠。都遠六傳為完璧翁，布衣而材為□□□□□」是生□□□仲生孝子輔。處士諱梁，字時□，號友松，孝子□良弼」之冢子、□刑科給事中炤之父，而行人□之父也。□□□□□」取功名自

□拔會應□□棄去，意殊不□，乃聘名士□□子□」姓督使疾學□□君□相繼登科為顯官，沈之□□累□□」□經□以起，則其□盡出處士。處士儀觀脩偉，居家□□□□」放行義而好賓客。因處士約□□色之奉其在官□□□民稱」愛。正德戊辰冬十一月十九日，卒於正寢□言無他，惟念其母」□□□口□□□焉。距其生□景泰壬申八月二十四日，享」年五十有七。配□氏，賢淑有□行。子男六人：長即給事中炤，次」□學生□，次□，次國子生□，次□，□□。女三人：適徐倬及國子」生諸華、秦文□。孫男三人、女十二人。給事始□□使不□□巧」誣□謳而名益甚，於是不負所教，處士與有光也。□卜□卒之」又明年正月二十□日，祔葬祖塋之原。乃以□□□。予既歆」給事之節氣，嘗識處士於□城，誼弗得辭。銘曰：」

清浦瀰□，□赫旌門。篤生衆賢，紹述是敦。既□亦□，以獲□昆。」惟此東邑，□□□□。□□□□，□□奮□。□□之□，實繫其識。」□□□□，□□其盡。銘□。

九一　明故陸處士（純）墓誌銘

〔誌文〕

明故陸處士墓誌銘　」

文林郎茌平縣知縣邑人金洞撰文　」

鄉貢進士長洲縣陸山書丹　」

處士諱純，字汝誠，姓陸氏，別號北墅，系出江右。始祖仕宋，扈從南渡後，」卜居嘉定。或謂丞相陸秀夫之後。惜世譜失於兵燹，無以考證，蓋巨族」也。大父澄。父朴，號裕軒。積善行仁，克紹基業。母朱氏。處士生而穎敏好」學，明經習舉。適裕軒遠出歲久，遂輟舊業，以勤勞代理其家。處士天性」至孝，事親色養，不專竭力於飲食供奉而已。處昆弟友愛。尤篤待宗族，」恭而且和。撫愛姪輩，視同己出。力能為己，則開拓增廣，貲埒田宅；惠能」及人，則賻喪助葬，濟貧恤孤。以至修橋梁之圮毀，平道路之險阻，重義」輕財，不計其費。簡重寡默，喜怒不形。樂道人之善，未嘗訐人過。善於謀」畫。有司聞其能，舉長萬石。事則先集，賦不後期。處士為人所不能為者，」率多類此。正德丁卯秋，遘疾，藥弗奏功，至革，呼冢子廣，語之曰：汝當克」家，毋墮先業，修其德哉！言訖而逝，時九月二十六日也。遡其生正統丁」卯十二月一日，甲子一周，壽者而一，亦命也。配翟氏。繼周氏，孕而不育。」子男三：長即廣，娶郁氏。廣之德行，無改於父。未幾，」廷命有司擇士庶之小心慎密、勤能有為者榮之，以」恩用司倉廩億萬之出納，僅得三四，而廣居首選，授以冠服，使治其事，則」料量平，上不乏用，下不過取，人多德之。次雍，克家，娶陳氏。季庚，尚幼。女」二：長適王軾，先卒。次適王鐈。孫男六：琦，聘王氏；瑤、瓘、瑛、璽、瑫，未聘。孫女」適聽選訓術龔臣。廣卜以正德五年庚午二月十日丙申，輿柩安厝于」先塋之次，前期奉庠友郁廷式狀，踵拜乞銘。予以廷式與處士姻婭最」久，能知之深，故言之詳，不易於言，言則可信，故從而銘之。銘曰：」

禮義起家日成立，詩書教子日成德。家以有餘惠及人，」子以有為」恩榮身。子之克家父善教，父之歸全子能孝。逝者永安生者賢，」慶流百□□淵泉。

里人盛奎刻

九二　明故義授承事郎宣堯卿（廷政）墓誌銘

〔額文〕

明故宣堯卿墓志銘

〔誌文〕

義授承事郎宣堯卿墓志銘」

文林郎知山東東昌府茌平縣事邑人金洞譔文」

邑城晏海門，居其地多著姓，推其最則曰宣承事郎。宣君廷政，字」堯卿者，迺今進階四品西安郡貳守先生之冢子、承事郎宏本之」元孫、隱德文能之曾孫也。母張氏。君生而天質粹美，警敏過人。童」稚時輒能記誦。稍長，從師習舉進士業，講讀之勤，問辨之切，舉筆」為文，文根乎理，識者見之，意其科名必早於所尊也。學將大成，先」生拜東廣惠州郡之命歸省，以庭闈高年，宜安榮養，家政悉專委」任之，遂輒所學以克家。雙親既遠，朝夕在念，數遣人奉書物詣前」問安，逮歸乃喜。先生再任關西。君愛親之誠，視昔愈篤。驚聞失恃，」晝夜悲號，累日不食飲。迎柩歸葬，哀毀逾禮。友愛諸弟，無間長少。」日與舜卿銳志成立。弘治間，歲侵，同心尚義，出粟數百以賑饑。有」司疏聞，」上嘉之，」恩榮其身。先生致政歸，每壽旦，率諸弟、子姪羅列階下，百」拜稱慶，宴集賓友，娛樂連日，務得親之懽心。其睦宗族，和鄉黨，信」朋友，終始如一。教子希文年當志學，選進邑庠，遇例入監。愛女擇」婿，以庠友浦宗約之孫介善學納為館甥。君志量恢廓，益豐其家。」方大有為，惜乎，四十有三，正德四年正月四日而卒，遡其生成化」四年四月三日。配封氏，東平別駕尚文先生之女。子男二：長即希」文，聘金氏。仲希武，聘葛氏。女四：長即介配，次適名族蘇璐，二未及笄。」希文請命於大父，卜以卒之明年庚午十二月十五日丁酉，葬于」新涇之祖塋。先事持婣長宗約先生狀，踵拜乞銘。噫！予與若翁同」年同門，仕先後不同，而止之時又同，久知君為能子。今徵諸狀，益」信其賢，銘故不辭。銘曰：」

仁能愛親常孝友，義能用財明可否？出粟賑饑千百石，」恩渥榮身若無有。一經教子發其秀，玉琢賢關器成就。」盛德如斯胡不壽，天之命也又誰咎。

邑人盛奎刻石

九三　明故南京兵部車駕清吏司主事顧君（倫）墓誌銘

〔蓋文〕

明故南京」兵部主事」顧君之墓

〔誌文〕

明故南京兵部車駕清吏司主事顧君墓誌銘　」

賜進士及第光禄大夫柱國少傅兼太子太傅禮部尚書武英殿大學士知制誥　」國史總裁同知經筵事餘姚謝遷譔　」

賜進士出身通議大夫都察院右副都御史奉　」使巡撫山東地方恩准致仕賜馳馹歸田郡人瓜涇徐源書并篆　」

浙之邑號繁劇者維吾餘姚，令必通敏才能之士，始克勝其任，故於徑遴之際，每難其人。弘治乙丑登進」士，而為吾鄉人者，推其同年之有通敏才能者，多以君為首稱，因以知君。會余邑令缺柄銓衡者，方求於」諸進士中，余竟以君薦之。既余歸田，見君之政，竊喜余薦之得人。而擬他日臺諫之擢於君亦鑿然矣。爰」有車駕之　」命，士民咸不愜其所望，而余亦深為君惜。未幾，其子雲龍遠來，衰絰詣余，泣告：君已歿矣。持其姻家徐梅」谷狀，乞余銘。盡傷之餘，訒君與余既為相知，君官吾土，而適值余歸，又數有會晤之雅，且其善政良為可」書銘。烏乎辭！按狀：君諱倫，字朝章，號春山，蘇之練川人。世代業儒，至祖考澄、考珩，尤有隱德。母葛氏。君敏」質天成，八歲習句讀，稍長即能為文，嘗作酒賦以自警惕。入縣學，習《毛詩》，大解旨義，下筆有氣。縣尹慈」溪王用仁奇其器，雅受其知己之厚。中壬子鄉試。即丁外艱，喪葬如禮。君少失恃，兩遭繼母丁氏、姚氏喪，」哀毀一如所生。嘗舟道□山，得遺囊，即泊以俟失者，明日果一人至，覈其數而盡返之，其人感謝而去。又」於德州見有委弱息於路者，詢之，因旅困食不給耳，君割以貲饋，命攜以歸。後十餘稔，君赴餘姚之任，道」經高唐州驛宿，一掾侍側，偶詰其鄉氏，乃前所委之弱息也。明發，其掾泣送。君探囊予物為別，復以言諭」勉之。逮抵任，竭力殫心，勤於政務，視事或至夜分而不徹。然廉静無取，規畫有度。戊辰歲饑，民租不能輸，」君極言剴切，抗章請蠲，　」聖慈鑒允，民用不憂。田有資於灌溉者，取水湖塘緣瀕海，病於泄涸，其民恒有因水而争鬬者。君脩築陂隄」以障之，水聚而民争自息。均徭驗丁，輸金八錢，而奸民亦有怙勢而蔽匿者，君設法究獲，悉歸於籍。由是」户口用增，而均輸稍輕矣。君苦邑之公需費大，乃以均徭之羨者給之。民饑無賑，命贖罪輸紙者易之以」粟。庠生鄔憲久繫重獄，君知其為讐家誣抑，卒與辯雪。若其開拓學宮、復新鄉賢祠事，賙學校之貧士，給」節婦之服廬，有勸懲激勵攸繫於風教者，不可枚舉。逾三載，陞南京兵部車駕司主事。君以位稍進，益思」裨補。以駕船初為巡江而設，今供遞運公物之役，殆廢舊制，及凡兵務有跲於時政者，輒欲條陳。奈乎疾」已作矣。就官廨迎醫，而力疾視事者久，詎意竟不起矣。年才四十九耳。嗚呼痛哉！以君之才猷論之，當留」禁近，以陟顯階，不幸逢余之薦，致君終不甚顯而卒。以崑山、德州二事，質之天道，當昌其祉，而年遽止於」斯，詎匪君數之厄耶！嗚呼痛哉！天順壬午正月一日，生之辰；正德庚午八月念有四日，卒之辰；卒之又明」年十二月念一日，其葬之辰也。配唐氏。生六子：雲龍，娶吴氏。雲鳳，贅蕭氏。雲鵬，贅張氏。雲鸞，贅錢氏。俱縣」學生。雲鶚，贅魏氏，餘姚丞魏珊之女。雲鷺，未聘。孫男四：永堂，聘稽勳郎中宣彦初之孫女。永基，聘大參龔」元之之孫女。永塾、永垚，皆幼。孫女一，許聘按察使楊尚炯之孫梆。墓在邑之西八千浜祖塋左之新阡也。」銘曰：

維彼練川，文獻允稱；扶輿清淑，彙生乎君。秀穎維幼，酒賦有篇；維警維惕，自勵維嚴。脱穎鄉校，迅身賢科；」才能令聞，即闡神都。銅符墨綬，爰試雞割；甘雨惠風，民肥其瘼。歲饑病租，懇辭上章；」天子曰俞，民無逃亡。圩田水泄，争端恒起；乃築乃障，民免其褫。發摘奸民，均斯役輸；轉移其羡，乃給公需。以」楮易粟，民饑斯賑；權變之宜，孰曰匪令。辯雪誣獄，存慰貞節；賑急窶士，惠義可列。學宫隘陋，既闢既營；鄉」賢弛典，既復既楹。」□曰令哉，曷酬爾庸；夏官有乏，秩位超崇。補」衮益切，有封欲馳；遽罹禍疢，事竟靡施。□今載返，棄幼肅挾；慈義懿美，允媲右喆。土豐齒嗇，天道莫究；尚」父後昆，諸胤皆秀。葬日既今，馬鬣尚封；我銘千載，奠此幽宫。

九四　明故唐（炯）碩人朱氏（蘭英）墓誌銘

〔誌文〕

明故唐碩人朱氏墓志銘」

賜進士刑部主事玉峰周愚譔文」

蓉江居士同邑浦博書篆」

練川世醫唐先生德輝之妻碩人朱氏，以今年癸酉五月三十日卒于正寢，」其孤坤、埣告于父，將奉柩而納諸幽，持大同王先生狀乞予銘，乃按狀而書」之，曰：碩人姓朱氏，諱蘭英，世為邑城人。大父諱孟昇，任東光縣令，綽有賢能」聲。父以孝，母陸氏，生女二，長先卒，碩人其次也。自少敏慧婉淑，既笄，歸德輝」為冢婦。德輝之先，蜀人，宋太醫提舉十世祖以道隨高宗南渡，始徙紹興。元」醫學教授八世祖永卿再徙平江，遂占籍嘉定。朱固右族，與唐相埒。碩人入」門，夙承姆教，事舅姑如父母，待夫君如賓客，處妯娌如兄弟，外睦姻族，下御」臧獲，咸盡恩意。至於祀先款賓，女紅中饋，必躬治之，務極其精潔。德輝遊邑」庠時，凡師友之費，每陰資之。意有弗愜，則從容引告。嘗以己之二親乏嗣為」念，白於德輝，養生送死，祭埽春秋，舉無闕失，不以出嫁降等。德輝鏖戰」南畿，屢戰屢北，碩人輒慰之，曰：　功名富貴，當聽命於天。　德輝脱然謝事，惟以經」書教子、醫藥濟人為務。碩人經紀家政，井然有條，日則躬率僮奴勤苦生作，」夜則篝燈辟纑課子讀書，以助其勤。恒戒其子，曰：　吾家世業儒、醫，若曹各相」勉勵，求不辱於其世，可也。宗族鄉黨咸稱其有古賢婦之風。碩人生有懿行」淑德，宜膺二子孝養，偕德輝先生頤老北堂，而傷天不憖遺，竟以疾卒。悲夫！」得年六十有七，距其生寔正統丁卯閏四月十一日也。卜以正德八年十一」月二十日，葬于何家浜之原。子男二：　長即坤，娶陳氏，性至孝，碩人病時，嘗刲」股作粥以進，人難之。涿鹿陳侯宰邑時，薦為董倉義民，以司儲蓄，」朝廷予其冠帶之榮。次即垾，娶王氏，充學官弟子員，不食於家，待用有日。是雖」德輝教養之功，而碩人內訓之力亦不少焉。女二：　壽蓉、壽芸。毛天錫、袁瀚，其」壻也。孫男一，金，聘沈氏。女三：　素玭、素瑶、素瓏。受張樹德、吳子學、王化聘。念惟」碩人在朱為賢女，在唐為賢婦，於德輝為賢妻，於坤、垾為賢母，不一而書，惡」可以無銘？銘曰：

於嗟碩人，維賢維孝；　外內一辭，今之德耀。既相其夫，亦」令其子；　」褒崇將来，鑱石以俟。　」

邑人盛奎摹

九五　明故唐德輝（炯）夫婦合葬墓誌銘蓋

〔蓋文〕

明故唐」德輝夫」婦合葬」墓志銘〔一〕

〔簡注〕

〔一〕本誌蓋時間不詳，暫繫於前唐炯妻朱蘭英墓誌之後。

九六　明太學生沈公（階）墓誌銘

〔誌文〕

太□□□□墓誌銘　」

進士出身國子監五經博士前大理寺左寺副郡人□□□□」

前鄉貢進士□□□□」

太學生沈階，年□十八，□□□文元□其訃於京師□□□□」□人□告曰□將以正德十年□月二十七日，葬階□古□□」香丘之塋。墓前石□少無□不□述辱吾子之愛之也□□□」志吾哀□也。少予四歲，□□□其父□階不敢以兄事我也。今」予與文元髮未白，而□□□夫人世之不足□□此□階，字」進卿，故處士宗泰之孫，開封判文元之子。為人□□□確，寡言」笑。讀《易》，為進士業。年十八而娶，二十充嘉定縣學生，二十五舉」一女，二十六應募補太學生。初，文元將仕，留其□□與階養其」母。階既肄業太學，念其母，乃告歸養其祖母、母□□□□□」治僮奴田園，薪採租課，皆有緒。退而誦詩書，由由不倦，可謂令」□矣。□□□正德五年五月二十七日也，𦵏徐氏，嵊縣尹徐天」丁女，名□芳。嗚呼！生之葬而□不忍言，而□□言之，予愧知□」□□而無以發生之忠，以寬文元之□也。系銘以□。銘曰：」

□合而有，焉離而無。乃使□索其子□妻求其□□□爾□□」又奚哀，乃使以哀，而哀其不哀，不獨□哉！

九七　明故唐警齋先生（迗）墓誌銘

〔蓋文〕

明故唐」警齋先」生之墓

〔誌文〕

明故唐警齋先生墓誌銘」

文林郎知九江府德安縣事致仕邑人王春撰文」

文林郎知惠州府興寧縣事郡人祝允明書并篆」

先生唐姓，諱迗，字廷威，號警齋。其先曾大父棣英，大父士銘，父珉，妣陳氏，蘇之」嘉定槎溪人也。先生質美而嗜學，楷書尤工。初有進取志，以家累弗克大遂。時」有司推選農氏之□者，不獲已，卒由三考之途進。先生嘗吏部應得正八資」格，□用□守焉，思有老父，告就雜則，期近而養可逮也。部矜其故，俯從之。忽」得家信，□父疾求□益懇切，又從之。歸侍數月，竟不起，竭力葬事。復闕謁選〔一〕，得」玉山典，吏官則是矣。邑當裁減，而衝要一幕賓之係，百責攸萃也。嘗督」益府工監□□□軍儲，踏勘鄰封水利，並以能稱。邑學視舊規弗稱，將圖新□」舉，掘土得□□□，喜曰：此天助也。增辟至一新，民不知所役，士論歸焉。居官□」載，當道事□□任□，而境內遠而數百里外無虛日，署縣幾一載，而不知令長」之缺，其才可知已。夙有疝患，竟以懇乞歸田里，其廉退又可尚也。生正統丙寅」□月初二，卒正德庚午八月廿一日，春秋六十有五。陞任林郡伯廷棉香帛寄」□，蓋知所重□。配陸氏，有淑行。子男二：沂，娶馬氏，克承宗祀；勳，娶李氏，繼陳氏。」女二：適何昺〔二〕，蚤卒；次適浦藩。孫男三：根，聘潘氏；桓、校，幼。孫女二：長適宗恩，次幼。」其孤沂卜以乙亥十二月庚申，祔葬先塋槎西之原。先是以狀乞銘。予於先生」夙承友愛，且深知其為人，不能以遜，直道而為之銘。銘曰：」
其居□□，其才孔肆。□命之勤，咸克有濟。古稱孝廉，」□人已逝。銘將不朽，以詔來世。
郡人章浩刻

〔簡注〕

〔一〕「復闋」之「復」，應為「服」之誤。

〔二〕「適」上應脱「長」字。

九八　明御賜貴州道監察御史朱豹及妻沈氏繼室蔡氏封贈碑

〔碑文〕

奉　」天承運，　」皇帝敕曰：　朝廷設監察御史，俾治理烏臺，欲其明邦憲以正▨」人。爾貴州道監察御史朱豹，績學明經，蜚聲甲第，分符▨」聞于朝著，踐歷既久，勞效居多，宜錫寵名，以示褒勸。茲▨」體，必先政教之原；言貴得宜，可為名績之地。念予至訓，副▨　」初任浙江虞州府麗水縣知縣，二任寧波府奉化縣知縣，三任□□府□□縣知縣，▨〔一〕。」敕曰：　夫婦有齊體之義，國家均錫命之恩。□我英賢，有茲元▨」史朱豹妻沈氏，秀發高門，禮歸儒彥，相夫致顯，已徵内助之▨」號，以慰幽靈。茲特贈為孺人，服此寵名，永光泉壤。」敕曰命婦，有主饋之責，位不可虚。朝廷有並命之榮禮，無容廢式▨」史朱豹繼室蔡氏，夙稱華胄，繼配儒流，方諧維鵲之儀，克盡宜家▨」封為孺人，尚敦順正，益迓寵褒。」
嘉靖元年十月□□日

〔簡注〕

〔一〕「初任」以下，為補刻小字。

九九　明故魯齋嚴公（浩）墓誌銘

〔額文〕

明故魯齋嚴公墓志銘

〔誌文〕

正德庚辰八月初四日，魯齋嚴公卒，其子邑庠生亜」持狀乞誌。鴻以亜為内弟，深相友善，豈敢不文辭。公」諱浩，字元廣，號魯齋，嘉定縣人也。嚴為吴中巨族。其」曾祖守誠生祖允升，祖生考昶，考生公。徐氏，其母也。」公有大才，議論風生，人異之。幼事儒業，即通大義。已」而棄去服畊，繼祖父掌財賦，見重於邑侯，士大夫樂」與遊。用是益謹飭。父母嚴毅公與夏氏，曲盡孝養，得」其歡心。子姓有過，訓誨諄至。尤樂施予，凡死亡貧乏」無助者，濟之惟恐弗及。生五子：堂，娶楊。埜，娶葛。亜，娶」王。坤，娶金。墀，娶陸。公以亜敏可就學，別賓明師以傅」之。亜篤學力行，勉成名士。公竭力葬親，宗族稱孝。嘗」見一僧徒懸鶉與一奚姓回禄，各遺金若干。舊有荒」田數千頃，大為民患，蘆涇等河水利不通，公即奏處，」相次厎績。其樂於為善而勇於為義，類如此。嗚呼！公」有隱德，胡弗見其子之成耶？天或有所待乎？不可謂」公之不顯矣。公生於天順辛巳二月初四日，壽六十。」孫男五、孫女七，俱幼。亜卜以嘉靖二年正月十九日，」葬公於祖塋之側，塋在深浦東之原。銘曰：」

公之所為，動皆以天。位雖未稱，」德則可傳。嚴以教子，誠以事先。」惠民因利，周急以錢。疏決江河，」豈惟涓涓。覩河洛者思禹功，人於公也亦云然。

一〇〇　明夢羲先生（唐垶）墓誌銘

〔誌文〕

夢羲先生墓誌銘」

先生唐氏，諱垶，字元善，別號夢羲。其」先蜀人也。嘉定始祖曰永卿，大父諱」椿，父諱炯。為叔焯後，以父命也。子二」人：曰金，曰銘。生四十四年，食于庠者」十有一年。嘉靖癸未卒，十月庚申葬」于何浜先塋之側。門人趙崑泣而銘」之。嗚呼！先生之泣靜厚忠純；先生之」才，含葩握珍。壽也天只，禄也在人。孰」主張是，胡不及先生之身。先生逝兮」芳名垂，先生逝兮余安歸。先生之宮」兮塚纍纍，百世之下兮其莫敢堕。

一〇一　明（唐）元載配陳孺人（懿寧）墓誌銘

〔誌文〕

明元載配陳孺人墓誌銘」

正德丙子二月初十日孺人疾革，語其夫子元載曰：」妾不育，使君弗胤。妾死，勿納於藏，殯妾淺土以俟君」之胤也。殯八載，猶弗胤。元載不忍久在淺土，乃後，母」弟之次子曰：銘者。擇嘉靖癸未十月廿四日葬焉，以」希賢為孺人從子，與聞世次履歷，命作志石。按：孺人」諱懿寧，為吾高大父特謹府君之曾孫、曾大父怡庵」府君之孫、叔祖宅善先生之長女。宅善選可妻者，得」桐庵唐先生長子元載君而歸之。元載孝於親，孺人」承其夫，以事其舅姑。姑性雖嚴憚，凡孺人所為，必當」其意。元載友於弟，孺人順其夫，以愛及其從子。元載」和於族，孺人從其夫，以見重於族長，而受金帛之賚。」元載勇於□，孺人相其夫，辟墓道，急窮困，皆有成績。」他如振靡緝敝，以成元載之善者，又不特歲時薦羞、」葅脯精備而已。夫以其性之柔嬈貞淑，孝恭和義，類」如此，未可謂不賢矣。賢□□其胤且壽也，而今顧失」其常，豈司造化者亦或有時謬焉者歟？年僅三十有」七。生二女，適張樹德、吴子學。元載為恕齋先生之孫。」卜祔其次昭，在嘉定邑治之西南隅云。

一〇二　明故梅溪府君張公（熙）墓表

〔額文〕

明故」梅溪」府君」張公」墓表

〔表文〕

明故梅溪府君張公墓表　」

故湖廣參議張公既屬疾，顧其子嗚謙曰：吾張氏世家上海之高昌，而祖梅溪府君以儉勤起家，植義好脩，尤有」隱德，凡吾所為，有今日，皆而祖之致之也。自吾入仕，即思表揚先德，而事不副志，以迄於没。爾能無忘吾言，我即」死不恨矣。嗚謙涕泣受命。甫卒哭，即走吴門，述其先人之言，請表墓道。嗚呼傷哉！我」國家之制，凡官七品，皆得以其官贈封其親。參議起家進士，餘□十年，列官藩省，階四品，可謂顯矣。而曾不得□」命以榮其親，蓋於此有遺恨焉。於是，府君之葬四十有二年矣，始乞表於其墓。曰：府君諱熙，字民□，□□□□□」世祖桂五，生子玉蟾。玉蟾生隱德。隱德生志恒，以督餉道卒。妻康氏，遺腹生□□，號娛澹，府君之父也。母□氏。生府」君兄弟四人，府君其季。幼通敏有識，甫冠以父命出分，即能激卬自立家。故□也，凡菑播穊種，皆能謹之□特日」作夜息，躬僮獲下走之勞，而督率之。或請少逸，則曰：吾以示勸耳。且吾方食其力，忍厲人自逸邪？以故□□□□」樂為之用，歲入恒兼他人，家用温羡，稍植産自益。屬時不登，民流失業，可以抑價漁取，府君不可，曰：吾□□□□」利而射時乾没，非所以厚吾子孫也。乃更倍直償之，而所得並是□□盡力其間。久益衍拓，遂以高□□□□□」尋被推擇為賦長。時賦穰無隄，往往破産，不足更費。府君斂發以時，輸將有制，不苛不弛，而以儉勤將之□□□」成，民用弗擾，而家得不侵，至於今稱良賦長焉。素性若淑，弗為物競，尤篤於倫誼，既門户分裂，不無□就，而□□」涵納，間閲以平。嘗為怨家所構，掎摭轃轢，卒亦不抵於償。蓋能隱約推移，以損為益，軌道夷跡，而物莫能□□□」以德勝人者。至於絶甘分少，折券棄責，尤為齊民所懷。年五十有四，以弘治戊申六月十八日卒。配潘氏，同邑潘」行素之女，有賢行，後二十七年卒，合葬邑之曹烏涇新塋。子男五人：長即參議公，諱萱，舉壬戌進士，□□□□□」政和三縣，茶陵、潞二州，超拜湖廣按察司僉事，進今官；次垠，遇例冠帶；又次墀、□、坊。孫男十三人：鳴謙、鳴岐、鳴□」鳴殷、鳴周、鳴皋、鳴岡、鳴善、鳴玉、鳴道、鳴盛、鳴治、鳴陽。謙、岐，皆舉□□進士；玉，郡學生。曾孫男十四人：□□□□□」次偲、儒、份、俸、化、伋、儲，餘幼。女三人，壻李元、湯汗、姚淮。孫女五人，曾孫女七人。府君雅嘗問學，有志顯□□□」登科入仕，遂有政於家。家成，篤意教子，啓迪導誘，慈不忘嚴。參議公□用顯聞當世，而諸孫彬彬，咸以科第□身。」數十年來，張氏隱然稱衣冠之族，蓋庶幾府君之志，而不及見矣。雖然鄉之人莫不賢其能教也。□□□□有」隱德焉。府君不自逸以厲人，是其仁也。置產必厚其直，不乘時緻利，是其義也。至於□□□□□□□□□□□」厚也，是宜其子孫之多賢也，而豈獨能教之為賢哉。用詳列之，俾□之人有考焉。」

翰林院待詔將仕佐郎兼修國史長洲文徵明撰并書

□□□□

一〇三　明故先妣夏孺人（妙玄）墓誌銘

〔額文〕

明故夏孺人墓誌銘

〔誌文〕

先妣夏孺人墓誌銘　」

吾母夏孺人，諱妙玄，世家邑之江湾胡陸里。自幼純孝，」外祖父母鍾愛，弗輕字，以先人魯齋府君朴實，故歸之。」入門而媼御喜，既饋而公姑賀。凡治生營產，周姻睦族，」相先君皆有方。教育諸孤，慈而不弛。成化壬寅，疫癘大」作，先祖母徐卒。於是，吾母外董喪葬，內攝病者，而獨無」恙，若有神相焉。弘治庚申，先大父亦故。吾母謂先君曰：」昔姑氏喪非其時，尔不能主。今惟一舅氏耳，昔未盡者，」冀少盡以宣。故喪葬哀戚，竭其孝思。觀者大悅。他如外」姪烈者，貧不能娶，捐貲以配；鄰嫗趙者，嫠居無倚，為養」以終。先君尚義急難，雖出天性，不無吾母翊贊之功。男」五人：長堂，娶談，繼楊；次塾，娶陳氏，繼葛；次即不肖堊，忝備」縣學生，娶王；坤，娶金，繼姚；墀，贅陸。孫男十人：鎰，聘陳；銑，」聘楊；鑪，聘沈；金，聘吳；録，聘侯；鉉，聘顧；銘，聘沈；餘俱幼。孫」女十人。嘉靖己丑二月二十日，卒於正寢。距其生天順」丁丑十二月十二日，享年七十有三。又明年庚寅冬十」二月廿又八日，諸孤奉柩合先君葬於深浦之東，實祖」塋昭之首穴也。兄堂等以歲月不可不誌，命不肖堊銘」諸石。嗚呼！夫以不肖之辭而擬先德，奚以舒其哀？嗚呼！」吾母之母也，母之儀。嗚呼！吾母之婦也，婦道攸宜。嗚呼！」從於先君，其志則怡。嗚呼！永訣窮矣。所云莫知。」

孤哀不肖嚴垔稽顙泣血拜誌」

後學蘇九疇填諱書篆」

邑人盛天濟刻石

一〇四　明醒心陸君（廣）墓誌銘

〔額文〕

醒心陸君墓志

〔誌文〕

醒心陸君墓誌銘」

鄉進士葛昺撰文」

鄉進士郭山篆書」

陸氏在吾嘉為右族，諱澄者隱居樂義，為里閈所推。澄生朴。朴生純。」純生廣，是為醒心君。君嘗學問，期進取，以世業日拓，綜理乏人，乃棄」學幹蠱。家益昌，名益有聞。始喪父，竭力襄事，哀念無已，乃事從父如」父，待幼弟如子。鄉人難之。後歷掌鄉稅，鄉稅用平。嘗遇歲歉，稅有當」徵者，人率放弛以市恩，君獨督徵如故。人或謂君曰：衆皆放弛，君獨」督徵，何居？君曰：徵稅吾分也，不知其他。已而，監運者以稅不當免，移」文責有司，諸逋負者皆受罰逮捕，而君所掌村保皆安堵不擾，人始」服君之識。君性伉直，不能包容污穢，有弗順者輒與辨白，無假借，人」或不堪，以浮詞詿誤，竟亦不能害君。後有司録君善蹟，以名聞于部」使者，始受冠服之榮，蓋終其身云。君善誨子，二子琦、瑤，皆嶄然有聲」庠校中。愛好賓客，飲讌無虛日，或頹然就醉，人以事試之，酒應酬無」舛誤，衆咸驚，曰：君殆未醉耶！君笑曰：吾醉于面，而醒于心。士夫善其」言，因共目為醒心子。其他拯危扶困事殷，不可殫述，視此可類推已。」君字漢臣，配郁氏；妾二人：湯氏，徐氏。初未有子，以姑之甥為己子，命」之曰琨。已而生子八人，曰：琦、瑤、瓘、瑛、珏、玠，幼者二人蚤卒。琦娶王氏，」瑤娶蘇氏，瑛娶張氏。洎女二：長適陰陽學訓術龔臣，次適葛潛。皆郁」出。瓘娶歸氏，湯所出。珏娶徐氏，玠娶王氏，洎女適王温者，皆徐出。孫」男十一人，曰：應奎、應陽、可矜、江、泮、河、治、溱、沔、海、汀。孫女四人。君生於」成化癸巳，卒于嘉靖辛卯，享年五十有九，葬朝京門内横瀝涇西之」舊塋。予夙受知于君，琦、瑤皆從予游，潛，予姪也，故予與為銘。銘曰：」

世既汙蠛，脂韋相容。陽合陰離，如蠆如蜂。君持伉直，内一外融。雖違」于俗，乃協于衷。概以么麽，如鬼如龍。死令生榮，子孫叢叢。堂防有封，」尚嗣于無窮。

邑人盛鵬鐫

一〇五　明故大理寺少卿董公（恬）繼室唐夫人墓誌銘

〔蓋文〕

明故大理」寺少卿董」公繼室唐」夫人之墓

〔誌文〕

明故大理寺少卿董公繼室唐夫人墓志銘」

前翰林院待詔將仕佐郎兼修」國史雁門文徵明撰文

清河張之象書丹

文彭篆盖」

故大理寺少卿上海董公之繼室唐夫人，嘉靖癸巳八月十日卒于家，年四十有」一。是歲十二月十七日，葬黄龍江竹岡先墓，合大理公兆，於是距公之葬六年矣。」其子宜陽奉吏科都給事中楊君士宜狀來乞銘。唐氏，其先鳳陽人。」國初，有諱春者，從」高皇起義，累功至□衛百户；又從」文皇靖内難，累遷大興衛指揮使，夫人之八世祖也。父麟，襲官大興衛指揮使，累贈」□武將軍、上輕車都尉。母張氏，累封太淑人。夫人娟好静慧，幼以孝聞。始大理公」官京師，喪其先配喬，再娶復卒，乃慎擇所繼，得夫人而宜之。于時大理公方宦達，」門户赫奕，而夫人執順履謙，貞而不□，雖家世武弁，而能儒素自將，媲德儷義，雍」然有儀。未幾，從大理公歸。事其姑太夫人執婦道惟謹，待族屬、處娣姒尤甚誠睦。」大理公與其季同居二十年，莫有閒鬩，雖公友愛純至，亦夫人有以相之也。大理」公性闊□，平生□□□□無所事事，日惟從賓友文酒讌遊，生理靡□一不問。夫」人代為經理共□程省斟酌□□家食千指，歲時□□咸取給焉。至於商略處分，」雖柔嘉□將而披決明審，往往出人意表，所為助益大理公者為多。大理公之没，」夫人投地大慟，死而復甦者三。居無何，值家多故，念之輒寢食浸損，日以柴瘠。」或令自愛，則歎曰：吾未亡人何用生為？所為猶强視是者，徒以諸孤未立，吾情事」未申耳。及是病甚，而□□□□甫□猶手撤環□俾轉致其婦曰：吾庶幾可以見」亡者於地下也。嗚呼傷哉！夫人□□雖甚□之，而慈不忘教，恒審其好尚，節其游」從，務使協于道。而撫庶一如子，視前夫人之女如女，遣遺服用，惟適而均而又均，」其訓迪人不知其異母也。夫人子二人：宜陽為郡學生，娶應天府丞楊公璨之女，」士宜女弟也。宜春早卒。庶子宜旭，娶南安知府張公弼之孫女。喬夫人生女三，」皆」適名族。孫男二人：茂沖、茂亮。大理公諱恬，字世良，家世之詳，具余所為竹岡阡碑」云。銘曰：

婦人六德首順貞，不妬而宜德維恒。維唐桓桓武胄承，有賢者媛獨慧明。」赫其高明廷尉平，既衍亦誕綏厥靈。孰其相之婦維經，維穆無競肅用徵。曰螽之」斯胤育烝，亦教有成道彌亨。厥則有助胥用刑，維竹之岡鬱新塋。死偕玆藏叶同」生，後千百禩徵余銘。

姑蘇章傑鐫字

一〇六 明故封（衛）南埜側室周氏墓誌銘

〔誌文〕

明故封南埜側室周氏墓誌銘 」

崑山縣學生虞川張栢檢撰文 」

南埜封君以嘉靖乙未十有二月二十日丙午，厝若室陸」孺人於馬陸塘南之新塋，側室周亦祔焉。先期，南埜戒若」子衛焜□□孺人矣。焜歸，泣請南埜曰：吾母得銘，墓有識」矣。吾所生附獨寧無□谷之虞乎？非敢搶也，存久也。言迄」泣不已。南埜□聽之。焜遂泣血具狀，以請據狀，言直事核，」慮遠情惻。嗚呼！焜其能子矣。夫母賢徵諸子，覩若子，而母」厝也，能無□乎。夫母，郡醫周處士季女也，南埜納為二室，」慧敏柔慎，引介推誠，故上承下接，闔職適營靡不舉。當誕」男，意甚愛，而每不敢以先嫡雖釐居異產，而□未嘗不在」□也。識此，南埜悦若勤，孺人安若恪，正息廝養，咸若恩則」封之。貲豐業裕，周不為無助也已。其生成化己丑八月十」九日，其卒嘉靖己丑十月初五日，享年六十有一。子男一，」焜也，娶許，生孫一，曰酉郎，尚幼。厝日、厝地，同陸孺人矣。銘」曰：

慧而慮，敏而勤，慎而將之，翁寧不娛，而嫡寧不豫。相若翁，」及若嗣，有德於封，寧不享封之永庇。」

邑人葛天濟刻

一〇七 明故（衛）南埜封翁墓誌銘蓋

〔蓋文〕

明故南」埜封翁」墓誌銘〔一〕

〔簡注〕

（一）本蓋時間不詳，據前衛南塋側室周氏墓誌，暫繫於嘉靖十四年（一五三五）十二月二十日後。

一〇八　明海寧少尹王公（瑞）合葬墓誌銘

〔蓋文〕

海寧少尹」王公合葬」墓志銘

〔誌文〕

海寧少尹王公合葬墓誌銘　」

邑人東海徐煥撰」

嘉靖二十年正月二十八日，前海寧少尹王公卒，年七十四；　二月二十」九日，配孺人顧氏卒，年七十。卒之明年，其子成訓卜正月二十五日，合」葬槎谿南浦北原祖塋之次，奉公婿吴重輿所著狀，同踵予乞銘。盖予」與公世講非一日矣。嗚呼！　孰謂遽銘公之墓哉。公諱瑞，字輯之，別號南」槎，世居嘉定槎谿。曾祖諱擇、祖諱余，皆不仕。考諱春，舉應天鄉試，官建」德、德安二州尹，有詩名，學者稱為梅垣先生。母張氏。公十九為縣學生，」九試京闈，弗售。正德己卯，應貢上禮部，試　」內廷，卒業國監。嘉靖壬午，再試，竟弗售。辛卯，謁選銓曹，授浙江杭州府」海寧少尹。海寧為杭之劇邑，邑歲賦黄絹若干疋。故事：　領解役户率厚」賂上下，遂虚文呈府，匿絹罔利，卒使民以賦困，官以賄敗。公至，廉知其」弊，而解役仍以賂進，悉執其人，問治如律，宿弊頓革。有兄弟某某，挾一」人飲于染匠某家，是夜其人死于河，其家訟染匠于官，染匠懼刑自縊。」公陰訪，兄弟與飲者同奸其人之妻，捕訊之，遂伏辜。蒞任甫三月，而梅」垣先生訃至，即奔喪歸。服除，不肯仕，曰：　吾不能以筋□為人贏縮。遂優」游林下。公為人謙密，未嘗口道人過。治經史外，凡星筭堪輿醫卜□數」一皆研究。初，梅垣先生以清官致仕，公代理家政，内外鉅細，舉就條緒，」而家日饒裕，先生樂焉。孺人顧氏，邑城宦族女，勤儉治内，以成公志，賢」配也。子男二人：　長成謨，授例醫學訓科，先卒，娶楊氏；　次成訓，娶張氏。女」二人：　長適陸湊，次適縣學生吴鑾。孫男一人，如圭，娶張氏。女二人：　適□」允文、朱大有。嗚呼！　南槎之不肯仕，尚矣。寫楚辭頌之，以為銘曰：　」

懶纓情於墨綬兮，甫五月而休休。賦《離騷》以招隱兮，誦移文而顋羞。攬」芰荷以為衣兮，采芙蓉以為裘。□世知其亦已兮，畦杜衡而傴僂。厭塵」□之繽紛兮，□清風以仙遊。山窈窈而霄冥冥兮，彼綵鸞其永儔。」

盛鵬鐫

〔蓋文〕

明通議大夫」詹事府詹事」兼翰林院學」士贈禮部右」侍郎謚文裕」陸公墓誌銘

〔誌文〕

明通議大夫詹事府詹事兼翰林院學士贈禮部右侍郎謚文裕陸公墓誌銘　」

特進光禄大夫上柱國少師兼太子太師吏部尚書華蓋殿大學士知制誥經筵國史總裁貴溪門生夏言撰　」

翰林院待詔徵仕郎兼修國史長洲文徵明書丹　」

通議大夫禮部左侍郎兼司經局正字經筵官預修會典實録邑人門生張電篆蓋　」

儼山先生陸公既卒之明年，為嘉靖乙巳。其子楫以又明年之二月二十七日甲寅，葬公於上海黃浦之原。先期奉憲副唐龍江先生狀，以墓銘」請。龍江，先少師象峰公丙辰甲榜，同年也，文高行卓，於人慎許可，至狀公行，縷縷萬言，若未能盡，可謂知公備矣。謹按：公諱深，字子淵，姓陸氏，自」號儼山，學者稱為先生。其先自漢晉以來為三吴著姓。元季，諱子順者，居華亭馬橋鎮，子曰餘慶，公之高祖也。國初，以横累懼法，自沉於江，」遺孤德衡，才五齡，伶仃孤苦。既長，稍振，遷居上海洋涇之原。長子諱璿，號筠松，生五丈夫，子仲諱平，號竹坡，並有隱德，公之曾祖、祖父也。竹坡初」娶於瞿；繼娶吴，有賢行，方娠，夜夢海潮湧一童子，以朱盒盛冠帶，排户而入，覺而生公。及晬，筠松翁見之，曰：兒腰圓，異日紆金相也。五六歲即能」屬對，奇語驚人，甫成童，□□經史，文詞雋拔。辛酉，舉南京鄉試第一。乙丑，舉進士，賜二甲第八人，改庶吉士，授翰林院編修。尋丁母憂。時劉瑾」亂政，諸館職□□□曹，授南京精膳司主事，以憂未赴。服闋還　朝，瑾已誅，乃還舊職。先是上　兩宫徽號，恩典未與，至是援例陳請獲給，　敕」命考封文林郎、翰林院編修，母贈孺人。壬申，補　經筵展書官。其年充副使，偕武平伯持節往　封淮王。以疾乞歸。丙子，疾起入　朝。念竹坡翁」不忍行，留妻、子侍養。丁丑，會試，充同考官。是年，狀元舒芬及諸名士，皆公所取。戊寅，陞國子監司業，博搜六書義旨并歷代名家書法，作《書輯》。庚」辰，　武廟巡邊，　郊祀踰期。公屢省牲　南郊，分獻　風雲雷雨壇。　駕還，有銀牌、緋綺之賜。辛巳春，竹坡翁棄養，哀毁骨立，居廬三年，足不出」户閾。戊子春，以廷臣□，　詔起公入備講讀，甫及都門，陞國子監祭酒，模範卓然，多士以得師自慶。仲秋丁祭，公上疏言犧牲當用冰。　上嘉允」之，著為令。己丑，　上祀南郊，再充分獻官，　賜《明倫大典》。三月，　經筵進講。大學士桂公蕚閲公講章，輙加竄易。公即　文華殿講畢，面奏云：今」日講章非臣原撰，乞自今容講臣得盡其愚。　上欣然可之。退而人謂公曰：　經筵面奏非故事。公乃上疏謝罪。奉御筆批答，云：爾昨奏講章，」不欲内閣閲看，此係舊規，不必更改。爾果有所見，當別具聞。公感優遇，至於流涕，乃條奏有關聖學事，凡千餘言，大抵仍欲使講官之言得盡達」於上，然後聰明目啓，無□蔽之患。
當路益忌之，疏下吏部，竟左遷延平府同知。抵任，專理清戎。公盡心事職，稽覈奸□，至無遺弊。暇日，詮次楊龜」山、羅豫章、李延平
三儒□語，名《道南三書》，以嘉惠後學。未幾，陞山西按察司副使，總理學政，著《河汾燕閒録》。陽曲生員劉鐙父為知縣笞死，愬於」巡
按趙御史，御史下鐙□獄。公曰： 父死非辜，人子不共戴天，奈何罪之？ 與力辯，不合，即上疏劾趙，趙亦劾公。奉 旨俱還籍。已
而，科道官勘實以」聞，趙謫外任，公得復職。是歲，作《史通會要》。壬辰，補浙江按察司副使，仍理學政，痛革時文險怪之習。陞江西
布政司參政，決淹獄數十，被公德者」争肖像以祀。作《豫章雜抄》。不數月，遷陝西布政司右布政。未履任，轉四川左布政司使。乙未
夏，抵寶寧，大旱。公易服卻騶從，率屬禱雨輒應。至成都」視事，憫蜀人凋瘵，政從寬簡，民以安堵。所著有《蜀都雜抄》、《平胡録》。
威、茂諸夷作亂，朝廷命將進剿。公移文何總兵卿，亹亹數千言，洞悉夷情，曲」中事機，當事者多采用其議。公復悉力調度兵食，未幾
夷患悉平。捷 聞，受白金、文綺之賜。建昌行都司地震，雨壞公私廬舍殆盡，兼饑饉，死者」枕藉。公力議發官帑賑貸，全活甚衆。臺
臣交章論薦。是冬，擢光禄寺卿，著《知命集》。詩□去蜀，吏民感戀，傾城泣送焉。光禄供億繁浩，中貴旁午，艱」難裁抑。公至，不動
聲色，而弊除横戢。戊戌， 内閣特疏薦，改太常寺卿，兼翰林院侍讀學士，領修《玉牒》，充 廷試讀卷官，扈 駕天壽山謁 」諸陵，奉
敕撰泗州 祖陵碑文，撰《上 太神冊表》。冬至，圜丘大報禮成，賜百官誥敕，公以三品，贈及祖考，俱太常卿、兼翰林院侍讀學
士； 」祖妣尤氏、妣吴氏，俱淑人。己亥春，以冊立 皇太子恩，蔭子楫為國子生。扈 駕幸承天，給行在印章。 上見公名，御筆
去侍讀二字，改行在翰」林院學士。至承天，侍朝 龍飛殿，陪祀社稷山川。復從 駕謁 顯陵，行大享禮，有白金之賜。四月，回
鑾， 内閣屬公草《百官謝表》，所著有」《南征稿》。是年，考察京朝官，公自陳乞罷黜，奉 温旨留公。以二代恩贈，尚仍舊銜，又前母
未霑恩典，特上疏陳乞，俱被 俞旨。於是，祖、考改贈詹」事、兼學士，瞿氏追贈淑人。 國朝贈典不及前母，惟一二大臣有之，皆出自
特恩。公得此，蓋異數也。每陪祀 玄極寶殿、 奉先殿，有脯醢、酒」果、品物之賜。充 經筵日講官，有蜀扇、炙鵝、餅果之賜，士林
榮之。會天變自陳，仍被 旨勉留。辛丑元旦雪，詞臣獻《瑞雪頌》， 上覽公頌，獨加稱」賞焉。廷試，再充讀卷官。值 九廟災， 詔
百官修省。公退志久決，乃上疏，詞極懇切，得 旨致仕。抵家，杜門謝事。以館閣頻年禄賜，建三環橋」於浦口，行路稱便。循古制，
特建家廟。闢蘆洲為田百餘畝，以備賑卹鄉閭。皆義舉也。日居東堂，讀諸子書，參酌經史疑義，作《傳疑録》。甲辰春，俄感」虐疾。
尋苦脾胃傷饗，泄不止，日漸羸憊。公知不可起，呼楫，命之曰： 汝四舉子不育，標姪季子可育為嗣，命名曰郯。猶手集古隱逸事，作
《山居經》，瀕」危始輟筆。先一夕，家人見大星隕庭中，公聞遽命具後事，索衣冠衾斂視之，一一稱愜。已而命楫： 以昔蒙 聖旨忠敬
二字，令勒扁金書，恭揭中」堂，以識榮遇。家廟工未畢，可亟為我成之。語畢而逝，七月二十五日昧爽也。公生成化丁酉八月十日，享
年六十有八。配梅氏，初封孺人，加封淑」人。子男一，即楫，雋才偉器，克承公世。女一，贅貴州布政司副理問瞿學召。公姿度英挺，
器量淵邃，孝友明哲，發自天衷。於書無所不讀，非疾病甚」憊，未嘗手釋卷。是以造詣精深，發為文章，成一家言。作詩直寫性情，得

風人之旨。書法妙逼鍾、王，比於趙松雪，而遒勁過之。平生慕李鄴侯、韓魏」公、程伯子、邵康節之為人，其氣味特似。自翰林出，敭歷中外，多所諳練，文章、禮樂之外，如刑名、錢穀、甲兵之事，咸精其能。平生砥節厲行，直道正」辭，不於利害有所迎避，視干進苟容一切時態尤所深恥。喜談　國朝典故及前輩風烈，至商確事理，品騭古今，談鋒灑然，聽者傾服。不録人細」過，有片善必極口稱揚之，故賢不肖咸樂親就公，以是得公教者多成材。平生無他嗜好，惟古書名畫、商彝周鼎，則時取鑒賞，為博古之助。館閣」先輩目公才識性度類東坡，天下士大夫稱公文章節概為今之歐陽子，非諛言也。少宰徐少湖，公鄉人也，嘗謂松先達如張莊簡公之政事，錢」文通公之風猷，張莊懿公之氣量，顧文禧公之才望，二沈學士之書翰，皆一代名流，儼山先生殆兼而有之。至於問學之宏博，詞賦之精工，直與」先朝宋文憲、李文正爭衡，斯實録哉。公平生著述甚富，楫方輯公詩文又百餘卷，要皆必傳於世無疑。訃　聞，　皇上軫念講筵舊學，　特贈禮」部右侍郎，謚文裕，　命禮部遣官諭祭。工部奏遣中書舍人萬寀董治葬事，賁終恩典，至隆極備，公所不朽者多矣。獨惜夫退身太早，天不憖遺，」卒不獲相天子，以康濟生民。是則世之不幸，而斯文有餘憾也。予為公丁丑所取士，受知於公最久。公嘗語其子曰：平生知己莫如桂州。予不」忍銘公，然非予又誰宜銘？銘曰：　」

陸自漢晉，氏著三吳。華亭馬橋，元季世居。　國初處困，再遷洋涇。植本既別，於茲乃萌。筠松有子，蕃比燕竇。竹坡亢宗，式昌厥後。猗文裕公，間」世豪賢。積德之發，奚啻百年。公之文章，日星江河。晶亮類白，江洋若坡。公之容儀，長身嶽峙。□抑□公，□□□氏。　經筵正色，　天子改容。振」鐸橋門，多士景從。忤權被謫，公□安之。所至樹績，人有去思。楚越蜀晉，馳驅萬里。簿書續□，□輟文史。晚歲　召還，望懸海內。曾幾何時，乞身」勇退。歸來雲卧，江東故廬。安□□□，堯夫小車。惟公□身，進退以道。天不永年，斯文之悼。明明□□，軫念舊學。　賜謚易名，贈官改爵。治窆」遣使，　諭祭有文。一時哀榮，千古令聞。黄浦之原，高塚峨峨。詔一萬祀，我銘不磨。

一一〇　明故處士嚴南野（堂）墓誌銘

〔蓋文〕

明故嚴」公南野」墓誌銘

〔誌文〕

明故處士嚴南野墓誌銘　」

鄉貢進士邑人沈煉撰」

嘉定隸吴，為屬邑，邑之東南瀕於大江，江之支流迤邐而北曰彭越浦，嚴氏世居是」浦之滸。允昇生昶，昶生昊，皆有隱德，為時所推重。昊號魯齋，娶夏氏，生子五人，處士」為之長。甸少穎敏警拔，言笑不苟。甫弱冠，魯齋君委以家政，即能勤儉率下，殫力於」菑蓄耕穫之事，歲收每倍於鄰氓。性沉毅，善謀畫，其構室、鑿渠，為之相地宜、經矩度、」儲物材、程功力、計時日，迨其成也，不愆於素。屢掌鄉税，徵科惟時，出納惟允，上無逋」負，下無掊尅，人咸稱之，至其蠲裡以奉蒸嘗，豐腆以待賓客，館師以誨諸弟，敷惠以」畜臧獲，所為悉稱魯齋君意。故魯齋君得優游林下，以終其天年，由處士能養其志」也。魯齋君既殁，即以遺産均授諸弟，既而弟惟成、惟敬、惟覲相繼卒，處士為之殮葬，」而恤其遺孤，門户公私事，悉以身任之，不使少及。故猶子文若、文衡輩得肆志於舉」子業，往往選入邑庠，補弟子員，皆處士帲幪之所致也。嘉靖丙申，郡守文安王公、邑」令滇南李公，議行量田之法，以甦吳民之困，衆推處士精敏練達，二公輸誠委任焉。」處士與二三共事者為之綱紀經緯，參伍審覈，夙夜在公，以贊成其美。或諷之曰：化」随世改，俗與時移，富户種无粮之田，貧民納无田之税，弊之從來久矣。一旦欲釐而」正之，使原隰墳衍悉歸諸尺步中，恐事成而禍至矣。處士微歎曰：受若任者必忠其」事，憂在公者莫顧其私，吾惟矢吾心，以盡吾責焉耳已矣，他何計哉！共事者聞斯言」也，而益相效力，以竣其事。故量田之法，雖概行於吳郡，而奉法之公，嘉定獨為諸邑」最。然毀譽生於愛憎，是非出於狡獪，媒蘗其短者從而擠之，竟以是受誣而卒。嗚呼！」處士天資朴實，不事紛華浮誕之習，平生無誑言，無詭行，不妄與人交。嗜觀書史，與」論古人成敗之跡，輒能誦説成篇。里閈中有疑事莫能决者，必求决於處士。樂成義」舉，雖橋梁道塗之務，非處士倡焉，莫克就也。使其延鶴筭於家慶，聽鹿鳴於賓筵，夫」孰曰不宜，又況田之丈量也。哀多益寡，利之及人者博矣。衆均被利，而處士獨任」其怨，其能厭天下後世之公議也耶？故訃聞之日，遠近疏戚莫不為之哀悼。觀其既」殁，而能動人之哀悼，則公議有在，而處士之為人概可見也已。處士諱堂，字惟正，别」號南野。生於成化壬寅，卒於嘉靖丁未，享年六十有六。娶談氏，繼楊氏，俱不育。侍室」陳氏生子男一，銑，娶楊氏。女一，適顔相。孫男二：泰、恭。孫女四。銑痛父之非命，黥胸膚」以圖雪其寃。越二年己酉，既白其事，乃卜以是年十二月二十五日庚申，奉厝于深」浦東祖塋之穆穴。嗚呼！銑亦可謂能子，而處士之死為不亡矣。先期，銑同從弟文若」持狀，踵門來乞予銘，以予知處士之世也詳。適予北上，不及執紼，銘惡可辭？銘曰：」

嗚呼南野，克承世德；曰孝曰友，維家之式。翊贊邦侯，田功是即；」怨叢厥躬，利施同極。命非考終，為我心惻；公論不泯，鑱諸墓石。

一一一　明故倪（鏞）孺人陶氏合葬墓誌銘

〔**蓋文**〕

明倪孺」人陶氏」合葬墓

〔誌文〕

明故倪孺人陶氏合葬墓志銘　」

文林郎浙江寧波府奉化縣知縣華亭徐獻忠撰文　」

前翰林院待詔將仕佐郎兼修國史長洲文徵明書篆　」

上海□□場著倪氏，倪氏所由著，不但以貲雄其鄉，世脩文雅，教子弟有善業而賢，郡中士」多遊其門，而媾姻婭為右姓久矣。其原實出自□□史夏長文。夏長文為　」高皇帝所棄，其子名貴者，遂因外家倪為姓。其初甚韜晦，不敢光其門。貴生珍，號梅軒，始增闢田」廬，以華于鄉。梅軒生存耕公，諱鏞，娶孺人陶氏，上海石筍里望族，父怡静翁，有賢名。孺人十」四歲歸倪氏，事梅軒夫婦，克有婦道，內外皆宜焉。生二子，曰濟、淑，相其□嚴教之，挑燈伴讀，」每至夜分。督家人子耕織，均其勞逸，相與為甘苦。方是，存耕外弘其業，而孺人相之有道，家」益以不訾。濱海多負俠氣，好以智力相勝，見存耕累家，驟出其右，即相與傾覆之。存耕没，二」子孱然，方恐艱難之弗濟也。內支其家，而外禦人侮，輯睦勤力，竟無可乘之釁。雖其才猷表」表，而孺人贊導於內，深謀長慮，為□□□。□□有五賸，未嘗以龍蛇異視之。待庶子江及庶」女恩一，食飲未嘗不經其目，規誨昏嫁，□□□□。其□命析産，對族長者言：食産非公爵，何」有□嫡庶？盡所有均之。猶慮私也，命鬮□□□□□□□曰：固吾先夫意也。田房器皿給之，」俾可衣食云。外及劑量二族親疏多寡，□□□□□□□若為計年之惑。孺人性安静，興」居皆有常度云。自幼至老，不知有夢，時□□□□□□□□餌甘苦。惟長子濟病没過哀，哭」之失明，且十年醫不能治。淑秉精誠，旦夕□□□□□□□□鍼至門者，云善轉矇，就之」即復明如故。時酬以百金，揮之去，方知□□□□□□□□疾革，執淑手欷歔曰：吾有家」已七十年，汝父及兄弟皆中道夭折，幸□□□□□□□□列吾前，無憾矣。孺人生成化」乙酉八月二十三日，卒嘉靖戊申十月二十□□□□有四年。子男三：濟，太學生，娶進士」曹九峰孫女，生女三；　繼娶太守錢景安女；　側室夏氏，生子邦奇，娶舉人楊南溟女。曹女：長適」縣丞徐鳴鸞，次適縣丞朱古石子貽穀，三早卒。邦奇生男二：長大夏，聘朱氏；　次承夏。淑，娶良」醫沈竹□女，生子邦彥，太學生，娶兵部員外郎唐元善孫女。女二：長適庠生朱藹，次縣尹張」近川子□溢。邦彥生男：　長黼曦，聘太學生張雙崔孫女；　次玉蟾，聘□部郎中曹濮陽孫女，生」女一，受工部員外郎范中州子□聘。江，娶金山衛指揮使劉瞻松女，生子二：　長邦阜，娶訓導」戴瀛江女；　次邦化，聘太學生喬春山女。邦阜生男二。女二：　長適黃銘同，江孫出；　次適喬傣，王」出。淑以庚戌正月初七日，將合葬于存耕之墓。予與淑兄弟通交久，因率邦彥具狀來請銘。」銘曰：　」

郛□場□，夏後是藏。鼇降令恭，自彼陶唐。仙源有徽，異代彌光。坤道維恒，　」耀德啓□。芝蘭□豐，胤祚流芳。有喬嘉林，鬱其堂隍。連理異莖，根株同章。　」□□斯年，□□玄房。

吴門温厚刻

一一二　明故宋（蕙）配吴孺人墓誌銘

〔蓋文〕

明故宋」配吴孺」人之墓

〔誌文〕

明宋配吴孺人墓志銘　」

賜進士正治尹資政大夫前禮部尚書兼翰林院學士兼掌詹事府事　」經筵日講官纂脩　」玉牒會典副總裁邑人孫承恩撰　」

賜進士第奉政大夫廣東等處提刑按察司僉事奉　」敕專理鹽法兼管屯田帶管水利邑人陳瑚篆盖　」

賜進士出身　」南京刑部主事年家眷生彭應麟書丹　」

有賢母吴孺人者，華亭人，一」默宋君蕙之配，新昌尹宋子賢之母也。父諱泉，母朱氏。吴為邑舊族。孺人之」高祖梅軒翁善吟詠，尚禮度，為鄉閭所推。孺人于歸，逮事一」默君祖愛筠翁夫婦，洎□舅前津翁、姑金氏，」咸致孝養甚篤。以勤儉相夫子，躬事機杼勞，每夜力作，伴其子讀書，非鼓三伐不休。和以處伯姒，恩以待」婢僕。□鄰貧乏有所需，節縮己用賙卹之。一默君季弟蚤世，三孤煢煢，孺人念之，鞠育備至，俾與諸孫同」就外傅與同寢食。姑卧病躬侍湯藥，頃刻弗離側。孺人識見明達，先是一默君嘗視獲南畝，得瑞禾一□」三穗持歸，謂孺人曰：　此祥徵也。吾子迨學成取第以大家門乎。孺人曰：　天意幽遠不可知。家之際替、子之」成否，惟當盡人事以致耳。幽遠者豈足恃？乃勤幹愈力，督子學益至。宋子既積學，久弗售，每戰北歸，竊懷」媿懼，一默君心不能無弗怡。孺人慰解，曰：　兒或慵□，失學則可憂。今業已成，慮終濩落邪？遲速有數，何□」期必也。嘉靖甲午歲，宋子領鄉薦，姻親俱為孺人喜，而孺人傾日抑損無歡容，謂宋子曰：　茲舉則□□異」□人矣。然汝知所以自立乎？人將與汝是責少有疵，焉得為汝尤矣。暨申辰，宋子登進士，授官□，值孺人」初度，丐縉紳士詩章持歸壽孺人，鄉人益為孺人榮于時，賀者並至，而孺人終不見改易常度，愈自抑損，」戒詔宋子者尤切，謂宋子曰：　子昔舉於鄉，猶書生耳。今則有官，守民社之寄，不自慎勉，將獲戾於上下，以」為親辱，吾竊為汝憂矣。宋子用是感勵思舊。嗚呼！有子而望其順達，人之當情也。得失異而忻□隨之，雖」讀書知理道者，尠能不動意。孺人之教子，既不戚戚於子之未遇，亦不忻幸於子之既成，方且惴惴然，惟」以不克仰副天意是懼，其識見之卓，豈特賢婦人女子而已哉。宋子之之官也，孺人以留，相一默君綜家」政，弗獲俱獨事奉其舅姑。逮執舅姑喪，哀毀逾禮，遂得疾不起，寔嘉靖己酉夏四月十日，詎生為壽六十」有四。宋子得訃號慟，匍匐歸。迨治葬事，乞文以昭孺人之懿，乃具狀來請，謂予曰：　賢先於官中夢母告，賢」當守制。歸又母於是日謂家君曰：　夜夢吾兒暫解印，兒其歸乎？後四日而訃至，期日皆不爽。嗚呼！識見如」孺人，則其靈淑之性，於垂絶之日，感於夢□與授夢於子，可謂□矣。□生平誠信所致□益□□□□。」孺人生男一，即宋子，方以治績被 」召。女一，適里人盛鶴。孫男三：邦文、邦人、邦交。孫女一。俱聘嫁仕族。以卒之明年正月八日，葬于白砂鄉徐家」浜之北原。銘曰： 」

猗嗟孺人兮德稟貞柔，主中饋兮壺則優。豫以俟命兮以慎承休，懿卓識兮孰與□□。□最□□兮」茲其尤，祿養甫及兮命弗留，佇有」封章兮貴此玄丘。

陸曉刻

一一三　明李君惟善（元）墓誌銘

〔誌文〕

李君惟善墓誌銘 」

李瀚以嘉靖二十九年十一月二十五日葬其父李君，先期為」狀來請銘，曰：君姓李氏，諱元，字惟善。高祖諱保，曾祖諱虎，祖諱」宗。父諱英，縣學生；母袁氏。君以嘉靖二十七年十一月十三日」卒，年六十有九。配張氏。子男三：澈、瀚、鷄，澈、鷄皆前死。瀚，縣學生。」孫男二：一鵬、一鸞。女一，適宣應楫，縣學生。曾孫男一：紹先。李氏」世居嘉定守信鄉，君以贅，故居新涇。新涇，四十年前為荒野，今」起為市，商賈湊焉。瀚卜葬去其居若干步，望張墓，狀如是。予昔」嘗誌張翁，言翁淳樸無世俗機，得壻李君，佸家督，日飲醇酒，無」所問。李君之才，能豐其業，而取張氏族子潮為己子。己生三子，」皆姓張氏，而鷄復為潮子，聚是二姓，歡無間嫌。及翁年老，乃以」潮後張氏，而歸其三子之姓。其始，潮在諸子列也，今謂為舅。涇」以渭濁，湜湜其沚，李君之謂矣。春秋樂道人之善，是宜書之，不」一而足。銘曰： 」

吳淞東流練水出，岸眩大海沃出日。土岡陁靡聚千室，樹成吉」具雜黍稷。有美丈夫從孟姞，新涇之原生攸宅。考終卜藏惟墨」食，左為翁阡森鬱鬱。兩丘相望亡媿色，載詞于石永不泐。」

崑山鄉進士歸有光譔 」

嘉定縣學生沈果書丹 」

邑人葛天濟鐫

〔蓋文〕

明故鴻臚」序班東湖」何公墓誌」銘

〔誌文〕

明故鴻臚序班東湖何公墓誌銘」

賜進士出身大中大夫參湖廣等處承宣布政使司政致仕郡人沈愷撰文」

賜進士出身文林郎廣西道監察御史奉」敕巡按甘肅等處眷生宋賢書丹」

賜進士第徵仕郎翰林院國史檢討内姪朱大韶篆盖」

予□居杜門，方謝□引□，時有何子季春等，迺持其内姻朱君岱輿狀来請銘，踵門拜且泣曰：吾先君殁已逾年，葬将」有十二月甲申日，知吾先君者莫如先生，先生弗為銘，其疇為銘，願乞一言誌諸石，死且不朽。余讀狀悲不自已。往余」忝竊郎署，東湖公官鴻臚，密邇旅舍，時相過遊。旦旦入朝，並馬聯轡。時或金門未啓，帶星待漏，促膝語輭，沉沉數漏，箭」不易曉，達曙始入，率又肫肫丁寧，道以登降之儀，佩革舄履之飭，惟恐失墜。此其事恍焉如昨，今言之夢矣。尚忍秉筆」為公銘耶？然誼不能辭。按狀：十六世祖十三，將仕郎，自宋靖康由汴徙居龍浦之陽。至我」朝，有高祖諱達，號梅軒；曾祖諱哲，號柳庄；俱隱德弗耀。祖獻，號西野，始以儒起家，由貢授饒州判官。父鍊，號南浦，義授散官。」妻張氏，生公，字文瑞，東湖其別號云。繼娶朱氏，生次子應福，四川都司斷事。公生有奇氣，自幼即革童心。八歲喪母，號」泣不離寢食。及長，不善媚，時有侮之者曰，子承籍餘資，能保其不墮落耶。公忿然曰：男兒各有志，豈不能□□，吾終不」忘爾言也。侮者大慚。西野翁于諸孫中獨鍾愛公，判饒時攜以自随，時寧藩播弄威福，剥亂宇内，稍拂意，奇禍立至，廉」公儀觀魁偉，欲禮為儀賓，使中璫喻再三意。公時已與朱氏定祥矣，告西野翁咈然曰：物有定偶，理無中奪，非望之福，」庸知非禍。言甚激烈。無何濠以逆敗，人偉其識。歸娶朱氏，西野翁已家食。公率婦事翁惟謹。及卒，哀泣逾情。弱冠，補博」士弟子員，綽有時譽。以例入太學，卒業就選銓部，拜鴻臚序班。序班秩雖卑，職得糾朝士愆儀者，其責與給舍御史等。」公既偉貌，又聲如洪鐘，一啓口，喤喤聲徹中外。每朝會，侍立殿陛間，謇謇不阿，一涉愆儀，即貴顯不避，以故公在班中，」朝士無不屬目公，人以為能舉其職。即而以南浦翁夫婦日就桑榆景，輒嘆曰，我親何年尚可竊升斗，戀戀忘返耶。」遂引疾歸。歸則日在二親側，旦旦問寢膳，曲盡孝敬。遇誕辰令節，率弟及諸子姓，上雙壽堂，雁行環侍，以次上壽，熙然」有絳縣武溪之風。與弟斷事君極友愛，□□如左右手，雖貴盛，終不忍割居自食。及斷事君宦游西蜀，公統家政，自啨」慶賓祭，以及歲事輸將，無不自任其事，曰：吾不以家累貽弟遠憂。年壯未嗣，都事君仲子夢鰲方生，即抱字之，若為」其後婚娶，撫教錚錚，底成立矣。後公嗣事在兩難，雖日繁，斷事君又喪長子，勉徇所生而眷愛如初。事庶姑如事其姑，」割田以相其貧，族有娶婦中寡，猶念以一本粟帛之周，不絕于道。先配朱孺人喪三十餘年矣，歲時展墓，泫然泣下。前」女既嫁，而夫業中衰，服食饋遺，逾于晚出，曰，我不以其毋故二心也。鄉鄰以緩急叩者，雖傾囊厚施，不聽人之報，此」皆人情所難。然坦直，好面斥人過，卒為讐家所誣，至群起交搆，羅織萬狀，及聽理間，既性剛又自負，理直氣勃勃，不少」下問，官益不悅，以致鞠究窮年，蔓不可解。公迺仰天攬心嘆曰，祥自省無一罪狀，豈冤事無天耶。終賴平反，而家亦不」可支矣。及朱太孺人歿時，方□□，公□□□□□□□□□□□□□□□□□□□竟以是卒。卒之日，他無一語，獨」以不及終養南浦翁為憾。□以□其□□□。公平生遇事倜儻慷慨，義激勇不顧先後，嘗服窄袖衣，人望之若燕趙士。」天性勤朴，晨起課僮僕力作，時時行野間，視芻牧問薪蒸，至老不廢。江南士風，自宦游歸，往往乘堅策肥，衣繡張盖，輿」從塞途，陽陽自以得計。公顧謝去，雖數里外，攜一二羸僮徒步走，皂帽野服，混迹于山樵埜叟之間，若不知其為貴富」人。晚益掃軌屏跡，□延□□□□□□□□□□□□□□□□□□□□□□□□□□信不虛」也。公生于成化辛丑，卒于嘉靖壬子，享年七十有二。前孺人朱氏，□□□□□□□□□□賢□□葉清」之後，俱有淑行。子四：季春，太學生，娶馮氏，卒，不娶；次一鳳，娶金氏，繼娶韓氏；次一鵬，亦太學生，娶□氏；又次一鸞，尚幼。」女一，適張朝珪。孫男三：明道、明善、明德。孫女一。卜以十二月十二日葬于姚溪祖塋之穆，在禮宜銘。銘曰：」

少革童心，孰可疇也。危言拒婚，昭獨立也。居朝不阿，盡厥職也。」孝友勤朴，里可則也。以穀爾後，教靡忒也。玄堂封植，過必式也。

一一五　明故余（塾）母駱氏孺人墓誌銘

〔誌文〕

明故余母駱氏孺人墓誌銘」

賜同進士出身南京吏科給事中前行人奉使朝鮮」賜一品服邑人張承憲撰文」

賜進士出身中憲大夫□州按察司提學副使□□□□書丹」

太學生余君塾母孺人駱氏卒，奉余友長谷□□□為狀□□□□□憶昔□太」學□□□都時，暇嘗與道述家世，君時痛念尊人西泉公□□□早世，經理家事，□□勤」勞，□□□泣謂憲為西泉小傳，以俟永□□□之而□□□應也。迺今十五□□□」以銘□□墓托，而憲又適官於南都，豈非數耶？□狀：孺人姓駱氏，□□□公□□之配，」太學生塾之母。父宗祐，母楊氏，生孺人。孺人生而□□，有賢行，□□□□□□□□西泉」擇配，得孺人。孺人歸西泉，即值簡素□家中□然□□門望長鄉□□□□□□官府」咸取責翁，翁力不能償，獨仰屋憂思。孺人為□婦，未數月□窺得□□□□□□人憂思」深矣。顧新婦奩□裝何為？請盡發之以解憂，大人何如？西泉□□□□為□備以足□」是西泉□治生事。而孺人躬操井臼，□□織紝，風朝雨夕，□□不□□□家復起。簡素翁」夫婦□□不甚攻□固西泉之克家，□孺人之□□也。西泉既下世，家復落，內外之□益」□□□君□□學業又□馳，外侮□□之事，孺人悉綜理之，男畊女織、婚喪賓祭，指顧皆」辦。□□□孺人勞勤□事西泉□□□矣。故□□□外□家難退，即畢志所業，無內顧憂，」良以孺人□之母也。孺人性慈，□□□□□為婦時，至□無粉澤容，衣服□□無華飾，言」笑舉□為□□法。當孺人□生太學君，久之不育。孺人□念子嗣單隻，為□妾御進之，後」□舉一子。孺人□□太學□□□。初，西泉因灸纍毒殆，孺人蚤夜焚香，籲天自代。之」後太學君每有□□□，孺人則又禱曰：□天□□□善人之世。衷誠款詞，神明所鑒。西泉」安□□年。而有光自後少□，人謂孺人慈愛所感焉。此數事又人所難也。余世汴人，安道」公為宋翰林學士，建炎中從駕，始家臨安，後徙居華亭之白砂里。宗祐公亦自浙來松，家」余□□家皆海□名族云。嘉靖壬寅歲，憲□來南都也。太學君已在太學有名，多交海」內名士。一日，憲謂可友。憲亦識君氣局不凡，□□定交。憲嘗一至太學君家，見其飲饌茗」□□□腆，僮僕□□朴而□太學君好古□□□□□畫皆取法有自□為人雅素敦□」□志□不苟，近狀□□□□□□□□□□□止，飭饌延款，克稱其門，稱太學君」□彬雅素□□尚□可觀。嘗自□例為□□□□良不誣也。孺人生以成化己亥九月」十有三日，卒以嘉靖壬子十月□□十有□日，享年□十有四。子一人，即塾，娶穆氏。次壻，」早卒。女三：長適沈□；次適韓錶，□卒；又次適潘□。孫男一，即有光，□庠生，娶楊氏，京兆樸」□□□□女□□□□出□□□□□。孫男□□□□□之十二月甲申，合西泉墓」□□□□□北原之□□□□也。□□：」

有偉□門，再仆而興。相厥□□，操其嬴嬴。猗厥孺人，懿美可徵。先夫而□，」後夫而□。殫其勤勞，□其壽祉。嗚嘑孺人，是曰不死。百□之溪，有榮□□。」合於西泉，以考其官。□泉之水，其流無□。

吳門馬□□

一一六　明祁南李君（澈）配朱孺人墓誌

〔蓋文〕

明祁南李」君配朱孺」人墓志

〔誌文〕

明祁南李君配朱孺人墓志」

祁南李君諱澈，字澄卿，居於祁水之南，自號祁南。李為嘉定舊」姓，中葉頗衰，君父半山翁元克自振勵，而君實佐之，業復饒裕。」君為人重信好義，喜於有為。人告之過，即翻然改悟。雖行事未」及多見，而嘗與楫言，欲男女不同井竈，及買田竊效文正范公」之遺制，所志卓然，不徇於俗。曾未及一施，嘉靖戊戌十二月五」日，遂以疾卒，年靳三十有六。鄉之人至今思慕之。配朱孺人。孺」人幼失母，即歸於李，艱苦備嘗，且多疾病。祁南君卒，撫其孤一」鵬，以總理家事，而朝夕與其姑張孺人學浮屠法，日□□書，能」默誦，茹淡者十有五年。嘉靖甲寅，避倭寇，來楫家，賊至城下，起」謂楫曰：時事倘不可測，當從吾姑同死耳。即告去。城幸不陷，竟」以是年與姑相繼以疾卒於祁南君弟瀚之室，時七月二十五」日也，年五十二。孺人性甚慈順，事舅姑惟謹，待奴婢有恩，上下」咸宜之。祁南君以嘉靖庚戌□一月二十三日，葬於新涇新塋」之昭，今以孺人合葬焉。子男一，即一鵬。女一，適楫，先孺人卒。孫」男一，紹先。孫女一，閨秀。嗚呼！以祁南君與孺人之德，夭折困苦，」止於斯而已也，豈所謂天道無知，不與善人者邪？其亦時事方」艱，不欲遺其憂，而早息其形役者邪？抑亦固為嗇之，而俾之後」昌者邪？楫謹志之，而將以窺造物者之定理也。

時嘉靖三十三年」甲寅十二月二十四日

婿宣應楫頓首拜書」

邑人盛楠鐫

一一七　明唐君道虔（欽堯）墓誌銘

〔誌文〕

予友唐君道虔以貢待選　京師，居二年，得撫州訓導，以行，未至濟州二十里，卒于舟中，時嘉靖」三十五年六月十八日也，得年五十有六。其弟欽訓以是歲十一月二十九日，葬嘉定縣何家浜」之先塋，來請銘。君姓唐氏，諱欽堯，字道虔。其先蜀人，宋時有以道者，為太醫院提舉，從康王渡江，」因家浙之紹興，其後世世為醫官。元元貞中，永卿為平江路醫學教授，始占名數于嘉定。四世至」公鉉以賢良方正薦于鄉，為樂清主簿。又六世，君之考垶為博士弟子，早卒。君少孤，贅于沈氏，然」事母王孺人至孝。家雖儒素，甘旨常具，為學生所得廩米，必以歸其母。嘗就試海虞，忽心動，亟歸，」母方遘危疾，禱于縣之神，以求代，疾良瘉，每至歲旦，必焚薌拜廟以答神貺。於沈翁懽如父子。沈」氏所出一子時雍，其二子時叙、時升皆庶出。比君之歿，而沈翁撫卹之必均，人以是賢沈翁，而益」知君之所以事翁者。弟欽訓，少時教育之，為之昏娶，兄弟友愛無間言。君丰儀峻整，望之翛然，既」聲譽遠出諸生上，試常第一，然不喜流俗剽竊之文，而好講經世務。遇事發憤，有大節。嘉定瀕海」之縣，然為令者，治行歷歷可紀，其親賢樂善，有□子□之□，無不敬禮君，就以咨問，而得君之裨」益為多。令遷去，有復來守郡者，猶思君，延致之賓館，使其□□之游。人以為守，客餽以金，君叱去」之。同舍生李炤被誣，君率諸生与御史争，卒得白。縣中有張烈婦為賊所殺，獄未明，君至學宫都」講，為具析其所以，縣乃取張氏小女奴問之，其賊始得□□以利害不動也。海水溢，沿海流漂數」千家，歲復大侵，米價翔涌，君為泣，請米賑之，民以全活。倭奴犯境，君方計偕，行至吳門，聞警即還，」言于大吏，權假邳盧兵為援，賊薄城下，君仗劍登陴，親冒矢石。一夕賊繞城，三面鼓譟，惟西南隅」寂然。君疑之，即躍馬以往，見賊方自林麓中迤邐出，將濟河。君命連弩射之，賊惶駭走，竟解圍去。」先是城中無儲，君以縣邊海上，賊必首犯，請易漕糧，以銀奏留十萬之粟，以是城久圍而民以無」恐。時狼款兵被調城守，君出私財，厚撫其豪長，人人得其歡心，以備倉卒可指麾也。君雖不用於」世，其所議論施設及於人，則皆有位者之事也，使世之君子如君之為，亦可以不曠於其官矣。予」與君同郡，嘗同為諸生，見君所争李炤事，御史与之反覆問辯，欲窮之以辭。君抗首高論，辭氣慷」慨。時諸生群吏會者數千人，皆竦聽歎息。予以為使君生兩漢時，其風節即此可以顯名當世矣，」而世莫能識也。君在京師，予試南宫，數見君嘗有戚然不樂之色。予欲留君語，君時時與其客偕，」不果。後予南往，聞君撫州之除，數貽書友人李瀚，問其還信，且曰：道虞平生岳岳，為郡文學，得無」不可其意？然往江湖間，尋荊國，象山、草廬、邵庵之遺跡，與諸生飲酒賦詩，意氣當益豪也。瀚久不」報，而以訃音至，可痛也已。瀚与君交厚，為著其行狀，予頗採次其語。君平生所為《易説》及詩文數」十卷藏于家，而欽訓示予以所答友人問疾書，言夢中事尤奇怪。銘曰：」

吁嗟唐君，有秩其容。爰來于　京，弗試其庸。念不一釋，以卒憪憪。言夢陟皇，風雨之從。雲景杳靄，」穆然實宫。日月光曜，天喔星同。濟濟翼翼，虞廷百工。卜人占之，宜卿宜公，胡以蹇然，周也亦空。凡」今之人，誰不顯榮。君無一命，惟世之病。君則已矣，寂寥新封。滔滔大運，曷既其終。」

京兆歸有光撰」

清河張應壁書」

邑人盛楠刻

一一八　明故敕封文林郎廣西道監察御史一默宋公(蕙)墓誌銘

〔蓋文〕

明故」敕封文林郎廣西」道監察御史一」默宋公墓誌銘」

〔誌文〕

明故」敕封文林郎廣西道監察御史一默宋公墓誌銘」

賜進士及第朝列大夫南京國子祭酒前翰林院侍讀同修國史會典兼管」誥制新昌潘晟撰文」

賜進士第吏科右給事中前行人使朝鮮」賜一品服年家晚生張承憲篆蓋」

賜進士第中憲大夫廣東廉州府知府前四川道監察御史邑人李人龍書丹」

公以嘉靖戊午二月八日卒於正寢。其子侍御君，卜以卒之明年二月十七日己未，葬於邑」之徐家浜北原，而以憲副中江莫君狀，遣其子太學生邦人泣請余銘。余嘗謬當外制，憶乙」卯歲公拜侍御史之封，余適以南校，不果承草，竊以為恨，茲銘可更辭耶？公諱蕙，字國芳，別」號一默，世家華亭青村之北。五世祖德政，德政生道先，道先生鍇，鍇生玉，即公父也。母金氏。」公少端重，長而力學，弗售，遂問塾延師友，訓課其子侍御君甚勤。侍御君益淬勵，日以工文」稱於有司。時其家產芝數十莖，嘉禾瑞麦亦各數本，客咸以為賀。公曰：吾聞天之降祥，有德」則兆，無德則否。於是益務樹德行仁，孳孳不倦。鄉人朱姓者，家故貧，以壻被逮，為貸十數金，」遺於途，公拾而遣人歸之，其人感□，以其半酬公，公笑而謝却之。其他畇蕪原以益賦、導涸」流以資稼，成梁濬井，捐貲折券，以利濟人者，不可勝數。於是，鄉人悉感頌，焚香籲于天，庶公」食報於其子也。未幾，侍御君果以甲子舉於鄉，甲辰舉進士，授敝邑新昌令。便道歸省公，誡」以奉法愛民。侍御君拜而籍之，治以廉能稱。公時嘗就養，一至余邑，雖山梨野蕨，亦悉謝棄，」無所受。故敝邑父老，至今德侍御君，而思公不忘。侍御君後膺」召入臺中，奉」命按陝右，公誡之如初。代還，復按西蜀，公誡之如陝。故君使節所至，不事鉤棘，而風裁凜然，各」著聲稱，寔公之教也。丁巳冬，公遘疾，適侍御君自蜀代還。公喜，猶强起飲食，踰月而卒，距生」成化丁未十一月二十二日，享年七十有二。公性仁厚，凡事思利物，然尤長於先見。倭夷嘗」寇浙，距淞尚遠，公乃徙居郡城中，又於青村城結室數十區，人莫測其故。既而寇至，親黨族」屬托處者竟得并免於患。昔柳屯田資累鉅萬，秪以乘屋捐僦，子孫世躋融要。公陰德如此，」則侍御君行業將日昌大，而發之子孫，尚寧有涯哉。公娶吴氏，先公卒，贈孺人。子一，即侍御」君賢，娶金氏，封孺人。女一，適盛鶴。孫男二：長邦人，娶前刑科左給事中楊君允繩女；次邦交，」娶建昌行都司斷事何君應福女。孫女一，適張璡。銘曰：」

維宋有赫，自公伊始；克種□德，受施在祉。芝產于房，穀秀于坻；不顯其躬，發□其子。為漢猶」令，為周□史；揚名」□庭，□封」□□。□□□□，□□□□；□□□□，發宜□會。億公惟□，勒石未止；公藏於幽，□後有俟。」

吴郡顧廷圭刻

一一九　明表兄張次實（樹聲）暨嫂陸孺人合葬墓誌銘

〔誌文〕

表兄張次實暨嫂陸孺人合葬墓誌銘」

表弟振菴徐燎頓首拜譔」

從叔儆渠子應壁書丹」

余從姑適學圃張君三十餘年，生子一，曰次實，蚤卒，而厥配繼亡。今年嘉靖己」未二月十八日，學圃君啓次實之穴，合葬其婦。先是攜孤孫起予，出其姪中谷」所譔行實，以誌銘屬余。余接之，不勝隕涕。謹按狀：次實，諱樹聲，余姑出也。生而」穎悟寡默，長業舉子，頗遜志。甫弱冠，學圃君食指既繁，遂領家政。不逾年，母病」且死，哀毀成疾，憂莫能解。學圃君命適意賈業，即出內唯勤，輒有贏息，家是用」饒。然性厭紛華，喜恬澹，雖事貨殖，手常不釋書史，動中繩墨，綽有士者風。迨事」繼母趙氏，極力承順，而待前母兄次宸尤恭，學圃君亦安其養。歲己酉二月十」九日，病轉劇，迺籍所貲，以告父母，云：事此足可衣食，願息形神、保餘年。又別貯」十金，曰：留以殯母，少酬人子情。諄諄囑其妻，惟期孝親慈孤。既而以金五鎰，托」友人劉南津、甘小泉，曰：此吾勤勞所積，不忍重以累垂白之父，乞識之為吾兒」需。二友果終諾，益見平日交義所感。諸事處分悉有條理。遂卒，時年二十有六。」越明年庚戌正月七日，葬于皇慶里祖塋東新阡穆兆。配陸氏，即余舅怡安君」長女，年十七歸吾次實兄。數載間，半遭夫疾，能服勞茹辛。事兩姑咸得其心。方」將贊內成家，而夫病已不起。爰是痛悼不輟，形容骨立，送夫喪及墓，幾自墜穴」中，欲殉之，僅以左右救免。而哀毀傷肺，竟卒於是年六月廿九日，享年二十有」七。生女一，受封季金聘。起予，側出，陸視之恩踰己子，娶陳氏，夭。嗚呼！丈夫孰不」有生，次實兄生未及壯，而行誼足紀其賢矣乎！婦人孰不有死，陸孺人死為夫」亡，而秉心從一，其正終也已！乃為之銘，銘曰：」

俊齡培德，不永以年。克相有終，華青貞媛。封滋閟穀，鬱鬱崇阡。維其後矣，」肅容駢肩。」

葛天濟刊

一二〇　明平涼府通判陳應祥妻張氏（秀□）墓誌

〔誌文〕

平涼府通判陳應祥妻張氏墓誌　」

平涼府通判陳應祥妻姓張氏，諱秀□，世居□□東□□□□」□，至其大父翥□□□□□始生□□□□□周氏，」生果，號東溪，善治生，□家益富□□□乃□閒君側室王氏」所出也。生甫四歲，□閒□□□□□□□之，不啻□女。嘉靖」壬午歲，嫁于同邑陳應祥氏。應祥□□儒□□□□□中正」□□□□□□任□南□□□□□□□□□□□□□諱」□隱居□□□□少孤□□□歸□為□□□□□□人婢僕」之類□□□□□□□□□□□□□□□□□□□□喪」□力□□□□□□□姑□□□□□□□□□□□□」恩義□□□□□□應祥以勤□□□□□□□□□□」□海□□□□□□丙年歲以資□赴□□除□鄧州內鄉」長，□奉□□□□□□□任，朝暮以守□□□規□誠□」□□□□□□平涼府通判，復偕以□□何以□□不」□□姑還□□□□獨處。

至己未歲罷□□□相□□」□□於此□□瞑目矣。嗚呼痛哉！寔□□□□日巳。□□□」□□□十一月□□日，年□十有九。生男一，日□，邑庠生，□」□□□□□□□□□□□娶葛氏，生二男□□□□□」氏生男□□□明年十二月庚申日，葬於□□□□□□□」應祥□□予□□窆□□刻其始末于石，□諸□□。」

邑人□□撰文」

盛□勒石

一二一　明故文林郎署兵部車駕司郎中事行人司司正前四川道監察御史韋室唐公(自化)墓誌銘

〔蓋文〕

明故文林郎」署兵部車駕」司郎中事行」人司司正前」四川道監察」御史韋室唐」公墓誌銘

〔誌文〕

□故文林郎兵部車駕司郎中韋室唐公墓誌銘」

賜進士出身▨生沈愷撰文」

賜進士第承▨生楊道□篆蓋」

▨書丹」

往余為諸生時，無所比數，又性坦直，多忤寡諧，惟韋室公愛忘其愚。嘗館于其家，芸窗雪几，促膝論心，興至率相與為文。余愧惡劣莫能」及，每見公落筆滚滚，數百言可頃刻待，逸思駿發，而矩度自在。當是時，人謂公取科第，可俯地拾也。未幾，余忝竊宦游，十有餘年，公方穎脱。又」十餘年，公始成進士，登華顯，位蒸蒸起。余時已乞歸山中老矣。然猶不我鄙夷，締结以姻婭，眷好益密。方期以白首交歡，而公且不待矣。傷」哉！葬將有月日，其孤某某持水部石南楊公狀来乞銘于愷。愷誼不得辭，乃勉次其事。公唐姓，諱自化，字伯咸，韋室其別號云。其先汴人，宋建」炎中，始祖將仕郎貴一，扈宋高宗南渡，卜居華亭之白砂里。里有金匯塘之勝，遂家焉，子孫世居于此，因稱為金匯唐云。曾祖墉，號勁節，以子某」貴，贈兵部車駕司郎中。祖祚，號北園，有隱德，以善聞于鄉。考諱與，號柳溪，以公貴，贈文林郎，行誼在」▨誌中。柳溪翁生有五丈夫。公生而穎異，六歲即能文。十五而母劉氏見背，啼號之聲，晝夜不輟。柳溪慰之曰：男兒至孝在顯揚，哭泣」何為！遂感悟，矢志勵學。弱冠，補博士弟子員，學憲試輒高等，入場屋輒□阻。乃入太学，友天下士，文日有名。遭家中落，外侮日至，紛不可解。公顧」歎曰：兒既不能顯榮父母，而顧貽之以憂可乎？于是奮激以前，毅然以身排難，一不煩諸柳溪翁。翁得亨有餘樂。公素志慷慨，亟欲樹功名」以自見。雖仍在多事中，霜晨暑晝，未嘗廢書不觀，名日益起。

果領癸卯鄉薦，登癸丑進士，出知将樂。檄至，公蘇蘇隕涕，楊孺人問故曰：古人捧」檄而喜，子何聞檄而悲耶？曰：父母教子，正謂有今日。禄及而親不逮，庸弗痛乎？将故凋弊，公一下車，輒訪民所便所不便，次第行之。政□明察，庭訟」滿階，得公一言，帖帖抑首服。諸所案牘，親自校讐，一不落吏手。老吏立庭下，凜凜不敢吐一語。持己峻潔，若茹冰齒檗，俸外一錢不染。尤敦崇文教，」新道南書院。道南盖龜山先生故里也，日與諸士講道其中，隱然有文翁治蜀之風。善政種種，旌孝舉廉，翼脆鋤强，他若清寺田，汰浮屠，正驛傳，皆」治理精覈，事在《将志略》及《去思記》中。治未三年，能聲大著。巡臺玉泉趙公、湝南胡公交章薦公，謂治行為八閩第一。」天子嘉之，召為四川道御史。入臺持憲肅紀，烈烈不阿。然務大體，不為毛鷙搏擊之務。未幾，會大工營建。尋奉」命往北直隸山東、山西等處查補積逋料直。公故嚴明，先聲所及，各省輸解者踵相接，不三月，而逋者無幾。惟順天當畿輔之衝，供億浩繁，重以虜」患，繼之水災，民力竭矣，一時徵解不前。乃上疏極言小民流離困苦之狀，及言輦轂之下為根本重地，乞賜寛免。疏上，下部議，得」俞旨，百姓大喜，咸舉手加額曰：」皇上浩蕩之恩，御史奏聞之力，其何敢忘！無何，復」命例應舉劾，激墨糾違，至不避崇貴，皆以為真御史，而不便者已横生口語矣。□師相」⧄改行人司司正，尋轉車駕司郎中。在部語及戎務，諳練如素。官尚書。虞坡楊公平生慎許可，嘗對人曰：唐郎中真用世才，若將留」以有待者。三載考績，封柳溪翁如其官，母劉氏、戴氏為孺人。」命下，感泣如筮仕時，人以是益多其孝。辛酉，會」景王分封之國，舟車儀衛，百爾所需，職在駕部。時寒甚，公顧冒霜雪，□晨夜，供役不懈，遂以勞煩致疾，以至于死。死之日，訃聞，無問識不識，無不」為公惜者。公性嚴毅，嶽嶽不肯隨人後。又不喜人過，見人有過，若觸穢蒙垢，雖親昵必面斥不少隱，一不發若噎物必盡吐乃已。人有片善可念，」即疏遠不相識，亟為揚譽汲汲，惟恐人不知，至投甘分或與人謀，輒又委曲繾綣，煦煦戀戀，若多兒女情者，不能及。家居以孝聞，事繼母戴孺」人曲盡孝敬，若不知非其所出。視諸兄弟，無論母同異，視若一體。相其材者，翼之有成；若夭無所歸者，嗣其後；寡不能存者，俾得全其節。尤善教」子，雖枕席間夢呼口授，肫肫勸忠繩義，而本堯、祖堯用是並振緒文林。本堯已領鄉薦，能文章砥名行，方嚮用未涯；祖堯亦篤學好脩，不隤其家」聲。平生清苦，宦無遺囊，⧄入城營葺新舍□□僅能容□哉。公□□面喜曰，是可以□□孫矣。⧄」⧄諸子曰，⧄唐氏以勤儉□承，視此可以深□□矣。所遺薄田□□□傾，猶祖□□□□。自有科第以及宦游幾二十餘年，不聞」長有尺寸，蕭然如寒素時。是可以概其大矣。性嗜學，自金石□簡所□以及□□□□靡弗研□。尤好吟咏，亦欲托著述以永世。嘗謂其子某」曰：異日得謝政歸山中，素臬庸可自廢耶？有志未就，竟爾長逝，痛曷極耶！公生于弘治辛酉□□□□，卒以嘉靖辛酉□□□□，享年六十」有一。配楊氏，封孺人。子男三：長本堯，壬子舉人，妻王氏，繼妻胡氏。次祖堯，國子生，娶張氏，俱孺人出。次紹堯，側室瞿出，聘愷次女。女四：長適」張之英，次適庠生朱朝賓，次適楊紹宏，次適庠生胡嗣信。孫男八：汝孝，⧄汝悌、汝忠、汝信，俱本堯出；汝仁，⧄」汝義，聘⧄汝禮、汝智，俱祖堯出。孫女二，⧄。本堯等卜以嘉靖癸亥二月□□日，葬于⧄在禮」宜銘。銘曰：」

刓方就圓，人情則然。斲雕為朴，天欲其全。蓄不究施，以啓後賢，丕耀前徽，世其永傳。

〔蓋文〕

明封承德郎」禮部祠祭署」郎中東婁徐」公暨配陳安」人合葬之墓

〔誌文〕

明封承德郎禮部祠祭署郎中東婁徐公暨配陳安人合葬志銘　」

徐祠部公卒之七月，而其孤荆州守學謨以狀與書来泣請，曰：於乎！吾宗自柏翳而後，支於彭城，播於江，」曰練祁，為崑山，再隸為嘉定，盖世亡顯者。至祠部公始稍稍慕經術，用啓余小子，獲從事秩宗，南渡之繄」寖有聞於時矣。嗟乎！布衣之業，誠艱難哉！余小子何敢忘！余小子何敢忘！又曰：吾母陳安人之殁也，盖先」祠部公十又三年矣，厝而弗克葬也，弗敢先也。今將啓而合之。以吾子之辱交於不肖也，其寵光先祠部」公，而為之志若銘焉，死且不朽。其以祠部公之餘而及先安人焉，亦死且不朽。王世貞曰：善乎荆州君之」為其親言也。獻足徵也。夫祠部公者，則吾丈人行也。吾何能辭？祠部公徐氏，諱甫，字德清，別號東婁居士。」其先世曰亮者，饒於財，嘗治酒肆邑西里，號徐公坊。自徐公坊廢，其後世益貧窶，三傳而至處士公經，配」諸氏，寔生公。處士公有六男子，貧不能贍，乃出公為唐氏贅壻，未昏而唐女卒。唐氏故才公，謀内他女」公，且啖以橐中裝。公笑曰：男兒生不自力已矣，寧依人求活耶？竟謝去。久之，乃娶陳安人。安人者，里中著」姓，年十九歸祠部公。是時，處士公已殁，獨母諸夫人在，安人所以事之甚備，有孝稱。祠部公業尚少，則已」多長者游，而又特善權奇術。居無何，稍有田廬，埒中人産，然性好客，即酒一卮、豚一盂，必與人共之。客至」輒豪飲，竟日夜度不醉不止。公竟繇好客，故不復校治生。至中歲，家益落，乃慨然曰：吾尚有子可教，是安」能困我？於是，延塾師，課責荆州兄弟。業且就，屬歲侵，陳安人脱簪珥以給，餐不給，洴澼洸佐之，又不給，至」日咀藜為食。師憐其意，終不忍辭去。里舍兒誚之曰：唉！是書能遽五鼎汝乎？公弗顧。已荆州君舉進士高」第，為兵曹郎，盖祠部公日貴重有家矣。當公微時，間行至徐公坊故址，輒泣然曰：先澤猶未泯也，我必復」之。至是，即其址治第焉。而陳安人乃益佐公，拮据家事不少休。人或風之休，安人顧嘆曰：富貴寧生有哉？」奈何令吾遽厭微時事耶？亡何，安人竟捐館。荆州君歸，服除，改吏曹郎，入典」内制，稍遷祠部郎中。祠部公獲封如其官。公雖貴，以陳安人捐館，故意不自懌，頗飭治聲伎，蒔花竹疏泉壘」石，日益召故所飲客飲，曰：毋詑，我貴人，我故徐某也。公性坦洞，不為城府，而特好施予。時從郡縣長令游」請，多居間解救，絶不欲乘人危，而所解救亦不甚責報，以故人人慕説之，即郡縣長令從公游者，亦懽然」不自疑避。時荆州君郎祠部久，次有聲，顧出守荆州，意公不能亡望。公第戒荆州君好為之而已。荆州君」坐為民持市租地忤藩府，起大獄，相窘聞者謂叵測。公歌呼飲自如，曰：兒即宛死封疆耳。且是兒尚徐氏」有耶？獄竟白。

荆州君念公春秋高，得移郡歸。相見懽甚，公顧左右：汝曹率豪服不見二千石歸布素乎？於」是事有所屏損，曰：勿令兒知也。公故病瘦，久治弗驗。一日，有道人門焉，跣語公曰：若何苦？曰：苦瘦。道人探」囊中丹如粟餌公，令少卧即愈，如言而瘦愈。行求道人謝，亡所見。又嘗泛小舟吴淞江，夜遇颶風飄入海，」公自度必不免，已聞空中欬者若婦人，質明舟送還江口矣。公雖老健少疾，而又負此二奇，謂必不死，時」時促荆州君往就郡，次且不忍行。俄遘小疾，遂卒。公生以弘治庚戌十二月二十四日，卒以嘉靖甲子八」月初三日，享年七十有五。安人生以弘治丁巳五月二十九日，卒以壬子十二月二十六日，享年五十有」六。有男子二人：長學禮，太醫院醫士，慷慨重然諾，有父風，娶李氏；次即荆州君學謨，娶歐氏，繼王氏，繼金」氏。女抱薛氏姨者，嫁縣學生張應壁。孫男二：其一明佐，後學禮者；其一兆曦，學謨出。孫女五人。葬項涇原」之陽。荆州君又曰：二老人廑一生，以締造徐氏，偉矣！功施来裔，可比於有國者不遷之主，孤何以報稱哉。」世貞謂之徐志銘曰：」

窮弗戚疇肇基迹，曰祠部公之力。貴弗盈疇相厥成，曰陳安人之明。於乎！二老人寔開徐先，百世不遷，曰」是唯荆州君之言。」

姻生吴郡王世貞撰

里人殷九經書丹」

邑人盛僑鐫

一二三　明雲濤唐先生（欽堯）配沈孺人墓誌銘

〔誌文〕

雲濤唐先生配沈孺人墓志銘」

先師撫州訓導雲濤唐先生既殁之十年，厥配沈孺人以疾終於正寢，是為嘉靖丙寅二」月廿又二日。明年隆慶丁卯十月十六日丁酉，其孤時雍輩謀啓訓導公之兆合窆焉。以」自為狀，泣而徵銘。謨生十五年，從訓導公授經，乃所授經處，即沈氏別館，孺人數為飲食」之，已竟掇唐氏《易》，以幸有聞於時。今俯仰三十餘年，而訓導公夫婦則相繼亡矣。浮湛存」殁之感，其能亡概然於懷耶，銘惡忍辭？按：沈氏，嘉定著姓。孺人之父守畊翁，為人長者，業」故饒，無子，獨生一女，即孺人。性柔惠勤愿，即一畝之宫，言笑不逾閫外。守畊翁特鍾憐之，」選所字，乃以訓導公為贅壻。唐氏，累世儒家，而訓導公又少孤貧，母王太孺人孀居城中，」抱幼兒為活。訓導公既廩於學宫，所得膳資，必以歸王太孺人槖。乃孺人自守畊翁所益」餽薪米膴饌，具以為贍，併以給其叔氏，又時時往城中問亡恙不。太孺人治家斬斬有節」法，左右人鮮當意者，及見孺人，未嘗不煦煦然樂也。守畊翁即一日不見孺人，又惛惛攢」感，為之寢不寐、食不甘味，故孺人以一身周旋父、姑間，垂四十年孝養亡間。太孺人疾既」革，解所戴簪珥遺孺人，曰：吾賴新婦養，以有錙銖之積，今當盡反女耳。孺人泣曰：新婦席」父資，以稍給衣食，叔氏零丁，奈何復私之？於是悉讓弗受。比歿，而孺人所以厚遺叔氏者，」視太孺人生時不覺有絲毫異。初，訓導公在諸生中，未見卓犖，孺人拮据助之，一不以家」事關白，令得沈精畢慮，博綜墳典。已試有司，多占高等，而訓導公之名遂隱然動江左。平」生喜然諾負氣，嘗与御史白同、舍生李炤寃結客兵，脱危城於難，翩翩然有虞卿、魯仲連」之風，時人咸見謂為迂。乃孺人雖農家子，能不作齪齪語以沮抑其志。孺人中歲未有子，」即為訓導公置側室，已自生一子，今時雍是也。時雍之弟時叙、時升則皆庶生，孺人均撫」育之，即以庶子雜己子中，人莫能辨。其諳曉大義如此也。訓導公績學殖行至五十外，始」得一校官，行且攜孺人之撫州，尋至任城道卒。當是時，守畊翁以喪曹孺人，耄而鰥居，三」子皆未有成立。孺人含哀茹辛，力承守畊翁甘旨，終其身喪，葬之如禮。乃三子者，復朝夕」淬礪之，令讀父書，且囑之曰：願兒無忘任城之慼，未亡人亦安敢忘先夫子之志，令兒自」廢以墜唐氏家聲也？後時雍、時叙次第為縣學諸生，而時升亦蔪然漸見頭角，孺人已不」能待矣，卒之年春秋六十有八，距其生弘治十二年九月初三日也。先是，孺人所患脾疾，」逾年轉劇，其叔氏即謨所善唐道述氏，有醫名，數往候之，度必不起。已竟不起，則為之泫」然出涕，曰：吾少無兄嫂，不能至今日。嗟乎，天乎！何忍使訓導公之没没於世也。孺人勤一」生之力以死也，數圖所以不朽於余，至是三子果以叔氏之命來請。時雍娶陸氏，繼郭氏；」時叙娶沈氏，繼殷氏；時升聘張氏。孫男一人，孫女二人。其合葬處為縣城何家浜之原。」銘曰：

為沈也女，于唐則婦；持沈之后，於唐則母。孝也靡間，貨也不有；黽勉一身，支其左右。」賁是兩宗，揆義則阜；迄于未亡，矢焉以守。歸其窆封，於億斯久；生之不逢，以遺胤厚。」

門人徐學謨撰

里人張應壁書丹」

邑人盛僑刻

一二四　明故文林郎雲南道監察御史南湖徐公（宗魯）墓誌銘

〔蓋文〕

明故監」察御史」徐公墓」志銘

〔誌文〕

明故文林郎雲南道監察御史南湖徐公墓誌銘」

賜進士出身大中大夫太僕卿致仕奉」詔晉階一級年眷生沈愷撰」

賜進士出身中憲大夫廣東廉州府知府奉 」詔致仕前 」欽差巡按直隸貴州兩京監察御史姻生李人龍書丹 」

賜進士出身奉訓大夫湖廣黄州府同知前刑部郎中眷生袁福徵篆蓋 」

南湖徐公以隆慶己巳卒於正寢，館甥廷評、漸川錢君時侍公側，公猶正言朗朗，謂廷評君曰：嗟乎！人生如寄，吾其已矣，然知余」平生者，惟汝與鳳峰□□□汝為我狀，而以銘屬鳳峰，萬一得所言，庶不殞千萬莱而弗聞也。言訖而逝。兹歲冬，卜葬有期，其孤」丕訓等果持廷評君狀，□□□□乞銘於愷，愷謝不敢當，諸孤拜且泣曰：此先君意也。言至漱漱與淚俱下。余聞亦嗚咽不能言。」蓋公與余既屬同年，又相與甚懋，惡忍秉筆為公銘耶？無已，乃雪涕為之言。曰：公徐姓，諱宗魯，字希曾，南湖其别號云。世家華亭。」家華亭者，自中書静菴公始。再傳為□林□，以文學補醫院。高祖杲，能大其業。曾祖鼎，號松巖，振緒藝林，而以疾廢。鼎生政，是為」公考，號文窻，為博士弟子員，有文譽，尋被散秩，以公貴，贈峽江令，懿行具載楊少師石淙翁傳中。配吴氏，贈孺人，生三子，而公迺」其仲也。公生，而文窻公夢庭桂盛開。少即穎異，六歲能□誦，輒過目不忘。及長，家日落，苦嗜學，雖竃突不□，□如也。母孺人殁□」日益落，隱耕葉君善藻鑑，有女難其配，一見公，喜而是之，遂納公為館甥。自是益淬厲，為文章敦本切理，年二十一，補校庠生。蓋」公言不務華，行不沉俗，先是莫有識者，至朱、張二侍御監□，先後試公文，並取冠多士，及出示試卷，人人以為知公晚。戊子，領鄉」薦。己丑，連舉進士，出令峽江。峽江故凋弊，當孔□□豪横，其盜且據□□□時出肆摽掠，稱難治。公喟然曰：事不避難，職也。敢他」諉乎？！乃以民所便、所不便者次第行之。政先履潔，諸凡不經之費悉為罷閣。縣濱江，江流迅駛，舟行下易上難，而顧役者概施民」□□□公□水勢順□以□殺其直，令出多所稱。峽豪家虚詭税粮萬有三千餘石，公請於上，履畝丈量為《魚鱗》、《歸户》二冊，以别」經緯，肫肫為民樹長畫、伐禍本。□税者往嘗以倉困闕，因緣為奸，弊孔百出。公建倉若干楹，因稽其出入盈縮，夙弊刈剔殆盡。歲」旱致齋，跪拜烈日中，汗淫淫下，大雨降。至□教崇文教，首新學宫，時時甄别士類，擇其才且賢者而賓禮之，科第彬彬然以興，自」是聲稱籍甚，而薦公者相□。其善政種種，詳在邑誌及中丞一溪簡公《去思記》中。歲庚寅，」召為浙江道御史。初，巡居庸、紫荆等關，飭戎伍，謹烽燧，嚴警備，邊境肅然。未幾造 朝，改雲南道，差按真定等郡。」命下，以病乞歸。無何，尋愈。按閩。閩去中州漸遠，法稔弊滋。公至，持憲飭紀，彈饕擊餮，廉屬吏不法者，俱置之理。馬跡所至，丞尉以下，」望風仍仍解綬去。延平、永年二巨寇，與豪右大猾某某，俱先時密授方略，一無漏網，一時聲譽如雷。及所舉劾，所賢、所不賢，具鑿」鑿當名實，人服其精鑒入木。朝政首論柄臣嚴嵩、翟鑾不法事，狀言甚凱切，聞者至吐舌，以為禍且不測。公厲聲曰：吾為」□□且不顧，遑恤其他。□」□□□有，而柄事者□□入骨矣。遂以他事左遷。雖蒙誹含抑，而輿論昭昭，越在人口。當是時，遂簡世局，不復道榮進事。歸則營别」業於西郊，濬地為池，疊石為山，蒔花種竹。暇則與二三同好，徜徉嘯詠，傲倪物化，若悠然樂而忘老。門外事俱不問，非大慶唁，見」郡邑大夫，可計日而□。或事關民生休戚，即無與己事，輒義激以前，娓娓論辯不輟。至稍異同，率又敷執甚毅，侃侃不阿。晚值倭」變，徙居城市，門户蕭然。目眚，終日塊坐一室。猶記憶平居所嘗誦讀，時有所作，至令侍史傳習，因口授為《保治》諸書。久之，過勞病」作，遂不起。傷哉！公天性孝友，文甯翁病瘍，欲得異藥，公徒跣犯晨夜，衝風露往至，夢感於神，果愈。孺人病，祈以身代，曰：天！天！其□」吾母，寧災於子身。事伯兄春田恭甚，憐其貧，寧割腴田，自處以磽薄。視蓉江弟若左右手，及卒，至撫其二歲孤，以底成立。尤人所」難，待娣如事兄，待外家如母家，俱不以生死易，心意殷殷厚也。無論姻戚，即里黨疏逖，待以舉火者十有餘家，有以顛連告者，傾」囊倒廩不顧。與人交，繾綣有情味，不以冷熱變。往與靜軒錢公同為諸生，既而公貴顯矣，靜軒猶落落未偶，公顧益密，遇燕飲，非」靜軒在，輒不樂，今廷評即靜軒子也。往嘗識廷評於童稚中，曰：此偉器也。遂以女女之，賓之為館甥。既而奮危科，陟顯位。乃今其」其子英少負奇，抱名蒸蒸起矣。其知人類如此。公所著有《南湖類稿》、《家傳彙集》、《保治要議》、《恩榮歲紀》，並藏於家。公生於弘治八年」己卯四月十九日，卒於隆慶三年十二月十八日，享年七十有五。配即葉氏，媲德諧老，先公一年卒，具公自為誌中。子男六人：長」即丕訓，太學生，娶僉憲龍津姚公之姪女，繼娶建陽令雲間□公女。次光訓，雲南景東府通判，娶太學生坦齋陸君女。次彝訓，太」學生，娶廉州守雲亭李公女。俱葉孺人出；次敷訓，邑庠生，側室張氏出，娶陸氏，即□□女。次資訓，府庠生，側室張氏出，娶鄉進士」象嶽陳君女。次承訓，聘黃氏，側室姜氏繼嗣。女三：長適大理寺評事，即錢志學。次適太學生吳景元，生政平坡公之孫。葉孺人出。」次適今鄉進士馮時可，大理丞南江公之子，張氏出。孫男八：長允元，太學生，娶鴻臚鳳郊莫君女。次允中，娶蘭溪教諭古濱劉君」女。次允迪，娶鴻臚奇峰褚君孫女。次允治、允濟、允升、允登、允懷，尚幼。卜十二月廿一日，葬于秀野之新穴，與配葉孺人合而窆焉。」嗚呼！余於公之歿也，能無概于中耶？后稷善稼，不能使冬之為穗；烏獲雖勇，不能使錙銖之自浮。非知與力不足也，遇不遇也。□」公所養，使其在位，以都崇峻，則其所造，當□配古人，與烈烈者競爽矣。奈之何？有不盡然者，人耶？天耶？於是乎銘。」銘曰：」

官不在人，視于其職；職斯其舉，曷為曰失？職或有闕，曷為曰得？公官中外，鮮不為則。」爾車則懸，爾心則安；顧人之寬，亦既孔閒。矧惟有後，珠玉琅玕；發祥蘊靈，千載斯阡。

一二一五　明故鳳梧文學沈君（世瑞）墓誌銘

〔蓋文〕

明故鳳」梧沈君」墓志銘

〔誌文〕

明故鳳梧文學沈君墓志銘」

東海徐大觀撰□」

君沈姓，諱世瑞，廷美字，人稱曰鳳梧居士。始祖都遠公，宋時為揚州守尉，扈蹕南」遷，占籍東吴。尋移家嘉定，世為清浦里人。」國朝弘治中，有諱輔者，以孝義旌門。輔孫炤，給事黄門；　耀，官經歷。經歷於君為」大父。父科，太學生；　母徐氏。君生有令質，垂齠時，習聞諸長老言，類能口誦心惟，」向人道之，歷歷可鑒賞。甫成童，動如禮節，間出成人語，或傾四座。弱冠，補邑校」弟子員。校文者每品第，君所製時義，輒寘高等。月書歲課，累資優叙，凛於學宫，」卓然弁冕，群遊才俊。太學君殖業既饒，晨夕汲汲。君曲承意指，諸所任使，舉無」忤色。太學君違養，奉徐孺人唯以順顏色。與兄廷振同為諸生，友愛彌殷，聲聞」相後先。少負意氣，不□□□家人生計，故所遺物産，中落幾盡。中歲，更大善作，」□視昔拓落不□，絶相遠甚，以故貲轉阜，洊牟豐腴。第耻為俗士態。時以其餘」□故尚操行□□前烈。先是經歷公為徐贅壻，徙宅城市，累業茂昌。君兄弟益」□□讓其傳世為不替云。君娶於丘。丘姆訓夙閑，以無子言於君，納副室陸氏，」□一子。載納張氏。君令育廷振女。張素勤慎，習于家□，字子若女，具稱善。方廷」□□□也，君忽語學易曰：　吾受氣薄，尢不能攝生□爾父大不類我，歿不厭人」□□□□□，恨家惟多難，兒幼亡所依倚，吾目詎可瞑耶？吾今待女以子，即」□□□□□固若子也。撫遺孤，保先業，□在若身矣。言既泣數行下。學易聞」之□□□□□不逾年，君竟以疾終。學易痛父復痛君，且重違戒語，迺厚恤其」孤諸□□於□□□有記籍□時□范及内外經□盡以身持之，不一私其所」□□葬為□□□□□其又禮□均，人以是韙學易，而服君之善貽謀。君生於」嘉靖癸未五月十一日，以隆慶辛未三月五日卒，春秋四十有九。元配丘氏，大」□□正文川先生女。子男一，敬易，尚幼。□一，即所抱廷振女，受陳聘。君卒之又」□□癸酉為萬曆元祀正月十有六日丁酉，學易謀奉君柩安厝先塋。先期次」□□□□□□□與沈有世契，為志其歲月，而系以銘。銘云：　」

曰脩儀兮而數□奇，曰豐才兮亦惟於菑。錫之厚兮遐不有後，夐華裔兮綿綿其祀。

一二六　明陸横溪先生（琦）墓誌銘

〔蓋文〕

陸横溪先」生墓志銘

〔誌文〕

陸横溪先生墓誌銘　」

賜進士出身中憲大夫湖廣提刑按察司副使前禮部祠祭清吏司郎中里人徐」學謨譔　」

先生姓陸氏，諱琦，字子温，別號横溪。其先扈宋渡江，家於江南，故今陸氏世為」嘉定縣人，居治城北里。先生之大考純，稍以勤嗇起家。逮考廣，而家益饒裕，始」令先生與先生之弟瑶同學書，已同為縣學諸生。時北里未有絃誦聲，或歲大」比，先生兄弟上試京闈，冠裾雍雍，輿馬在門，則北里人嘖嘖羡不休，以為機、雲」復生也。久之，瑶以貲升太學上舍，嘗仕為鬱林州幕官。比罷歸，而先生尚在諸」生中，尋謝去，姑以例授儒官老焉，非其好也。先生天性倜儻，年十三，時父坐法，」當贖穀千石，先生獨詣直指使，訟父寃，直指使改容奇之，為還其贖。先生跽請」曰：贖第易耳，所不可罔者法也。願留穀以備賑。從之。詞意慷慨，已翩翩然有秦」舞陽之風。比長，益喜任俠，即逢衣主多賢豪長者之遊，日治酒食，徵召賓客為」歡，不瑣瑣作寒酸態。里中有疑事，往質先生者，得數語立解。間部使行縣，或縣」大夫有所諮議，則先生裒然首對，於是非利害之際，開陳朗悉，取辦於猝然，上」官輒諦聽之，見諸施行，卒當事實。蓋弁冕學校者，垂四十餘年，以被其材略，究」於用，必非世所指唾以為豎儒者也。先生居常事母郁太孺人備極孝養，每出」飲他所，席見珍果必懷歸，以奉太孺人。比晚自遘脾疾，度不可起，時年六十餘，而太孺人年九十矣。朝夕輒據床仰籲曰：天乎！安得須臾無死，以畢人子大願」耶。已太孺人先卒，先生猶强而昇洗，哭于墓，即風雨之日不廢，哀徹旁舍，人皆」憐之。又數年，而先生始卒，實隆慶元年丁卯七月九日也，距其生弘治十年丁」巳八月十八日，享年七十有一云。娶王孺人。子男三人：長允文，縣學生，娶徐氏。」次允武，娶張氏。側室顧氏出。次允中，為縣陰陽學訓術，娶李氏。女二人：長適張」省，次適鴻臚寺序班金喬。俱王孺人出。孫男三人：汝喬、汝麟，俱卒。汝鵬。曾孫男」三人。允文、允武先後先生蚤世，今舉先生襄事者允中，暨其外孫太醫院吏目」張其威、縣學生金大振也。葬以萬曆元年癸酉三月甲申日，墓在振武門内横」瀝河之西原。銘曰：」

儒者之用，以豎則棘；稱其為通，其躬先塞。然則名經治事之教，又安所取擇焉？」而先生之所以抹摋于世者，因有用而為無用，吾將睥睨於井渫之側。」

邑人盛僑刻

一二七　明故通議大夫南京禮部右侍郎幼海董公（傳策）墓誌銘

〔蓋文〕

明故通議大」夫南京禮部」右侍郎幼海」董公墓誌銘

〔誌文〕

明故通議大夫南京禮部右侍郎幼海董公墓誌銘」

賜進士及第特進光禄大夫柱國少師兼太子太師吏部尚書建極殿大學士知」制誥知經筵事國史總裁致仕郡人徐階撰文」

賜進士出身中順大夫南京通政司右通政前翰林院庶吉士侍經筵禮科都給事中郡人林景暘篆盖」

賜進士第前朝列大夫廣東布政司右參議前監察御史侍經筵官郡人陸萬鍾書丹」

昔在嘉靖間，分宜少師以勤敏為」世宗皇帝所知，其後，怙寵驕恣，而子世蕃貪□有小才，分宜以為賢，數假借耳目，世蕃因結群小竊國權用舍刑賞之政，一成於賄，」民怨兵怒，北虜乘釁入犯郊畿，天下□謂禍起嚴氏，而莫有敢言者。至歲戊午，世蕃益肆，幼海董公時為刑部主事，又身癯然」不勝衣，奮曰：是寧得為國有人乎？遂□分宜隳邊防、鬻官爵、蠹國用、樹黨□、騷驛遞、壞人才等六罪，閉户草奏上之。」世宗心已咎嚴氏矣。會都御史吴公時来以給事中都御史張公翀以刑部主事，相繼論奏，而疏有請詢二王之語，二王者，」穆宗皇帝時為裕王居東府，及弟」景恭王也。」世宗以為非所宜言，併公下詔獄。公既與予為姻，而吴與張又皆予會試所舉士。世蕃謂予陰主之，嗾典獄者置二人死律，脇使引」予。三人被訊慘毒，至再絶而甦，終持初志不變。分宜猶欲杖諸廷，法司奏上，地忽大震，」世宗異焉，由是盡宥弗杖。公得戍南寧，予亦遂幸以免。而士大夫知天意在禮正人，佑社稷，竟劾去分宜，戮世蕃於市。盖嘉、隆之間，」世道否而復亨，三人力也。乃若公以孱軀攖大難。當命之始下，聞者□□駭恐，或涕泣走匿。公□於赴逮無懼色，對獄無悔詞，」侃然自將，如履平地。迄今金吾之隸卒、京師之稚兒老婦，猶□□語□公曰：鐵漢。其士□則相與誦公而疏，以為古忠直臣無以」加，其尤可謂難矣。公在南寧，授徒青山，非其人不一接。宣慰某賫□劍玉幣謁公。公曰：此貨我也。立户外累日，竟辭不見。其□」而自砥礪如此。」世宗數思用公，比寢疾，度不能起，遂以詔屬」穆宗。隆慶改元，召公復故官，尋改吏部主事，進員外郎、郎中，兼太僕寺卿。先是諸卿貳率務養望，無肯以職事言者，公獨條上馬政」利弊，已又陳三要，而歸重於用人。巡視御史以議不出己，□□□。公抗言諸司，建白其覆議在部臣，御史不當侵部職。衆為悚」然。戊辰，遷本寺卿，疏乞省覲，改南京光禄寺卿。未幾，遷大理卿。公入都，而新鄭方柄政，以公名高，思引為黨，迎謂公曰：聞爾名」久矣，今方虚少宰以待，頗有意相助乎？公正色曰：某平生□□□□教以進于此者。新鄭色變。公遂請改南以遠之。壬申，遷南」京工部右侍郎。新鄭亦用以遠公也。踰年，新鄭敗，改南京禮部，肅祀事，杜私謁，戒諸士人，毋以蕩敗德，人稱為真禮卿。然亦多」忌者。鄉人有黠奴以私嘗公，公杖而繫諸獄，奴恨，且計自脱，易詞誣公，臺臣誤以聞，詔解公官□勘。甲戌，事白，巡撫胡中丞」執禮疏薦公當用，亦既議召起矣。而公性剛，繩下恒過急，故人憚言公臧獲短長，其無賴者因得自蔽匿，至縱酒博□，晝歐人」而奪之財。萬曆己卯夏，公漸有聞，群奴懼不免死，遂以五月七日夜，偽為盜戕公，距生嘉靖庚寅五月二十七日，享年五十。嗚」呼，可哀也已！公諱傳策，字原漢，自號幼海。其先自汴徙上海之竹岡。至公五世祖真生南京監察御史綸。綸子六人：其二舉進」士，皆至顯官；一舉鄉貢，歷磁、綿二州守，發監司吏奸贓，自免歸。郡中所稱清白吏守菴先生諱懌者，公曾祖也。綿州二子，長邑」庠生，諱繼芳，是為公祖，贈通議大夫、工部右侍郎；配張，贈淑人。生公父，諱體仁，少為郡庠生，有聲，晚以貢上春官，未及仕，□。公」為工侍，封□其官；配宋，封淑人。公九歲能屬文。弱冠，舉嘉靖庚戌進士。柄國者欲一見之，固不往。例授太常博士，遷刑部四川」司主事。故事：廠衛所論囚，雖甚冤，法司無敢平反者。公則數據法與為異，即堂官為言，勿聽，其勁直之節，盖自早歲然矣。□時」配李淑人，獨有女，嫁太學生李自約。側室王氏，生子玉柱，八歲；玉衡，今聘王莒州女者，三歲。故賊久未獲，弟鄉進士傳史竭貲」力購捕。歲庚辰，乃克正法。於是，進士率二孤卜以辛巳年九月二十一日，葬公新河之原。奉前湖廣僉憲淳菴盛君狀，請予銘。」淳菴博學尚志節，公由吏部出佐太僕，嘗舉自代，後忤新鄭，失其官。故進士以狀屬。而予聞漢司空王崇為傅婢所毒薨，班孟」堅以其世清廉為之立傳；唐河中法曹張圓死於盜，韓昌黎以其治有能稱為銘諸幽。今公太節感動穹壤，關繫國家，非崇等」所敢望也。則予於銘，其安可辭？公所著有《采薇集》十四卷、《幽貞集》十一卷、《蘧廛稿》七卷、《邕畝稿》七卷、《奇遊漫記》二卷、《霸綑》二卷、」《中述》二卷、《憶遠遊》一篇、《述史》二十篇、《景獻》三十篇，奏疏、序記、碑銘、應客緒言、讀書雜著、譚道随筆，暨戍歸詩歌又不下百卷。學」者服其奇偉。其自謂：吾具剛腸，不能随世俛仰，世宜不吾容。又謂：男子祈不愧心。若世路升沉、人情贊毀，皆幻境，何有於吾等」語！世尤壯而悲之。銘曰：」

茲惟董公之藏。百世而下，讀其諫書，觀其言與行，猶恍然聞金石之聲、見星斗之光焉。嗟今之人，慎毋毀傷。

一二八　明故鬱林州吏目陸公（瑶）配蘇孺人墓誌銘

〔誌文〕

明故鬱林州吏目陸公配蘇孺人墓誌銘」

邑人劉鋒撰」

孺人姓蘇氏，葉縣丞蘇公璞庵之女也。孺人母，工部尚書龔公女也。孺人與吾母兄」□也，而尚書公女端莊鎮静，訓育子女，夙有閫度。孺人之生，自幼聰慧，克閑母訓，年」□八歲，歸東涯陸公。陸氏，邑之著姓，居城中之北里。東涯公父廣。夫婦子姓繁衍。孺」人事之孝謹恭順，不違□志。而其舅姑亦自謂曰：得婦若此，吾宗可亢矣。自是安其」□以享遐齡。東涯公自□游膠庠，鋭志舉子學。孺人恐其業之不專，一切家事獨勉」□操持，不令東涯公知。東涯公嘗試京闈，不獲，與薦書，乃循例補入太學。太學六館」□□以資待選者，率二十餘年始得一官，士不能需，乞以遠方。東涯由是謁天曹，得」□廣西鬱林州吏目。鬱林去家五千餘里，遠甚。孺人不能從，居家綜理生計，不藉于」東涯公之宦奉，而家業日拓矣。東涯公伯兄横溪公，邑稱賢豪長者，兄弟友愛，恂恂」□□古人風。孺人事之益恭謹，而其伯兄亦不以待他弟婦之礼待孺人。東涯公之」□□踰八十矣，孺人自壯至老，與之居處六十餘年，自始至終，無一間言。其在妯娌」□此，非其慈愛仁厚，根於天性，惡能若是哉。孺人子可矜，自幼失明，東涯公視之慘」□，不忍常見之，而孺人以其子失明之故，其于家事益自勤勵。東涯公自鬱林歸，至」嘉靖三十七年卒。當是時，可矜之子汝鶚方在襁褓，孺人為之賙恤保護。俟其少長，」延經□師誨訓，以責其成。家之公私百務駢集，孺人極力持之，而汝鶚若無聞焉。是」以東涯公雖亡，其業不至少墜，而汝鶚亦有子女能哺乳者，孺人一一且撫育之。嗟」乎！孺人之年亦耄矣，而其所顧慮者及於三世。吾嘗見世之人能庇其子者有矣，未」有能庇其孫者；能庇其孫者有矣，未有能庇其曾孫者。此在丈夫為之尤難，而况孺」人以一女子之身煢然獨任其責，劳心焦思，其辛勤豈不可念也哉！而孺人之為澤」於陸氏亦遠矣。始，予幼孤，孺人見予有憐色，其待吾母之孀居，于弟妹中尤加焉。往」年吾母疾革，孺人使問疾，日夜不絕，訃聞慟哭，仆地不能起。以孺人之待吾母如此，」而其厚于陸氏之族，又可知也已。孺人之生，其年為弘治十六年，其月為五月，其日」為十二日。卒之年為萬曆九年，其月為十二月，其日為二十一日。享年七十有九。子」一，可矜，娶馬，繼蘇。女二：長嫁李從周，次嫁潘〔一〕。孫男一，汝鶚，娶沈。曾孫男二：光先聘」徐，光裕尚幼。卒之明年二月十三日，可矜將啓橫瀝西先塋東涯公兆葬焉。可矜以」予為孺人之甥，知孺人之深，屬予銘。予不能辭，乃為之銘。銘曰：」

陸氏之宗，孰為振之？孺人之力。陸氏之枝，孰為衍之？孺人之澤。克孝於前，曰惟懿德。」以慈於□，□□燕翼。閫內之職，丈夫之識。橫河穆兆，乃其幽宅。後千百禩，其永無斁。

〔簡注〕

〔一〕「潘」下原空一字未刻。

一二九　明故鄆城令徐公(應解)墓誌銘

〔誌文〕

明故鄆城令徐公墓志銘　」

▨　」

蓋余邑言世家者推徐氏，徐氏自中丞▨」進士，官至少參，少參公生陳州□□生▨」裕陵時迄于今不替也。以故邑之人益推之▨」傳書不再讀。十歲已能為▨」不許，意欲老其才，竟成之。又十歲，▨」遂廩于學宮。公在學宮▨」再不利謁為□□官再試▨」世家子，其子經▨」經起而間嘗究心□事▨」不平，公倡為均則之▨」便其在新河一□□上▨」輩，境內以寧□□□上□□□公▨」之公□儒，飭吏皆帖帖服，▨」今局幹□兩人，核其出入▨」歸，歸則稍取屋舍□之□□書名▨」或時為高會，杯觴流行，□內並奮卜夜不▨」日罷歸，歲時伏臘，二老人▨」雅能詩，不欲称詩人，不□酒數游▨」蘧廬，吾且暮寓之，尔二□□人哉▨」親極孝敬經尉公，性□□公▨大而」禮繁，慶吊不失，賓客以▨宴重公操」□云：　公諱應解，字元賓，自號少▨生，萬曆」□□之十月初八日卒，享年七十▨公無失」□□□□人者也，若▨縣學」□□□□未，惟一女子▨祖□」□□□□□之皐，聘金氏。次▨也。兆」□□□□□□月為己卯日為卒▨數」□□□□□□稍□稱詩，公遂引為▨　」▨如二祖可繩其武▨流不」▨

一三〇　明誥封中大夫南京太僕寺卿南濱林公（正蔭）暨配贈淑人王氏合葬墓誌銘

〔誌文〕

明誥封中大夫南」京太僕寺卿南濱」林公暨配贈淑人」王氏合葬墓志銘」

賜進士出身資政大夫禮部尚書兼翰林院學士　」經筵官　」國史副總裁前吏部右侍郎掌詹事府事□人陸樹聲」撰　」

賜進士出身通奉大夫浙江布政使司右布政使前奉」敕提學副使致仕眷生莫如忠篆　」

賜進士出身朝議大夫福建布政使司左參議年家晚」眷生喬木書　」

自昔村哲顯庸，蓋必有潛德隱耀者為之先，而駿發」□後，以弘建樹，烜赫其世緒，則論世者因之闡幽懿，」迹所繇從，以聲施来世，在往牒記之矣，迺余耳目所」及，則南濱林公。公諱正蔭，字世悦，南濱其號，太僕卿」景暘之父也。林氏，元時曰樂耕者居上海，數傳而為」壽官春□遷華亭。壽官生濟，舉成化甲午鄉試，仕沔、」裕二州刺史。刺史生思菴公章。章生祥，是為省涵公。」省涵公娶鄭淑人，生子三，公其長也。生而偉異，及長」授書外傅□大義□□善行筆，期公者曰：是當□儒」業。□省涵公□代人□祖役，舉家政屬公，公□□意」任幹□□□間好習□□學通其致居善藥以□人」之□□□報。家□中產，而務施舍。歲饑，里人有鬻其」妻者，公捐緡□賑之，□遺金於肆。遇内外族黨，綏□」周至。婚嫁諸弟妹，厚食送節，抑自奉，無贏蓄。性愿□」坦易，無城府，或犯以非，意不校。未當面折人過。厲言」遽色，不加於厮養。邑豪有與公□舍者，睥睨其產，數」以勢嘗公，公不為動，豪亦無所□於公。會公弟故貸」他豪母錢，計以收責，齮齕公。公為廢著代償，徙舍以」居，偕配王淑人拮据理生事，至弟有不給，則推財周」之，無吝色，自是家中落矣。太僕君方起文學，公□以」訓飭課，藝業評騭，詞旨當否，即經生不過也。太僕君」業成，第進士，選入讀中秘書，公顧王淑人曰：兒□□」先澤階尺寸，恨吾父不及見耳，□幸母氏在，則□□。」王淑人竭力供甘膬，奉鄭淑人懽。間從太僕君請，□」王淑人一至京邸，居無何，公念母不置，曰：吾其可甘」禄養而違母氏側乎？王淑人亦以念姑憂瘁，疾彌留」矣。太僕君奉公歸。久之，太僕君歷官省寺，復迎公養，」信問相屬於道，公貽書戒之曰：兒勉效職，而翁幸彊」食，毋私顧也。居常處一室，左右圖史。時從鄉故老談」說往昔，出則攜一二蒼頭，躡蹻行里中，長軀飄髯，蒼」顏白髮，見者訝其丰神，稍物色之，輒引避。郡邑大夫」數□請公，間一出見，至私以居間，則遜謝不遑，以故」尤嚴重公。平生篤倫常，事母鄭淑人孝。鄭淑人春秋」高，九十□□十老矣，猶日就子舍侍定省。歿則悼」慕如嬰孺，竟以哀毀致疾，未終喪而卒。余嘗考論公」生平，□其躔遺金，好施予，處豪鄰譎弟而無忿忮，可」謂長厚矣。至謝絶居間，務檢飭，當耄耆而孝敬不衰，」又何其操行始終若此也。王淑人以慈惠淑慎，與公」合德媲美，宜其發祥委祉以開来嗣，太僕君之起家」華要，以躋崇膴於方来未艾也，揆所由来有自哉。公」始封徵仕郎、禮科給事中，已進今稱。生正德戊辰，卒」萬曆壬午。王淑人生正德丁卯，卒隆慶庚午。子男一，」太僕君，娶滕氏，封淑人。孫男一，有麟，官生，聘太常卿」徐仰齋女。太僕君卜兆於城東祖塋之東南隅，以歲」乙酉三月十有四日葬公，啓王淑人之窆合焉。先期」奉大司成徐公狀□余銘，余據□稍證□之，系之銘」曰：　」

有積于躬，□濳之光也。有美□来，儀則之良也。駿發」爾嗣，福禄是康。得全全昌，曰德以將之也。城東之□，」土厚水長。卜焉允臧，同穀偕藏。後千百年，視此銘章」也。

一三一　明李(汝箕)母程氏墓誌銘

〔誌文〕

⧄李母程氏墓志銘　」

⧄資政大夫太子少保禮部尚書侍　」⧄　」⧄致仕徐學謨撰　」

⧄第二塘之原是為贈奉訓大夫安吉州知⧄」⧄太宜人以萬曆乙酉九月十三日，卒於南⧄」⧄於諸父，汝箕等將舉太宜人之喪，祔奉訓⧄」⧄其父登州君矣，固稔悉太宜人之所以締□⧄」⧄年而歸奉訓公。不逮其舅，而奉訓公於兄弟□⧄」⧄於外，而太宜人獨與其長姒事其姑。姑委姒操⧄」⧄雜作，太宜人唯唯而已。親黨有不平者，或風之□⧄」⧄□家禮也，吾故安之耳。終不敢暴姒短。如是者又⧄」⧄上海之江橋耳。徙南翔，又徙邑城，訖奠居焉。而太⧄」⧄漸見饒裕，而奉訓公故矜豪舉，日有賓客之費，而⧄」⧄是附奉訓公，而德其有中饋也。初，太宜人年二⧄」⧄奉訓公已與鮑孺人連舉五男子，乃五男子既長⧄」⧄宜人所以育鞠而刮礪之者，不以異乳存二心。⧄」⧄迎太宜人就養。太宜人意不欲獨往，固挽鮑孺⧄」⧄苦今等為未亡人，吾子即若子也，□以既貴□⧄」⧄仁，真無媿於樛木，人尤以為難。嫠俗宜賈，其□⧄」⧄其鄉之紡績，既晚膺翟帔，輒屏不□，而躬率□⧄」⧄佛，泊如也。登州君平生善病，而又不得志於⧄」⧄□太宜人憂之，亟召之歸，登州君遂致其事，歸⧄」⧄雅自寬譬，第督其孫，以無忘登州君未瞑之志。⧄」⧄鄉李氏復振，而太宜人竟以壽終，得年八⧄」⧄□口而太宜人之六世祖發祥公，自汶口贅⧄」⧄傳而為福元、為思振。思振者，即太宜人□⧄」□人。次汝簡，縣學生，娶孫，鮑孺人出。次⧄」⧄陳。次汝笠，娶金。俱鮑出。女一，以汪巖桂⧄」太學生。次時芳，次元芳、名芳，俱縣學生⧄」⧄于鄉，餘俱幼，未字。曾孫男女五，與□⧄」⧄□嫠而僑於嘉，以蕃其胤，而昌其⧄

一三二　明敕進承德郎浙江温州府通判淞涯潘公(惠)墓誌銘

〔蓋文〕

明敕進承德」郎浙江温州」府通判松厓」潘公墓志銘

〔誌文〕

明敕進承德郎浙江温州府通判淞涯潘公墓志銘」

嘉議大夫南京刑部右侍郎予告姻末瑯琊王世貞撰文」

奉議大夫江西臨江府同知致仕姻生石應魁書丹」

文林郎大理寺左寺左評事致仕前中書舍人姻生顧從義篆蓋」

當隆慶、萬曆間，故御史大夫上海潘恭定公偕其仲氏温倅公、叔氏比部公、季氏光禄公咸以篤老致其官歸。恭定公」築堂於別圃，名之曰四老，約以佳時相過從。而諸子今學憲、方伯、都事、汀倅、監事諸君，咸盛衣冠，治醪糗，執子弟之業。」四老人隗俄其間，雅歌投壺，談笑甚適也。海内豔稱之，以為唐宋二洛社，不必出一姓；魏之楊氏，雖號為雍睦，然刺促」官守，不敢以愉樂顯；明之毘陵近之矣，而不必貴；兼之者獨潘哉。蓋十餘歲，而恭定公卒，已而比部亦卒，温倅公惘惘」凉凉，悲思牢慅，四老堂之迹遂絶。而又五載，公亦卒矣。公之初不豫也，時汀倅君方之郡，便道省侍，而學憲、方伯皆里」居，公忽顧而泫然，曰：我潘之先，累世為德，而鍾我兄，以有若二子，而德不衰。今者乃聞諸子姓，有妷惰爹肆，日將隳其」先，而噤不一勖之，非所望於賢者也。因汍瀾久之。明日語益慘，且加絮泣數行下。學憲怪語方伯：此何祥也？屬元正，公」當從之公庭祝釐，以病辭。越二日，為公誕辰，舉家慶者，亦以病辭。蓋七日，而竟不起，時萬曆丁亥之正月七日也。公壽」八十有五，小於恭定公二歲耳。德亦雁行，唯是少不得志於科第，屈為小官，然亦有以自樹顯，不苟徒焉已也。公之先，」為邑名族，其詳見恭定公狀志中。公生而警穎端重，異常兒。稍長，通經術，能文章。會其父贈公罷項城尉歸，倦於家，且」宦薄，而公獨顓其絀，以共贈公夫婦朝夕，而寬恭定公及比部於學。既恭定公成進士，久之，比部亦舉鄉薦，公乃補博」士弟子，以例升太學上舍，謁選吏部，得為光禄寺大官署署丞。大官雖名為一署，於它署劇，且總其凡。公精心為之，持」以廉節。時卿黄公廷用、少卿冀公鍊，事取公而決，歲所省上供費以萬計。中貴人請備一夕之需為歡，公知其欲，見嘗」也遜謝之，自是不敢有所干於公。時恭定公自大司寇領臺事，公杜門謝絶計吏還往。有臺獄白而推恭定公，感者以」百金酬公，公大驚，麾出之，咄咄楗門牡。尋奉」命頒殿工於江南諸郡，自常廪外，餽遺亡所受。務隱約，折節恭謹，若不知有恭定公者。還」朝，考三載績，階徵仕郎，尋進本署正。明年請急還里，已復除故官。當」莊皇帝之初即位，諸」郊祀」時享宴賞大典，所取辦不貲，且事久曠廢，公沛然應之有餘，執事」殿陛中，蔫爵奉胙，進止雍容，是都」上亦目屬之。故事：官散廪粟往往用新而置陳。陳者至腐不可食。公請於卿，自陳而新，以歲差次，著為甲令。自是廪粟無留」腐者。公所更定甚多，諸宿弊若掃，官吏洗手而治。遷温州倅。温，名郡也，近而饒。公念恭定公已得請，便道還里，依依不」欲往，恭定公强之，乃往。甫踰月，而竟投劾歸，臺使、監司群挽之，不聽，曰：吾奈何以一倅易吾兄弟哉！公歸，所以奉事恭」定公，篤愛肫肫，其字叔、季如之，四老堂所繇築也。公讀書通曉大義，然於孝弟忠信，自其性得之。不以名閥年行矜人，」雖單煢後進来謁，未嘗不自抑與講敵禮也。尤仁慈，諱稱殘刻事，與人語煦煦，惟恐其忤之。然至誨戒子姓，義方斬斬」矣。居恒謂：天道福謙，人情忌滿，儉嗇保家，慈讓養德。知言哉！公歸後，以次子汀倅滿光禄考，進階承德郎，」敕辭褒予甚至，而元配王亦自孺人進安人。王有賢行，先公卒，公感而不復娶，恭定公嘗為銘其葬。丈夫子四：允脩，太學」生，亦先公卒，娶趙，繼宋。允徵，光禄寺掌醢署監事，娶趙，繼何，復繼趙。允達，所謂封公者也，汀州府通判，娶顧，封孺人。俱」王出。允光，太學生，娶倪，側室張出。女二：長適太學生張所穀，側室朱出；次適瞿弘詞而夭，亦張出。孫男六：士彥，太學生，」娶楊；雲杰，邑諸生，娶顧；雲棐，太學生，娶張；雲章，娶俞；繼芳，邑諸生，娶張；雲皋，聘陸。孫女一，字朱長芬。曾孫男五：明屏，聘」欽；明翰，聘支；明錫、明暘、明藩尚幼。曾孫女六：一字張氏子，一字徐氏子，餘幼未字。允徵聞訃還，偕允達等卜葬公於肇」溪之原，啓王安人之兆而合焉。以學憲君狀而請志銘於余。學憲君，名允哲，與余為兒女姻，而余故莊恭定公，不敢辭。」銘曰：

樂有三而公得其二，福有五而獨公之備；乃猶贏其一，曰有繁喆嗣。夫不知公者，以公之兄；不知公詳者，以公從」子之狀。而余之志與銘：余言若新，公亦若生。

一三三　明故中憲大夫四川龍安府知府衷齋林公（有麟）暨配誥贈宜人惠淑徐氏之墓誌

〔蓋文〕

明故中憲大」夫四川龍安」府知府衷齋」林公暨配」誥贈宜人惠」淑徐氏之墓

〔誌文〕

明故中憲大夫四川龍安府知府衷齋林公諱有」麟，字仁甫，南直隸松江府華亭縣人。父諱景暘，」隆慶戊辰進士，累官南京太僕寺卿。母慈懿，滕」氏，」誥封淑人，加贈淑人。生母恭穆，徐氏，」誥贈宜人。公生於萬曆戊寅年十月二十有七日，」繇恩生授通政司經歷，歷任都察院都事、太僕」寺寺丞、刑部主事、員外郎、郎中，陞任四川龍安」府知府，卒於丁亥年十二月二日，年七十歲。配」惠淑徐氏，太嘗卿仰齋公女〔一〕，生於萬曆戊寅年」正月十有七日，卒於萬曆己未年八月九日，年」四十有二，」誥贈宜人。以戊子年二月二十五日庚寅，合葬於」華亭鄉三十七保附二圖祖塋穆位。子一，希顥，」繇太學生恩貢，娶王氏。女三，長適庠生莫儼臣，」次適太學生蔣爾轍，次適庠生潘芳，並宜人出。

〔簡注〕

〔一〕「太嘗卿」之「嘗」，為「常」之通假。

〔蓋文〕

明故修職佐郎」光禄寺掌醢」署監事文臺」潘公墓志銘

〔誌文〕

明故脩職佐郎光禄寺掌醢署監事文臺潘公墓誌銘

賜進士及第翰林院　」國史脩撰儒林郎郡人唐文獻譔　」

賜進士出身中奉大夫廣西布政使司右布政使眷生喬懋敬書丹　」

賜進士出身承直郎刑部浙江清吏司主事姻生俞顯卿篆蓋　」

潘光禄者，諱允徵，字叔久，别號文臺。蓋嘗為諸生，有聲；再游太學，有聲；而最後署光禄，則文有聲光禄，遂稱光禄君。」君在光禄，而余適浮沈金馬，與君流連文酒，燕私相得也。既余奉」使事竣還里，而君之子雲章、繼芳，儼然奉君之從兄方伯公狀，謁余請銘君墓矣。余善君，不忍辭。光禄之先為毘陵人，」勝國時，有添二公者，占籍上海，四傳而有贈左都御史公奎，奎生四男子，長即恭定公恩，次為温州公惠，是為君父。」君生而倜儻穎秀，自其兒時，恭定公置之膝而試之，所占對必雅。十歲能屬文，露頭角，恭定目屬之，謂温州公曰：丈」夫七尺視後人，有是兒在者高枕矣。為慎擇所偶，奉常曲江趙公女孫賢，擇以偶君。時恭定二子憲學、方伯尚未貴，」方才名鵲起、大噪縉紳間，而君循循從兩兄後，折節為經生，嘗受經聶先生所。聶雅負人倫鑒，目君咄咄曰：第五之」名，何必減驃騎？自後，文日益造，試諸生異等。而君之外舅氏趙宦於浙，於是君從浙婚。時婦家盛車從逆之塗，君曰：」我書生即為書生服，藉婦乘軒，非夫也。立却去之。君既居浙，執經從浙諸名士遊，袁文□公時以太史休沐里居，讀」君文而異之。袁公故貴倨，善嫚罵客，獨不敢以書生少君也。温州公長握算，自貶為□嗇間，用計然息其嬴而出之，」家稍稍起。而君更有智度，能任人而操其權，不求鹽細小而積用大饒，如赤手捕龍蛇。君嘗自負：理天下理一家，如」一矩晝百方，顧世未知我耳。君方壯，賈勇進取，其文章小不程尺幅，以故先後督學使者方泉趙公輩試君，皆加賞」識。而及試之棘，比登而落。尋喪母王安人，哀毁孺慕。又懼温州公聞而傷其心，輒於咽淚從腹下矣。□君之配趙孺」人者，亦竟以痛王安人死。王安人已亡，而温州公以子身宦長安，君戀戀，因遂以貲游太學。故相江陵公為少司成，」公慎許可，首署君。君氣益發舒，而及試之棘，又復比登而落。君試公車，南北凡七上，竟操齊瑟遊少□積薪之場，幾」得之而終失之。往往自循其頭顱而嘆：丈夫寧堪終老是耶？齷齪一第，徒自困吾心。計井如嫺簿書期會，何□老儈」宿吏之為，即媿平生，而差足小展吾腹，吾遈矣。於是就選人，授光禄掌醢署監事。君在官小心敬畏，多得上官心。有」同官某甲猾黠，婣婣私銖兩，而虞君之形其短也，多齮齕君。君不予争，第從容譬謂曰：夫一命詎非王臣耶？不者，何」委吏乘田，而必會計長牛羊乎？同官媿服謝過。時敬吾魏公、南渚趙公司殿最，賓吾徐公司銓衡，争交口推轂君，且」將有所論□致顯擢，而温州公之訃至，服未除而君卒矣！卒之日，為萬曆己丑五月二十三日也，距其生五十有六」歲。君為人豪有氣，喜施，重然諾，雖操屑屑握算乎，而士以急抵，即重趼百舍，一揮千金。見貴人子偃仰據門第，都裘」馬休休自恣，則益逡巡，退讓明禮，身以半粟尺帛自享也。臨事，度不可，守不發，發即百夫挽强不可制。内行馴謹，事」親孝，訓二子以嚴。居官風裁凛凛，而人或微文詿誤，則多陰覆翼之。處寮黨泛愛薰然，厚酬恩而寡報怨，士以此益」歸焉。配趙氏，繼何氏，繼復趙氏。子二：長雲章，國子生，娶比部識軒俞君女；次繼芳，邑庠生，娶余中表兄鄉進士洞庭」張君女，並繼趙氏出。銘曰：」

恂恂者儒，名實富焉；穰穰者利，仁義附焉。而積何厚，而施何迍邅。惜也未究，歸来乎故山。誰哉纍然，銘不愧實，是曰」君子之阡。」

龔人紀刻

一三五　明從仕郎直内閣誥敕房中書舍人潘君（雲驥）墓誌銘

〔蓋文〕

明從仕郎」直内閣誥」敕房中書」舍人潘君」墓誌銘

〔誌文〕

明從仕郎直内閣誥敕房中書舍人潘君墓誌銘」

賜進士出身資政大夫太子少保禮部尚書」經筵官」賜麒麟服給驛致仕嘉定姻生徐學謨撰」

賜進士第大中大夫陝西苑馬寺卿□按察司僉事眷生王文□書丹」

賜進士第奉政大夫浙江按察司僉事浙江西道巡察御史□□眷生秦嘉楫篆蓋」

□□□□□□而海上潘君士遠以太學生來應□京兆□□余嘗侍其大父恭定公，而潘□伯父學憲公、父方伯」公間猥修□□禮通於謁者。君貌美而□□日益秀□□朗□從車騎都翩翩然，有司馬長卿之風。余一見愛」重，延與之□□藝，相得益驩，自是□□無間。□余謝事還山，君祖□□□□至黯然不忍别。□比歸而方伯公以」余□匿君□□□締姻盟期百世□也。而君獨居長安數年□不得志於□□之業，適」會典成，」天子召□四方文翰之士充校讐□□君在□中，得□□□舍人□直内閣□□武誥敕□□□在日月之際矣，然非」君之好也。居頃之，忽心動□□親之日□遂從」闕下，上書請告，」詔許之，即日馳四牡來海上，肅衣冠，兩朝方伯公於家。

會□降乃□□□□大□賓客，□□□□□□□率捧萬年」之觴，方伯公喜□□□而都人士遂□相□謦，匪□□□□□之□□□□□□士稱太僕□時□炎□君□能於」應接，方伯公勞苦之，曰：兒憊矣。人情世□□□之□□家□□□□□而之□ 」朝乎？君敬諾，將以獻歲戒行李，而君猝病□□發於□，家人□之直皮膚□□，既而毒內□□□□□不□明至□□」□，君自度不起，呼侍人強翼而仰天拜，退拜方伯公，就□而□竟不一□及其私。時萬曆十七年八月三日也，年僅」四十有四云。方伯公既哭之慟，而傷其未有一息之繼，因□其子雲獻□□其□□□□□□□□如父。為卜是歲」十二月二十四日，□君於其邑之□□新阡，而述其行事，丐方伯喬先生為之狀，而方伯公□□□余問銘。於乎！吾」忍銘吾士遠耶。君少余訖二紀餘，□宜死而先死。余別君七年，而去君之里□數□□□□□□□□□□□」矣。予之耄也，則今隧道之委，其何□□方伯公。按：君諱雲驥，士遠其字也，姓潘氏。潘於海上□□族，自恭定公起家」歷都察院左都御史，而君之曾大父、高大父俱贈如其官，妣皆贈夫人。□及其□□方伯公□□□聯舉進士，為方」岳大吏。至君之身，即不階一第，而以□礼供事禁近，與 」國初雲間沈氏學士度、大理粲□□□□以為難。初，方伯公□□□人連舉五子，而□□伯□□奇穎，即□歲□已」能占對，其應如響，輒驚其□，人□□□宿慧者。恭定公絕憐愛之，嘗□其頭而祝之奢，因命□□□《春秋》□□□補」縣學諸生。是歲，方伯公始釋褐，而恭定公亦歸老於里第□□夫人俱□未弱冠也。日入而問起居，進甘臇，□□□」督飭諸蒼頭毋窺户□。而以其餘力攻苦讀書，盡得二尊人□。已方伯公調□□空□思君□學，召之至□下，□君」乃輸貲補太學生，翱翔六館間，自是君之學日益進。而方伯公□轍東西無常，君或隨行，或□□□□□南□□□」於北雍，君所至會文結社，惟□□以一第為念，每三歲輒應□試，試輒不利。比己卯，業中□矣，而意□□□□□□」午復試，復不利，而君始倦□矣。□慨然歎曰：大丈夫生□□□□養可遂已乎？且漢公卿□□以進□□□□□□」寧無一技可當縣官用者□□□□□之。至是，君果以文翰□官。君天性純篤，望之温如□人，而特□□□舉，居則」廣廈細旃，出則文茵繡□，所服必□□，所食必珍膳，所供玩必古圖□□□，所結納必海內知名士。□者□□□一」藝者延攬之，士貧而無所歸者收而□□之，有患難者匍匐而救之。而自朋黨□及緇黃而□□之，將□□□□□」絡繹於道，幾無虛晷。顧其家實無素□之積，不給，寧貸富人。今以盡之，而意度豁如，了不作寒酸齪齪□□□□□」君類俠，而君之為俠，獨能以□□□□之。其孝謹恭讓，亦多□□□□□有群寇，貴人所患□測密謀之於君，而」君為周護之，卒脫於難。後以□□□□君壽，竟談笑而卻之。而君直東房□少所事事，君當載星往率先□□更□」秘温室，語不輕洩之於外，而中□□□□□目屬之，謂君必遠也。比予告之役尤殷勤囑之，蚤來若□圖事□□不可」一日無潘舍人□□□□以□為□其風流標致，君與之大略相當。至櫝□之□，狗□之道，則君恥言之矣。□其奏」□止□卒以諷諫顯。而君□□命□□終事好文之主，是則可□也已。君配□氏，出男子一，肇定，未成殤而夭。有三」女子，長適顧主簿子晉□，諸生；次□聘中允吳公子宗□，未字卒；次適喬方伯子一琦，郡諸生。銘曰：

」

生丙午，卒己丑。人自外，□丘首。既不傳，□詎□。物之齊，□家□。□而封，坎而阜。□□阡，光射□。俠□□，□□□。哀者」誰，季也受。

一三六　明太醫院吏目徐公（學禮）暨配李孺人合葬墓誌銘

〔蓋文〕

明太醫院」吏目徐公」暨配李孺」人合葬墓」志銘

〔誌文〕

明太醫院吏目徐公暨配李孺人合葬墓志銘」

公諱學禮，姓徐氏，字伯立，以嘗例授太醫院吏目，稱吏目公云。徐之世系詳具先考妣志中。祖考」諱經、考諱甫，俱以謨貴，累贈資政大夫、禮部尚書；祖妣諸氏、妣陳氏，累贈夫人。公生而豐碩」类朗，自幼俶儻，喜豪舉，家徒壁立，而遇事揮霍，不問有無。先君雅慕經術，為延師督課之，然以家」貧不能得專師，而公又多少年之好，頗厭薄章句，若弗屑意者。先君曰：兒長矣，盍經營四方乎？乃」棄去，而以家事屬公。謨少公六歲，時方專意力學。賴公□平以支門户，庶無絲毫内顧憂，而卒幸」以成名，得起家進士，以竟先君之志，公與有力也。謨入仕既數年，公始稍稍稱有家，迺治第於邑」之北里，又於左偏得隙地為園，鑿池疊石，亭榭花木之勝略具。性既好客，而又家有樂部，諸賓從」争歸之，即四方知名之士来者，亦多願從徐長公游。當其盛時，酒人博徒，鳴瑟站屣，窮日夜無間，」而飭供具，務豐旨以結客，無慍容。迨晚年，而有憂貧之嗟，不盡如意。迺其所畜梨園弟子尚不惜」訾費，至老而興猶劇，蓋其癖好使然，而於音律初不求甚解也。自治第治園而外，時喜築室，而性」復不常，每一室成，未幾旋即改作，以故土木之役無歲不舉。第能時裁狹闊，較它人倍省耳。公故」無厚藏，而以前數事坐耗，滿籯而入，漏卮而出，槖中往往無餘金焉，宜其晚而遂見窘矣。公為人」大都坦率無它腸，有咈之者，或面折，或使氣，而過即不留，終其身無嫌怨於人。見謂跅弛不羈，似」為禮法所疾，而大德不至踰閑。未嘗多讀書，而作事有識，不為異端邪道所惑，不信無生家言，而」屬纊時毫無疾苦，端坐而瞑，世咸指為福人。殆天之所與厚邪？抑有夙根在邪？於乎！謨自通籍至」今幾五十年，所經憂患之途不知凡幾，而公無日不怡然樂也，蓋東西南北侍於公之日少矣。迄」老而謝事，每逢節序，則兒輩置酒驩勞，白首婆娑，棣萼輝映，始得偕公之樂而樂也。而公又舍我」逝矣，在原之感可勝痛哉！李孺人亦邑之著姓，家事中落，幼即陳夫人女字之，十六而歸於公室，」即能操持家，秉課臧獲，勤織紡，以佐公緩急。公之所以有家者，實孺人拮据之也。初舉一子，不育，」已不更舉，即多寘妾媵而善遇之。伺公顔色所及，無不先意委順，庶幾樛木之風焉。先公十八年」卒。公生於正德丙子九月廿三日，卒於萬曆壬辰七月廿六日，享年七十有七。孺人生於正德丙」子五月六日，卒於萬曆乙亥五月十二日，享年六十。公無子，始從兄之子兆佐少孤無依，公即撫」之如子，衣食教訓，以至婚娶成立矣。而念從兄無別子，禮長子不為人後，乃析其産之半給兆佐，」使仍祀從兄。而以謨次子兆稷為之後，今喪葬公者皆兆稷也。兆佐，　楚府引禮舍人，娶殷氏，繼」韓氏。兆稷，國子生，娶吳氏。女二：一適太倉州學生季應徵，一適滕雲鳳，俱側出。兆稷卜以卒之年」十二月十六日，合窆公與孺人，以祔於項涇原先君塋之昭位。而其弟　太子少保、禮部尚書學謨為之志且銘。銘曰：　」

非富而癖，朝贏暮迫，公是以無厚積。非貴而通，情適境融，公是以有令終。非生而子，養生送死，二」老人之瞑以此。　」

鄉貢進士門壻張其廉書丹　」

鄉貢進士門壻申用嘉篆蓋

上洋龔人綱鐫石

一三七　明故兵部車駕司郎中贈奉政大夫韋室唐公（自化）配敕封孺人誥贈宜人楊氏墓誌銘

〔蓋文〕

明故兵部車」駕司郎中贈」奉政大夫韋」室唐公配　」敕封孺人　」誥贈宜人楊」氏墓誌銘

〔誌文〕

明故兵部車駕司郎中贈奉政大夫韋室唐公配敕封孺人誥贈宜人楊氏墓誌銘　」

賜進士▨大夫太子少保□部尚書▨　」▨　」▨陸樹聲撰文　」

賜進士第奉議大夫湖廣按察司僉事前吏部文選司主事▨　」

賜進士第文林郎江西道監察御史年家眷晚生許樂善▨」

嘉靖間，吾郡韋室唐公以名御史失権貴意，左遷行人司正，□□□□□駕部郎。未幾卒，▨之誌墓」矣，已其□□太宜人相繼殁。殁且三十年，而其子大參君一日□□□□事□余謁曰：▨四」□惟□□□之石，久而未有屬也，敢□惠於下執事。予不佞，與韋室□□□之雅，而大參君又▨」按狀：□□人楊氏，以韋室公貴，封孺人，其稱太宜人，則以子大參君□□也。父北泉公，　母高氏。▨」□□順閑内則，北泉公絶憐之，曰：若女耳，即男也，不大吾門乎？為□□□得韋室公□焉。太宜人笄□□唐門，□□□」柳溪翁暨姑劉太孺人唯謹，劉□□戴、錢兩姑率嚴□雜事太宜人□□□事劉□得其懽。柳溪翁春秋高□□□□」韋室公嘗□□有子弗代力而以勞貽親子職謂何毅然以門□□□□太宜人實先意左右之▨以」供甘□。以故韋室公得大肆力於學問，以其學程督大參君兄弟，太宜人輒從慰勞，夜則燃膏□女紅以□□□歲己」亥，封公卒，太宜人拮据佐其夫，喪葬如禮。壬子，大參舉於鄉。癸丑□□□□進士。試□將樂，太宜人從之將樂。□將樂」擢御史，太宜人從之京。韋室公奉　」書按畿輔、山東西，會　」三殿灾，方起大工，太宜人逡巡謂公：　民困極矣，何□一皂囊為元☒」也。太宜人復慰之曰：　君以不阿權要，即蒙遣，有餘榮，且祿位☒」遊學南雍，太宜人孑一身，黽勉治終事。大參君匍匐奮☒」□表建監□其務自樹，以承先志，毋過毀傷□為也。大參君☒」□勤儉一切婦事，率自操作。居□御布素，無絲□之飾。□□□□□曰：　吾□為奉職寡過，□□□義方☒」□焉。論者謂太宜人以仁厚淑慎之德，克相父子，並躋崇□□□□號□祿養不逮，乃今子□□詩書之□□仕版」□□□者方蒸蒸起未艾，而女之適張、適楊者，咸□善節□□□□，適陳者，又以奇☒不」□□且遠哉。太宜人生弘治己未年七月二十七日，享年六十☒即大參君☒御史至」□□，娶王氏，繼娶胡氏，俱贈孺人。再受　敕命。次祖堯☒為季弟自古後，娶張氏，俱楊孺人出。次紹堯，為仲」弟自謙後，娶沈氏，瞿出。女四：　長適庠生張之英，蚤寡；　次適☒朝賓；　次適庠生楊紹宏；　次適庠生胡嗣信。孫男十，」自本堯出者三：　光啓，府庠生，娶楊氏；　光燕，邑庠生，娶陸氏；　光翼，監生，娶胡氏。自祖堯出者□：　光□☒氏，繼娶屠」氏；　光□，娶□氏；　光履，府庠生，娶翁氏；　光□，邑庠生，娶楊氏。自紹堯出者□：　光□☒孫女九：　一適」□□□□□；　一適鄉進士王□□；　一適儒士陳光正，夫故，以節□旌；　一適□生☒子國禎」□□□鄉進士章西成子輔世聘。俱本堯出。一適庠生□□之□□庠生張□□□□□□。俱祖堯出。一適庠生曹」□昌□□□□□□□□；　一适□□□。俱紹堯出。曾孫□□□□□□□施氏，☒弟時龍」☒鄉進士吳虞庵女，☒沈石□」次子士□□。俱光□出。☒出。外孫男四☒□業，在禮」宜銘，曰：　」

猗歟☒方來，胡」不☒昭示，永不☒。☒

一三八　明（陳所蘊）先室敕封安人誥贈淑人王氏墓誌銘

〔蓋文〕

先室　」敕封安人」誥贈淑人」王氏墓」誌銘

〔誌文〕

賜進士出身通議大夫山西等處提刑按察司按察使兼布政使司右參議前河南分守大梁道左參政奉　」敕提督學校副使南京吏部文選清吏司郎中夫主潁川陳所蘊撰文　」

賜進士及第翰林院國史編脩文林郎門人新野馬之騏書丹　」

賜進士出身中憲大夫直隸永平府知府前奉敕提刑江南刑部廣西清吏司主事門人扶溝劉澤深篆盖　」

甚哉世人之好諛，而□□家敢為曲筆也。無論男子，即閨閫者流，本以無非無儀為令善。而今志婦人墓者，何其洋洋纚纚，詞之」煩而美之不勝溢也。稱女德，則以為木蘭、黃崇嘏之流亞；　語婦順，則以為德曜、桓少君之儔匹；　述母儀，則以為絡秀、杜泰姬之等」

埒。指未必拈鍼，而以為薛夜來復生；　目未必識丁，而以為曹大家再世。言者無怍色，當者無赧容，而見者亦目為固然，恬不知怪。」可嘆亦可哀矣！予於先室之葬，不敢乞銘當世立言君子，恐諸君子不察，猥随俗好，溢語相加，非惟亡者汗背地下，亦且存者顙」泚地上，甚無謂也。是用忘其固陋，據生平耳目所睹記，稍加詮次，勒之片石，用納玄堂。庶幾地下地上兩俱無媿云爾。先室　」敕封安人，　」誥贈淑人，姓王氏，上海鶴沙里人也。父曰愛泉翁守思，母為唐碩人，寔生淑人。大父鶴山翁絶憐愛之，不欲令配凡子，里黨請委禽」　者咸不許。予時以童子充博士弟子員，升堂鼓篋朝朔望，鶴山翁見而偉之，遂以淑人字予。後三年，予年十九，淑人來歸。予時為」諸生，已有籍籍聲，然浮沉横校者久之。又十四年，始舉於鄉，已兩遭先參知、先淑人之喪，不得上公車者至再。又十三年，始成進」士。予之為諸生也，雖家故無饘粥憂，而淑人攻苦服勤，蓋自天性。自為女子時，即一意治女紅，尤專治紡織業。既歸予家三日，廟」□□，即問：木綿車何在？躬率二□奴且擗且紡，堂上車聲不絶也。是時，先參知操家棅，先淑人主閫以内事，予一意治經生業。淑」人□意洴澼絖，日課每有常程，不足則夜以繼之，屈指計一年，所得若干緡，以易銀，幾足供半歲用。既而先參知與先淑人相繼」□□，淑人主中饋，與家人雜作，而所課紡織業終不廢。所舉三女子甫及□齡，即課之治木綿，或諷以讀書通文墨者，峻拒卻之，」□：□非兒女子所宜。以故三女子俱以紡織著賢聲，嫁為士人妻，辛勤拮据，不似世俗貴尔女，調脂傅粉，以惰窳明得意。蓋自予」□□生暨對大庭，三十年無間，然己丑之役報至，輟木綿車一日，猶以為無端廢吾一日程，必欲詰朝補所不足。性甘澹泊，衣不」□□濯，食不厭粗糲，朝饔夕飧，一魚一肉一鮭菜，猶以為享過其分，蹵然不安；既貴而食，無兼味自如。居恒荆布自安，不知世間」□□□紈綺之飾。予自為諸生，雅不欲谿刻自處，時或御華服，然對淑人不無内慚。淑人猜知之，則曰：君叨列衣冠，盛服華躬，非」□□□跡不出閫域，非弄機杼則親庖廚，盛服何為？予笑而頷之。逮予報西曹政，幸徼　」□□□□人拜安人之　」□□□□師製冠帔，歸而進之淑人。淑人為一御，北向叩首謝　」□□□□恩，退而拜四世祖妣於家廟，已以次延見子姪女倩輩，家之男臧女獲，畢来稱賀。甫竣事，即命相室者什襲而藏之。人言」□□□以彰賜也，奈何御不旋踵而遽收之？謂　君賜何？淑人曰：唯唯否否。予藉夫君寵靈，徼　」□□□□天之貺，既拜受　」□□□□服在笥與在躬何異，安用時時服御為？聞者韙之。淑人性耿介，義不為苟取。方鶴山翁以淑人字予也，所預為裝遣資甚」盛，未幾，鶴山翁捐館舍，前資悉化為烏有，于歸之日，行李蕭然，淑人不少幾微見顔面。愛泉翁為二子析箸，槖中裝度可萬金，或」諷淑人誠一歸問翁起居，當不至垂槖返，淑人謝不往，分予亦不及〔一〕，淑人終無所望。予少年多酒人遊，酒後不無醉飽失語，言相」忤時時有之，淑人無所介帶〔二〕。即予問夜来醉歸何狀，有何口語，必對曰：無有。禔躬甚嚴，内外族属子弟終歲不一覿淑人面。女奴」未婚嫁，不許出中門。奴産子十歲以上，即斥置中門外，不許闌入。諸戚属有以女使来問訊者，往往謝不與見，亦不遣一介女奴」問訊諸戚属，曰：往來交際，此男子事，予何與焉？即諸戚属以疏節罪我，所不辭矣。淑人不好異物，女駔驓以問金奇錦東西行過」予門者，掉頭去不顧。不佞佛，一切髠髡緇衣、號稱尼媪者，不敢窺左足于外户。不惑左道邪説，巫覡輩之跡若掃。蓋世所稱三婆」六娘、貴家大族、入幕聯牀、最所暱就者，淑人嫉之，不啻仇讎。其識大體、無世俗兒女態如此。淑人先曾舉二子，俱殤；既舉三女，久」不妊。有從弟舉一子，而家赤貧，身且旋圽者，淑人請抱以為子，予既許諾，則手製大襁褓以車迎來。淑人一見，不勝喜，以手摩其」頂，曰：　是兒大有福。相撫之，不啻己出。比予自舉一子，則淑人已不及見矣。嗚呼傷哉！淑人生于嘉靖壬寅十一月之二十二日，卒」於萬曆己亥正月之二十八日，享年五十有八。子二：　長庚寔，即所抱從弟子，娶黃氏；　次庚烈，則予所自舉子也，聘喬氏。女三：　長適」邑諸生朱長祚；　次適郡諸生朱長庚，先淑人卒；　又次適顧九防。側出女一，適喬之甫者，亦夭。淑人生受安人封，既圽，而予進大梁」左參知，以冊立　」東宮，受三品誥，故稱淑人云。嗟乎！最予所諗次淑人諸種種，皆閭閻闤闠間婦人女子細瑣局曲之庸行，無他奇瑰可表見，豈敢」為曲筆飾所非有以欺世。然婦德惟庸，故足述也。銘可矣。銘曰：　」

人亦有言：　知婦莫若夫。緊淑人之閫行，予姑識其大都。人所應有未必皆有，人所應無業已必無。惟無所無，有何為乎？黃江之澳，」厥土惟上腴，於焉卜宅懷永圖。爾先埋玉豈長孤，信誓皦日終弗渝。

〔簡注〕

〔一〕「分」疑為「介」之誤。

〔二〕「介帶」之「帶」，應為「蔕」之通假。

一三九　明故陸（彥章）母顧孺人墓誌銘蓋

〔蓋文〕

明故陸」母顧孺」人墓誌」銘〔一〕

〔簡注〕

〔一〕本誌蓋時間不詳。據《四庫全書存目叢書·集部》第一五三冊李維楨撰《大泌山房集》卷一〇〇收《顧孺人墓誌銘》，知誌主卒於「萬曆庚子（二十八年，一六〇〇）三月三日」，暫繫於是日。

一四〇　明徐尚賢自撰誓碑

〔碑文〕

為圖永繼痛思，囑曰：　吾姓徐，諱尚賢，號潛心。生嘉靖三年八月十六日亥時。始祖嘉定人，在元」朝世為人傑，鄉閭籍證，續刊墓石。據云：　十世祖歿葬長浜東墓，九世祖西墓主穴，八世祖在明」朝洪武初年葬昭穴，七世祖孟純穆穴。六世祖用，邑人，舉為萬石長，葬兆穴。至高祖銃，奉詔出」粟賑邊，拜承事郎檄。銃至曾祖鎧，鎧至祖憲，相繼行端，家業益盛，南北長運，概邑有名。別造新」墓，新漕河南，銃主穴，鎧昭穴。憲祖年六十五歲，嘉靖二十二年十二月初八卒； 祖母浦氏八十」七歲，嘉靖四十五年三月初三卒，合葬顧涇南墓主穴。父潮，正直仁厚，人人稱善，鄉飲二次，壽」九旬，萬曆二十年正月初九卒； 慈母陸氏，壽七旬九歲，萬曆六年三月十一卒，候父母合葬祖」墓昭穴。存時遺屋半宅，遺田四十七畝，遺奴十三口。娶妻嚴氏，生子三： 長曰希聖，娶生員朱女」為妻。次曰希文，娶生員嚴女為妻。又次曰希武，娶陸女為妻。生女三： 長適鄉進士子生員趙承」易，次適鄉進士孫李伯起，又次適鄉進士弟朱懋恭。孫男五： 荣先，聖生，娶徐氏； 荣祖，文生，娶李」氏； 荣椿、荣世、荣界，武生，皆幼。孫女八： 長適陸應解，次適錢廣，次適俞墅，次受張氏聘，次適張江，」餘幼。曾幼四，復超、復奇，荣祖生； 復巍、煥〔一〕，荣先生，俱幼。吾性潛心，形若員金，按胆鎮身，生計營財，」買屋七座，買田五頃，買生男婦百口。不幸三十一歲，倭燒傾盡，再争造完。三十八歲，百人結告，」問徒五年，家業廢半，暫忍漸復。五十一歲，京運方回，各男要分，傾囊建宅三處，拆造各居，被仇」放火燒文屋一帶。五十七歲，身京解布，妻亡在家。五十九歲，又主扇事，耦遭凶歲，闔民逃竄，要」主賠粮，亦避三團，被賊拆盗武屋一帶。在外飢寒苦楚，人欺僕叛，友別親離。在途風作翻舡，三」次命在呼吸，淚咽痛心。幸延六旬，全家瘟病，長男希聖夫妻繼亡，合葬吾墓昭穴。奴丁十口同」死。乘吾落難，連告六狀，問徒十五年，拌死痛累，止荒田四頃。苦告作荒棄，賣肥熟田活人口，以」償荒稅。央借重利銀，以墾荒田。泣思自幼至今，被火七次，燒屋百間，亡奴四十，逃婢十餘，走京」連次，劳苦多端，役訟疊遭，厄難多經，人聞情慘。每嘆勢雖衰而業尚存，子雖亡而孫尚繼，田雖」荒而漸復熟，奴雖散而剩又增，火雖害而屋又造，身雖苦而壽益增，仇雖告俱先亡。自想百年」將近，先備杉木棺，厚四寸，內外生漆，於萬曆元年造墓，在生圩第六十號內，東長二十五步，西」長二十五步，南闊十八步二尺，北闊十八步二尺，積田一畝九分，前基高一尺五寸，後基高二」尺五寸，東西山高五尺，後山高九尺，照山同明堂方五丈，吉門碑頂俱全，千工始完。六十二歲，」打壙一座，用灰九十担，用酒八百斤，用工三百，盖石一塊，價銀四兩，又用百工，總食肉千斤，共」計銀百兩，候葬吾主穴，與妻嚴氏合。又恐墓鄰縱牛放馬食踏，侵坌作田，壩水絶脉。預告土神」巡察究剿，罰燒豬羊百付，子孫消滅，剩為娼盗。再告陽官，作發塚論。再料此墓雖非龍地，亦無」大害，勿聽遊人，不改難誘。目今面諭日後繼人：

主身荣業利，按胆壯威光。慮遠近無憂，經多參」得透。朝拒甜攛捏，夜防惡火盗。捨小能成大，依義取無殃。無事勿尋事，明欺莫惜命。謹言不惹」禍，行正保齊家。憶厄忌兇為，思窮休浪用。怕迷除酒色，恐陷擇交絶。奴本是護兵，百難一二忠。」托重生剋計，威哀發叛机〔二〕。田雖是恒産，原為累字首。廣置攬虛名，完粮不受辱。始知財有耀，誆」散子妻離。外暮諸人逐，求扶親不親。試情毒不解，惜托仗皆痴。争充堪復勢，尋空易翻寃。識輸」須暫忍，料勝莫遲仁。甚苦集綱常，極樂記悲傷。立身思勾踐，養子記張男。處妻追陳婦，交戚温」刘二。結朋宣曹操，用僕想弓奴。容情必自悔，執法不愁人。伴賢終有慶，群惡定遭刑。堅性照開」條，胸懷無不遂。料逆稱乱話，决孝感良言。求得超孫疊，九泉得樂長。

明萬曆卅年七旬九歲徐」尚賢，愛深刻石，暗藏壙頂，現立誓碑壙足，候延百歲登穴，刊名年月日時，永證至天復混終焉。

〔簡注〕

〔一〕「煥」上疑脱「復」字。

〔二〕「哀」疑為「衰」之誤。

一四一　明故資政大夫太子少保禮部尚書兼翰林院學士贈太子太保謚文定平泉先生陸公（樹聲）墓誌銘蓋

〔蓋文〕

明故資政大」夫太子少保」禮部尚書兼」翰林院學士」贈太子太保」謚文定平泉」先生陸公墓」誌銘〔一〕

〔簡注〕

〔一〕本誌蓋時間不詳。據《四庫全書存目叢書·集部》第一四七册于慎行撰《穀城山館文集》卷二二收《明故資政大夫太子少保禮部尚書兼翰林院學士贈太子太保謚文定平泉先生陸公墓誌銘》，知誌主陸樹聲卒於「萬曆乙巳（三十三年，一六〇五）七月九日」，暫繫於是日。

一四二　明刑部左侍郎贈都察院右都御史心泉何公（源）暨誥封淑人吳氏（貴弟）合葬內壙誌

〔誌文〕

皇明刑部左侍郎贈都察院右都御史心泉何公暨誥封淑人吳氏合葬內壙志」

先君姓何，諱源，字仲深，號心泉，江西廣昌縣人。宋寶謨閣直學士、兼廣東提刑、謚文」定、諱坦第十四世孫，明　太子太保、吏部尚書諱文淵第六世孫。高祖諱宗，字本茂，」即吏部公長子。曾祖諱會同，祖諱豐，父諱錢，母黃氏，繼母胡氏。公兄弟五人，公居長，」濤、沆、渙、湖，其弟也。公生于大明正德己卯年正月初五日子時。以《書經》中嘉靖丙午」年江西鄉試第八名，登己未科進士，授浙江嘉興縣知縣，陞工部主事，差管呂梁洪，」調兵部職方司，陞本司員外郎中。隆慶丁卯年養病。萬曆癸酉年起吏部考功司郎」中。甲戌調文選司，本年十月陞太常寺少卿。丙子年養病。甲申年　召起原職，尋陞」太理寺少卿。乙酉年陞太常寺卿、大理寺卿。丙戌年陞南京吏部右侍郎。戊子年改」刑部右侍郎，尋轉左。本年三品考滿，贈祖父、父俱刑部左侍郎，祖母、母封贈俱太淑」人。萬曆己丑年六月養病，七月二十二日戌時卒于京，享年七十一。蒙　恩差官諭」祭壹壇，敕賜三品全葬，贈都察院右都御史。娶新坊賴氏，四贈淑人；繼北隅魏氏，生」子孔賢；　又繼東隅吴氏，四封淑人，生子孔賓。吴淑人，諱貴弟，本縣人，祖吴廷器，父吴」鉞，母高氏，生于大明嘉靖戊申年九月初六日子時。甲子年，先母魏淑人卒于任，先」祖禮聘淑人，請外父母送親之吕梁，時淑人年十七。明年乙丑，先君考滿，封為安人。」隆慶丁卯覃恩封為宜人。萬曆甲申又以覃恩封為恭人。戊子年三品考滿，又封為」淑人。己丑年，先君京卒時，賢、賓俱不在側，凡含殮治喪之勞，淑人以一身當之，上疏」陳請，　恩卹寵及，淑人其女中丈夫哉。萬曆辛亥年三月十九日申時卒，享年六十」四。孔賢蔭官生，通政使司經歷，娶易氏，繼娶魏氏，生女五人。孔賓監生，娶黄氏。先君」孝友天成，禔身正大，立朝不阿權勢，居鄉恩施桑梓，垂歿之日，無以為殮，其清節如」此，鄉人感德立祠祀之。辛卯年葬先君于監南里姚家坊，十七年不吉。萬曆癸丑年」七月二十八甲申日，奉先君與吴淑人柩，合葬于本縣文會里清修土名上白，丁山」癸向，兼午子三分，奔江龍形。壙內甃以窯磚，築以灰隔。墳上蓋以石條，叠叠五層，護」衛堅密。墳前豎造　敕諭龍亭，派立文官、武將、虎、羊、馬、華表，又建石坊一座，周圍磚」石垣牆，製作悉遵憲典，崇隆　聖恩，表揚先德。賢、賓謹述世系及先君、吴淑人生、卒、」葬之年月，鑄銅方冊，內于壙中，以永不朽。至於行實之詳，有史氏志焉。」

皇明萬曆四十一年癸丑七月甲申日

不肖孤何孔賢、何孔賓泣血謹述

一四三　明故沈府君（自成）暨葛孺人墓誌銘

〔蓋文〕

明故沈府」君暨葛孺」人墓志銘

〔誌文〕

明故沈府君暨葛孺人墓志銘　」

晉昌唐時升撰　」

沈氏之先，出於河東，當宋之季世，有都遠者，為揚州守，子孫渡江，散居吴中。其在吴」淞江之東者多有顯人，或至臺省郡縣。而在大場者多隱不仕。富者或有封君之業，」而詩書之澤亦不廢。至十三世曰治，治生鰲，鰲生仁，娶嚴氏，有子三人，君之考妣也。」君諱自成，字允成，於兄弟中最少。七歲而孤，大父撫而教之。季父鑰嘗從王文成公」講道於越中，君因得其餘論。未弱冠，補縣諸生。事母至孝，當倭奴躝躪海上，家人倉」皇四散，君獨扶母以出，為賊所及，悉金寶遺之，涕泣求哀，乃免。季父無子，君以大父」之命為後，

□盡人子之禮，朝夕伺候二親旁，事無大小，必稟其意以從事，無敢專成。」迨送終之日，含斂棺槨，必求無憾。有女弟弱小，君擇名族而嫁之。既嫁而貧，資之者」終其身。及其没也，復厚恤妹壻家。歲時□祭，感□四親，常如生時。于是宗人太息，以」為兄弟之子弟無異己子也。余少時見縣令會試諸生，得君文，謂為清俊絶俗，將寘」第一，已而踪跡君生長五六十里外，庠□□□推薦君者，事遂中沮。又嘗對簿司理，」司理識君非常人，令所善知名士□為友。則君雖唯不遇於世，而其意度脩然者可想」見矣。夫吴中衣冠之族，鮮見累世雕牆畫棟，是不一姓。而君家在南鄙，歌哭於斯者，」歷數十世，阡陌宛然，墓木相望。蓋其人必皆有遇人之材，以持其家聲。及君之身，数」更父兄之難，經年置對，百日縲絏，有風雨飄搖之虞，而不至於毁巢破卵者，此其父」子兄弟同憂共患以相救，有外難而無内憂也。君配葛氏，孝慈之德，洽於宗黨。君之」伯父瞽而無子，暮年殆無甘膬之奉，孺人備之，食如其舅。君困於徭役，又為怨家」所齮齕，十九在外，而夙夜勤劳，使家人不失其□者，孺人之助也。君生於嘉靖甲午，」卒於萬曆丙申；孺人後君二年而生，後君二年而卒，享年各六十有二。子四人：國賓，」上海縣諸生，娶張；國光，娶徐，孺人出也。繼瞿，夭；良驥，娶吴，庶出也。孫男五人：建元，娶」金；建鴻，娶吴；建駿，夭，娶張；日昌、日明，俱未聘。孫女四人，徐應祺、殷士俊、徐道中、唐敏」嘉，其壻也。曾孫男二，曾孫女一。葬以萬曆甲寅冬十二月之壬寅，墓在磚窯浜萬字」圩祖塋之昭穴。國賓未及葬君而卒。國光與其孤左提右攜，以給公私之事，猶先世」之風類也，沈氏之門户其未艾爾矣。敏嘉，余子也。國光是以屬余為之銘。銘曰：」

揚州之裔東南遷，鸞翔鳳翥何翩翩。大場之别三百年，修其孝舉兼力田。伯居北陌」仲東阡，雕甍刻角魚鱗聯。君為儒者逡逡然，路逢狺狺動百千。圜扉累月頌橐饘，縲」絏何妨公冶賢。為親受辱意所便，墓門松檜鬱芊芊。馬鬣纍纍相後先，同窯同穴百」□延。我銘其藏永弗鐫。

一四四　明故沈(日昌)母徐孺人墓誌銘

〔額文〕

明故沈母徐孺人墓志銘

〔誌文〕

明故沈母徐孺人墓志銘」

晉昌唐時升撰」

天啓三年十二月丙午，沈君聯桂將葬其室徐」孺人于磚窯浜之原，手次其平生艱難勞苦之」事，謁余而請銘，且言曰：國光不肖承先人餘緒，」析箸之初，公私交迫，無以卒歲。且方為人所魚」肉，連歲對簿；而又困于徭役，轉輸兩都，踰江越」河，動引歲月，實有風雨漂摇之虞。有子而不育，」內顧孑然。孺人長衣補绽之衣，食粗糲之食，蚤」作夜息，以治田廬。而獨以無後為憂，數欲為嗣」續計。余解之曰：將恐將懼，唯予與汝尚不能支，」遑及其它。而孺人意不已，竟自捃拾其槖中以」置側室，今二子之母也。二子既生，保抱而訓誨，」□恩勤備至，目所見慈母無以加之。至于疾革」之際，所諄諄教戒者，獨以次子婚姻，慮有闕失，」為鄉黨所非笑。蓋中年以来，肺腑之事唯繫于」此，幾于□□矣，而竟不得一日之養，此余所為」痛心追悼而不能無憾者也。今余亦老矣，倘無」一言以示子孫，後誰復知之。□□□托以墓中」之石。夫婦人陰賊之性牢不可解，千萬人無□」同者，其發于媢嫉，雖豺狼蝮蠍不若也。余所見」衣冠鼎盛之家，不幸遇妡，婦視孽子如仇讐，唯」恐其不殄滅，□累世之業一旦塗地，先人為餒」鬼，不恤也。孺人之慈愛惻怛，出于天性，豈可多」見乎。余故不辭而志之。瞭之東南土厚水深，多」富人長者，而徐氏、沈氏並望族也。孺人之父兄」皆賢者，為人士所宗。孺人漸漬詩書之澤，言不」違道，動不越禮，十六而于歸。孝于舅姑，和遜于」妯娌，御僮僕肅然，作息皆有常度。方其貧時，同」室有華衣美食者，泊然不以屑意，實有不忮不」求之節，終身見珠玉之飾、綺紈之服，亡如也。後」之人能念其鞠子之閔斯，而能守其持家之法，」約而不懾，豐而不汰，安而不忘危，則門户不替，」而可以慰母心于九原矣。孺人生于嘉靖己未，」卒于天啓癸亥，享年六十有五，葬在卒後四十」五日，盖速葬孺人志也。子二人：曰昌，娶李；曰明，」娶徐，側室朱氏出。女三人：長適殷士俊，次適徐」道中，次適唐敏嘉，余子也。余是以知孺人」之賢，而沈君之言不誣也。孫男一人，曰昌出。銘」曰：」

閫門之内，福禍所基。唯家之索，為梟為鴟。斬伐」宗祀，惡其孑遺。他人入室，故鬼餒而。賢哉斯母，」宜警世俗。朝夕劬心，既生既育。憂心忉忉，唯是」嗣續。譬如農事，既穫嘉穀。胡不期頤，如炊將熟。」日月其良，歸此幽宮。子孫百世，永念母功。

一四五　明王公先考淳宇府君(□)先妣張太安人李安人遷墓記

〔蓋文〕

明敕　贈承德郎工部屯田清吏司主事淳宇」王公暨配張太安人李安人遷葬之墓

〔記文〕

王公先考淳宇府君先妣張太安人李安人遷墓記」

先府君諱□，字韜甫，別號淳宇，姓王氏，松江華亭人，晚年更號□鷗□人。曾祖諱□，妣」□氏；祖諱□，妣夏氏、盛氏；考諱之梁，妣高氏。三世皆不仕。府君生于嘉靖乙巳三月」初八日丑時，殁于天啓元年辛酉十一月十五日午時，享年七十有七。郡縣□□□」飲，殁後祟祀鄉賢。初娶唐安人，先府君卒，享年三十有六。繼娶張太安人，而李安人」副焉。府君為郡庠名士，晚年以男陞令山陰，遇」覃恩，封文林郎、山陰縣知縣，先妣皆封孺人。後以男陞轉工曹，復遇」覃恩，府君改」贈承德郎、工部屯田清吏司主事，唐孺人、

李孺人皆改 」贈安人，張孺人改 」封太安人。張太安人生于嘉靖甲寅四月初八日吉時，歿于天啓丙寅十一月初五日亥」時，享年七十有三。李安人生于嘉靖己酉六月初三日吉時，歿于萬曆庚戌正月初」五日寅時，享年六十有二。 」府君生一女、五子。女居長，唐安人生，適張莊簡公之曾孫永鑑。苦節五十年，奉 」旨旌表。長男陛，為吴江學訓導，初娶隱德劉公應元之女，繼娶太學生姚公□文之女。次」男陞，時以太僕少卿 」予告里居，初娶文學張公時暘之女，贈安人，繼娶太學生楊公汝熊之女□□□□□□」之孫女，封安人。三男臺，中乙卯科，娶太學生蔡公逢元之女，少□□□公□□之孫」女。四男坊，中壬子科，初授南□府推官，滿考，擢信陽州知州，娶邑丞□公□德之女，□」封孺人。五男稑，中辛酉科，初娶太學生潘公雲漢之女，繼娶太學生□□□之女。陛」陞、坊，李夫人生；臺、稑，張太安人生。孫男銑、鈷、鉉、鍵、鏌、鐸、鑛、鎰、鑨、鐶▨」皆脩儒業，不墜家聲。其婚娶與孫女、曾孫女嫁聘不能盡列。初，」府君與三安人合葬于四十保之泖涇，陞等□□□懼□□□□體魄不安，乃以崇」禎十五年臘月八日，遷于四十一保之三里□□□ 」唐安人歲月滋久，不敢輕移，兩地相望，幾三十里□□□慕號殞痛貫□□□惟無所」肖似，不能有以顯揚萬一，又念臺、坊、稑相繼蚤世，不復共襄大事，可勝摧割□□□」姓系梗概，刻而掩諸幽。若 」府君之盛德介節，與 」安人之□□問□即當乞□名人以表其□。吴天罔極，嗚呼痛哉！ 」

男陛、陞□□□□□□□

一四六　明御授昭勇將軍成山衛指揮使李君墓誌蓋

〔蓋文〕

御授昭勇」將軍成山」衛指揮使」李君墓志〔一〕

〔簡注〕

〔一〕本蓋年代不詳，據形制、書法及職官，定為明代。

一四七　明封奉政大夫廣西按察司僉事頤菴潘公墓誌銘蓋

〔蓋文〕

明封奉政」大夫廣西」按察司僉」事頤菴潘」公墓誌銘

一四八　明故半山李君墓誌銘蓋

〔**蓋文**〕

明故半」山李君」墓志銘

一四九　明故朝列大夫福建布政使司右參議前南京兵科給事中順齋鐘公墓誌蓋

〔**蓋文**〕

明故朝列大」夫福建布政」使司右參議」前南京兵科」給事中順齋」鐘公墓志

一五〇　明故陳思畊處士暨先繼貳楊孺人之合葬墓誌銘蓋

〔**蓋文**〕

明故陳思」畊處士暨」先繼弍楊」孺人之合」葬墓志銘

一五一　明故嵩明州同知董文美墓誌銘蓋

〔**蓋文**〕

明故嵩明」州同知董」文美墓誌」銘

一五二　明故處士張東槎墓誌銘蓋

〔**蓋文**〕

明故處士」張東槎墓」志銘

一五三　明故歐王貳安人墓誌銘蓋

〔蓋文〕

明故歐」王式安」人墓志」銘

一五四　明故將仕郎直隸松江府醫學正科杜公墓誌銘蓋

〔蓋文〕

明故將仕」郎直隸松」江府醫學」正科杜公」墓志銘

一五五　明故唐雪岡墓誌銘蓋

〔蓋文〕

明故唐」雪岡墓」志銘

一五六　明故吴氏墓誌銘蓋

〔蓋文〕

明故吴」氏墓誌」銘

一五七　明故縣學生惕菴李君墓誌銘蓋

〔蓋文〕

明故縣學」生惕菴李」君墓志銘

一五八　明故徐夫人張氏之墓誌蓋

〔蓋文〕

明故徐」夫人張」氏之墓

一五九　明故張東皐同室孔氏秦氏合葬墓誌銘蓋

〔蓋文〕

明故張東」皐同室孔」氏秦氏合」葬墓志銘

一六〇　明故中大夫都察院右僉都御史前太□□□□南▨某公墓誌銘蓋

〔蓋文〕

明故中大夫」都察院右僉」都御史前太」□□□□南」▨

一六一　明沈君若弦墓誌銘蓋

〔蓋文〕

明沈君若」弦墓志銘

一六二　明撫州府學訓導唐君墓誌銘蓋

〔蓋文〕

明撫州府」學訓導唐」君墓誌銘

一六三　明曹以中妻宋氏墓誌銘蓋

〔蓋文〕

曹以中」妻宋氏」墓誌銘〔一〕

〔簡注〕

〔一〕本蓋年代不詳，據形制、書法，定為明代。

一六四　明陳後山配張孺人及其繼曹孺人墓誌銘蓋

〔蓋文〕

陳後山配」張孺人及」其繼曹孺」人墓志銘〔一〕

〔簡注〕

〔一〕本蓋年代不詳，據形制、書法，定為明代。

一六五　明誥封宜人朱氏墓誌銘蓋

〔蓋文〕

誥封宜」人朱氏」墓誌銘〔一〕

〔簡注〕

〔一〕本蓋年代不詳，據形制、書法，定為明代。

一六六　明故梅莊處士陸公墓誌蓋

〔蓋文〕

故梅莊」處士陸」公墓誌〔一〕

〔簡注〕

〔一〕本蓋年代不詳，據形制、書法，定為明代。

一六七　明王府教授致仕葉公墓誌蓋

〔蓋文〕

王府教」授致仕」葉公墓〔一〕

〔簡注〕

〔一〕本蓋年代不詳，據形制、書法及職官，定為明代。

一六八　明王君廷珪墓誌銘蓋

〔蓋文〕

王君廷珪」墓誌銘蓋〔一〕

〔簡注〕

〔一〕本蓋年代不詳，據形制、書法，定為明代。

一六九　清修元郡守達魯花赤故塚碑記

〔碑文〕

郡西真教寺傍墓道係元郡守達魯花赤故塚。守，蒙古人，而教」宗西域。没於官，遂葬此。勝國時，載入府誌，仍賦其地，賴有同教，歲」償租税，相沿至今，遂為北邙，土滿壤接，幾於層樓架閣矣。嗟乎！滄桑」陵谷，今昔同悲。體魄猶棲，而壠泉已變。目擊心傷，能無隱痛。用是矢」願，鳩工刊碑，永戒從此親知：須全掩骼之忱，弗蹈覆車之轍，澤及於枯，」功深不朽。世世恪遵，慎旃無替。

時　」大清康熙拾肆年歲次乙卯拾貳月吉日　」

賽士英謹記　」
唐虞卿　」
金彪

一七〇　清修孔宅衣冠墓碑記

〔碑文〕

孔宅衣冠墓碑記　」

洪惟我　」聖朝紹天立極，握符御宇，天下郡邑，廣建學宮，褒崇之典，有加在昔。及我　」皇上，儲精垂神，宰制六合，坱圠萬類，以兹闕里，為風教所先，廟貌寢園，肅焉增飭。於是乎我　」祖至聖之道，昭融流衍，莫有盛於今日。精禋之禮，宜其綦隆大備，而超軼往牒歟。余不佞，嗣守藩服，夙夜兢兢廢墜是懼。仰體我　」皇上重道崇儒之至意，因思　至聖周游天下，其車轍馬跡，應有歷歷在人耳目者，惜余諮訪之未至也。歲在辛未，接青邑令李若元牒及《雲間志》，始得孔宅」衣冠墓始末云。按志：郡北六十里，地名孔宅，宋淳熙間，居民浚河得一碑，云天寶六載，黃池令葬於孔宅之西南，則孔宅之名由來久矣。考其故，蓋自　」至聖二十二代孫、後漢太子少傅諱潛，避地會稽，遂為郡人。嗣後，若梁則有海鹽令諱滔，若隋則有吴郡主簿諱嗣哲；迨大業二年，三十四代孫諱禎，為」蘇州刺史，奉

至聖之衣冠環璧葬於此地，因以墓名，遂以我宗譜系參考互訂，其出處、年月，無不脗合，始知證據分明，源流有自，不可忽也。夫過大梁」者，或佇想於夸門；游九原者，亦流連於隋會。而況　至聖遺蹟，應有什伯於尋常者，顧可使之湮没勿彰歟？惜乎宋元以來，未有表章。明季蒞兹土者，若」郡守張九德，邑宰韓原善、吴之琦，聿興禮教；與一時耆宿，若申時行、錢大復、陸應陽、錢龍錫、李世祺、陳濟賢、李淑等，丕扇文風，從而鼎新之。庀工諏吉，鳩」材致徒。凡木之工，宲桷櫨楶之朽者易之；凡繢之工，藻緑丹漆之黖者飾之；凡陶之工，甋瓴甓甋之缺者補之；凡金石之工，璧瑠螺首碣礎墄級之，刓且」契者更之。」本朝進士諸舜發、諸嗣郢，舉人蔡文炳，貢士王夢求、朱天瑛、胡昌穎，庠生陳功、張翼陛、孫彦朝、諸懋敏、吴達孝、王夢參、潘屺、葉之奇、邵天衢、孫日隆、蔡簡、黄石」輩，後先增葺，而庠生方正范於墓之周遭，鳩工築石，樹立豐碑，厥功尤懋。於是丹雘炯光，棟宇煒煌，車器畢陳，金絲可聽。士大夫揖讓其中，以時脩祭，有」不低徊靈跡，慕懷道藴，思以接　聖神之令緒，宣　」昭代之宏輝者哉！因叙其始末，勒之貞珉，俾不致失隊□。　」

至聖六十七代孫太子少師襲封衍聖公闕里主鬯孔毓圻謹撰　」
賜進士出身翰林院編脩癸酉河南主考高曜書丹　」
賜進士出身朝議大夫提督山東學政按察司僉事陸鳴珂篆額　」

江南松江府青浦縣知縣董名弼　儒學教諭葉舒玥　訓導方正玭　縣丞姚天錦　王明圖　主簿王應鼎　典史趙必超」

龍飛康熙四十年歲次辛巳仲春穀旦立石

董工候選訓導諸宏謐、舉人方大興、廩膳生唐瑗

一七一　清誥贈奉政大夫雲南景東府掌印同知荻灘謝公（鴻）暨配蔣太宜人合葬墓誌銘

〔蓋文〕

皇清誥贈奉政」大夫雲南景」東府掌印同」知荻灘謝公」暨配蔣太宜」人合葬墓誌」銘

〔誌文〕

皇清誥贈奉政大夫雲南景東府掌印同知荻灘謝公暨配蔣太宜人合葬墓誌銘」

賜進士出身」誥授奉政大夫貴州直隸州知州前吏部文選司主事年眷姻姪莊熊芝頓首拜撰文」

賜進士出身」誥授通議大夫順天府知府府尹前浙江布政使司布政使年⧄」

賜同進士出身」誥授資政大夫兵部侍郎兼都察院右副都御史巡撫□□□□□務□□□□□三級□□□□□」湖頓首拜篆蓋」

公諱鴻，字奕山，號荻灘，金山衛庠生，以子景東⧄」誥贈奉政大夫、雲南景東府掌印同知，配蔣氏，」誥贈宜人。乾隆三十九年甲午三月初一日，其孫重華奉祖考⧄」及字圩一百二十二號五里塘之阡，考□祔焉。先期⧄」於公為年家。子景東□筮仕嘉魚，余同官湖北，人以為□□□□姻媾⧄」兩世藏幽之詞請余，曷敢辭。謹按狀：公系出晉太傅文靖公後，居會稽之上虞⧄」門。明正德間，郡庠生歲貢養松公□諱青□□文正公諱遷，往來雲間，時文正公未第⧄」□者久之。養松公愛泖峰之秀，遂家□為由浙遷淞之□。公家舊傳春草堂額，即文正公⧄」弟而作也。青生仰松，仰松生敬松，敬松生吟泣，代有隱德。公之⧄」貤贈文林郎，妣錢氏，」貤贈孺人。生三子，公居次。幼善屬文，工吟詠。弱冠，補衛庠生弟子員，家貧，⧄」于秦、于蜀及邊塞之地，所歷山川形勝、風土景物，憑弔古今，一一見諸詩□。先是公之⧄」皆隱居不仕，以詩文自娛，各有集藏於家。公被其流風，故生平轗軻□落，悲親⧄」性情而□寄所託，所著《短長亭草》、《渼陂集》、《西湖百詠》、《一州風月亭稿》是也，□為⧄」尤狷潔，不苟儕於俗，出其所學於當世經濟要務，輒多裨益。嘗客直隸□□□公⧄」□米價騰貴，中丞公憂之。公勸中丞設施暫弛海禁，通海五日，米□□集，民⧄」未為世用，而籌畫措施皆實有濟於時，乃僅以詩名，良可慨已□公及見其子⧄」郡發聞當世，以大顯其家聲，夫亦足以慰公之志矣。蔣太宜人，太學生時□公女⧄」聞。公久客

于外，代子職唯謹，課子讀書，共一鐙事女紅。二子先後遊庠，皆在公遊□之□□庠」勤終其身。公生康熙壬子十一月十三日，乾隆辛酉九月十一日卒。蔣太宜人生康熙甲□二」月三十日，乾隆癸亥四月八日卒，春秋皆七十。子二：長穎元，己未科進士，官至雲南景東府掌」印同知，娶陳氏；次日輝，金山縣庠生，娶張氏。女一，適秦培。孫一，即重華，太學生，娶錢氏。孫女四：」一適董均，一適查宏誠，一即余子原祁婦，一適□□□□□□武。銘曰：」

性潔狷兮，□□□也。□□谷兮，有詩卷也。溯彼□兮，□□遠也。□□□兮，□□蹇也。亦有嗣兮，」能振□也。□□□兮，□固顯也。惟□之▨。

一七二　清誥授奉政大夫雲南景東府掌印同知錦湖謝公（穎元）暨配陳宜人祔葬墓誌銘

〔蓋文〕

皇清誥授奉政」大夫雲南景」東府掌印同」知錦湖謝公」暨配陳宜人」祔葬墓誌銘

〔誌文〕

皇清誥授奉政大夫雲南景東府掌印同知錦湖謝公暨配陳宜人祔葬墓誌銘　」

賜進士出身　」誥授奉政大夫貴州直隸州知州前吏部文選司主事年眷姻弟莊熊芝頓首拜撰文　」

賜進士出身　」誥授朝議大夫日講起居注官□□院侍講學士□□學政年眷弟邊繼祖頓首拜書丹　」

賜進士出身　」誥授光禄大夫經筵講官協辦大學士吏部尚書加七級年眷弟程景伊頓首拜篆蓋　」

公諱穎元，字霞軒，號錦湖。祖考文林郎諱禧，祖妣錢太孺人；考奉政大夫諱鴻，妣蔣太宜人。□世以公貴，贈如官。」曾祖考以上詳奉政公墓誌。公生有異才，□克承家學，閎覽博聞，究心經世之業。戊午，登順天賢書。己未，捷南宮，」殿試二甲第七十七名。時奉政公方客燕，隨侍親還里，供子職。辛酉，丁父艱。癸亥，丁母艱。服闋，謁選人，授湖北嘉魚」縣知縣。縣瀕江僻陋，士鮮能文。公創立書院，親加□□□時督課焉。庚午，方氏兄弟同舉鄉榜，于是士益勉於學。」石塘有積匪，聚徒為姦利，每歲元夕，户遺線香三枝，曰太平香；中元遺餅□□，曰太平餅，恣索不如意，即陰肆攘」竊，民甚苦之，吏憚其黨盛，不敢問。公懸賞購捕，俱繩以法，□境肅清。涖治一載，上官稱最，語他邑吏，輒舉嘉魚為」法。漢陽府漢川縣多盜，特移公攝篆。公詗知□□□為盜□計擒巨魁，餘黨次第就縛，盜頓息。仍還嘉魚。壬申，調」江夏。省會劇邑，號難治。公廉能早播，至則不動聲色，吏民帖然。值會審馬朝柱逆案，卷牘山積，公日夜省治，無少」留滯。尋以稱卓入　」覲，蒙　」俞旨，兼拜文綺之賜。甲戌，擢雲南霑益州知州。制軍恒公，前撫湖北時知公最深，及是，與雲撫郭公並以國士相目。其」俗米物交市，鋪司在市主量值，得以意低□，頗為民厲。公廉知之，悉取斗概較準，印以□烙，鋪司不得行其奸，民」皆稱便。南寧令游君，名方震，性至孝，公雅重之，乃調永善，以官逋不得行，公力任其事。游君赴任後，嘗密懷金以」報，公笑而却之，曰：向以君有親在故□。己卯，遷景東府掌印同知。捐俸薪，建大橋八十餘丈，以便民往来。復書院，」增學舍，課士一如在嘉魚時。郡自前□以来未有科第，至是，掄魁者並起。景東有土司五，向無土練兵。二十七年，」木邦與耿馬、孟定相讎殺，旋掠雲州邊境。奉檄調景東土練數百防守永昌。公以民素未練習，豈可嘗試，力請於」上官，得不遣，賊亦寢平。公由邑宰歷□州□□攝□史事，所在多異績。制軍以公才練守清，足為方面表率，專摺」奏題開化府知府，前守格部議，仍還公景東。□□公事應關白臬司，持論不撓，遂被議。迨事得雪，而公已病革，遽下」世矣。公至性過人，既仕，常以禄養弗逮為□。與弟□香君友愛□篤，勗從子以勤讀，歲資膏火，越萬里必以時至，」俾卒成立。盖公之居官處家，其大節可述□□□□此詩文特其餘技耳。有《春草堂集》藏於家。宜人，郡庠生次陵」陳公女，年二十一歸公，以紡績佐孝養。公□試□□，脱簪珥資行。既貴，清儉不逾其素，劬躬約己，三十年如一日。」公生平出處少内顧憂者，宜人内助之力居多。公生康熙丁亥□月六日，乾隆甲申三月五日卒，年五十有八。宜」人生康熙丁亥七月十四日，乾隆辛卯八月二日卒，年六十有五。子一，重華，太學生，娶四川布政使檢亭錢公女。」女三：長適董均，次適查宏誠，次即余子原祁婦。□□□哉！乾隆三十九年甲午三月初一日，重華奉公考妣葬於」華亭縣三十九保一區九圖□字□一百二十二號五里塘之原，公及宜人祔焉。余既銘公之考，復以錢公檢亭」所為狀□□譔次俾藏於祔葬之穴。銘曰：」

蕃□會□蔚世族，□有別子居泖曲。公趾前□□芳躅，彤廷□策名姓馥。出宰州邑稱良牧，楚北滇南永尸祝。」莪莪高邱叶吉卜，祗奉考妣靈妥屬。依然聚順□所欲，雲山環拱波迴澳。佳木鬱盤貽厥福，繩繩弗替綿姒續。

一七三　清誥贈資政大夫大理寺卿王公（士穀）墓誌銘

〔蓋文〕

皇清誥」贈資政」大夫大」理寺卿」王公墓」志銘

〔誌文〕

皇清誥贈資政大夫大理寺卿王」公墓志銘　」

賜進士及第前翰林院侍讀學士」餘姚盧文弨撰文　」

賜進士出身日講起居注官翰」林院侍講錢唐梁同書書丹　」

副榜貢生嘉定錢坫篆蓋　」

今大理寺卿王君昶之將葬其先」贈公也，上書陳情　」天子乞假，使得理窀穸事，既　」報可，即馳歸。卜日得吉，謀所以為」銘者。

向知文詔不肯為澶漫呴愉」之辭，其言宜可取信，遂以書與狀」來請。勤懇甚至，文詔其可以苟辭」乎哉？案狀：　公名士毅，字鴻遠，王氏，」松江青浦人。先世由浙之蘭溪遷」焉。考諱瑍，生三子，公其季也。九歲」而孤，少長，竭力為母營甘旨，自奉」則取其最觳者。伯兄出為人後，常」苦貧，時時為給朝夕費。仲兄没，無」後，公兼主其祭，歲時對几筵輒泫」然興哀。檢身治家，嚴而有法，有犯」者，置不與校。嘗擇經語十二條，取」史事附著之，以朝夕自鏡，因益悟」誠中為立身行己之大本。誠則未」有不形，誠則未有不動。顔子居陋」巷，言語不多見，聖人乃亟稱之，諸」子皆自以為莫及。漢黄叔度、徐孺」子、管幼安之倫，皆終身隱約，而當」時稱之，後世信之。此於人世，文章」功業，有弗藉焉，矧富貴利禄耶？公」之志趣見於言者如此。子就傅後，」每夕為陳説《通鑑》事，又取古来名」臣碩儒，自屈子而下，止於明季，凡」百二十人本傳總編之，命曰《百世師録》，俾誦習之，引其志使不落於」庸近也。同時宿學耆德咸取其書，」以詔於學者。乾隆九年八月二十」二日卒，年六十有四。以子貴，三遇」覃恩，初贈文林郎、内閣中書舍人，」再贈奉直大夫、吏部考功司主事，」晉贈資政大夫、大理寺卿。妻陸氏，」三贈至夫人。子一，昶，側室錢太夫」人出，以文學著稱，由進士　」召試入官，見任大理寺卿。孫女一，」適吴縣嚴榮。昶以乾隆四十四年」七月壬辰，合葬公與陸夫人于蘇」州崑山縣之雪葭灣，從先人也。初，」公葬其考于是土，人謂其年于方」不利，率衆阻之。公不能抗，歸而慟」哭，至絶復蘇。今昶之葬公也，亦猶」公之欲葬考也，豈能一日忘哉。然」方貧賤時，思有待以榮其親，既涉」仕塗，義不敢私其身，行役万里，從」事於衝輣嶦石間，飛書馳檄，功不」在榷鋒摩壘下，迨乎綏定而還，策」勳飲至，　」天子念勞臣積，階至二品，　」綸誥蜜章，推及三代，鄉里益嘖嘖」稱公為善教子。子奉　」朝命歸葬，為非常之榮。世有君子，」當快其遇，而更憐其志之至是而」始遂也。銘曰：　」

木生火為光明，火不離木，子父道」以成。不求名而名，不求榮而榮。教」子義方，實顯實揚。歸從先人，無忝」所生。體魄孔安，曰鍾厥祥，其以卜」子子孫孫之慶。

一七四　清誥封奉直大夫晉贈朝議大夫掌浙江道監察御史加一級嘯亭許公（雲鵬）暨配誥封宜人晉封恭人陸太恭人墓誌銘

〔蓋文〕

皇清誥封奉直」大夫晉贈」朝議大夫」掌浙江道」監察御史」加一級嘯」亭許公暨」配　」誥封宜人晉封」恭人陸太」恭人墓誌」銘

〔誌文〕

皇清誥封奉直大夫晉贈朝議大夫」掌浙江道監察御史加一級嘯」亭許公暨配　」誥封宜人晉封恭人陸太恭人墓誌」銘　」

賜進士出身　」內廷供奉詹事府詹事兼翰林院」侍讀學士年眷姪金士松頓首」拜撰　」
己卯科舉人揀選知縣年家眷」姪王憲曾頓首拜書丹　」
賜進士出身詹事府少詹事兼翰林」院侍讀學士年家眷侍生錢大」昕頓首拜篆盖　」

青浦贈公嘯亭先生許侍御，寶」善之考也。侍御與予同舉進士，」邸舍過從，每為予誦公遺事，予」固心重其為人，以見其鄉人言」及公，皆推為篤誠好善之君子，」予因是益稔公之行誼。歲辛巳，」公卒，侍御歸葬，條件事迹，泣請」銘，余諾之，而未暇為。戊戌，公配」陸太恭人繼卒，其明年冬將祔」于公墓，厥有日矣，侍御書來趣」銘。余知公深，于法，應得銘，乃為」書之。按狀：公諱雲鵬，字德□，嘯」亭其自號也。先世自河南□□」松江之青浦，占籍為縣人□。祖」之驊，字天雋，考諱純文，字□□。」家貧積學，素有隱德。孟即公，□」世事母張太恭人以孝聞□□」弟四人，俾各有所成立。與人交」不設城府，數好周人之急，雖無」旦夕儲，然有就謀于公者□□」之區畫，竭其力所能為而□也。」少工古文辭，試輒不利，遂□□」□業，居鄉健户[一]，讀書自娱，□□」也。□輯先儒法言懿行，□為《□」信録》以勸世。侍御既登□□□」□公貽書戒之，曰：若以寒□□」士忝列科名，惟安分不躁進，□」學不曠職，以仰酬　」聖主知遇之恩于萬一，忠孝俱□□」矣。又戒其仲季諸子曰：吾先世」種德勿耀，吾少孤露勿獲，自□」今若兄幸列仕籍，若毋以貴以」自居也。其策勵侍御兄弟於□」者□□性勤樸，布衣蔬食，樂之」終身。既以侍御貴受　」封，未嘗服紈綺，盛傔從，杖笠逍遥，」往来里閈，見者不知為封公也。」嗚呼賢矣！公生康熙四十年五」月十三日，卒乾隆二十六年四」月二十四日，年六十有一。著有」《嘯亭詩集》行世。封奉直大夫，晉」贈朝議大夫。配陸太恭人，有婦」道，能輔成公志。生康熙三十六」年四月十七日，卒乾隆四十三」年十一月十九日，年八十有二。」封宜人，晉封恭人。子五：長寶善，」乾隆庚辰進士，歷任户部郎中」□掌浙江道監察御史，加一級，」充甲午丁酉科順天鄉試同考」官，陸太恭人出。次寶田，寶仁，太」學生；次寶賢，寶書，皆側室吴孺」人出。女二：長陸太恭人出，次吴」孺人出。孫五：蔭培，蔭棠，蔭椿，蔭」嘉，蔭樾。孫女七。曾孫一，鉦。葬婁」縣天馬山之新阡。銘曰：　」
潛光匿采，以淑其躬。佑啓後昆，」昌大厥宗。匪報之隆，惟德之崇。」澤綿慶長，垂裕無窮。

〔簡注〕

〔一〕「健户」之「健」，應為「鍵」之通假。

一七五　清圓津禪院（童）振華（曜）長老塔銘

〔銘文〕

圓津禪院振華長老塔銘并序　」

誥封光禄大夫刑部侍郎同邑王昶撰　」

賜進士及第翰林院侍讀石門陳萬青書　」

圓津禪院歷代諸長老皆以能繪事、工篆刻世」其傳，流風餘韻，蓋昉於語石。語公殁，貞朗蕉士」繼之，及旭林而名益盛。余少及見旭公，其畫本」諸家世，益以王翬為師。旭公老授筆法於振華，」而篆刻尤工，然樸質沈静，退然不自見所長，是」以其畫雖散落四方，友人且梓行其印譜，而世」之知之者絶少。院瀕於漕溪，精舍皆清迥幽絶，」為東南名士游賞地。振華飾其所未備，興其所」已廢，又取名士詩文書畫，裝潢藏弆無損蝕、遺」佚，以供来遊者之玩。筆墨稍暇，率其徒侶從事」於耕作，不以勞勩自解。又嘗受歙人方楚崖醫」法，間出以應病者之求。縣令稔其誠慤，命司僧」録，意故翛然，不屑也。嗚呼！觀此足以知師矣。振」華童姓，名本曜，蘇州吴縣人，生康熙六十一年」某月日，滅以乾隆四十九年十一月十三日，僧」臘五十有六，世壽六十三。弟子二人，曰覺安、覺」銘。師寂時，余方由西安移任雲南，覺銘以書来，」云：吾師將以五十二年十月廿三日，葬吴縣之」堯峰，願有以銘於塔。余童丱時常往来於院，蓋」交於師者五十餘年矣，銘何可辭？銘曰：」

弗問禪，弗縛律，唯藝事之能以窮日也。勤農功，」兼醫術，事理如如□□□實也。堯峰之山，雲林」蒙密，用為供養，永安其室也。」

乾隆五十六年歲次辛亥正月十六日建　」

吴門顧慶詹刻石

一七六　清誥授中憲大夫湖北宜昌府知府冶山王君（春煦）墓誌銘

〔蓋文〕

皇清誥」授中憲」大夫湖」北宜昌」府知府」冶山王」君墓誌」銘

〔誌文〕

皇清誥授中憲大夫湖北宜昌府知府冶」山王君墓志銘　」

賜進士出身誥授中憲大夫日講」起居注官詹事府少詹事兼翰林院侍講」學士嘉定錢大昕譔文　」

賜進士出身誥授奉直大夫日講」起居注官翰林院侍講錢唐梁同書書丹」

賜進士出身誥授資政大夫兵部侍」郎兼都察院右副都御史巡撫浙江等處」地方軍務兼理糧餉前史官儀徵阮元篆」蓋　」

君姓王氏，諱春煦，字紫宇，號冶山，望出太」原，世居太倉，與明大學士文肅公錫爵為」同族。大父天漢，州學生，移居松江之婁縣，」以獲賊功授四品銜。父心渠，乾隆甲子副」榜、候選教諭。兩世皆以君貴，累 贈朝議」大夫。君少有奇童之目，年十四入學，歲科」試輒占高等。廿二歲，學使梁文定公選拔」入成均。乾隆三十三年，中順天鄉試。四十」年，成進士， 殿試二甲第一名， 保和殿」御試復列第一，改翰林院庶吉士。乞假省」母，旋丁內艱。服除，散館授編脩，充《四庫》」館纂脩、 文淵閣校理、 三通館提調、 」咸安宮總裁，又奏辦院事。君素以文學負」重名，館閣撰擬文字多出其手。充順天同」考者二、會試同考者一、教習庶吉士者一。」掌院阿文成公、嵇文恭公薦其才，任風憲，」授河南道監察御史，轉掌山西道事，署吏」科給事中。五十六年，京察列一等。明年，授」湖北宜昌府知府。請 訓之日，奏對稱」旨，特命和 御制七言排律詩，頃刻而」成， 天語稱善，舉朝咸謂郡守 陛辭，」未有預賡和者，真 異數也。宜昌在川」蜀下流，所領七州縣多深山叢箐，易藏奸。」君蒞任，正己率屬，嚴禁吏胥滋擾，修葺墨」池書院，增置膏火，文風日振。嘉慶元年之」春，旁邑當陽、枝江教匪滋事，蔓延四出，闌」入郡境，而宜昌鎮官兵均以征苗調赴辰」陽，郡城空虛。君嚴飭所屬守土官，招集紳」士，激以大義，團練鄉勇，分地防守。時賊首」林之華、覃加耀等聚衆數万，屯長楊之梆」坪，日事殺掠，縣治危如累卵。君率本城鄉」勇親赴長楊守禦，而縣但有土垣，高不及」仞，人無固志。君誓衆曰：賊衆我寡，勢不兩」立。寧殺賊而死，不可棄城！殺賊禍止及身，」棄城則全家覆矣。由是，人皆思奮。時大兵」剿枝江賊未下，而梆坪賊潛與相結。君獲」其使，繫諸獄，而先為之備。林之華等果率」衆至，君即斬所獲犯，懸首以徇。賊驚駭，知」謀已洩，前隊先潰，我兵勇乘勢追擊，生擒」二百餘人，奪取牛馬器械無算，餘賊遁去，」城以獲全。大帥上其功，有 詔以應升」之缺陞用，所部鄉勇皆加賞。其後，諸大帥」移駐宜昌，君供應無乏。三年正月，始告蔵」事。明年，從巡撫防邊巴東，遂得咯血之疾。」甫回郡調治，而川匪復流入楚境，去郡城」不及兩舍。君力疾撫諭士民堅守，部勒義」勇設伏要隘。賊偵知城中有備，引衆東竄，」郡城以安。君以久病，屢請委員接代，而大」府重君才望，彊慰留之。五年三月四日，以」疾終於官舍，春秋五十有七。易簀之頃，唯」以流匪未靖為憾，無一言及私事。嗚呼！君」文學侍從，久為 九重獎賞，及一麾劇」郡，撫守七年，輟翰墨而屬櫜鞬，以寡擊衆，」料賊如神。地當秦蜀之衝，數有烽燧之警，」而城郭晏然，民人恃以無恐，俾潢池弄兵」者俯首帖耳，奔竄如不及，其威名視古名」將何多讓焉。昔人稱范希文腹中有數万」甲兵，希文固儒者也。世俗動訾文士不曉」事，聞宜昌之政可以一雪斯言矣。夫人顧」氏，府學生大潤女， 誥封恭人。子二人：九」韶，太學生； 垣玉，候補主事。女二人，壻候補」兵馬司副指揮楊紹文、太學生陳炌。孫男」女各一人。孤子九韶等卜於嘉慶八年三」月八日，葬君於華亭縣十保二區十圖小」雲字圩。先期苴杖踵予門来乞銘。銘曰：」

九峰之秀鍾傑人，文章榮世德潤身。江東」獨步誰為先？木天清切侍從臣。如椽之筆」肆且醇，南臺執憲封事陳。掖垣竹埤趋黄」門， 聖恩特授五馬尊。 陛辭尚許賡」舜文，七載巖郡勤拊循。視民如兒保抱均，」緑林妖氛驚四鄰。長楊彈丸屋瓦振，戴星」誓衆亟赴援。攻心伐謀賊駴犇，兇徒授首」四境完。 帝嘉爾庸錫温綸，儒林亦可」張我軍。文通武達踰常倫，玉樓夜召倏返」真。不朽何必非千年，佳城鬱鬱松檜聯。土」深水抱神所安，賢二千石前史官，有邲君」子終不諼。

〔誌文〕

錢敬亭墓志銘　」

敬亭諱肇然，初名肇熹，字希文，晚自号」敬亭，少予一歲，同出六世祖北郊府君。」高祖瑜，字純甫，　國初以服賈致富，行」善于鄉，名載聞在上《縣志·潛德傳》。曾祖」嶙，字分邸，歲貢生，巢縣訓導，有文名，築」東岡草堂於南横瀝之東，與唐東江輩」為詩社。祖衍，字子振，國學生，有兩子：長」如升，字天培，吴江縣學生，配　旌表」節孝范孺人，敬亭之嗣父母也。次楷，字」元禮，國學生，配姚孺人，敬亭本生父母」也。嗣父蚤卒，事嗣母及本生二親躬躬」愉愉，無子弟之過。年十一二時，元禮公」延吾父為之師，予亦隨往，晨夕聚首，不」異同胞。敬亭性嚴冷，不好與人狎，為文」刻苦，以先民為程。弱冠，後補博生弟子，」鄉先達殷君聘尹有《外岡志》，敬亭蒐羅」遺事，續成四卷，簡當有法。少多病，因博」觀靈素《難經》甲乙諸書，并宋元以来諸」家書，盡得其旨。能決死生於數年前，不」爽豪髮，然未嘗受人一錢之餽鎦。河人」患尫羸數年，徧體生五色暈，衆醫莫能」識。敬亭診其脈，如有積食，詢其所耆，云」常耆牛肉。敬亭曰：此中牛毒也。以藥下」之，更衣下青黑成塊者數十，暈去而病」亦除。歲甲辰，予忽患痿痹，腰以下不能」舉動，亟延敬亭診之，曰：此脾陰下陷，尚」未成痺，當用東垣補中益氣湯。如其言，」服之數劑漸瘥，半月後已能行矣。平生」為人治病，此類甚多。或勸為醫案記之，」笑曰：是偶中耳，豈足以傳後世。故予所」記止此。年桼十三，得微疾，自知不起，以」嘉慶六年十月初七日卒。配俞孺人，國」學生九滋之女，前十一年卒，葬外岡鎮」南淡号往渭之原。子三：長瑞恒，縣學生；」次瑞墀，國學生；次瑞埏。孫五：錫奎，國學」生；錫圭，縣學生；堅金、澤金、式金。曾孫三」人。敬亭常重予文，予文雖不工，猶足以」傳。敬亭今衰病垂盡，而其事未見予集」中，恐無以相見墜下。篝燈力疾，口授腹」稿，令東塾甄録，寄其子，俾刻諸封中之」石。銘曰：　」

學不求達，儒不為迂；一勢之工，比蹤淳」于。子起予病，予銘子阡；非阿所好，其美」足傳。　」

賜進士出身詹事府少詹事兄大昕譔」

孝廉方正賜六品頂帶弟大昭書」

嘉慶九年二月十有三日　」

金閶唐錦章刻

〔誌文〕

皇清誥授中憲大夫詹事府少詹事錢君墓志銘并序」

光禄大夫予告刑部右侍郎青浦王昶撰文」

朝議大夫江南揚州府知府寧化伊秉綬書丹」

文林郎陝西乾州直隸州州判猶子坫篆蓋」

乾隆十三年夏，昶肄業于蘇州紫陽書院，時嘉定宗兄鳳喈先中乙科，在院同學，知其妹壻錢君曉徵幼慧，善讀書，歲十有五」補博士弟子，有神童之目。及院長常熟王次山侍御詢以嘉定近日人才，鳳喈則以君對。轉告巡撫宗室公蔚文，喜甚，招君至」院，試以《周禮》、《文獻通考》兩論，君下筆千言，於是驚異，院中諸名宿莫不斂手敬之。後三年，　高宗純皇帝南巡，君獻賦，　」召試，　賜舉人，官内閣中書，與同年褚搢升、吴荀叔講《九章算術》。時禮部尚書大興何公翰如領　欽天監，精于推步，每與君」論宣城梅氏之學及明季利馬竇、湯若望、羅雅谷日躔、月離、五星諸表，君洞若觀火。何公又以　御制《數理精蘊》於中西」兩家之妙，實總其全，君悉心研究，曲鬯旁通，故於平三角、弧三角、割圜八線剖晰無遺。繇是用以觀史，自《太初》、《三統》、《四分》，中至」《大衍》，下迄元之《授時》，盡能得其推算之法，故于各史朔閏薄蝕、凌犯進復，彊弱之殊，指掌而知其誤，悉抉摘更定之。初，君在書」院，時吴江沈冠雲、元和惠定宇兩君，以經術稱吴下，而惠君三世傳經，其學必求之《十三經注疏》，又求之諸子史并注，參之以」《方言》、《釋名》、《玉篇》、《廣韻》、《釋文》諸書，而總歸于《說文》，以洗宋元来庸陋。君推而廣之，更多前賢體會未到處，且謂：　形聲相附、雙聲疊」韻之秘，實具于三百篇中。即字母所繇始，初不傳自西域，亦古人所未發者。近海内言六書，如大興翁振三，朱竹君、石君兄弟，」高郵王懷祖、伯申父子，餘姚盧召弓、邵二雲，寶應劉端臨，儀徵阮伯元，陽湖孫淵如、洪稚存，金壇段若膺，皆同聲相應也。尤嗜」金石文字，訪有所得，則句櫛而字比之，考群書以證其同異得失。同好者如畢湘蘅、武虚谷、黄小松及振三、伯元，咸有記撰。而」君更熟於歷代官制損益、地理沿革，以暨遼金國語，蒙古世系，故其考據精密，多有出于數君之外者。所著《經史答問》、《廿二史」考異》、《通鑑注辨證》、《元史氏族表》、《補藝文志》、《三統術衍》、《四史朔閏考》、《金石文跋尾》、《養新録》諸書，凡二百餘卷行于世。君弱冠，與東」南名士吴企晉、趙損之、曹來殷、張蒂時、汪韡懷、朱吉人輩，精研風雅，兼有唐宋。逮入翰林十餘年，所進應奉文字及　大考詩」賦，恒邀　睿賞，故詩格在白太傅、劉賓客間。古文法歐陽文忠、曾文定暨明之歸太僕，春容淵雅，質有其文，讀者知其為」端人正士焉。君入中書後十九年成進士，改庶吉士，授編脩，遷右贊善、侍讀、侍講學士，充　日講起居注官，擢詹事府少詹事。」君以績學著聞，秦文恭公輯《五禮通考》及奉　敕撰《音韻述微》，皆請相助。時　朝廷脩《熱河志》、《續文獻通考》、《續通志》、《一統志》、《天球圖》各書，君咸與纂脩。己卯、壬午、乙酉、甲午，充山東、湖南、浙江、河南主考官。庚辰、丙戌，充會試同考官。　京察一等者三，即于」主考河南之歲授廣東學政。明年，丁父憂歸。先是君以在　上書房行走，每預　内廷錫宴，先後蒙　賜福字貂皮、緞匹，　恩」禮有加，蓋　上深知其碩學淹通，將次簡畀。顧君澹於榮利，嘗慕邴曼容之為人，謂官至四品可休，故於奉諱歸里，即引」疾不再出。嘉慶四年，　今上親政，　詢問君在家狀，朝臣寓書勸駕，君輒婉言謝之。是以林下三十年，歷主鍾山、婁東諸講」席，而在紫陽至十六年，門下士積二千餘人，其為臺閣侍從、發名成業者不勝計，皆欽其學業，高其行誼，士林聞風興起，當事」咸以師道尊禮之，今巡撫汪君稼門待君尤獨摯云。君諱大昕，號竹汀，曉徵其字，生雍正六年正月初七日，以嘉慶九年十月」二十日卒于書院，年七十有七。君卒之日，尚與諸生相見，譚笑不輟，及少疲倚枕而卧，不逾時，家人走視，則已與造化者游矣。」非天懷静定，涵養有素者，能與于此哉！　君先世自常熟遷居嘉定。曾祖諱岐，潛德弗耀。祖諱王炯，父諱桂發，並邑諸生，耆年篤」學，長厚有餘。以君貴，　贈祖奉政大夫、翰林院侍讀，父中憲大夫、詹事府少詹事，祖妣朱　贈宜人，妣沈封太恭人。配王恭」人，即鳳喈之妹也，婉娩有婦德，先君三十七年卒。君事庭闈以孝聞，待鄉黨宗族以睦婣聞，而與弟大昭尤以古學相切劘，故」後以孝廉方正徵　賜六品頂帶。他如猶子江寧府學教授塘，乾州州判坫，舉人東垣，附監生繹，廩生侗，率能具其一體，文學」之盛，萃於一門，亦可以覘世澤矣。子二：東壁，附監生；東塾，廩貢生、候補訓導。昆季皆友愛，克守家學。女二：一適同邑附貢生、」候補布政司理問瞿中溶，一適青浦縣諸生許希冲。並浦孺人出。孫三：師慎、師康、師光，尚幼。東壁等自蘇州奉君柩歸家，將以乙」丑冬十二月初六日，合葬王恭人於城西外岡鎮火字之原。先期具狀來請銘。嗚呼！昶長君四歲，回憶與君及鳳喈同居學舍，」時距今忽忽五十七年，逮同年、同籍、同官、同朝亦幾二紀，中間昶以奉使滇、蜀，與君别日較多，而音問往還，無時不以學問文」章相質，蓋著作淵源、性情趨向，有非儕輩中所得道其詳者。然則窀穸之文，非昶誰能盡也。鳳喈先以光禄寺卿復歸十二年，」而君繼之又二十九年，而昶始以年届七十蒙　恩予告。三人者，所居百里而近，春秋佳日常聚于吴中，諸弟子執經載」酒稱為三老。曾幾何時，而鳳喈先逝，君歸道山又期年矣，獨昶龍鍾衰病，奄息床第，且念企晉、損之、來殷諸友更無一人在者，」執筆而書君行事，得無層欷感歎而不能自已耶。銘曰：　」

博文約禮道所基，下包河雒上璿璣。三才萬象誰測蠡，君也罔覽兼旁稽。海涵地負參精微，儒林藝苑資歸依。龍蛇入夢未告」期，文昌華蓋沈光輝。丸丸松柏臨練祁，三尺堂斧千秋思。

一七九　清故刑部右侍郎王公（昶）墓誌銘

〔蓋文〕

清故光」禄大夫」刑部右」侍郎王」述菴先」生墓志」銘

清故刑部右侍郎王公墓誌銘并序

〔誌文〕

誥授通議大夫順天府府尹年家眷世」侍生秦瀛頓首拜譔 」

賜進士出身翰林院編修充國史館」纂修小門人顧□頓首拜書丹 」

賜進士及第山東督糧道加三級門人」孫星衍頓首拜篆蓋 」

青浦刑部右侍郎王公蘭泉，以嘉慶十」一年六月七日卒於家，於是公致仕家」居十有二年矣。孤肇和述公遺言，屬余」為銘幽之文，并郵公女夫嚴太守榮所」為年譜以書抵余京師。按譜：公諱昶，字」德甫，號述菴，又號蘭泉。先世浙江蘭溪」人，高祖懋忠始遷青浦，名列幾社，以詩」名。曾祖之輔，祖璵，父士毅，三世皆以公」貴，累 」贈光禄大夫、刑部右侍郎； 曾祖妣雷氏、」祖妣沈氏、妣陸氏、生妣錢氏，皆 」贈封一品夫人。公成童勵學，即擅文譽。」年十七補博士弟子，嶢然出儕輩。嘗游」長洲沈文愨公之門，時有《吴中七子詩」選》，其詩流傳海外，公其一也。乾隆十八」年，公年三十，舉江南鄉試，踰年登進士，」歸班銓選。二十二年， 」鑾輅時選江浙，以 」召試第一，授内閣中書。未幾，入直 軍」機處， 」制誥文字多出公手。遷刑部主事，再遷」至刑部郎中。三十三年，坐言語不密，罷」職。會緬酋不靖，阿公桂總督雲貴，請公」從来□永昌、騰越間，軍書旁午，贊畫機」宜，公之力為多。無何，阿公罷，温公福代」之，留公戎幕如故。三十七年，屬四川小」金川土司僧格桑搆亂， 」上命温公移師討之，請以公行。會 」上復起阿公會剿，公又參阿公軍，除吏」部主事，擢員外郎、郎中。木果木之變，公」友趙公文哲随温公歿於事，而公在南」路，得無恙。四十一年，随阿公奏凱，還京」師，擢鴻臚寺卿， 」賞戴花翎，仍入直 軍機處。計前後在」軍營者凡九年始還。尋擢大理寺卿、都」察院左副都御史，授江西按察使。丁母」憂歸。起為陝西按察使，遷雲南布政使，」調江西， 」召為刑部右侍郎。時公年六十有六矣。」在刑部時，屢奉 」命讞獄江南、湖北，咸稱平允。五十八年，」年七十，乞假省墓。假還，随以原品致政。」退居三泖漁庄者十餘年，而以疾卒，年」八十有三。論者謂公壯歲從戎，名望重」於絶域，及為藩臬，慎訟獄，興教化，所在」有治行可稱。方按察陝西時，甘肅石峰」堡之役，公督兵防禦邊境，賊以無擾，勞」績尤著。公所表襮亦既章徹於時，而余」則窺公生平志事，殆將以古人開物成」務之學見諸厝注，而所見者止此，尚不」足盡公之藴。公嘗言： 其師王恭子先生」太岳，位至方伯，其學多闕而未施。烏虖！ 」（中缺）」□風概不立，貽書於余，索《東林志》，欲合」天下書院昚成一编，以蕲主張名教。蓋」公之志既老不衰如是。公分校順天鄉」試、會試者五，主順天鄉試者一，所得多」知名士。今有積官至大僚者，通懷樂善，」容接後進，奬掖如不及。尤篤於故舊，厚」宗族，嘗倣吴郡范氏例，置義莊、義塾。而」家實貧甚，既斥私産償官逋，至以丐貸」自給。娶鄒氏，系出宋忠公浩，文學維翰」女，累 」贈一品夫人。無子，以從弟曦之子肇和」嗣。女一，簉室陸出，適金華府知府吴縣」嚴榮。孫二： 紹基、紹祖。肇和將以嘉慶十」二年二月十七日，葬公於崑山之嚴字」圩，盖即公生時所營生壙云。先從祖文」恭公□子先生師也。公通藉後，文恭即」延至邸居，与纂《五禮通考》。余官中書後」於公者十九年，而公折輩行交，以文章」道義相砥鏃，垂没猶以銘辭属余，其□」忍不銘？詞曰：」

萬里荒徼，草檄勒銘。依然儒生，伉□六」經。出領方岳，入貳爽鳩。老而乞骸，引年」退休。東南老宿，誰與人師？玉山之陽，堂」斧在兹。」

江寧王景桓勒石

一八〇 清誥授朝議大夫浙江杭州府知府柳泉張君（允垂）墓誌銘

〔籤文〕

皇清誥授朝議大夫浙江杭州府知府張公墓志銘」

〔蓋文〕

皇清誥」授朝議」大夫浙」江杭州」府知府」張公墓」志銘

〔誌文〕

誥授朝議大夫杭州府知府柳泉張君墓」誌銘 」

寶應朱士彦撰 」

長洲韓俊杰書 」

渾源栗毓美篆 」

君姓張氏，諱允垂，字升吉，號柳泉。先」世自湖州雙林鎮遷松江府婁縣。曾」祖世憲，好善樂施。祖昀，工繪事，乾隆」中，」天子巡江浙，進所画，受」賜。考璿華，乾隆六十年舉人，官青陽縣教諭，」封朝議大夫；妣陳恭人，有子四人，君其長」也。所後曾祖世耀，祖紹祖，考椿兩世」贈如君官，祖妣徐氏、妣宋氏皆」贈恭人。君幼端重，能讀書，熟于《文選》。年二」十一補諸生。學使胡文恪公試詩賦」第一，累試優等。嘉慶六年，學使錢少」宰選拔充貢，明年」朝考一等，以七品小京官分户部。十七」年，入直軍機。十九年，補主事，歷升員」外郎、郎中，勤於其職。在軍機最為慎」密。軍機大臣讞獄涖事，悉属君；奉使」於外，輒以君從。二十四年，將從大庾」公視武陟決河，以圖俾供事，摹未竟，」上詢圖，適君不在，後直者不知所對，坐是褫」職。大庾公言其情，復與偕行。既復官，」留河南，以道府用。道光元年，補陳州」府，懲姦緝盜，遣官役干掫夜徇，境以」治。疾疫則施藥餌，霖雨命民濬渠。治」道使路高而溝深，樹柳以表之。淮寧」受水地方數十里，道路皆阻，行者乘」舟。君詢知白馬溝廣五六里，直周家口」入大沙河，久塞水無所歸，瀦而為」患。君周視下游，勸民疏導。民大悦，荷」臿庤畚，旬日而畢，數十里之地皆可」耕種。調開封府，以封公憂歸。服闋，發」浙江，補杭州府。巡撫程含章甚器君，」再署監運使司。君性質直，親賢疾惡，」於人不少假。服官中外，以誠事上，遇」事侃侃，執法無詭随唯阿之態，二十」餘年如一日也。自信其道可以應天」下，而不虞其敗。開封、杭州兩郡皆省」治，日與巡撫、藩臬相親事，繁劇倍他」郡，他郡以事上巡撫、藩臬者，必属之」首府。僚友有請於上，不能自達，亦必」丐首府。居斯職者，率委曲遷就，冀幸」無過。有請者，可否皆諾之。得可以市」惠，不得則曰：此上官意，吾力請而不」獲也。善歸於己，怨歸於上，相習如是。」君則不然，必論其人之賢不肖、事之」是非，可者應之，不可者拒之，故怨叢」而譖興。君既不獲乎上。會大計劾一」典史，遂摭他事訐君左官去。愛君者」謂少自貶損，當不至是，惜其不善自」為謀。嗚呼！仕之進退顯晦，命也。嘗見」世之善辭色、工阿諛者，事事求當人」意，宜若無施不可，或為事累，智窮力」絀，得禍更烈，使君不自信而效人之」所為，又烏知必保其禄位而無禍謫」耶？於君乎何尤？君之尊人朝議公與」先大夫同舉於鄉，士彦與君同官京」師，相善也。嘉慶季年，士彦在　」上書房，君在軍機，直廬相望，過從談論。」及視學浙江，君為杭郡，同處者三年。」君罷歸，餞之湖上，自是與君别矣。君」嗜書，所蓄數千卷。歸里亦不諧於俗，」惟以讀書、教子為事。生於乾隆三十」八年正月二十一日，卒於道光十六」年三月二十九日，年六十有四。娶吴」氏，繼室其妹也，再繼趙氏。有子四人：」爾繩，附生，先一年卒；爾耆，附生，以後」弟允元；爾厚，亦為弟長庚後；爾樞。孫」三人，皆爾繩子。女七人。孫女五人。君」之卒也，余未得君訃，其明年以使事」至浙，爾耆以書来乞志君墓，且曰：如」不暇，則假他人為之。嗚呼！余交君久，」君顧我厚，豈於銘幽之文而靳之，又」假手以欺君，其可乎？銘曰：　」

孰俞孰忮，孰騫孰躓；天乎人乎，孰知」其閟。君之鄉有蓴有鱸，君之家有書」有圖；安知用之非瘁，舍之非腴耶。宰」木葱鬱，江流斯環；既安且吉，無有後」艱。

一八一　清例授奉直大夫候選主事加一級胡君（澄）墓誌銘

〔誌文〕

皇清例授奉直大夫候選主事加一級胡君墓誌銘　」

子瑩姓胡氏，名澄，字淵如，子瑩其别號也。道光四年義賑，議叙七品銜，入」貲為候選主事。為質夫廣文先生長子，與廣文同日祔葬於收號三十圖」北光圩祖塋之昭穆穴。黄先生鋐既為廣文銘窆，其里居世系具詳，復屬」慶寶銘子瑩墓，茲可從略焉。廣文諱起鳳，以副貢生官蘇州吴縣教諭，好」文學。子瑩幼稟父教，讀書倍恒程。少長，清標鶴立。從程先生方濟游，習舉」子業，且學為詩，即有法度可觀。會程先生歿，廣文延吴郡江明經沅誨之。」明經故廣文官吴縣時所賞識士也，以老宿學不得志，遁而溺於能仁氏」之説。故子瑩於詩文外，兼好內典，即所為文亦一變精微奧闢，不屑骫疲」其體以投時好，連試於有司，復充秋賦者五年，齟齬莫能合，而詩名日益」起，遠近知名者多慕與之交，益用自喜，悉以其所學肆力於詩，躡虛叩寂，」鉤元索幽，務道人之所不能道，論者方之李長吉，又儗之黃涪翁，要其獨」到處，蹊徑獨闢，出於天性，非有意規橅古人而為之者也。質既敏，於書無」不覽，尤好金石書畫。嘗得《華山碑》初拓本，手自鉤摹，泐之石。又得米南宮」《月照方池賦》墨跡。故書隸篆刻靡勿精，卒以才高愛博，好用其精神。恒多」疾病，益厭俗學，嘗取淵明詩意繪《櫚庭落葉圖》以寄興。其高朗如此。然雅」重師友之誼。程先生既歿，子瑩以學詩之所自始也，為梓其遺集。雲間姚」椿老而倦遊，子瑩愛其詩，亦為序而刊之。凡此皆非晚近所能為者。吾黨」之士方冀子瑩為壇坫生色，而子瑩卒矣。嗚呼惜哉！以子瑩之才，使低首」下心，與時俗競進取，必能取科名，顯當世。然使子瑩果以科名顯，又不能」專意於詩，以專門名家，於彼於此，天殆有意栽植之，用著其詩人之名，固」不以得失夭壽論也。子瑩卒於道光十八年三月四日，年僅二十有九。所」著《裘盂居詩》四卷、文一卷，黃先生為點定而傳之。子瑩取先生次女，能詩，」與子瑩倡和甚夥。子二人：孝曾，族子為後者；敬曾，恩撫者。女子二人，長者」亦已能詩。銘曰：」

宜亨而屯，才不籓身；宜壽而夭，學不長生。搔首問天，天不譍天。風浩浩，吹」詩名，練川東来如詩清。厥土既吉安詩魂，松楸夜静聞吟聲，千秋眎此詩」人墳。」

同邑秦慶寶撰文

古吴葉傳植書丹

同邑戴延仲篆額

一八二　清故竹幹山人何君（其偉）墓誌銘

〔籤文〕

清故竹榦山人何君墓誌銘

〔蓋文〕

清故竹」榦山人」何君墓」志銘

〔誌文〕

清故竹幹山人何君墓誌銘」

婁縣姚椿譔文」

同里金垣書丹　」

婁縣馮承輝篆蓋　」

竹幹山人既以《何氏世譜》及生傳」屬其友姚椿，且曰：　吾死，即以是為」銘。既而病，驟卒。其弟其超與子昌」福、昌治謀曰：　先人雖云然，然銘不」可不具。於是據山人所自為，增歲」記書之，曰：　山人先世，自宋元来代」習醫，至曾大父、父尤有名。山人少」時特聰穎，曾大父奇愛之，常侍左」右。而父不欲使習其業，故山人少」以詩文游諸名士間。父卒，家大困，」不得已乃習醫。自其少時，習聞長」老方論，藥劑、病證、引經、切脈法則，」大心悟，至是施諸人輒效。初游上」海，繼而遷於青浦之重固鎮家焉。」四方来者，晝夜舟相繼不絕，或延」邀以往，亦間應之，然不肯久留。疾」不可為者，未嘗受其餽。晚而杜門，」居於家以卒，年六十四，是為道光」十七年十二月之五日。山人雖以」醫名，然尤篤氣誼，於族黨間撫卹」諄摯。歲癸未，大雨潦，吴越間災祲」相望，水高於岸者數尺，山人與其」鄉人好施者□□從事。是歲也，民」雖困，不至流亡。自其先世，代以推」解為事，方□所售，得財帛不可勝」計，然山人父□□負乃逾數千，山」人若不為醫，則且困□，以此知山」人先世與他人為醫者不同也。其」家子弟又皆循謹，能自愛，既傳其」學，復守家法，吾以是知何氏之世」未有艾。山人名其偉，字韋人，亦曰」書田。妻伍氏，子昌幹、昌福，昌幹早」卒。副室吴氏，生子昌治、昌丁、昌本。」女五：　長未嫁卒，次適戴桂華，次適」胡見超。孫三：　後傳、後松、後梓。孫女」三。以十九年二月三十日，葬於青」浦福泉山之北十五圖潛字圩。山」人詩學宋陸游，所著曰《幹山草堂」小藁》，與所刊陳黄門、夏内史集俱」行於時。銘曰：　」

匪藝之工，維行之隆。託詩人以永」終，蘄以此兮銘諸幽宮。　」

謝樹芬
吴趨　　仝鐫
嚴震環

一八三　清敕授文林郎浙江金華縣知縣子涵莊君（東來）墓誌銘

〔誌文〕

皇清敕授文林郎浙江金華縣知」縣子涵莊君墓志銘　」

同邑諸玉衡撰文　」

錢塘孫元培書丹　」

鎮洋畢熙曾篆蓋　」

吾邑世執硯香莊先生，廉吏也。以」名孝廉官粵西十餘載，卒之日，室」無長物。余為銘其墓，曰：　一行作吏」貧逾于士。蓋紀實云。越十年，喆嗣」子涵繼起為吏，□□□□之裕」如，迺在任僅一歲，即去官歸，歸十」餘年而卒。明年某月日，其孤爾保」將扶柩葬於祖塋〔一〕，先期請銘其幽」室。余與子涵交垂五十稔，深相得，」不敢辭。按狀：君諱東來，字紫函，號」子涵，別自號延齋，太倉州嘉定縣」人，僑居吳門。生而穎異，九歲失恃，」尊甫不加督責，自中員程。稍長，讀」等身書，為文操筆立就，如天馬行」空，不可羈勒，以第一補諸生。既尊」甫出宰柳州融縣。值貴州南籠狆」苗滋事，延及廣西。君聞信，即獨行」數千里往省覲。至則尊甫方奉檄」運餉米，購馬匹，軍需旁午，君日夜」佐理諸務，尊甫倚如左右手。事平，」歸。鄉試中嘉慶戊午本省舉人，試」禮闈，三薦未遇。以景山教習，期滿」引 」見，以知縣用。旋丁外艱，自京奔喪」回，哀痛馴至患病。時無家，不常厥」居者凡十年。道光甲申謁選，得浙」江金華縣。縣附郭頗多訟，君下車」即清釐積案。有池姓與人争墓地，」置棺其間，加以浮土，指為父墓。訟」久不結。君訊之，悉其詐，往勘非墓，」飭遷葬。不服，驗其棺，有小孔，審眎」往往直入卧室。即此，可想見君之」高致矣。嘉慶丙子，卜葬尊甫於吳」縣石湖梅灣山二都上扇五都三」圖，即于旁自為生冢，葬孺人。今啓」而合窆焉。子一，即爾保，恩貢生。女」二：長未字，卒；次適寶山國學生施」敬。孫四：其泰、其豫、其恒、其復。女孫」一。其先世世系詳硯香先生墓志。」憶余與君交在乾隆戊申，即君補」諸生之歲。越一載，余寓硯吳門，與」君從兄悔庭王君屋山相倡和，無」虛日。繼又與朱君阜亭、王君實庵、」程君霞壇、汪君石田、李君桂巖結」文字之契。迄今零落殆盡，及君卒，」而無一存焉。嗚呼！痛逝者行自念，」余何忍銘君，又何忍不銘君也？銘」曰： 」

㮣㮣之才詩書澤，理縣有譜不畏」劇。與人誦之口碑勒，五柳歸種先」生宅。文章示志聊自適，瀟灑耿介」絕塵迹。妥體魄兮石湖側，芝九莖」兮松千尺。

〔簡注〕

〔一〕本誌誌主莊東來葬年不詳。據誌稱：東來「道光甲申（四年，一八二四年）謁選，得浙江金華縣」「在任僅一歲，即去官歸，歸十餘年而卒。明年某月日」葬，暫繫於道光二十年（一八四〇年）前後。

一八四　清誥授中憲大夫道銜貴州貴陽府知府前翰林院編修椅城廖君（惟勳）墓誌銘

〔蓋文〕

皇清誥」授中憲」大夫道」銜貴州」貴陽府」知府前」翰林院」編修椅」城廖君」墓志銘

〔誌文〕

清故中憲大夫道銜貴陽府知府」護理貴西兵備道廖君墓誌銘　」

賜進士出身光禄大夫刑部左侍」郎清苑王發桂譔　」

賜進士出身光禄大夫大學士銜」弘德殿行走壽陽祁寯藻書 」

賜進士出身中憲大夫户科掌印」給事中常熟王憲成篆蓋 」

君諱惟勳，字炳之，别字椅城，太倉」州嘉定縣人也。其先居福建。高祖」諱冀亨，康熙中涖吴縣，有政聲，以」直去官。曾祖諱王臣，遷居嘉定，為」嘉定縣學生，以兄翰林院檢討諱」鴻章子為後，即君祖也，諱昶，國學」生，贈朝議大夫。父諱文錦，翰林院」編脩，知南陽、衛輝兩府事，署南汝」光兵備道，及殁，府人舉祀河南名」宦祠。君生而沈敏，睫及成誦。道光」五年，中順天鄉試舉人，十三年中」會試進士，殿試二甲，改翰林」院庶吉士。自明迄國朝，重詞林」科，而君三世與此選，士林榮之。旋」丁外艱，歸。服闋，散館試一等，授編」脩。時上命部院保外任人員，」掌院以君薦，上召見，授貴州」鎮遠府知府。先是府有水災，民商」兼病，君設禁示，通坒囂，鉏奸宄，百」姓便之。二十年，兼署清江通判。鎮」遠故多盗，其所屬黄平州，苗半業」賊，君捕得盡寘之法，自是苗民相」戒不作賊。府城之南復有城，曰衛」城，兩城之中曰㵲河。㵲河者，五谿」上流，河水挾山下，淵渚横溢，直趨」去郡三十里之大王灘，石嵁巘，水」直下，不得寫，舟楫遭之輒碎。君迺」募工鑱石，濬其川而廣之，府城據」(後缺)〔一〕

〔簡注〕

〔一〕本誌誌石後缺，誌主廖惟勳卒葬時間不詳。誌載惟勳最後仕宦，為道光「二十年(一八四〇年)，兼署清江通判」，因繫於是年之後。

一八五　清修元國子學録除浙西榷鹺使述齋秦公諱良顯墓碑

〔碑文〕

大清同治十一年七月穀旦 」

元國子學録除浙西榷鹺使述齋秦公諱良顯墓」

署上海縣事陳其元 葉廷眷謹題

一八六　清修元進士福建行省郎中上海邑神景容秦公諱裕伯墓碑

〔碑文〕

大清同治十一年七月穀旦 」

元進士福建行省郎中上海邑神景容秦公諱裕伯墓

署上海縣事陳其元葉廷眷謹題

一八七　清誥封朝議大夫候選州同胡君（泰）墓誌銘

〔蓋文〕

皇清誥」封朝議」大夫候」選州同」胡君墓」志名　」

〔誌文〕

皇清誥封朝議大夫候選州同胡君墓志銘　」

吳沈恩孚譔并書丹篆蓋　」

君諱泰，字階平，胡氏，元和人，候選州同。上世居安」徽之休甯，君之曾祖曰正熺者，懋遷来江蘇，始隸」今籍。祖嘉福，父文鏞，均泊于榮利，仍其先業。君幼」沖讀書了大義。甫十齡，即解算數，以貧弃章句。性」外和内嚴，自少壯迄衰老，為人營貲財無少苟。赭」寇之薄省垣，君侍其父司質庫于外邑，共事者相」驚，以寇至急趨其家，獨君父子守弗去。寇烽及門，」猶挾所藏返所主，迺馳間道歸。其律己以人之所」難，而忠于為人，類如此。洎君之子祥鑅通籍，則人」有口誦前事者，謂君抱義若雞伏雛，宜昌其後也。」余交祥鑅稔，且為甲午鄉舉同歲，歲時拜君所居，」伯呼君，弟呼祥鑅，而君亦以家人遇余，故略能道」君生平。君以光緒二十七年六月二十七日，終于」上海寓所，春秋六十有三，其明年十一月十日，歸」葬于吳縣三都一圖西律字圩西碧山之麓壽星」塢。配程氏。子三，祥鑅，其長也，戊戌進士，户部山東」司主事，以　」覃恩封君朝議大夫，配太恭人。次祥權，祥淦，殤。女」一，未字，卒。孫二：振豫，振恒。女孫四。銘曰：　」

吳山之蒼蒼兮，君靈之所遊。鸞棲而鳳吟兮，維高」原之松楸。胎奇孕秀兮，君之幽。

一八八　清故松江府學優廩生族弟（朱）偉卿（士祺）權厝銘

〔銘文〕

清故松江府學優廩生族弟偉卿權厝銘　」

族兄朱鎮撰　」

同邑雷補同書　」

偉卿，名士祺，余同高祖弟，偉卿其字也。曾祖而下，居婁聚奎里。」父曰承吉，母氏吳。自幼恂恂如成人，二十為松江府學生，後四」年，食廩餼，舉優行，書院文會，輒冠其曹。好《晉書》，於兩晉人物賢」否，辨晰精微。有魏生者，自邵陽来從之，日受書百行，請問多奇」□，偉卿不為之窘，知之者以為難。以時近大比，訂一二知己攻」制藝於放生寺，得瘧疾，勤學不輟。或以景蓭編修之喪諷者，偉」卿曰：彼未竟志而早喪，命也。然彼之喪猶愈於人之喪，特患不」能如彼耳。未幾疾劇，光緒八年七月二十七日，卒於家，年才二」十有七。妻秦氏，庚子舉人士淳孫女，布經歷職銜樹敬次女。女」二。明年正月子叙蕃生。又明年九月二十日，秦氏以哀毁積疾」卒，年三十有二。以某年月日，合厝於婁縣三十七保十三圖盈」字圩，以待卜地遷葬。族兄朱鎮傷其志，揮涕而為之銘。銘曰：　」

族有一士，言謹行臧，郡庠領袖，華國文章，學與日新，遇疾成厄，」賫志九原，愍茲銘刻。　」

〔續記文〕

偉卿以光緒三十年二月戊寅，改葬婁縣四十三保三區十」八圖南孝字圩五十八號，實祔父塋之右，坐亥向巳。配秦氏」從祔其曾祖以下，墓在父塋東，同域異穴。子叙蕃，布經歷銜。」女二：長殤。次適佾生惠朝瑩。孫一，銘新。魏生名允恭，湖北道」員。茲就前刻，附遷窆大略，不復撰墓誌云。

鎮又記」

婁邑少漁朱志敬鐫

一八九　清誥授奉政大夫五品銜廣東候補縣丞陳君（敬熙）墓誌銘

〔蓋文〕

皇清誥授」奉政大夫」五品銜廣」東候補縣」丞陳君墓」志銘

〔誌文〕

皇清誥授奉政大夫五品銜廣東候補縣丞陳君墓志銘　」

同里錢溯耆撰文　」

嘉定周世恒書丹并篆蓋　」

君姓陳氏，諱敬熙，字雍民，江蘇太倉州鎮洋縣人。曾祖諱鴻逵，監生。」祖諱錫圭，監生，候選州同。父諱寶祺，歲貢生，就職訓導。君其長子也，」出繼世父中書公實善後。幼嗜學，弱冠遊邑庠，以秋闈屢躓，入貲為」縣丞，分發廣東，然非君志也，會肺疾作，遂不果行。休神家巷，益肆力」於金石書畫及音律之學。嘗隨妻父石堰場任所，晨起，每書擘窠大」字百，兼習篆隸，歷寒暑如一日。署齋有小沼，輒滌筆於此，久之，水常」黑，人以右軍墨池擬之。藝既精，遠近求者踵相接，君固樂此不疲也。」光緒癸卯，赴試秣陵，渡京口，登金山之妙高臺，憑闌吹鐵笛，一時韻」事，東南播為佳話。尤好吟詠，家庭閒常與季父輩以唱和為樂。戊戌」政變後，乃與同里張仲翔、瞿城周次咸諸子結長留詩社，牋札往還，」同志日衆。十年来，婁東一隅風雅之盛，君實倡之。君天性篤於孝友。」弟敬時疾亟，弟婦錢氏，為余從姪女，無所出，誓以身殉，君百計拯護，」始獲無恙。及弟歿，君愀然曰：弟婦年少苦節，膝下長虛，曷以慰乎？立」命四子尚質為之後。戊申四月，君薄游瞿城，猝聞本生父凶耗，馳歸，」一慟幾絶，親友百端勸慰，始稍稍殺哀，然病體支離，至此乃羸瘠愈」甚。嗚呼！末世薄俗，如君者可以風矣。君生於同治八年己巳十月三」日，以宣統二年庚戌正月二十五日卒於家，春秋四十有二。妻廖氏，」廣東茂暉場鹽課大使壽鏞女。男子六：尚達，尚賢，尚忠，尚質，尚嘉，尚」清。尚質出嗣。女子子一。著有《浩然齋詩草》二卷、《金石補録》一卷。尚達」等將以是年十二月二十八日，葬君於縣境二十三都下一圖結字」圩之原。君之妻，余甥也，命其孤来乞銘，余弗能辭。銘曰：」

藝無限兮學無窮，後起之秀兮賚志以終，媿無大文兮奠君之幽宮。」

周梅谷刻

一九〇　清誥封通議大夫吏部左侍郎鄉飲大賓筠齋張公偕元配誥封淑人陸氏合葬墓誌銘蓋

〔蓋文〕

皇清誥封通議」大夫吏部左侍」郎鄉飲大賓筠」齋張公偕元配」誥封淑人陸氏」合葬墓誌銘

一九一　清欽旌孝子例授承德郎晉贈奉直大夫鹽課司提舉輯庭王君墓誌銘蓋

〔籤文〕

皇清欽旌孝子例授承德郎晉贈奉直大夫鹽課司提舉輯庭王君墓誌銘

〔蓋文〕

皇清例」授承德」郎　欽」給九品」職銜晉」給七品」職銜　」議敘加」二級　」例贈奉」直大夫」鹽課司」提舉　」旌表孝」子人祀」忠義

孝」悌祠輯」庭王君」墓誌銘

一九二　清宋孺人錢氏墓誌銘蓋

〔蓋文〕

宋孺」人錢」氏墓」誌銘〔一〕

〔簡注〕

〔一〕本誌蓋年代不詳，據形制、書法，應屬清代，暫繫於宣統三年（一九一一）前。

一九三　民國徐夫人（□蓉）墓誌

〔誌文〕

徐夫人墓誌　」

夫人徐氏，字□蓉，前清」山東布政使節恕之玄」孫。父諱廷杰，母王氏，世」居青浦之白鶴江。以前」清同治六年三月三日」生，年二十七来蘇，民國」元年七月四號歿於松」江城西寓舍，年四十有」六。以八月十四號葬於」上海馬橋鄉二三圖七」十一號田内。子五：長、次」女，婷華、娥華；三、四男，長」毅、長敬；五女，珉華。」

中華民國元年八月二」號

□□□前參謀部次」□□□□□建謹撰

一九四　民國武甯李君（國珍）原配王夫人（祐存）墓表

〔表文〕

武甯李君原配王夫人墓表　」

夫人姓王氏，諱祐存，江西鄱陽人，為編脩、廣西左江道、贈太僕寺卿諱達材之女孫、舉人諱慶韶之長」女，年十八，歸武甯李碩遠君國珍，癸亥十月殁於京師，年三十有八。今夏将歸葬於南昌城内羅家塘」碩祐寄廬之園，碩遠乞表其墓，余諗知懿行，未可耑辭。夫人誕秀結璘，流聰剪鬌，媞媞問字，宛宛受書，」親愛獨鍾，相攸矜慎。逮歸隴西，僉稱賢婦，尤得君姑汪太夫人之歡。君舅振威公薨於湖口節署，碩遠」哀毀滅性，舉止失常。夫人将護垩廬，範之以禮，形神瘽瘁，曾不自知。厥後，碩遠游學日本，六更歲序，循」陔中闕，陟屺興懷。夫人定省晨昏，躬代子職，檢飭閨閾，提攜童稚，弗稍暇逸，用慰旅人。負笈有需，斥飾」以濟。凡茲深識，歸善威姑。薄徐淑寄外之書，厲樂羊成名之志。求野專勤，實資內助。辛亥以還，碩遠有」聲議院，逴犖敢言，夫人嶢皦陰憂，從容規諷，明智咸譽，鏘洋都下。甲寅仲春，碩遠采風泰西，夫人請与」偕行，自西伯利亞鐵路閱旬日抵柏林，鳳麟争識，鶼鰈相依，鉛槧随身，諷籀荅響，佉盧文字，自為師友，」異邦士女，望若神僊。碩遠恒謂結褵以来，是游最樂。嗣以歐洲久戰，一載歸國。丙辰、丁巳，京師多故，舉」事者雅重碩遠，輒相牽挽。夫人策其無成，勸以引去，海濱避地，鶴警鴻冥，斯則蒙山投畚之蹤，吴下賃」廡之軌也。綜其平生，令淑靡罄，相夫以義，此為尤著。夫人秉質清弱，遭世艱屯，忻戚萬遷，纏綿寸朊，伉」儷之愛，天屬之親，縛果交乘，思慮千百，綢繆姑壽，料量兒昏，美疢促之，皆不及待，彌留閒有遺憾焉。屬」纊之日，戚黨嗟歎。汪太夫人自南昌寄家書，云：不能見媳，望其歸櫬，撫之一哭。致此痛語，孝可思已。子」二：晉芳，沛芳。女一，又芳。並念恩勤，哀號思慕。碩遠為文以祭，至千餘言，往復流連，辭恉凄楚。義甯陳吏」部三立銘其墓，曰：豈琴瑟之静好，亦憎命於鬼神。語淺意深，誦者傷之。修短數定，歸諸夙因。夫婦道苦，」取足風世。爰舉其概，表之於壟。

甲子六月汾陽王式通撰表

閩縣林長民書丹

一九五　民國修清授奉直大夫黄君（錫蕃）暨配吴宜人墓誌銘

〔蓋文〕

清授奉直」大夫黄君」暨配吴宜」人墓志銘

〔誌文〕

清授奉直大夫黄君暨配吴宜人墓志銘」

賜進士出身中議大夫浙江即補知府加」三級婁邑朱運新撰文并書丹　」

奏調禮學館纂修官恩賞福壽字甲午」舉人同邑錢同壽篆蓋　」

黄君快亭既歿踰三十年，其元配吴宜人」卒。君之孤士璋等将袝葬宜人於君墓，介」吾友張宗華以狀来乞銘。按狀所稱：君與」宜人之行事皆安常守，順變而不失其常，」非有奇節特行震耀世人之耳目，宜可已」於銘。顧天下惟常故治，反常故亂，積常可」至於聖賢，積反常可以無所不至。然則居「今之世，有能率其常道以貽後人者，其可「無銘哉？君諱錫蕃，號快亭，先世出徽之休「甯，明季徙居華亭之亭湖，遂占籍焉。曾祖「諱左宜，曾祖妣氏金、氏楊。祖諱丕顯，祖妣「氏談、氏張。考諱澄，妣氏孫，繼妣氏李。君秉「性耿介，敦重名節，讀書通大義，於史事尤「精熟。年十三喪母，二十九喪父，三十喪繼「母，均極哀毀。與人交，諄諄以規過勸善為「務。自奉儉約，而於鄉里急難事，輒量力佽「助之。尤篤於族誼，嘗修亭湖。黄氏三十餘「年，族譜約飭族人無淫博過犯者，鄉人多「觀化焉。先後董理浚河建梁，籌募荒賑，必「躬必親，不輕假手於人。嘗曰：我書生力薄，「不能為地方造福，惟散賑為灾民生命所「繫，敢自安暇逸哉。以附貢生候選訓導，援「例晉五品銜，授奉直大夫。著有《乾惕軒詩「草》。生於咸豐辛亥十二月初八日，卒於光「緒丙申九月十一日，年四十有六。配吴宜「人，奉賢提舉銜、國學生諱錫鏡公女，母周「宜人。幼就學於西塾，通書算，嫺禮則，年二「十一歸於黄。孝事君舅、繼姑，和於諸姑娣「姒，躬操井臼，不辭勞瘁。自君殁後，煢煢孤「寡，內外事悉待決於宜人，為營宅穸，延師「課諸子讀，次第完婚娶，均井然有條。生平「一絲一粟從未任意棄擲，而好施樂善，能「繼君之志，即以教其子若孫。歲己未，年七「十矣，士璋為建樓三楹，顔曰壽萱，將為戚「黨稱觴之所。宜人雅不欲，曰：世亂如此，我「何壽為？先君一年庚戌九月十七日生，後「君三十三年己巳八月十一日卒。子三：士「璋，府學生，娶吴氏；士琮，國學生，娶蔣氏，繼「娶張氏；士璜，國學生，娶郭氏。女二。孫五：國「幹、國樑，士琮出，國幹奉宜人命為士璋後。「國楨、國棟、國栩，士璜出。孫女五。以庚午十「月初五日，祔葬於君墓，華亭縣十三保三「十圖巨字圩之原。銘曰：「

君之學行，闇然日章。不詭不隨，是用孔臧。「有配延陵，如鴻得光。温恭淑慎，祇率其常。「子孫繩繩，以熾以昌。

一九六　民國衆議院議員前江蘇實業廳長徐君（蘭墅）墓誌銘

〔誌文〕

衆議院議員前江蘇實業廳長徐君墓志銘「

勳三位一等文虎章雲威將軍前國務總理農商總長騰「衝李根源撰文並書「

一等大綬嘉禾章前教育總長吴縣張一麐篆蓋「

嗚呼！余與君締交共患難垂二十年，凡國有大事，無不與君謀。戊「辰之春，余疽發於背，呻楚在床褥，君自大梁来視疾，握手歔欷。余「苦笑曰：男兒死常事耳。来生倘相見，願再為好友。孰意余尚視息「留人世，而君竟疽發于頸，不幸死矣。悲哉！君姓徐氏，諱蘭墅，江蘇「崇明縣人。曾祖諱鴻章，祖諱興芝，考諱榮桂，母氏袁。兄弟四人，君「其叔也。弱冠成秀才，留學日本，畢業早稻田大學。民國改元，膺衆「議院議員選。袁世凱毁法，君襆被出都，昌言當討之。洪憲稱帝號，「護國軍興，君贊襄其間。西南護法，君居粵三載，於時政多所匡助。「討龍南雄諸役，嘗參畫根源軍中。曹錕覬大位，君創立全社於東」南，示不污賄選。國民軍反戈，曹錕敗亡，被任江蘇實業廳長，歷職」年餘，凡所施設，皆有效績。十六年，革命軍入金陵，棄官去執辯護」士業於海上，曾一度參馮玉祥軍事。烏乎！以君之才、之學、之年力，」當大有造於世，乃遽如斯而已焉，亦命與哉！君生於光緒十一年」七月初八日，卒于民國二十年七月十二日，春秋四十有七。配黄」氏、陳氏。子二：長漢雄，光華大學商學士；次漢豪，法國南錫大學法」學博士。女一，漢偉。孫一，祖達。以二十一年一月三十日，葬于崇明」均安鄉之原。漢雄徠吴門請為墓銘。銘曰：」

天生豪雋非匡時，有才不試困阨之。坐令纖豎國柄持，挹其杌隉」從可知。我銘貞石寄厥思，百世而後視此辭。」

中華民國二十一年一月

男徐漢雄、漢豪、女漢偉謹刊」

吴縣孫季淵刻字

附録一（一）　明故贈奉直大夫夷陵州知州殷公洎配吴宜人合葬墓誌銘

〔蓋文〕

明故贈奉」直大夫夷」陵州知州」殷公洎配」吴宜人合」葬墓志銘

〔誌文〕

故贈奉直大夫殷公洎配吴宜人合葬墓誌銘〔一〕

〔簡注〕

〔一〕本誌漫漶不清，以下釋文從略。

附録一（二）　明故金守齋翁暨配劉孺人墓誌銘

〔蓋文〕

明故金守」齋翁暨配」劉孺人墓」志銘

〔誌文〕

明故金守齋翁暨配劉孺人墓志銘〔一〕

〔簡注〕

〔一〕本誌漫漶不清，以下釋文從略。

附録一（三） 明處士金君仲達暨元配吴孺人墓誌銘

〔蓋文〕

明處士金」君中達暨」元配吴孺」人墓志銘

〔誌文〕

明處士金君仲達暨元配吴孺人墓志銘〔一〕

〔簡注〕

〔一〕本誌漫漶不清，以下釋文從略。

附録二（一） 清信士黄鳳為先妣誥封孺人薛氏買地券

〔額文〕

券文

〔券文〕

時維大清國江南太倉州崇明縣戴冠沙雲」字號居住信士黄鳳，伏為先妣皇清誥封孺」人薛氏安吉，存年五十七歲，本命丙辰十月」二十九日辰時建生，没於雍正十年十二月」初三日申時。身故理宜歸葬。今擇太平沙元」字號祖穴昭位立癸山丁向之原，筮卜叶吉，」易占允臧。謹憑白鶴先師遺法，備用金銀財」帛九萬九千九百九十九貫文，虔誠致敬於」開皇后土元君位下，買到本山佳城一段，東」至青龍，西至白虎，南至朱雀，北至玄武，上止」青天，下止黄泉，中止吉穴。內方勾陳，分掌四」域；丘丞墓伯，謹守界封；道路將軍，齊肅阡陌。」今以牲菓酒醴，共盟信誓，財地兩相交付。謹」於十月二十八日申時立券動土，十二月十」六日辰時爰開金井，二十三日午時奉柩安」葬。山川鍾靈，神祇保佑，永錫洪庥，神其掌握，」內外存亡，永叶貞吉。急奉太上五帝律令敕。」

乾隆元年十月二十八日立券

孝男黄鳳□

釋文（天津地區）

一　北齊滄州重合人趙文玉妻鄭豊姒墓磚銘

〔銘文〕

大齊天保八年八月廿九日，滄」州重合人趙文玉妻」鄭豊姒。

二　唐韓仁師墓磚銘

〔銘文〕

維大唐貞觀八年歲次甲午五月」辛未朔卅日庚子，洺州永年」縣敬德鄉故韓仁師，年廿二，今」月廿一日命終。今葬在故倉西」北芒山之上。故立銘記。

三　遼燕京武清縣張東周母天水郡故趙氏夫人之實録

〔誌文〕

燕京武清縣張東周母天水郡故趙氏夫人之實録并序」

孫男惟叙述」

趙氏之族，著姓於春秋，即常山邯鄲地，趙襄子之苗裔也。　夫人曾祖諱」某，　祖諱某。父諱㞒，唐幽州武清縣令，夫人則長女也。姿容婉麗，旨趣幽閑，」亮洽坤儀，仁從天降。自閨闈之承訓，治絲蠶而襲女功；　當家廟之饗靈，時蘋蘩」而祭　祖祢。言惟柔順，志切謙恭。素心專務於居家，鬢髮不屑於髮髢。幼閒四德，」長備三從。聞蟲飛之瞢瞢，永其義也；　聽雷聲殷殷，勸以歸哉。　夫人生子二人：　長」曰東周，任朝請大夫、检校尚書刑部郎中、行幽都府武清縣令、柱國、賜紫金魚袋，」娶田氏；　次□，前均州司馬。有女二人：　長適乾寧軍都孔目官李；　次亦適李氏，均州」録事參軍。孫六人：　長曰澶守，儒州縉山縣主簿；　次曰惟叙，攝義武軍節度」推官；　次興哥，次羅留，餘以幼小，並不録也。　夫人慈心訓子，中饋承家，致男榮」朝省之資，女奉絲蘿之托。豈謂靡疹匪疾，若醉若眠，於應曆九年歲在辛酉大吕」之月廿七日，終於　燕京銅馬坊之私第，享年九十有三。至十四年歲在甲子應鍾」月一日，昄葬於武清縣襲礼鄉李羅村之故里也〔一〕。　府君因長男任官真定」府，權葬元氏縣，□寧兩地，難返故園。嗚呼！　孝子難答劬勞，酬恩罔極於旻天，待」養興嗟於風樹。惟□才非，小女智寡，碧鷄忽奉 旨呼，乃為銘曰：」

趙公貴息，推揚鄉國。九族承恩，六姻取則。筐篚為謀，」蘋蘩奉職。令若無儔，礼儀不忒。非沉痾兮，無病而終。」瞻孝子兮，昊天罔極。卜宅兆兮，幽隴長□。」彰懿範兮，貞珉永勒。

〔簡注〕

〔一〕「販」疑為「返」或「歸」之俗別。

四　明故提督守備薊州明威將軍劉公（榮）墓誌銘

〔蓋文〕

明故提督」守備薊州」明威將軍」劉公墓銘

〔誌文〕

明故提督守備明威將軍劉公墓誌銘」

奉訓大夫山西太原府平定州知州陳志撰」

戊子科順天府薊州鄉貢進士郡人李達篆」

順天府薊州儒學廩膳生員里人高厚書」

□□姓劉氏，諱榮，字廷芳，生於永樂丙戌五月十一日也。」年五十八，今卒於官。其子勇泣血再拜，乞言以志其墓，固」獲〔一〕。按□：公□祖世系永平之灤州也，」□□□以武□□□，陞營州右屯衛千户，親理士卒。永樂，」□□□險尋□於陳。公居長，承嗣，天性至孝，穎悟過人，正」□□□尤肆猖獗，」□□鄒公以□□務，公募精兵數千人，協力追賊，至易州」□□。庚午，陞署□□□事，綜理衛政，政務昭彰，凡城池樵」□□□有不便□人□輒更張之。往年荒歉，公賑貸而大」□□□□□□事提都守備薊州〔二〕，禁革奸弊，境內肅然。」□□子姓於庭曰：□□□六年餘，況有汝等数人，死復何」□□□□□□□也。言乞而逝〔三〕，寔是年八月二十七日」□□□子五：曰勇，娶總兵陳公之孫女；曰剛、曰勝，任散官，」剛娶許公女，勝娶理問丁公女；曰仁、真，尚幼。女八人，若指」□□□□麒、許嘉言、李福、千户李英、馮泰、馮瑄，為良配也。」□□同壽長□。孫女七，居室。擇是年葬於城南陷渠之陽」□□□以志於墓。銘曰：

嗚呼将軍，才幹邁倫。律己有」□，□士以仁。脩理邊鄙，輕平爾城。時谷不孰，賑貸飢氓。人生」▨未及□，□别永終。薊城之南，千古峨塚。」

▨孝孤子勇泣血立

〔簡注〕

〔一〕「固獲」間，應脱「辭不」二字。

〔二〕「提都」之「都」，應為「督」之誤。

〔三〕「乞」應為「訖」之誤。

五　明封太恭人劉氏（妙德）墓誌銘

〔蓋文〕

封太恭」人劉氏」墓誌銘

〔誌文〕

封太恭人劉氏墓誌銘　」

奉直大夫吏部員外郎直内閣兼　」經筵官預修國史兼掌尚寶司事吴城馬紹榮撰　」

徵仕郎中書舍人直文淵閣永嘉柳楷書丹　」

太中大夫太僕寺卿前尚寶司卿致仕東吴楊杞篆盖　」

弘治二年十一月二十九日，明威將軍天津右衛指揮僉事楊檜母太恭人劉」氏卒，檜奉前鄉貢進士崑山丞衛君琳所述事狀，詣予泣曰：　不肖檜禍不自戕，」奄及吾母，哀痛孰甚焉。葬有日矣，匪親長憫而賜之銘，以揚其藏，曷以闡吾母」懿德焉。按狀：　太恭人姓劉氏，諱妙德，府軍前衛副千户義之女。母王氏。太恭人」為處子，婉嫕柔慧，女紅亨飪不煩姆教，最為父母所鍾愛。慎擇所宜配，而得天」津右衛指揮僉事楊天澤歸焉。太恭人時年十八，恪脩婦道，事舅姑以孝，奉賓」祭以誠，遐邇姻戚譽之無間言。逮天澤卒，太恭人年甫二十有八，檜甫六齡。太」恭人屏膏沐，衣布素，拮据捋荼，茹苦噉淡，人不堪其憂，太恭人泣曰：　未亡人當」如是。既而舅姑相繼卒，乃脱簪珥，罄囊橐，以營殯葬，舉無違禮。檜雖武弁子，太」恭人恒教習幼儀。年十四，遣從泮師。十九，遣襲前職，尋得軍政，兼理屯田，總督」衛庠政。太恭人戒之曰：　而蚤失怙，煢煢孑立，門衰祚薄，幸至今日。備官務勤敏，」尚慎旃哉！毋隳世緒。檜循例請于　」朝，得　」誥封太恭人。孤寡承　」恩，其榮矣哉！　檜初娶故後軍都督府都督僉事張公孫女，先卒；　繼張氏，本衛後所」正千户能之姪女，亦卒；　載繼滄洲李氏，山西行陽縣尹清之女。太恭人視三媳」婦親愛如己出，閨壼之内，疇敢勃谿，里閈則之。至是卒，得年六十有三，距生之」年宣德丁未十二月六日。子男一，即檜。孫男一，勛。孫女四。檜卜以卒之次年庚」戌三月九日，祔葬于静海縣稍直口里渭河南之原。予亦都督公壻，稔聞太恭」人孀居守節幾四十年，卒無瑕玷行，遇良有司疏 」聞于 」朝，將有 」表厥宅里之舉，於檜之請，義不靳也，乃叙而銘之。銘曰： 」

處為淑女，歸為節婦，教為慈母。備是三者，稽之列傳，奚愧於古？

六　明故處士燕公（祥）墓誌銘

〔蓋文〕

明故處」士燕公」墓誌銘

〔誌文〕

明故處士燕公墓誌銘 」

賜進士及第儒林郎左春坊左贊善經筵官兼修國史鉛山費宏撰 」

通議大夫禮部左侍郎掌鴻臚寺事郡人賈斌書 」

賜進士出身中憲大夫通政使司左通政郡人毛倫篆 」

薊州處士燕公，年八十有一，以弘治丙辰仲冬十有三日，病卒于家，公之子監察御」史忠時出使應天等郡，閱月始聞訃，明年丁巳既報使，將歸卒喪，卜以其夏五月初」一日，葬公于州城東隅之原〔一〕，乃介其同寅陳君廷獻即宏問埋銘，泣且告曰：先」處士舉忠也，莫然不以艱子故棄弗教。忠甫任衣冠，即遣入州學，俾就賢師良友，資」初筮麗澤之益。由是忠尋領鄉薦，遂中甲辰進士。及忠出推常州、寧國二郡，先處士」實偕行就禄，朝夕必諭忠忠孝，惴惴焉惟誤獄府辜是懼，由是忠得脱官謗，列剡疏，」入為御史。為御史且三年，忠每自幸吾父猶無恙也。如天之福，庶幾蒙被」封典，以報罔極之恩乎。今則已矣，無所逃罪矣。語畢抆淚，遂授以鄉進士李倫所狀公」名字、里邑、世系、行實，卒以銘請。按狀：公諱祥，字景善。其先世為揚之泰興人，自其曾」大父辛五府君洪武中來戍漁陽，於是為薊州人。父諱得，母易氏。有兄一人，諱禎。初」娶趙氏，繼室以李氏，又以高氏。高氏生子男一，即御史。女二，歸鎮朔衛百户毛儀、里」人張紳。孫男一，曰鼎。女一，曰膺禄。高孺人亦先公十年卒。公行自教子外，尚多可稱，」浮湛闤闠中，心慕儒素，言動雅馴，見者不敢以介胄之士遇之。為人孝友仁厚，而高」孺人亦善相於内，故益有鄉曲之譽。蓋公早孤，不逮養，養母甚篤，母嘗病，衣不解帶」者數旬，湯藥不嘗不進。既平，猶屢歲絶葷羶，祈冥報，以引母筭。是可謂孝也已。兄禎」既喪，事其孀嫂甚謹，遺孤男七、女三，撫之若己子然。居久之，孀者服用畢贍，意其夫」尚存； 孤者室家咸遂，不知其父之已死也。是可謂友也已。囊金困粟僅足生事，然周」急之舉，惟恐在後。里有婦嘗出市米，偶亡其估，懼得罪於尊章，行泣欲死，見而惻」之，與粟俾持歸。是可謂仁厚也已。嗚呼！公雖隱廛市，終韋布，然儲慶委祉，有御史為」之子，御史又克奉遺教，周旋以行褒卹之典，且將疊賁泉壤，復何恨焉？　遂為之銘。　銘」曰：　」

誰謂木茂，不因其根。　壅之溉之，繁陰雲屯。　惟此燕公，」市廛□淪。　德則多有，孝友且仁。　慶發厥子，國寶家珍。　」勿□封典，不逮其存。　賢哉端公，官且日尊。　會有疊寵，」賁于其墳。　銘詩可徵，刻此堅珉。

東吴楊旺鐫

〔簡注〕

〔一〕「隅」上原空二字未刻。

七　明故處士宋公（鳳）孺人彭氏合葬墓誌銘

〔蓋文〕

明故處」士宋公」孺人彭」氏合葬」之墓

〔誌文〕

明故處士宋公孺人彭氏合葬墓誌銘　」

賜進士及第翰林院國史修撰南海倫文叙撰　」

中憲大夫太僕寺少卿直文華殿奉敕提督中書事安成李綸書」

奉直大夫鴻臚寺左少卿武清孫繩篆　」

進士宋君鏜，奔母孺人喪還，將卜葬，乃命護喪走書於予，并其考處」士公事狀，辱以銘請。　予於進士君為同年，謹按狀為序及銘。　惟公宋」姓，諱鳳，字廷瑞。　其先燕山龍虎蔚人也。　元季擾亂，曾祖德用，避地南」徙，遂居于河間静海之楊青鄉。　祖讓，考寬，俱積德弗試。　迨公之生，資」性敏慧，學識周於世務，孝友聞於鄉邦。　年甫既冠，即失所怙。　偕同氣」飭治家蠱，要以勤儉為本，卒致資産豐裕，母心以寧。　處族婣有恩，居」里黨不以盱睢藐物，至或質以不平，則詈不少假，人初若懟之，卒亦」服其公。　晚為鄉耆老，於凡大小辯訟，賴以取直者尤多，郡邑守宰咸」禮重焉。　自鏜知向學，即戒之曰：　吾嘗有志用世，忝進身無階。　汝其大」肆所學，登進賢科，以成吾志可也。　弘治癸丑二月二十一日以疾卒，」是年十月初四日葬于桑園村之原。　配彭氏，東安士人旺之女，性柔」淑，寡言笑，工蠶織，而不事纂組。　事公數十年，閨範聿脩，晚孀居，訓誨」諸子一如公規。　屬鏜遊學京師，所遺衣服飲食，必自檢視而後發。　及」鏜由戊午鄉薦，登己未進士，乃曰：　吾教子之願酬矣。　輒騰書京邸，諭」以專忠所事，無以老身為念。　逾年庚申夏四月二十五日，一疾弗起，」將以是年十月四日合兆于公，禮也。公生於宣德辛亥二月初五日。」孺人生於宣德癸丑八月初六日。子男三：長鏹；次即鐣，卓偉凝重，為」時名流；季鐶。女二：長適鴻臚卿子孫章；次適士人李雲。孫男六：瀾、泮、沂、浩、洙、湜。孫女五。銘曰：」

直方之操，幹敏之良。時既不偶，壽復不長。豈天故邪，後嗣聿昌。後嗣」聿昌，公為不亡。有截幽室，伉儷雙藏。銘兮昭之，百世用彰。

八　明故封承德郎户部主事劉公(忠)合葬墓誌銘

〔蓋文〕

明故封承」德郎户部」主事劉公」合葬之墓

〔誌文〕

明故封承德郎户部主事劉公合葬墓誌銘」

賜進士及第翰林院國史編修文林郎郡人孫清撰」

賜進士出身承德郎兵部主事句容曹崐書」

賜進士出身觀工部政潞陽甯河篆」

公諱忠，姓劉氏，字盡己。其先永平之昌黎人。洪武中，祖諱得全君，以兵故，」西抵武清，時年漸壯，聞柳林屯孟公有女，乃求媒妁，入門作贅，遂受廛為」氓於此，無復東歸之念。孟氏生榮。榮娶趙氏，生二女，俱外嫁；繼趙者孟氏，」生子一人，即公也。公方九歲，榮君告終，與母孟氏寡居，讀書勤苦，有儒者」氣象，中外無賴，家貧親老，故不得已棄文事，以務農賈。始娶張氏內助，夫」婦克諧，事母甚孝，惜乎張氏厥壽維殤，先公三十年而卒，因娶王氏女為」之繼室。張氏生子一，命名曰芳，德馨其字也。蚤年敏慧，立志專篤，為邑庠」首稱。未幾領成化丙午鄉薦，登弘治庚戌進士。越三年，擢户部主事，歷官」六載，由員外郎拜山西按察司僉事。王氏生子一，命名曰夔，亦習舉子業。」公踵父祖遺塵，積德修行，純厚不浮，敬以處己，恭以待人，生平有無窮之」懿，此特其畧耳。所以受」孝宗皇帝敕封如子官者，豈易得耶！　正統癸亥公始生也，自弘治十八年十一」月罹疾不瘥，至正德丙寅八月七日卒于正寢，年六十有四。長子娶縣丞」郝公慶女，仲子未受室。長女配知州許公弼男汝麒，次女未適人。男孫三：」長曰良，娶張氏。女孫三：長歸東安給事中孫公瑞嫡子應科，次許同學鄉」進士葉公文嫡子蓁。餘子孫皆在襁褓。子芳當公之歸，蓼思無既，食粥臥」苫，哀痛迫切。城西柳林屯之原，祖塋在也。卜今年秋九月初八日，扶柩堋」于墓，與」贈母安人張氏合窆焉。獨恨無銘，以垂久遠，乃托余窗友尹紳公華叙狀来」乞余銘。嗚呼！公今逝矣，余忍不為之銘？銘曰：」

傳姓為劉，系出陶唐。得劉為姓，代生畯良。惟公之子，麟鳳之祥。惟子之賢，」邦家之光。公以正斃，無異平素。孝子慈孫，徹天號呼。」勒辭于石，昭明世故。欲垂永久，藏之在墓。

九　明故恩榮官張公（璘）墓誌銘

〔蓋文〕

明故恩」榮官張」公墓誌」銘

〔誌文〕

明故恩榮官張公墓誌銘　」

賜進士出身翰林院編修經筵官同修國史北海翟鑾撰　」

賜進士出身文林郎福建道監察御史東吴陸鰲書　」

賜進士出身迪功郎行人司行人昌平劉宓篆　」

公姓張氏，諱璘，字廷珪。世為燕人。曾大父友諒，昭勇將軍、武清衛指揮」使。考諱敏，於昭勇公為□□，娶趙氏，生男子四人，公為少子。幼即去兒」態，長就傅，讀書識理，頗望於衆卒。以疾不果，去事生産，益拓前業。性孝」友，理家接物，動中矩則。録温公家訓，著之門屏内外斬斬。好文下士，能」不為富所制。嘗作南園，構小軒，題曰會文，縉紳多詩以侈之。居鄉能以」信義服人。人有不能，率折於公，婚喪不舉者，公辦之如己事，以故一鄉」稱為長者。既輸粟拜官，謝家事，日從儕輩游。每嘆曰：古人詩謂白日無」閑人，吾得半閒足矣！遂建樓，扁額號曰半閒。其識生達性如此。壽年六」十有五，正德庚午六月三日卒。元配羅氏，二室雷氏、王氏。子男七：長鼎、」次鼐，俱先公卒；次鼒，娶王氏，王出。次鼎，娶石氏；次鼏，娶楊氏，雷出。次鼚」，娶李氏；次昂，尚幼，羅出。女五：長適錦衣衛百户戴偉彦卿；次適指揮佟」勳；次適百户褚昂，先公卒；次適舍人賈燧；次適舍人黎民仰。孫男二、女」七，俱幼。以今年十月十一日，葬于武清縣之三里屯，即公之南園，從所」樂也。秋官蕭君子委次序其事而為之狀，戴彦卿持以請銘。余謂公濳」德弗耀，類古之隱君子者，宜為銘。銘曰：」

上古有位，德為之先；窮而下者，於分則然。後之德位，不稱其宜；位崇而」否，德懋而卑。如公長者，令聞日新；鄉之君子，國之逸民。德不及位，壽不」迨中；天不可必，以期後豐。

一〇　明故通議大夫大理寺卿贈刑部尚書燕公（忠）墓誌銘

〔蓋文〕

大明故通議」大夫大理寺」卿贈刑部尚」書燕公之墓

〔誌文〕

明故通議大夫大理寺卿贈刑部尚書燕公墓誌銘　」

光禄大夫柱國少傅兼太子太傅吏部尚書石淙楊一清撰　」

榮禄大夫太子太保兵部尚書長洲陸完書　」

資善大夫都察院右都御史食俸一品侍經筵官藁城石玠篆　」

予讀《宋史》，見所載名臣，如：包希仁之峭介，關節不及其門。趙閱道之廉直，為御史糾彈無所避，入蜀以琴鶴自隨。嘆曰：為」人臣者當如是。其在我　」國朝，若太康顧公之總内臺，正色直道，後鮮克儷之。近時仕者，守不勝才，通常掩正軟美循默之俗，相習而不知戒。嗚呼！此」燕公之所以賢於人，而其死為可惜也。夫公名忠，良臣其字，別號西谿，起成化甲辰進士。丙午，授常州府推官。歸守内艱」，服除，改寧國府。兩郡故多豪右，莫敢窺其庭户。凡所讞獄，多平反。民某賈於江淮間，其僕偶有過，被笞，怨家嗾之曰：汝為」彼服勞，尚汝笞，不汝庇，汝復何恃？盍為汝圖之。遂與僕殺其主于采石，因盗其貨。愬於官，罪人久不得。公廉得其情，捕而」鞫之，遂伏辜。郡大旱，承檄發官廩賑卹，多所全活。弘治甲寅，被徵為福建道監察御史。歸守外艱，戊午服除，改浙江道。以」災異陳親賢、納諫、重名器、節財用、嚴賞賚諸事，言甚剴切。」孝廟嘉納之。庚申，出按陜西，力舉憲度，風聲凜凜。雖方岳重臣，未嘗假以辭色。周歷郡縣，不憚險遠，贓吏望風，多解印綬去。諸」司有過，輒惕然曰：恐巡按知之。民有不得其平者，則曰：吾將訴諸御史。執政者有所親厚，被摧折，乃病其苛察。壬戌，遷陜」西按察副使，整飭環慶兵備，至則留心戎務，日訓練防禦，不少懈，虜入罔害。是時，予受　」命修舉馬政，始建議以藩臬之賢者，補卿寺官。正德丙寅，吏部推薦為陜西苑馬寺卿，至又留心牧政，馬用蕃息。戊辰，擢陜西」按察使，發姦擿伏如巡按時。禁和買之弊，裁省里甲支費三之一，民有冰玉之謡。庚午，進左布政使，以簡静為治。往時公」罰聚斂，以給用使，因自封殖，至是一切禁止。瑾賊方柄國，附者瀾倒，陜固鄉土，所尤屬意，公獨無饋遺干謁，瑾雖銜之，卒」莫能害也。寧夏變作，經晝軍餉[一]，食足而民不勞。予起廢西征，相見慰之曰：別君數年，此何等時也？風操尚爾邪！比還　」朝，遂特疏薦之。辛未，擢都察院右副都御史，巡撫宣府，軍政一新。是年冬，改大理寺卿，執三尺惟謹，不肯少有推移。貴近有」所請託，必正色拒之。知州田崑為人所訟，　」上怒其不敬，將寘重典。公屢疏雪其誣，竟得釋。有胡某者，烝父妾，因毒殺父，行厚賂，析脱免，所司緩其獄。公曰：罪孰大於此？牒」至，輒駁之，屢牒屢駁，會奉使江西而止。江西藩臬官交惡，相奏訐，致興大獄，久不決。公受」敕往，獄成，人無異言。屬歲饑民重困，再受」敕賑濟，驗丁口給粟，民賴以不死。甲戌，滿三載，奏績，得推」恩賜誥命，仍廕其子鼎為太學生。初吏部擬薦公為吏侍及兵侍，皆不報。或諷使少貶以求進，公曰：大臣進退當以正，求而得之，人將謂何？竟不及再」命而卒。性狷介峭直，居常寡言笑，不輕交際，人望而畏之，有包、趙之風焉。自奉儉約，在仕途三十年，禄入僅供朝夕，田園邸舍」無所增置，卒之日，囊無餘蓄。訃聞，」上遣官諭祭，命有司營葬事。吏部奏公剛正，得大臣體，法應贈典。」報可，贈刑部尚書。蓋」異恩也。生天順己卯八月五日，其卒以正德乙亥正月七日，壽五十有七。其先揚之泰興人，」國初，高祖五公徙居薊州。曾祖勝，隱弗仕。祖得、父祥，俱以公貴，贈通議大夫、大理寺卿。祖母易氏、母高氏，贈淑人。配崔氏，封淑」人。子一，即鼎，敏而文，將以科目自試。女一，適河南都指揮張承恩。女孫二。鼎奉柩東還，卜以是年八月初六日，葬于正嶺」之陽。乃持翰林編修趙爾錫所著行狀，乞銘于予。公在陝西，與予周旋也久，知其事為詳，故凡狀之未備者，亦為摭而誌」之。銘曰：」

一笑不輕，比黃河清。中丞上殿，人呼鐵面。維古遺直，今亦有是。我法我持，惟訖于勢。人或苛我，我信不疑。其不自我，我遑」卹之。」天子知公，公可不死。生為八座，其榮有渙。俯仰平生，知己謂余。莫引之升，造命奚為。雖不永年，而永厥譽。後有論世，視我銘誌。

〔簡注〕

〔一〕「經晝」之「晝」，應為「畫」之誤。

一一　明故歐（弘毅）母劉氏墓誌銘

〔蓋文〕

明故歐」母劉氏」墓誌銘

〔誌文〕

（前缺）家世⧄」□□幼而穎異慧婉。母以⧄」□及長，克閑女業。甫十九，□婉⧄」厥誠。姑恙，晨暮泣祈，弗懈弗息。姑考終，哀悼⧄」內外戚族及諸妯娌，弗見貳意，卹孑立諸姪猶⧄」成凜然。及僕奴小愆，每優容之。若此者，亦婦之超凡⧄」生，歷官教授，厥操端方，厥履高尚，自謂多母助。嘗以舊田⧄」藏金銀器遜兄，母曰：懿行也，作之恒，是即君子堂奧矣。有負□□」克償者，曰：彼窘急，斯蓄券何為？輒引燭焚之。此又縉紳識義理或」所未迨，母迨之，可不謂難哉！君子謂母：于尊止孝，于卑止慈，于天」止貞，于長止讓，于族止睦，于里止義，一身而六止焉。歐之門，其母」所範圍乎？歐之後，其母所檃括乎；先生之聲教，其母所增脩乎？《風》」

曰樂只，《頌》曰令妻，其母之謂乎？ 今雖已矣，寔曰猶生。 孰云與草木」同腐乎？ 按先生所狀，情核詞真，幾數百言，可徵也。 在昔諭垣曲學，」門人趙載，登席循墻者八年，余寔驗是狀也。 迺誌之云。 誌，志母之」實也。 母生于正統己巳中秋念六，卒于正德辛巳首冬初八，享甲」子凡四百又五十矣。 子二： 曰弘毅，吏目，向武； 曰弘敷，稱克家焉。 女」四： 長適王耕野，次適高相，次適陳鵬，次適史尚文。 卜嘉靖癸未二」月十三日，葬歐氏舊塋。 銘即從誌云。 銘，名母之異也。 曰： 」

維君子嬪，維德居貞。 七十三歲，頤天之亨。 五十四載，相夫之」行。 令終令假，輿論鄉評。 噫！ 松杉葱鬱，窀穸窈冥。 此歐室劉氏」之壙，永昭于漁陽之城。

一二　明故明威將軍天津左衛指揮僉事黃公（溥）暨配封恭人龔氏合葬墓誌銘

〔蓋文〕

故明威將軍」天津左衛指」揮僉事黃公」暨配封恭人」龔氏合葬墓

〔誌文〕

故明威將軍天津左衛指揮僉事黃公暨配封恭人龔氏合葬□誌銘　」

賜進士出身承德郎工部都水清吏司主事莆陽翁洪撰文〔一〕　」

賜同進士出身徵仕郎禮科右給事中昌邑于桂書丹　」

賜同進士出身文林郎浙江道監察御史松滋謝珊篆盖　」

正德庚辰十二月四日，天津左衛指揮僉事致政黃公，以疾卒于正寢。 閱三年癸未四月十五日，其」配龔恭人繼卒。 公卒時值　」武宗南巡，公私倥傯，恭人又復病卧，以故未克襄事。 玆卜以閏四月九日，奉柩于静海縣大直沽河西祖」塋之次，啓先配王恭人之竁而合窆焉。 先期，嗣子東具狀，遣弟本致訃于予，且乞文納諸墓。 予龔出」先夫人，實恭人姑母，恭人為予中表女兄。 先夫人蚤世，思先夫人不可見，見恭人如見先夫人焉。 今」復已矣。 痛何可言？ 然則今日之事，顧可以不文辭哉？ 乃按狀誌而銘之。 公諱溥，字伯寬。 其先鳳陽臨」淮縣人。 上世譜逸莫稽。 曾祖回，值元季江淮兵起，」高廟駐師濠上，因往從之，累立戰功，陞授千户。 生二子： 長勝，次全。 回老勝代，官至指揮僉事，注天津左衛。 」勝生鈺。 鈺卒無子。 全以次當繼，疾不任事，父釗襲，因得封全如其官，則公之祖也。 祖妣周、妣金，俱封」太恭人。 公少以才選，充衛庠生，提學御史林公按試亟稱之。 成化丁未，襲父職，遇事不避難易，必以」身任，未幾，　」誥授明威將軍。 弘治甲寅，有　」旨考選軍政，撫按憲臣推公為首，俾掌衛印。 公律己素嚴，門無私謁，僚屬畏憚，無敢犯者。 蒞事餘二十」年，四經考選，俱被旌獎，由是聲譽日隆，時號黃御史。 嘗承檄修治城學，公殫竭心力，人不勞而事集，」當道者大加賞異，犒以羊、酒、彩幣。會河溢為患，公捐俸築塞，人賴以安。某甲兄弟争産，兵憲檄公勘」治，争致饋遺，公峻卻之，諭以理道，兄弟感悟。某乙以伐塚被繫，獄久不決，巡按亦以付公。乙以賄求」免，公曰：獄之不決，賄為之也。竟治如法，乙乃伏。河間民地為勢家侵奪，頻歲搆訟，」奏牘屢下，率畏避，無敢當其事者。公不為少屈，執法據理，斷歸於民，勢家亦心服其公，無他詞。天津南」北要衝，凡」親王之國，必經其地，供需百出，最不易辨，左右近侍，少不滿意，撻辱立至。公十董其役，綜理周詳，纖悉」備具，上下交譽其賢。流賊侵掠畿甸，公總三衛兵按伏滄州，號令嚴肅，人不驚擾。他如創造軍器局」房，督徵屯田子粒，皆可為久遠計。盖公行事謹飭，類如此。生正統己巳九月四日，享年七十有二。配」王氏，鹽山王忠肅公之孫，錦衣指揮竚之女，蚤卒，贈恭人。繼配龔氏，武清衛指揮綸之女，封恭人。事」舅姑，克盡婦道。黄族蕃，尊卑幾百口，恭人事上接下，咸得其歡心，其賢有足稱者。生景泰乙亥二月」二十七日，享年六十有九。子男四〔二〕：長即東，襲祖職，廉勤幹濟，綽有父風；次即本；次棐。孫一，尚幼。女七：」一許聘倪鎬之子宗淵，一許聘李時之子明哲，一許聘蔣鈺之子廉，皆指揮世嫡，餘未聘。公為人沉」毅，不妄言笑，明習武事，尤喜讀書，至老手不釋卷，循循然若儒生。天性孝友，閨門整肅，雖童稚無故」不得輒入中堂，一時世禄之家，鮮能及者。謝事家居，優游自得，以福壽終，是宜銘。銘曰：」

黄望于楚，蔓延濠梁。逮公之先，以武奮揚。從龍翊運，辟土開疆。世有勳階，金紫輝煌。分閫天津，奠」兹海鄉。數傳及公，有燁其光。完福隆祉，既熾且昌，配德以賢，内助維良。河西之原，泉深土厖。從先人」兆，體魄攸藏。百世寧止，吉無不臧。不没者存，視此銘章。

〔簡注〕

〔一〕「出身」間原存一被塗抹之殘「身」字，推測係為了使撰、書、篆三人署銜「進士出身」之「身」字平齊而改。

〔二〕「子男四」之「四」，據下文僅列三子，疑為「三」之誤。

一三　明耕樂先生宋公（鏓）誌銘

〔誌文〕

明耕樂先生宋公誌銘」

賜進士出身中順大夫知湖廣襄陽府事前監察御史邑人鄭氣撰」

賜進士出身承直郎刑部陜西清吏司主事邑人陳耀書」

賜進士出身承德郎太僕寺寺丞元城陳綬篆」

嘉靖丙戌十月二十五日，耕樂宋公卒夕也。殯柩於堂，其猶子武部君希曽，持狀請余銘」之。余以忝姻婭，且素知公厚義，不敢辭。

謹按状：　公諱鐶，字子儀，耕樂其别號也。　其先燕山」龍虎蔚人。　高祖諱德用者，避元季亂，徙河間静海，擇属地楊柳青，遂家且占籍焉。　曾祖讓、」祖寬，俱潛德弗耀。　考鳳，以仲兄鐙貴，累贈光禄寺少卿。　妣彭氏，累贈宜人。　生公三：　伯兄鏹，」先逝；　仲兄即鐙，登弘治己未進士，歷官光禄少卿；　公行季。　生而磊落魁梧，簡素純朴，動閑」禮法，尤篤於孝友。　甫年十三，知代父蠱，以故廢詩書，任耕耨。　凡服勞奉養，靡不周至。　弘治」壬子秋，父遘疾，七月餘，公同伯仲兄飲食湯藥必嘗以進，且慮二兄久恐隳生廢學，乃欲」獨侍其側，俾二兄得少假，各專其業，而仲兄貴，卒賴以顯揚也。　明年二月，父告終，公哀毁」踰禮。　事孀母尤為備至，每告出即歸，雖值風雨，必冒以致安。　後母病，公憂怖倍常，衣不解」帶者四十餘夜，乃以数終，計後父之八年也。　伯兄逝時，常以睦族事属公，公領之数年，輸」納惟均，恩義兼盡，族人賴之以安撫。　遺□曰：　瀾亦如己子。　仲兄遊邑庠，去家往来百餘里，」公每步從，兄愛而止之，公以為弟道當然也，不敢少懈。　及兄歷顯貴，念餘年公處善循理，」安布衣分，未嘗籍勢以驕傲於人，祖遺田産，仲兄以食禄公家，推讓與公暨瀾姪者。　公以」計分均得，率姪固辭，兄再四懇懇，乃如命也。　公尤嚴於課子，每曰：　士必以用世為志，顯親」為孝。　汝伯父、伯兄皆以讀書，光裕後先，吾少亦有是志，奈奪於家蠱。　若曹有能成吾夙志」者，雖死何憾！　以故仲子湜奮勵舉業，為邑庠名士。　季子溱繼之，學業亦赫赫有聲。　人方以」宋之大、小宋也。　公處鄉杜門，不輕出入。　事合義者，竭力營為，亦不憚煩；　不合義者，必面斥」之，不少假借。　人皆以沉静義直稱。　比有莆劉氏者，俱以伐官樹事誣官司，獄治以法。　公憫」之，力求解，竟以獲免。　後以賂謝公，公卻曰：　為公求直，非為私求謝耶。　迄今尚為感德。　鄉人」有分田産不明、争水利不决者，衆延公至，一言而允服。　亦有欲訟牽連為證者，憚公剛正，」未訟而曲直引伏。　其致人之器重也者大率類此。　是年冬，公疾作將篤，懵懵若夢中語，数」数恍疑處家故事，既而述思，誠有意俾致身後事之遺言也。　嗚呼痛哉！　瀾、泮俱事商。　曰：　沂」遠宦京師，恨不及見。　再三語，訖，默然以終。　公生成化壬辰年四月十三日，享年五十有五」也。　配董氏，有淑行。　生男四：　長曰浩，娶王氏；　次湜，娶梁氏；　次溱，娶張氏；　次澡，聘王氏。　生女二：　」長適杜大倫，次適王泉。　孫男四：　曰楷，聘董氏。　桐、枋、梗，暨孫女四，俱幼。　嘉靖戊子夏五月三」日，以禮附葬於桑園村之祖原。　余觀公之群行皆可書，而孝友一事尤迴出人表。　夫仁者」壽，常也。　公享年未及中壽，且弗逮其子之褒揚，誠為可悲。　然修短之数，人豈能責之乎。　冥」冥不可致詰之地哉。　雖然今而家世昌大，子姓賢達，求為公之俟天定於異日，恩及泉壤，」以昭無窮，則公雖不壽，猶壽也。　九原有知，公必瞑目於地下，且將有是余言也。　銘曰：　」

吁嗟宋公，賦質純誠；　孝事父母，友于諸兄。　仁者弗壽，数焉孰咎；　慶積延綿，克昌厥後。　子能」舉志，不顯亦世；　公雖往矣，而有遐譽。

〔蓋文〕

明光禄大夫」少保兼太子」太保吏部尚」書贈少傅廖」公墓誌銘

〔誌文〕

明光禄大夫少保兼太子太保吏部尚書贈少傅廖公墓誌銘　」

賜進士光禄大夫少保兼太子太保吏部尚書武英殿大學士知制誥　」經筵官國史總裁同郡李時譔　」

公諱紀，字廷陳，別號龍灣，世居閩。父瑄，商於東光，因家焉。公幼有至性，好學，不喜嬉」飲為樂。成化庚子，領京闈鄉薦。庚戌，舉進士登第。時屠公總憲，風裁炳著，少許可，公」覯政屬下，獨見器重，逮握銓柄，首疏公為考功主事。公亦節介不渝，期副所薦。鄉有」士將遊仕途，奉贄謁，冀蒙二天，公不辭，既完璧充贐以歸。其清而不激，類如此。歷遷」考功郎中，再轉文選，雅不阿時，宰士類高之。陞太僕少卿、太常卿，皆有實政可紀。尋」擢工部右侍郎，督理易州山廠。時歲羨餘將萬金，公一無所染，悉以上供，所司因以」為例。陞吏部左侍郎，既而擢南京吏部尚書。頃又轉兵部，參贊機務，凡執權私役，奪」之俾盡還伍。戎政用肅。因人言求退，章再上，獲　」允。家居踰兩載，　」召起家為吏部尚書。公感激，益自磨淬。值修　」《獻皇帝實録》，受命總裁。事竣，　進太子太保，　賜鞍馬、金幣。丙戌，請老，　」上不奪其志，加少保，給人夫月米，庸示優遇，仍　敕乘傳歸。既抵家，日惟杜門，研索古義。」嘗著《庸學論孟管窺》。少業《毛詩》，晚年尤嗜《易》，欲述未遑，竟齎志以没，嘉靖壬辰八月」二十五日也。距生景泰乙亥正月二十八日，享年七十有八。配郭氏，贈淑人；　繼室李」氏，封夫人，俱卒。繼室翁氏。子承恩，國子生。女四人。孫男女各一人。公卒訃聞，　」天子為罷朝一日。贈少傅，謚僖靖，　」賜祭九壇。　」命工部營葬，恩禮稠至，士林榮之。嘉靖十三年二月二十九日，附葬於衛濱祖塋之次。」公沈静簡默，外渾淪而内極分辨，於物無忤，事皆從厚，人多敬愛之。予於公既生同」鄉、官同朝，且辱公知，侍御王君子尚懇以銘請，是其可辭？銘曰：　」

瀛海之秀，鬱而生公。厥秀維何？有度斯弘。有度斯弘，有器斯衷。蚤躋首科，歷試聿通。」暨于晚節，愈堅以宏。秉均持衡，惟平惟中。　」天子是嘉，百僚是風。功成罔居，勞謙有終。葬幾八袠，福履載隆。云胡凋謝，仙夢清穹。哀我」人斯，中心恫恫。衛濱奠魂，高冢巃嵷。銘詞載勒，以召無窮。

一五　明故徵仕郎詹事府主簿燕公(鼎)墓誌銘

〔蓋文〕

大明故徵」仕郎詹事」府主簿燕」公墓誌銘

〔誌文〕

明故徵仕郎詹事府主簿燕公墓誌銘　」

賜進士出身中順大夫知黎平府事郡人朱昭撰文　」

賜進士第伊藩左長史進階正三品授嘉議大夫致仕盤谿李莊篆蓋　」

賜進士第從仕郎中書科中書郡人步允遷書丹　」

士有方英妙時志大學博，視功名可唾手而取，及出而較藝場屋，則屢較屢抑，至白首而不」獲一遇者，在他人尚為之不堪，深惜而痛怜，而況於為士者，其鬱鬱憤懣之氣，又當如何？ 若」吾郡禹成，實其一也。然禹成殆尤有甚焉者。蓋其自幼以孝聞，方厥考卒，時已痛恨其孝之」不終，幸而老母尚在，朝夕事之，悉心委力，凡子道當然者，罔不曲盡。又常計百年之後，襄其」大事，必周必悉，略無遺憾而後已，此其志也。豈謂此志未伸，已先淪没，置老母於悲哀之地，」無所依倚，九泉之下，將目有不能瞑者，則所謂禹成尤有甚焉者，蓋在此。禹成諱鼎，姓燕氏，」别號傳菴，禹成其字也。嘗於舍後築一室，藏古今書史圖畫，榜其額曰萬卷堂，又因號萬卷」堂主人。其先揚之太興人，自　國初占籍于薊州衛，遂家於薊。父諱忠，字良臣，號西谿，登成」化甲辰進士，自推官歷陞至大理寺卿，贈刑部尚書，階通議大夫。母崔氏，封淑人。禹成生而」穎敏，於書過目輒成誦。父母器之，方年十四五，即命治《尚書》，肄舉子業。又恐其見聞不大，胸」襟不廣，復命其卒業於翰林院趙編脩先生門下，凡遇師講析義理，説猶未竟，而即能會其」大指。其為文援筆立就，不獨工場屋之體，且得古作者家數，每以儒士應試，提學使者往往」奇其文，置優等，于是文名日起，一時名士多樂與之游。正德甲戌，西谿翁以大理卿奏績，蒙」恩推贈其祖父及祖妣，而禹成亦得廕為太學生，然實非其志也。乙亥，西谿翁以疾卒，禹成哀」毁，幾弗支，既而奉柩歸葬，比居憂三年，俱遵禮制，無少違。服除，屢以太學試秋闈，輒不中，是」豈業之不精，實為造物者制耳。嘉靖乙未，恐虚乎　」恩典，方謁選銓曹，得授詹事府主簿。主簿職清事簡，亦其性所宜者，但素志殊不止此，因鬱鬱」積而成疾。丙申十一月，以養疾得告，至丁酉二月十一日，遂卒。嗚呼惜哉！其為人器宇沉重，」動止言笑皆不苟，於人寡合。其取友必端而後與，苟非其人，雖貴戚，亦必遠之。其父貴顯，可」謂極矣，未始因而有驕泰氣。性嗜書，於凡天文、地理、醫卜、戰陳等籍，無所不通，以至黄老之」術，亦皆參究，而得其竅妙。有方士鍾其姓者，嘗令觀黄白術，已而謂曰：僕閲人多矣，未有若」子之精慎沉敏者，願以此授。禹成不可，鍾益奇之。雅不喜妓樂，遇有佳山水處，必往游觀，此」皆其大概如此。當其卒時方越月，而淑人亦以疾卒。是時囊橐匱乏，百凡喪葬所需，悉籍妹」婿都指揮今守備薊州張君之力以完。於此，則西谿翁居官清白之操，又可見矣。配許氏，先」卒；繼李氏，俱京師大族。子男一，曰體仁。女二：長適指揮楊舟，次適千户白天爵。女許氏出，男」側室陳氏出。禹成卒時，男方四歲，資稟奇異，他日克紹遺芳，有可望者。禹成生於成化丁未」十月初五日，得年五十有一。以卒之又明年三月十六日，葬漁山之陽西谿翁墓之側。前期，」其表弟崔君宗儒攜其幼孤，持貢士梁慶夫所述狀来乞銘，辭不獲，遂按而書之。銘曰：　」

吁嗟禹成，畜冲霄之壯志兮，竟未由伸。負出衆之鴻才兮，卒無所售。或人事之未盡兮，當責」之躬。果造物之不齊兮，將於誰咎？吁嗟禹成，不遇於人，不獲於天。母兮既不得終君之養，命」兮又不能永君之年。豈天之漠然無所知乎？實君之所稟不可移乎？意者君有幼孤，風儀敻」異；繩祖武而成父志，端有可覬。吁嗟禹成，天其以是而補君之不足乎？君可以是而瞑九泉」之目也夫。

一六　明故承德郎武崗同知静菴彭公（效）墓誌銘

〔蓋文〕

明故承德」郎武崗同」知静菴彭」公墓誌銘

〔誌文〕

（前缺）

賜進士第中順大夫知貴州黎平府事郡人朱昭濬甫撰」

朝列大夫河東陝西都轉運鹽使司同知郡人楊臣國賢書」

賜進士第中順大夫河南衛輝府知府後學歐思誠純甫篆」

嘉靖壬寅三月二十二日，湖廣武崗州同知、承德郎致仕彭公以疾卒，其孤經等將以卒之次月二十」日，葬公於崆峒山南之原先塋之次。前期介鄉之致政曹君廷實，持李君德茂所具狀，屬余銘其墓。余」亦公之同社友，且雅相善，弗獲辭。按狀：公姓彭氏，諱效，字時範，别號静菴。其先江西安福人。父諱清，正」統間以從戎於薊，因家焉。先少師、禮部尚書、兼文淵閣大學士諱璉者，公之大父也。少保、兵部尚書、兼」文淵閣大學士諱華者，公之伯父也。母林氏。公自幼資性不凡。稍長，父命與仲兄政同入郡庠，肄舉業，」篤志勤學，駸駸有成。成化庚子，會山、陝二省歲大侵，因援例入為太學生。蓋承父命，非公志也。然太學」實天下英俊所萃之地，公於是從游其間，尚友其人，日就月將，擬欲掇危科以酹宿志。奈何為造物所」制，竟莫之遂。乃於弘治戊午，又以父命謁選吏部，除遼東苑馬寺監正。公到官，清慎奉職，夙夜匪懈，□」是馬政舉而孳息繁。時親老居薊，不肯就養，乃申請當道，乞以俸禄改支薊倉，以供親養。當道者嘉其」孝，而可其請。所居官舍舊於治所不便，公度地改建，及告成，人不知劳，而用不知費。牧馬地故多為豪」猾所侵，公一一查復，而豪猾莫或敢抗。居数年，以外艱歸，都憲張公肅疏公之賢，有治官如家，勤能可」稱之語。正德丁卯，服闋，改除陝西都司都事。公勤政守法，允稱厥職，都憲黄公寶才之，遂委以代理詞」訟。公承委從公剖決，是是非非，各得其情，故黄有學行可為大用，才力足以治繁之薦。未幾，委署洋縣。」值妖賊劉烈為患地方，公防禦保障，一無他虞。又未幾，委治白河，而妖賊突至，公奮不顧身，與民據守，」而卒以保全。由是能声茂著，遂有武崗同知之擢。公為同知，與其守同心協德，於凡所行善者贊之，不」逮者匡之，武崗之政，奕然改觀，公之力居多焉。時　岷藩分封者多禄，惟其舊不足以給，公白守為之」申請當道，遂增禄萬二千石，永為定制。民業為藩府所占，因而逃散者，公招徠以還其故物；　軍籍為里」胥作弊，因而埋没者，公清理以正其板圖。故大巡張公漢奬公賢能，又諭一省官，皆於公取法焉。然則」非公素負才具，安能至是哉。歲丁丑，公知止足，遂動明農之興，解組而歸，與鄉之致政士夫結社會集，」□□嬉樂，以終餘年，至是卒，距生天順癸未，享壽八十。公為人負氣豪雄，性敏達，篤於孝友，宗姻戚舊」⧄之無少詭随，有古直者之風。其居官剛方鯁介，遇事敢」⧄李氏，繼龍氏、李氏，俱先卒；　庶劉氏。子男五：　長即經，承」⧄氏；　次子賢，娶姚氏；　次子肖，尚幼。女二：　一適傳暉，一」⧄已娶，二尚未。女二：　一已行，一在室。曾孫男一、女一。」⧄如此，得壽如此，子孫衆多又如此，其可謂享全福而無」⧄：

」

⧄謂之輕不可也。德也善也，輕耶重耶？尊於當時，裕諸後崑。」⧄然□然。金不可比，玉不可擬也。勒之堅珉，垂之來」⧄。

一七　明故儒官敦公(典)墓誌銘

〔蓋文〕

明故儒」官敦公」墓誌銘

〔誌文〕

明故儒官敦公墓誌銘　」

賜進士出身中順大夫知黎平府事郡人朱昭潛甫撰　」

遼東苑馬寺監正鄉進士文林郎郡人家文慶道亨書　」

山東濟南府照磨鄉貢士文林郎郡人李載純粹夫篆　」

嘉靖壬寅九月十二日，敦公叙之以疾卒。其孤忠等奉公之行狀，介友人齊」思誠，詣余泣且告曰：　忠不幸，大人不穀，將以次月九日，葬崆峒之陽，祖塋之」側，敢求為銘，以光泉壤。余雅與公友最善，弗獲辭。按狀：公諱典，叙之其字也，」世為薊人。祖諱謙，中洪武癸酉鄉試，任山東臨清教諭。父諱信，中永樂癸卯」鄉試，任磁州學正。母王氏，生公兄弟五人，公行五。生而穎敏過人，父母愛之。」方八歲，俾就外傅讀書。少長，俾遊郡庠，習《詩經》，肄舉業，屢試不第，乃自嘆曰：」嗟乎！命之蹇也，科目非我分矣，盍明農以自適！嘉靖甲午，遂以例援儒官冠」服。卜築東廓外，常手古詩文子史，及盛植花木，以為娛。遇友来訪，輒棋酒相」談，竟日不倦，人恒自之為棋仙〔一〕。門前有溪，夏秋清漣不涸，公時對玩以適，且」因而育養鵝鴨於內，以需賓祭。居左去茔域不数十步，公朝夕拜掃不懈，有」事死如生之誠。田園之餘，更無外慕，以此終其身，而鄉里咸敬仰之。公為人」安静寡言，樂於施濟，居閑常修藥餌，以應需索。事父母孝，處兄弟和，交友信，」教子義方，撫臧獲有恩，戚故間有急難，常捐所有以濟，而婚丧有不舉者，亦」亦每每賴公以舉〔二〕，低昂上下，鮮有所失。其娶牛氏。子男四：長即忠，娶李氏；次」質，娶潘氏；次文，娶王氏；次學，娶李氏，繼翟氏。女一，適營州右屯衛百户張璽，」先卒。孫男十一：曰掩全，曰七斤，曰朝相、朝鳴、朝鳳，曰貴，曰富，曰仁，曰化，曰仕，」曰侃。女四：一適李時陽，一適步天街，餘尚幼。公生於成化丙戌九月三十日，」及卒之年，得壽七十有七。余謂公之無憾而可以瞑目者，有四焉：高年一也，」子孫衆多二也，閑而逸三也，考終命四也。爰繫以銘。」銘曰：

曰富曰貴，人之所嗜，公之所避。曰耕曰芰，」人之所疲，公之所逸。身既閑矣，心亦安矣；」大坤之下，目斯瞑矣。」

大明嘉靖二十一年十月初九日

孤子忠等泣血立

〔簡注〕

〔一〕「自之」之「自」，疑為「目」之誤。

〔二〕「亦亦」，應衍一「亦」字。

一八　明通奉大夫陜西左布政使直庵鄭公(氣)墓誌銘

〔蓋文〕

明故通奉大」夫陜西承宣」布政使司左」布政使直菴」鄭公墓誌銘

〔誌文〕

通奉大夫陜西左布政使直庵鄭公墓誌　」

賜進士第文林郎福建道監察御史王紳撰　」

賜進士第奉議大夫河南按察司僉事袁經書」

賜進士第中憲大夫山西大同府知府陳燿篆」

予抱戚當廬，鄭公子際昌衣麻同客匍匐持姻戚鄉進士齊魯所狀伊先君夙行」來謁，謂予：懿結姻好，深知履歷。欲誌其實，用垂孝思。詞意懇切，予弗忍以荒迷辭，」迺强執筆。按狀：公姓鄭氏，諱氣，字浩然，別號直庵，河間静海人。其先遷自大城。高」祖文友，舉孝廉，授行人。曾祖讓，以明法從王忠肅公征叛，衆欲殲之，獨以殪魁為」請，全活甚衆，至今訟其陰德。祖駛，山西陵川簿，遺愛尚存。父洪敦，抱隱德。祖與父」以公貴，累」誥贈通奉大夫、河南右布政使；母氏李，贈夫人。生公俊偉，穎敏過人。少隨任陵川，其尹」一見奇之，遂留終業。歸登庚午鄉薦、甲戌進士。出為涇宰。涇號難治，卒感公德，為」之建碑。三載上績考最，名注循良，豈偶然也。尋擢監察御史，初理淮鹺，釐革修舉，」俱可為法。辛巳，丁内艱，不言門外。癸未，復道按□秦中，激揚得體，時稱為前後難」其人。慶庶人謀害都撫，事覺，□其實，不少避忌。樊賊僭亂，隨檄兵平之。」上偉其績，旌之文綺。朝臣議禮異同獲譴，廼違衆抗詞救解。大同軍叛，以防微慮遠，請」清其源。微臣有陰奉上官指，盜侵貢玉，中傷寮列者，因發其私事，遂中寢。公在臺」中，遇事敢言，為衆推遜，斯数事關於國體之大，故特舉之，非謂足以盖公也。歷臺」九秋，例宜超擢。無何，以忤權，出守襄陽。厥政益勵。壬辰，遷整飭荆州兵備憲副。乙」未，轉貴州大參。值土官倡亂，督兵深入，群醜授首。」欽賜金幣優獎，咸以為榮。戊戌，擢河南按察使，随陞右布政。己亥，丁外艱。辛丑，以轉左，」補陝西。晚節愈堅。當宁方議内用，偶以疾，翻然請□□。天性仁愛，不遺故舊。歷政」三十年，未嘗一書抵政府。事雖盤錯紛踏，可一語立決無餘。自治甚嚴，而待人有」禮，故忌之者，終莫能乘其隙。其賢矣哉！乙巳七月一日終於正寢，據祥生於成化」庚子十月十二日，實享年六旬有六。配胡氏，封夫人，先公卒，贊相之德，前誌備載。」子男一，曰際昌，太學生，娶王氏。女三：孟適光禄卿宋瀛濱之孫棉，仲、季俱許聘名」家，側室崔氏出也。孫男四：長謨，太學生生〔一〕，娶僉憲袁南野之孫女；次訓，娶董氏；次」詔，聘陳氏憲副近泉之女；次論，聘子子擇中之女也。卜以月日〔二〕，祔葬於城」南八里莊之先兆。予也悼痛幽思，想像無既，勉於濡墨，摇毫而枉銘之。銘曰：」

嗚呼維公，福德兼宏；福以德致，德以福徵。爰懋厥德，自爾天成；匪假浴澡，宅心惟」清；匪事方圓，居政惟平。天威弗馳，庭折力諍；要勢弗萎，峭直敢攖。自持一正，世莫」與京；惟德動天，相保咸亨。若輔高位，既久且榮；若引天年，既健且寧。克光厥先，事」業□□；克昌厥后，子孫繩繩。凡百坦途，靡不或承；百年仰止，鑒照兹銘。」

不肖男□□□泣血納石

〔簡注〕

〔一〕「生生」，衍一「生」字。

〔二〕「月」上原空一字、「日」上原空二字未刻。

一九　明故七品散官南泉歐公（思廉）墓誌銘

〔蓋文〕

明故七」品散官」南泉歐」公墓誌」銘

〔誌文〕

明故七品散官南泉歐公墓誌銘　」

賜進士第知歸安縣事里人郭維寧撰　」

賜進士第陝西提刑按察司僉事平谷范爰書　」

賜進士第户部陝西清吏司郎中里人步允遷篆　」

歐公者，諱思廉，字介甫，別號南泉。於嘉靖二十三年十月十二日，以疾卒于正」寢，以卒之次年八月二十四日，將歸葬于漁山之左先墓之次，乃持太學生王」南村儒所為狀，詣予請銘，曰：此乃弟東泉公屬之也。且東泉今為東昌守，託予」千里外，予信弗文，義安得辭？按狀：公世福建連江人。高祖諱頎生，官南京户部」郎中，以事遷于薊，遂家焉。曾祖寶。祖俊、倫、信。倫由國子生任海州衛教授。信由」成化甲辰進士，歷官都御史，巡撫大同。俊□弗仕。俊生厥考龍池翁諱弘悳，由」正德丁卯鄉舉，授常州通判。母孟氏，生公昆弟三人：長即公；次即東泉公諱思」誠，由嘉靖己丑進士，今守東昌；又次西泉公諱思賢，由嘉靖戊戌進士，今宰合」肥。惟公幼喜讀書，長樂田圃，日從事先業，不欲為繩墨俗態拘忌。後從龍池翁」命，以例受七品散官。常與鄉之有行義者結會，時則偕以遊觀，或偶至訾笑人」者，公深避之，若有所浼。里俗：族大者多□其亢。公居鄉，無貴賤小大，必加敬禮」焉。殆如不知有己者。人或有急難，公聞則矜憫之，甚或濟其匱乏。僕夫每有□」過，公常曰：此小人不能免也。恒貸之，不輕怒詈。處昆弟性極友愛，無議者□□」異言取□，公拒之，終弗獲入。事父母尤克盡孝道。龍池翁病風不起，□□□□」年，公朝夕侍食飲，罔有懈意，及卒之日，哀毀踰常。父歿遺母在堂，□□□□□」爭孝養之，故東、西泉宦途遼隔，常有怨其後至者□用是薊□□□□□□□」不獨以文學事業，而凡▨」男二：長士稷，為▨」二：長適▨」得（後缺）。

二〇　明故錦衣衛冠帶總旗仁齋高君（選）墓誌銘

〔蓋文〕

明故錦衣」衛冠帶總」旗仁齋高」君墓誌銘

〔誌文〕

明故錦衣衛冠帶總旗仁齋高君墓誌銘　」

中憲大夫陝西平涼府知府陞從二品俸級前刑部郎中雲間王紱撰　」

奉政大夫前鴻臚寺左少卿南京刑部郎中致仕金陵朱福書　」

賜會武第明威將軍錦衣衛南鎮撫司管司事指揮僉事新城鄭承宗篆　」

君姓高，諱選，字子舉，別號仁齋。其先小興州人。始祖居寶避元亂，卜武清之」楊柳青里居焉。居寶生得明，得明生俊、能、文，能生通，通生雲、騰、霆、震、雩、霽。霆」獨卓犖不群，益光先業，精于法律，發跡仕版，寔君考也。娶梁氏，生子二：長遷，」體貌魁梧，試充侍直將軍；次即君也。少英俊倜儻，刻意向上，事親孝，處兄弟」友，痛早失怙，奉母氏備極誠順，久罔怠愆。比長，襲兄將軍例，止授本衛前所」校尉從事。未幾，」掌衛事。上柱國都督陸翁見而奇之，拔西司房辦事，屢試勤能，改東司房，愈切」委任矣。君竭盡心力，雖千里外，不憚遐遠；寒暑晝夜，不憚勞瘁；遇寇交鋒，不」憚生死；是以捕緝多績。往歲胡虜猖獗，君掠禦尤多，前後獲功，累陞小旗、總」旗之級，遇」恩例冠帶，亦榮矣哉。恒閑習射藝，一日，」陸翁曾於射所親試之，君屢中的，受幣及銀花之賞，旌其能也。使天假之以」年，百千萬户之侯，無難致者。卒之日，」陸翁聞之，給以棺斂之資，惜之也。君生于正德戊辰四月二十八日，卒于嘉」靖壬子八月二十七日，得壽四十有五。配喬氏，乃静海將仕郎□□之女。生」子一，曰宜，以材質試充侍直將軍，娶宋氏。女二：長適楊鍾，次尚幼。姪曰安，即」兄遷之子，乃替君之職役。嗚呼！天既賦君以美質大器，而竟弗至于通顯，非」命耶？宜將以癸丑年三月初八日，扶君之柩隨厥考徙葬于新卜衛河南之」原。以國子生安子春狀，偕族叔千兵高龍潭徵予銘。龍潭，予鄰契友也，庸可」辭？銘曰：」

天生爾英，為國之楨。生賦英氣，死餘英名。幼而壯行，克孝克忠。勒爾賢銘，永」光佳城。精英不昧，啓爾後昆。世篤忠藎，用昭爾靈。

二一　明故例授奉訓大夫鵜臺何公（聰）墓誌銘

〔蓋文〕

明故例授」奉訓大夫」鵜臺何公」墓誌銘

〔誌文〕

明故例授奉訓大夫鵝臺何公墓誌銘 」

賜進士第中順大夫前山東東昌府知府郡人歐思誠撰文 」

奉政大夫前山西提刑按察司僉事郡人賀惠書丹 」

承直郎前河南開封府陳州同知郡人王儒篆蓋 」

按狀：公諱聰，字克明，別號鵝臺，其先乃河南之扶溝人。」國初，始祖諱全，由進士仕至湖廣布政司參政，因有軍功，陞所鎮撫。高祖諱貴，承襲，調薊州」衛，因家焉。貴生三子：長諱能，襲前職，陞衛鎮撫，調興州右屯衛，治在遷安；次諱興，守祖，遂」為薊人。興生贇，贇生安，寔公之父也。平生善賈，家業漸盛。母孟氏，公生於弘治丙辰九月」十七日。自幼至長，從事商賈，積日益饒。狀稱其立心不苟，賦性剛直，喜施捨，修廟宇，順父」母，恤弟姪，蓋實録也。近年邊方多事，」朝廷開納粟之例。公遂輸金數伯，授奉訓大夫，五品散官，峩冠花帶，鄉里大以為榮。又先後」與其二子，俱援例為太學生，一時榮盛。人皆羡公能濟國家之急也。惟公恂恂謹飭，未嘗」以富貴驕矜，且家法謹嚴，諸子咸能以本業樹立。《語》曰：富而好禮。《記》曰：賢者積而能散。公」其庶幾矣乎。蓋何氏之興，祖貴培其根，父安達其枝，維公暢其華。諺所謂：家積而後昌，善」積而後揚。於是乎徵之矣。公娶王氏，繼張氏、丘氏。生男子四人：一曰經，監生，娶高氏，繼謝」氏；二曰綸，庠生，娶賀氏，繼王氏；三曰緯，監生，娶宗氏；四曰紋，娶李氏。女子一人，適營州右」屯衛武舉李廷鎮。孫男一，曰遇時，聘上舍范君麟之女。今年春月，公往臨清貿易貨物，方」歸數日，偶爾獲疾，一夜而卒，時嘉靖丙辰七月十四日也。詎其生，享年六十有一。古謂福」壽康寧者，公蓋兼之矣。其亦無遺憾矣乎！孤子經等卜卒之年八月十六日，歸葬於朝都」門外祖塋之次。先期持所自為狀，介儒官韓廷輔等，詣予以誌銘請，遂不辭而為之。」銘曰： 」

嗟爾豫族，乃昌薊城；祀績維祖，大振於公；既熾而豐，乃華其躬。德蓄始發，祉遺方昌；令子」森森，益茂益長；人孰無死？遂有烈光。崆峒之原，乃啓君封；水土深厚，其休無窮；嗟嗟鵝臺，」瞑目永終。

孤哀子經等奉祀

二二二　明故侯（東）孺人朱氏墓誌銘

〔蓋文〕

明侯孺」人朱氏」墓誌銘

〔誌文〕

明故侯孺人朱氏墓誌銘 」

孺人朱者，海豐令侯公一星之配也。父泰，母張，薊文族。孺人生于」弘治乙丑十二月三日，同胞兄弟者四，姊妹者三，孺人次五。生而」淑婉貞順，勤于女工。兄昺，薊庠彦，為擇婿，得營州衛宦族侯翁子」一星公東于歸。無何翁卒，姑李在堂，孺人奉事惟謹。一星治《詩》，時」家業稍索，及遊泮愈索，孺人躬勵内政，無間朝夕，至脱衣珥以襄」之。以故一星得以卒業，登嘉靖丁酉制科。初授新鄉令，以公過謫」山東寧陽丞，署壽張，繼陞海豐令。所在奉姑以行，晨昏省候罔懈。」至于誨訓諸子，戒諭諸婦，悉崇素儉，如貧約時。兄昺有遺女，為嫁」之。兄晃卒，助貲為葬之。一星有弟齊，久異爨，卒，妻孀女幼，皆收育」之，以豫姑意。緣是勞勞，孺人病矣。猶諄懇婦婢，事李如己，所以事」之者李，壽至九十乃卒。孺人雖嬴臥床褥〔一〕，尚哀慟無已。蓋其性篤」孝然也。姑卒，未逾歲，孺人亦卒，適嘉靖癸亥七月初九日也，享年」五十有九。嗚呼！若孺人者，非女中賢孝之特出者乎？孺人生男四：」長愚，娶王；次魯，娶于；質，娶謝；朴，娶劉。女一，適應襲信易。孫男十，孫」女五。長曰國安，為薊庠生，娶張，繼崔，俱先卒，今娶文氏；次國□、國」□、國棟，尚幼，未娉。女曰重姐，許娉李；曰喜姐。俱愚出。曰國寧，娉馮；」□國相。女曰秋姐。俱魯出。曰國祥，娉盧；曰國士。女曰元宵，適應襲」□善繼。俱質出。曰國賓，娉張；曰國泰。女曰五姐。俱朴出。曾孫二：長」□□□；次泰歌。俱國安所出。觀于此，可以知孺人食純德之報矣。」□卒之年十一月十日，歸葬于四方臺左祖塋之側，因為之銘，曰：」

曰孝曰從，閨閫之先；曰子曰孫，既多且賢。陰陽相循，化機弗停；履」□而終，是謂之寧。

薊庠廩膳生山泉朱啓東伯曉撰

〔簡注〕

〔一〕「嬴」應為「羸」之誤。

二一三　明故中順大夫山東東昌府知府東泉歐公（思誠）墓誌銘

〔蓋文〕

明故中順」大夫山東」東昌府知」府東泉歐」公墓誌銘

〔誌文〕

明故中順大夫山東東昌府知府東泉歐公墓誌銘」

賜進士第承德郎户部四川司主事郡人松州王淯撰」

賜進士第文林郎山西道監察御史郡人春洲崔□篆」

奉議大夫山西提刑按察司僉事郡人龍村賀惠書」

東泉公卒之越月，其子監生士文者，匍匐踵門，揖愚而求銘，曰：先人意也。愚於公有姻戚之好，知之甚悉，」又以知縣侯公一星撰公行狀，尤可信也。按：公姓歐氏，諱思誠，字純甫，別號東泉。其先福建連江人。始祖」頎生，永樂初遷于薊，因為薊人。曾祖寶，贈户部郎中。祖俊，隱居不仕。父弘悳，由舉人任常州府通判，進階」承德郎。母孟氏，封安人。俱因公益顯也。公生而穎敏異常，凡書一經目輒不忘。自髫年即有志甲第。及長，」學益弘邃，為文精雅有古意，郡人都憲劉公見而奇之，曰：公輔器也！以孫女妻之。入郡庠為弟子員，每較」試，恒卓越倫輩。嘉靖乙酉，中順天府鄉試，繼登己丑進士，授陝西朝邑縣尹。適邑值大侵，民多餓殍，公曰：」民朝夕急，若待請而賑，將坐斃矣。即有嗔，吾任其咎。迺大發官廩，以濟饑民，由是全活者甚衆。尋陞南京」大理左評，復轉北京右評。歷任寺副、正，俱有明決聲。同郡劉士毅者，冤獄累年不決，公為委曲直之，其人」詣公叩謝，公拒曰：釋汝者，以法不宜死耳，匪私也，何以謝為？卒不見。未幾，出刺河南衛輝府政，益精詳，□」車即增飾文廟，士類感激。時黄河泛溢，民憂之，公為設法捍禦，以防衝决，数邑之人，俱免墊溺。無何，以父」憂歸，制闋，復除山東東昌府。東昌故逼河道，時河復大决，民間田廬漂没殆盡。公急疏請□口給粟，百姓」始安堵，無流離之苦。人德之，為立生祠，歲時展敬不衰。公性故耿介，難干以私。府有二大姓者，健訟逮及」無辜，公惡之，欲置於法，乃惧，托勢要者，囑之求解，公堅不從，勢要者啣之。未幾，以母憂去位，遂遭搆陷。公」忻然曰：是吾初意也。由是雲巾野服，邀朋結社，飲酒賦詩，清談酣笑，睥睨宇宙，逍遥人世之外，以極騷人」逸士之樂，以此適其志而終其身。居鄉率多義舉。薊城舊薄於邊近，虜内侵，適城壞，咸憂不測。公慨然出」貲，倡衆裒集得千餘金，乃共請有司完之，人恃無恐。公素淡泊於財，有持券求貸者，不問能償與否輒與，」雖為所負，不計也。復貸復與如初，復負亦不愠也。鄉人貧不能葬者，恒出棺以助之，不取其值。以故其後」家稍落莫，亦不介於心。顧謂士文曰：汝肯自樹立，多金何益？其坦率類如此。兄思廉，未仕，先公卒。弟思賢，」中戊戌進士，授兵部主事，與公同宦京師。兄弟駕行，每出入冠盖輝奕，人咸羡之，亦先公卒。公為撫恤遺」孤，俱得成立。叔父弘恩乏嗣，暨嬸母二喪，皆公葬送之。其篤於親親如是。嗚呼！若公者，才全德備仁厚之」君子者歟。公生於弘治十一年二月十五日，卒於嘉靖四十二年八月十六日，享年六十有六。配李氏，贈」孺人，千户榮之女；繼劉氏，封孺人，都憲聰之孫女。俱先公卒。繼趙氏，守備承宗之女。副室李氏，生一子，即」士文，娶愚兄知縣松崖公沂之女。女二：長適知縣王濟民長男指揮王化成，次適按察司副使高進次男」庠生高楨。以是年十一月十五日，葬公於祖塋之次，因叙其事，而為之銘。銘曰：」

古稱大才，出處兼備；嗟我東泉，不習而利。惟彼大理，獄則劇繁；公也剖之，靡或有冤。兩秉□□，巨川是濟；」有嚴厥祠，思之無替。懲奸抗勢，緣性之剛；敦□□□，□後之昌。金紫煌煌，載顯於時；千秋有聞，徵我名辭。」

孤子士文泣血奉祀

二四 明故贈少保左都督特進榮禄大夫謚忠勇鎮守遼東總兵殷公（尚質）墓誌銘

〔蓋文〕

明故贈少保左」都督特進榮禄」大夫謚忠勇鎮」守遼東總兵殷」公墓誌銘

〔誌文〕

明故贈少保左都督特進榮禄大夫謚忠勇鎮守遼東總兵殷公□□□　」

賜進士第中憲大夫副雲南廉訪使前奉　」敕督視湖南學政山陰内山張天復撰文　」

賜進士第大中大夫都察院副都御史巡撫遼東兼贊理軍務韓村蘇志▨」

金吾將軍前軍都督府左都督鎮守薊鎮總兵官南山胡鎮篆盖　」

公諱尚質，氏殷，字仲華，別號朴齋。其先盧州合肥人。洪武初，有諱成者，隸籍▨」始祖成子忠，屢從戰有功，由本衛百户陞河南
歸德衛世襲指揮僉事，調天津▨」云。高祖彪，曾祖貴，祖洪，並指揮僉事。父建，即洪季子，以伯仲無嗣，纘先勳業。建卒，公▨」夫人
馮，躬勤教育，俾有成立。弱冠，游泮宮，脩詩書俎豆之業，有四方大志，識者奇之。▨」壬寅春，備禦黄花等鎮，改署天津右衛，尋掌本
衛事，撫按廉其忠幹，每加推奬。丙午秋，」▨備遼東寧遠，移駐瀋陽，陞山西都司僉書。己酉秋，充遊擊將軍，督軍駐延安。時延安内
盜外訌▨」遊擊為一時創設，兵皆市人，不積練。公受　」命儆惕，勵忠武，身先士卒，嚴刁斗，多間諜以哨虜情，而參以遁甲孤虚諸法，
用能屢殲黠虜，奏凱　」庭下。於是諸鎮之兵，延安稱雄焉。時　」天子加意邊陲，廣求將材，以諸拆衝之用。公威名日盛，本兵屢推
轂。壬子夏，擢山西太原左參，　」賜敕以往。是秋，分守大同東路。地當虜衝，而鐵裏門等口尤極邊隘，虜騎時出没，士馬単脆，物故
每太半。公」曰：不遇犀雁，何以別干將耶？益勵忠奮，謀務净虜氛，以報　」主上殊遇，屢挫敵鋒，斬獲無算。時巡撫侯公在圍，急
甚。公督率前軍衝之，圍遂解。然虜嚙指啣公甚矣。功聞，　」上嘉賞有加。甲寅春，充分守遼陽副總兵，尋陞都督僉事、總兵官，鎮守
遼東，掛征虜大將軍印，　」賜璽書，　」寵諭備至。公尤感恩圖奮，訓練六軍，修繕屯堡，申嚴號令，由是軍威大振，犬羊懷畏。居遼東
二月，降者數百」人，間有犯而侵境，輒勦截，沙磧無外牧焉。捷書薦　」奏，諸鎮聞風思奮，而公矢志益勵矣。丙辰冬，虜騎数萬猝至，
士伍不暇行列，公聞之，躍馬而出，血戰移日，力」窮矢竭，遂遇害。訃聞，　」上憫悼久之，用禮官言，贈少保、左都督、特進榮禄大夫，謚
忠勇，仍廕一子世襲指揮同知，　」命禮、工二部祭葬如制，立祠死所，以旌忠烈。父贈左都督，母封太夫人，妻倪氏贈夫人，繼楊氏封夫
人。公天」性篤誠讜夷，平居恂恂如儒生，而臨事奮不顧身，萬夫莫撓，用能樹大節於　」熙明之朝，俾氈裘格義、寒膽落魄，而世圓冠句
履、脂韋偷生者，視公亦足媿矣。語曰：力抗一夫，氣作長城。　」國家神氣，不於公有賴哉！然志在死國，竟阨其後，天道其僭矣。

求仁得仁，公死不瞑目耶！生於正德丁丑年」十月二十四日，距其死節嘉靖丙辰年十月十四日，享年四十歲。又踰十年，為嘉靖乙丑，始克襄事，墓在」本衛城西張官屯之原。往予在儀部，聞公以國事死，欲誄之，而未遑也。茲會其友王君軏，哀公之忠，日廪」餼其窮嫠，乞進士翟公狀，来請銘，爰銘曰：」

翳公之系，肇自有商；代歷繇逖，世澤未亡。烈祖桓桓，乘時奮發；佐我」皇祚，首開功伐。維公繼美，接武前修；糾糾干城，克壯其猷。美冽冰霜，忠昭日月；作鎮邊陲，揚麾秉鉞。蠢茲醜虜，」叛服不常；既綏且伐，威德用張。厥或跳梁，奮戈向敵；抗義殺身，之死靡慝。訃聞」當宁，恤典有加；立祠死所，血食無涯。古稱不朽，匪爵伊德；百爾將臣，請視此石。

石工張忠、趙時來鐫

二一五　明故賀（惠）宜人（韓氏）墓誌銘

〔蓋文〕

大明故」賀宜人」墓誌銘

〔誌文〕

明故賀▨」

賜進士第承德郎户部四川清吏司主事郡人王浻撰」

賜進士第中憲大夫都察院右僉都御史奉」旨聽用前巡撫宣府郡人李秋篆」

賜進士第朝議大夫贊治少尹山東布政使司右參議郡人莫瓆書」

賀宜人者，山西按察司僉憲龍村賀公惠之配也。嘉靖丙寅歲五月二十二日，以疾」卒於家。越数日，僉憲公攜幼子歷年，持宜人狀造門而揖愚曰：老妻不幸先亡，然自」結褵為夫婦者，六十稔矣。一但捐室而去，可無一言以誌其行乎？予辱先生宿雅，敢」丐一言，以光墓石。按狀：宜人姓韓氏，薊州衛户侯韓欽女也。生而沉静簡默，言笑不」妄發。欽常奇之曰：吾兒非凡女，比當為名士配也。暨見僉憲公聰敏卓犖，風采夐異，」嶷嶷然為公輔器，乃曰：是吾婿也。遂以夫人歸焉。既嬪，益嘉淑婉，柔順幽閑，允執婦」業。事翁姑曲致孝謹，能大得其歡心。時僉憲公為弟子員，勵志向學，頗不事家人産」業。交遊多一時豪彥，至則宜人必躬治饌具，令其款洽，以資講論，間脱簪珥充之，聊」不吝惜。以故，僉憲公得大肆力於問學。正德己卯，遂舉於鄉。宜人復大喜曰：公志伸」矣。曷乘時有為，以展壯行之願耶。僉憲公乃就選，授兵部司務，尋轉南京吏部員外」郎，以及今官，所在有耿介聲，咸宜人内助力也。宜人性勤儉，米鹽瑣屑之類必躬理，」不假左右。衣常浣濯補綴，不以為嫌。其時尚珠翠鮮麗之美，一切屏去弗用。所以家」業晚益饒足。僉憲公得以頤養天和者，夫人之益居多。主家祀，奠獻惟謹。撫恤臧獲，」終歲不加鞭朴。宗族無遠近，處之悉盡情禮。故内外大小，咸無間言。僉憲公年踰知」命，未舉嗣，宜人憂曰：必置媵庶可圖也。乃為儲養数姬，絶無妬忌。未幾，果育一子，撫」愛甚於己出，人咸謂：賀氏無後而有後者，宜人遺之也。噫嘻！古今論婦人性陰柔，多」執忌，至嫉侍婢，雖賢者不免也。宜人乃能有容，以昌人之宗，厥惟賢哉。先是宜人患」胸疸，血淋淋潰，踰年不止。泣謂僉憲公曰：疾如是，吾殆不起乎！公其善撫弱孤，俾見」其成立，吾目瞑矣。因泣数行下。又召所生二女曰：汝父老且病，即吾不起，汝等其善」事之，勿以外事人疏定省也。已又召諸女子曰：汝父平生清介，居官一無所積，笥中」衣飾，吾初娉時物也。汝三人其均取之，見物即見吾矣。言已，復大泣数聲，遂奄逝。嗚」呼傷哉！宜人生二女：長適薊州衛指揮牟懋宗，次適鎮朔衛指揮李時。男一，歷年，即」所置媵妾康氏生，娉侍御王君汝正妹。生於弘治壬子五月十七日，訖今享年七十」有六。壽考芳茗，两俱無媿。兹歸葬於望遠門外祖塋之次。因述其事，而為之銘。銘曰：」

幼而淑者，淳耶。字而孝者，賢耶。克勤儉者，慎耶。慈且惠者，良耶。憂深裕胤者，後裔其」昌耶。夜臺□□，承藏厥香，百禩其芳耶。

二六　明故奉議大夫山西按察司僉事龍村賀公（惠）墓誌銘

〔蓋文〕

明故奉議」大夫山西」按察司僉」事龍村賀」公墓誌銘

〔誌文〕

明故奉議大夫山西按察司僉事龍村賀公墓誌銘」

鄉進士文林郎山東海豐縣知縣郡人侯東撰」

賜進士第文林郎山西道監察御史郡人崔棟篆」

賜進士第承德郎户部四川清吏司主事郡人王淓書」

山西按察司僉事龍村賀公為人信實，言動有則。自謝政歸，杜門静處，出入不輕。」族屬恃為依馮、後進取為模範者二十餘年，於嘉靖丙寅十二月初五日卒。遠邇」聞訃，罔不興歎，其德行素孚於人，可識矣。昊天胡不憖遺，而隳一郡之典則耶？其」婿中齋李君時，攜公幼孤歷年，持太學生山泉朱子啓東狀，詣東請銘。東夙為公」知厚，不獲辭，遂銘。按狀：公高祖友諒，陝西延安府鄜州洛川縣人，洪武初，從軍累」功，陞鎮朔衛左所實授百户。父英，母崔。生公居仲，諱惠，字子仁，别號龍村。少師于」薊大儒朱方臺、李盤谿二公，精思力學，為一時名士。登正德己卯科鄉薦，以父老」未沾禄養，就選銓司，首授南京吏部司務。三年考滿，丁父憂。服闋，無仕進意。親友」勸之，起復北京兵部司務，轉工部員外郎，陞山西按察司僉事。歸居林下，高風為」一郡宗。公兄恩襲父職。兄卒，撫其姪若蒙。卒，復撫育其姪孫繼芳，托公庇，今亦成」立。其姪若簡不得於父，將甘心焉。公力為諭救，收為己養，今賴以知自營。公其友」愛人也。配韓，薊州衛户侯欽之女，與公同年生，奉事舅姑，閨門雍肅，朝夕相敬如」賓。公踰年五十，尚未有嗣，甚憂。韓為娶側室康氏，今有子歷年，方八歲，康之所出」也。公歷官所在有聲，清慎自守，而宦囊蕭索。歸居舊第，未嘗增侈，親督耕稼，藝蔬」樹果以自給。歲時燕會親友，盤饌雖不豐腆，而情意則周洽也。以性簡素，僕御寡」畜，凡遇禮節應酬，必須傭假始辦。公體厚，晚年起居不便，尤少出。其配韓以是年」五月二十二日先公卒。公初無疾，時以血氣衰憊，復以韓故鬱鬱，預囑後事而卒。」嗚呼！跡公為人，其大雅君子也耶。公子一，即歷年。女二：長適薊州衛指揮僉事牟」懋宗，次適鎮朔衛指揮僉事李時。相與代為營辦喪禮，而時居多。公生于弘治壬」子十二月二十七日，距卒年，享壽七十有七。以逾年正月二十八日，歸葬於望遠」門外，從先兆也。系之銘曰：」

崆峒屹屹，沽水悠悠；篤生哲人，醇朴寡儔。自幼學以至壯行，端方廉慎，其文正、清」獻之流。嗚呼没矣，後人敬松楸而頌美其遺休。」

孤哀子歷年泣血立

二七　明中憲大夫山東按察司副使東河趙公（紳）墓誌銘

〔蓋文〕

明中憲大」夫山東按」察司副使」東河趙公」墓誌銘

〔誌文〕

明中憲大夫山東按察司副使東河趙公墓誌銘」

賜進士出身翰林院庶吉士餘姚邵陛譔」

賜進士第資德大夫治政上卿户部尚書東安劉體乾書」

賜進士第中議大夫贊治尹巡撫遼東等處地方都察院右僉都御史薊州李秋篆」

余友黃貢元明泉館於武清，一日，偕主人趙文學謁余。余見文學德器温然如玉，翩翩青雲客也。延入堂，」文學出中承謝公狀，頓首請銘，以志其翁不朽。余聞之《傳》曰：銘勒幽石，曖乎若可覿，凄焉如可傷。若余於」東河公，曾未覿面，而莫之傷也。奚其銘？雖然，不知其父，觀其子。況謝公文行，為士林推重，則其言又足徵」也。遂不敢固辭。按：公姓趙氏，諱紳，字子縉，別號東河，世居武清運河東之蔡家莊，因號焉。其先有名士能」者，亢宗起家。士能生貴，貴生文行，文行生儼，代有令德，闕弗施。而生景鏜，號二楊，公父也，以公貴，」封文林郎、陽曲縣尹。母張氏，」封太孺人。公生而穎敏，第多疾，十五歲始學舉子業，一目數千言不忘，為文立就，有奇氣。十七歲，補庠弟子」員，試輒冠諸生，即未第時名聲已籍籍起。及嘉靖丁酉，舉於鄉。辛丑，舉進士，毅然思以功名事業見於天」下。初授大谷知縣，抉奸剔弊，均役募逋，甫八月，境内大治。丁二楊公艱歸，執喪無踰禮。服闋，補陽曲，即太」原府附廓邑，務劇風刁。公勵精任事，不避勞怨，民無不安居樂業者，故有替天行道之謡焉。三年政成，」徵為山西道監察御史。風裁凝重，抗疏敢言，屹然為臺端望，當道者稱之曰：是故嗣世清獻趙公也。庚戌之」後，凡邊方兵備，必選知勇忠義者肩其任。辛亥春，遼東僉憲報缺，銓部特以公往，乃為按事不當」先皇意，未及涖任，而遷判無為州矣。癸丑，陞裕州守，所至輒有惠政。不三月，陞陝西按察司僉事，居靖邊營，分」巡延綏西路糧儲鹽法，髮不遑節，而垢不問沐，軍民之務，肅然具舉矣。丙辰，陞布政司參議，駐節上郡，督」飭延綏中東西三路城堡墩臺，星羅山峙，障蔽之功，至於今賴之。當是時，部使者交章論薦，不曰軍民之」父母，則曰邊鄙之長城也。己未春，陞山東按察司副使。科臣梁公鳴泉廉公明慎，奏留查盤固原、甘肅、寧」夏等處邊儲。公精白一心，不以陞任怠厥事，破冒官糧者罪，侵剋軍資者罪，於國計多所裨益。冬末竣事。」入齊魯境巡察登萊海道，時海寇不靖，公益殫心力，脩明防禦諸務，鯨鯢遠遁，而民有漁鹽之利，無烽火」之警矣。壬戌，公因疾乞歸。歸則率其弟若子，孝事張太孺人，出入扶持，晨昏定省，自口體志意，無一而弗」適。太孺人今躋上壽矣，丹顏渥髮，鵠峙鶴停者，公之所養也。公為人精研有大計，且性慷慨，歷宦二十餘」年，建豎顯赫，比歸，行李蕭然。家居務勤儉，身所致貲饒裕，又時時捐羡餘於兄弟宗族，人多頌其德。視人」生進不能取尺寸之勳，退不免於窘詘者，安可比丈夫哉。公生正德癸酉十一月二十二日，卒於隆慶戊辰十一月二十七日，享年五十有六。娶孫氏，有風疾，繼娶張氏、賈氏。子男四：長之坊，邑庠生，側室張氏出」也；次之垣，太學生；次之墀、之臺。女四，俱繼室張氏出也。長女適邑人張□，官貢永賫君子；次適霸州庠生」范與諒，陝西按察司副使秋潭公子；次適東安縣庠生劉澍，户部尚書清渠公子；次適霸州庠生于尚綱，」廩生懷原君子。孫男一，銑；孫女一，出之坊。鈺，出之垣。之坊等擇庚午四月初六日，窆公於東原。銘曰：」

運河之東，雍水沄沄；鍾靈褱潤，代有聞人。於昭趙公，天挺之傑；慎憲維則，樹勳藩臬。年未酬德，位不稱才；」鳳毛麟趾，呈瑞將来。東原膴膴，佳城始缮；施及萬年，蘋蘩永薦。

二八　明指揮僉事王公（文翰）暨配孺人周氏之墓誌

〔蓋文〕

明指揮僉」事王公暨」配孺人周」氏之墓

〔誌文〕

（前残）

府君諱文翰，字□學，別號⊠富民填實京師，徙編令」籍。曾祖⊠，遂以法理成名，就選京」邸，中□歸，亦不仕。妣傅氏，以嘉靖⊠邑庠。尚有二幼弟：仲諱」文林，季小字八哥，俱早殤。考妣以府君□□不□以□苦之力□　」□貢士入胄監，日以□生□事，綜理經營，備□□□用□家□豐裕，□□□□□將有日思無日，莫待無時」想有時。惓惓以勤儉為訓。其課不□有不稱□□鞭□無□姑息，錫輩以庸□得厠名儒林，皆庭訓力。嘉」靖辛酉冬，期當入選，謂親友曰：　予以才立，無依□而□永可□□□□□□誰寄也。願附近地，得授一」職，足矣。遂奉　」□加授梁城所指揮僉事。梁城素刁疲，號難治。府君履任之日，即□□□□不以武弁自諉。無何，即見知於撫」院徐公、按院温公、屯院秦公，屢移檄褒獎，或委以榷關税，或委以□□篆。既而奉部院之推選軍政，盖全」以所事屬之矣。府君拜　」命，即奮然曰：　吾不能操鉛槧取青紫，幸拜爵為萬户侯，專城重寄於我乎属，視士之受一命者，不侔矣。此大丈」夫所當效忠宣力，以報朝家時也。於是，以文事飭武備，以廉静勵官箴。首以興學為務，乃遴其子弟之秀」者二十人，上督學公，育之縣庠，使之明禮教，而潛移其悍俗。其理訟之贖鍰，不以實私橐，率每季上五十」餘金於觀察公。斯二事者，人咸目為所之曠典。又病其世宦者，恃積威專利，為士人病，請諸當道嚴禁之，」始稍稍斂戢，不敢肆，即任怨所不辭。且清其徭役，革其吏弊，實其行伍，繕其城廓，葺其公廨，息其刁訟，梁」城之治，彬彬向化，殆媲美郡邑云。梁城之人，至於今有去後思也。嗚呼！即使府君以儒業起家，受百里之」寄，膺方面之司，其所設施展布，成功明效，大抵亦不越此。府君庶幾不負所學哉。後倦于勤，托疾歸，專以」利人濟物為心。家積醫藥，療人疾苦。尤敬重釋迦教，如修理橋路，設建齋醮，徹先為首倡，遠近皆聞其風，」以故踵門乞施者，每不絶人。府君亦喜施之，無倦厭意。嗚呼痛哉！府君樂善好施，積德飭行，若兹固宜常」視久履，以臻遐筭。乃今萬曆甲申三月十九日，遽以疾卒，距生年纔六十有一。嗚呼痛哉！配周氏，邑處士」寧之女，十八歲歸府君，天性貞懿，甘澹薄，好沉静，肥甘不嗜于口，紈綺弗親于身，治家嚴肅，內外有條，大」小凛如也。且孝敬事舅姑，勤儉相夫子，仁慈育後昆，媦戚中咸稱其有古士女風。府君服官於外，家政胥」賴焉。隆慶庚午正月初三日，先府君十四年卒，以嘉靖甲申二月二十五日生，享年四十有七。嗚呼痛哉！」吾母之在世也，憂勤萬状，不得享其樂於身。錫無所肖似，年幾强仕，尚未能克自樹立，沾尺寸以顯揚萬」一，於其没恨抱終天。嗚呼痛哉！且當吾母之初逝也，錫膽喪魂落，即欲以死從者数矣。人咸苦其愚而止」之，而不肖至情，非人所盡知也。所可表錫之心者，賴有今日之記焉耳。嗚呼痛哉！繼吾母者葛，側則田氏。」子三人：長即三錫，香河廩膳生，室馬氏，指揮廷弼女；繼薛氏，香河巡宰桐女；再繼張氏，生員士縉孫女。次」三接，引禮舍人，室趙氏，生員邦奇女。俱周出。次三顧，生員，室劉氏，省祭官用極女，田出。女二人：長歸生員」高謙功，卒；次許聘千户陳文化之子。孫男六：長曰庭桂，娶太學生陳照女；次曰庭槐，出于錫。曰庭梧，曰庭」桐，曰庭櫝，出于接。曰庭棣，出于顧。俱尚幼。孫女三：一適承差高勤；二尚幼，在室。曾孫女一。祖塋在縣城西」北五里聖兒窩河之陰，因地狹塚穴，逼近葬高祖珂于始祖塋之東数步，今復以穴盡，乃葬府君于高祖」塋之又東数步。卜今年八月十七日，啓先妣之柩，遷於東之新域，與府君合葬焉。敢次姓系、官閱、志業之」概，刻而揜諸幽，俾垂之永久云。　」

不肖子三錫泣血謹撰

二九　明故徵仕郎馬公野峰（從賢）墓誌銘

〔蓋文〕

明故徵仕郎馬公野峯墓誌銘

〔誌文〕

明故徵仕郎馬公野峰墓誌銘　」

□馬公諱從賢，字子才，號野峰。於洪武初，先世祖肇移信安，著静海籍，遂永建乃家。公父諱驟，母張氏，生」□子，公居末也。公自幼賦性穎慧剛方，以英豪自負，鋭志學術，精研義經，雖盛暑隆寒，無少輟也。進登□」□□縣庠肄業焉。五入棘闈，黜額徒回。蓋其所能者人也，其所不能者天也。輒于嘉靖甲子，應貢太學□」□□父長逝，嬛嬛在疚，孝誠匪懈。其事母也，委曲竭力，務得懽心。友于兄弟，敦睦戚屬。教子姪輩，嚴慎有」方。訓農及時以足食，刑于閨閫以幽静，平居無馳辭諂容，好面折人過，閭里多敬憚焉。不偕世以浮沉，惟」□□以操履。至隆慶庚午，銓部除授山東朝城縣丞。下車後，其持身也，惟公惟廉；其立法也，惟嚴惟明。政」綱丕振，遠近孚心。當道者屢賜褒獎。歷任二載，以内艱歸。至萬曆乙卯，服闋，遂旋補河南靈寶縣丞。公行」所無事，仍以治朝城者治之，不週禩，而政治庶臻于淪髓，風教漸挽于淳龐。士民頌功，戒德圖像，以識于」不忘。寮宷畏威，尊禮矜式，以隆于不替。繼按資陞陝西漢中衛經歷。履任時，山川跋涉，風塵蒙襲，乃楸楸」曰：吾來效忠，盡其責耳。身既疾矣，責可謝矣。自丁丑春，移檄求退，撫按司府咸固留，欲用懇切求之，至□」始得　」命，致仕歸。歸來疾愈，惟聚良朋壺觴以優游，脩德業俟命以□致。一日，呼健等曰：讀書孝友，人間美事，尔」其識之？無何而疾，子恭進藥，拒而不飲，直曰：命耳！吾亦安之，無以為也。不數日，遂瞑目正寢焉。公生于正」德己卯八月二十八日酉時，卒于萬曆己丑八月十六日丑時，享年七十有一。配張氏，青縣鄉耆鳳女，先」卒于嘉靖庚申五月二十九日午時，距生于正德己卯七月十六日戌時，壽四十二歲。繼配陳氏，霸州壽」相廷賓女。子男三：長即健也，庠生，娶李氏，邑省祭珏女；繼配王氏，錦衣校尉讚女。仲汝，邑部掾，娶張氏，邑」部掾璠女。俱張氏生也。季維新，庠生，娶陳氏，天津户侯治策女，乃陳氏生也。孫男三：三重，娶任氏，鄉耆官」女；三近，娶劉氏，鄉耆光顯女；三畏，聘庠生賈一新女。孫女一，適儒士張承誥，鄉耆學禮子。曾孫男一，長哥。」曾孫女三，尚幼。健等筮萬曆十九年九月二十九日，將柩合葬于縣北五里村先茔之次。嘗謂：天道惜福，」惟器乃授，何也？器者福之劑也。觀其福，先觀其器。人情樂壽，惟养乃延，何也？養者壽之享也。稱其壽，先稱」其養。野峰公福壽兼全，器養咸備，生前身後，存順没寧，勒石合葬，貽懿萬代，幽光焜燿，後昆監德，茲誌當」繹。」銘曰：」

□嶽氣完，鍾靈毓秀。偉哉馬公，美質天佑。少習羲經，鋭志藏脩。勤磨鐵硯，願覆金甌。幼學壯行，始企終符。」□□錫爵，忠藎揚休。東魯南豫，西秦恩渥。振治脩紀，彰善癉惡。施雲普雨，德廣化博。賦才倜儻，有能有為。」□□□正，無偏無陂。公遘疾沉，拒藥安命。忽逝正寢，天数豈論。騎風馭氣，鞭星叱辰。臨喪哀慟，頓致至情。」□盡大事，禮誠式陳。宅兆占卜，佳城安厝。春秋祭祀，靈魂歆只。夢寐陟降，牆羹怳惚。音容永隔，手澤猶遺。」□前寂如，景慕沾襟。高塚巍然，跂瞻洒淚。孝子慈孫，善繼善述。百世千年，彌光彌裕。」

文林郎雲南元謀縣知縣邑人張應熊撰」

萬曆辛卯九月二十九日吉旦」

男汝、健等納石

三〇　明故修職郎山西徐溝縣丞南浦鄭公（訓）墓誌銘

〔蓋文〕

大明萬曆二十四年歲在丙申▨之吉」

明故修職郎山西徐溝縣丞南浦鄭公墓誌銘

〔誌文〕

明故修職郎山西徐溝縣□□□鄭公墓誌銘　」

予初至静海也，館於鄭方伯別第。俄而方伯公孫賫酒脯來勞。余視其人鬚眉蒼白貌，其」龐衣冠偉如也。談論名理，雜以恢諧，纚纚不可勝窮。予心異之，則静海所稱南浦翁云。他」日為予談先方伯公參知貴州，却夷兵甚悉。又亟邀予過其南郭楼園亭，出古琴書画互」品第，酣暢佳風景岡間。聞予或乘興造訪，雖風雪夜，未嘗以老疾辭也。因故益悉翁藴籍。」有風致，善行草、鼓琴、繪事，而於葡萄尤妙絶。他音樂洞簫、長笛、箜篌、琵琶之属，靡不洞曉，」而家藏頗多善品。詩不肯多作，作則往往有姹致。語性尤樂易，不忤人，鄉人自孩豎以上，」人人親而重之。好與賢人文士交□，即少年俠游，亦未嘗不相與厭其意。酒德不大饒，而」觴政雅妙，知己相得，即意夜陶陶如也[一]。蓋翁襟宇朗逸，不為欲累，故終身人不見其詈言」愁□之態。乃家政則整整然，雖高尚而奉法唯謹。少事父母，以孝聞。幼質美秀，第善病，二」尊人鍾愛至篤，不欲以舉子業責治之。補邑弟子員，固多文，卒入貲為太學生。舍師則蜀」趙大洲公也。趙公見翁白晳娟好，甚愛之。口試對句，輒嚮應絶倒。□選同舍俊秀者数人，」親為指授，而嫡弗如也。會公以虜患建言謫去，益嘆莫由玉女於成。萬曆甲戌，授和州幕。」有列婦焦者，色艷一時，偶歸寧，誤遺其繡屐，一狂少某拾之以誇，其夫大□，烈婦愧恨，俛」姙媙請之，益肆醜語相靳，烈婦倉卒，引刎以自明，一州驚痛，而狂少業亡去。□翁計索十」日，得之，伏厥辜，且請州大夫躬祭奠，上其事而旌其門，奚啻於公之白東海婦也〔二〕。脩江岸，」設法束土，至今賴之。尋陞常州府知事，攝各廳事，□中解其事宜，與尤最。太守謂參佐曰：」鄭知才品如此，獨無奈地窄何？陞山西徐溝縣丞，愈諳練。左□侯公廉其才，委以合省均」地藉。翁井井縷縷，不爽毫髮，且公私稱便，一時聲華蔚然。侯公亟請於御史大夫，御史所」交剡白，以盂令就拜翁。翁計母七十余老〔三〕，而身未有繼體，一拜令不敢負知己，孤」主上恩，從此歸來有涯也〔四〕。遂為書辭，不可，在辭〔五〕。不待報而行，徐溝於失慈母焉。比東歸，日和」顏色侍太夫人膳，無異童稚時。課諸弟子姓，循循務遵□度。時時造請賢士大夫，觴咏於」江雲海日之間。非老更袒割，履未嘗至公室也。去年春，被小恙，乃愀然謂予曰：予不幸，累」舉丈夫男，輒不育，今犬馬之齒至矣。以吾子之靈，得飾巾牖下，百年誰尸祝吾者？吾欲以」季弟論之庶子延澤立之，嗣於予，奈何？余曰：善禮，固當也。於是請邑令立之，予為文志其」事。疾小間，已復作，予就視之，色黯然如涇灰，相視泣数行下，語哽咽胡盧，意盖為方伯公」不朽託云云，予心許之，数日而逝。嗚呼！南浦翁一語竟成今古耶。今年十有一月二十日，」其家將奉翁厝於衛河東之先塋。月之朔，翁弟詔手所列，伏跽且泣曰：唯吾兄於先生最」厚善，易簀之日，尤邈邈曰：必蔣季子志吾墓者。願先生無讓。予亦怨且泣曰：唯不佞楷辱」知翁，非楷志翁而誰？翁名訓，字式之，南浦其別號也。生於嘉靖庚寅七月十七日辰時，終」於萬曆乙未八月初五日寅時，享年六十有六。父曰太學生公際昌，母曰王孺人。大父氣，」歷官陝西左布政，是為方伯公。其詳具楷傳令□從祝邑庠成翁志云：翁行二；伯曰謨，平」陽府照磨；叔曰詔，以諸生終養，即狀翁者；季曰論，予門人。翁先娶董孺人，早卒，繼蕭孺人。」男曰延澤，即所立者，幼未聘。女二：長適舉人李梯男烺，予門人；次適文安紀汝清，廩生。俱」□出。董孺人即夭，有婦行，今將遷而附諸壙左。銘之曰：」

□□不愧丞史，任達不絕程紀。樂道好賢，悠游天年。拊爾令顏，婆娑□□，以視爾玉樹葱□。

〔簡注〕

〔一〕「意夜」之「意」，應為「竟」之誤。

〔二〕「於公」之「於」，應為「于」之誤。于定國白東海婦之冤，見《漢書》卷七一《于定國傳》。

〔三〕「七十余」之「余」，應為「餘」之誤。

〔四〕「來有涯」之「來」，應為「未」之誤。

〔五〕「在辭」之「在」，應為「再」之誤。

三一　明故從仕郎王公（夢龍）墓誌銘

〔蓋文〕

皇明從」仕郎王」公之墓

〔誌文〕

明故從仕郎王公墓誌銘　」

賜進士及第右春坊掌坊事右庶子兼翰林院侍讀金陵朱之蕃撰　」

賜進士出身行人司行人鄰邑王文邁書丹　」

賜進士出身承德郎户部雲南清吏司主事鄰邑王好善篆　」

歲茲辛亥，從仕郎王公卒于家。其子國翰等欒欒如在疚，走使丐誌銘」于予。盖翰等皆予門弟子也，于公有通家誼，欲謝不敏勿克。為誌曰：公」諱夢龍，字見田，別號禹門。其先太原人也。系出周靈王太子晋後，歷代」顯達，發祥者不可更僕数，俱載家乘。緊我」皇明有諱二共者，以異才應召，拜縣令，累遷二千石。子崇玉遂徙家平谷。再」傳有諱斌者，以平谷地迫虜甚，俗不事詩書，迺相里於雍陽漢口村家」焉。斌傳雄，燃藜奮讀，業登賓薦，見子鎧優游黌序，而孫棐克岐克嶷，遂」曰：吾有子及孫若而人，以詩書貽燕足矣，奚事五斗長安為哉！後棐果」擢嘉靖己酉鄉試，迺講學潞河之陽，隱居不仕，孝弟力田，不妄干謁。當」時邑令稱曰雍陽高士。故哲逝之日，門人共私謚以端肅云。端肅公娶」孫太史族女，生公。公髫髦時，即聰慧，有大志，端肅曰：此復吾王氏二郎」也。迨長，累試棘闈。至辛卯，以明經遊成均，赫奕有聲。辛丑，出佐昌樂，善」政縷縷，至今口碑猶載道。第性素恬淡，不嗜紛華，遂解綬歸田，以一經」課子孫，足跡不造城廓。敦崇道學，諸子百家靡不博貫，暨老尚手不釋」卷。尤善道引之術，卒之夕，猶三飯如故，飄飄焉若仙逝然。配趙氏，迺先」直指趙兵憲弟女也。生子三：長國翰，庠生，娶州幕侯公女；次國士，以武」科任馬蘭中軍，娶巡尉孫公女；季國屏，庠生，娶省祭李公女。孫男五：長」宗稷，翰出；次宗姬、宗周，俱士出；次增丁，翰出；次增續，屏出。孫女五，俱歸」字文學有名家子。公生於嘉靖丙午，享年六十有六。是歲暮春，卜厝於」□栢之原，復系以銘。銘曰：　」

□□穎異，馳譽趋庭。累試擢優，黌序蜚聲。繼叨賓薦，雅擅明經。出佐百」□，□□載輿。懶為腰折，納禄居耕。道學傳家，作述胥成。茲歸窆窀，永奠」□□。　」

□□□□九年三月吉日

三二　明故承德郎杜公（宸）暨配安人李氏繼配安人劉氏合葬墓誌銘

〔蓋文〕

明故承德郎杜」公暨配安人李」氏繼配安人劉」氏合葬墓誌銘

〔誌文〕

明故承德郎杜公暨配安人李氏繼配安人劉氏合葬墓誌銘　」

余計偕時，里中次溪王先生亟言其坦杜孝廉公之賢也，竊嚮往之。明年，余既與公同躓公車⧄」不及奉公芝宇。又十二年，而余來署邑諭事，至則亟問公，而公歿已閱歲，竟不及晤公。嚮往之謂何⧄」靳者。此古人所以重傾盖也。已而公子諸生敬止來謁，彬彬質有其文，國士也。語云：不識其父，視其子⧄」風焉。明年，止復持諸生邊君所為狀，丐余銘其窆石。余因感余友王先生之言，而不忍以弗嫺於辭辭也。⧄」諱宸，字拱辰，別號龍墀。」國初有諱京者，來自信安，卜居邑之獨流鎮，遂世為静海人。京生有信，有信生昇，昇生聰，聰生琪，世受什一，隱□□」耀。琪生翔，以省相終。翔有丈夫子六，季曰時遷，則贈公也。是為公父。公生而穎異絶人，甫七歲，贈公口授《易》□□」了，屬文立就。贈公喜曰：吾食餼若而年，髮且種種，猶艱一第。顧吾先世多隱德人，言吾門必大，大吾門者，是兒□。」今上改元，督學傅公校士瀛海，奇其文，拔置博士弟子。丙子，食廩餼。壬午，贈公卒業太學，而公以弟子高等，俱應畿輔」試，撤棘，而公裒然舉矣。贈公則又喜曰：吾嚮者固心異之。可兒！可兒！不食吾言。顧數上公車，輒報罷。甲辰，復北，衆」與嘆數奇。贈公獨怡然曰：士握半通之綸何在？不可自致，而不念而翁以老明經薄遊太學時耶。而翁老矣，固不」能俟河清於再日也。於是，公走謁天官，以揀選倅姑蘇。三吴賦額當天下半，兼以厥篚之貢，不時之」宣需，實有二東之嗟，適與貢期會，二千石難其人，迺以屬公。公絶夙例，革溢費，民以大甦。綱運至德州，而贈公捐館舍。」公聞訃，匍匐歸，仰天躃踊曰：孰使我生不得躬湯藥，而歿不得與含斂也耶？曩者大人遣兒，兒不敢須臾留子舍，」寔欲徼」尺一之綸為親寵榮，詎意面命數語，遂作永訣耶？痛矣！米漿不入口者累日，幾不起。子若弟咸憂之，偕親識從旁寬譬，」稍稍食，然而雞骨支床矣。免喪，復倅太原。太原為西北股肱郡，煩劇不減吴會，而公之所以治太原者，又無以異」於治吴也。一署交城，再署文水，民皆立石頌德，盖無忝杜母云。於是臺使者交上其績，天官氏考其績曰最。」天子若曰：咨爾倅，宸保障哉。予一人，寔嘉賴爾。於是贈其尊人春□公為承德郎，贈母蔣為安人。疇昔之痛，公亦可少」釋矣。壬子，晋延安郡二守，駐榆林。榆林孤懸絶塞，逼處虜穴，羽書押至，煩劇十倍晋原。公内參帷帳，外計兵食，應」之有餘適，然心力亦既殫矣。以前哭贈公過，疾復作，遂移疾歸。當道憐公才，勉留數四，而轍已東矣。歸之明年為」乙卯，而疾大漸，至八月朔之三日而疾革，距生嘉靖丙辰八月初六日，春秋正六十。公孝友恭儉，出自天性，家故」饒，布帛蔬食，澹如也。然好行其德，宗親待以舉火者數百指。早登賢書，而心愈虛、躬愈下，絶不敢以傲睨之色加」邑父老。撫幼弟寅，迄於成立，不啻己出，亦可謂善承贈公之志矣。以故殁之日，里中無少長皆雪涕云。而惜余之」不及見，徒嚮往之也。元配李氏，鄉貢士李公紹芝女，蚤逝。繼配劉氏，邑庠生劉公希顔女，婉孌勤鞠，相夫子以奉」兩尊人，咸得其歡，蓋無媿古内史諸媛矣。亦先公卒。俱贈安人。今配王氏，即余里泗水令次溪王公女也，封安人，」蓋三從公於宦，俾公得一意奉公，無内顧愛者〔一〕，王安人力也。男一，即庠諸生敬止，先娶大城兵部右侍郎李公松」孫女，繼娶邑庠生李君灼女。女三：長適山西守溝楊公珩男武舉長年，次適鄉貢士蕭公正心男庠生宏襟，次適」大城鄉進士鄧希臯男庠生元衡，俱劉安人出。孫一，乳名和尚，聘邑廪生高攀桂女。敬止將以本年四月初二日，」葬公沙窩之新阡，啓李、劉兩安人祔焉。余乃誌其歲月，而系以銘。」銘曰：」

世引勿替，維瀛之杜。篤生哲人，策名天府。筮仕姑熟，厥貢織組。承筐是將，衮闕是補。」嗣倅太原，國之牖户。公為捍禦，未雨徹土。荷被天章，以貤父母。維彼朔方，寔逼處虜。」公施壯猷，以贊召虎。輿疾東歸，士涕如雨。天不憖遺，哲人聿殂。温温安人，懿德是輔。」維劉與李，相彼下土。鬱鬱新阡，在河之滸。兆此佳城，其封若斧。我銘公室，揭以千古。」

萬曆四十五年歲次丁巳孟夏二日

鄉進士署静海縣儒學教諭事馬希周撰文并篆書

〔簡注〕

〔一〕「愛」應為「憂」之誤。

三三　明故文林郎河南河南府鞏縣知縣玄鑑邊公（維新）墓誌銘

〔誌文〕

▨文林郎河南河南府鞏縣知縣玄鑑邊公墓誌銘」

▨髫時與公交相善也。蓋予先同官公與公之先人封公交稱莫逆，而予因得以世兄弟往来研墨間，以時迭為伯仲。先□」□公為里司鐸，一時名雋皆得從之游，日攜予若弟與名俊比肩背，用相砥憤，而於公兄弟慕尚特甚。公之伯兄維藩與」□□起意氣豪上，若汗血不可控制。往試御史臺，並擢先多士，因大稱賞，號國士乃有雙耶。而封公為怡然喜曰：其以竟□」□□。時二老人交慶，呼謂而有子。數十年来，悲歡顯晦，居同處，行同游，窮居里巷，杯酒相追隨，通仕籍，綰符東西，寒暄聲□」□□□歲時不與公俱。而公一旦捐賓客，公之嗣君涕泣為公隧道計不朽。兩世来故交，数十年好友。予一朝為計身後事」□□□□銘公也。夫嗣君之言曰：先君性簡重，有古人風。生平不欺暗室，不媚權貴。事先大父母以孝聞，病侍藥餌，衣不□」□不数月，终之日，戚易罔間，三年中如一日。遇大父母忌日，茹素凝思，竟日不色笑，以此終其身。居孝廉，日閉户煮字，不□」謁有司處官。問民疾苦，即里老田父，皆得親勞問，如父子。然敏断，摘發姦伏如神。絶賂遺，革羨餘、贖鍰等弊。絲毫不妄取，□」凜凜有冰蘖聲。居家不治生産，不親華腴。宦成之日，寒素無異諸生時。所餘俸資，悉以散諸親族，然未嘗詡詡作德聲。病□」時，呼櫛沐正冠幘，審視数四，笑而曰：父母全而生之，吾全而歸之，夫何憾？申誡不孝等以敦睦力學諸事。蓋不啻諄復也。□」聽之泣曰：信然。蓋公之行，邑之人知之，鞏之人知之，而予以為予之知之特深，其何忍不銘公也？夫公諱維新，字士潔，玄鑑」其别號，世籍河間之静海。父增廣生煒，娶于孫，生公之伯仲兄兩人；繼娶蕭孺人，生公兄弟五人，公居三。公生有異質，少□」劍出治光，便已燦曜不可没滅。為文典醇端慤，不作纖詭態，如其人。資英敏，乃益勤于讀，于書靡所不窺。以庚子舉于鄉□」□力盛暑帷燈咿唔，乙丙夜不輟帳盖，皃跡漆黑，不可辨絲布。予笑謂曰：兄古人，乃苦作此干禄事。公夷然為弗屑，似弗□」□意也者。己未，上公車，已得售，為弗合於主者，竟弗禄。公慨然曰：命也。遂决意謁選，得授中州鞏令。三年，吏畏而民安之，□」頌聲作。然不善事上官。蓋公每謂予曰：陶彭澤不為五斗米折腰，彼豈矯節，亦其性然也。又曰：我不慣作乞兒，僕僕伺豪□」色，□藉饘粥糊口。以是絶跡諸權要，不輕走一札都門。甲子，以 」皇子生覃恩，授階文林郎，封公之父母如其官。而公以入計課最，因遂止里門不出，曰：吾向固言之，富貴非吾願也。吾向勉為□，」以吾兩尊人贈為泉壤光，今已遂，又惡用官為。逮掄資望轉邠州守，而公已决計休矣。于時逆璫勢正熾，榮辱惟所命，天□」之人附腥者，望一見投拜不可得，而稍拂且戮辱随之，以是慕與畏交半。其門下子有與公同年者，遺書召公曰：若來，部□」可得也。公笑曰：此子大不解事，彼已堕泥中，乃復令人褰裳就之耶。再三婉辭，弗為動。而彼亦不能肆虎狼毒於公。噫！公□」偉矣哉！公生以萬曆甲戌十一月初十日卯時，卒以崇禎己巳八月初十日酉時，得年五十有六。配丘孺人，邑庠生丘公□」女。長兄維藩，食餼於庠，即與公並驅者。仲兄維屏，庠生。俱先公卒。公弟維城，庠生。維旟，庠生，先公卒。維熊，庠增生。維則。有□」一，適庠生郭自守，邑人登高子。妹一，適文安紀太學生于屏，贈中憲大夫、井陘兵備副使紀公誡之孫，河南布政司正理□」紀公大綸之子。丈夫子四：長之韓，廩生，娶李氏，邑武舉李公桂菁女；次牧，庠生，娶李氏，邑李公茂蘭女；次政，庠生，娶李氏，□」鄉進士李公梯子太學生烘之女；次敞，娶邢氏文女，奉直大夫、户部雲南清吏司郎中邢公孔陽子增廣生可賢之女。女□：」一適邑庠生李鳳翀，庠生李公邦重子；一字邑李奎禧，廩生李公燁子，即鄉進士李公梯孫也。孫二：長大用，聘文安刑部□」中王公應期孫，長沙訓導王公箴子庠生嬪女；次大寧，未聘。俱韓出。孫女四：一字邑閻世名，蘇州府閒較閻公承業孫庠□」應斗子，韓出；餘未字。將以庚午五月十七日，奉公歸葬於先壟之次。嗟乎！公生五十六年，其埋頭博士家二十餘年，為名□」廉者幾二十年，優游林下者又五六年，其綰百里佩綬比公侯纔三年耳。古人所謂難進易退，高尚其道，抑陶靖節之流□，」避權逆之招而去之若凂，則猶有龔勝、薛方之遺風焉。噫！公之人邃矣。是宜銘。」銘曰：

進也為功，退也為名。惟功與名，公也無營。舍命不渝，有湜其清。維公之藏，既安且貞，以利其後生。」

承德郎刑部江西清吏司主事前文林郎大理寺右寺右評事眷生董心印頓首拜撰文 」

天啓辛酉科舉人眷晚生宫繼孝頓首拜篆額」

同邑廷尉後□博▨（一）

〔簡注〕

（一）本誌現立於天津市静海縣兒童樂園内，下部嵌於石臺中，無法完整拓印，故拓片每行下均缺二、三字。釋文係整理者根據原石釋録，故文字較拓片完整。

三四　明考恩榮壽官薛府君暨妣孺人李氏合葬墓誌銘蓋

〔蓋文〕

明考恩榮壽」官薛府君暨」妣孺人李氏」合葬墓誌銘

三五　明故敕封文林郎山西道監察御史崔公墓誌銘蓋

〔蓋文〕

明故　敕」封文林郎」山西道監」察御史崔」公墓誌銘

三六　清和碩榮親王壙誌

〔蓋文〕

皇清和碩榮」親王壙誌

〔誌文〕

制曰：　和碩榮親王，朕第一子也。生於順治十四年十月初七日，」卒於十五年正月二十四日，蓋生數月云。爰稽典禮，追封和」碩榮親王。以八月二十七日，窆於黄花山。父子之恩、君臣之義」備矣。嗚呼！朕乘乾御物，敕　」天之命，朝夕祗懼。思　」祖宗之付託，冀胤嗣之發祥，惟尔誕育，克應休禎，方思成立有期，」詎意厥齡不永，興言鞠育，深軫朕懷。為尔卜其兆域，爰設殿」宇周垣，窀穸之文，式從古制，追封之典，載協輿情，特述生歿」之日月，勒於貞珉，尔其永妥於是矣。

三七　清故孝廉寒西邊公(之韓)暨元配孺人李氏合葬墓誌銘

〔蓋文〕

清故孝廉」寒西邊太」公暨元配」李氏之墓

〔誌文〕

清故孝廉寒西邊公暨元配孺人李氏合葬墓誌銘 」

賜進士第通議大夫通政使司通政使前内翰林國史院侍讀學士加一級國史院侍講學士加一級弘文院侍讀左右春」坊中允兼秘書院編修左春坊左贊善兼弘文院檢討纂修 」聖訓 」誥敕撰文壬辰會試同主考國史院庶吉士年眷弟左敬祖頓首拜撰 」

余與寒西邊公，以丙子舉于鄉，稱同年友，相善也。比余成進士，公則卧病床褥間，至孟冬而捐館舍矣。可二十年，而公三」子走数百里，持所為狀，泣而請于余曰：先君子之行事，君知之審矣。今卜葬有期，盍賜之片言，以垂不朽。余雅習公為人，」知其子言不誣也，烏容以不文辭哉。按：公之先世，信安人也。自其始祖廣，遷青州城東之邊家村。六傳而至維新公，以庚」子鄉荐，歷官郡守，所至有廉能声。維新公四子，長即公。公諱之韓，字雲奇，寒西其别號也。生而岐嶷，孝友出于天性，就塾」受書，日千言成誦。十六，補博士弟子員。十八，食廪餼，每試輒冠軍高等，而更老成歷練。當公大人筮仕中州，凡簿書之鞅」掌，箋疏之贈答，公贊襄之力居多。公大人告□旋里，公色養備至，属纊之夕，以少子未成為諄諄，公泣涕而頷之。喪盡哀，」葬盡礼，擗踊号痛，幾不欲生也。自是而眷令益篤，凡所以保愛之者，無所不至；訓迪之者，亦無所不至。至析箸時，資財、田」宅、事業、奴僮，受其下者，人莫不高其讓也。其事母也，昧爽起，納履行，屏氣語，問衣燠寒，疾痛苛癢，而敬抑搔之，問所欲而」敬進之。帥諸子弟效弄雛綵舞之歡，母為甘食寢也，盖二十年如一日焉。丙子之歲，以拮据，門户故廢□灯火，奮然曰：邊」氏消乏，此其時矣。遂挾弟與子閉户水鄉，足不踰楼者七閲月，而秋閲果售。嗣是，弟與子復蜚声膠序間。公喜曰：稍可慰」先人于地下矣。故事：諸生領鄉荐，率遊諸□。大夫若監司礼貌之有加焉。出入擁從奴，鮮衣怒馬。而公日闔扉坐室中，誦」讀不輟也。丁丑，上春官，已雋而限于額。至癸未，復以第三場印号錯簡見置。遂絶意仕進，恬澹食貧，冬一裘，夏一葛，泊如」也。然性雖儉，從不以一事干上官。邑侯魯年譜也，雅知公貧，数数過從請教益，公毫不介意。有持金乞居間者，麾去之曰：」先大人以清白貽子孫，吾不能式穀，而尋賄造請，不肖甚矣。君奈何以不肖望我乎？其人逡巡而退。是其廉為何如乎？而」更好行義，憂人之憂，樂人之樂，專以振施困窮，赴急難為務。外父李，年高無倚，公則迎養備至，殁而為營棺槨衣衾殮葬」之。有女□□，幼孤家饒，撫視之，俾得成立，不以女存亡改行焉。此尤人所難矣。元配李孺人，名家女，其父相攸歸公。姑御」諸子婦，以嚴見憚，孺人承之以婉娩，行酒脯，浣衣裳，相起居，蚤莫匪懈。姑語公：若有大度，而婦克勤小物，家門之幸也。

公」事親，生盡物，死盡礼，孺人贊之無違。其縱臾公好義，孜孜如不及。凡家廟之祭，賓客之燕，饋問之礼，筐篚籩豆之数，温甘」滑膏之宜，具有經紀，数十年較若畫一，里婦窃效之，不能也。嘻！可不謂賢乎哉？余窃嘆生人之難也。搦三寸之管，使□人」鬬工，畢精于風晷之末，而大節無聞焉，即一第將焉用之？躬行君子如公其人者，曾不得掇高科，階一命，而均焉以没。迺」孺人又不獲享耄耋之年。雖其遭逢之不偶乎，或亦造物者將以其不盡者遺之後人也。公生于明萬曆二十五年丁酉」七月十四日亥時，卒于清順治六年己丑十月二十八日未時，享年五十有三。配孺人李氏，武舉人李公桂菁女，生于明」萬曆二十五年丁酉正月初九日戌時，卒于清順治四年丁亥二月十三日午時，享年五十有一。子三：長慎，廩生，娶王氏，」文安庠生王公嬪女；次憬，增生，娶邢氏，文安庠生邢公澄女；次懷，增生，娶賀氏，庠生賀公兆祥女。女二：一適庠生閻公應」年子調元，弗禄；二適恩選贈奉政大夫、户部郎中高公攀龍子官監生爾永。孫男八：長若岱，娶楊氏，庠生楊公晟女。若巒，」聘庠生李公枝秀女。若嶙、若恒。俱慎出。若對、若岷、若嶧，俱憬出。若崧，懷出。俱幼未聘。孫女七。慎出二：一適天津庠生吕公」憲熊子元韶，一適庠生高公尔壯子庠生恒震。憬出三：少字庠生肖公賦淳子舜年，二未字。懷出二，俱未字。今伯子兄弟」□□康熙六年前四月十七日午時，啓孺人窆合葬公于先塋之原，而為之銘：」

⍁孝成慈。善歸于親，而名不□。以儉成讓，以讓成廉。賓歸于子，而子無嫌。其□泊□居□老□委蜕而往」⍁焉，鄉黨稱弟焉。朝聞□□□□□□在吾儒，□古之賢。」⍁旦摹勒上石，⍁

三八　清誥封光禄大夫兵部尚書都察院右副都御史加從一品善徵劉公（世則）墓誌銘

〔蓋文〕

皇清誥封光禄」大夫善徵劉」公墓誌銘

〔誌文〕

皇清誥封光禄大夫兵部尚書都察院右副都御史加從一品善徵劉公墓誌銘」

賜進士出身光禄大夫」經筵講官禮部尚書加二級前工部尚書都察院左都御史兵部督捕左侍郎管右侍郎事刑工兩部左右侍郎陝西」按察司按察使江西分守南瑞道左參政右春坊右庶子兼内翰林弘文院侍講國史院編修庶吉士」誥敕撰文甲午科順天鄉試主考甲辰癸丑科文武」殿試讀卷丙辰科會試正主考漢陽吴正治撰文并書丹」

瑞圖劉公，秉鉞吾楚，解盤錯如恢餘，不察淵魚而明自徹，不束濕薪而威自肅，不析秋毫，不用鈎距，而軍民自戢。是」雖湛于經術，秉于性成，而遡厥淵源，必其得諸庭訓者，至深且厚也。繼而總制蜀省，再督閩浙，軺車所至，輒多異政。」癸丑還」朝，正值西南風鶴，亟需頗、牧，以衛郊圻，遂啣」命而出，總戎旅于常山，兵威大振，中外帖然。乃更移鎮崇明，海氛肆靖，東吴之生齒，望如歲矣。今年秋，忽具狀来，乞銘」于余，始知封大夫于季春仙逝，而公以余素承劍咡，爰委隧宮片石，余何敢以不斐辭？ 謹按狀：封大夫諱世則，號善」徵，系本彭城，籍占寶坻。自曾祖公諱信，始為邑庠生。配李氏，生祥宇公諱國禎，為太學生。配褚氏，繼趙氏、王氏。俱以 」覃恩，累贈光禄大夫、一品夫人。封大夫為褚太夫人所出，與弟欽徵公諱堯則，俱習儒業，共負俊才。緣念祥宇公服勞」勤苦，志未大伸，故俾欽徵公卒業成均，而已獨任治生。躬先臧獲，克勤克儉，積有贏餘，用以贍宗黨鄰里之不給者。」歲逢祲荒，全活甚衆，河潤數里，無德色，則封大夫之陰行，其善有如此者。會丁褚太夫人憂，哀毁骨立，葬祭悉殚厥」誠。事兩繼母，仁孝備至，人無間言。元配魯夫人又能左右輔相，眉案莊莊，雍穆之軌，傳于遐邇。生丈夫子二：伯兆麟；」仲兆麒，即瑞圖公也。伯氏長于韜鈐，起家虎榜，兩試皆膺魁選，特以瑞圖公官階右職，勷歷中外，故一意養親不仕。」乃封大夫閑于有家，不以子貴而忘教誡。瑞圖公每晉一秩，必諄切誨諭，以故所在有聲，于楚，于蜀，于閩浙，一皆毖」飭寧謐，拊綏綢繆，折衝禦侮，黑頭三公，平章區夏，直弹指頃事，而後知瑞圖公之竭忠宣力，且兢兢奉父教惟謹也。」當公將之崇，瀕行之頃，依依子職，而封大夫以 」君命攸隆，益申懇勉，乃閭門握别之言，竟為幽明永訣之語，可悲也！ 夫跡封大夫之生平，口無擇言，身無擇行，以義方」作則于家，以世澤膺寵于 」國，重綸叠誥，光采陸離，况諸文孫，聯翩鵲起，方興未艾，封大夫誠可長嘯九原，快然而無遺憾矣。封大夫生于故明萬」曆三十二年六月二十七日未時，卒于 」皇清康熙十七年閏三月初九日亥時，享年七十有五。順治十四年，恭遇 」恩詔，誥封通議大夫。康熙九年，恭遇 」恩詔，誥封光禄大夫、兵部尚書、兼都察院右副都御史，從一品。康熙十四年，恭遇 」恩詔，誥封榮禄大夫、都督僉事，加二級。配魯氏，太學生守義公女，封淑人，進封夫人。子二：長兆麟，辛丑科武進士。娶單」氏，庠生諱者吉、號迪之公女；次兆麒，由秘書院編修，歷任都察院啓心郎，」宗人府啓心郎，都察院左副都御史，巡撫湖廣工部右侍郎、兼都察院右副都御史，總督四川兵部右侍郎、兼都察」院右副都御史，總督浙閩兵部尚書、兼都察院右副都御史，從一品，直隸真定等處援勦提督總兵官都督僉事，提」督江南崇明總兵官都督僉事，加二級。娶陳氏；繼娶鈕氏，參領諱維世公女。孫五：長殿颺，貢監生，娶芮氏，邑庠生諱」翀南、號扶九公女。次殿邦，内閣中書候補主事，娶芮氏，貢監諱化南、號梁公公女；繼娶曹氏，己亥進士，江西廣信府」知府諱鼎望、號冠五公女。麟出。次殿衡，廕生，候選主事，娶張氏，京口副都統諱思恭公姪女，浙江台州府黄巖知縣」諱思齊公女，亦麟出，繼麒後。次殿璣，廕生。次殿璋。俱幼未聘，麒出。孫女四：一許字福建巡撫劉諱漢祚、號盤所公孫，」江南寧國府知府諱光榮、號萃東公子，候補主事諱廷璣為室。一許字陕西總督白諱如梅、號冒寒公孫，江西巡撫」諱色純、號素公公子，刑部郎中諱為采為室。俱已卒。二俱幼未字。麒出。曾孫六：應詔、寵詔、遇詔，俱未聘，颺出。宸詔，未」聘。廷詔，聘原婺源縣知縣魯諱文鵬、號北海公孫女，庠生諱道振號興公公女。丹詔，未聘。邦出。曾孫女六：四颺出，二」邦出，俱幼未字。余既次其梗槩，爰系以銘。銘曰：」

天挺賢豪，質行淳古。德邁荀陳，風齊鄒魯。惟孝啓忠，篤生碩輔。既叶塤篪，聿紹方虎。」峴首沉碑，巴渝歌舞。閩嶠浙河，春申柘浦。羣聽謳吟，衆父之父。遡懷鯉庭，趨承步武。」世受恩綸，仰酬篤祜。備極榮哀，昭茲来許。

三九　清誥封淑人李(煒)母曹氏墓誌銘

〔蓋文〕

皇清誥封」淑人李母」曹氏墓誌」銘

〔誌文〕

皇清誥封淑人李母曹氏墓誌銘 」

賜進士及第通議大夫內閣學士兼禮部侍郎年眷姪歸安孫在豐拜撰 」

賜進士出身中憲大夫翰林院提督四譯館太常寺少卿年眷姪平樂袁景星拜書 」

賜進士出身□議大夫兵部督捕右侍郎年眷姪南昌熊一瀟拜篆 」

淑人曹太君，封中大夫克生李公之配，户部員外郎煒之母也。曹世居武清縣治之西，是為官地鄉，代多顯」仕，簪纓奕葉。祖佩永公諱銘，為陽城令，以循吏稱。父富宇公諱天祚，官錦衣衛北鎮撫司，才望卓越，為一時」執金吾□。曹與李世為婚姻，人每方之朱、陳云。封公生而穎異不群，承尊人洛川公庭訓，奮志下帷，年十四，」補博士弟子員，富宇公每深器之，曰：此吾家玉潤也。是年，即罹洛川公喪，侃侃自持，有成人之概。淑人及笄」于歸，姑張太夫人在堂，甫□見，而家政一埤遺矣。奉事太夫人孝且敬，問燠寒、治瀡瀡惟謹。時封公方□□」攻舉子業，不問家人生産，一切內外務俱聽淑人綜理。淑人晝夜拮据，有無黽勉，不以纖屑貽封公憂。封公」於是得肆力研究□□□負士林重望，皆淑人為之助也。封公闈□兩薦不遇，悒悒不得志，淑人時以義命」遲速相勸。□及農部君□□嶄然露頭角，輒色喜曰：此子頗穎悟，可冀光大門閭。顧吾家積德何如耳？延師」傅必□名□□□過從，以文藝相切劘者，即□具酒饌款宴，累日不倦，有剪燭□賓之風焉。癸卯，農部君方」弱冠，□□□淑人謂科第早，恐以速售弛邁往心，惓惓訓勵，視昔有加，□□□□有過人者。當洛川公捐館」舍，諸幼□□□□封公友愛篤執，自□□以至舉婚，靡不經理周悉，寔皆淑人左右其間，娣姒相得，和藹無」間，□□內□□□悉以身導掖之，俾知所取則。張太夫人每嘖嘖稱賢婦不□口。洎太夫人以壽終，襄治喪」葬，□□□□□□□□，於是乎□□云。封公伯兄宏伯公守備關中，有女尚幼，不能挈之偕行，屬淑人撫」育之。淑人□□備至，視同己出，且厚治□具以嫁，不恡也。淑人在京師，同胞弟遘疾殇于家，農部君始得兇」□，恐傷母氏心，秘不以聞，遷延者三載，後以□告，一慟失聲，悲咽幾無虚日，遂收其幼孫而撫字之。居常言」及外家，□□□□下也。先是辛卯歲大祲，民飢乏食，道殣相望，淑人出所蓄廩粟賑濟之，全活者無算，至有」以過□□□□□送食者，又日令煮粥糜散給之，幸不即斃，即囹圄中亦沾澤焉。封公以明經貢于京師，」不□□□□□□書創建義學□所，歲延□師一人，教里中子弟。淑人則又慮供廩束脯，日久難繼，命農部」君捐□田□頃，每年夏秋二收，資于師取用，以為常，勒石垂遠，至今絃誦不輟。諸如脩橋梁，葺道路，梵宮法」相，福田利益之事，無不殫力為之，又未可以縷述也。農部君改授郡丞，將之饒。淑人曰：外吏親民，吾與若偕」往，視汝治狀，能不負所學否？及抵任官舍，湫隘傾圮，農部君躊躇不自安。淑人則又曰：汝能為朝廷盡職，不」愧此官，吾願足矣。懷安敗名，何以居處為？以予觀淑人生平懿行，事姑孝，相夫順，教子嚴，持家肅，厚於姻黨，」篤于同氣，周貧賑乏，樂善好施，其於古彤管所載，非所稱女子，而有士行者歟。淑人以萬曆丁巳年六月二」十二日生，以康熙癸亥年二月十一日卒于饒州官署，享年六十有七。恭遇」恩例，」誥封淑人。子二人：長焯，康熙癸卯科舉人，由主事改授江西饒州府同知，陞户部陝西司員外郎，聘曹氏，未娶，殤，」娶宋氏，繼娶趙氏；次焯，貢生，候選州同知，娶張氏。孫女一，焯出。子焯扶櫬而北，卜以是年十一月十七日，葬」於丘家莊祖塋側之西原，以其狀来請予銘。予與農部君為同年友，誼不敢辭。銘曰：」

猗歟名閥，曰曹與李；曳組鳴珂，哲人代起。太君于歸，克相厥美；芬芳孟鄰，奕葉班史。德音頎頎，以貽令子；□」□豫章，来遊来止。覩子循政，載色而喜；象服宜身，鸞章回紙。遽然委順，天地逆旅；鬱鬱佳城，有堂有□。□□」墓石，永奠于此；勿替引之，世篤其祉。

四〇　清誥授光禄大夫原任正黄旗都統安西征南將軍穆公（占）暨一品夫人元配牛胡李氏繼配覺羅氏合葬墓誌銘蓋

〔蓋文〕

皇清誥授光禄」大夫原任正黄」旗都統安西征」南將軍穆公暨」一品夫人元配」牛胡李氏繼配」覺羅氏合葬墓」誌銘〔一〕

〔簡注〕

〔一〕本誌僅存誌蓋，具體時間不詳。但誌主穆占，《清史稿》卷二五四有傳，稱其於康熙二十二年（一六八三）被「奪官」，「尋卒」。據此，暫繫於是年後。

四一　清待贈承務郎淑叟孟公（宗軻）暨元配于孺人合葬墓誌銘

〔蓋文〕

皇清待贈承務」郎淑叟孟公暨」元配于孺人合」葬墓誌銘

〔誌文〕

皇清待贈承務郎孟公暨元配于孺人合葬墓誌銘　」

賜進士出身順德府教授年家眷姻姪郝士錞頓首拜撰文」

賜進士出身陝西道監察御史年家眷弟劉維禎頓首書丹」

按：　公諱宗軻，字淑叟。原籍山東鄒縣，自永樂遷居天津。公」父少川公，封中憲大夫。母王氏，封恭人。公孝友懿行，難以」枚舉，遠近皆知為正人君子也。公生于天啓辛酉閏二月」初一日，卒于康熙癸亥十一月十三日，享年六十三歲。元」配于氏，静海處士諱士奇女，生于萬曆己未九月二十一」日，卒于順治庚子七月二十三日，享年四十二歲。男九人：　」峒，庠生；　嚴，增廣生；　嵩，庠生；嵋，庠生；　嶸，監生；　峩，庠生；　峻、巃、嶽。」女三人〔一〕：　一適貢監生牛公著；　一適監生程懇敬。孫十三人：　」澤長、澤遠、澤清、澤溥、澤濬、澤溶、澤厚、澤深、澤泓、澤久、澤廣、」澤大、澤淳。今于甲子二月初六日，合葬于津北堤頭村，爰」為之銘，銘曰　：　」

公性仁厚，樂于為善；　惠周宗婣，德孚里閈。爰有善配，淑貞」慈良；　克相君子，後代以昌。堤頭之村，歸焉斯墳；　何以昭公，」視此刻文。

〔簡注〕

〔一〕「女三人」之「三」，據下文似為「二」之誤。

四二　清中憲大夫原任都察院左僉都御史怡齋趙公（之符）暨元配劉恭人合葬墓誌銘

〔誌文〕

皇清中憲大夫原任都察院左僉都御史怡齋趙公暨元配劉恭人合葬墓誌銘　」

賜進士出身光禄大夫太子太傅禮部尚書保和殿大學士加三級年家眷友生宛平王熙頓首拜譔　」

賜進士第資政大夫刑部尚書年家眷弟潞河張士甄頓首拜篆　」

賜進士出身朝議大夫内閣學士兼禮部侍郎年眷弟清苑郭棻頓首拜書　」

中憲大夫武清趙公，以順治十六年賜進士出身，改庶吉士，授户科給事中，選兵科右給事中，轉左」給事中，歷吏科掌印給事中，陞鴻臚寺卿，擢都察院左僉都御史。公自始仕至罷官，凡二十年，職居」諫諍者，一十有三年，以直聲著天下。其言而允行者，謂：　江南藩司既分駐，宜以逋賦分責左右司。又」謂：　緝旗人逃，當杜濫解之弊。又謂：　練餉未輸者，數無多當免。又謂：　陝西、山東旱蝗，請酌行賑窮之法，」緩征國賦。又謂：　明廢藩遺産，不宜刻期變價。又謂：　近畿小民□□業田土圈撥未已，請還换給之地」予民。又謂：桃源、高郵、寶應既以被水，蠲其□□□化□□□。又謂：畿輔旱，當命大臣清刑獄。」天子悉從之。其言而未得行者，謂：户部綜理財賦，判□孔□□□□以田土相訐者衆，請別設官審理。又」謂：五歲一□刑部差宜復。又謂：道臣□□驛傳□□□□。又謂：漕運剥舡六百艘，每艘給地十頃，照」地僉舡，行之既久，積弊甚衆。夫以六千頃地，按額□□□□銀一萬五千金，莫若罷之，徵其銀貯庫，」遇運河水淺，則僱舩□剥，何必留此，或用或不用，□□□重累民為。又謂：予奪大權，出自」朝廷，邇者督撫諸臣去官，百姓詣闕保留，以數人之奔□□遂可信，揆之政體，失宜當禁止。聞者皆服公」敢言。予嘗序公奏議，論古人封事，其可行而未必行，不可行而或行之，言者固難求，行其言亦未易。」若公前後諸疏，洵言之可行，行之有裨，同陸宣公之剴切，無汲長孺之戇直，所云諫行言聽，膏澤下」於民者，非與公之為庶吉士也。即分校禮闈，得士為盛。其官吏科，遇會試武舉人，充同考官，掌計典」者二，掌京察者一，門館肅清，是非多所駁正，其有□疏則焚之。性孝友，交游重然諾，人有善亟為稱」許，遇下無疾言怒容。家居倡修學宮，媢黨有急，即垂□□稱貸應焉。公諱之符，字爾合，別號怡齋。生」於天命十年二月戊子，卒於康熙二十五年六月癸亥，□□□有二歲。曾祖經，祖士元，皆不仕。士」元有子三人：長贈文林郎連□，次贈徵仕郎完璧。完璧生□□□璧後公之考也。妣王氏，贈孺人。公」元配劉氏，生員世奇女，事姑□□静□持家，嚴□教子，先公二十三年卒，贈孺人。繼配張氏，山西参」將國英女，封孺人。子男四人：璘，康熙十六年舉人，娶郭氏；珣，康熙二十一年進士，候補中書科中書」舍人，為伯父之纂後，娶楊氏，卒，繼娶徐氏；琮，歲貢生，娶劉氏；瓚，康熙二十年舉人，娶曹氏。女四人：一」嫁順天府學廩生蘇昂，劉孺人出；一嫁豐潤庠生曹鈐；二未字，張孺人出。孫男八人：方升，增廣生，娶」曹氏；方晉，聘武氏；方咸；璘出。方觀、方頤，珣出。方賁，琮出。方震、方豐，瓚出。孫女九人：長許字寶坻庠生」劉文燦，次許字寶坻芮子龍，餘未字。曾孫一人：大成。今其子卜於康熙二十五年十月辛未，葬公於」北倉之北原，劉孺人祔焉。請銘於予。公初入翰林院，余忝教習，有一日之長，於其請不可辭。銘曰：」

維漷之陰，古雍奴也。笥溝分合，下直沽也。有原昀昀，澤訏訏也。猗嗟趙公，世此居也。其惟吉士，道山」游也。用拜夕郎，執詞頭也。入告之言，咸有孚也。升三獨坐，副相俱也。哲人雖逝，諫草留也。生子而才，」皆民譽也。卜云其吉，藏斯丘也。土周於椁，妻祔夫也。丸九者柏，蔭泉臺也。吾銘其幽，文不渝也。」

李世英鐫

四三　清誥封中大夫待贈資政大夫湖廣湖北等處承宣布政使司布政使加一級坦齋李公（可□）墓誌銘

〔蓋文〕

皇清誥封」中大夫待」贈資政大」夫坦齋李」公墓誌銘

〔誌文〕

皇清誥封中大夫待贈資政大夫湖廣湖北等處承宣布政使司布政使加一級坦齋李公墓誌銘　」

賜進士出身通議大夫　」□□□□起居注官翰林院掌院學士兼禮部侍郎兼詹事府詹事教習庶吉士前禮工二部尚書年眷姪桐城張英頓首拜譔　」

賜進士出身中憲大夫兵部督捕左理事官前通政使司左右參議年眷姪石門勞之辨頓首拜書　」

賜進士出身中憲大夫通政使司右通政前順天府□□提督學政年眷姪永年劉超凡頓首拜篆　」

康熙三十年十一月，湖北方伯李君奔其尊甫年伯之喪，歸於武清，銜恤苫塊，哀毀至極。復以窆穸有期，潛德幽光，不可不勒諸貞石，」垂世後□，以予與方伯同歲舉于鄉，有□□之誼，且曩者與方伯遊甚數，能言其家世德行，持狀涕泣請銘，其何敢以譾劣固辭。謹按：」公諱可□，字克生，坦齋其別號也。李氏為武清望族，世居邑東門之丘莊里。曾祖諱良佐，祖諱從義，皆以長者稱於鄉。父諱登舉，」誥贈中大夫，積學□世。公生而穎異過人，讀書目數行下。十齡時□管為制舉藝，千言立就，才思浩瀚，命意超越，而規度復爾秩然，有先正」大家之風焉。年十四，即受知于邑令姚公，冠童子軍，補博士弟子，益肆力於揣摩，棘闈中兩次入彀，皆以微疵失之，極為衡文者所歎」惜。公顧處之怡然，學業益加勵。洎屢試不售，喟然曰：窮達命也，得失數也，奚事勞勞佔畢以終老為？於是絕意進取。博極詩古文詞，寢」食經史，探索源流，含英咀華，自成體格，一時偶成之文，咸倚重焉。所著詩有《伐檀集》、《寶德堂詩》，甚為藝林所推許。居膠庠食餼三十年，」以明經　」廷對，公之數奇如此。然生平學問著作，麐□炳□，固不可得而韜晦也。公至性孝友，居贈君之喪，痛深創鉅，幾至滅性。時年尚未弱冠，幼弟」甫七齡耳，煢煢□孤，經營拮据，含飯練虞，咸中禮法。既葬，廬於墓側，哀思罔極，宗黨莫不稱孝。鞠育幼弟，教愛備至，偶不率訓，則涕泗」開導，或長跽贈君几筵前，痛自刻責，必□悔悟而後已。後卒克自樹立，蔚為聞人。兄弟怡怡，白首如一日。母贈淑人，卒時哀□□□□」慕之誠久而弗渝。公之內行純篤，無不當于古人中求之哉。素饒經濟才，有先事之識。當明季時，關隴寇起，京畿南北□在□□。公卜」居城西偏，為避亂計，毀家□粟，周給貧民，勸誡邑中桀□少年輩，俾循分守法，毋蹈于非以干罪戾。此時他□邑□□□□□□□□」武清獨帖然，公之訓也。「本朝初定畿輔，遣將撲滅羣寇，有他邑盜□□武清人蔓延者□□公毅然詣幕府，陳邑民無辜狀，且館弁帥于家，乘間周旋，委曲詞□□」得全活，被執婦女，皆得釋還其家。公之隱德及人，詎有涯際哉。公生平義方之□，皆名言篤論，未可以□□□□□□□□□□□」孝弟、友愛、忠信、廉節為大防，一進退坐立之頃，皆有矩矱。嘗言課子之法，全在發蒙時教之端正，方能成□□問不□□□□□□」教子也。至哉言乎！斯謂以一語該小學之精義矣。方伯筮仕以來，凡涖一官，公必熟計其職守所當為□□□□以訓之□□□□□」佐饒陽，則教以勤慎將事，悉心調劑。監司東□，則教以無畏難而自阻，毋偷安而自怠，毋□□胥以□「國法，毋隱貪墨而廢官爵。其為粵東臬司，則訓以潔己愛民，實□作事。其為湖北藩司，則□□□□□□□□□□□□□□□□□□」其詞甚夥，大旨則以有利於民生，有益於國家，不愧為人臣即不愧為人子，語異而指同，理明而詞□□□□人曰：父之於子，冀其□」養，則有覬覦之心。吾□廬足以避風雨，薄田足以給饔飧，眠食優遊，吟風弄月，足以娛朝夕，何用以日月瑣□縈□方寸□□恬淡寧」静之操，達觀窮理之識，蔑以加矣。方伯奉以周旋，矢□矢慎，以忠以勤，屢受知于「聖天子，為□宣牧伯之臣，公亦渥被「綸封，齒登大耄，為鄉里所矜式，良有以夫！良有以夫！居鄉好為德施，建義學以教育寒素，新黌宮以振興風教，置公田以□□□□□□□□□」□饑殍施□食，立義塚以恤無所歸者。親戚姻黨靡不周給。與人則豐，自奉則約。公之行事□□如是。《易》曰：積善之家，必有餘慶。《詩》曰：「君子有穀，詒孫子。夫慶視其所積，而謀視其所詒，源遠者流長，本固者枝茂。予于方伯有以知公之所積者久而所□者廣也。方伯□」揚其親光，大其家服，□其訓可無遺憾，而猶以王事抱終之痛，哀切無已，惟恐前人之休□□德不顯聞□當□于此□□公之世」澤長而流慶遠也。公生於萬曆戊午年十一月初二日午時，卒於康熙辛未年七月初十日午時，享年七十有四。康熙壬子年歲貢生，」誥封中大夫。元配曹太君、「誥封淑人，先公九年卒。子二：長煒，康熙癸卯順天舉人，歷仕至湖廣湖北等處承宣布政使司布政使，聘曹氏，未娶，殤，□宋氏，□□趙氏，又」繼陳氏。次焯，□監生，考授□□，娶張氏。孫二：載魯、載豫，俱幼。□□□□幼，聘朱氏孫。女一，適涿州庠監生馮庭棠。俱煒出。以是年十二」月初四□□□□□□□□□西□□淑人□□。銘曰：」

雍陽之族，□□□李。□秀毓□，誕生國士。才豐遇嗇，□若蘭芷。家有□□，□□□□。赤□□□，爰受」帝□。▨

四四　清待封懷遠將軍陳公（諫）墓誌銘

〔蓋文〕

皇清待封懷遠將軍陳公墓誌銘

〔誌文〕

皇清待封懷遠將軍陳公墓誌銘 」

歲進士郡人眷晚生李稷撰文 」

庠增生郡人眷晚生鍾輔書丹 」

墓誌云者，其義何也？大凡人之有才有為，家成子立，賢子孫不忍其泯也，乃於祖、父蓋棺之日，」請親友之素悉其事、善為記文者，誌其始末，以誌之，此墓誌之義也。吾薊陳公，生有令子，當其」歿而葬也，郎君祈予為言，以誌厥墓。予以鄉里戚誼，其於陳氏始末，素所悉曉，不容固辭，因叙」其□而誌之。按：陳公諱謙，號萬章，薊州人。始祖從 明成祖文皇帝征伐有功，授世襲指揮，為」薊州官籍。迨明祚告終，清朝定鼎，遂為薊州民籍矣。經兵燹後，遠祖名字失傳，其近代可記」者，伊祖三人：長諱大節，次諱大策，又次諱大箕。三門相傳，另有重修家譜、石碑，此不贅載。二門」諱大策者，生我敬，即公之父也。我敬生子五，公居第四，賦性奇偉，志向曠達。幼年歷世變，嘗艱」辛，公卓然自立，勤儉治家，義方訓子，誠信交友，慈惠睦族。其行事也，輕財尚義，濟人艱難，救人」危厄。諸如修橋墊路，造佛供僧，種種善行，不能殫述，殆俠而好義之人也。朝夕少暇，即晋意修」理祖塋。迨家業既就，晚年不親世務，退處田園，倚杖衡門。其賦性奇偉，志向曠達，誠不誣歟？公」元配劉氏，生子三：長名寅，次名惟清，又次名惟一。繼娶李氏，生女一，壻郡庠生吴存中。寅入武」庠，歷任營員，蒙 欽依推都司簽書，為從三品。公蓋待封從三品懷遠將軍焉。惟清由郡庠入」國學，考選州同。惟一庠生。寅娶孟氏，現生子二，業儒；女一，許配同郡選任陝西臨潼縣縣丞王」公家玢長子庠生王恂。惟清娶李氏，現生子二，業儒；女二，未字。惟一娶傅氏，尚未生子。公生於」明天啓癸亥年十一月初八日，卒於清康熙辛未年八月十七日，壽六十九，葬於薊城東門外」山陽祖塋之次。噫嘻！公卒時三男四孫，所謂有才有為，家成子立者，其陳公之謂歟？予既誌之，」因繫以銘。 」銘曰： 」

燕山蒼蒼，渤海茫茫；中有靈氣，毓乎漁陽。陽之崗，高而長；陽之原，厚而藏。陳公夫婦，合葬其間；」安魂定魄，千載永臧。

時 」大清康熙三十年孟冬之吉

孝男陳寅、陳惟清、陳惟一立

四五　清誥授光禄大夫太子太師禮部尚書保和殿大學士加二級謚文端杜公（立德）墓誌銘

〔誌文〕

皇清誥授光禄大夫太子太師禮部尚書保和殿大學士加二級謚文端杜公墓誌銘」

賜同進士出身光禄大夫太子太傅保和殿大學士兼禮部尚書加四級前兵部尚書加四級工部尚書都察院掌院事左都御史加一級

禮部尚書管左侍郎事内弘文院學士禮部右侍郎翰」林院掌院學士内秘書院侍講學士左春坊左庶子右春坊右諭德司經局洗馬左春
坊左中允國子監司業内藏史院檢討庶吉士壬辰會試同考充順治□□□□□纂脩官戊戌武」會試主考戊辰會試正主考戊戌己亥
庚子辛丑丁未庚戌癸丑壬戌乙丑戊辰辛未十六充文武殿試□卷官甲辰科知貢舉教習戊戌己亥丙□庶吉士□從□□冊立東宮」副
使　經筵日講官兼脩明史奉敕總裁　」實録　」聖訓平定三逆方略大清會典政治典訓大一統志玉牒奉敕充　」三朝國史監脩總裁
官眷年姪宛平王熙頓首拜撰　」

賜進士光禄大夫吏部右侍郎加四級前兵部督捕右侍郎巡撫浙江江蘇等處地方都察院右副都御史都察院左副都御史通政使司
右通政鴻□□□司□□司□□考工司員外□□」司主事直隸保定府容城知縣貴州平遠府推官門人趙士麟頓首拜書　」

賜同進士出身通奉大夫都察院左副都御史前順天府府尹山東等處承宣布政使司布政使翰林院檢討調補霸州州判奉　」旨起
復仍以翰林官用内弘文院檢討庚戌會試同考官庶吉士門人郇陽衛既齊頓首拜篆　」

康熙三十年夏六月八日，光禄大夫、太子太師、保和殿大學士、兼禮部尚書杜公卒於家。有司以公遺表上　聞，」天子為之震悼，
賜祭、加爵，為二壇，飭所司治葬事，謚曰文端，盖異数也。公之子員外郎恭俊，将以十二月初四日葬公於寶坻梁城所之東原，而属余
□□□。余公之年家子也，少□□□公詞色」於長安邸中，見其接物温和，議論歸於忠厚，嶷然先進典刑。迨後侍公同朝，從閣臣之後，
則又習見公以誠心質行，發皇功烈，有古大臣之風，心□□效而不能及也。又□不□□□□□。公」姓杜氏，世居鎮江府之金壇縣。明
初，有諱敬者，以昭信校尉，從永樂中靖難有功，授梁城所千户，世襲，遂為通州之寶坻人。公生有異兆，長而攻苦讀學，▨　」朝龍興，
以地方人才薦舉，補授中書科中書舍人。是為　」世祖章皇帝入關之二年。尋考選兵科給事中，累轉吏科都給事中。時天下初定，　」
世祖軫念生民，甫脱湯火，思欲減租賦，興文學，以俾兆民阜成，臻於至治，而法制未立，四方尚未罷兵，徭役数起，吏或因緣為奸。公次
第條舉其事，疏言：自古帝王致治，必由經術。宜及時舉行經筵」日講，擇廷臣經明行脩者為講官，庶幾禆益聖治。又言：荒地以蹋
勘為憑，亡丁以審編為據。請自今蠲荒之数，分疏款項，預行頒示，使小民咸喻上指，則胥吏不能為奸。又言：條編之法，簡易」便民。
近因軍興旁午，草豆未有定額，往往取辦臨時，愚民無知，賣妻粥子，徒飽奸吏之囊槖，誠可憐愍。請敕該部酌定價直，使民先事為備。
又言：禮部示諭□□，每月不過三次，請於朔望行」大朝之禮，使群臣得以陛見，陳所欲言。若進見稀濶，則上下之情不通，且非臣子
尊王之義。其言愷切，深中時事。」世祖由是器公，擢公太常寺少卿，尋以大臣論薦，超擢工部右侍郎，轉兵部左侍郎。奉　詔賑濟
大名，全活者甚衆。還報稱旨，旋遷吏部左侍郎。會丁父憂，以前任兵部時薦□□□一級□□補太」僕寺卿，轉大理寺卿、刑部侍郎，尋
加太子少保，陞刑部尚書。公任刑部，號稱寛平吏，讞獄或不當，輒却其獄；即當受而著讞。法必求其可生之比，分別奏之。」世祖
章皇帝喜公用法平恕，即皆從輕比，如公奏，於是益知公可大任矣。辛丑正月，」世祖上賓，」今天子御極，以公」先帝舊臣，歷有
聲績，七月，調公户部尚書。初，公為給事中，稔知錢穀出入盈縮，及吏所以侵牟狀，於是奏請各部、寺錢粮，皆歸户部考成，一切皆自訾

省，吏但坐曹治文書，不得為奸。」上賜公羊、酒、表裏。五月，」上諭加太子太保，尋轉吏部尚書，澄叙官方，銓政以肅。丁未六月京察，自陳請罷，温旨慰留。康熙八年，特拜公内國史院大學士。是時 朝廷清平，百度脩舉，」天子以寛仁慈恕休養天下，天下稱治安者久矣。公禀守成憲，一以忠謹事」上，」上亦知公□□□□□加委任焉。是年，乾清宫告成，擇日臨御。欽天監奏言：吉神在某方，不宜從中門入。公當次對，面陳：」皇上遷正新宫，□□□中門入。且 帝星所在，即為吉神。欽天監妄奏非是。」上以為□□□□□□六□□年五月升祔」章皇后禮□□□□□□□□□□内三院復為内閣，授公保和殿大學士、兼禮部尚書，加一級。辛亥，纂脩 玉牒告成，欽賜表裏五襲、白金百兩。四月，詔諭：」太祖」太宗聖祠□□□□□官。壬子七月，」《世祖章皇帝實録》成，賜□馬、白金、綵緞，加太子太傅。是月，賜御苑蓮藕。癸丑京察，自陳求罷，不許。八月，命充纂脩」《太宗實録》總裁官。甲寅十一月，命公相視 山陵於懷柔縣。乙卯，恭題」仁孝皇后神主，□遇冊立」皇太子，恩加一級，給□□誥命，賜公貂皮朝服、元狐裘各一。丁巳，賜團龍紗服及 御筆大書者三。是年七月，公引年求去位。公素好謙讓，至是陳請益力。」上知公心，褒諭不允。時遣充冊立」中宫副使，□節行禮。己未，恭題」孝昭皇后神主。庚申，詔赴瀛臺，賜御書一軸、行書唐詩一卷。公以求去未得，反獲榮寵，益增悚懼。尋遇病不視事。時值滇逆蕩平，」上恩□天下更始，□頒恩赦詔書，以公卧病未與議，命近臣持詔款問所增益。公以」皇上天地父母之心，纖細俱備，臣愚□何所臆議為對。壬戌正月，賜羣臣昇平宴。」上念公在告，特設御宴，上尊就□，賜公手詔慰問，尤為特恩殊数云。久之，公病不愈，復上疏乞休，詞甚哀懇。」上不得已，許公致仕，賜公御製送行詩一章、 御書勒石《心經》一卷、怡情洛社圖章一方、柏梁體詩一冊，遣行人護送，許所過地方馳驛，人以為榮。公既致仕家居，又以」《太宗實録》告成，賜公銀幣、鞍馬，加太子太師。二十六年冬十二月，」太皇太后崩。明年正月，公入哭臨，」上以公老且病，不任拜起，命學士張公英掖公而行。」天語慰勞徹，賜御茗、文綺，以示寵眷。公在内閣十四年，以彝鼎重望，為海内儀表。功業施被於人，而不謂己；出嘉謀日聞於」上，而不使人知。遭遇 聖時，百官遵職，海内乂安。雖以三逆之梗，草薙禽獮，曾不旋踵，用能以忠謹，受知為鼎臣，緝緯太平之業，聲施無窮，歷事」兩朝，寵遇優渥，亦未有如公之盛者。古稱君明臣良，千載一時，厥語真不虚哉！公為人慈和謙慎，恂恂寡言，及當大事、決大疑，則持正毅然不可奪。居諫垣，因事陳奏，不見於封事者，裨益尤多。歷」掌三部□□□□□□□□爰據掌固，參酌時宜，兼集衆長，期於允當。其任司寇最久，於亭平庶獄，尤極敬慎。常曰：我待罪都官數年，不能自必無過，但見得一分、盡我一分職分，以仰答」聖恩。□□一□□□□□□不愧其所言。□□在政地，奉公思職，誠懇出於自然，一意佐」聖主，施恩布澤，以嘉惠海内。遇物坦平，不存□□□見，雖布衣下位，無生平之雅者，果有一長，必為稱引。嘗主浙江鄉試，再主禮部會試，皆稱得人。遇昆弟尤相友善，田宅禄蔭皆不吝□□□歷」任至盧州太守君名立本者，公之異母弟也。家居惟課子弟讀書，然不為科名計，與寒素争進取，皆人情所難者。公諱立德，字純一，號敬修，享年八十有一。曾祖仁，祖朝先，父守禮，皆以公貴，」贈如其官。曾祖妣趙，繼白；祖妣李，繼張；妣張，繼張；皆一品夫人。公元配誥贈一品王夫人，先公卒，後夫人今尚在。子男四人：長恭著，庚子副榜貢生，娶御史李及秀女；次恭瑢，恩□生；皆早」卒，俱繼配王夫人出。次恭俊，候補員外郎，娶翰林侍讀學士李公録予女，副室李出。次恭瑃，例監生，娶 誥封工部員外郎順治丁酉恩貢王鼎吕女，副室李出。女二：長適吏部尚書張公士」甄，封夫人，元配王夫人出；次適户部郎中李其凝，封恭人，繼配王夫人出。其凝，故大學士文勤公長子也。銘曰：」

顯允文端，令儀維則；淳篤忠誠，百僚是式。在昔起家，經術文章；彩筆五色，雲錦七襄。景運□開，聖作物覩；公以才徵，雲龍風虎。特達之知，三錫九遷；晝省夕拜，卿月清懸。秋官祥刑，度支判賦；」晉陟統均，延登揆□。公忠奉職，翼翼小心；順承天施，以沛商霖。在野在朝，推公長者；勳茂彌□，位高善下。温然冬曦，藹若春陽；光大合弘，行以直方。功成釋位，」帝優耇老；寵以天章，煌煌□□。敕下所司，給傳護行；都人聚觀，歆羡其榮。曰」聖天子，特頒殊数；優獎耆俊，匪私公故。完福令名，惟公則有；駿望鴻猷，其傳不朽。天不慭遺，皇心愍惻；載錫嘉名，為營兆域。梁城之原，穹嶐其丘；公魄妥安，神從天游。赫奕聲光，流慶孫子；我為銘」詩，昭示無止。

宛平李世景鐫

四六 清光禄大夫經筵講官太子少傅吏部尚書專管刑部尚書事加三級謚文恭勵公（廷儀）暨配誥封恭人贈一品夫人紀氏合葬墓誌銘

〔蓋文〕

皇清光禄大夫經筵講」官太子少傅吏」部尚書專管刑」部尚書事加三」級謚文恭勵公」暨配 」誥封恭人贈一品夫人」紀氏合葬墓誌」銘

〔誌文〕

皇清光禄大夫經筵講官太子少傅吏部尚書專管刑部尚書事加三級謚文恭勵公暨配誥封恭人贈一品夫人紀氏合葬墓誌銘 」

賜進士出身光禄大夫經筵日講官起居注太保兼太子太保保和殿大學士兼管吏部尚書翰林院掌院學士事三等伯加十二級門年眷弟」張廷玉頓首譔文 」

賜進士出身光禄大夫經筵講官刑部尚書兼管兵部尚書事加四級紀録十五次前户部尚書年眷弟史貽直頓首篆額 」

賜進士出身光禄大夫經筵講官刑部右侍郎前刑部尚書年家眷姪張照頓首書丹 」

雍正十年夏五月望，經筵講官、太子少傅、吏部尚書、專管刑部尚書事、静海勵公卒於位。先是 」世宗憲皇帝聞公病狀，亟遣御醫診視，藥物珍餌，」恩賚日至，及遺疏上，」温諭獎悼，」特賜梵字陁羅尼衾以斂，命散秩大臣，率侍衛十員，致奠茶酒，且命寮屬弔奠，郊送祭葬，卹典如制，予謚曰文恭。越乾隆五年十二月，公子宗」萬等，奉公柩，卜葬於五里莊之原，配紀夫人祔。先期来謁文，刻隧中之石。昔我」聖祖仁皇帝稽古典學，肇設南書房，簡文學之臣入侍。先太傅文端公，曁公先公文恪公，最先入直，同事幾三十年。公成進士，與廷玉同出仁和翁」公之門，同館選，復奉」恩命，同直南書房。」世宗朝同被眷遇，先後復三十年。公子宗萬，繼入内直，亦十有餘年。累世交厚，誼不忍以辭。按狀：公諱廷儀，字令式，號南湖。先世自浙之紹興遷吴。」曾祖鴻臚公諱弘始，來居京師。再傳為文恪公，以善書法侍」聖祖，命試博學宏詞，授編修，歷官刑部右侍郎，公考也。妣贈一品夫人杜太夫人。公胚胎前光，工文嗜學，少即有聲學校。貢入太學，試補八旗教習。」己卯，中京兆鄉試。庚辰，賜進士出身，選庶吉士。壬午冬，入侍内直。時公尚居杜太夫人憂。明年，服未闋，」特旨除編修。皆異數也。丙戌，擢右中允。不三年，歷侍講庶子、侍講學士。丁酉，擢内閣學士、兼禮部侍郎。壬寅冬，」世宗憲皇帝紹登宸極，以公文學舊臣，特擢公掌翰林院事。甫半月，擢兵部侍郎；明年二月，拜刑部尚書；仍俱視院事，一切祭告大典、宏文鉅篇，公」手定進」御，率稱旨。其年八月，以刑部事繁，乃解翰林掌院，自是終公身專掌刑部。公宏達敏練，持大體，行以慈恕，故法不撓而情平。刑部十四司，分治天下」各按察使之獄，辭事既冗；而在京刑獄，復雜隸十四司，交錯猥并。公請擇廉明滿漢司員五六人聽治，現審庶獄，今所謂左右二司也。古北」口去京師三百餘里，轄以偏裨，命案非所當問，則報部。部遣司官驗視，往返旬月，率蒸潰不可辨識。公奏設理事同知一員，駐口外督察姦」盜命案，得就近成讞，無淹滯。八旗檔籍，自為收掌，彼此不相統攝，聽斷率以意輕重，引律例不畫一。公請通核八旗成案，酌中制纂成《則例」全書》，八旗有所遵守。罪人繫禁獄，其輕罪及干連行質者胥納焉，隸卒得為奸利。公奏立内外監，分別居之，囹圄為之清肅。其所條畫，迄今」多為定制。他若申飭學校優劣，酌定直省倉儲，令地方官及時捕蝗，立法課最，除畿輔書吏積弊，團練民壯禁賭博、禁販私、禁販鐵出口，皆」關民生大計，進奏悉見施行。

」世宗憲皇帝矜慎庶獄，恩賁嘉師。公仰承」德意，安詳敬謹，要歸於明允，以當」上旨。」上推心倚任，久而彌篤，」御書矜慎平恕四大字以賜。己酉，今階太子少傅。辛亥，晋吏部尚書，仍任刑部。少司寇海壽進尚書，入見當居公前，」上以海壽故屬吏，特命居公下，以示優異。公丰裁俊整，進止嫺雅，須眉奕奕若神，在班序中望之如泰山喬岳，每集議輒倚公一言以定。公盡誠體」國，知無不言。在西曹十年，讞比奏當一取裁於公。十四司之長抱案牘雁行進，公應手判決，或點定一二字，無不心折去者。公精詩翰，五言」宗選體，高古渾雅，近體出入香山、玉溪、東坡諸家，書法二王，於懷仁尤近，同直推為冠絶。壬辰，分校禮闈。丁未，總裁會試，所録文皆昌明博」達。初，公在内廷，以文學受知，」聖祖嘗謂：翰林如勵某，可一二數也。所」賜御書扇有愛爾獨能清之句。

」南巡及熱河、湯山、霸州，屢參扈從，所至以詩翰自娱，意度閑遠。及為九卿，掌邦禁，經濟綽然，若素所豫習者。於戲！如公者，古名臣何以加諸？公卒年」六十四。配紀夫人，工科給事中孟起公女，先公二十年卒，」誥封恭人，贈一品夫人。賢孝有婦德，公嘗手疏其懿行以傳。子四人：長宗萬，康熙辛丑進士，選庶吉士，歷官刑部左侍郎。三世司寇，為國朝盛事。」娶大興黄氏，吏部侍郎叔琳女。次宗兆，己酉舉人，娶歷城米氏，福建巡撫綱女。次宗奕，刑部江西司員外，娶宛平王氏，禮部侍郎景曾女。次」宗一，太學生，娶高密任氏，御史坪女。女六：長適直隸布政使京江張适，次適陝西華亭知縣海寧陳克鎬，次適太學生大興朱昕，次適乙卯」舉人福山王械，次適庠生大興温葆初，幼字王景曾子。孫男女衆多。長孫守謙，静海縣學生，聘同里元氏，甘肅巡撫展成女。銘曰：」

列宿有緯，衆山有岳；魏魏鉅公，高朗卓犖。維先文恪，導源燕朔；密侍帷幄，老於文學。公踵厥武，奮跡九臯；為麟一角，為鳳九苞。温室雞樹，香」案螭坳；清淮彩鷁，紫塞雲旍。蓬瀛領袖，為燕為許；槐棘延登，為臯為吕。藻黼丹青，喉舌心膂；」兩聖渥眷，便蕃錫予。維公之才，小大具兼；維公之望，朝野具瞻。大圭清廟，不劌其廉；赤刀西序，不矜其銛。為」國世臣，為時完德；卅載從公，多聞諒直。神宇宛然，垂紳正色；銘詞琬琰，千秋無斁。

四七　清敕贈承德郎翰林院檢討加三級近野曹公（傳）暨元配張太安人合葬墓誌銘

〔蓋文〕

皇清敕贈承德」郎翰林院檢」討加三級近」野曹公暨元」配張太安人」合葬墓誌銘

〔誌文〕

皇清敕贈承德郎翰林院檢討加三級近野曹公暨元配張太安人合葬墓誌銘」

賜進士出身誥授光禄大夫太子太保文淵閣大學士兼工部尚書管禮部尚書事加五級年家眷弟海寧陳世倌頓首拜撰文」

賜進士出身誥授光禄大夫經筵講官太子太傅軍機大臣工部尚書兼管刑部尚書事年家眷侍生新安汪由敦頓首拜篆盖」

賜進士出身誥授資政大夫内廷供奉樂部大臣工部左侍郎總管國子監算學兼欽天監正事年家眷姪析津何國宗頓首拜書丹」

甲戌初夏，武清曹檢討涵，以尊人近野先生之墓誌来請，盖檢討乞假卜葬十有餘年，至是而始得吉壤焉。予於檢討忝一日長，不敢」以不文辭，爰泚筆而誌之。先生諱傳，字書言，近野其號。上世自東楚徙居是邑之王慶坨村。曾祖諱萬德，贈榮禄大夫。祖諱化雨，以武」功特進榮禄大夫、後軍都督府左都督。考諱文度，邑庠生，以孫貴，貤贈儒林郎，奉父命繼叔父指揮僉事諱化勤公為後。妣徐氏，貤贈」安人。生二子，仲即先生也。早聰敏，喜讀書。性至孝，居父喪，哀毁骨立，奉母徐踰四十載，孺慕如一日。兄俶早世，遺孤二，視之勝己生，且」撫中姪淥為子。家事悉寡嫂劉掌之，凡事必諮而後行，二子復相繼夭殤，而劉不以慼慼損天年者，惟先生友恭有以慰之也。先生少」羸多疾，既冠，益肆于學，病轉劇。太安人誡之曰：顯親揚名，固人子事。然余惟二子，已弱一个，汝苟不自玉，設再蹉跌，未亡人更何望？先」生遂輟舉業，專研理學。工詩，通六書，辨其源流。先是王慶坨環村皆水，左為三角淀，西達趙北口，實洪池清籞之區也。康熙壬申三月，」聖祖仁皇帝水蒐于此，駐蹕其家。先生野服，随鄉耆迎謁，得被」召見，奏對稱旨，嗣後嘗邀」臨幸。洎戊子、己丑間，河流淤葑，　翠華僅止趙北口，先生仰惟　」恩遇，宜往恭迎，又以草莽臣，懼得罪，不敢前。乙未　春巡，顧蒙　」聖心憶及，曰：　朕向年水圍，曾幸王慶坨曹傳家，其人當来迎，可傳諭毋得遏阻。於是內大臣宣　」旨宮門，詢之撫鎮；　撫鎮祗肅，奉　命遍索，並無其人，咸張皇不已。而先生方挈族衆，鼓枻赴　圍場，為衛士呵止。艤舟遠渚，聞沙中衛士籍」籍耳語，推篷出詢，各道所以，乃曰：　如汝言，即某也。衛士大驚，擁舟詣　行營，內大臣帶領覆　」旨。時　」天子方御鳳艒，投文竿，聞奏霽顏曰：　朕固知其来也。趣令進見。先生遂以敗席野航，徑趋　龍舟，攀縛而登，九叩　行幄。　」上慰勞再三，詢水旱，問疾苦，給御膳，不啻家人人子，並蒙　」恩。詢及後嗣，覆奏一子已就外傅。　」上曰：　鄉間安得好師？　爾歸，擇子弟能讀書者，朕內廷令人教之。三月，先生率子涵暨姪、孫康、鐘等四人詣　闕，俱蒙引　」見，留　萬善殿讀書，官給廩餼，洵曠古未有之　異數矣。自是每歲迎　鑾，必荷　」召見，見必詢所欲言，先生惟頌　功德，感遭遇，他無所陳。人或尤之。答曰：　余以蟻虱臣，被　」主知，猶井底蛙遇日亭午，得覩陽曦，寧足語天地之曠遠哉。庚子，先生以詩並手書對聯進祝　」萬壽，　天語褒嘉，　命留內廷供奉，先生固辭歸里。是秋，檢討舉于鄉，先生躬率詣密雲謝　」恩，停　鑾顧問，　」聖顏開霽，赴　行在　」御書惠迪吉三大字賜之。辛丑，檢討成進士，選庶常，先生貽詩訓之，有居心應似霜籠日，處世寧誇珠走盤；　自昔風流譏魏晉，吾儒經濟斥」申韓之句，亦可見先生之率履端方矣。雍正癸卯，檢討受職，先生亦以　」覃恩封如其官。乙巳，　怡賢親王暨大學士朱公咸舉檢討從脩水利營田，先生往復申誡，遇省覲必詢其職事，擘畫當否，合則喜，不合必」曲折指示。洎竣事，檢討考上等，晉階秩，由庭訓善也。村居水鄉，萑苻多盜，我　朝設營汛，立哨舩，俾民無恐。久之，法敝弁，兵叫囂，派撥」民船，與征徭等。先生大聲疾呼，斡旋不可得。乃斂衆捐貲，造哨船，傭篙師，以供差役。既而弁員利派撥之得以吮民膏也，仍踵弊政。先」生復竭力挽回，值都司陳諱元彬與陳諱廷敬前後莅官，聽其言，申文裁革，民始息肩。晚年別號虛極道人，樂觀《老》、《莊》及《參同契》書，行」功過格以自檢。惇睦九族，鄉黨有緩急殫力相助，有爭訟曲相排解，必使歸好而後已。與人交愷易誠信，喜誘後進，見人善輒稱道，不」置過則陰相勸誡，而陽為弥縫。捐金立義學，令貧無資斧者得所師。嗚呼！　管幼安之高致，王彥方之秉義，可謂兼之矣。其詩有大雅遺」音，合少壯所作甚夥，晚自刪汰，僅存四卷，余嘗序之行世云。先生以康熙庚戌年二月十一日卯時生，雍正乙卯年閏四月六日未時」卒，享年六十有六。以子涵　」敕封文林郎、翰林院檢討，晉贈儒林郎，再贈承德郎，□祀鄉賢祠。娶張氏，慈孝勤儉，婣黨稱之，　」敕封孺人，晉封安人。以康熙辛亥年二月十八日卯時生，乾隆丁巳年九月十六日丑時卒，享年六十有七。子男二：　長淥，早卒；　次涵，康熙辛」丑科進士，翰林院檢討，議叙應陞，加三級。女二：　長適邑人李載武，歲貢生；　次適安州陳悳華，雍正甲辰　廷對第一，歷任户部尚書。孫」男二。以乾隆二十年三月初三日，合葬邑西安家標垈之南原。銘曰：　」

陸終臣族，代傳簪纓。潛光隱曜，爰逮先生。以孝名家，以善立身。風希和靖，遇軼師正。叶用承　天寵，式廓門閎。鸞章三錫，生樂死榮。」燕山峨峨，聖水洋洋。既厚且固，宜歸宜藏。

四八　清誥授奉政大夫江南常州府清軍海防同知晉贈資政大夫北臺王公(枚士)暨解太夫人合葬墓誌銘

〔蓋文〕

皇清誥授奉政」大夫江南常」州府同知晉」贈資政大夫」北臺王公暨」配宜人晉封」夫人解太君」合葬墓誌銘

〔誌文〕

皇清誥授奉政大夫江南常州府清軍海防同知晉贈資政大夫北臺王公暨解太夫人合葬墓誌銘　」

　賜進士出身翰林院編脩加一級孫婿大興朱筠頓首拜撰　」

　賜進士及第奉政大夫福建道監察御史加一級前翰林院编脩充丙子科順天鄉試同考官年家眷弟范棫」士頓首拜書丹　」

　賜進士出身奉直大夫刑部廣西清吏司主事欽命丙子科湖南副考官加一級紀録二次前翰林院庶」吉士充武英殿纂脩官宛平子婿張模頓首拜篆蓋　」

北臺王公既卒之十九年，其夫人解氏乃卒。長子詢，余外舅也。將以乾隆二十二年十一月四日，合葬公及夫」人於其先之兆，使以幣與書来筠所，發書曰：　知吾父母之行，莫如吾婿，而婿故喜為古文辭，銘吾父母者，非婿」而誰？　願乞銘。筠既以長者命，即不文不辭，而又念外舅之以禮禮於其卑屬，蓋重其先事為能賢也。謹對使反」幣，而為之銘曰：　公諱枚士，字守占，一字北臺，順天寶坻人。明初以軍功，自小興州来居縣之王甫營。成化中，有」諱翺者，舉於鄉，後為令判，有美政，始居城北，縣人謂之北王。高祖諱好善，萬曆進士，官至鳳陽太守。初仕為開」封推官，數折寃獄，及疏朱家口決河有績，改青州，擒妖人柳廷讚等，除號十虎之賊民者，兩郡皆廟祀之。曾祖」諱兆辰，天啓舉人。祖乃餘，　國初順治甲午舉人，以公貴，贈奉政大夫。父諱采，歲貢生，教習知縣，封奉政大」夫，晉贈資政大夫。公早歲入縣學為諸生，有名，屢試於鄉，輒報罷。久之，聞同考官某執其卷固爭，欲置上第，不」得。公曰：　命也。請於父，去就選人，得鉅鹿教諭，三年，諸生經指授，為文皆有程度。晉常州同知。常故劇郡，而同知」有清軍海防之職。公治尚嚴明，斥堠所在，猾胥奸民，䚁眙跼蹐，不敢縱趾。居數月，常人頌之曰：　風何清清，公門」無塵生。是時，中丞張公伯行察公能，令視青浦縣事。縣有疑獄，越數十年，莫能斷决。吏奉牘送案上，牘積等人」立，了不可竟首尾。公到纔逾月，盡發得其情，吏驚以為神。公乃徐徐問弊政，爬剔一切去之，名大起而一時。嘉」定有河患，鎮江運道歲淤久當濬，及蘇郡督視漕糧，凡煩劇盤錯之會，必以屬公。其往嘉定也，中流舟覆，從者」倉皇出公。公曰：　勞苦吾分，死生吾命，何憚乎？　治常時，郡俗好禨鬼，其城隍祠則為土偶役夫，獰睨旁立，民病輒」曰：

土偶厲我。禳之愈。郡當鎮南蘇北，民雜遝，群来走，盜賊得因緣為奸利。公心固恨之。會攝府事，公大書署之」通衢，曰：城隍有神，豈令役夫厲吾民耶？趣令取土役来笞碎之，民俗以革，盜賊各解去。其勇直守正有如此。自」公之仕，奉迎父母官所，父既念公，意不欲以家口累公清節，乃自載耕，入所餘而南出以佐公。公益用自刻厲，」每出反則必以所設施旦晚陳説堂上為笑樂。故常人以公不入吾民一秉秆，為父之教，公之孝也。公強敏，才」氣百倍，以為事無不可刻舉，同官咸憚其能，意不能無忌，坐是，已當內遷為郎，竟為有力者撼之罷去。時公父」母已先歸，公徑到家，父母迎謂曰：汝不阿上官，得為清白吏，歸来豈不善哉？公自是終父母之身不出，卒於家。」夫人解氏，天津人，候選州同知世澤女。當公之官，夫人謂曰：親老矣，子行為親榮，吾當處代子子職。以故公在」鉅鹿及常，夫人常在家事公父母，惟父母就公於官所則從，反亦與反，父母以為孝。自公卒後，諸子皆長為官，」夫人誨之必以嚴。其待下以恩，治家以勤儉，居嘗危坐，內外斬斬有法，為王氏賢母，於公有配德焉。公生於康」熙十九年十二月二十五日，卒於乾隆四年七月二日，年六十。初仕為鉅鹿縣教諭，晉江南常州府清軍海防」同知，加二級，誥授奉政大夫；長子詢貴，晉贈資政大夫。夫人生於康熙十九年五月十二日，卒於乾隆二」十二年三月二十六日，年七十有八，誥封宜人，晉封夫人。子三：詢，仕為奉天府經歷，今候補道，加四級，解」太夫人出，娶高氏，封夫人。讚，仕為湖北荊州府清軍水利同知，加二級，先卒，娶孫氏，封宜人；讌，候補州同知，娶」李氏，封安人。讚、讌側室楊太宜人出。女子四：長適國學生劉維藩，次適雍正甲辰舉人、山東齊河縣知縣高澤」叙，次適順天府學生張鶴蓀，皆解太夫人出；次適乾隆壬申進士、刑部廣西司主事張模，楊太宜人出。孫九：長」振聲，國學生，詢出，娶楊氏。次振孫，廩膳生，讚出，娶周氏。次振翮，詢出，娶杜氏。次振玉，未聘；次振榮，聘劉公守成」女，皆讚出。次振英，未聘；次振尃，聘孫公溥女；次振芳，未聘，皆讌出。次振翽，未聘，詢出。孫女十：長適乾隆壬申舉」人楊維誥，二適國學生曹燕，三適乾隆甲戌進士、翰林院編脩朱筠，四適國學生劉傳經，皆詢出。五適縣學生」芮其音，讚出。六讌出，七、八讚出，九、十讌出，皆未字。曾孫二：挺秀、掄秀，皆振翮出。曾孫女一，振聲出。銘曰：」

城陰之土渠水陽，公與夫人之宮，子孫其福昌。

四九　清誥授奉政大夫四川道監察御史例授中憲大夫分守山東登萊青道加三級約堂趙公（晃）墓誌銘

〔蓋文〕

皇清誥」授奉政」大夫四」川道監」察御史」例授中」憲大夫」分守山」東登萊」青道加」三級約」堂趙公」墓誌銘

〔誌文〕

皇清誥授奉政大夫四川道」監察御史例授中憲大」夫分守山東登萊青道」加三級約堂趙公墓誌」銘　」

賜進士出身光禄大夫　」經筵講官太子太保吏部尚」書　」内廷翰林軍機大臣年眷姻」弟劉統勳頓首拜撰文」

賜進士出身通議大夫詹事」府詹事兼翰林院侍讀」學士年眷弟陳浩頓首」拜書丹　」

賜進士出身朝議大夫　」御試博學鴻詞日講官起」居注翰林院侍讀學士」年眷弟周長發頓首拜」篆蓋　」

余與約堂趙公，雍正甲」辰同成進士，同讀中秘」書，性情坦白，甚相得也。」公由編脩視學粤□，都」人士咸頌其公且明。繼」改御史，風度凝肅，望者」慴服。出巡閩、陜、青、齊，所」在皆著聲績。歸田後，杜」門掃軌，絶不預户外事，」惟讀書汲古以自娱，晚」節更不可及。公女字余」次子堪，又密戚也。方冀」公享大年，握手敦白頭」古歡。乾隆丁丑春，驚聞」公捐館，潸然淚落，藐孤」僅五齡，尚無知識。公弟」永豐牧昆造余門，乞□」其墓，謂余知公久且悉」也。余不敢以不文辭。按」狀：公姓趙氏，諱晃，字朗」存，號約堂。世居武清縣」之北倉村，今改隸天津」縣。代有聞人。曾祖之篆，」贈河南提學道按察使」司僉事，好學砥行，有聲」黌序，入祀鄉賢。本生曾」祖之符，順治乙亥進士，」由翰林累官左僉都御」史，以直諫稱，有疏稿行」世，入祀鄉賢。祖珣，康熙」壬戌進士，累官吏部郎」中，視學河南，著有清望，」公明稱最，奉祀名宦鄉」賢。父方頤，需次知縣，贈」四川道監察御史，品端」學優，好施樂善，入祀鄉」賢。生公兄弟四人：長昺，」平樂府通判；次即公；次」昆，己酉舉人，永豐州知」州；次晶，丙午舉人，福建」試用。可謂簪纓相繼，推」畿輔望族。公生而英異，」研究經史，務窮根柢，為」文輒為耆宿所獎。年十」七，補博士弟子，即以高」等食餼。雍正癸卯，舉於」鄉。甲辰，成進士，除庶吉」士。丁未，散館，」御試清書一等，授翰林院編修。」辛亥，考取」欽命提學廣西。先是粤西廩生」出貢、儒童新進，卷結皆」有費，寒畯苦不能支。公」廉知其事，力為革除，悉」心校閲，釐黍不爽，為前」後使者所未有。癸丑，報」滿還京，改授四川道監」察御史。甲寅，巡視南城，」輪班奏事，　」□見記名以道員用。十月，奉　」□□閩。乙卯五月，委署延建邵」□□□道。八月，即丁贈公艱。服」□，□□。戊午，補授陜西」▨又丁王」▨人」▨禮，鄉黨交口稱孝。辛酉」七月，補授山東登、萊、青」道，正己率属，禁絶苞苴。」適萊、青二郡河流涨溢，」田禾廬舍多被淹没。公」单騎親勘，即檄所属，遵」例動支倉穀，急為賑卹，」復捐貲煮粥，以食灾黎，」賴以存活者無算。是時，」江省流民多就食山左。」公撫卹防衛，酌議數條，」達之節鉞，悉如其議，起」白骨而肉之，流遺皆被」其澤，而地方亦荷敉寧」實，其才足以濟之。属邑」社倉，原補常平不足，報」捐者多浮其數，公悉為」裁定，積弊為之一清。歷」政八年，循聲甲於二東，」謳思至今不置。予籍隸」山左，故知之益切。迨致」仕歸里，足跡不入城，惟」取家藏載籍，手加丹鉛。」暇則栽花蒔竹，偕一二」耆舊，共話桑麻。性生孝」友，事堂上備得歡心，待」同氣雍容和協，讓多取」少，終身無間言，視古田」荆，何多讓焉！至服食起」居，自甘儉素，抑又無論」矣。公生於康熙辛巳年」九月二十八日，卒於乾」隆丁丑年二月十二日，享年五十有七，以　」覃恩誥授奉政大夫。配張宜」人，己丑科進士、四川新」都縣知縣諱昉公女。子」一，興吾，幼未聘。女一，字」余次子堪。戊寅十月二」十五日，葬於趙家村東之高原，銘曰：　　」

風追清獻，耿直自持。勛」歷中外，有守有為。初登」藜閣，鴻漸于逵。風標卓」犖，著作陸離。瀨江校士，」玉尺羅奇。繼遷烏府，不」激不隨。擢膺觀察，繡幰」頻移。采風海岱，墮淚遺」碑。秋風欻起，鱸蓴興思。」林泉寄樂，天命奚疑。何」天降割，不肯慭遺。用銘」有道，無愧於辭。

五〇　清誥授光禄大夫内廷供奉刑部左侍郎加三級光禄寺卿勵公（宗萬）暨配誥封一品夫人黄夫人合葬墓誌銘

〔誌文〕

皇清誥授光禄大夫内廷供奉刑部左侍郎加三級光禄寺卿勵公暨配誥封一品夫人黄夫人合葬墓誌銘　」

賜進士出身　」召試博學鴻詞通議大夫内廷供奉通政司副使加二級又軍功加一級紀録五次前太常寺卿順天府府尹年通家眷世姪」錢塘陳兆崙頓首拜撰文　」

賜進士出身　」誥授資政大夫　」經筵講官南書房供奉吏部左侍郎加一級年通家眷世姪富陽董邦達頓首拜篆蓋　」

賜进士及第　」經筵講官南書房供奉户部右侍郎加一級年通家眷世姪金壇于敏中頓首拜書丹　」

勵氏為浙東名族，其分支在北者，静海最著。静海至光禄，凡三世通顯，天下稱高門。光禄顧能不失先人清素之業，至於進」退升沈，處之若一。垂老而適如其常，朝士以此重之。按狀：公諱宗萬，字滋大，號衣園。幼警敏，觀書略無觝滯，尤善作大小字。」自六七歲時，即嗜書，嘗戲題其家塾門楹，曰：有敢持尺絹寸楮過此者，必取書不貸。父文恭公，見而呵責，心竊獨異之。既長，」善屬文，經史之外，旁涉古今百家言，一覽悉記。性好客，遇詞流韻士，輒依依結文讌，致慇懃不勌。然為人大致疏率，不修邊」幅，以是與人多牴牾，往往顛頓。康熙庚子，年十六，舉順天鄉試。辛丑，成進士，改庶吉士。雍正癸卯，授職翰林院編修，入直　」南書房。蓋自其王父文恪公以文字結　」主知，再傳而文恭濟美。公承家學，安其所習，重以英姿深詣，用能仰荷　」三朝優眷，而受知於　」今天子最深。乙卯八月，　」上初踐阼，公以内閣學士，捧　」冊寶贊大禮，年裁三十，世以為榮。其冬，擢禮部右侍郎，尋調刑部左侍郎，兼領禮部。明年二月，充知貢舉。十月，為保舉河員詿誤，」罷職，仍留　」内廷行走。壬戌，起為翰林院侍講學士。明年，以通政使扈從　」盛京。又明年，累遷工部右侍郎。又明年，轉左侍郎，調刑部。未幾，復以失察案罷去。先是雍正五年，公以編脩視學山右，　」世宗憲皇帝特賜摺匣，令言事。時公甫踰弱冠，驟膺　」殊寵，銜感激切。又其明智鋭氣，足以副其悃忱，以故知無不言，言無不盡。任未滿，再遷侍讀。尋授本路巡察，寖至大用。及　」今上造就拔擢，洊歷卿貳，先後條具數十事，多見採納。向用方隆，而竟再起再蹶，若有數存乎其間，議者惜焉！公之以失察去官」也，自謂年過四十，」恩不可屢倖，杜門埽迹，於老屋旁開別墅一區，號曰蔬圃。越二年，坐族子與里人訟田事被劾，」上特原公，令脩固安城自效。未竣事，復起為侍講學士。因籲請展限，」命賞帑金四千，俾訖工，事在辛未八月。後八年，由太常少卿擢今官。方文恭公在時，公為貴公子，得親歡心，且以英年登膴仕。而」公於文字外，無他嗜好。暨乎晚節，身處儉約，不事家人生產，而友朋詩酒之會，又未嘗廢也。豈非其生平有不随境轉者哉。」公書法力追晉人，得其韻度，每奉　」敕寫古今書，及所自進詩冊，輒蒙　」褒異，賞賜無算。公不自謂工詩，世亦但以善書目公。嗟乎！其詩具在，當其得意，雖蘇、陸何以過焉。乾隆二十有四年秋九月，得失」音疾，竟不起，距其生康熙乙酉，凡五十有五歲。公祖父名氏官閥，並在人口，不具述。元配黃，為北平公諱叔琳女。仁慈端淑，」有樛木之風，少公二歲，是年二月前卒。公以乾隆元年　」覃恩，誥授光禄大夫，黄一品夫人。子四：長守謙，乙丑進士，授翰林院編修；次守約；次守訓；次守淳。女五。孫一。女孫三。公卒之明年」三月，長君編脩卜兆於五里之原，將奉公柩與黃夫人合窆，而徒跣款門，屬兆崙為志。兆崙座主故司農鄂公，出文恭公門，」淵源有自，誼不得辭，亦不敢泛為諛詞，重負知己地下。銘曰：　」

嗟乎衣園，而今已矣。如鐘遠聞，倏不受杵。如磬縣絶，弗復可拊。聞其將終，朝服憑几。索筆書空，降階而跪，自云拜疏，敢違尺」咫。非夫根性異人，庸能不亂若此。古艾服官，裁逾五年。徒以早達，莫之或先。祁領新史，説直集賢。迴翔臺閣，歲月屢遷。世疑」古人，而甫華顛。緬流風於前輩，羌逝水其忽焉。羅囊罔佩，選業斯在。自其少時，氣志慷慨。櫪馬既空，座客霑醉。借園看花，顧」曲得句。卒能葆先世之清芬，實惟際　」太平之盛會。嗟乎衣園，吾重其文，兼憫其真。自兹以往，在其後人。珍護手蹟，奉揚吟麈。脩短何常，惟斯永存。

五一　清誥授中憲大夫浙江提刑按察使司副使分巡温處道芮公（復傳）墓碣銘

〔蓋文〕

皇清誥授中憲大」夫浙江提刑按」察使司副使分」巡温處道康熙」己丑進士宗一」芮公墓碣銘

〔碣文〕

皇清誥授中憲大夫浙江提刑按察使司副使分」巡温處道芮公墓碣銘　」

賜進士出身誥授中憲大夫現任翰林院編」修四庫全書三通國子監志日下舊聞館纂修」官大興朱筠撰　」

賜進士出身誥授中憲大夫司經局洗馬掌」局事兼翰林院修撰加三級長沙劉權之篆額　」

賜進士及第署日講起居注官上書房」行走翰林院修撰加二級吴縣張書鄉書丹　」

嗚呼！吾同府芮公，以耆年舊德，望在畿輔，歷官所」至，愛思無忝古循吏；遭父母服終，引疾里居，行稱」人瑞，庶幾有始有卒之君子。其葬也，承重孫其章」屬公之從子贊善永肩乞筠，為公銘其幽宮之石。」而筠與公有妻黨葭莩之親，公之從弟復健又與」筠鄉試同舉，知公平生差詳，不敢以不文固辭。按」狀：公諱復傳，字衣亭，又字宗一。遠系出溧陽前馬」里。明永樂初，遷行在之寶坻。時則有巡撫甘肅等」處都察院右副都御史釗，顯名宏治間。釗弟鍾舉」鄉飲賓，六傳至公而大。公曾祖諱昌齡，授奉」政大夫、江南廬州府江防同知。祖諱國鼐，縣學生，」例贈中憲大夫。父諱淮，縣學廩貢生，封」文林郎，例贈中憲大夫。公兄弟四人，行二。康」熙丁丑，年十六，知寶坻縣毛某奇其文，試第一。其」年，應學使者試，使者為安漢李文貞公，試亦第一。」尋舉壬午順天鄉試，有名。己丑春，侍母疾，既瘳，不」願赴禮部試，母促之行，成進士。益讀書。出遊抵湖」南，所至觀其有司之良否，嘆曰：吾心知吏意。其以」清白自勵矣。戊戌，謁選司，掣籤得錢塘縣，時例繕」履歷三百字於　暢春園，」聖祖命南書房記公名行。之官，召縣吏，悉除諸無」名錢，曰：官足給饔飧。辦已，吏竊笑之。縣有金三者，」故交通上官署，為姦利，暴省中，縣故莫能制。公立」逮之。至曰：某有罪無案，公奈我何？公曰：若罪信也。」若不克自贖，吾為若贖之。杖且械斃焉。一府大快。」縣士有僕婦，無故雉經于門，尸家居以為奇貨。公」立至門驗，無他，令曰：尸家速收婦尸。士感激無以」報，則為詩，具述公德政數十章，寫之通衢，自杭暨」□師。會庚子秋，浙江省試，檄公分校，公以民事辭。」□官曰：公廉正吏，□以迴避牌，理事無嫌。是科得」士□安、嚴遂成等六人者。辛丑，杭旱。公履畝勘實，」上其狀。上官以錢塘首縣，躊躕，欲寢不報。公固爭」曰：得□□災匿災並當劾，某今日請受□災劾矣。」時同□仁和災報。□良民千人跣足圍署，呼曰：錢」塘父母我，仁和獨不父母我耶。須臾，自縣呼達院，」上官感動。是年，杭竟以災　聞，開永濟倉行賑。」公復力請於縣之上四鄉、下八鄉設粥廠二十有」七，水陸轉米屬之廠，令曰：食米者，應轉米役。則更」擇其鄉之端謹有行者廠監四人，董賑事。公間微」行覘，曰善則手書詩以勞勉之，而撻其胥役之行」擾者。上官聞之，喜曰：帑不費而賑溥，其令他縣以」為法。省有駐防營卒，往往出城馳躪民田。公申文」至總督署，願以便宜治營卒，縛躪者来，立鞭之。民」相語曰：卒不踏民田，畏公黑頭鞭。公聽訟既無留」獄，他縣訟者咸籲上官甘就公鞫，有疑獄上官亦」輒以委公。居五年，民謠之曰：芮青天，邊清廉。時總」兵官邊某鎮杭，與公名相媲也。雍正初，以卓異薦，」未上，」世宗特詔来京師，諭曰：錢塘地大，若在官有聲，其」命爾知温州府，往益勵初節也。公頓首謝。温故例：」民應輸織造府柑貢。歲期至，則檄封園樹，禁民毋」走。其納也，擇色擇枚，中斤中兩，累民百端。公飭所」在柑取足貢數，織造不得言其他。民勒石府門以」頌之。府境商辦官鹽不行，而私鹽集。公為設三團，」集竈户定值，竈户直益足則私鹽息，官賣直益廉」則鹽不督自行，人以是服公之平也。天台山東南」有山曰玉環，廣袤八百里，隔海洋數百里而遠，明」方國珍所保也。或曰：山中有田，可墾十萬畝。時李」敏達公總督浙江，聞之，以入告，即檄公往勘。公乘」舟抵山，從鳥道登峰頂，還言：玉環山雖四面，中可」墾田無多，況海盗所出没，良民孰肯往墾，以糧賫」盗？脱肯往者，亦盗醜也。即墾不過數萬畝，計費無」底，傷財增盜，無益，不若罷之便。李公怒，更檄他屬」吏往，授意指必墾之。大索山中田，僅二萬畝。不足，」則取山麓潮退之地充之，又取近天台縣田丈量」畝有所餘並以屬之。又不足，更取樂清縣民田歲」輸糧者距城四十里以外，盡隸玉環。玉環經費不」敢輒支帑金，則令捐浙江省官俸半，及關津一切」雜税增税其半，用給經費。又檄弛温之禁山令，漁」者往来並税之，曰塗税。既而民之漁者不走山中，」度關納税如故。吏乃重征漁者塗税，漁者来控公。」公具文上辯曰：入山漁者有塗税，出關漁者有漁」税，今關税漁又税塗，是重税也。凡七上，上官□以」為阻撓玉環墾田，有蜚語頗聞。時諸城劉文正公」奉使視海塘過温，謂公曰：聞公與李宮保兩雄不」相下。不移不屈，公之謂乎。戊申，擢分巡温處道，用」儉訓俗，民益翕然安之。會商人辦銅，積弊露，公為」定期給直，持以法，商人窘。時公方劾揭温州府知」府尹士份不職狀，士份反誣公以阻商誤銅。上官」固疾公，因而撼之，并劾公。有　旨解任，赴江南」總督趙宏思質問。于是兩府士民聞公將去，則書」旛於山上，揭之曰：昔唐太學生魯郊、季償二百餘」人，能詣闕留陽司業，我輩今日不能止芮公之行，」何面目立於清世？集旛下者日益衆，則擁公館中，」積石塞其門，夜則爇火以守塗巷。公諭之，僉曰：吾」儕安敢違公？欲籲上官，請於朝，留公治我耳。」公召父老曲諭，若不得爾，則巷哭失聲，爇香奉酒」走送公，自府沿江干數十里，睎舟之行，人人伏地」不能起。久之，竟坐公以失察關吏舞弊革職。今　」上御極，免勿治，仍留浙江辦銅數歲。壬戌，銅事竣，」例當請復官。公聞父及母卒，奔喪，服除，遂不出。家」居三十餘年，尤篤於兄弟之愛，歲時華發，皓髮酡」顏，歌韡韡之詩，呼子及諸孫前曰：汝曹視我輩，式」相好矣。世世勿忘也。鄉里重其德望，轂下後生，皆」以為洵水之陽，猶有耆英也。行年九十有四，以乙」未十月之朔，行哦曰：百年寄，一日歸，吾何悲？百年」勞，一日逸，樂何訖？越三日卒。公生於康熙二十一」年四月二日寅時，卒於乾隆四十年十月三日丑」時。元配王恭人，同縣宏道女；繼室王恭人，同縣歲」貢生、封奉政大夫、江南常州府江防清軍同」知寀女。嗣子一，永觀，縣學貢生，先公卒。女四：其一適」静海丙辰恩科舉人牛元靖，一適同縣縣學貢生」王恩鏄，一適歷城楊嘉采，一適同縣候選布政使」司理問王堯年。孫七人：其輩、其音，並縣學廩膳生；」其儀、其恕，並縣學生；其桐、其英、其玠，並幼。銘曰：」

漂陽西北洵陽東，御史有名宏治中。四百年後出」我公，錢塘之蹟甘肅□。强禦予□悍獨逢，青天青」天呼何恫。嗟古循吏愛樹同，歸来鄉先生可宗。篤」者不遺藏幽宮，松栢茂茂城隅風。東海海濱表碣」豐，我言不刊有德功，過讀者式垂無窮。

五二　清誥授中憲大夫日講起居注官左春坊左庶子提督陝甘學政芮君鐵崖（永肩）墓誌銘

〔蓋文〕

皇清誥授中憲大」夫日講起」居注官左春」坊左庶子提」督陝甘學政」芮君鐵崖墓」誌銘

〔誌文〕

賜進士出身」誥授光禄大夫」文淵閣直閣事禮部尚書年家眷同學弟紀昀頓首拜譔并書篆盖」

皇清誥授中憲大夫日講起居注官左春坊左庶子提督陝甘學政芮君鐵崖墓誌銘」

左春坊左庶子鐵崖芮君，以乾隆五十有三年八月十二日，卒於陝甘學政任，年五十五。」其孤既歸喪於寶坻，將以乾隆五十有四年月日〔一〕，葬於屯之原〔二〕，而請予」銘其墓。君諱永肩，字後庚，鐵崖其號也。先世以國為氏，其遠祖琦，贈甘肅巡撫，自溧陽遷」寶坻，遂世為寶坻人。曾祖國鼐，庠生。祖濟，庠生，」貤贈中憲大夫、左春坊左庶子官。考復健，乾隆癸酉舉人，」誥贈中憲大夫、左春坊左庶子官。妣尤氏，」誥贈恭人。贈公生子二：長永旭，君其次也。君年十六，始習制藝，學無專家，既得陳大士稿讀之，」則曰：吾今而知，文之不易知者，乃足學也。從兄進士永祺謂：君文似大士，他日必名於時。」君中乾隆庚辰進士，改庶吉士，授檢討。家素貧，力不能迎養，然君嘗曰：寧舍官以就親，勿」舍親以就官。君既奉二人至官舍，誓率其妻子飽藜藿，而不忍以不足者養親。君居贈公」之憂，哀毀骨立，持喪方數日，至白其髭髮。服闋，補官充國史館纂修。辛卯，典試四川。歸至」良鄉，聞太恭人卒，君恐以號哭悚路人，聽聞哀鬱昏仆，幾不能歸其邸舍。既成喪，祭葬盡，」禮服除，以原官充講官如故，擢贊善，遷中允。丁酉，充順天鄉試同考官，擢翰林院侍講。己」亥，充順天鄉試同考官，後以假旋，復補官侍講。癸卯，奉」命典試湖南。大風過洞庭，舟將覆，波濤砰礚，與舟人叫號，錯雜不可辨，鄰舟數十皆相視就漂」没。君獨晏然處之，而非以强飾見暇豫。然則君之處大事可知已。甲辰，充會試同考官，旋」授侍讀，擢左春坊左庶子，」欽命提督陝甘學政。君之訓士也，尚實行；而其勵行也，尚不欺。謂：士以考試滋弊，自欺焉而已。」上以誠求，士以欺應，罪孰甚焉？故君所至，令不苛而弊皆絶，以其能教士於平時，俾知不」誠之足耻也。榆林地極西北，君試士時，天大雨雪，萬山寒冽之氣，近逼肌骨。君出貲市薪」炭，令士就温燠，然後責為文。是日，士有緼袍忍寒幾瀕於死者，則曰：公實生我。戊申三月，」試鞏、蘭。其地回番雜，君校士尤慎且勤，或勸君節勞勩，不然則憊。君曰：予不敢負」天子簡命，恃此心爾。且此試也，合千百人之精力盡瘁於一日，而予以一人之精力應之，即盡」瘁焉，庸足相當乎？而況乎其求暇逸也。君之不懈厥職，始終若一，所見類如此。君患痰疾，」旋愈。八月，卒於三原官署。夫文學之士，胥以藻耀相尚，至身為詞臣，其所自任與相□□」者，率不越文章之事。君官翰林三十年，獨推本於闇修，踐履敦篤，含美不彰。君豈猶夫人」之志與行哉。君配王氏，」誥封恭人。子三：長其鳯，廩貢生；次膺，廩生，出為從兄永馨嗣；次庾，國學生，出為伯兄永旭嗣。女」二：長適庠生沈以謨，次適舉人劉堪。孫男二：長諳，次韜。女孫一。銘曰：」

嗚呼芮君，恪守淵軌。北方之學，古多君子。君志乎斯，行能安止。孝弟是敦，忠信誰訾。訓士」若何，誠以正己。予於鄉人，敢區彼此。獨見良士，握手忻喜。嗚呼芮君，德修而死。善積慶延，」以待孫子。阡松鬱鬱，岡石纍纍。修壤既安，社祭伊始。

〔簡注〕

〔一〕「月」上原空一字未刻，「日」上原空二字未刻。

〔二〕「屯」、「之」上均原空二字未刻。

五三　清誥授光禄大夫頭品頂帶兵部侍郎都察院司副都御史巡撫廣西等處地方紫峯高公（崇基）墓誌銘蓋

〔蓋文〕

皇清誥」授光禄」大夫頭」品頂帶」兵部侍」郎都察」院司副」都御史」巡撫廣」西等處」地方紫」峯高公」墓志銘〔一〕

〔簡注〕

〔一〕本誌蓋時間不詳，墓誌於「文化大革命」中被破壞。據傳世張之萬撰《皇清誥授光禄大夫頭品頂帶兵部侍郎都察院右副都御史巡撫廣西等處地方紫峰高君墓誌銘》底本，知誌主高崇基葬於光緒十六年（一八九〇）九月，暫繫於是月。

五四　清品贈文林郎剛侯李公暨元配劉孺人合葬墓誌銘蓋

〔蓋文〕

皇清品贈文林」郎剛侯李」公暨元配」劉孺人合」葬墓誌銘

五五　民國安武上將軍潁州倪公（嗣冲）墓誌銘

〔蓋文〕

安武上」將軍潁」州倪公」墓誌銘

〔誌文〕

安武上將軍潁州倪公墓誌銘」

桐城馬其昶譔文」

江安傅增湘書丹」

合肥王揖唐篆蓋　」

公諱嗣冲，字丹忱，倪氏。其先，明初由山東遷阜陽，遂為阜陽人。考諱淑，以舉人官四川」開縣令。三子，公其仲也。生而英異，有智略。光緒中，以貲郎改令山東陵縣。庚子春，將受」代，民有習拳設壇者，公曰：此亂民也。立捕繫之。乃去，留牘大府，請一切逮治，毋令煽蔓。」後數月，拳禍作。項城袁公巡撫山東，見公前牘，奇之，檄辦九縣善後事。公首斬仇教尤」不法者，餘令出金自贖，以其金卹教士，葺前所毀教堂，民教大和。從袁公之直隷，以營」務處領騎兵，擒廣宗豪猾景廷賓，叙功晉道員。公知兵名由此起。詔授黑龍江民政使，」以讒劾免。辛亥，袁公視師湖北，起公為行營翼長，遷河南布政使，幫辦河南軍務，進軍」平張孟介穎州，兼署安徽布政使。時郡縣伏莽紛發，蘇魯豫皖界上尤甚。既更國變，安」慶數易都督，又皆非政府意。袁公知東南且有事，令公治兵淮北，先剿匪。公以兵三營，」大破匪商邱，躬巡四省界上，後益擴軍選將，精操練。癸丑，轉戰克壽州，進抵安慶，遂定」全省。授安徽都督，兼民政長，已又兼長江巡閱使。公曰：今鐵道通津浦，防守不得專在」江。移屯鳳陽縣属蚌埠，地故荒瘠，未數年，軍壘商市，次第構闢，屹為大鎮。皖帥不駐安」慶，自此始也。公起縣令，於時帥中，知民事獨悉，重吏治，尤嚴捕盜之令，戒毋姑息。曰：是」忍於民，而不忍於害民者也。淮上故多盜，公在位八載，千里肅然。嘗籌議導淮，修江堤」三百里，淮堤七百里。歲饑，集饑民濬濉河，計工授粟，工成，河兩岸田增收甚鉅，民尤賴」其利。乙卯，雲南事起，蘇帥忤政府意，政府密令公進討。公曰：江表一家，且吾不能以兵」事苦吾民。力爭之，事遂以寢。丁巳，應召入京，議参歐戰利害。公言：德無勝理，吾國更内」亂，今不與列强比，邊衅立啓，民益不堪。當是時，合肥段公秉國，意主参戰，得公言，遂決」議院顧力沮之。公還屯，大會諸帥徐州，請散國會，鋒穎凜凜。其後，事變錯迕，而参戰之」效卒著，忌議公者，亦頗自息。己未，疾作。逾年，得請去位。又四年甲子夏，終於天津，年五」十有七，追贈安武上將軍。夫人甯氏，側室王氏、陳氏。子四：道杰，参議院議員；道炯，陸軍」少將；道燾；道熹。女二，長適同邑通威將軍、皖南鎮守使王普。孫二：晉墳，晉增。自公卒後，」國連歲内戰，旦夕變異，不可究詰，兵民死亡，動以億萬計，而十年完晏，如安徽，未大罹」兵禍，則人尤以為難，思公者乃益多矣。公以丁丑年四月初四日，葬於天津佟家樓之」新阡。道杰致狀請銘，不獲辭，遂銘曰：　」

氣堅以剛，有聲洸洸。不寧國武，亦造於鄉。盛屯弗擾，鼲猾綏良。完完千里，若水安防。悕」今崩宇，疇嗣公望。生諭或異，歿思以長。我銘徵實，萬禩斯藏。　」

北□文楷齋　」劉明堂刻石

〔蓋文〕

秦師訓」墓誌銘

〔誌文〕

⍁　」

賜進士⍁」中□書⍁」

師訓君秦氏，諄諱⍁」□而卒□□□大⍁」□府僚□□羨□□□於⍁」□□□□□□□隸□□□□□□□馬□□□□□□之□」□
處□□□此其巢穴要害者，□□□□□□□概□□君□□」□剔□莠□所以為嘉植地也。□□□□□民，民何□□其□□」□□之於
□□□□□焉。然□□□人□不南宜□□討賊□」□不陰□□□舉萬□□□□□作矣。既□滿，北歸，以□□□□」□□而疾日□
劇，子玘已□進士第於　」□□□郊迎而獲遇□□□□一見即□然□□吾傳□□□□」且目□□略無悲戚□色，玘輿至京，越三日，
□□衣巾曰：　□□□」職□□□□豈非天哉！　□奄然而逝。時景泰五年七月三十日也。」□戊寅□今甲戌，得壽五十有七而已。娶
李氏，於君□□配，□□」□：　曰□，曰玘，曰□。玘即登進士第者。君向使太倉，時遣玘從□□」請予曰：　□□仕非僕所好□於
□□□□□□□□□繼□□」其有成，即□歸田舍，未知天意何□□。予既得以識君之顏色，□」又聞其勤於所事，而不屑其所居。
得孔子□□女□□□□□□。」所謂吏而隱者，其君者歟？　君之諸子將奉□□□□於薊之□□」祖塋之兆，卜以是年九月甲寅窆焉。
而玘以□□□請，不得辭，□」與之銘曰：　」
□□□□然其色，望而知其有□□□□□□□者⍁」⍁

附録一（二）　明故處士李公（何）墓誌銘〔一〕

〔蓋文〕

明故處」士李公」墓誌銘

〔誌文〕

明故處士李公墓誌銘　」

⍁」

⍁」

□□公姓李氏，世為河□□平人。□□□□□□□□□□□」□□□□劉，生二子，公為次。公於天順初，□□□□□□□□」
□□□人，質朴醇厚，恭謹謙和，無妄誕□□之□□□□□□」□□□□□殖，崇儉素，□累久而益饒，至於貫朽□□□□□」□□商家

□然而敬上恤下，睦族信友，固天性也。而□□□□」□□□施，尤素志焉。逮弘治戊甲，歲罹飢饉，民□□□□□□」□郡邑勸出粟以濟。公慨然命子齎金數鎰，輸□□方□□□」□□冠帶以彰其義。於隆冬盛寒，則作粥濟飢，如是者三。□□」□□□困，則開倉賑貸，全活者数多。憫姪早亡，撫諸婦孫，□□」□不猶己，待臧獲以恩。同宗外戚，有婚喪不能舉者，為出□□」□□□。故舊子弟，有孤苦無所託者，量委其財，以販鬻他所。□」□脩橋梁，供坐禪，齋萬僧，無不悉心盡力。公之仁厚多□□」□人德之。不意今夏嬰疾，金石莫治。顧謂其子曰：人亡成□□」□。吾以貧寒起家，至此亦云足矣。爾其自脩，勿墜□□□□」□而逝。凡鄉人士君子，親知故舊，走哭弔祭者，無虛日。其□□」□厚，可從知矣。嗚呼哀哉！豈其命耶！公生於宣德乙卯五月□」□日，卒於弘治癸丑五月十九日，享年五十有九。配張氏，莊□」□□，持家甚肅。生子增，即義官也。綜理家務，其門益以□大。□」□□，蚤卒，繼娶王公文淵子。女四人：長適朱鋭，次王爵，次□」□曹氏子陽，次尚幼。孫男一人，未名。卜閏五月二十七日，葬□」□□□高原。先期厥子衣麄來，泣拜請銘，用昭親德，以予□□」□□□之世系事行之詳，故不辭而為之銘。銘曰：」

□□□□來河東，勤儉起家倉庾豐。樂善好施□□□，」□□□□□□□。峩冠博帶荷天榮，□□□□□□□。」⧄

〔簡注〕

〔一〕本誌誌主名殘，據本書附録一（四）其妻張淑人墓誌補。

附録一（三）　明故磁州學正敦先生（信）墓誌銘〔一〕

〔蓋文〕

明故磁」州學正」敦先生」墓誌銘

〔誌文〕

（前殘）□明也。先生□□則平，□行則方，動静□□乎理□然足⧄」□但出自門墻者，随其材之高下，皆成就□，維時士夫咸⧄」復見於此邪。比及引年，□大堂室於東廓外，命童僕⧄」以逸懷抱終天之樂，誰其如之？凡遇公□□有干□者⧄」室，誠有古君子不阿不屈之志，鄉邦無不□□，每於詠酌之⧄」家，莫大於耕與學，而商賈之經營次之，爾輩能各勤乃業，務□成⧄」之後，不為憂矣。由是諸子咸如其命，遂致錢帛富殷，田□增⧄」孫者，日益盛焉。先生生於永樂庚子四月十二日酉時，没於弘治乙卯⧄」日未時。配王氏，克相内事，條理不紊。子男五：長曰本，董理家政，不⧄」卒，繼娶張氏；次曰原，目早廢視，深通數術，娶李氏；次曰善，⧄」累科不第，人嘗有良驥困鹽車之嘆。嗚呼！天不假年，先先生卒，娶王氏，⧄」江湖剖事□決，娶李氏；次曰典，亦遊郡庠，治《葩經》，聰敏過人，學⧄」□□。女二：長曰□祥，適□成中衛左所百户李江；次曰姿□，適⧄」□□□□□□□，娶□□；曰龐，本所出也。曰淳，為郡庠弟子▨」□□□□□□□□曰文、曰儒，典所出也。曰恕，原所出也。▨」□□□□□□□□□□□□□曰淑，□出也。□許聘▨」

（後殘）

〔簡注〕

〔一〕本誌誌主名殘，據本書一七其子敦典墓誌補。

附録一（四）　明故（張）淑人李公（何）妻墓誌銘

〔蓋文〕

明故淑」人李公」墓誌銘

〔誌文〕

明故淑人李公墓誌銘　」

□林郎知山▨　」

□仕郎同知湖廣▨　」

□仕佐郎教授□東海□□□郡人□□篆　」

李公諱何，祖諱思明，父諱▨縣民」□天順間，清理軍伍，執事以薊之鎮朔衛▨」□本縣户絶，遂將近伊祖塋李氏三族親▨」□令公并室人張氏，應役薊来。時子增▨」□薊人，而家世焉。公朴實温良，事業農賈，以勤儉治家，以本分□」□，以禮義教子孫。張亦莊静慎言，勤於織紡，□□□□同心□□，」為之同軌，数十年來，漸致殷富。嘗謂增曰：家□□□□□□□天，吾」偕汝母，攜汝薊来，特一囊爾。今若此，亦云足矣。▨」□，此無他，勤儉而已。增曰：諾！敢不奉訓？後公先卒。張益□□率家」人勤生理，而殷實以倍。後張亦卒。公享年五十有九，其生宣德乙」卯五月四日，其卒弘治癸丑五月十九日，其葬是年閏五月二十」七日，薊城東廓三里之高原。張享年七十有六，生於正統辛酉閏」十一月二十一日，卒於正德丙子二月十日，葬於本年三月初五」日，合祔君子之墓。男一人，即增，義官，娶文氏，卒，無出，繼王氏。女四」人：長適朱鋭；次適王爵；次議婚曹陽，未適卒；次適錢奇。孫男一人，」守仁，銓曹待用監生，娶劉氏。孫女四人：長適錦衣衛千户韋桓，次」許娉薊州衛儒生王朝賓，次許娉鎮朔衛儒生朱啓□，次幼。故為」之銘曰：　」

淑人淑人，可愛可欣。先籍晋户，今家薊門。言無異出，」動罔非倫。永終勤儉，後富先貧。化行良嗣，蹟義宅仁。

附録一（五） 明故兵部職方清吏司主事任公（天祚）墓誌銘

〔誌文〕

（前殘）

□進士第□□大夫上治正〼御〼

□進士第□□大夫上治正□工部尚書〼」

明故中奉大夫山東右□□右參政〼任〼」

公諱天祚，字良錫（誌殘不録）。公生於嘉靖壬寅年七月二十三日」丑時，卒於萬曆丙申年四月二十八日未時，□□□□□走□里□誌於予□」稔知公，予不敢辭，迺為之銘。銘曰：

（銘殘不録）

大明天啓五年孟春吉日〔一〕

〔簡注〕

〔一〕本誌殘缺較甚，無法完整釋文。但誌主任天祚，名載清修《畿輔通志》，屬於天津地方名人。故暫附於此。又，本誌名稱及誌主官職，係據本書附録二（一）任天祚為故顯考任公買地券暫定。

附録二（一） 明兵部職方清吏司主事任天祚為故顯考誥封承德郎兵部職方清吏司主事任公（鐸）買地券

〔券文〕

維大明萬曆三年歲次乙亥四月己巳朔越十七日」乙酉宜良，貫係直隸天津衛前所官籍，祭主孝子、 」兵部職方清吏司主事任天祚， 」伏緣明故顯考、 」誥封承德郎、兵部職方清吏司主事任公諱鐸之靈。自」從奄逝，未卜塋墳，夙夜憂思，不遑所厝。遂令日者，擇」此城西稍直口之原，來去潮迎，地占襲吉，堪為宅兆。」已備錢綵，買到墓地一方，東至青龍，西至白虎，南至」朱雀，北至玄武，內方勾陳，管分擘四域。丘承墓伯，封」步界畔； 道路將軍，齊整阡陌。千秋百載，久獲安寧。若」有干犯，並合將軍縛付河伯。今備牲醴，共立信契，財」地相交，各已分付。令工匠修塋安厝。以後，凡故氣邪」精，不得干恡，先有居者，迴避萬里。永助葬者，裏外存」亡，悉皆安吉。急急如　」五帝使者女青律令。　右奉　」后土氏之神。　」

年直符河魁之神　」

代保神月直符登明之神　」

日直符天罡之神

天津墓誌檢索表（按地區排列）

*表下號碼為墓誌序號

大港區

西青區

北辰區

武清區

寶坻區

寧河縣

靜海縣

薊縣

天津博物館

天津市文化遺産保護中心

後記一

《新中國出土墓誌·上海》終於快要面世了。本書從開始接受任務，到即將面世，已逾二十個春秋。在我到上海文物管理委員會考古研究部工作的第二年，也就是一九八六年，領導就將本書的編纂任務交給了我，告訴我這是列入國務院古籍整理「六五」規劃的項目，但是具體怎樣做，僅説了句「你自己往下跑吧」，可以説，當時的我腦子一片空白，惟恐有負。好在有部門領導的支持，同仁的指點、幫助，經過各方面的努力，漸漸地走了過來，直到最終完成。

由於歷史的原因，在上海，出土墓誌不受重視，因而給編纂工作帶來極大的不便，不少墓誌出土時的原始資料已經散佚，誌石也已調撥到各個郊縣博物館和文化館，要匯總起來的難度很大。我在完成其他本職工作後，見縫插針，帶上打拓片用的工具，深入到郊縣去調查、收集。值得欣慰的是，嘉定博物館、閔行區博物館、金山博物館、奉賢博物館、崇明博物館、寶山區文物保護所、浦東新區文物保護管理署、青浦博物館、松江博物館、上海市歷史博物館等單位的領導和同仁們都很重視這項工作，為墓誌的墨拓提供了很多便利。嘉定博物館的領導甚至將墨拓作為全館的一項重點工作，組織全體人員參加，並抄録誌文。由於墨拓工作任務艱巨、繁重，因此部分墨拓得到上海博物館的謝海元先生鼎力相助，拓片的單裱則全部由謝海元先生承擔，攝影為上海博物館的朱琳，電腦製作為張偉華，文字的最終抄録、釋讀、句讀及校樣的覈對由我完成。

此外，本叢書由中國文化遺産研究院（原為中國文物研究所）具體負責。中國文化遺産研究院的同仁也為本書做了不少工作。本叢書主編王素先生和執行主編任昉先生，就曾兩次專程來滬指導工作。直到二〇〇七年秋，本書工作基本結束，任昉先生還曾單獨來到上海，幫助處理掃尾工作。王素先生和任昉先生對前言、目録、全部释文、標點和圖版説明、後記以及格式、體例進行了審訂和修改。王素先生承擔了本書人名索引的摘録，任昉先生承擔了本書人名索引的統稿、録入工作，李克明、馬衛民承擔了本書人名索引的編製工作。楊琳女士協助任昉先生完成了本書圖版説明的重新録入、全部电子文本的編輯以及全部圖版的編輯、覈對和照片的打樣工作。楊琳女士、李戈女士還承擔了部分校樣的覈對工作。最終校訂、編撰工作由王素先生、任昉先生統一完成。

周麗娟

二〇〇七年三月

後記 二

《新中國出土墓誌·天津》終於脱稿，即將與讀者見面了。本書的資料收集及編輯工作歷時近兩年，其間既有發現新增墓誌時的興奮和喜悦，也有瞭解到公衆對文物工作理解和支持時的感激，同時還有看到、聽到文物遭受損壞時的憤怒和無奈，當然也還有對文物保護技術、方法的探討。

二〇〇六年，天津市文化遺産保護中心的考古工作者，在京津高速公路建設工程考古中發掘北魏後期的火葬墓，同時出土北齊天保八年（五五七年）墓磚一方。磚文三行二三字，明確記載磚主的姓名、籍貫和下葬年代。這次發現，極大地豐富了天津地區北朝時期考古遺存的數量。尤其是北齊紀年墓葬的發現，在天津考古尚屬首次，為建立天津地區北朝時期考古遺存的考古學年代標尺，提供了極為精准的考古學材料。本書對此墓磚及時進行了收録，填補了天津地區墓誌年代序列的空白。

但由於歷史與人為的原因，也有一部分有價值的墓誌遭到了破壞。大港區發現的晚清廉吏廣西巡撫高崇基墓誌，係「文化大革命」期間被挖出，刻有誌文的石板被村辦工廠充作案板，文字已無法辨識，因而本書僅收録誌蓋一方，這無疑是天津晚清史料的重大損失。在寶坻區鄉村調查時，據老百姓講，早年從地下挖出刻有文字的石刻不少，都在蓋房子時充作石料填充地基了。僅此二例就足以説明文物保護工作是何等任重而道遠！

在收集資料過程中所發現的幾點問題，也為我們今後的文物保護工作提出了新的課題與挑戰。一些區縣為了保存及展示，將墓誌立於露天的水泥基座之上。這種保存方式，雖然保證了墓誌的不易移動，便於廣大群衆參觀，但是常年累月風蝕雨侵，勢必會對墓誌上的文字産生負面影響。因此，如何既保證墓誌安全，保持其石材、文字的原貌，又便於利用，使之不會隨着時間推移而遭受損失，是區縣文物保護工作亟待解決的問題。在對墓誌拓片拍攝的過程中，為了保證拍攝的效果，都要對拓片進行平整。最常用的方法就是托裱，但是托裱後的拓片不易保存，拓片表面經過長時間摩擦易使字口變得模糊。因此，本次拍攝没有採用托裱的方法，而是用蒸汽電熨斗墊宣紙直接熨燙。這樣拍攝完畢更易折疊保存。但高温熨燙是否會對拓片産生其他的傷害（如使其變黄、變脆），還有待進一步檢驗。

本書資料的收集和編輯，無論是從增强公衆的文物保護意識來看，還是從强化文物保護工作者的責任感、使命感，不斷提高業務水準，探索新技術、新方法的角度來説，都是很有意義的。

當然，在我們享受成功喜悦的背後，也不應忘記本書凝結了天津文博界衆多同志的辛勤汗水。

二〇〇五年六月，天津市文物局將彙編《新中國出土墓誌·天津》項目工作交由天津市文化遺産保護中心具體實施。中心在接受項目後，發現原擬收録的墓誌數量僅為三〇餘方（合），不能反映天津地區的實際情況，當務之急需要馬上重新進行數據統計。此時與天津卷合併出版的上海卷已經進入了項目掃尾階段，天津地區的工作尤顯緊迫。為此，天津市文物局要求各區縣文管單位就現存墓誌的數量、規格尺寸、出土地以及保存現狀等情況進行詳細的調查和統計。各區縣文管單位領導對此項工作也高度重視，安排專人接洽並給予多方面的大力支持。薊縣文管所第一個上交了所藏墓誌的全部拓片，並對文字進行了初步整理。同時專門安排高項民、劉斌兩位同志配合文保中心的楊新同志，趕赴武清區、寶坻區、大港區和静海縣等區縣，開展野外集拓工作。適逢盛夏，頭頂炎炎烈日，甚至不惜用身體遮擋陽光進行捶拓，以保證拓片的品質。西青區文管所的周健同志在冬季拓印作業困難的情況下，將誌石移入屋内進行拓印，並按時交送拓片。

墓誌文字的整理、釋讀、編輯和攝影是本書的重要環節。其中文字部分主要由楊新、王菁兩位同志完成，他們對誌文進行反覆辨識推敲，並從事了文字迻録、釋讀句讀、校對勘誤、編製墓誌檢索表以及校樣的覈對等工作。其間，凡遇文字方面的疑難問題，均得到陳雍老師的指導，使文字整理工作得以順利進行，並提高了工作品質。攝影由劉健同志獨立操作完成。他僅用了不足一個月時間完成全部拓片數碼照片的拍攝及照片的修整工作。另外，本書的編輯還得到了程紹卿、盛立雙、姜佰國、張俊生等同志的大力支持和幫助。

此外，本叢書由中國文化遺産研究院（原為中國文物研究所）具體負責。中國文化遺産研究院的同仁也為本書做了不少工作。本叢書主編王素先生和執行主編任昉先生，就曾專程來津指導工作。他們對誌文存有疑問（有的墓誌立於水泥基座之上，下部無法捶拓，誌文存在殘缺等情況）時，一再要求親自到誌石存放地覈對文字。他們得知天津博物館藏有一方《唐韓仁師墓磚銘》，並確認未曾著録和發表，要求我們一定要收録本書。王素先生和任昉先生對前言、目録、全部释文、標點和圖版説明、後記以及格式、體例進行了審訂和修改。任昉先生承擔了本書人名索引的摘録、統稿、録入工作，李克明、馬衛民承擔了本書人名索引的編製工作。楊琳女士協助任昉先生完成了本書全部电子文本的編輯以及全部圖版的編輯、覈對和照片的打樣工作。楊琳女士、李戈女士還承擔了部分校樣的覈對工作。最終校訂、編撰工作由王素先生、任昉先生統一完成。

王菁

二〇〇七年八月

本書人名索引一*

簡例

一、本索引根據本書上海墓誌編製，採用四角號碼檢字法，按通行繁體字編排，後附筆畫檢字表。

二、本索引收録書中出現的北魏至民國的人名，凡用典舉事所引古人名不録。

三、本索引收録書中人名，以正式姓名為主條，括注字、號、官、爵等；皇帝以常見廟號為主條，在廟號前冠以朝代名，括注謚號、姓名等。

四、姓佚以名出條，括注朝代等；名佚以姓出條，括注身份等；姓名均佚以所見稱謂出條，括注朝代、身份等。

五、婦女以姓氏为主條，其從屬關係為參見條目。

六、凡同姓名人物，各自立條，括注朝代、身份等。

七、姓名主條後所列數碼，為本墓誌序號。

八、姓名主條序號後所列*，為本墓誌誌主。

* 本索引人名由王素摘録；全部索引由馬衛民、李克明編製，由任昉統稿。

0010_4 童

72 童氏(陳子釗妻)　五七
童氏(李室妻)　六八

0021_1 龐

51 龐軒　六七　六八

0022_2 廖

00 廖文錦　一八四
10 廖王臣　一八四
11 廖冀亨　一八四
36 廖昶　一八四
37 廖鴻章　一八四
40 廖壽鏞　一八九
72 廖氏(陳敬熙妻)　一八九
90 廖惟勳(炳之、椅城)　一八四 *

0022_7 方

00 方庸　六六
方彥賓　六六
10 方正　一七〇
方正范　一七〇
12 方瑞　六一
34 方浩(宗瀚、賓桂)　六六 *
方浩妻 見邵氏
方浩繼妻 見李氏
40 方大興　一七〇
44 方楚崖　一七五
50 方泰　六六
72 方氏(譚□妻)　二二
方氏(劉縿妻)　六六
方氏(李爵妻)　六六
方氏(談□妻)　六六
方氏兄弟(清人)　一七二
84 方鎮　六六
方鎮妻 見王氏

高

00 高慶先　七八
54 高拱 見新鄭
64 高時中　三一
67 高曜　一七〇
72 高氏(任仁發妻)　二九　三一　三二　三六
高氏(任仲夫妻)　三〇　三三
高氏(任士質妻)　三一
高氏(吕良佐妻)　三七
高氏(韓天章妻)　五三
高氏(唐仲德妻)　七七
高氏(楊北泉妻)　一三七
高氏(吴鉞妻)　一四二
高氏(王之梁妻)　一四五

0023_2 康

康(元人、任氏夫)　三三
康妻 見任氏
72 康氏(張志恒妻)　一〇二

0024_7 慶

慶(姓殘,沈檵妻)　五五

0026_7 唐

唐□堯((名殘,唐自化子)　一三七
01 唐龍江　一〇九
09 唐麟　一〇五
唐麟妻 見張氏
10 唐玉英(顔廷貴妻)　七七 *
唐元載 見唐坤
唐元載妻 見唐坤妻
唐元善　一一一
唐雲濤 見唐欽堯
唐文獻　一三四
唐雪岡　一五五 *
12 唐廷棉　九七
唐瑗　一七〇
14 唐瓘　七三
17 唐珣(廷貴、足菴)　五二　七三 *
唐珣妻 見朱氏
唐珉　七三　九七
唐珉妻 見陳氏
唐君(明府學訓導)　一六二 *
21 唐虞卿　一六九
22 唐穩　七三
23 唐稼　七三
24 唐德亮　七三
唐德輝 見唐炯
唐德輝妻 見唐炯妻
唐稑　七三
唐勳　九七
唐勳妻 見李氏
唐勳繼妻 見陳氏
25 唐穗　七三
唐秩　七三
唐仲德　七七
唐仲德妻 見高氏
26 唐伯粢　一三
唐侃(慎庵)　四八
唐侃妻 見左懿正
唐穆　七三
唐自化(伯咸、韋室)　一二一 *　一三七
唐自化妻 見楊氏
唐自謙　一三七
唐自古　一三七
27 唐偀(柳溪)　一二一　一三七
唐偀妻 見劉氏
唐偀繼妻 見戴氏
唐偀側室 見瞿氏
唐紹堯　一二一　一三七
唐紹堯妻 見沈氏
28 唐以道　九四　一一七
30 唐淮　七三
唐永卿　九四　一〇〇　一一七
31 唐源　七三
唐迂(廷威、警齋)　九七 *
唐迂妻 見陸氏
32 唐沂　九七
唐沂妻 見馬氏
33 唐梁　七三
34 唐洪　七三
唐浩　七三
唐汝信　一二一

0040_0 文

0040_6 章

0121_1 龍

0128_6 顔

0164_6 譚

0166_1 語

0180_1 龔

0292_1 新

0460_0 計

謝

0466_0 諸

0742_7 郭

0821_2 施

48 施敬　一八三
72 施氏(陳琳妻)　三＊　四
施氏(唐自化曾孫媳)　一三七
88 施鎰　五五
施鎰妻 見秀
90 施小光　三

0864_0 許

10 許雲鵬(德□、嘯亭)　一七四＊
許雲鵬妻 見陸氏
許雲鵬側室 見吳氏
22 許樂善　一三七
25 許純文　一七四
許純文妻 見張氏
30 許之騂(天雋)　一七四
許寶仁　一七四
許寶書　一七四
許寶田　一七四
許寶賢　一七四
許寶善　一七四
34 許汝諧　一九　二〇
40 許希冲　一七八
44 許蔭培　一七四
許蔭嘉　一七四
許蔭樾　一七四
許蔭椿　一七四
許蔭棠　一七四
72 許氏(衛焜妻)　一〇六
81 許鈺　一七四

0968_9 談

談□(名殘,明人)　六六
談□妻 見方氏
07 談詔　六六
20 談季芳　八一
28 談倫(本彝)　八一＊
談倫母 見王氏
談倫妻 見王氏
談倫繼妻 見張氏
60 談田　八一
72 談氏(喬容妻)　八一
談氏(嚴堂妻)　一〇三　一一〇
談氏(黄丕顯妻)　一九五
88 談節　八一

1010_0 二

34 二沈學士 見沈度、沈粲

1010_4 王

王□□(名殘,吕處淑長子)　二七
王□(名殘,吕處淑孫)　二七
王□祖(名殘,吕處淑次子)　二七
王□(名殘,明禮部郎中)　六五
王□□(名殘,明鄉進士)　一三七
王□□妻 見唐氏
王□(名殘,韜甫、淳宇、□鷗□人)　一四五＊
王□(名殘,王淳宇父)　一四五
00 王文友　三八
王文安　一一〇
王文□(明按察司僉事)　一三五
王文成(即王守仁)　一四三
王應鼎　一七〇
王慶韶　一九四
02 王新祖　二七
10 王晉公(即王祐)　四四
王天漢　一七六
11 王孺人 見王氏(唐垶妻)
12 王廷　四四
王瑞(黄孟瑄女婿)　五八
王瑞妻 見黄氏
王瑞(輯之、南槎)　一〇八＊
王瑞妻 見顧氏
王廷珪　一六八＊
王引之 見王伯申
王發桂　一八四
14 王琪　四二
王瓚　八六
17 王子□　二七
王子□妻 見吕處淑
王瓊　四二
王璚(廷璧)　四四＊
王璚妻 見錢氏
王璵　一七三　一七九
王璵妻 見沈氏
王翬　一七五
20 王信　四〇
王鯨　七七
王鯨妻 見顔福珍
21 王衛　五一
23 王峻 見王次山
24 王德宏　四四
王化　九四
王化妻 見唐素瓏
王秬　一四五
王秬妻 見潘氏
25 王佛保　四〇
王續　五二
王俸　七四
王俸妻 見潘壽□
26 王得　四〇＊
王得妻 見王氏
王臯　六六
王伯申(即王引之)　一七八
27 王翺 見王忠肅
王紹祖　一七九
王紹基　一七九
28 王以中　五二
王以中妻 見徐氏
30 王安娘　二七
王寧娘　二七
王賓　三八
王寅(公亮)　四二＊　四三　四四
王寅妻 見朱氏
王安之　四二　四四
王安石 見荆國
王安人 見王氏(潘惠妻)
王守思(愛泉)　一三八
王守思妻 見唐氏
王守仁 見王文成
王淳宇 見王□
王淳宇妻 見唐氏
王淳宇繼妻 見張氏
王淳宇副室 見李氏
王淳宇父 見王□
王淳宇父王□妻 見夏氏
王淳宇父王□繼妻 見盛氏
王之梁　一四五
王之梁妻 見高氏

王鋕　一四五
王鎮　一四五
85 王鍵　一四五
86 王鐸　一四五
王鐶　一四五
王錫爵（文肅）　一七六
88 王鎰　一四五
90 王懷祖（即王念孫）　一七八

1014_1 聶

24 聶先生（明人）　一三四

1020_0 丁

丁（明人）　七〇
00 丁彦　一七
60 丁日新　二四
72 丁氏（任賢能妻）　三二
丁氏（顧珩繼妻）　九三
80 丁鎬　七一
丁鎬妻 見劉鳳仙

1021_1 元

21 元仁宗皇帝（愛育黎拔力八達）　三六

1024_7 夏

00 夏言（桂州）　一〇九
12 夏烈　一〇三
22 夏鼎 見夏象峰
27 夏象峰（即夏鼎）　一〇九
36 夏昶　四九
49 夏妙玄（嚴浩妻）　一〇三＊　一一〇
71 夏原吉 見夏公
夏長文　一一一
72 夏氏（任珣妻）　二九　三一　三六
夏氏（吕恂妻）　三七
夏氏（朱垕妻）　三九
夏氏（嚴浩妻）見夏妙玄
夏氏（倪濟側室）　一一一
夏氏（王淳宇父王□妻）　一四五
80 夏公（明户部尚書，即夏原吉）　四六

1040_0 于

18 于致遠　二〇
30 于之英（德謙）　一九＊　二〇
于之英妻 見謝氏
于寬（仲慶、承節公）　一九　二〇＊
于寬妻 見秦氏
34 于浩　七四
44 于老僧　二〇
64 于時亨　一九　二〇
于時亨妻 見黄氏
于時升　一九　二〇
于時升妻 見張氏
于時舉　一九　二〇
于時舉妻 見趙氏
72 于氏（潘龍繼妻）　七四
77 于居安　二〇
91 于炳　二〇
99 于榮祖　一九

1040_6 覃

46 覃加耀　一七六

1060_0 西

67 西野翁（明人）　一一四

石

00 石應魁　一三二

1060_1 吾

25 吾紳 見吾公
80 吾公（明參政，即吾紳）　四四

1060_3 雷

10 雷五　五五
33 雷補同　一八八
72 雷氏（王之輔妻）　一七九

1062_0 可

40 可大（姓佚，南宋人）　一六

1080_6 賈

72 賈氏（朱煜妻）　三九

1090_4 栗

80 栗毓美　一八〇

1123_2 張

張□（名殘，明後所五千户）　七九
張□妻 見蕭氏
張□（名殘，張熙四子）　一〇二
張□謚（名殘，明人）　一一一
張□謚妻 見倪氏
張□開（名殘，張秀□父）　一二〇
張□開側室 見王氏
張（明侍御）　一二四
張〼（名殘，明庠生）　一三七
00 張文富　一六
張慶　五〇
張慶妻 見潘妙善
張彦才　八〇
張應壁　一一七　一一九　一二二　一二三
張應壁妻 見徐氏
10 張震　八〇
張元　八三
張玉蟾　一〇二
張電　一〇九
張爾緭　一八〇
張爾樞　一八〇
張爾耆　一八〇
張爾厚　一八〇
張一麐　一九六

1180$_1$ 冀

1241$_0$ 孔

1249$_3$ 孫

1314_0 武

1710_7 孟

1714_7 珉

1721_4 翟

1723_2 承

1750_7 尹

1762_7 邵

1918_0 耿

2021_4 住

2022_7 喬

秀

2040_7 季

2043_0 奚

2071_4 毛

2121_7 盧

伍

2122_0 何

2122_1 衛

2123_4 虞

2128_6 須

2172_7 師

2190_4 柴

2213_6 蠻

2221_4 任

崔

2277_0 山

2290_0 利

2321_0 允

2325_0 臧

2397_2 嵇

00 嵇文恭(即嵇璜)　一七六
14 嵇璜 見嵇文恭

2420_0 付

53 付成　五五

2426_0 儲

10 儲雲　六三
12 儲廷玉　六三
儲廷玉妻 見居氏
儲烈　六三
儲烈妻 見蔡氏
20 儲維　六三
21 儲經　六三
22 儲綵　六三
儲綬　六三
24 儲勳　六三
儲勳妻 見李氏
儲紘　六三
25 儲繡　六三
儲純　六三
27 儲組　六三
儲綱　六三
28 儲綸　六三
儲綐　六三
72 儲氏(楊祚妻)　六三
儲氏(吴經妻)　六三
77 儲熙　六三
儲熙妻 見張氏

2492_7 納

09 納麟　三七
68 納哈赤　四〇

2590_0 朱

朱(明人)　一一八
朱(明侍御)　一二四
朱(明生員)　一四〇
00 朱唐卿　一六
10 朱天瑛　一七〇
朱石君(即朱珪)　一七八
11 朱孺人(邵孟瑄妻)　四九
14 朱珙　四七　五五
朱珪 見朱石君
17 朱孟昇　九四
朱承吉　一八八
朱承吉妻 見吴氏
23 朱允成　一二
朱岱興　一一四
24 朱佐　七〇
26 朱臯亭　一八三
27 朱豹　九八＊
朱豹妻 見沈氏
朱豹繼配 見蔡氏
28 朱以孝　九四
朱以孝妻 見陸氏
30 朱宸濠 見寧藩
37 朱浄章(衛叔益妻)　三九
朱浄章夫 見衛叔益
朱浄淳(邵德載妻)　三九
朱浄淳夫 見邵德載
朱運新　一九五
40 朱壽昌　三九
朱大有　一〇八
朱大有妻 見王氏
朱古石　一一一
朱大韶　一一四
朱吉人　一七八
朱士彦　一八〇
朱士祺(偉卿)　一八八＊
朱士祺妻 見秦氏
朱志敬(少漁)　一八八
43 朱載圳 見明景王
44 朱蘭英(唐炯妻)　九四＊　九五＊
朱藹　一一一
朱藹妻 見倪氏
朱懋恭　一四〇
46 朱塤　三九
47 朱朝賓　一二一　一三七
朱朝賓妻 見唐氏
48 朱檜　一四　一五　二一
60 朱炅　三九
朱炅妻 見孫氏
63 朱貽穀　一一一
朱貽穀妻 見倪氏
70 朱璧　三九
朱璧妻 見何氏
71 朱長芬　一三二
朱長芬妻 見潘氏
朱長庚　一三八
朱長祚　一三八
72 朱氏(張瑋繼室)　一六
朱垕　三九
朱垕妻 見夏氏
朱氏(王寅妻)　四三＊
朱氏(梅伯顔妻)　四五
朱氏(元宣使)　四五
朱氏(黄玉妻)　五八
朱氏(黄潤妻)　五八
朱氏(徐璀妻)　六一
朱氏(李綱繼妻)　六七＊　六八
朱氏(劉珮妻)　七一
朱氏(唐珣妻)　七三
朱氏(尹元妻)　八九
朱氏(陸朴妻)　九一
朱氏(倪大夏妻)　一一一
朱氏(吴泉妻)　一一二
朱氏(何文瑞妻)　一一四
朱氏(何錬繼妻)　一一四
朱氏(李澈妻)　一一六＊
朱氏(潘惠側室)　一三二
朱氏(徐希聖妻)　一四〇
朱氏(沈國光側室)　一四四
朱氏(明人妻)　一六五＊
朱氏(錢玉炯妻)　一七八
77 朱熙　三九
朱熙妻 見何氏
朱壆　三九
朱壆妻 見張氏
朱壆妻 見秦氏
80 朱公(孫妙清夫)　三九
84 朱鎮　一八八
87 朱銘新　一八八
朱叙蕃　一八八
88 朱竹君(即朱筠)　一七八
朱筠 見朱竹君
96 朱煜　三九

朱熤妻 見賈氏
朱熤妻 見陶氏

2600_0 白

77 白同 一二三

2610_4 皇

53 皇甫信 五八

2620_0 伯

88 伯篤魯丁 三三

2641_3 魏

17 魏珊 九三
23 魏允恭 一八八
33 魏必達 一四 一五
48 魏敬吾（即魏時亮） 一三四
60 魏國公（即徐達） 四〇
魏國忠獻王（即韓琦） 六九
64 魏時亮 見魏敬吾
72 魏氏（顧雲鵬妻） 九三
魏氏（何源繼妻） 一四二
魏氏（何孔賢繼妻） 一四二

2691_4 程

00 程方濟 一八一
10 程霞壇 一八三
12 程發祥 一三一
31 程福元 一三一
60 程思振 一三一
程景伊 一七二
72 程氏（陳瑜繼妻） 五七
程氏（李奉訓繼妻） 一三一 *
程氏（胡泰妻） 一八七
80 程含章 一八〇

2692_2 穆

36 穆温 八四
72 穆氏（佘塾妻） 一一五

2694_1 釋

86 釋智深 四〇

2711_7 龜

22 龜山（即楊時）見楊龜山

2712_7 歸

40 歸有光 一一三 一一七
72 歸氏（陸瓘妻） 一〇四

2721_7 倪

10 倪玉蟾 一一一
倪玉蟾妻 見曹氏
14 倪瓚（元鎮、雲林） 三八 *
17 倪承夏 一一一
18 倪珍（梅軒） 一一一
30 倪宗正 八六
倪濟 一一一
倪濟妻 見曹氏
倪濟繼妻 見錢氏
倪濟側室 見夏氏
31 倪江 一一一
倪江妻 見劉氏
倪江側室 見孫氏
倪江側室 見王氏
33 倪黼曦 一一一
倪黼曦妻 見張氏
37 倪淑 一一一
倪淑妻 見沈氏
40 倪大夏 一一一
倪大夏妻 見朱氏
50 倪貴 一一一
57 倪邦彦 一一一
倪邦彦妻 見唐氏
倪邦化 一一一
倪邦化妻 見喬氏
倪邦阜 一一一
倪邦阜妻 見戴氏
倪邦奇 一一一
倪邦奇妻 見楊氏
72 倪氏（李璧妻） 六七 六八
倪氏（徐鳴鸞妻） 一一一
倪氏（朱貽穀妻） 一一一
倪氏（朱藹妻） 一一一
倪氏（張□溢妻） 一一一
倪氏（范中州子范□妻） 一一一
倪氏（黄銘同妻） 一一一
倪氏（喬傣妻） 一一一
倪氏（潘允光妻） 一三二
80 倪鏞（存耕） 一一一 *
倪鏞妻 見陶氏

2723_2 象

22 象山（即陸九淵） 一一七

2723_4 侯

00 侯彦明 七五
侯彦明妻 見莊氏
侯應元 七五
08 侯效才 七五
10 侯玉 七五
侯震 七五
20 侯爵（良貴、止庵、梅隱） 七五 *
侯爵妻 見諸氏
22 侯鼎 七五
24 侯德 七五
25 侯秩 七五
侯秩妻 見陸氏
27 侯粲 五四
50 侯泰 七五
60 侯杲 七五
侯杲妻 見黄氏
72 侯氏（嚴録妻） 一〇三
77 侯閨秀（趙觀妻） 七五
80 侯毓秀（陳鳳妻） 七五

2724_7 殷

15 殷聘尹 一七七

40 殷士俊　一四三　一四四
47 殷九經　一二二
72 殷氏(唐時叙繼妻)　一二三
殷氏(徐兆佐妻)　一三六
80 殷公(明知州)　附録一(一)*
殷公妻 見吴氏

2725_7 伊

20 伊秉綬　一七八

2726_1 詹

00 詹童　四〇

2731_2 鮑

72 鮑氏(李奉訓妻)　一三一

2732_7 鄔

30 鄔憲　九三

2742_7 鄒

20 鄒維翰　一七九
34 鄒浩　一七九
40 鄒吉民　六八
72 鄒氏(譚思通妻)　二二
鄒氏(李綱妻)　六七　六八　八五
鄒氏(王昶妻)　一七九

2771_2 包

38 包祥　七八

2826_6 僧

47 僧格桑　一七九

2829_4 徐

徐□芳(名殘,沈階妻)　九六
徐□林(名殘,明文學)　一二四
徐□蓉(名殘,民國人)　一九三*
00 徐文聰　五二
徐文聰妻 見何氏
徐亮　六一　一二二
徐亮妻 見李氏
徐應解(元賓)　一二九*
徐應祺　一四三
08 徐旒(銃)　七六　一四〇
徐旒妻 見錢氏
10 徐于正　三一
徐天丁　九六
徐丕訓　一二四
徐丕訓妻 見姚氏
11 徐瑮　五四
徐瑮妻 見胡氏
徐瓏　六一
徐瓏妻 見劉氏
徐瓏繼妻 見郭氏
12 徐璀　六一
徐璀妻 見朱氏
徐廷杰　一九三
徐廷杰妻 見王氏
13 徐瑄　五一
15 徐瑋　五四
徐瑋妻 見張氏
16 徐琨　六四　六五
徐琨妻 見宣秀寧
17 徐子敬　三一
徐子厚　五二
徐珊　五四
徐承訓　一二四
徐承訓妻 見黄氏
徐孟純　一四〇
18 徐政(文窻)　一二四
徐政妻 見吴氏
20 徐螗　六一
21 徐倬　九〇
徐倬妻 見沈氏
徐經　一二二　一三六
徐經妻 見諸氏
22 徐山　六一
徐鼎(松巖)　一二四
23 徐獻忠　一一一
徐允元　一二四
徐允元妻 見莫氏
徐允登　一二四
徐允升　一二四
徐允濟　一二四
徐允治　一二四
徐允迪　一二四
徐允迪妻 見褚氏
徐允中　一二四
徐允中妻 見劉氏
徐允懷　一二四
24 徐勉(敏德)　六一*
徐勉妻 見馮氏
徐魁　六一
徐德充　六五
27 徐彝訓　一二四
徐彝訓妻 見李氏
徐仰齋(明太常卿)　一三〇　一三三
28 徐復巍　一四〇
徐復奇　一四〇
徐復超　一四〇
30 徐寅(唐侃女婿)　四八
徐寅妻 見唐氏
徐宸　七六
徐憲　七六　一四〇
徐憲妻 見浦氏
徐宏　七六
徐寅(徐用曾孫)　七六
徐宗魯(希曾、南湖)　一二四*
徐宗魯妻 見葉氏
徐宗魯側室 見張氏
徐宗魯側室 見姜氏
徐之皐　一二九
徐之皐妻 見金氏
徐賓吾　一三四
31 徐福　六一
徐源　九三
32 徐兆曦　一二二
徐兆佐　一三六
徐兆佐妻 見殷氏
徐兆佐繼妻 見韓氏
徐兆稷　一三六
徐兆稷妻 見吴氏
34 徐達 見魏國公

3010_6 宣

3020_1 寧

3021_1 完

3080_6 賽

3090_1 宗

3090_4 宋

3111_0 江

3111_2 池

3111_4 汪

3112_7 馮

3128_6 顧

顧〼(名殘,明經筵官)　八〇
顧□(名殘,清翰林院編修)　一七九
00 顧帝與　二八
顧帝與妻 見陸榮四娘
顧文禧(即顧清)　一〇九
顧主簿(顧晉□父)　一三五
顧慶詹　一七五
10 顧雲龍　九三
顧雲龍妻 見吴氏
顧雲鸞　九三
顧雲鸞妻 見錢氏
顧雲鷺　九三
顧雲鳳　九三
顧雲鳳妻 見蕭氏
顧雲鵬　九三
顧雲鵬妻 見張氏
顧雲鵰　九三
顧雲鵰妻 見魏氏
顧晉□(潘雲驥婿)　一三五
11 顧珩　九三
顧珩妻 見葛氏
顧珩繼妻 見丁氏
顧珩繼妻 見姚氏
12 顧廷圭　一一八
17 顧子茂　五八
20 顧信　五八
顧信妻 見黄氏
22 顧鼎臣　八六
25 顧仲方　二八
顧仲方妻 見陸榮三娘
28 顧倫(朝章、春山)　九三＊
顧倫妻 見唐氏
顧從義　一三二
30 顧寔　八七
顧永塾　九三
顧永垚　九三
顧永基　九三
顧永基妻 見龔氏
顧永堂　九三
顧永堂妻 見宣氏
32 顧澄　九三
33 顧述　七〇
顧述妻 見楊氏
35 顧清 見顧文禧
40 顧奎　八九
顧奎妻 見尹氏
顧九防　一三八
顧大潤　一七六
64 顧時英(承信)　二三
72 顧氏(左徵妻)　四八
顧氏(韓思聰繼妻)　五三
顧氏(黄孟瑄妻)　五八
顧氏(劉理妻)　六二
顧氏(蕭政妻)　七九
顧氏(楊枘妻)　九三
顧氏(嚴鉉妻)　一〇三
顧氏(王瑞妻)　一〇八＊
顧氏(陸琦側室)　一二六
顧氏(潘允達妻)　一三二
顧氏(潘雲杰妻)　一三二
顧氏(陸樹聲妻)　一三九＊
顧氏(王春煦妻)　一七六
98 顧燧　一二

3216_9 潘

潘□(名殘,余西泉婿)　一一五
潘□(名殘,余西泉婿)妻 見余氏
潘(陸瑶婿)　一二八
潘(陸瑶婿)妻 見陸氏
00 潘方伯(即潘允端)　一三二　一三四　一三五
01 潘龍　七四　七八
潘龍妻 見吴氏
潘龍繼妻 見于氏
10 潘雲章　一三二　一三四
潘雲章妻 見俞氏
潘雲耒　一三二
潘雲耒妻 見張氏
潘雲杰　一三二
潘雲杰妻 見顧氏
潘雲臯　一三二
潘雲臯妻 見陸氏
潘雲獻　一三五
潘雲驥(士遠)　一三五＊
潘雲漢　一四五
18 潘孜　一二
21 潘行素　一〇二
潘比部　一三二
22 潘斷　五〇
潘斷妻 見王氏
潘繼芳　一三二　一三四
潘繼芳妻 見張氏
23 潘允端 見潘方伯
潘允脩　一三二
潘允脩妻 見趙氏
潘允脩繼妻 見宋氏
潘允徵(監事,叔久、文臺)　一三二　一三四＊
潘允徵妻 見趙氏
潘允徵繼妻 見何氏
潘允徵繼妻 見趙氏
潘允達(汀倅)　一三二
潘允達妻 見顧氏
潘允哲(學憲)　一三二　一三四　一三五
潘允光　一三二
潘允光妻 見倪氏
潘憲學 見潘允哲
27 潘屺　一七〇
28 潘齡(壽夫、海雲)　五〇　七四＊
潘齡妻 見黄氏
潘齡繼妻 見徐氏
30 潘憲學 見潘允哲
31 潘汀倅 見潘允達
32 潘添二　一三四
36 潘温倅 見潘惠
37 潘郎中(明人)　八六
38 潘肇定　一三五
40 潘大本　四五
潘大本妻 見梅氏
潘壽清(楊武妻)　七四
潘壽□(王倖妻)　七四
潘壽□(相妻)　七四
潘士彦　一三二
潘士彦妻 見楊氏
潘奎　一三四
44 潘恭定 見潘恩
潘芳　一三三
47 潘都事　一三二
48 潘乾　八八

潘乾妻 見沈德貞
49 潘妙寧(張慶妻)　五〇
潘妙善(陳護妻)　五〇
50 潘素貞　五〇
潘惠(温倅、淞涯)　一三二＊　一三四
潘惠妻 見王氏
潘惠側室 見張氏
潘惠側室 見朱氏
60 潘四道　五〇
潘思明 見潘思銘
潘思銘(明)　五〇　七四
潘思銘妻 見張氏
潘晟　一一八
潘恩(恭定)　一三二　一三四　一三五
63 潘暄　四八
67 潘明藩　一三二
潘明翰　一三二
潘明翰妻 見支氏
潘明暘　一三二
潘明屏　一三二
潘明屏妻 見欽氏
潘明錫　一三二
72 潘氏(唐根妻)　九七
潘氏(張熙妻)　一〇二
潘氏(張所毅妻)　一三二
潘氏(瞿弘詞妻)　一三二
潘氏(朱長芬妻)　一三二
潘氏(張氏妻)　一三二
潘氏(徐氏妻)　一三二
潘氏(王稑妻)　一四五
77 潘閨人(梅彝妻)　四五＊
潘譽(聲遠)　五〇＊　七四
潘譽妻 見陸氏
潘譽側室 見喬氏
潘隆　五〇
潘鳳　七四　七八
潘鳳妻 見吳氏
潘學憲 見潘允哲
78 潘監事 見潘允徵
80 潘公(頤菴,明廣西按察司僉事)　一四七＊
90 潘光禄　一三二

3312_7 浦

30 浦宗約　九二
43 浦博(一葵)　七一　九四
44 浦藩　九七
浦藩妻 見唐氏
60 浦杲　七四　八五
72 浦氏(徐憲妻)　一四〇
浦氏(錢大昕繼室)　一七八
80 浦介　九二
浦介妻 見宣氏

3390_4 梁

00 梁文定(即梁國治)　一七六
60 梁國治 見梁文定
72 梁氏(陸垚叟繼配)　二八
梁氏(奚盛妻)　六〇
77 梁同書　一七三　一七六

3411_2 沈

沈□(名殘,沈輔子)　八六
沈□(名殘,沈梁子)　九〇
沈□(名殘,沈梁子)　九〇
沈□(余西泉婿)　一一五
沈□(余西泉婿)妻 見余氏
00 沈慶　六
沈文元　九六
沈度　一〇九　一三五
沈文愨(即沈德潛)　一七九
10 沈元震　八八
沈石□　一三七
12 沈璞　八六　八八
沈烈　八六　八八
沈廷振　一二五
15 沈建元　一四三
沈建元妻 見金氏
沈建鴻　一四三
沈建鴻妻 見吳氏
沈建駿　一四三
沈建駿妻 見張氏
18 沈璲　六四　六五
沈璲妻 見宣淑蘭
21 沈仁儒　六＊
沈仁儒妻 見孫氏
沈仁　一四三
沈仁妻 見嚴氏
22 沈繼瞿　一四三
24 沈烋　八六
沈勳　八八
沈勳妻 見錢氏
沈德柔(山拱朝妻)　八八
沈德貞(郭乾妻)　八八
沈德清(陳金妻)　八八
沈德温(潘乾妻)　八八
沈德英(郁士傑妻)　八八
沈德□　八八
沈科　一二五
沈科妻 見徐氏
沈德潛 見沈文愨
26 沈自成(允成)　一四三＊
沈自成妻 見葛氏
27 沈魯　四九
沈粲　一〇九　一三五
28 沈作賓　二三
沈䄻　五五
沈䄻妻 見慶
30 沈寧　六
沈賓　六
沈鎣　五三
沈完璧　九〇
沈宗泰　九六
沈守畊(沈翁)　一一七　一二三
沈守耕妻 見曹氏
沈良驥　一四三
沈良驥妻 見吳氏
33 沈梁(時□、友松)　八六　九〇＊
沈治　一四三
37 沈冠雲(即沈彤)　一七八
40 沈壽　七七
沈垚　八六　八八
沈壵　八六　八八
44 沈世隆　八二
沈世瑞(廷美、鳳梧居士)　一二五＊
沈世瑞妻 見丘氏
沈世瑞副室 見陸氏
沈世瑞副室 見張氏

3414_7 凌

3418_1 洪

3426_0 褚

3430_4 達

3512_7 清

3611_7 温

3612_7 湯

3621_0 祝

3630_2 邊

3712_7 鴻

3721$_0$ 祖

3722$_7$ 祁

3814$_7$ 游

3912$_0$ 沙

4003$_0$ 大

4010$_2$ 左

4010$_6$ 查

4022$_7$ 南

4040$_7$ 支

李

37 李鶚　一一三
李淑　一七〇
38 李澈(澄卿、祁南)　一一三　一一六
李澈妻 見朱氏
李瀚(李澈弟)　一一三　一一六
李瀚(明人)　一一七
40 李奎(明巡撫)　五〇
李吉夫　六四
李直　六七　六八
李直妻 見胡氏
李奎(李綱孫)　六八
李奎妻 見徐氏
李堯臣(樗軒) 見李良
李大章(新軒)　八五
李友月　八五
44 李華　五
李英　一一三
李英妻 見袁氏
李若元　一七〇
李世祺　一七〇
李桂巖　一八三
47 李根源　一九六
48 李敬甫　六八
49 李妙芳(吳洪妻)　六七　六八
李妙貞　六七　六八
50 李東陽　七三
李奉訓　一三一
李奉訓妻 見鮑氏
李奉訓繼妻 見程氏
51 李振威　一九四
李振威妻 見汪氏
53 李輔　四七
60 李思齊　四〇
李昉 見李文正
李國珍(碩遠)　一九四
李國珍妻 見王祐存
64 李時芳　一三一
66 李暘　八七
70 李壁　六八
李壁妻 見倪氏
71 李長源　五七
72 李氏(盧子真夫人)　一*
李氏(林沐繼配)　二四
李氏(任良輔妻)　三三
李氏(任敬忠妻)　三三
李氏(任敬父妻)　三三
李氏(陳辟識温妻)　三四
李氏(陳識里温妻)　三四
李氏(徐亮妻)　六一
李氏(劉楝妻)　六二
李氏(儲勳妻)　六三
李氏(方浩繼妻)　六六
李氏(劉文富妻)　七一
李氏(顔鉞妻)　七七
李氏(蕭貞妻)　七九
李氏(陸瑜孫陸□妻)　八二
李氏(唐勳妻)　九七
李氏(宣應楫妻)　一一三　一一六
李氏(徐學禮妻)　一二二　一三六*
李氏(徐彝訓妻)　一二四
李氏(陸允中妻)　一二六
李氏(董傳策妻)　一二七
李氏(汪巖桂妻)　一三一
李氏(徐荣祖妻)　一四〇
李氏(沈日昌妻)　一四四
李氏(王淳宇副室)　一四五*
李氏(黄澄繼妻)　一九五
77 李賢　六二
李賢妻 見劉秀春
李鳳　六七　六八
李鳳妻 見葉氏
李閏秀　一一六
李又芳　一九四
80 李公(明淮府長史)　六六
李公紀(怡桂) 見李綱
李人龍　一一八　一二四
86 李錫　六七　六八
李錫妻 見陳氏
91 李烜　一三
96 李愓菴　一五七*
97 李炤　一一七　一二三

4042_0 婷

44 婷華(徐□蓉長女)　一九三

4073_2 袁

00 袁文□(明太史)　一三四
27 袁凱　三九
31 袁福徵　一二四
38 袁瀚　九四
袁瀚妻 見唐壽芸
44 袁世凱　一九六
72 袁氏(李英妻)　一一三
袁氏(徐榮桂妻)　一九六
90 袁惟寅　二一

4212_2 彭

00 彭應麟　一一二
57 彭静趣　六六
60 彭思廉　八五
72 彭氏(李一亨妻)　八五
80 彭公(明侍御)　四四

4240_0 荆

60 荆國(即王安石)　一一七

4241_3 姚

姚□文(名殘,明太學生)　一四五
01 姚龍津　一二四
10 姚天錦　一七〇
21 姚師約　五
姚師益　五
30 姚淮　一〇二
姚淮妻 見張氏
45 姚椿　一八一　一八二
72 姚氏(郁楚榮妻)　二
姚氏(李正姬夫)　五
姚氏妻 見李正姬
姚氏(顧珩繼妻)　九三
姚氏(嚴坤繼妻)　一〇三
姚氏(徐丕訓妻)　一二四
姚氏(王陞繼妻)　一四五
姚氏(錢楷妻)　一七七
77 姚民　六三

4301_0 尤

4304_2 博

4345_0 娥

4385_0 戴

4410_0 封

4410_4 董

4411_2 范

4421_4 莊

4422_7 蕭

4423_2 蒙

4424_0 蔚

4424_7 蔣

4433_1 蕉

4439_4 蘇

4440_6 草

4442_7 萬

4443_0 莫

4445_6 韓

4471_7 世

4472_7 葛

4474_1 薛

4477_0 甘

4480_6 黄

4490_1 蔡

4490_4 葉

葉芮妻 見顔文英
64 葉時中　一四　一五
72 葉氏(李鳳妻)　六七　六八
葉氏(尹希妻)　八九
葉氏(何文瑞繼妻)　一一四
葉隱耕　一二四
葉氏(徐宗魯妻)　一二四
80 葉公(明王府教授)　一六七 *
87 葉舒玥　一七〇

某

72 某氏(姓殘,林沐繼配)　二四
80 某公(明人)　一六〇 *

4491_0 杜

01 杜龍躍　二八
杜龍躍妻 見陸榮一娘
38 杜祥　一七
杜祥妻 見王氏
40 杜士龍　一七
杜士熊　一七
50 杜申之(伯禄)　一七 *
杜申之妻 見董氏
杜申之繼配 見錢氏
60 杜國珍　一七
杜國珍妻 見沈氏
61 杜顯　一七
杜顯妻 見馬氏
80 杜公(明醫學正科)　一五四 *

4491_4 桂

44 桂蕚　一〇九

4499_0 林

林□望(名殘,南宋人)　二四
00 林章(思菴)　一三〇
10 林正蔭(世悦、南濱)　一三〇 *
林正蔭妻 見王氏
22 林繼曾　二四
林樂耕　一三〇
30 林宗傳　二四
林濟　一三〇
林之華　一七六
34 林沐(子木、東軒居士)　二四 *
林沐妻 見劉氏
林沐繼配 見李氏
林沐繼配 見某氏
38 林祥(省涵)　一三〇
林祥妻 見鄭氏
40 林壽祖　二四
林有麟(仁甫、衷齋)　一三〇　一三三 *
林有麟妻 見徐氏
林希顥　一三三
林希顥妻 見王氏
44 林華國　二四
50 林春□　一三〇
58 林敷　二四
60 林景暘　一二七　一三〇　一三三
林景暘妻 見滕氏
林景暘繼妻 見徐氏
71 林長民　一九四

4601_0 旭

44 旭林　一七五

4690_0 相

相(姓殘,潘壽□夫)　七四
相妻 見潘壽□

4692_7 楊

楊□□(名殘,明庠生)　一三七
10 楊天麟　二二
楊一清 見楊石淙
楊石淙(即楊一清)　一二四
11 楊北泉　一三七
13 楊武　七四
楊武妻 見潘壽清
14 楊瑛(素英、張友梅妻)　八三 *
17 楊璨　一〇五
20 楊維則　一三　一五
21 楊縉　五〇
22 楊循吉　七六
楊豳　八三
楊樂閒　八三
23 楊俊　七〇
楊允繩　一一八
26 楊和尚　五〇
27 楊豹　一三
楊龜山(即楊時)　一〇九　一二一
楊紹宏　一二一　一三七
楊紹宏妻 見唐氏
楊紹文　一七六
31 楊湏　七七
楊湏妻 見顔文秀
34 楊達(士通、寅菴)　七〇 *
楊汝熊　一四五
38 楊祚　六三
楊祚妻 見储氏
楊道□　一二一
40 楊士達　一三　一五
楊士達妻 見沈氏
楊九韶　七四
楊士宜　一〇五
楊南溟　一一一
44 楊孝禮　七〇
楊桂　七〇
楊桂妻 見孫氏
45 楊柟　九三
楊柟妻 見顧氏
48 楊松　七〇
60 楊晟　一三
62 楊昕(世南)　一三 *
楊昕妻 見宋氏
64 楊時 見楊龜山
71 楊厚甫　八五
72 楊氏(周知柔妻)　一四　一五 *　一八
楊氏(陳瑜妻)　五七
楊氏(劉桴妻)　六二
楊氏(趙霖妻)　七〇
楊氏(張欽妻)　七〇
楊氏(顧述妻)　七〇
楊氏(劉宗湜妻)　七一
楊氏(張悦祖母)　八〇
楊氏(陸瑜三子陸□妻)　八二

楊氏(李一元妻)　八五
楊氏(嚴堂繼妻)　九九　一〇三　一一〇
楊氏(嚴銑妻)　一〇三　一一〇
楊氏(董宜陽妻)　一〇五
楊氏(王成謨妻)　一〇八
楊氏(倪邦奇妻)　一一一
楊氏(駱宗祐妻)　一一五
楊氏(余有光妻)　一一五
楊氏(宋邦人妻)　一一八
楊氏(唐自化妻)　一二一　一三七 *
楊氏(潘士彥妻)　一三二
楊氏(唐光啓妻)　一三七
楊氏(唐光□妻)　一三七
楊氏(王陞繼妻)　一四五
楊氏(陳思畊妻)　一五〇 *
楊氏(陳思畊繼妻)　一五〇 *
楊氏(黄左宜妻)　一九五
87 楊鏐　八四
88 楊敏文　一三　一五
90 楊尚烱　九三

4722_7 郁

12 郁廷式　九一
18 郁政義　二
40 郁士傑　八八
郁士傑妻 見沈德英
44 郁楚榮　二 *
郁楚榮妻 見姚氏
50 郁貴　二
71 郁阿扶　二
72 郁氏(陸廣妻)　九一　一〇四　一二六
90 郁懷振　二

4762_0 胡

胡□□(名殘,明庠生)　一三七
00 胡文恪(清學使)　一八〇
胡文鏞　一八七
10 胡正熺　一八七
32 胡澄(淵如、子瑩)　一八一 *
胡澄妻 見黄氏
38 胡祥鑅　一八七
胡祥權　一八七
胡祥淦　一八七
40 胡嘉福　一八七
41 胡概 見胡公
44 胡執禮　一二七
胡孝曾　一八一
47 胡起鳳(廣文、質夫)　一八一
48 胡敬曾　一八一
50 胡泰(階平)　一八七 *
胡泰妻 見程氏
51 胡振豫　一八七
胡振恒　一八七
60 胡昌穎　一七〇
胡見超　一八二
67 胡嗣信　一二一　一三七
胡嗣信妻 見唐氏
72 胡氏(任通妻)　三一
胡氏(徐瓔妻)　五四
胡氏(李直妻)　六七　六八
胡氏(唐本堯繼妻)　一二一　一三七
胡氏(唐光翼妻)　一三七
胡氏(何錢繼妻)　一四二
80 胡公(明大理卿,即胡概)　四四
胡公(明侍御)　五四

4792_0 柳

24 柳先生(明人)　五五
30 柳永 見柳屯田
50 柳屯田(即柳永)　一一八
54 柳拱之　六〇

4895_7 梅

00 梅文鼎 見梅氏
12 梅廷瑞(耕隱)　四五
梅廷瑞妻 見瞿妙清
22 梅鼎珍　四五
梅鼎珍妻 見湯氏
26 梅伯彦(竹泉)　四五
梅伯彦妻 見朱氏
梅侃(公毅、麗澤)　四五
27 梅彝(用和、松崖)　四五 *
梅彝妻 見潘閨人
33 梅梁(克成、雪屏)　四五
72 梅氏(潘大本妻)　四五
梅氏(褚彦安妻)　四五
梅氏(陸深妻)　一〇九
梅氏(即梅文鼎)　一七八

4980_2 趙

00 趙方泉(明督學使者)　一三四
趙文哲 見趙損之
07 趙翊龍　一九　二〇
10 趙霖　七〇
趙霖妻 見楊氏
13 趙瑄　二六
17 趙承易　一四〇
21 趙師羿　二三
22 趙崑　一〇〇
27 趙御史(明巡按)　一〇九
30 趙安國　二六
33 趙必超　一七〇
37 趙淑真(譚友諒妻)　二六 *
40 趙南渚(即趙世卿)　一三四
41 趙嫗(明人)　一〇三
44 趙革　二六
趙世卿 見趙南渚
46 趙觀　七五
趙觀妻 見侯閨秀
56 趙損之(即趙文哲)　一七八　一七九
60 趙昇　五〇
趙昂　五〇
64 趙時梓　二四
72 趙氏(于時舉妻)　一九　二〇
趙氏 見南宋秦王宫少師
趙氏(范永亨妻)　五九
趙氏(韓道華外舅)　六九
趙氏(俞子誠妻)　七二
趙氏(張學圃繼妻)　一一九
趙氏(潘允脩妻)　一三二
趙氏(潘允徵妻)　一三二　一三四
趙氏(潘允徵繼妻)　一三二　一三四

5000_6 史

申

5033_3 惠

5090_4 秦

5103_2 振

5310_7 盛

5320_0 戚

5560_6 曹

5798_6 賴

6015_3 國

6022_7 易

6043_0 吴

50 吴中允(吴宗□父)　一三五
吴貴弟(何源繼妻)　一四二＊
吴泰來 見吴企晉
60 吴景元　一二四
吴景元妻 見徐氏
64 吴時来　一二七
72 吴氏(任良佑妻)　三〇
吴氏(任敬伯妻)　三三
吴氏(李憲妻)　六八
吴氏(潘龍妻)　七四　七八
吴氏(潘鳳妻)　七四　七八
吴氏(毛鸞妻)　七八
吴氏(劉璋妻)　七八
吴氏(尹元繼妻)　八九
吴氏(顧雲龍妻)　九三
吴氏(嚴金妻)　一〇三
吴氏(陸平繼妻)　一〇九
吴氏(吴孺人,宋蕙妻)　一一二＊　一一八
吴氏(徐政妻)　一二四
吴氏(徐兆稷妻)　一三六
吴氏(吴虞庵女)　一三七
吴氏(沈良驥妻)　一四三
吴氏(沈建鴻妻)　一四三
吴氏(明人)　一五六＊
吴氏(許雲鵬側室)　一七四
吴氏(張允垂妻)　一八〇
吴氏(張允垂繼室)　一八〇
吴氏(何其偉副室)　一八二
吴氏(朱承吉妻)　一八八
吴氏(黄錫蕃妻)　一九五＊
吴氏(黄士璋妻)　一九五
吴氏(殷公妻)　附録一(一)＊
吴氏(金仲達妻)　附録一(三)＊
80 吴全　六七　六八
吴企晉(即吴泰來)　一七八
83 吴鉞　一四二
吴鉞妻 見高氏
86 吴鍔　七八
吴鍔妻 見劉氏
吴錫鏡　一九五
吴錫鏡妻 見周氏
88 吴節　五〇
90 吴惟升　七八
吴惟學(橘逸)　七八
吴惟學妻 見蘇妙貞

6050$_4$ 畢

31 畢沅 見畢湘蘅
36 畢湘蘅(即畢沅)　一七八
72 畢氏(任仁發庶妻)　三六
77 畢熙曾　一八三

6060$_0$ 吕

吕□游(名殘,吕處淑父)　二七
吕□游妻 見何氏
吕□□(名殘,吕良佐孫)　三七
01 吕顔　二七
10 吕元士　三七
吕元華　三七
17 吕子梁　三七
吕子道　三七
吕子閏　三七
吕子鍾　三七
21 吕處淑(王子□妻)　二七＊
23 吕允恭(萊翁)　三七
吕允閏　三七
吕允閏妻 見邵氏
24 吕德謙(偉謙)　三七
30 吕良□(吕良佐從兄)　三七
吕良佐(輔之、璜谿居士)　三七＊
吕良佐妻 見高氏
吕宗望　三七
吕宗濟　三七
吕宗岳　三七
37 吕淑真(邵氏妻)　三七
吕淑真夫 見邵氏
40 吕嘉會　三七
55 吕慧清(史氏妻)　三七
吕慧清夫 見史氏
吕慧明(謝氏妻)　三七
吕慧明夫 見謝氏
72 吕氏(陳濂妻)　四七
吕氏(韓瑄繼妻)　六九
88 吕鑑　三七
吕鎰　三七
91 吕恒　三七
97 吕恂　三七
吕恂妻 見夏氏

6073$_2$ 畏

10 畏吾氏(闊闊出妻)　三五

6080$_6$ 買

買□(名殘,元江陰鎮守萬户)　三五
買□妻 見任玉真

6091$_4$ 羅

10 羅雅谷　一七八
17 羅豫章(即羅從彦)　一〇九
28 羅從彦 見羅豫章

6240$_0$ 别

60 别里怯(即别里怯都)　三一　三五
别里怯孫女(任士文妻) 見欽察台守真榮
别里怯都 見别里怯

6621$_4$ 瞿

12 瞿弘詞　一三二
瞿弘詞妻 見潘氏
49 瞿妙清(梅廷瑞妻)　四五
50 瞿中溶　二五　一七八
72 瞿氏(元運使)　四五
瞿氏(沈輔妻)　八六　八八
瞿氏(陸平妻)　一〇九
瞿氏(唐與側室)　一二一
77 瞿學召　一〇九
瞿學召妻 見陸氏

6624$_8$ 嚴

嚴(明生員)　一四〇
00 嚴文衡　一一〇

嚴文若　一一〇
04 嚴塾　九九　一〇三
嚴塾妻 見陳氏
嚴塾繼妻 見葛氏
10 嚴垔(惟成)　九九　一〇三　一一〇
嚴垔妻 見王氏
嚴震環　一八二
22 嚴嵩(分宜)　一二四　一二七
23 嚴允升(允昇)　九九　一一〇
嚴允昇 見嚴允升
30 嚴守誠　九九
34 嚴浩(昊、元廣、魯齋)　九九＊　一〇三　一一〇
嚴浩母 見嚴袖妻
嚴浩妻 見夏妙玄
36 嚴袖　九九　一一〇
嚴袖妻 見徐氏
44 嚴恭　一一〇
嚴世蕃　一二七
45 嚴坤(惟敬)　九九　一〇三　一一〇
嚴坤妻 見金氏
嚴坤繼妻 見姚氏
47 嚴墀(惟觀)　九九　一〇三　一一〇
嚴墀妻 見陸氏
50 嚴泰　一一〇
60 嚴昊(魯齋) 見嚴浩
72 嚴氏(范粹妻)　四九
嚴氏(顔相妻)　一一〇
嚴氏(徐尚賢妻)　一四〇
嚴氏(徐希文妻)　一四〇
嚴氏(沈仁妻)　一四三
80 嚴金　一〇三
嚴金妻 見吴氏
嚴鉉　一〇三
嚴鉉妻 見顧氏
嚴分宜 見嚴嵩
81 嚴鑪　一〇三
嚴鑪妻 見沈氏
84 嚴銑　一〇三　一一〇
嚴銑妻 見楊氏
87 嚴録　一〇三
嚴録妻 見侯氏
嚴銘　一〇三
嚴銘妻 見沈氏
88 嚴鎰　一〇三
嚴鎰妻 見陳氏
90 嚴堂(惟正、南野)　九九　一〇三　一一〇＊
嚴堂妻 見談氏
嚴堂繼妻 見楊氏
嚴堂侍室 見陳氏
嚴惟成 見嚴垔
嚴惟敬 見嚴坤
嚴惟觀 見嚴墀
99 嚴榮　一七三　一七九

6702_0 明

00 明高皇 見明太祖
明文皇 見明成祖
13 明武廟 見明武宗
明武宗(明武廟，朱厚照)　一〇九
明武平伯(即陳熹)　一〇九
21 明上 見明孝宗
26 明皇上 見明孝宗
明穆宗(明莊皇帝、明裕王，朱載垕)　一二七　一三二
30 明宣宗(朱瞻基)　五五
明憲宗(朱見深)　七五　八〇
明淮王(即朱祐棨)　一〇九
38 明裕王 見明穆宗
40 明太上皇后(即明憲宗母周太后)　七五
明太祖(明高皇，朱元璋)　一〇五　一一一
44 明孝宗(明上、明今上、明皇上，朱祐樘)　七三　七四　七五　八〇　八一
明英宗(明英廟，朱祁鎮)　八一
明英廟 見明英宗
明世宗(朱厚熜)　一二七
明莊皇帝 見明穆宗
53 明成祖(明文皇，朱棣)　一〇五
60 明昇　四〇
明景恭王(即朱載圳)　一二一　一二七
77 明周太后 見明太上皇后
80 明今上 見明孝宗

7121_1 阮

10 阮元(伯元)　一七六　一七八
26 阮伯元 見阮元

7122_0 阿

00 阿文成 見阿桂
44 阿桂(文成)　一七六　一七九

7132_7 馬

馬□(名殘，明刻工)　一一五
00 馬文昇　七三
馬慶　七六　八八
26 馬伯璋　二二
30 馬之騏　一三八
47 馬朝柱　一七二
72 馬氏(杜顯妻)　一七
馬氏(唐沂妻)　九七
馬氏(陸可矜妻)　一二八

7173_2 長

07 長毅(徐□蓉子)　一九三
48 長敬(徐□蓉子)　一九三

7210_0 劉

劉(明郡守)　八九
00 劉文富　六二　七一
劉文富妻 見李氏
劉應元　一四五
02 劉端臨(即劉臺拱)　一七八
10 劉天源(耕樂)　六二
劉天澤(葵軒)　六二
劉天瀞 見劉湜
劉玉蓮　六二
劉可久　七一
劉可久妻 見龔氏
劉璋　七八

劉璋妻 見吴氏
12 劉璞　七一
14 劉瑛　六二
劉璀　七一
劉璀妻 見張氏
劉瑾　一〇九
16 劉珵　六二
劉珵妻 見顧氏
17 劉珮　七一
劉珮妻 見朱氏
19 劉琰　七一
劉琰妻 見陳氏
劉琰繼妻 見董氏
20 劉秀春(李賢妻)　六二
22 劉繼宗　七四
劉稱　八四
23 劉縿　六六
劉縿妻 見方氏
25 劉健　七三
27 劉紹宗　七四
30 劉宗海(天注、樂閑)　六二＊
劉宗海妻 見王氏
劉宗海繼妻 見王氏
劉宗湜(天瀞、芸軒)　六二　七一＊
劉宗湜妻 見楊氏
34 劉達　四七
36 劉渭　一一
劉澤深　一三八
38 劉道果　七一
40 劉堉　七一
劉壽端　七一
劉南津　一一九
劉古濱　一二四
劉臺拱 見劉端臨
42 劉桴　六二
劉桴妻 見楊氏
劉埠　七一
44 劉孝郎　六二
劉權　七一
劉權妻 見陳氏
劉槿　七一
劉槿妻 見徐氏
45 劉楝　六二
劉楝妻 見李氏
劉椿　七一
46 劉坦　七一
50 劉貴三　七一
67 劉瞻松　一一一
72 劉氏(孫傅夫人)　一一＊
劉氏(林沐妻)　二四
劉氏(徐瓏妻)　六一
劉氏(吴鍔妻)　七八
劉氏(張友梅母)　八三
劉氏(倪江妻)　一一一
劉氏(唐俱妻)　一二一　一三七
劉氏(徐允中妻)　一二四
劉氏(王陞妻)　一四五
劉氏(金守齋妻)　附録一(二)＊
77 劉鳳仙(丁鎬妻)　七一
劉鳳清(須源妻)　七一
79 劉勝蓮　六二
80 劉公(明大司成)　五三
87 劉鋒　一二八
89 劉鐙　一〇九

7210₁ 丘

00 丘文川　一二五
72 丘氏(沈世瑞妻)　一二五

7421₄ 陸

陸(明人)　七〇
陸□(名殘,陸瑜孫)　八二
陸□妻 見李氏
陸□(名殘,陸瑜三子)　八二
陸□妻 見楊氏
00 陸應子　二八
陸應子妻 見黄氏
陸彦和　五一
陸廣(漢臣、醒心)　九一　一〇四＊　一二六　一二八
陸廣妻 見郁氏
陸廣妾 見湯氏
陸廣妾 見徐氏
陸雍　九一
陸雍妻 見陳氏
陸庚　九一
陸應奎　一〇四
陸應陽(陸廣孫)　一〇四
陸彦章　一三九
陸應解　一四〇
陸應陽(明人)　一七〇
10 陸璽　九一
陸可矜　一〇四　一二八
陸可矜妻 見馬氏
陸可矜繼妻 見蘇氏
陸平(竹坡)　一〇九
陸平妻 見瞿氏
陸平繼妻 見吴氏
11 陸珏　一〇四
陸珏妻 見徐氏
陸孺人(衛南埜妻)　一〇六
陸璿(筠松)　一〇九
陸璿妻 見尤氏
12 陸瑶(東涯)　九一　一〇四　一二六　一二八
陸瑶妻 見蘇氏
陸瑫　九一
13 陸琮　一六
14 陸琦(子温、横溪)　九一　一〇四　一二六＊　一二八
陸琦妻 見王氏
陸琦側室 見顧氏
陸瑛　九一　一〇四
陸瑛妻 見張氏
陸瓘　九一　一〇四
陸瓘妻 見歸氏
16 陸琨　一〇四
17 陸君豫　二八
陸君豫妻 見王氏
陸君澤　二八
陸君澤妻 見謝氏
陸君輔　二八
陸君範　二八
陸君範妻 見徐氏
陸子薦　二八
陸子薦妻 見徐氏
陸子順　一〇九
18 陸瑜(廷美、溪雲)　八二＊
陸瑜妻 見張氏
陸玠　一〇四
陸玠妻 見王氏

20 陸秀夫　九一
22 陸山　九一
23 陸允文　一二六
陸允文妻 見徐氏
陸允武　一二六
陸允武妻 見張氏
陸允中　一二六
陸允中妻 見李氏
24 陸德衡　一〇九
25 陸仲源　八二
陸純(汝誠、北墅)　九一＊　一〇四　一二六
陸純妻 見翟氏
陸純繼妻 見周氏
26 陸伯裡　二八
30 陸寅　二八
31 陸汀　一〇四
陸江　一〇四
陸河　一〇四
陸沔　一〇四
32 陸澄　九一　一〇四
33 陸治　一〇四
34 陸汝麟　一二六
陸汝鶱　一二六
陸汝鵬　一二六
陸汝鶚　一二八
陸汝鶚妻 見沈氏
35 陸溱　一〇四
陸湊　一〇八
陸湊妻 見王氏
37 陸深(子淵、儼山)　一〇九＊
陸深妻 見梅氏
38 陸海　一〇四
39 陸泮　一〇四
40 陸垚叟(仲高)　二八＊
陸垚叟妻 見郭氏
陸垚叟繼配 見梁氏
陸直　八二
陸九淵 見象山
43 陸朴(裕軒)　九一　一〇四
陸朴妻 見朱氏
44 陸執禮　二八
陸夢炎　二八
陸華　八二
陸萬鍾　一二七
陸橫溪 見陸琦
陸樹聲(平泉)　一三〇　一三七　一三九　一四一＊
46 陸楫　一〇九
陸坦齋　一二四
49 陸妙安(宣孟宗妻,宣昇母)　六四＊　六五
50 陸惠(惠寧,陳昭妻)　五一
51 陸揩　四八
陸揩妻 見唐氏
64 陸時□(陸瑜孫)　八二
陸時雍　八二
陸時偉　八二
陸時俸　八二
陸時儼　八
陸曉　一一二
67 陸鳴珂　一七〇
72 陸氏(孫偁前夫人)　九
陸氏(張伯珣妻)　一六
陸氏(潘譽妻)　五〇　七四
陸氏(韓珵妻)　五三
陸氏(宣昇側室)　六四　六五
陸氏(宣昇母) 見陸妙安
陸氏(侯秩妻)　七五
陸氏(張悦母)　八〇
陸氏(王軾妻)　九一
陸氏(王鐈妻)　九一
陸氏(龔臣妻)　九一　一〇四
陸氏(朱以孝妻)　九四
陸氏(唐送妻)　九七
陸氏(嚴墀妻)　九九　一〇三
陸氏(葛濬妻)　一〇四
陸氏(王溫妻)　一〇四
陸氏(瞿學召妻)　一〇九
陸氏(張樹聲妻)　一一九＊
陸氏(唐時雍妻)　一二三
陸氏(徐敷訓妻)　一二四
陸氏(徐光訓妻)　一二四
陸氏(沈世瑞副室)　一二五
陸氏(張省妻)　一二六
陸氏(金喬妻)　一二六
陸氏(李從周妻)　一二八
陸氏(潘妻)　一二八
陸氏(潘雲臯妻)　一三二
陸氏(唐光燕妻)　一三七
陸氏(徐潮妻)　一四〇
陸氏(徐希武妻)　一四〇
陸氏(王士毅妻)　一七三　一七九
陸氏(許雲鵬妻)　一七四＊
陸氏(王袓篋室)　一七九
陸氏(張筠齋妻)　一九〇＊
77 陸開衍　二八
80 陸公(梅莊)　一六六＊
84 陸錤　八二
陸錤妻 見范氏
88 陸銓　八二
陸銓繼妻 見黄氏
陸餘慶　一〇九
90 陸光先　一二八
陸光先妻 見徐氏
陸光裕　一二八
93 陸怡安　一一九
97 陸鄰　一〇九
99 陸榮一娘(杜龍躍妻)　二八
陸榮二娘(陳公昭妻)　二八
陸榮三娘(顧仲方妻)　二八
陸榮四娘(顧帝與妻)　二八
陸榮五娘(謝觀壽妻)　二八

7529_6 陳

陳□□(名殘,陳琳祖)　四
陳(明郡守)　八九
00 陳高可　五一
陳章　五七
陳文璧　八〇
陳應祥　一二〇
陳應祥妻 見張秀□
陳庚烈　一三八
陳庚烈妻 見喬氏
陳庚寔　一三八
陳庚寔妻 見黄氏
03 陳識里温　三四
陳識里温妻 見李氏
04 陳護　五〇
陳護妻 見潘妙善
07 陳詢　五〇
10 陳三立　一九四
12 陳延齡　四〇
陳瑞　五〇

陳璞　五七
13 陳瑢　五七
14 陳琳　三　四＊
陳琳妻 見施氏
陳功　一七〇
17 陳勇　三四
陳勇妻 見任氏
陳孟誠　五一
陳孟暄　五三
陳孟暄妻 見韓汝芳
陳子榮　五七
陳子榮妻 見金氏
陳子釧　五七
陳子釧妻 見童氏
陳承五　五七
陳瑚　一一二
18 陳瑜(廷璧、自警齋)　五七＊
陳瑜妻 見楊氏
陳瑜繼妻 見程氏
20 陳秉忠　三四
21 陳虎兒　三四
22 陳綵　六四　六五
陳綵妻 見宣淑蓮
陳後山　一六二
陳後山妻 見張氏
陳後山繼妻 見曹氏
23 陳弁　五七
24 陳特謹　一〇一
25 陳仲炳　一七
27 陳叔禮(存誠)　四七
陳象嶽　一二四
28 陳以誠　五三
陳以誠妻 見韓瓊
30 陳濂　四七
陳濂妻 見王氏
陳宅善　一〇一
陳安人(徐甫妻,陳氏)　一二二＊　一三六
陳濟賢　一七〇
陳寶祺　一八九
陳寶善　一八九
33 陳必昌(文林)　二三
陳補化　三四
陳補化妻 見章氏
陳補賢　三四
陳補賢妻 見張氏
34 陳渤　四七
35 陳沛維　四
陳沛　四七
陳沛妻 見張氏
陳瀟　四七
陳瀟妻 見吕氏
37 陳洵　五三
陳冠　五七
陳鴻　五七
陳次陵　一七二
陳鴻逵　一八九
38 陳瀚(陳欽子)　四七
陳瀚妻 見韓氏
陳瀚(明學正)　七〇
40 陳友諒　四〇
陳克　七四
陳克敬　七七
陳熹 見明武平伯
44 陳茂英　二三
陳也先(即陳埜先)　四〇
陳茂林　四七
陳桂溪　四七
陳某(陳昭高祖)　五一
陳綦　五七
陳孝寬　五七
陳孝恭　五七
陳蘭　八三
陳藺妻 見張氏
陳某(明人)　一二〇
陳某妻 見葛氏
陳萬青　一七五
陳其元　一八五　一八六
47 陳懿寧(唐坤妻,陳氏)　九四　一〇一＊
48 陳梅 見大庾公
陳敬時　一八九
陳敬時妻 見錢氏
陳敬熙(雍民)　一八九＊
陳敬熙妻 見廖氏
50 陳表　五七
60 陳思畊　一五〇＊
陳思畊妻 見楊氏
陳思畊繼妻 見楊氏
61 陳顯忠　三四
67 陳明(彦古、雲山、本姓任)　三一　三四＊
陳明妻 見章氏
陳明繼妻 見少數族某氏
陳昭(緯明、明軒)　五一＊
陳昭妻 見陸惠
70 陳辟識温　三四
陳辟識温妻 見李氏
72 陳氏(周必進妻)　二三
陳氏(陸君輔妻)　二八
陳氏(王氏妻)　三四
陳氏(張氏妻)　三四
陳氏(蒙古人妻)　三四
陳氏(王通妻)　四〇
陳氏(盛綸妻)　五一
陳氏(宣孟宗母)　六四
陳氏(李錫妻)　六七　六八
陳氏(劉琰妻)　七一
陳氏(劉權妻)　七一
陳氏(蕭元妻)　七九
陳氏(陸雍妻)　九一
陳氏(唐坤妻) 見陳懿寧
陳氏(唐珉妻)　九七
陳氏(唐勳繼妻)　九七
陳氏(嚴塾妻)　一〇三
陳氏(嚴鎰妻)　一〇三
陳氏(嚴堂侍室)　一一〇
陳氏(張起予妻)　一一九
陳氏(徐資訓妻)　一二四
陳氏(沈世瑞婿)　一二五
陳氏(李汝□妻)　一三一
陳氏 見陳安人(徐甫妻)
陳所藴　一三八
陳所藴妻 見王氏
陳氏(謝穎元妻)　一七一　一七二＊
陳氏(張璿華妻)　一八〇
陳氏(徐蘭墅妻)　一九六
77 陳居仁　一二
陳學樵　四七
陳鳳　七五
陳鳳妻 見侯毓秀
80 陳公昭　二八
陳公昭妻 見陸榮二娘
陳益莊(安分)　四七

8010_9 金

8011_4 鐘

8012_7 翁

8022_1 俞

8040_4 姜

8060_6 曾

8060_8 谷

8073_0 公

8090_4 余

8211_4 鍾

8315_3 錢

8718_2 欽

8742_7 鄭

8762_2 舒

8822_7 簡

8877_7 管

9020_0 少

9101_6 恒

9306_0 怡

9802_7 悌

索引一人名筆畫檢字表

國 6015_3 28
屠 7726_4 34
崔 2221_4 12
康 0023_2 2
張 1123_2 7
戚 5320_0 28
曹 5560_6 28
梅 4895_7 27
梁 3390_4 19
清 3512_7 20
畢 6050_4 29
章 0040_6 3
許 0864_0 5
郭 0742_7 4
陸 7421_4 31
陳 7529_6 32
陶 7722_0 34
黄 4480_6 25

十二畫

博 4304_2 23
喬 2022_7 10
嵇 2397_2 13
彭 4212_2 22
惠 5033_3 28
曾 8060_6 35
温 3611_7 20
湯 3612_7 20
游 3814_7 21
盛 5310_7 28
程 2691_4 14
童 0010_4 2
舒 8762_2 36
萬 4442_7 24
葛 4472_7 25
董 4410_4 23
葉 4490_4 25
覃 1040_6 7
象 2723_2 14
買 6080_6 29
欽 8718_2 36
婷 4042_0 22
須 2128_6 11
馮 3112_7 17

十三畫

新 0292_1 4
楊 4692_7 26
蒙 4423_2 24
虞 2123_4 11
褚 3426_0 20
詹 2726_1 15
賈 1080_6 7
達 3430_4 20
鄒 2742_7 15
鄔 2732_7 15
雷 1060_3 7

十四畫

僧 2826_6 15
寧 3020_1 17
廖 0022_2 2
管 8877_7 36
翟 1721_4 10
臧 2325_0 12
蔚 4424_0 24
蔣 4424_7 24
蔡 4490_1 25
語 0166_1 4
趙 4980_2 27
聞 7740_1 34

十五畫

劉 7210_0 30
慶 0024_7 2
歐 7778_2 34
滕 7923_2 34
潘 3216_9 18
蕉 4433_1 24
諸 0466_0 4
談 0968_9 5
鄭 8742_7 36

十六畫

冀 1180_1 9
盧 2121_7 11
穆 2692_2 14
蕭 4422_7 23
薛 4474_1 25
衛 2122_1 11
賴 5798_6 28
錢 8315_3 35
駱 7736_4 34
鮑 2731_2 15
龍 0121_1 3
龜 2711_7 14

十七畫

儲 2426_0 13
戴 4385_0 23
謝 0460_0 4
賽 3080_6 17
鍾 8211_4 35
闞 7716_4 34
韓 4445_6 24
鴻 3712_7 20

十八畫

歸 2712_7 14
瞿 6621_4 29
簡 8822_7 36
聶 1014_1 7
顏 0128_6 3
魏 2641_3 14

十九畫

羅 6091_4 29
蘇 4439_4 24
譚 0164_6 4
邊 3630_2 20
龐 0021_1 2

二十畫

嚴 6624_8 29
覺 7721_6 34
釋 2694_1 14
鐘 8011_4 35

二十一畫

顧 3128_6 18

二十二畫

龔 0180_1 4

二十五畫

蠻 2213_6 12

本書人名索引二*

簡例

一、本索引根據本書天津墓誌編製，採用四角號碼檢字法，按通行繁體字編排，後附筆畫檢字表。

二、本索引收録書中出現的北齊至民國的人名，凡用典舉事所引古人名不録。

三、本索引收録書中人名，以正式姓名為主條，括注字、號、官、爵等；皇帝以常見廟號為主條，在廟號前冠以朝代名，括注謚號、姓名等。

四、姓佚以名出條，括注朝代等；名佚以姓出條，括注身份等；姓名均佚以所見稱謂出條，括注朝代、身份等。

五、婦女以姓氏為主條，其從屬關係為參見條目。

六、凡同姓名人物，各自立條，括注朝代、身份等。

七、姓名主條後所列數碼，為本墓誌序號。

八、姓名主條序號後所列*，為本墓誌志主。

* 本索引人名由任昉摘録；全部索引由馬衛民、李克明編製，由任昉統稿。

0022_2 廖

0022_3 齊

0022_7 方

高

0023_2 康

0024_7 慶

0040_0 文

0121_1 龍

0180_1 龔

0428_1 麒

0460_0 謝

0742_7 郭

0844_0 敦

0864_0 許

1010_0 二

1010_3 玉

1010_4 王

1020_0 丁

1021_1 元

1040_0 于

1060_0 石

1060_3 雷

1080_6 賈

1123_2 張

張璘繼室 見王氏
22 張鼎　九
25 張紳　六
26 張伯行(清中丞)　四八
27 張纛　九
張纛妻 見李氏
30 張澶守　三
張永齎　二七
張宜人(趙晃妻)　四九
32 張适　四六
張适妻 見勵氏
34 張漢　一六
37 張鼏　九
張鼏妻 見楊氏
40 張友諒　九
張蕭　九
張蕭妻 見王氏
張士縉　二八
張太夫人(李洛川妻)　三九
張士甄　四二　四五
張士甄妻 見杜氏
44 張英　四三
張英　四五
張模　四八
張模妻 見王氏
47 張鶴蓀　四八
張鶴蓀妻 見王氏
50 張東周　三
張東周妻 見田氏
張忠　二四
張書鄉　五一
60 張羅留　三
張昂　九
張鼎　九
張鼎妻 見石氏
張思齊　三八
張思恭　三八
張國英　四二
張昉　四九
67 張照　四六
72 張氏(楊檜妻)　五
張氏(楊檜繼室)　五
張氏(劉忠妻)　八＊
張氏(戴倬妻)　九
張氏(佟勳妻)　九
張氏(褚昂妻)　九
張氏(賈燧妻)　九
張氏(黎民仰妻)　九
張氏(宋溱妻)　一三
張氏(何聰繼妻)　二一
張氏(朱泰妻)　二二
張氏(何國安妻)　二二
張氏(何國賓妻)　二二
張氏(趙景鏜妻)　二七
張氏(趙紳繼妻)　二七
張氏(王三錫繼室)　二八
張氏(馬驟妻)　二九
張氏(馬汝妻)　二九
張氏(馬從賢妻)　二九
張氏(劉殿衡妻)　三八
張氏(李焯妻)　三九　四三
張氏(趙之符繼室)　四二
張氏(杜朝先繼室)　四五
張氏(杜守禮妻)　四五
張氏(杜守禮繼室)　四五
張氏(曹傳妻)　四七＊
張氏(李何妻)　附録一(四)＊
張氏(敦本妻)　附録一(三)
77 張興哥　三
張鳳　二九
張學禮　二九
80 張公(明都督僉事)　五
88 張敏　九
張敏妻 見趙氏
90 張惟叙　三

1249$_3$ 孫

00 孫章　七
孫章妻 見宋氏
孫應科　八
孫應科妻 見劉氏
12 孫瑞　八
27 孫繩　七
33 孫溥　四八
35 孫清　八
40 孫太史(明人)　三一
孫在豐　三九
72 孫氏(趙紳妻)　二七
孫氏(王棐妻)　三一
孫氏(王國士妻)　三一
孫氏(邊焯妻)　三三
孫氏(王讚妻)　四八
孫氏(王振蕚妻)　四八
77 孫興業　三八
80 孫公(明巡尉)　三一

1314$_0$ 武

72 武氏(趙方晉妻)　四二

1411$_5$ 瑾

63 瑾賊(即劉瑾)　一〇

1710$_7$ 孟

22 孟峩　四一
孟巃　四一
孟嶽　四一
孟嵩　四一
23 孟峻　四一
24 孟嵘　四一
27 孟嵋　四一
孟峒　四一
30 孟宗軻(淑叟)　四一＊
孟宗軻妻 見于氏
36 孟澤廣　四一
孟澤久　四一
孟澤淳　四一
孟澤濬　四一
孟澤泓　四一
孟澤溶　四一
孟澤溥　四一
孟澤遠　四一
孟澤清　四一
孟澤深　四一
孟澤大　四一
孟澤長　四一
孟澤厚　四一
66 孟嚴　四一
72 孟氏(劉得全妻)　八
孟氏(劉榮繼妻)　八
孟氏(歐弘悳妻)　一九　二三

1712_7 鄧

1721_4 翟

1742_7 邢

1750_7 尹

1762_7 邵

2022_7 喬

2026_1 信

2033_1 焦

2060_9 香

2071_4 毛

2120_1 步

2121_7 盧

2122_0 何

2122_1 衛

2133_1 熊

2221_4 任

崔

2324_2 傅

2350_0 牟

2500_0 牛

2590_0 朱

2600_0 白

2691_4 程

2692_2 穆

2713_2 黎

2721_7 倪

2723_3 佟

2723_4 侯

侯國泰　二二
72 侯質　二二
侯質妻 見謝氏
侯氏（信易妻）　二二
侯氏（王國翰妻）　三一
80 侯翁（侯東父）　二二
侯翁妻 見李氏
侯公（明巡撫）　二四
侯公（明人）　三〇
侯公（明州幕）　三一

2724_7 殷

15 殷建　二四
殷建妻 見馮氏
22 殷彪　二四
34 殷洪　二四
50 殷貴　二四
殷忠　二四
53 殷成　二四
90 殷尚質（仲華、樸齋、忠勇）　二四 *
殷尚質妻 見倪氏
殷尚質繼妻 見楊氏

2725_2 解

44 解世澤　四八
72 解氏（王枚士妻）　四八 *

2742_7 鄒

80 鄒公（明人）　四

2760_3 魯

00 魯文鵬（北海）　三八
30 魯守義　三八
38 魯道振（興公）　三八
72 魯氏（劉世則妻）　三八
魯氏（劉廷詔妻）　三八
80 魯年譜　三七

2760_4 督

77 督學公（明人）　二八

2771_2 包

40 包希仁（即包拯）　一〇
57 包拯 見包希仁

2791_7 紀

03 紀誠　三三
10 紀于屏　三三
紀于屏妻 見邊氏
17 紀孟起　四六
34 紀汝清　三〇
紀汝清妻 見鄭氏
40 紀大綸　三三
67 紀昀　五二
72 紀氏（勵廷儀妻）　四六 *

2822_7 倫

00 倫文叙　七

2829_4 徐

72 徐氏（趙珣繼室）　四二
徐氏（曹文度妻）　四七
80 徐公（明撫院）　二八

3022_7 甯

31 甯河　八
72 甯氏（倪嗣冲夫人）　五五

3023_2 家

00 家文慶（道亨）　一七

3040_4 安

安（姓殘，清人）　五一
17 安子春　二〇

3060_6 宫

22 宫繼孝　三三

3090_1 宗

72 宗氏（何緯妻）　二一

3090_4 宋

00 宋讓　七　一三
24 宋德用　七　一三
30 宋寬　七　一三
宋瀛濱　一八
32 宋沂　七　一三
34 宋浩　七　一三
宋浩妻 見王氏
35 宋洙　七
宋溱　一三
宋溱妻 見張氏
36 宋湜　七　一三
宋湜妻 見梁氏
宋澡　一三
宋澡妻 見王氏
37 宋瀾　七　一三
39 宋泮　七　一三
40 宋希曾　一三
宋枋　一三
41 宋楷　一三
宋楷妻 見董氏
宋梗　一三
46 宋棉　一八
宋棉妻 見鄭氏
47 宋桐　一三
72 宋氏（孫章妻）　七
宋氏（李雲妻）　七
宋氏（杜大倫妻）　一三
宋氏（王泉妻）　一三
宋氏（高宜妻）　二〇
宋氏（李煒妻）　三九　四三
77 宋鳳（廷瑞）　七 *　一三
宋鳳妻 見彭氏
86 宋鏹　七　一三
宋鐶（子儀、耕樂）　七　一三 *

宋鐶妻 見董氏
89 宋鏜　七　一三

3111_4 汪

50 汪由敦　四七

3112_7 馮

00 馮庭棠　四三
馮庭棠妻 見李氏
13 馮瑄　四
50 馮泰　四
72 馮氏(侯國寧妻)　二二
馮氏(殷建妻)　二四

3128_6 顧

24 雇佐 見顧太康
40 顧太康(即顧佐)　一〇

3216_9 潘

72 潘氏(敦質妻)　一七

3390_4 梁

00 梁慶夫　一五
67 梁鳴泉　二七
72 梁氏(宋湜妻)　一三
梁氏(高霆妻)　二〇

3411_2 沈

28 沈以謨　五二
沈以謨妻 見芮氏

3426_0 褚

60 褚昂　九
褚昂妻 見張氏
72 褚氏(劉國禎妻)　三八

3512_7 清

00 清章皇后　四五
清高宗(清今上,愛新覺羅弘曆)　五〇　五一
10 清天子 見清聖祖
16 清聖祖(清天子,愛新覺羅玄燁)　四五　四六　四七　五一
21 清仁孝皇后(赫舍里氏)　四五
26 清和碩榮親王(愛新覺羅氏)　三六＊
40 清太皇太后(即孝莊文皇后,博爾濟吉特氏)　四五
44 清世祖(章皇帝,愛新覺羅福臨)　四五
清孝昭皇后(鈕祜禄氏)　四五
清世宗(憲皇帝,愛新覺羅胤禛)　四六　五〇　五一
80 清今上 見清高宗
92 清怡賢親王(愛新覺羅允祥)　四七

3611_7 温

44 温葆初　四六
温葆初妻 見勵氏
80 温公(明按院)　二八

3630_2 邊

00 邊廣　三七
17 邊君(明諸生)　三二
18 邊政　三三
邊政妻 見李氏
邊政繼妻 見李氏
20 邊維新(士潔、玄鑑)　三三＊　三七
邊維新妻 見丘孺人
邊維旟　三三
邊維熊　三三
邊維城　三三
邊維藩　三三
邊維則　三三
邊維屏　三三
邊維煒　三三
28 邊牧　三三
邊牧妻 見李氏
30 邊之韓(雲奇、寒西)　三三　三七＊
邊之韓妻 見李氏
40 邊大寧 見邊憬
邊大用 見邊慎
44 邊若巒　三七
邊若巒妻 見李氏
邊若岱　三七
邊若岱妻 見楊氏
邊若對　三七
邊若嶧　三七
邊若岷　三七
邊若嶙　三七
邊若松　三七
邊若恒　三七
邊某(清總兵官)　五一
72 邊氏(郭登高妻)　三三
邊氏(紀于屏妻)　三三
邊氏(李鳳翀妻)　三三
邊氏(李奎禧妻)　三三
邊氏(閻世名妻)　三三
邊氏(閻調元妻)　三七
邊氏(高爾永妻)　三七
邊氏(吕元韶妻)　三七
邊氏(高恒震妻)　三七
邊氏(肖舜年妻)　三七
90 邊懷　三七
邊懷妻 見賀氏
94 邊煒　三三
邊煒妻 見孫氏
邊煒繼室 見蕭孺人
邊慎(大用)　三三　三七
邊慎妻 見王氏
96 邊憬(大寧)　三三　三七
邊憬妻 見邢氏
98 邊敵　三三
邊敵妻 見邢文

3815_7 海

40 海壽　四六

4000_0 十

21 十虎(明人) 四八

4010_2 左

48 左敬祖 三七

4040_7 李

00 李文勤(清大學士,即李霨) 四五
李商隱 見玉溪
李文貞(安漢) 五一
10 李雲 七
李雲妻 見宋氏
李可□(克生、坦齋) 三九 四三 *
李霨 見李文勤
11 李珏 二九
12 李廷鎮 二一
李廷鎮妻 見何氏
李登舉 四三
17 李及秀 四五
21 李何 附録一(二)* 附録一(四) *
李衛 見李敏達
24 李德茂 一六
26 李稷 四四
27 李盤谿 二六
李紹芝 三二
28 李倫 六
李綸 七
李從義 四三
29 李秋 二五 二七
30 李宏伯 三九
李良佐 四三
李守仁 附録一(四)
李守仁妻 見劉氏
31 李福 四
李江 附録一(三)
李江妻 見敦□祥
34 李達 四
37 李洛川 三九
李洛川妻 見張太夫人
40 李奎禧 三三
李奎禧妻 見邊氏
李克生 見李可□
43 李載純(粹夫) 一七
李載豫 四三
李載魯 四三
李載武 四七
李載武妻 見曹氏
44 李英 四
李莊 一五
李桂菁(李氏) 三三 三七
李茂蘭 三三
李枝秀 三七
李世英 四二
李世景 四五
李其凝 四五
李其凝妻 見杜氏
48 李梯 三〇 三三
李松 三二
李增 附録一(二) 附録一(四)
李增妻 見文氏
57 李邦重 三三
60 李思明 附録一(四)
64 李時(李明哲父) 一二
李時(明吏部尚書) 一四
李時(中齋,明鎮朔衛指揮) 二五 二六
李時妻 見賀氏
李時陽 一七
李時陽妻 見敦氏
67 李明哲 一二
李明哲妻 見黄氏
72 李氏(張府君婿,遼乾寧軍都孔目官) 三
李氏(張府君婿,遼人) 三
李氏(燕祥繼室) 六
李氏(張纛妻) 九
李氏(廖紀繼室) 一四
李氏(燕鼎繼室) 一五
李氏(彭效妻) 一六
李氏(彭效繼妻) 一六
李氏(敦忠妻) 一七
李氏(敦學妻) 一七
李氏(鄭洪敦妻) 一八
李氏(何紋妻) 二一
李氏(侯翁妻) 二二
李氏(侯重姐夫) 二二
李氏(歐思誠妻) 二三
李氏(歐思誠副室) 二三
李氏(馬健妻) 二九
李氏(王國屏妻) 三一
李氏(杜敬止妻) 三二
李氏(杜敬止繼妻) 三二
李氏(杜宸妻) 三二 *
李氏(邊之韓妻) 三三 三七 *
李氏(邊牧妻) 三三
李氏(邊政妻) 三三
李氏(邊政繼妻) 三三
李氏(薛府君妻) 三四 *
李氏(邊之韓妻父) 見李桂菁
李氏(邊若鑾妻) 三七
李氏(劉信妻) 三八
李氏(馮庭棠妻) 四三
李氏(陳諫繼室) 四四
李氏(陳惟清妻) 四四
李氏(杜朝先妻) 四五
李氏(杜恭著妻) 四五
李氏(杜恭俊妻) 四五
李氏(杜立德副室) 四五
李氏(王譙妻) 四八
李氏(秦諄妻) 附録一(一)
李氏(朱鋭妻) 附録一(二) 附録一(四)
李氏(王爵妻) 附録一(二) 附録一(四)
李氏(曹陽未婚妻) 附録一(二) 附録一(四)
李氏(敦原妻) 附録一(三)
李氏(敦信子妻) 附録一(三)
李氏(韋桓妻) 附録一(四)
李氏(王朝賓妻) 附録一(四)
李氏(朱啓□妻) 附録一(四)
李氏(錢奇妻) 附録一(四)
77 李鳳翀 三三
李鳳翀妻 見邊氏
80 李公(明省祭) 三一
李公(剛侯,清贈文林郎) 五四 *
李公妻 見劉孺人
87 李録予 四五
88 李敏達(清總督,即李衛) 五一

4050_6 韋

4073_2 袁

4212_2 彭

4241_3 姚

4301_0 尤

4385_0 戴

4410_4 董

4411_2 范

4422_7 蕭

4422_7 芮

芮鍾　五一

4424_7 蔣

00 蔣廉　一二
蔣廉妻 見黄氏
41 蔣楷　三〇
72 蔣氏(杜時遷妻)　三二
81 蔣鈺　一二

4433_1 燕

00 燕辛五 見燕五
燕膺禄　六
10 燕五(辛五)　六　一〇
22 燕鼎(禹成、傳菴、萬卷堂主人)　六　一〇　一五 *
燕鼎妻 見許氏
燕鼎繼室 見李氏
燕鼎側室 見陳氏
26 燕得　六　一〇
燕得妻 見易氏
31 燕禎　六
38 燕祥(景善)　六 *　一〇
燕祥妻 見趙氏
燕祥繼室 見李氏
燕祥繼室 見高氏
50 燕忠(良臣、西谿)　六　一〇 *　一五
燕忠妻 見崔氏
72 燕氏(張承恩妻)　一〇
燕氏(楊舟妻)　一五
燕氏(白天爵妻)　一五
75 燕體仁　一五
79 燕勝　一〇

4439_4 蘇

17 蘇郡督(清人)　四八
21 蘇師　五五
40 蘇志□　二四
50 蘇東坡 見東坡
60 蘇昂　四二
蘇昂妻 見趙氏

4443_0 莫

11 莫瑨　二五

樊

63 樊賊　一八

4445_6 韓

12 韓廷輔　二一
21 韓仁師　二 *
72 韓氏(賀惠妻)　二五 *　二六
87 韓欽　二五　二六

4472_7 葛

72 葛氏(王文翰繼室)　二八

4474_1 薛

00 薛府君(明恩榮壽官)　三四 *
薛府君妻 見李氏
47 薛桐　二八
72 薛氏(王三錫繼室)　二八

4480_6 黄

11 黄棐　一二
27 黄叔琳　四六　五〇
30 黄寶　一六
33 黄溥(伯寬)　一二 *
黄溥妻 見王氏
黄溥繼室 見龔氏
50 黄東　一二
黄本　一二
60 黄回　一二
67 黄明泉　二七
72 黄氏(倪宗淵妻)　一二
黄氏(李明哲妻)　一二
黄氏(蔣廉妻)　一二
黄氏(勵宗萬妻)　四六　五〇 *
79 黄勝　一二
80 黄全　一二
黄全妻 見周氏
81 黄鈺　一二
82 黄釗　一二
黄釗妻 見金氏

4490_4 葉

00 葉文　八
44 葉蓁　八
葉蓁妻 見劉氏

某

17 某乙(明人)　一二
60 某甲兄弟(明人)　一二
72 某氏(明人)　一〇
某氏(明人)　三〇

4491_0 杜

00 杜京　三二
杜立德(純一、敬修、文端)　四五 *
杜立德妻 見王夫人
杜立德繼配 見王夫人
杜立德副室 見李氏
杜立本　四五
14 杜琪　三二
16 杜聰　三二
21 杜仁　四五
杜仁妻 見趙氏
杜仁繼室 見白氏
26 杜和尚　三二
杜和尚妻 見高氏
30 杜宸(拱辰、龍墀)　三二 *
杜宸妻 見李氏
杜宸繼配 見劉氏
杜宸繼室 見王氏
杜寅　三二
杜守禮　四五
杜守禮妻 見張氏
杜守禮繼室 見張氏
40 杜大倫　一三

4499$_0$ 林

4621$_0$ 觀

4680$_6$ 賀

4692$_7$ 楊

4732$_7$ 郝

4762$_0$ 胡

4792$_0$ 柳

4980$_2$ 趙

趙璘妻 見郭氏
21 趙經　四二
24 趙先生(明翰林院編修)　一五
25 趙紳(子縉、東河)　二七＊
趙紳妻 見孫氏
趙紳繼妻 見張氏
趙紳繼妻 見賈氏
26 趙儼　二七
30 趙宬　三
趙之臺　二七
趙之坊　二七
趙之垣　二七
趙之墀　二七
趙之符(爾合、怡齋)　四二＊　四九
趙之符母 見王氏
趙之符妻 見劉氏
趙之符繼室 見張氏
趙之篆　四二　四九
趙完璧　四二
趙宏思　五一
35 趙連□　四二
40 趙士能　二七
趙大洲　三〇
趙士元　四二
趙大成　四二
趙士麟　四五
43 趙載　一一
44 趙某(遼人,趙氏曾祖)　三
趙某(遼人,趙氏祖)　三
50 趙貴　二七
53 趙抃 見趙閲道
57 趙邦奇　二八
60 趙景鏜(二楊)　二七
趙景鏜妻 見張氏
趙晃(朗存、約堂)　四九＊
趙晃妻 見張宜人
趙昺　四九
趙晶　四九
趙昆　四九
64 趙時來　二四
72 趙氏(張府君妻,遼人)　三＊
趙氏(燕祥妻)　六
趙氏(劉榮妻)　八
趙氏(張敏妻)　九
趙氏(歐思誠繼室)　二三
趙氏(張□妻)　二七
趙氏(范與諒妻)　二七
趙氏(劉澍妻)　二七
趙氏(于尚綱妻)　二七
趙氏(王三接妻)　二八
趙氏(王夢龍妻)　三一
趙兵憲(明人)　三一
趙兵憲弟(明人)　三一
趙氏(劉國禎繼室)　三八
趙氏(李煒繼室)　三九　四三
趙氏(蘇昂妻)　四二
趙氏(曹鈐妻)　四二
趙氏(劉文燦妻)　四二
趙氏(芮子龍妻)　四二
趙氏(杜仁妻)　四五
趙氏(劉堪妻)　四九
77 趙閲道(即趙抃)　一〇
趙興吾　四九
81 趙鉦　二七
84 趙銑　二七

5000_6 史

63 史貽直　四六
90 史尚文　一一
史尚文妻 見歐氏

5090_4 秦

秦□(名殘,秦諄子)　附録一(一)
秦□(名殘,秦諄子)　附録一(一)
00 秦諄(師訓)　附録一(一)＊
秦諄妻 見李氏
17 秦玘　附録一(一)
80 秦公(明屯院)　二八

5090_6 東

44 東坡(即蘇東坡)　四六

5560_6 曹

00 曹文度　四七
曹文度妻 見徐氏
曹康　四七
10 曹天祚(富宇)　三九
12 曹廷實　一六
22 曹鼎望(冠五)　三八
24 曹化雨　四七
曹化勤　四七
25 曹傳(書言、近野、虚極道人)　四七＊
曹傳妻 見張氏
26 曹峴　八
27 曹俶　四七
曹俶妻 見劉氏
37 曹涵　四七
曹淥　四七
44 曹萬德　四七
曹燕　四八
曹燕妻 見王氏
72 曹氏(劉殿邦繼室)　三八
曹氏(李煒母,李可□妻)　三九＊　四三
曹氏(李煒未婚妻)　三九　四三
曹氏(趙瓚妻)　四二
曹氏(趙方升妻)　四二
曹氏(陳悳華妻)　四七
曹氏(李載武妻)　四七
76 曹陽　附録一(二)　附録一(四)
曹陽未婚妻 見李氏
80 曹鐘　四七
87 曹銘(佩永)　三九
88 曹鈐　四二
曹鈐妻 見趙氏

5580_6 費

30 費宏　六

6022_7 易

72 易氏(燕得妻)　六　一〇

6040_0 田

22 田崑　一〇

72 田氏(張東周妻) 三
田氏(王文翰側室) 二八

6043_0 吴

10 吴正治 三八
40 吴存中 四四
吴存中妻 見陳氏

6060_0 吕

10 吕元韶 三七
吕元韶妻 見邊氏
30 吕憲熊 三七

6090_6 景

12 景廷賓 五五

6091_4 羅

72 羅氏(張璘妻) 九

6624_8 嚴

38 嚴遂成 五一

6650_6 單

44 單者吉(迪之) 三八
72 單氏(劉兆麟妻) 三八

6702_0 明

00 明高廟 見明太祖
13 明武宗(明上,朱厚照) 一〇 一二
21 明上 見明武宗
明上 見明世宗
23 明獻皇帝(朱祐杬) 一四
明參佐 三〇
26 明皇子 三三
27 明御史 三〇
40 明太祖(明高廟,朱元璋) 一二
明太守 三〇
44 明孝廟 見明孝宗
明孝宗(明孝廟,朱祐樘) 八 一〇
明世宗(明上,朱厚熜) 一四 二四
53 明成祖(朱棣) 四四

6722_7 鄂

80 鄂公(清司農) 五〇

7132_7 馬

10 馬三重 二九
馬三重妻 見任氏
馬三近 二九
馬三近妻 見劉氏
馬三畏 二九
馬三畏妻 見賈氏
12 馬廷弼 二八
20 馬維新 二九
馬維新妻 見陳氏
25 馬健 二九
馬健妻 見李氏
馬健繼配 見王氏
27 馬紹榮 五
28 馬從賢(子才、野峰) 二九 *
馬從賢妻 見張氏
馬從賢繼配 見陳氏
34 馬汝 二九
馬汝妻 見張氏
40 馬希周 三二
44 馬其昶 五五
71 馬長哥 二九
72 馬氏(王三錫妻) 二八
馬氏(張承誥妻) 二九
77 馬驟 二九
馬驟妻 見張氏

7210_0 劉

00 劉應詔 三八
劉文燦 四二
劉文燦妻 見趙氏
劉文正(諸成) 五一
11 劉孺人(李公妻) 五四 *
12 劉烈 一六
劉廷詔 三八
劉廷詔妻 見魯氏
劉廷璣 三八
劉廷璣妻 見劉氏
14 劉瑾 見瑾賊
16 劉聰 二三
17 劉勇 四
劉勇妻 見陳氏
20 劉信 三八
劉信妻 見李氏
劉維禎 四一
劉維藩 四八
劉維藩妻 見王氏
劉統勳 四九
21 劉仁 四
25 劉傳經 四八
劉傳經妻 見王氏
26 劉得全 八
劉得全妻 見孟氏
30 劉良 八
劉宓 九
劉寵詔 三八
劉宸詔 三八
劉守成 四八
32 劉兆麒(瑞圖) 三八
劉兆麒妻 見陳氏
劉兆麒繼室 見鈕氏
劉兆麟 三八
劉兆麟妻 見單氏
34 劉澍 二七
劉澍妻 見趙氏
劉漢祚(盤所) 三八
35 劉清渠 二七
36 劉遇詔 三八
40 劉真 四
劉士毅 二三
劉希顔 三二
劉堯則(欽徵) 三八
44 劉芳(德馨) 八
劉芳妻 見郝氏

劉世則(善徵) 三八*
劉世則妻 見魯氏
劉世奇 四二
劉堪(劉統勳子) 四九
劉堪妻 見趙氏
劉權之 五一
劉堪(清舉人) 五二
劉堪妻 見芮氏
47 劉超凡 四三
49 劉妙德(楊天澤妻) 五*
50 劉忠(盡己) 八*
劉忠妻 見張氏
劉忠繼室 見王氏
60 劉國禎(祥宇) 三八
劉國禎妻 見褚氏
劉國禎繼室 見趙氏
劉國禎繼室 見王氏
67 劉明堂 五五
72 劉剛 四
劉剛妻 見許氏
劉氏(孫應科妻) 八
劉氏(葉蓁妻) 八
劉氏(歐弘毅母) 一一*
劉氏(明人) 一三
劉氏(彭效庶妻) 一六
劉氏(侯朴妻) 二二
劉氏(歐思誠繼室) 二三
劉氏(王三顧妻) 二八
劉氏(馬三近妻) 二九
劉氏(杜宸繼配) 三二*
劉氏(劉廷璣妻) 三八
劉氏(白為采妻) 三八
劉氏(趙之符妻) 四二*
劉氏(趙琮妻) 四二
劉氏(陳諫妻) 四四
劉氏(曹俶妻) 四七
劉氏(王振榮妻) 四八
劉氏(李何母) 見劉氏(李守仁妻)
劉氏(李守仁妻、李何母) 附録一(二) 附録一(四)
75 劉體乾 二七
77 劉用極 二八
劉丹詔 三八
劉殿璋 三八
劉殿璣 三八
劉殿衡 三八
劉殿衡妻 見張氏
劉殿邦 三八
劉殿邦妻 見芮氏
劉殿邦繼室 見曹氏
劉殿颺 三八
劉殿颺妻 見芮氏
79 劉勝 四
劉勝妻 見丁氏
80 劉義 五
劉義妻 見王氏
劉夔 八
劉公(明都憲) 二三
90 劉光顯 二九
劉光榮(萃東) 三八
99 劉榮(廷芳,劉勇父) 四*
劉榮(劉忠父) 八
劉榮妻 見趙氏
劉榮繼室 見孟氏

7210$_1$ 丘

丘□(名殘,丘孺人父,明庠生) 三三
11 丘孺人(邊維新妻) 三三
72 丘氏(何聰繼妻) 二一

7421$_4$ 陸

30 陸完 一〇
58 陸鰲 九
80 陸翁(明都督) 二〇

7422$_7$ 勵

00 勵文恪 四六 五〇
勵文恭 見勵廷儀
12 勵廷儀(令式、南湖、文恭) 四六* 五〇
勵廷儀妻 見紀氏
勵弘(鴻臚公) 四六
30 勵宗奕 四六
勵宗奕妻 見王氏
勵宗一 四六
勵宗一妻 見任氏
勵宗兆 四六
勵宗兆妻 見米氏
勵宗萬(滋大、衣園) 四六 五〇*
勵宗萬妻 見黄氏
勵守謙 四六 五〇
勵守謙妻 見元氏
勵守淳 五〇
勵守訓 五〇
勵守約 五〇
72 勵氏(張适妻) 四六
勵氏(陳克鎬妻) 四六
勵氏(米昕妻) 四六
勵氏(王棫妻) 四六
勵氏(温葆初妻) 四六
勵氏(王景曾子妻) 四六

7529$_6$ 陳

00 陳文化 二八
陳文化子妻 見王氏
05 陳諫(萬章) 四四*
陳諫妻 見劉氏
陳諫繼室 見李氏
10 陳元彬 四七
12 陳廷獻 六
陳廷寶 二九
陳廷敬 四七
22 陳綬 一三
23 陳我敬 四四
30 陳寅 四四
陳寅妻 見孟氏
32 陳近泉 一八
陳兆崙 五〇
33 陳治策 二九
34 陳浩 四九
40 陳志 四
陳大節 四四
陳大策 四四
陳大箕 四四
陳克鎬 四六
陳克鎬妻 見勵氏
陳悳華 四七
陳悳華妻 見曹氏

陳大士　五二
44 陳世倌　四七
67 陳照　二八
72 陳氏(劉勇妻)　四
陳氏(燕鼎側室)　一五
陳氏(鄭詔妻)　一八
陳氏(王庭桂妻)　二八
陳氏(馬從賢繼配)　二九
陳氏(馬維新妻)　二九
陳氏(劉兆麒妻)　三八
陳氏(李煒繼室)　四三
陳氏(吴存中妻)　四四
陳氏(王恂妻)　四四
陳氏(倪嗣冲側室)　五五
77 陳鵬　一一
陳鵬妻 見歐氏
80 陳公(明總兵)　四
90 陳惟一　四四
陳惟一妻 見傅氏
陳惟清　四四
陳惟清妻 見李氏
97 陳耀　一三
陳燿　一八

7721_6 覺

60 覺羅氏(穆占繼配)　四〇＊

7722_0 周

30 周寧　二八
71 周長發　四九
72 周氏(黄全妻)　一二
周氏(王文翰妻)　二八＊
周氏(王振孫妻)　四八

7726_4 屠

30 屠溏 見屠公
80 屠公(即屠溏)　一四

7744_7 段

14 段琪瑞 見段公
80 段公(即段琪瑞)　五五

7777_7 閻

00 閻應斗　三三
閻應年　三七
07 閻調元　三七
閻調元妻 見邊氏
17 閻承業　三三
44 閻世名　三三
閻世名妻 見邊氏

7778_2 歐

12 歐弘毅　一一
歐弘毅母 見劉氏
歐弘敷　一一
歐弘悳(龍池)　一九　二三
歐弘悳妻 見孟氏
歐弘恩　二三
20 歐信　一九
23 歐俊　一九　二三
28 歐倫　一九
30 歐寶　一九　二三
40 歐士稷　一九
歐士文　二三
歐士文妻 見王氏
50 歐東泉 見歐思誠
60 歐思誠(純甫、東泉)　一六　一九　二一　二三＊
歐思誠妻 見李氏
歐思誠繼室 見劉氏
歐思誠繼室 見趙氏
歐思誠副室 見李氏
歐思廉(介甫、南泉)　一九＊　二三
歐思賢(西泉)　一九　二三
71 歐頎生　一九　二三
72 歐氏(王耕野妻)　一一
歐氏(高相妻)　一一
歐氏(陳鵬妻)　一一
歐氏(史尚文妻)　一一
歐氏(王化成妻)　二三
歐氏(高楨妻)　二三

8010_9 金

10 金三　五一
72 金氏(黄釗妻)　一二

8012_7 翁

21 翁仁和　四六
34 翁洪　一二
72 翁氏(廖紀繼室)　一四

8060_5 善

22 善繼(姓殘,侯元宵夫)　二二
善繼妻 見侯元宵

8211_4 鍾

53 鍾輔　四四
72 鍾氏(明方士)　一五

8315_3 錢

40 錢奇　附録一(四)
錢奇妻 見李氏

8711_5 鈕

20 鈕維世　三八
72 鈕氏(劉兆麒繼室)　三八

8742_7 鄭

00 鄭讓　一八
鄭文友　一八
02 鄭訓(式之、南浦)　一八　三〇＊
鄭訓妻 見董氏
鄭訓繼室 見蕭孺人
04 鄭謨　一八　三〇
鄭謨妻 見袁氏
07 鄭詔　一八　三〇
鄭詔妻 見陳氏
08 鄭論　一八　三〇

鄭論妻 見王氏
12 鄭延澤　三〇
17 鄭承宗　二〇
34 鄭洪敦　一八
鄭洪敦妻 見李氏
55 鄭豊姒(趙文玉妻)　一＊
72 鄭際昌　一八　三〇
鄭際昌妻 見王氏
鄭氏(宋棉妻)　一八
鄭氏(李烺妻)　三〇
鄭氏(紀汝清妻)　三〇
73 鄭駥　一八
80 鄭氣(浩然、直庵、方伯公)　一三
一八＊　三〇
鄭氣妻 見胡氏
鄭氣側室 見崔氏

9003_2 懷

21 懷仁　四六

9022_7 肖

20 肖舜年　三七
肖舜年妻 見邊氏
63 肖賦淳　三七

9090_4 米

27 米綱　四六
72 米氏(勵宗兆妻)　四六

9942_7 勞

30 勞之辨　四三

索引二人名筆畫檢字表

廖 0022_2 40
熊 2133_1 44
翟 1721_4 44
蔣 4424_7 50
趙 4980_2 51
齊 0022_3 40

十五畫

劉 7210_0 53
慶 0024_7 40
瑾 1411_5 43
樊 4443_0 50
歐 7778_2 55
潘 3216_9 47
鄭 8742_7 55
鄧 1712_7 44
魯 2760_3 46
黎 2713_2 45

十六畫

勵 7422_7 54
燕 4433_1 50
盧 2121_7 44
穆 2692_2 45
蕭 4422_7 49
薛 4474_1 50
衛 2122_1 44
錢 8315_3 55
閻 7777_7 55
龍 0121_1 40

十七畫

戴 4385_0 49
謝 0460_0 40
鍾 8211_4 55
韓 4445_6 50

十九畫

懷 9003_2 56
羅 6091_4 53
蘇 4439_4 50
邊 3630_2 47

二十畫

嚴 6624_8 53
麒 0428_1 40
覺 7721_6 55

二十一畫

顧 3128_6 47

二十二畫

龔 0180_1 40

二十四畫

觀 4621_0 51

新中國出土墓誌

上海 天津 上册

中國文化遺産研究院
上　海　博　物　館　編
天津市文化遺産保護中心

文物出版社

書名題字 啓 功
封面設計 張希廣
責任編輯 蔡 敏
責任印製 張道奇

圖書在版編目（CIP）數據

新中國出土墓誌. 上海/天津/中國文化遺産研究院，上海博物館，天津文化遺産保護中心編著. —北京：文物出版社，2009.6

ISBN 978－7－5010－2436－0

Ⅰ. 新… Ⅱ. ①中…②上…③天… Ⅲ. ①墓誌－彙編－中國②墓誌－彙編－上海市③墓誌－彙編－天津市 Ⅳ. K877.45

中國版本圖書館 CIP 數據核字（2009）第 077646 號

新中國出土墓誌·上海 天津

編　者　中國文化遺産研究院
　　　　上海博物館
　　　　天津文化遺産保護中心

出版發行　文物出版社
　　　　北京市東直門内北小街二號樓
　　　　http://www.wenwu.com
　　　　E-mail:web@wenwu.com

印　刷　北京盛天行健印刷有限公司

經　銷　新華書店
　　　　二〇〇九年六月第一版
　　　　二〇〇九年六月第一次印刷

定　價　八八〇圓（上、下册）

787×1092　1/8　印張：77

ISBN 978－7－5010－2436－0

本叢書編輯委員會

主　任　張　柏

副主任　張廷皓　孟憲民

委　員（按姓氏筆畫順序）

王　素　任　昉　宋　建　黄景略　陳燮君　陳　雍　喬　梁　楊招君　榮大爲

本叢書主編　王　素

執行主編　任　昉

編　輯　楊　琳

本　書

上海卷主編　宋　建　周麗娟

編　著　周麗娟　張　嵐　陳菊興　齊春明　于濱力　王春雷　奚吉平　夏德官　宋文昌　湯明德

編　務　張偉華

攝　影　朱　琳

本　書

天津卷主編　陳　雍　楊　新

編　著　楊　新　王　菁

攝　影　劉　健

審　訂　王　素　任　昉

#《新中國出土墓誌》第一期工程書目（十卷十九册）

新中國出土墓誌·河南〔壹〕（上、下册）
新中國出土墓誌·河南〔貳〕（上、下册）
新中國出土墓誌·河南〔叁〕千唐志齋〔壹〕（上、下册）
新中國出土墓誌·陝西〔壹〕（上、下册）
新中國出土墓誌·陝西〔貳〕（上、下册）
新中國出土墓誌·河北〔壹〕（上、下册）
新中國出土墓誌·北京〔壹〕（上、下册）
新中國出土墓誌·重慶
新中國出土墓誌·江蘇〔壹〕常熟（上、下册）
新中國出土墓誌·上海／天津（上、下册）

總敘

中國文化遺産研究院《新中國出土墓誌》整理組

《新中國出土墓誌》是中國文化遺産研究院與全國各省、市文博考古及古籍整理單位合作編集的一部大型叢書。本叢書的編集，一直在國家文物局的領導下進行，並得到國家文物局的大力支持。本叢書的出版，曾列入經國務院批准的一九八二至一九八六年全國古籍整理出版規劃。但由於種種原因，工作一直未能順利展開。以致遲至今日，本叢書纔得以陸續與讀者見面。

本叢書的編集，由中國文化遺産研究院所屬國家遺産登録中心具體負責。國家遺産登録中心的前身，依次為：一九七四年經國家文物局批准成立的竹簡帛書整理組，一九七八年經國務院批准創建的國家文物局古文獻研究室，一九八三年經文化部批准改名的文化部古文獻研究室、中國文物研究所古文獻與文物研究中心。在整理組階段，整理出版了《銀雀山漢墓竹簡》、《馬王堆漢墓帛書》、《睡虎地秦墓竹簡》等一系列重要出土文獻專著。研究室創建後，除主編不定期學術刊物《出土文獻研究》外，又從事阜陽漢簡、居延漢簡、江陵漢簡、吐魯番文書、敦煌古文獻等一系列重要出土文獻的整理與研究。其中，歷代墓誌的整理與研究，也是本單位的一個重要出土文獻項目。

如所周知，墓誌是我國古代埋設在墓中用以記叙死者姓名、籍貫、生平及親屬世系的銘刻文獻。其形制起源於秦漢，變化於魏晉，定型於南北朝，興盛於隋唐，經宋元明清發展，至民國仍然行用。墓誌作為銘刻文物，藝術價值頗大。北魏的墓誌，隸楷合一，書法雄勁，在我國書法史上號稱「魏碑體」。定型後的墓誌，蓋石盝頂、四殺等處雕飾人物、四象、花草、雲氣等圖案，成為更加精美的藝術品。而墓誌作為原始文獻，學術價值則更大。在傳世文獻不足的情況下，利用墓誌這種原始文獻研究歷史，曾取得豐碩的成果。因此，墓誌一直深受學者的重視。墓誌的收集整理，早在北宋就開其風氣。清及民國，金石學方興未艾，其風愈扇。新中國成立後，隨着考古事業的不斷發展，墓誌的出土更不斷增多。可惜材料都非常分散，研究者查檢十分不便。本單位決定從事歷代墓誌的整理與研究，正是希望給研究者提供方便。

根據最初的設想，歷代墓誌的整理與研究，分為二個系列：

一個系列為傳世墓誌的整理與研究。這項工作動手較早。一九八二年春，本單位獲悉，周紹良先生家藏唐代墓誌拓片甚多，且大部分作了釋文，便決定與周紹良先生合作，進行增補，先整理《唐代墓誌匯編》。本單位特聘周紹良先生為主編，並斥資另聘北京圖書館退休專家王敏先生協助工作。本單位為此書耗費了大量的人力和財力。經過十年，此書纔終於出版。但其餘各朝墓誌匯編，却因此書的難産而拖了下來。現在，本單位仍準備將這個系列繼續進行下去。

另一個系列即為新中國出土墓誌的整理與研究。這項工作動手也較早。一九八三年十一月三日，國家文物局向全國各省、市、自治區文化廳（局、文物局）下達專門文件（八三文物字第六四三號），要求各地有關單位與本單位合作，編集《新中國出土墓誌》（當時名為《建國以來全國出土墓誌合集》）。當時考慮比較簡單，希望一九八五年開始交稿，五年内全部完成。但在本單位有關人員親赴全國各地進行調查之後，感到實際情況很複雜。首先，不少地方缺乏專門經費，需要本位資助。其次，不少地方缺乏專門人員（如有經驗的拓工及攝影師），需要本單位協助。而本單位的經費和人員都很有限，祇能資助或協助某些特别困難的地方。為此感到，需要調整節奏，分清輕重緩急。於是，擬先以新出墓誌最多的河南、陝西二省為試點，然後逐步展開。但由於人員少，事務多，進展仍很緩慢。其間又出現一稿二用等情況，使本單位蒙受重大損失。一九九二年，本單位加强了這項工作的領導，使其逐漸走上正軌。一九九九年，本項目在國家文物局領導班子的大力支持下，又得到財政部的專項資助，出版問題基本解決。當然，困難還很不少。但在國家文物局的領導下，在全國各省、市文博考古及古籍整理單位的支持下，相信一定能够克服困難，順利完成這部大型叢書的編集工作。

在此，謹向所有關心、支持本項目工作的同行，表示衷心的感謝！

編輯凡例

一、本書是在國家文物局統一領導下，由全國各省、市文博考古及古籍整理單位合作編集的大型墓誌叢書。擬收録自公元一九四九年以來國內出土的歷代墓誌。凡一九四九年以前已有拓本流傳，或已在金石、考古文獻中著録者，均不再録入。

二、本書收録墓誌的年代，上自秦漢，下迄民國初年，即包括墓誌産生、流行的整個歷史時期。

三、本書資料來源包括以下三種情況：

（一）經各級文物考古單位科學發掘出土者。

（二）非經科學發掘，但出土時間、地點明確的徵集品。

（三）原流散於民間，出土時間、地點不明，但未曾著録發表者。

四、本書著録以省、直轄市為單位，每省墓誌根據現存數量輯録為一冊至若干冊。一般以四〇〇件以上為一冊。墓誌數量較少的省、市，可以數省、市合為一冊。

五、本書收録墓誌的編排，分為兩種形式：

（一）按年代排列。即在一省範圍內，按全部墓誌年代先後進行排列。為便於檢索，另按地域編製檢索表，附於書後。

（二）按地域排列。即依照墓誌現存地點，分地、市、縣著録。在各地、市、縣內再依年代先後排列。為便於檢索，另按年代編製檢索表，附於書後。

六、本書著録墓誌，包括説明、圖版、録文等幾部分。説明包括：名稱（首題）、年代、尺寸、形制、紋飾、書體、行數、字數及出土時間、地點、收藏處等項。圖版包括刻石拓本圖版和寫磚照相圖版。録文採用通行繁體字，並加標點。其中異體字徑改為通行字，假借字及現在仍通行的簡體字則照録原文。缺字用□表示，不詳字數的缺文用▨表示。原表敬空格，録文均僅空一格。為保存原誌文的行款，録文每行後用」號加以區別。

七、少量殘泐漫漶的墓誌，由於文字無法辨識，本書僅録名稱，附加簡要説明。

八、各省、市分冊後，附録該冊墓誌人名索引。

前言一

——上海地區出土墓誌概述

周麗娟

一

本書收録上海地區新出（包括出土和徵集）墓誌一九九方，其中北魏一方，唐七方，宋二〇方，元九方，明一三一方，清二四方，民國四方，附録明無釋文三方；另附録清買地券一方。

上海地區的墓誌出現年代較晚，已知有明確出土地點的最早的墓誌，僅為青浦區大盈鄉的《唐故郁府君（楚榮）墓誌》，時間是唐代宗永泰二年（亦即大曆元年，七六六年），與中原地區墓誌的時代比較，晚了將近千年。陝西於一九七九年十二月發現的秦始皇陵刑徒、工匠墳場瓦文，表明中國墓誌已進入初始階段。魏晉仍在演變，北朝漸趨定型，隋唐日益盛行。唐代的墓誌，在取材、文體、書法、紋飾等方面，都達到了前所未有的高峰。然而同屬唐代，上海地區的墓誌卻仍處於相當稚嫩的階段。以青浦區大盈鄉郁府君（楚榮）墓誌為例，樸拙的書體，簡單的行文，字數寥寥，僅「一百卌八字」，且每個字因筆劃多寡不同，佔用的空間亦不相等，以至滿行的字數不能統一。上海地區現存唐代墓誌七方，其中六方為磚質，有明確出土地點的墓誌，誌主的身份和地位都較低下，全為平民、僧侶。另一方為《唐故京兆宋府君墓誌蓋》，石質，盝頂，隸書，書體優美規整，遠較上述六方進步，但為徵集所得，出土地點不詳，應該不是上海本地所有。因此，上海地區出土的早期墓誌，在取材、文體、書法、紋飾等方面，都無法與同時期中原地區的墓誌相比。其實，上海地區現存最早的墓誌，為嘉定博物館藏北魏神麚五年（四三二年）《故歸太原郡李氏（盧子真夫人）墓誌石》，但該墓誌與前揭《唐故京兆宋府君墓誌蓋》一樣，都没有確切的出土地點，誌文記誌主李氏為太原人，既「奄殁范陽涿郡私第」，又「葬在城東岷山之陽」，顯然也不是上海本地所有。

進入兩宋，南方的政治、經濟、文化都得到了極大發展。尤其是南宋，隨着都城的南遷，許多中原士族望姓都移居到了上海地區，包括墓誌在內的各種禮儀習俗也都帶到了上海地區。上海地區出土的墓誌數量或質量隨之增加和提高，特別是在取材、文體、書法、紋飾等方面，都已有了很大的進步，行文也趨向規範。如南宋嘉定十七年（一二二四年）的《宋故保義于公（寬）墓銘》，長一五九、寬八〇、厚一九厘米，共一六行，滿行五二字，正書，工整、規範，筆力遒勁，結構嚴謹，雖非出自名家之手，亦可謂不可多得的佳作。明清兩代，上海地區的墓誌的各個方面與中原地區完全趨同，有些甚至超過中原，很多墓誌都由當時較有聲望的人士所撰寫，既富史料價值，又為藝術珍品，非常可貴。

綜觀上海地區出土的墓誌，可以看到其形制有一個發展、變化的過程：

唐代墓誌，數量少，質地以磚質為主，大部分製作粗糙。字體稚拙，字的大小取決於字的筆劃多少、繁簡程度，以至滿行字數不能統一。行文簡率、短促，字數一般都在一百字左右，僅記死者姓名、籍貫、世系及生卒年月、葬地，個別文末已出現四字韻文。

宋代墓誌，不少仍自稱墓碑或墓碣、墓銘及壙銘，大部分已使用石質材料製作，主要形制呈竪長方形，長大於寬。誌文多為正書，筆力遒勁，結構嚴謹，排列整齊，舒張有法，篇幅也較唐代長了許多。淳祐四年（一二四四年）《故孺人鄭氏（妙静）墓誌》有二百多字，嘉定十七年（一二二四年）《宋故保義于公（寬）墓銘》將近八百字，誌文構成的基本要素如誌主的姓名、籍貫、世系、職官及生卒年月、葬地，以及誌主的生平事迹和著作，大致均已具備，唯文末歌頌韻文尚未成為定式，時有時無。

唐宋墓誌大部無誌蓋，至元朝仍以長大於寬的石質長方體為主，但頂端兩角往往斜向截去（斜殺），如元至正九年（一三四九年）《元故承務郎寧國路涇縣尹兼勸農事知渠堰事任公（賢能）之墓誌》。此時墓誌大都是正書，文末的歌頌韻文少見。

到了明朝，才真正自稱「墓誌」或「墓誌銘」。形狀多為正方體，材質主要為青石，由蓋和底組成一盒。蓋文多為篆書，誌文多為正書或行書，工整規範，字體優美。有些官位高的誌主，誌文四周還鐫刻朵雲、花卉等紋樣。誌主很多是當時上海地區的達官顯貴、著姓望族，以及具有一定社會名望的文士，代表着當時該地區的上層社會，故不少誌文出自有名望的大家之手。誌文的末尾基本都有韻文頌辭，也就是所謂「銘文」。

清朝與民國的墓誌形制可劃分為前後兩個階段：前階段包括清早中期。此時的墓誌出現正、副本。按當時的葬制，下葬時，正本墓誌與棺木同時置於墓穴中。副本的製作、鐫刻，目的是為了傳給子孫，故而一般藏於家或嵌於家族祠堂牆壁。因此，我們常常見到同一個人有兩種墓誌：一種是有蓋有底，相合為一盒的正方形正本墓誌。另一種則是寬大於長的長方形副本墓誌，無蓋、底之分，額文多為篆書或隸書，誌文則多用正書。正、副本內容基本相同，偶而也有些出入。如青浦博物館收藏的乾隆四十四年（一七七九年）《清誥贈資政大夫大理寺卿王公（士毅）墓誌銘》就有正、副兩本之區別：正本為正方形，邊長各六一厘米；副本則是長方形，长三一、寬八四厘米。撰文者與書丹者二本相同，惟鐫刻者不同[一]。嘉慶十年（一八〇五年）《清誥授中憲大夫詹事府少詹事錢君（大昕）墓誌銘》亦是如此。後階段包括清末至民國。此時的墓誌數量銳減，無正、副本之分，逐漸走向衰落。如民國元年（一九一二年）《徐夫人（□蓉）墓誌》，內容簡單，類似買地券。當然，也有如民國二十一年（一九三二年）《衆議院議員前江蘇實業廳長徐君（蘭墅）墓誌銘》，文字典雅，書法優美，名家手筆，非凡品可比。

二

墓誌是十分重要的考古材料，這些無聲的文字保存了豐富的歷史、文化、社會信息，如歷史變遷、地理沿革以及人物、事件等等，可與傳世文獻相互考證，為我們補史、證史提供了更多的依據。

現代上海五方雜處，海納百川，許多人的祖籍卻並非是上海。至於為何遷徙，原因多種，不一而足。有關移民的歷史，最早可以追溯到唐朝，這在墓誌中有着明確的記載。如唐永泰二年（七六六年）《故郁府君墓誌》的誌主郁楚榮原為「兗州人」，大和四年（八三〇年）《故陳府君墓誌銘》的誌主陳琳原為「潁川人」，開成二年（八三七年）《故姚氏李夫人墓誌銘》的誌主姚正姬原為「江夏人」。此後，各朝均有遷徙。北宋治平三年（一〇六六年）《故孫府君墓銘》記誌主孫偁「曾大父昭，蓋餘杭人。大父漢英，事吴越，嘗為崑山鎮遏將，歸朝改洋州真符縣令，卒官。其妃尹氏，□諸孤，居崑山，始為崑山人」。南宋淳祐二年（一二四二年）《故主簿林公墓碣》記誌主林沭「先世本莆陽之望族」，現為「嘉興青龍人」。咸淳三年（一二六七年）《吕氏墓誌》記誌主吕處淑「其先萊州人，徙壽州。靖康間寓平江之崑山，今析邑曰嘉定川沙里，因家焉」。元至正十年（一三五〇年）《任公墓誌》記誌主任良輔「先世居徐邳之三山，有仕於吴，遂家於秀之青龍鎮」。明正統七年（一四四二年）《故松江府儒学生廷璧王公墓誌銘》的誌主王璚「其先汴人，宋王晉公之裔，八世祖始遷于松江之華亭」。景泰二年（一四五一年）《故處士陳汝敬墓誌銘》記誌主陳欽「其先世居廬陵，自曾祖茂林喜嘉定川流如練而縈回，林壑尤美，乃擇守信鄉居焉」。景泰六年（一四五五年）《故唐孺人左氏墓誌銘》記誌主唐孺人左懿正「其先汴人。六世祖諱良璞，侍宋高宗南渡，授富陽縣尹。生諱賓，由富陽遷蘇之練川居之，故今始為吴人」。天順六年（一四六二年）《故迪功郎順德府知事潘公墓誌銘》記誌主潘譽「世居河南，随宋南遷，遂占籍于蘇之嘉定焉」。正德八年（一五一三年）《故唐碩人朱氏墓誌銘》記誌主碩人朱氏之夫「德輝之先，蜀人，宋太醫提舉十世祖以道随高宗南渡，始徙紹興。元醫學教授八世祖永卿再徙平江，遂占籍嘉定」。萬曆元年（一五七三年）《陸横溪先生墓誌銘》記誌主陸琦「其先扈宋南渡，家於江南，故今陸氏世為嘉定縣人」。萬曆九年（一五八一年）《故通議大夫南京禮部右侍郎幼海董公墓誌銘》記誌主董傳策「其先自汴徙上海之竹岡」。清乾隆四十四年（一七七九年）《誥贈資政大夫大理寺卿王公墓誌銘》記誌主王士毅「先世由浙之蘭溪遷焉」。道光二十年（一八四〇年）《誥授中憲大夫道銜貴州貴陽府知府前翰林院編修椅城廖君墓誌銘》記誌主廖惟勳「其先居福建。……曾祖諱王臣，遷居嘉定」。民國十九年（一九三〇年）《清授奉直大夫黄君暨配吴宜人墓誌銘》記誌主黄錫蕃「先世出徽之休甯，明季徙居華亭之亭湖，遂占籍焉」。

這些遷居到上海地區的移民，其後人不少都成為了當地的著姓望族，但由於年代久遠等原因，他們對自己的祖籍已不太清楚，以至出現謬誤，而祇有運用墓誌提供的材料，我們才可以對之進行甄别、考證、辨僞和補正。譬如關於明朝大書畫家董其昌的籍貫，歷來存在争議，傳世的史傳、方志、文集、筆記等各有所據，莫衷一是。主要有二説：一説董其昌是「華亭人」。如：《明史》卷二八八《文苑四》記載：「董其昌，字元宰，松江華亭人。」《明畫録》卷四：「董其昌，字思白，號玄宰，華亭人。」《罪惟録》卷一八：「董其昌，字玄宰，號思白，南直華亭人。」《列朝詩集小傳》：「其昌，字玄宰，華亭人。」一説董其昌為「上海人」。如：康熙《松江府志》：「董其昌，字玄宰，上海人。」《南吴舊話録》卷一〇：「董氏，其先汴人，宋南渡徙松江之上海。」《雲間人傳志》：「其昌，松之上海人。」董氏世系，據《容臺文集》卷六《漸川兄傳》：「上世有官一公始著，數傳為思賢、思忠，……思賢又三傳至冕。」《崇蘭館集》卷二〇《誥封通議大夫南京工部右侍郎海觀董公行狀》：「歷元迄國初，曰官一者，公始祖也。官一生仲莊，（仲莊）生二子，長思賢，……次思忠遺安公，實大董氏。」《陳眉公先生集》卷三六《太子太保禮部尚書思白董公暨元配誥封一品夫人龔氏合葬行狀》：「（官一）凡五傳而生華，代多聞人。」又：「華生悌，字世雍，號吾溪，配俞氏，葬竹岡西原。」《董其昌告身册》：「廪生董華，乃太子太保、禮部尚書、兼翰林院學士、掌詹事府詹事其昌之曾祖父。……累贈通議大夫、禮部右侍郎、兼翰林院侍讀學士董漢儒，乃太子太保、禮部尚書、兼翰林院學士、掌詹事府詹事其昌之父。」吴仁安《明清時期上海地區著姓望族》附録有《董其昌宗族世系簡表》，由簡表可看到官一生仲莊，仲莊生思賢、思忠；思賢生冕，冕生華，華生悌，悌生漢儒，漢儒生其昌；思忠生真，真生綸，綸生懌，懌生繼芳，繼芳生體仁，體仁生傳策。傳策其人即明萬曆九年（一五八一年）《故通議大夫南京禮部右侍郎幼海董公墓誌銘》的誌主董幼海。墓誌稱：董幼海「諱傳策，字原漢，自號幼海」，「至公五世祖真生南京監察御史綸。綸子六人：其二舉進士，皆至顯官；一舉鄉貢，歷磁、綿二州守，發監司吏奸贓，自免歸。郡中所稱清白吏守菴先生諱怿者，公曾祖也。綿州二子，長邑庠生，諱繼芳，是為公祖，……生公父，諱體仁。」明何良俊《董隱君墓表》：「董氏，上海之望族也。蓋其先世已自雄長里中，至御史公而益大。」御史公即董綸，是董傳策的四世祖，亦是董其昌的從曾祖，那麼遺安公思忠傳至董傳策，從輩份上來說，董傳策是董其昌的子侄輩，與董其昌擁有同一始祖。《陳眉公先生集》卷三六《太子太保禮部尚書思白董公暨元配誥封一品夫人龔氏合葬行狀》：「按董氏譜，其先汴人，宋南渡扈蹕，遂籍松之上海。」對照董幼海墓誌：「其先自汴徙上海之竹岡。」可以明確推斷董其昌的籍貫應為松江府上海，並非松江府華亭。至於董其昌的籍貫為什麼會出現不同的說法，究其原因，據李紹文《雲間雜識》說：「董思白為諸生時，瘠田僅二十畝，區人亦令朋役，致棄家遠遁，後登翰苑，且別其籍，不敢認為上海人。」《南吳舊話録》卷一八也說：「董思白止田二十畝，上海蠹胥將中以重役，思白遠遁得脱，後子、丑連捷，遂占籍華亭。陳眉公詭之曰：『後來讀董逃行，惟越境乃免。』」又據臺北胡舒婷《董其昌之詩書畫研究》一書考證：「其昌於諸生時代，乃瘠田二十畝之貧苦農户，既無可應政府之捐輸，又感於重役之徵調壓迫，遂棄上海之家，避入鄰縣華亭。其後連捷科場，官至禮部尚書，亨顯通達一時。然冒籍應試之罪重。其昌故於占籍應試之事，隱諱至深，於《漸川兄傳》中，僞造家譜，乃求自全之法，據崇禎三年原刊本《容臺文集》觀之：『按譜，余家厥初為汴人，自扈宋南遷，更居華亭……。』一行二十一字，乃係經挖去後嵌補而成，其刻體不同，且略偏向一旁，足有篡改之嫌。」明嘉靖十二年（一五三五年）《故大理寺少卿董公繼室唐夫人墓誌銘》的大理寺少卿董公諱恬者，在《董其昌宗族世系簡表》中與董傳策的曾祖父董懌是同胞兄弟，是董其昌的祖父董悌堂兄弟，董恬家先墓塋在竹岡，竹岡歷來隸屬於上海縣。據此可知，新出墓誌提供的材料，其可信度應該是比較高的。

三

新出墓誌還記録了許多歷史事件，與地方志等傳世史籍的記載可以互相證補。譬如：

新出墓誌紀年前後用法不同，反映了特定時期的一種特殊情況。如《明吳淞江守禦所千户施武略室宜人鍾氏之墓誌》中稱：「卜擇建文四年十一月初三日，於練川吳淞江任所坤隅而葬焉。」落款卻是：「洪武三十五年十一月初三日誌。」建文為明惠帝朱允炆年號，洪武為明太祖朱元璋年號。建文四年（一四〇二年）六月，朱元璋的兒子、朱允炆的叔父朱棣攻陷京師，奪得帝位；七月，宣佈革除建文年號，仍稱洪武三十五年，因而建文四年與洪武三十五年其實是同一年。本墓誌前稱建文，後稱洪武，反映下層官吏及百姓尚未適應這種改革，原寫建文，意識到錯誤，才改為洪武。

公元十四世紀，也就是元末明初，由日本西南封建諸侯糾集一部分武士、浪人和商人組成的海盜集團，經常出沒在中國沿海地區，搶劫中國商船，掠殺中國沿海居民，進行武裝掠奪和騷擾，即歷史上的倭寇之患。至明世宗嘉靖年間，倭寇見中國沿海防務空虛，便勾結土豪、奸商、流氓、海盜，狼狽為奸，進行走私劫掠，上海、蘇州以及江北南通、泰州等地普遍受到攻擊，甚至深入到徽州、南京，沿途燒殺淫掠，中國沿海地區民衆深受其害。據《萬曆嘉定縣志》：嘉靖「三十二年（一五五三年）三月倭寇寶山」，「三十三年（一五五四年）倭夷入寇」，「三十四年（一五五五年）有倭寇」。可見倭患於嘉靖年間在中國沿海地區再度達到高潮。同時，沿海廣大軍民面對倭寇入侵，或遷徙親黨進行避難，或組織武裝頑强鬥争。新出墓誌關於此類記載不少。嘉靖三十八年（一五五九年）《故敕封文林郎廣西道監察御史一默宋公（蕙）墓誌銘》記「倭夷嘗寇浙，距淞尚遠，公（誌主宋蕙）乃徙居郡城中，又於青村城結室數十區，……既而寇至，親黨族屬托處者竟得并免於患」。又洪武三十一年（一三九八年）《故太倉衛指揮王將軍壙誌銘》記誌主王得「陞青州衛千户，捕萊州海島之倭賊」。嘉靖三十五年（一五五六年）《唐君道虔欽堯墓誌銘》記「倭奴犯境，君（誌主唐欽堯）方計偕，行至吴門，聞警即還，言于大吏，權假邳盧兵為援，賊薄城下，君仗劍登陴，親冒矢石。一夕賊繞城，三面鼓譟，惟西南隅寂然。君疑之，即躍馬以往，見賊方自林麓中迤邐出，將濟河。君命連弩射之，賊惶駭走，竟解圍去」。

明代上海地區曾多次遭受海溢之災，即海水倒灌，房坍田毁，損失慘重。如《萬曆嘉定縣志》：「天順五年辛巳（一四六一年）秋七月，風雨大作，平地潮湧丈餘，没死者甚衆」；「嘉靖十八年己亥（一五三九年）秋閏七月，海水大溢，平地湧波一丈，瀕海田多坍没，損糧至三千八百餘石」；萬曆「……壬午（一五八二年）颶風，海溢，民多溺死」。又《光緒南匯縣志》：「正統九年甲子（一四四四年）秋七月十七日，海漲，有全村決没者；……弘治十一年戊午（一四八九年）夏六月十一日，海溢；……正德元年丙寅（一五〇六年）大風雨，海溢；……嘉靖元年壬午（一五二二年）秋七月……二十五日大風雨，海溢，壞官民居；……嘉靖十九年庚子（一五四〇年）秋七月，瀕海潮溢，淹人傷稼」。對此，新出墓誌亦有記載。如正德二年（一五〇七年）《旌表孝子沈公（輔）墓誌銘》：「天順辛巳（五年，一四六一年），郡境海溢，漂溺三千餘家。」又嘉靖三十五年（一五五六年）《唐君道虔（欽堯）墓誌銘》：「嘉定瀕海之縣，……海水溢，沿海流漂數千家。」

明代上海地區曾屢遭天災。如《光緒南匯縣志》：「嘉靖八年己丑（一五二九年）秋七月，飛蝗蔽天，適颶風作，驅蝗入海，遺種化蟹食稻。」新出墓誌所記天災則不限於上海地區。如天順六年（一四六二年）《故迪功郎順德府知事潘公（譽）墓誌銘》：「正統辛酉（一四四一年），歲歉。」成化二十二年（一四八六年）《故義官怡晚宣公（孟宗）妻陸孺人（妙安）合葬墓誌銘》：「（成化）乙未（一四七五年），歲歉。」弘治六年（一四九三年）《故范孺人俞氏（秀英）墓誌銘》：「弘治癸丑（一四九三年）春夏，復大疫。」弘治十一年（一四九八年）《故奉議大夫福建汀州府同知潘公（齡）墓誌銘》：「（弘治）五年（一四九二年）旱蝗，……飛蝗蔽天。」正德二年（一五〇七年）《旌表孝子沈公（輔）墓誌銘》：「成化壬寅（一四八二年），吳饑。」正德六年（一五一一年）《故南京兵部車駕清吏司主事顧君（倫）墓誌銘》：「（正德）戊辰（一五〇八年），歲饑。」嘉靖二十五年（一五四六年）《通議大夫詹事府詹事兼翰林院學士贈禮部右侍郎謚文裕陸公（深）墓誌銘》：「（嘉靖）乙未（一五三五年）夏，（公）抵保寧，大旱。……蜀人凋瘁，……建昌行都司地震，雨壞公私廬舍殆盡，兼饑饉，死者枕藉。」萬曆九年（一五八一年）《明故通議大夫南京禮部右侍郎幼海董公（傳策）墓誌銘》：「（嘉靖時）地忽大震。」

此外，新出墓誌還記載了明代馬政、吏治之弊以及日益激化的社會矛盾。如弘治十一年（一四九八年）《故奉議大夫福建汀州府同知潘公（齡）墓誌銘》：「自成化十五年（一四七九年）以裏拖欠備用及生派馬凡一千餘匹，每匹直銀二十餘兩，州民苦之，典田宅，鬻子女，一馬抵十人直，民不能庚，則將轉乎溝壑。」此為馬政之弊。嘉靖二十一年（一五四二年）《海寧少尹王公（瑞）合葬墓誌銘》：「海寧為杭之劇邑，邑歲賦黃絹若干疋。故事：領解役户率厚賂上下，遂虛文呈府，匿絹罔利，卒使民以賦困，官以賄敗。」此為吏治之弊。萬曆九年（一五八一年）《明故通議大夫南京禮部右侍郎幼海董公（傳策）墓誌銘》：「公性剛，繩下恒過急，故人憚言公臧獲短長，其無賴者因得自蔽匿，至縱酒博□，晝歐人而奪之財。萬曆己卯（一五七九年）夏，公漸有聞，群奴懼不免死，遂以五月七日夜，偽為盜戕公。」可見當時社會矛盾之激化。

四

根據上海地區出土的墓誌，我們知道：北宋以前的上海，僅是一個不甚發達並遠離政治、經濟、文化中心的窮鄉僻壤，社會成員的地位也都普遍不高。但到了明清，這種現象有了很大的改變，涌現出一些享有一定身份、地位、名望，對社會有一定影響力的家族。這些家族，即所謂的著姓望族。如明天啓三年（一六二三年）《故沈（日昌）母徐孺人墓誌銘》稱：「疁之東南土厚水深，多富人長者，而徐氏、沈氏並望族也。」徐氏、沈氏為「望族」，還見於地方志。當然，當地「望族」並不僅此。

明清時期上海地區的著姓望族，新出墓誌中頗多反映。如有以《明旌表孝子沈公墓誌銘》的誌主沈輔、《明江東沈處士墓誌銘》的誌主沈梁為代表的沈氏家族，以《明封承德郎禮部祠祭署郎中東婁徐公暨配陳安人合葬誌銘》的誌主徐甫，《明太醫院吏目徐公暨配李孺人合葬墓誌銘》的誌主徐學禮及其兄弟徐學謨等為代表的徐氏家族，以《明故魯齋嚴公墓誌銘》的誌主嚴浩、《明故處士嚴南野墓誌銘》的誌主嚴堂為代表的嚴氏家族，以《明故大理寺少卿董公繼室唐夫人墓誌銘》的誌主唐氏丈夫董恬、《明故通議大夫南京禮部右侍郎幼海董公墓誌銘》的誌主董傳策為代表的董氏家族，以《清誥贈資政大夫大理寺卿王公墓誌銘》的誌主王士毅、《清故刑部右侍郎王公墓誌銘》的誌主王昶為代表的王氏家族，以《錢敬亭墓誌銘》的誌主錢肇然、《清誥授中憲大夫詹事府少詹事錢君墓誌銘》的誌主錢大昕為代表的錢氏家族，以《明故迪功郎順德府知事潘公墓誌銘》的誌主潘譽、《明故奉議大夫福建汀州府同知潘公墓誌》的誌主潘齡、《明敕進承德郎浙江溫州府通判淞涯潘公墓誌銘》的誌主潘惠、《明故修職佐郎光禄寺掌醢署監事文臺潘公墓誌銘》的誌主潘允徵、《明從仕郎直內閣誥敕房中書舍人潘君墓誌銘》的誌主潘雲驥等為代表的潘氏家族，此外，還有以《清修元進士福建行省郎中上海邑神景容秦公諱裕伯墓碑》的碑主秦裕伯為代表的秦氏家族，以《明故通議大夫工部右侍郎談公墓誌銘》的誌主談倫等為代表的談氏家族，以《明通議大夫詹事府詹事兼翰林院學士贈禮部右侍郎謚文裕陸公墓誌銘》的誌主陸深為代表的陸氏家族，以《明唐君道虔墓誌銘》的誌主唐欽堯為代表的唐氏家族，以《明御賜貴州道監察御史朱豹及妻沈氏繼室蔡氏封贈碑》的碑主朱豹為代表的朱氏家族，等等。這些家族在當時的上海地區享有很高的社會地位，有的世代為官，有的世代業儒，有的甚至被後世尊為邑神，如前面提到的秦裕伯。

這些著姓望族的產生，從一個側面說明，從明代開始，上海地區的政治、經濟、文化得到了長足的發展，逐步進入到一個相當發達的歷史階段，成為明清時期中國東南地區的經濟重鎮、人文淵藪。而新出墓誌所記著姓望族材料，為根據家乘、族譜、宗譜等譜牒資料及相關的地方志研究家族史，提供了更加可靠的考古學依據。

五

上海地區出土的墓誌中還有不少關於醫學及書法、刻工方面的材料。

明代上海地區有不少精通醫術的良醫。嘉靖二十九年（一五五〇年）《故倪（鏞）孺人陶氏合葬墓誌銘》記陶氏喪明獲治經過云：「長子濟病没，過哀，哭之失明，且十年醫不能治。（次子）淑秉精誠，旦夕（中缺）鍼至門者，云善轉曚，就之即復明如故。時酬以百金，揮之去，方知□。」中有缺文，意思不詳。據《光緒南匯縣志》記載：「倪淑……因母喪明，日夜禱天，遇異人，鍼兩眥，即愈。」知陶氏係哀哭長子喪明，因次子秉誠祈禱，得異人亦即良醫用鍼治癒。然陶氏喪明究竟由何種眼疾引起？是用什麼鍼術即刻治癒？按：臨床能用醫鍼治癒哀哭喪明的眼疾約有四種：一是角膜感染後生成一層薄衣，蓋住瞳孔；二是眼底出血，阻隔了視網膜；三是視神經萎縮，影響視力；四是白內障。前面三種眼疾用鍼灸治療，愈期都很緩慢，衹有第四種眼疾能夠快速復明。唐《外臺秘要》卷二一《出眼疾候一首》說白內障「宜用金篦決，一鍼之後，豁若開雲而見白日」。從陶氏「遇異人，鍼兩眥，即愈」來看，估計陶氏可能原已患有白內障，由於長子濟病没，一時情感過分鬱結，使原有的病症迅速惡化，導致喪明，經過異人亦即良醫使用民間傳統醫術——鍼撥白內障的治療，達到即刻復明的效果。鍼撥治療白內障確實能夠做到當場動手術當場復明。這項醫術在我國雖然發明很早，但能迅速治療喪明達十年的白內障卻很罕見[二]。誌載倪淑後「娶良醫沈竹□女」，也說明當地良醫不少。

清代上海地區也有不少精通醫術的良醫。嘉慶九年（一八〇四年）《錢敬亭墓誌銘》的誌主錢肇然，也是一位良醫。誌云：「河人患尫羸數年，徧體生五色暈，衆醫莫能識。敬亭診其脈，如有積食，詢其所耆，云常耆牛肉。敬亭曰：『此中牛毒也。』以藥下之，更衣下青黑成塊者數十，暈去而病亦除。」又道光十九年（一八三九年）《故竹幹山人何君墓誌銘》記誌主何其偉「先世自宋元來代習醫，至曾大父、父尤有名」；又記何其偉亦「習醫。自其少時，習聞長老方論、藥劑、病證、引經、切脈法則，大心悟，至是施諸人輒效。……四方來者，晝夜舟相繼不絶，或延邀以往，亦間應之」。按：何氏是江南著名的中醫世家。清朱綬《竹幹山人傳》及《光緒青浦縣志·文苑傳》等記何其偉事迹甚詳，包括何其偉與林則徐的私誼，以及何其偉曾為林則徐禁煙撰寫關於戒煙的《救迷良方》，等等，可以參閲。

新出墓誌不少出自名家之手。如明代的王鏊、夏言、徐階、王世貞等，清代的錢大昕、錢大昭、王昶、盧文弨、梁同書、阮元等，不少墓誌都由他們撰書的。而名列「吴門四畫家」、「吴中四才子」的祝允明、文徵明，所書墓誌尤為可貴。如正德十年（一五一五年）《故唐警齋先生（迗）墓誌銘》由祝允明書寫，嘉靖八年（一五二九年）後《故梅溪府君張公熙墓表》、嘉靖二十五年（一五四六年）《通議大夫詹事府詹事兼翰林院學士贈禮部右侍郎謚文裕陸公（深）墓誌銘》、嘉靖二十九年（一五五〇年）《故倪（鏞）孺人陶氏合葬墓誌銘》，由文徵明書丹。其中，文徵明書丹的三方墓誌，跨越的時間相當長，展現了他不同時期的書法風格，值得書法研究者重視。

上海嘉定出土的明代墓誌絶大部分由盛姓石匠鐫刊。如弘治六年（一四九三年）《故范（時彦）孺人俞氏（秀英）墓誌銘》、弘治十一年（一四九八年）《先考州判侯府君（爵）墓誌》、弘治十二年（一四九九年）《徐（旒）母王孺人（素寧）墓誌銘》、弘治十三年（一五〇〇年）《故顔（釴）母唐孺人（玉英）墓誌銘》、正德二年（一五〇七年）《義官承事郎李朝章（縉）墓誌銘》、正德五年（一五一〇年）《故陸處士（純）墓誌銘》、同年《故義授承事郎宣堯卿（廷政）墓誌銘》、正德八年（一五一三年）《故唐（德輝）碩人朱氏（蘭英）墓誌銘》均出自盛奎之手；嘉靖十年（一五三一年）《醒心陸君（廣）墓誌銘》、嘉靖二十一年（一五四二年）《海寧少尹王公（瑞）合葬墓誌銘》由盛鵬鐫刻；嘉靖三十五年（一五五六年）《唐君道虔（欽堯）墓誌銘》由盛楠鐫刻；隆慶元年（一五六七年）《雲濤唐先生（欽堯）配沈孺人墓誌銘》、萬曆元年（一五七三年）《陸横溪先生（琦）墓誌銘》由盛僑鐫刻。盛姓家族從事刻石，歷經弘治、正德、嘉靖、隆慶、萬曆五朝，時間跨度達八十年之久。可以肯定，盛姓家族是一個世代以刻石為主要營生的家族。

綜上所述，可以看出：上海地區出土的墓誌，年代起始雖然晚於中原，但到明代得到了空前的發展，不僅成為墓葬中極為重要的袝葬品，也成為我們瞭解、研究上海古代社會不可或缺的考古材料。

注釋

［一］青浦博物館《青浦碑刻》，内部資料，一九九八年。

［二］張明華《明代鍼撥白内障珍貴醫案》，《上海博物館集刊》第四期，上海古籍出版社，一九七八年，一七一—一七二頁。

前言二

——天津地區出土墓誌概述

楊新

天津市東瀕渤海，北依燕山，西南接華北平原，是我國歷史文化名城之一，有着獨特的歷史文化内涵，其出土墓誌也是中國墓誌的重要組成部分。

新中國成立後，天津地區的考古發掘工作，一直配合基本建設工程展開，墓誌時有出土，大多陸續入藏各博物館和各區縣文物管理所等文博單位。二〇〇五年，天津市文物局將國家文物局主持、中國文物研究所（現為中國文化遺産研究院）主編的《新中國出土墓誌》這項工作，轉交天津市文化遺産保護中心具體實施，並安排了專人負責。由於此項工作時間緊迫，中心先於同年年底即請市文物局專門發函通知全市各區縣文博單位，要求開展新出墓誌的調查、徵集工作，然後根據各區縣等基層單位資料上報情況，於二〇〇六年六月深入各區縣，冒着酷暑烈日，用身體遮擋陰涼，同基層單位的同行一起進行傳拓和記録等業務。歷時一年半，至二〇〇七年三月末，全面完成了墓誌資料的匯集和文字迻録、拓片拍照等工作。

本書收録天津地區新出（包括出土和徵集）墓誌六〇方，其中北齊一方，唐一方，遼一方，明三七方，清一九方，民國一方，另附録明買地券一方。這些墓誌，既是首次公佈，又是首次結集，故意義十分重大。雖然數量有限，但仍包含有鮮明的地方特點：

第一，地域分佈特徵明顯。古代渤海灣西部海岸綫向東推移的過程，即渤海灣西岸沖積平原的形成，也是天津東部地區成陸的過程。這一過程共出現三道古代海岸遺跡，年代自商周至宋元，經過暗灘、泥岸、湖沼等階段逐漸成陸[一]。故五九方墓誌（剔除唐代墓誌一方）資料分別來自北部地方的薊縣、寶坻區、寧河縣（墓誌出土地原屬寶坻區）[二]，西北地方的武清區、北辰區，西南地區的静海縣、大港區（墓誌出土地原屬静海縣）[三]，以及市中心區和緊鄰的東麗區，而瀕臨渤海後期成陸的塘沽區、漢沽區、大港區、津南區等四個天津東部地區的區縣均未發現出土墓誌，區域分佈特徵非常明顯。

第二，年代跨度大且分佈不均。從北齊天保八年（五五七年）墓磚最早出現，到民國二十六年（一九三七年）墓誌最終截止，其間的西魏、北周、隋唐（唐代墓誌一方出土地應為河北省，二十世紀民間徵集）、五代十國、宋、元等朝代均未有墓誌出土，出現年代上大跨度的空白。遼代僅有一方。薊縣地區曾經出土《大金皇燕國夫人韓氏墓誌銘》一方，可惜現已下落不明。這對於墓誌出土本就極少的天津地區來説損失巨大。分析形成這一特點的原因有四：（一）天津地區成陸較晚，早期屬經濟欠發達地區。隋唐以前，政治經濟中心主要集中在中原地區。隨着隋代南北大運河的開鑿，天津地區才逐漸得以發展。而隨着唐代海運的開通，天津軍糧城才成為一個重要的運輸中轉站。一九五九年在軍糧城劉家臺子發掘的唐代墓葬，出土了大量的陶俑等隨葬品，但没有墓誌出現，推斷墓主很可能是駐軍糧城的軍官。這也説明唐朝的天津衹是軍事要塞，而不是政治、文化中心。到了元明清時期，天津地區城市體系的發展才進一步得到完善，這一點從明清時期出土墓誌數量較多即可印證。（二）連年戰火，使百姓難以安居樂業。進入魏晉南北朝時期，北方民族紛紛入主中原，建立各自的政權，並相互攻伐不已。天津地區曾屢遭兵禍，社會經濟陷入倒退，百姓流離失所。（三）「文化大革命」期間損毁。「文化大革命」「破四舊」運動時，各區縣大量墓葬被鏟平或挖出，其中不乏地方志有記載的明清時期名人墓葬，其隨葬品包括相關碑誌等損壞殆盡。（四）行政區劃的變更及其他。新中國成立之初，天津為河北省直轄市，出土墓誌部分留在河北省或其他地區。另外，通過民間收藏等渠道流出天津者也有不少。如國家圖書館藏清光緒二十二年（一八九六年）（卒）《誥授光禄大夫經筵講官上書房行走吏部右侍郎加二級雲舫王公墓誌銘》，北京故宫博物院藏清光緒十四年（一八八八年）《誥授奉政大夫河南南陽縣知縣在任候補同知直隸州徐君墓誌銘》等[四]。

第三，形制豐富多樣。天津新出歷代墓誌雖然數量僅有六〇方，但獨特之處仍有不少。其中，形制最小的是北齊天保八年（五五七年）《滄州重合人趙文玉妻鄭豊姒墓磚銘》，僅長二九、寬一四·五、厚六厘米。形制最大的是清光緒十六年（一八九〇年）《誥授光禄大夫頭品頂帶兵部侍郎都察院司副都御史巡撫廣西等處地方紫峯高公（崇基）墓誌銘蓋》，長九六、寬一六一、厚一九厘米。清順治十五年（一六五八年）順治皇帝御書《和碩榮親王壙誌》，則是採用漢滿兩種文字書寫。這在全國出土墓誌中均極為罕見，對於瞭解滿族入主中原，如何與中原漢文化融合，提供了珍貴的歷史實物資料。

以下對本書收録墓誌分別加以介紹：

一　北齊墓誌

本書收録二〇〇六年出土北齊天保八年（五五七年）《滄州重合人趙文玉妻鄭豈奴墓磚銘》一方。該墓磚對於天津地區出土墓誌來説極為珍貴。意義大致有三：第一，使天津地區出土墓誌的年代大大提前，填補了時間上的空白；第二，該墓磚為磚質，增加了天津地區墓誌材質種類，填補了材質用法上的空白；第三，磚主為滄州重合人，屬今山東高苑縣［五］，證明天津地區早期居民多是從外地遷來。

二　唐代墓誌

本書收録唐貞觀八年（六三四年）《韓仁師墓磚銘》一方，係二十世紀民間徵集，這裏暫不介紹。

三　遼代墓誌

宋遼時期，大致從塘沽海口上逆海河，接獨流鹹河，白溝河至河北省境内的拒馬河，將天津地區南北依河道劃開為兩國邊界。

本書收録一九八八年出土遼應曆十四年（九六四年）《燕京武清縣張東周母天水郡故趙氏夫人之實録》一方。實録記述墓主趙氏夫人於遼應曆九年（九五九年）卒於燕京銅馬坊私第，五年後（九六四年）返葬武清縣襲禮鄉李羅村。實録又載：「府君因長男任官真定府，權葬元氏縣南寧，兩地難返故園。」由於遼與後周、遼與北宋之間的對峙，一家人分散各地，死後亦不得團圓，反映了戰爭時期社會動盪給人民生活帶來的影響。

四　明代墓誌

本書收録明代墓誌三七方，占總數過半。誌文披露了大量重要信息，對於瞭解和研究明代歷史多有裨助。譬如：從墓誌看，明代天津的移民主要來自衛所。河西區出土嘉靖二年（一五二三年）黄溥墓誌銘云：「其先鳳陽臨淮縣人。……曾祖回，值元季江淮兵起，高廟駐師濠上，因往從之，累立戰功，陞授千户。生二子：長勝，次全。回老勝代，官至指揮僉事，注天津左衛。」薊縣出土嘉靖二十一年（一五四二年）彭效墓誌銘云：「其先江西安福人。父諱清，正統間，以從戎於薊，因家焉。」薊縣出土嘉靖三十五年（一五五六年）何聰墓誌銘云：「其先乃河南之扶溝人。國初，始祖諱全，由進士仕至湖廣布政司參政，因有軍功，陞所鎮撫。高祖諱貴，承襲，調薊州衛，因家焉。」南開區出土嘉靖四十四年（一五六五年）殷尚質墓誌銘云：「其先盧州合肥人。洪武初，有諱成者，隸籍▨始祖成子忠，屢從戰有功，由本衛百户陞河南歸德衛，世襲指揮僉事，調天津▨。」等等。

墓誌對於明代邊防亦有較多記述。如南开區出土嘉靖四十四年（一五六五年）遼東總兵殷尚質墓誌銘云：「公尢感恩圖奮，訓練六軍，修繕屯堡，申嚴號令，由是軍威大振，犬羊懷畏。居遼東二月，降者數百人，間有犯而侵境，輒勦截，沙磧無外牧焉。捷書薦奏，諸鎮聞風思奮，而公矢志益勵矣。丙辰（嘉靖三十五年）冬，虜騎数萬猝至，士伍不暇行列，公聞之，躍馬而出，血戰移日，力窮矢竭，遂遇害。」按：殷尚質，《明史》無傳，僅《世宗本紀》嘉靖三十五年十一月戊午條記載：「打來孫犯廣寧，總兵官殷尚質等戰死。」[六]《王忬傳》、《李成梁傳》記載大致相同，均不及墓誌詳細。又如武清區出土隆慶四年（一五七〇年）趙紳墓誌銘云：「督脩延綏中東西三路城堡墩臺，星羅山峙，障蔽之功，至於今賴之。」又：「入齊魯境巡察登萊海道，時海寇不靖，公益殫心力，脩明防禦諸務，鯨鯢遠遁，而民有漁鹽之利，無烽火之警矣。」這是研究明代延綏、登萊邊防的有用材料。

五　清代墓誌

本書收録清代墓誌一九方。數量雖然不及明代，但仍具鮮明時代特色。特別是這一時期，天津作為北方重鎮，京邑門户，政治、經濟、文化空前發展，名人及名人撰寫的墓誌數量較多。如順治十五年（一六五八年）御撰和碩榮親王墓誌，康熙十七年（一六七八年）吴正治撰并書劉世則（劉兆麟之父）墓誌銘，康熙三十年（一六九一年）王熙撰、趙世麟書、衛既齊篆保和殿大學士杜立德墓誌銘，乾隆五年（一七四〇年）張廷玉撰太子少傅、吏部尚書勵廷儀墓誌銘，乾隆二十五年（一七六〇年）陳兆崙撰勵宗萬墓誌銘，乾隆四十年（一七七五年）朱筠撰循吏芮復傳墓碣銘，乾隆五十四年（一七八九年）紀昀撰并書芮永肩墓誌銘，還有康熙二十二年（一六八三年）後安西征南將軍穆占墓誌銘蓋、光緒十六年（一八九〇年）廣西巡撫高崇基墓誌銘蓋以及左敬祖、張英、汪由敦、劉統勳、張模等撰墓誌。

寧河縣出土的杜立德墓誌銘，記卒年為康熙三十年，《清史稿》本傳記卒年為康熙三十一年[七]，應以誌文為準。

静海縣出土的勵廷儀墓誌銘，對《清史稿》本傳有關「請於古北口外設理事同知」，又「疏言各州縣團練民壯，當選習槍箭，勤加訓練」等都有詳細的記載和印證[八]。誌云：「八旗檔籍，自為收掌，彼此不相統攝，聽斷率以意輕重，引律例不畫一。公請通核八旗成案，酌中制纂成則例全書，八旗有所遵守。」等等，本傳無載，可補八旗制度之缺。其子勵宗萬墓誌銘所記誌主數次被啓用、又數次被免職的原因、過程，較《清史稿》本傳所記更為詳盡，此不贅述。

寶坻區出土浙江提刑按察使司副使、分巡温處道芮復傳墓碣銘，鮮活生動地記述了一位清廉循吏的事跡。其中，關於雍正初年，分巡温處道時，對於浙江總督李衛（敏達）就玉環山開田設治，徵收往來漁民塗税等做法，凡七次上奏摺反對的史實，記載尤為詳細。

武清區出土乾隆二十年（一七五五年）翰林院檢討曹傳墓誌銘，也很有價值。誌主曹傳，《清史稿》無傳。誌載康熙三十一年（壬申）「三月，聖祖仁皇帝水蒐於此，駐蹕其家。先生野服隨鄉耆迎謁，得被召見，奏對稱旨，嗣後嘗邀臨幸。」五十四年（乙未）春巡，聖祖再次召見，曹傳「遂以敗席野航，徑趨龍舟，攀縛而登，九叩行幄。上慰勞再三，詢水旱，問疾苦，給御膳，不啻家人人子，並蒙恩。詢及後嗣，覆奏一子已就外傳。上曰：鄉間安得好師？爾歸，擇子弟能讀書者，朕内廷令人教之。」生動描繪了康熙帝出巡體察民情的場景。

六　民國墓誌

本書收録民國墓誌一方，為河西區出土民國二十六年（一九三七年）安武上將軍倪嗣冲墓誌銘。誌主清末始從政，先為袁世凱部下，倒袁後，又投到段祺瑞門下，官至安徽省省長。誌文關於義和拳、民教矛盾、北伐革命、巴黎和會等事件均有記載，可供研究近代史者參考。

綜上所述，可以看出：天津地區出土的墓誌，數量雖然不多，但地方特點濃厚，史料價值重要，仍然值得學術界重視。

注　釋

［一］李世瑜《古代渤海灣西部海岸遺跡及地下文物的初步調查研究》，《考古》一九六二年第十二期，六五二—六五七頁。

［二］天津市圖書館館藏康熙年修影印本《寶坻縣志》。

［三］天津市圖書館館藏康熙年修影印本《静海縣志》。

［四］《北京圖書館藏墓誌拓片目録》，中華書局，一九九〇年。

［五］李鈞仁《中國地名大辭典》，國立北平研究院出版社，一九三〇年，四八頁。

［六］《明史》卷一八《世宗本紀》。

〔七〕《清史稿》卷二五〇《杜立德傳》。
〔八〕《清史稿》卷二六六《勵杜訥附子廷儀傳》。

目録

圖　版(天津地區)

圖版（上海地區）

一　北魏故歸太原郡李氏（盧子真夫人）墓誌石

神䴥五年（四三二）九月六日

誌、蓋均為石質。誌長四八、寬四七・二厘米；蓋長四四・五、寬四三厘米。蓋文二行，滿行五字。正書。周邊為單綫框，四角為花朵紋。誌文一三行，滿行一二字。正書。誌文略有殘損。誌周邊及右上角均略有殘缺。

具體出土時地不詳，一九四九年後徵集。現藏嘉定博物館。

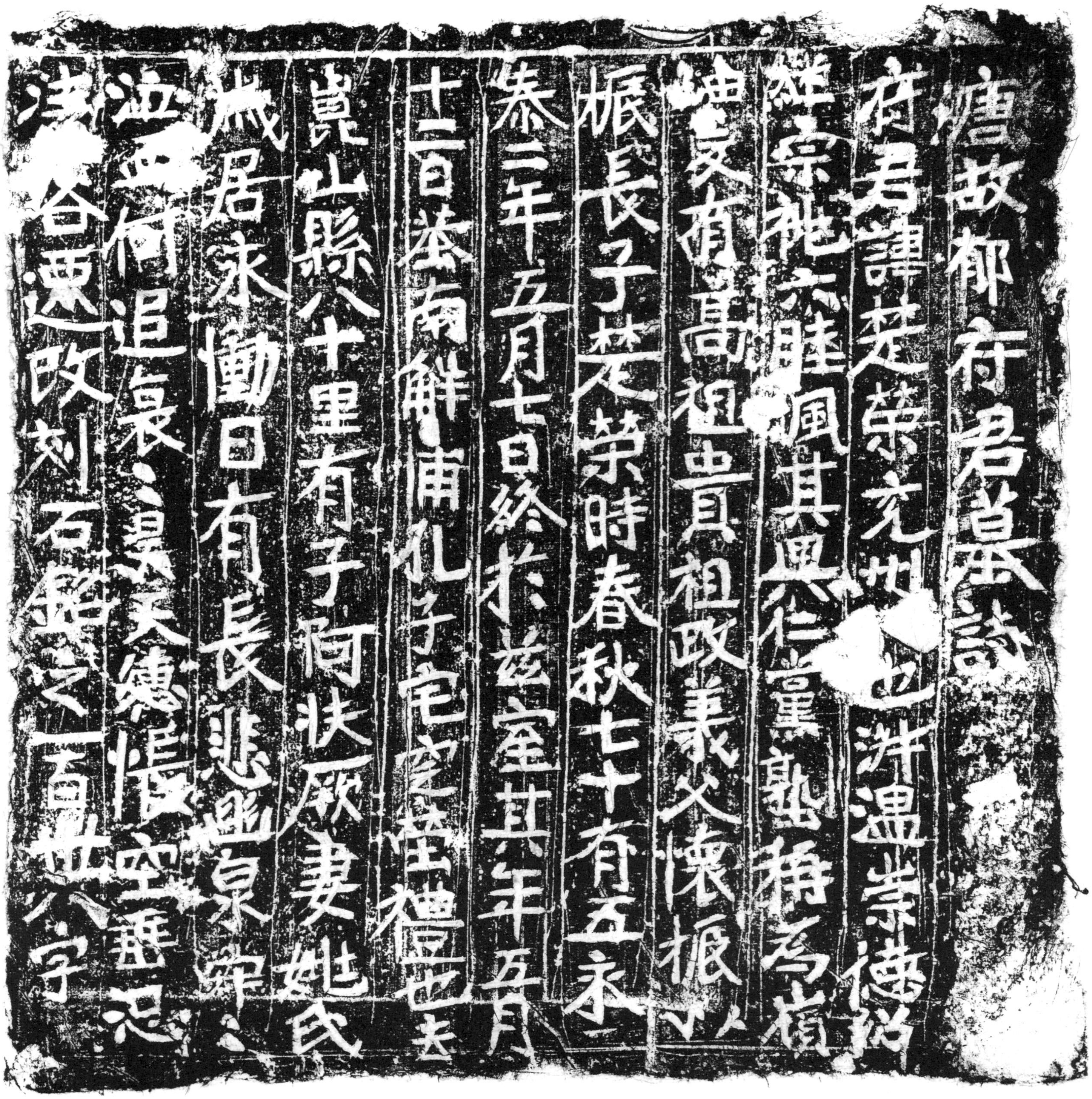

二　唐故郁府君(楚榮)墓誌

永泰二年(七六六)五月十二日

誌為磚質,長三〇・五、寬二九・二厘米。誌文一一行,行七至一五字不等。正書。有界欄。周邊為單綫框。誌文略有殘損。

二十世紀五十年代青浦區大盈鄉出土。原藏上海市文物管理委員會,現藏青浦博物館。

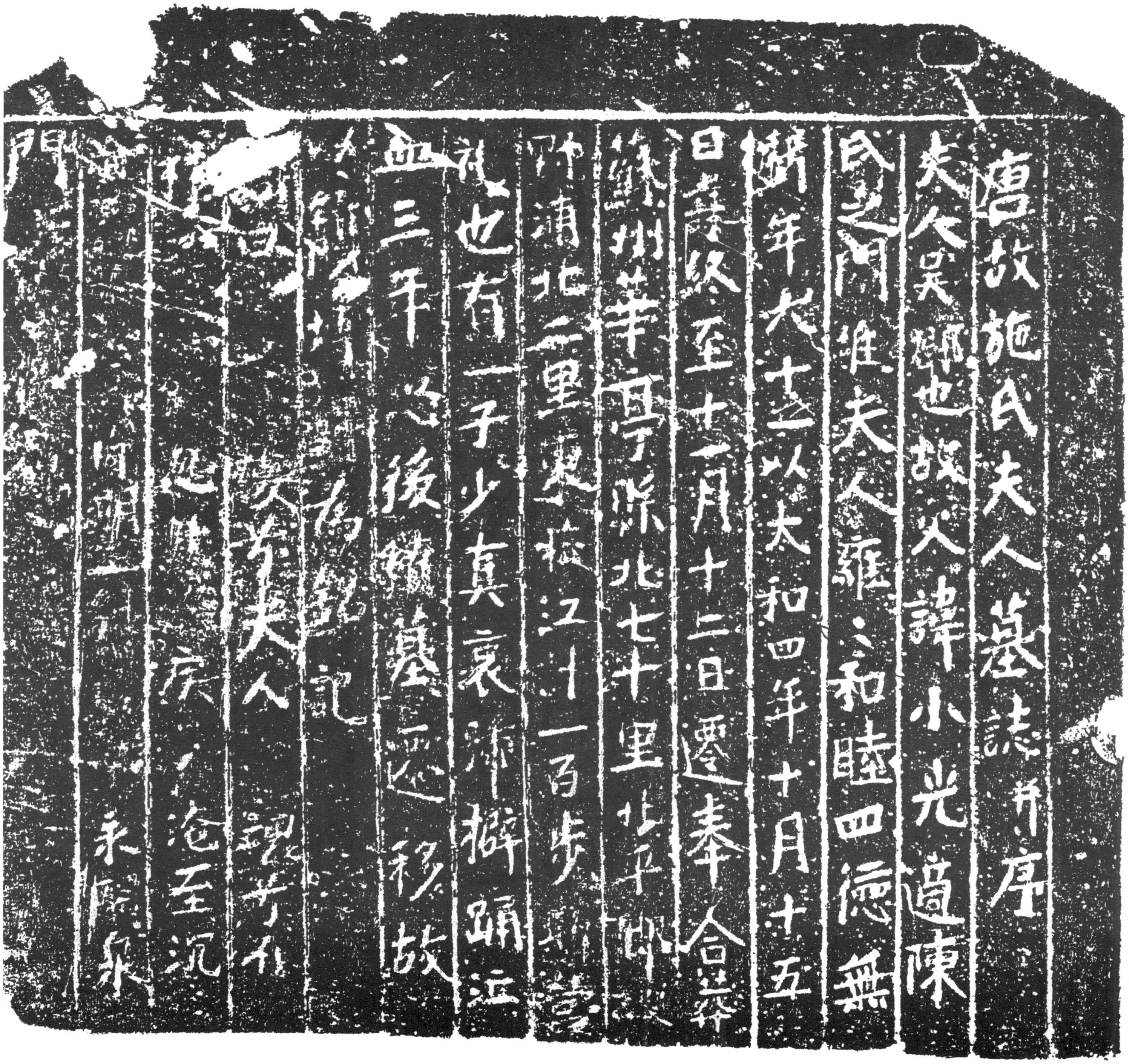

三　唐故施氏夫人（陳琳妻）墓誌

大和四年（八三〇）十一月十二日

誌為磚質，兩頂角均為斜殺，長三六・五、寬三九厘米。誌文一四行，行一至一四字不等。正書。有界欄。周邊為單綫框。誌文略有殘損。

一九七八年閔行區諸翟出土。原藏上海市文物管理委員會，現藏閔行區博物館。

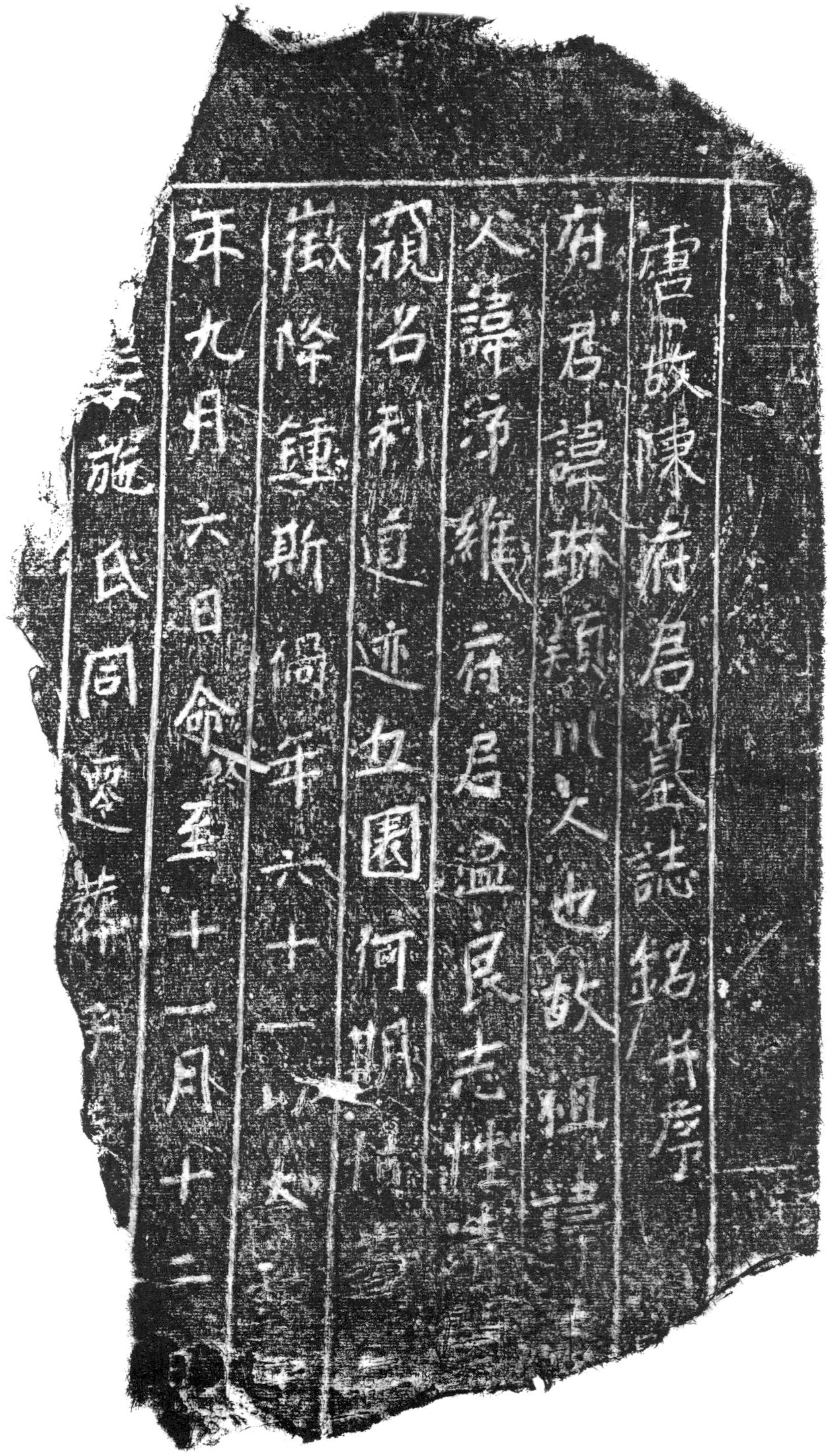

四　唐故陳府君（琳）墓誌銘

大和四年（八三〇）十一月十二日

誌為磚質，殘缺，右頂角為斜殺。殘長四〇厘米，殘寬二二厘米。誌文殘存七行，行殘存一至一四字不等。正書。有界欄。周邊為單綫框。誌右下角殘缺，左半邊斷佚。

一九七八年閔行區諸翟出土。原藏上海市文物管理委員會，現藏閔行區博物館。

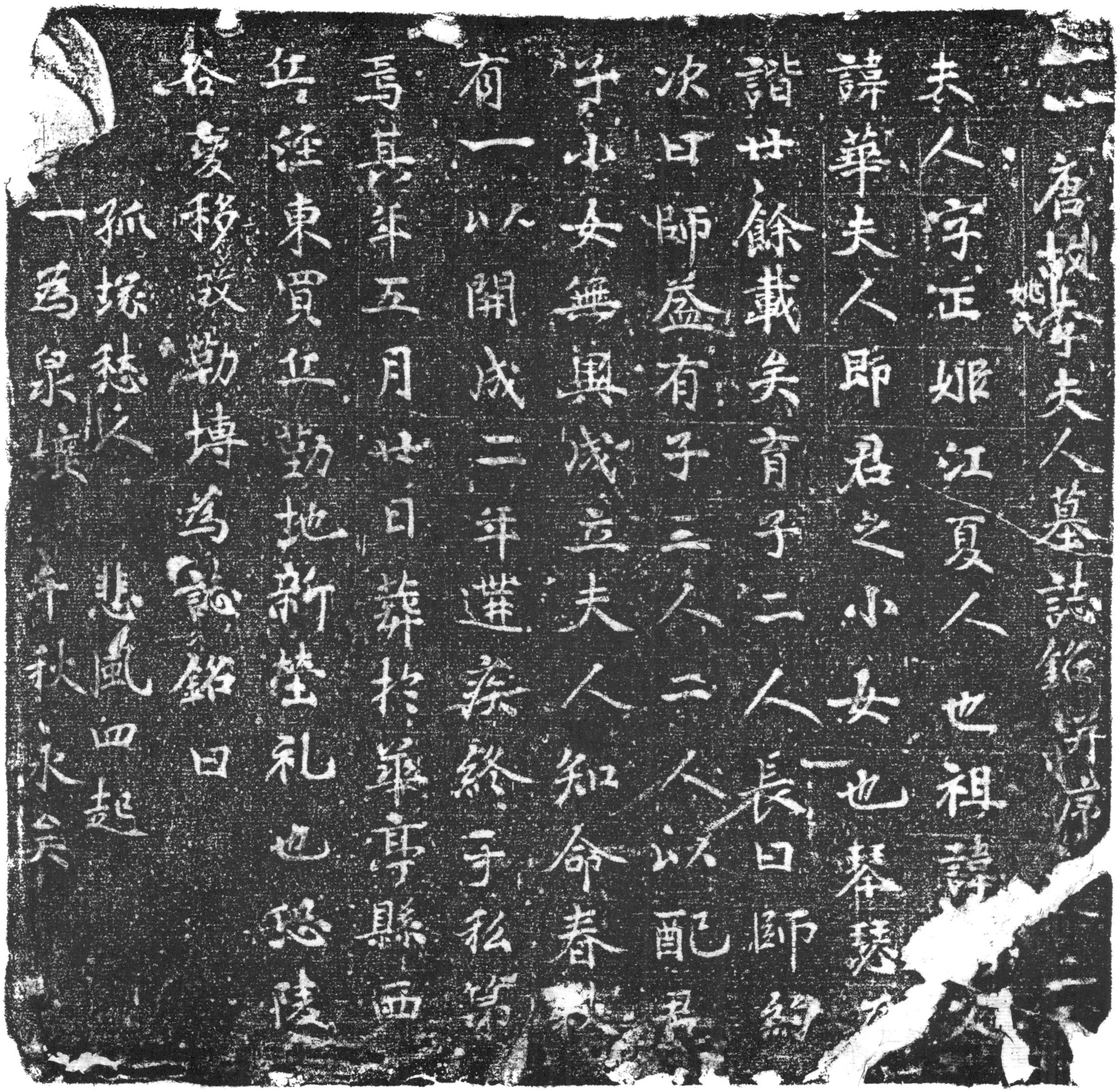

五　唐故姚氏李夫人（正姬）墓誌銘

開成二年（八三七）五月二十日

誌為磚質，長三三、寬三三・五厘米。誌文一二行，滿行一三字。正書。有界格。誌文略有殘損。誌右下角斷裂，左上角略有殘缺。

二〇〇〇年松江區中山二路出土。現藏松江博物館。

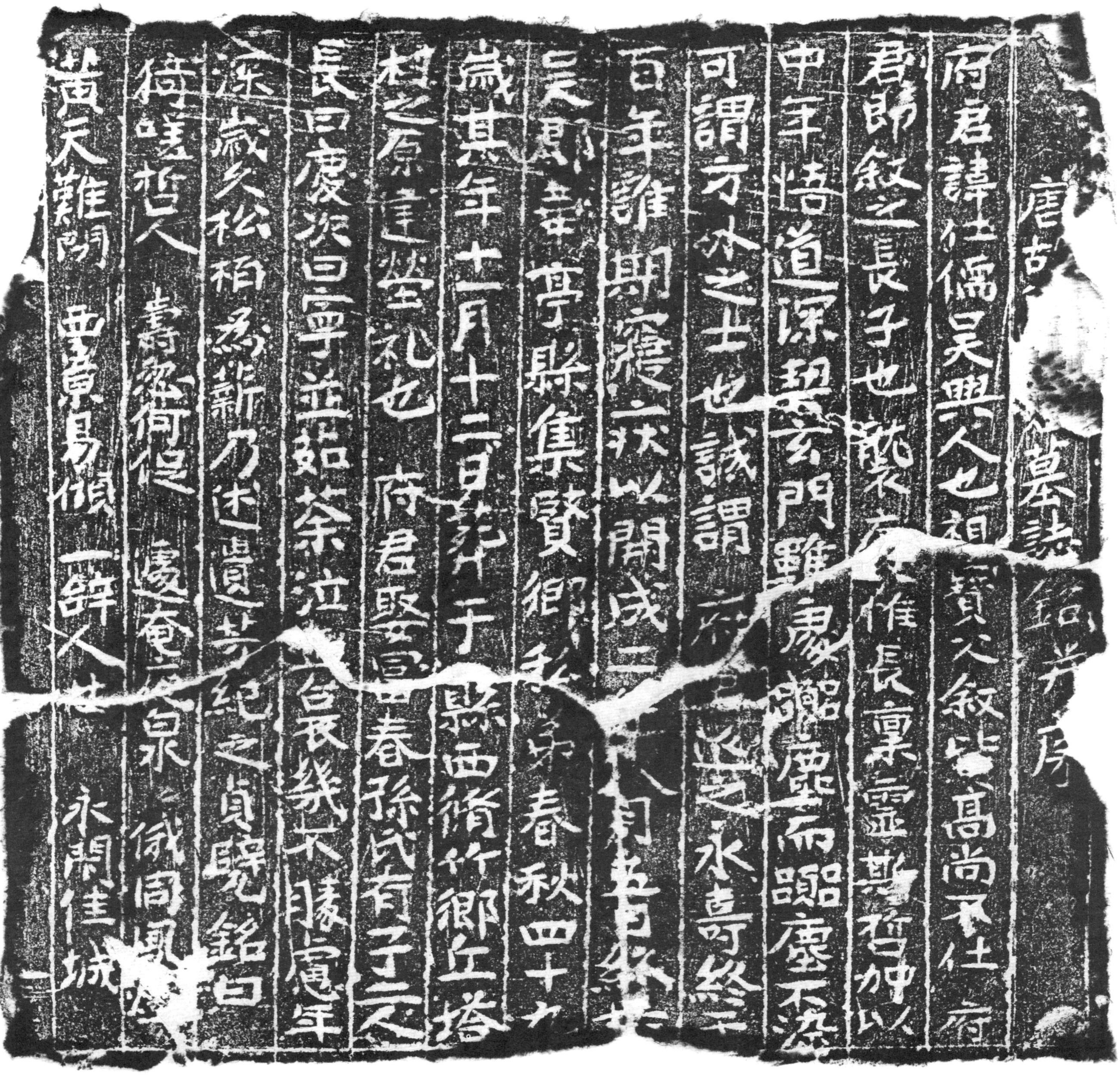

六　唐故沈府君（仁儒）墓誌銘

開成二年（八三七）十一月十二日

誌為磚質，長三二・四、寬三二・五厘米。誌文一三行，行一〇至一九字不等。正書。有界欄。周邊為單綫框。誌文略有殘損。誌中間橫向斷裂，右邊及左上邊均有殘缺。

二〇〇〇年松江區中山二路出土。現藏松江博物館。

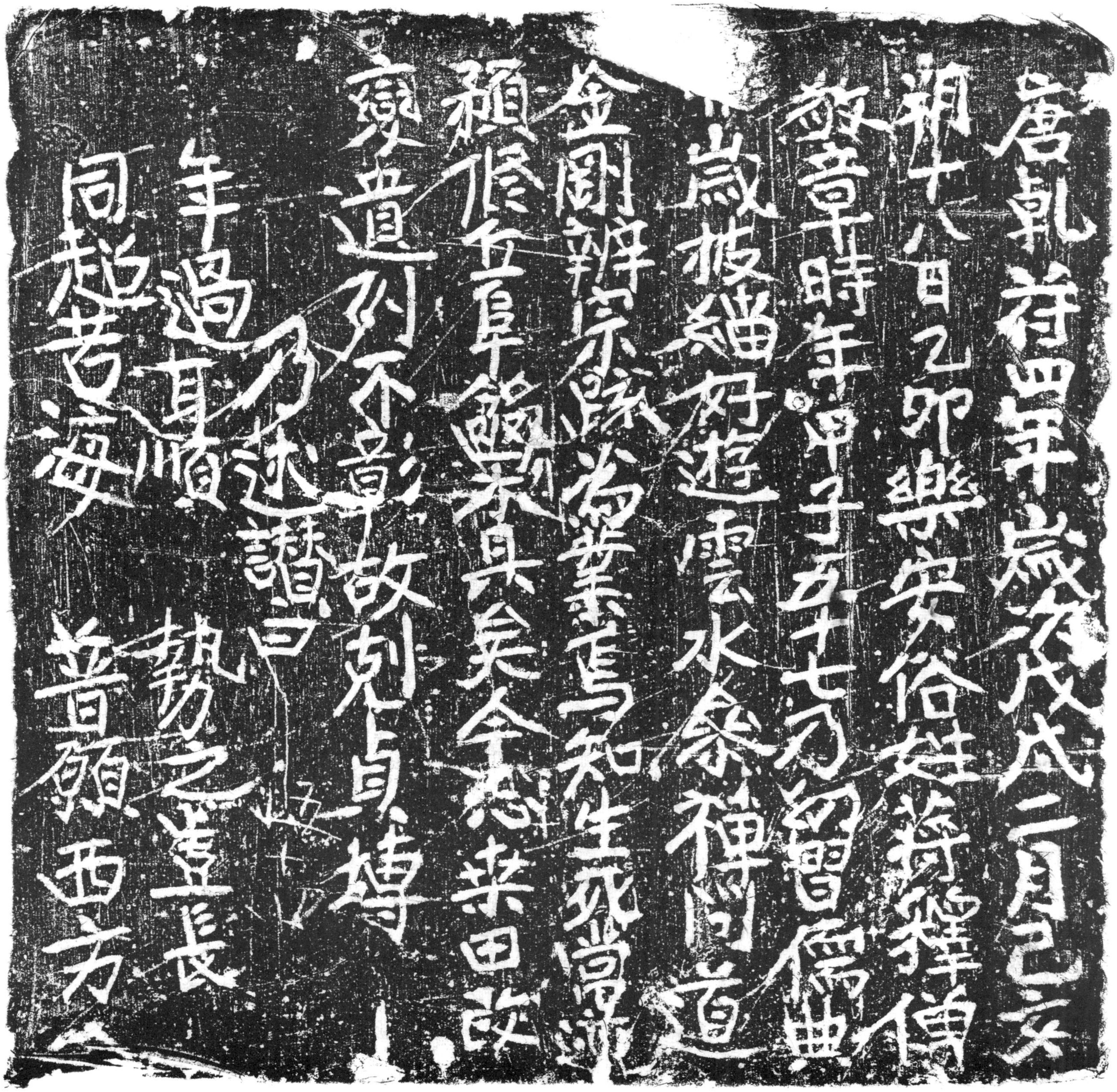

七　唐釋僧（蔣）敬章墓誌

乾符四年（八七七）二月十八日

誌為磚質，長三〇・六、寬三〇厘米。誌文一〇行，行四至一四字不等。正書。誌上邊中部略有殘缺。另，誌左下部綫刻「五十四」三字，當為今人戲刻。

一九四九年後出土，具體時地不詳。原藏上海市文物管理委員會，現藏嘉定博物館。

八　唐故京兆宋府君墓誌蓋

天祐四年（九〇七）前

蓋為石質，盝頂，長四八、寬四八厘米。蓋文三行，滿行三字。隸書。四殺為牡丹花紋。誌佚。

具體出土時地不詳，一九四九年後徵集。原藏上海市文物管理委員會，現藏嘉定博物館。

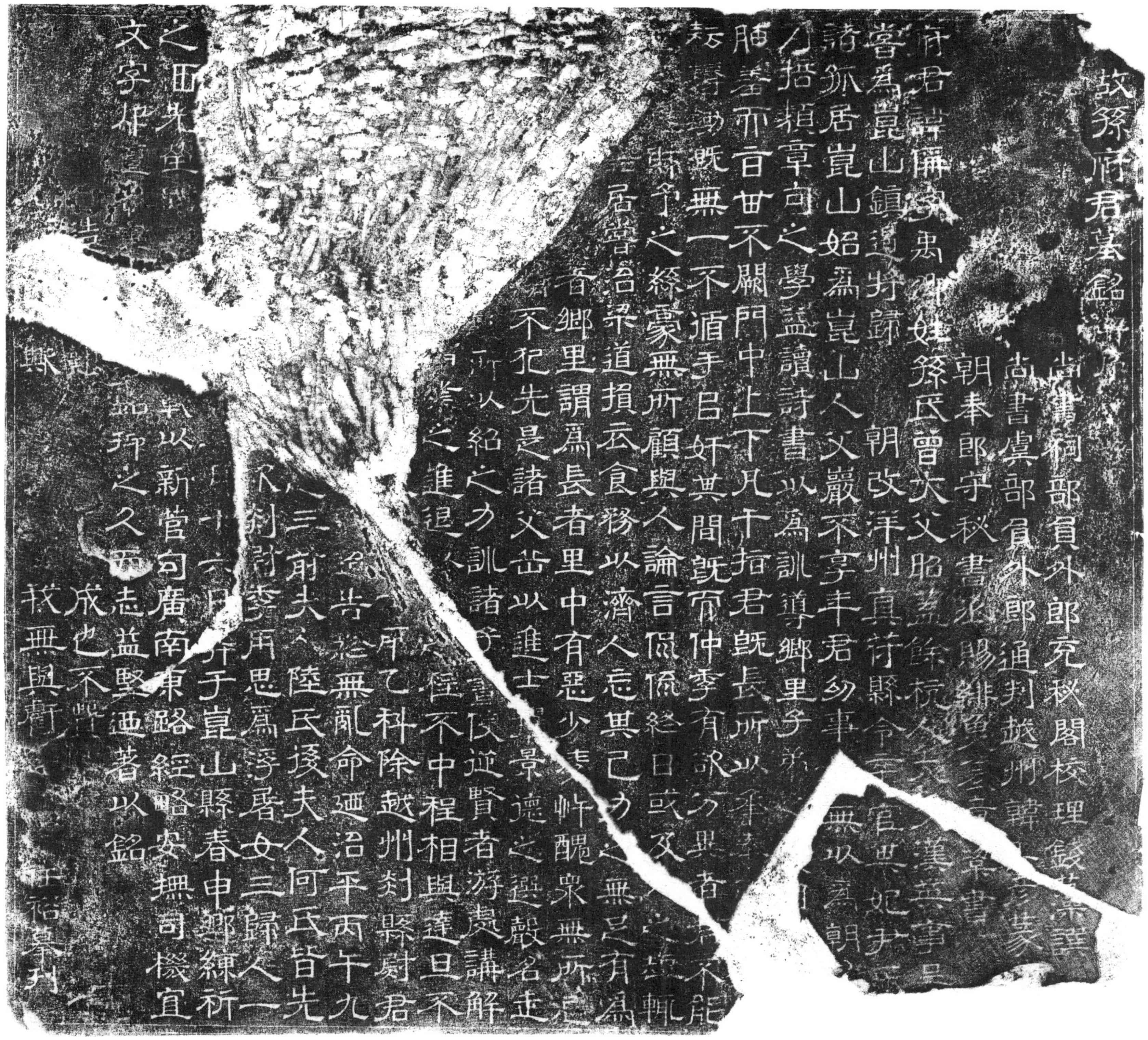

九　北宋故孫府君（偁）墓銘

治平三年（一〇六六）九月（卒）

銘為石質，長六三・五、寬六七・八厘米。銘文二五行，滿行二五字。隸書。周邊為單綫框。銘文有殘缺。銘左上部殘損，中間及右下角均斷裂。蓋佚。

一九四九年後出土，具體時地不詳。原藏上海市文物管理委員會，現藏嘉定博物館。

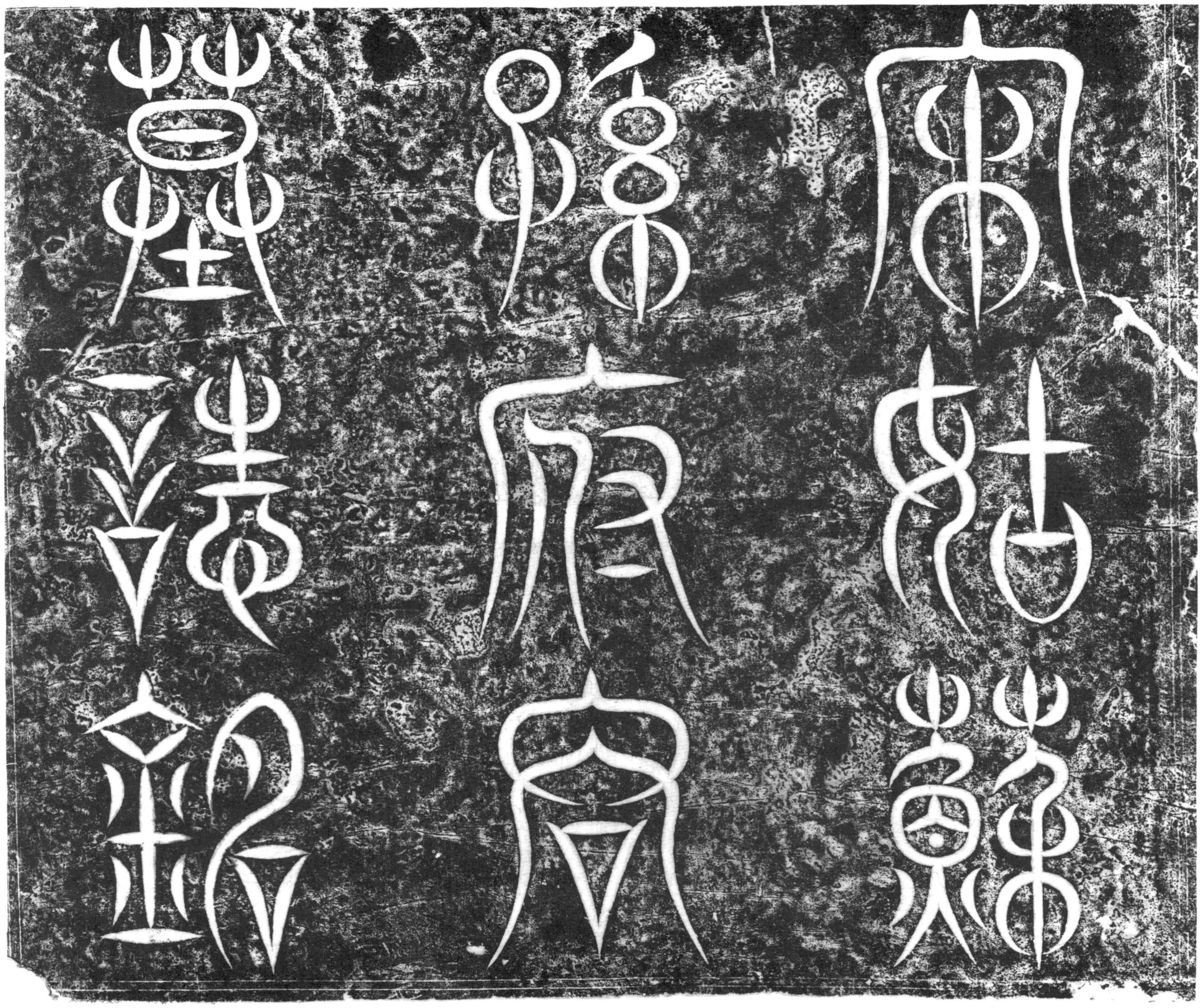

一〇　北宋姑蘇孫府君墓誌銘蓋

元祐二年（一〇八七）九月十八日前

蓋為石質，長五八・五、寬六九厘米。蓋文三行，滿行三字。篆書。周邊為雙綫框。誌佚。

一九四九年後出土，具體時地不詳。原藏上海市文物管理委員會，現藏嘉定博物館。

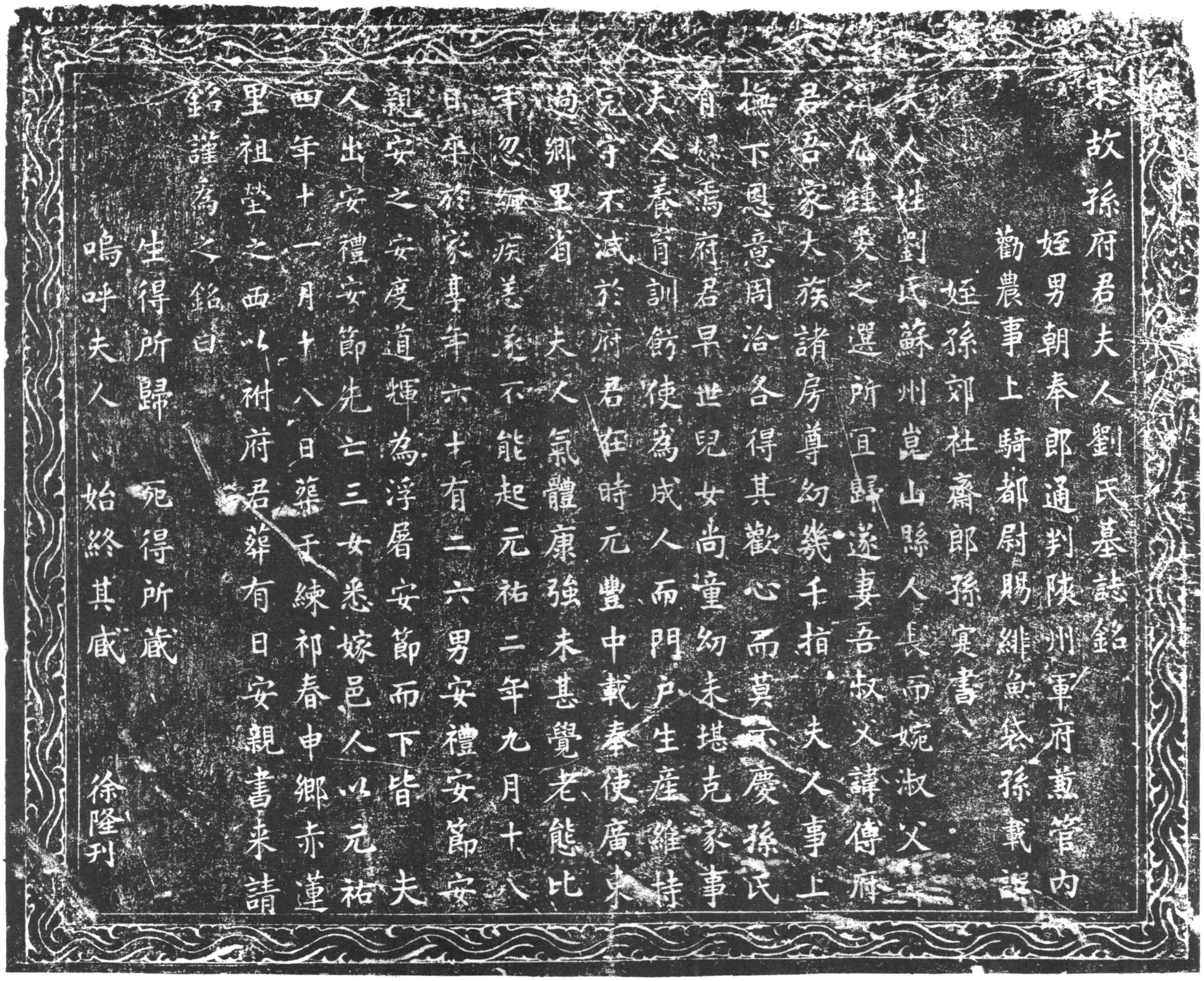
宋故孫府君夫人劉氏墓誌銘
姪男朝奉郎通判陝州軍府兼管內
勸農事上騎都尉賜緋魚袋孫載譔
姪孫郊社齋郎孫寘書
夫人姓劉氏蘇州崑山縣人長而婉淑父
母尤鍾愛之選所宜歸遂妻吾叔父諱傅府
君吾家大族諸房尊幼幾千指夫人事上
撫下恩意周洽各得其歡心而莫不慶孫氏
有婦焉府君早世兒女尚童幼未堪克家事
夫人養育訓飭使為成人而門戶生產維持
完守不減於府君在時元豐中載奉使廣東
過鄉里省夫人氣體康強未甚覺老態比
年忽纏疾恙遂不能起元祐二年九月十八
日卒於家享年六十有二六男安禮安節安
親安之安度道輝為浮屠安節而下皆夫
人出安禮安節先亡三女悉嫁邑人以元祐
四年十一月十八日葬于練祁春申鄉赤蓮
里祖塋之西以祔府君葬有日安親書來請
銘謹為之銘曰
生得所歸　死得所藏
嗚呼夫人　始終其臧
徐隆刊

一一　北宋故孫府君(傅)夫人劉氏墓誌銘

元祐四年(一〇八九)十一月十八日

誌為石質，長四七・二、寬五六・五厘米。誌文二一行，滿行一七字。正書。周邊為纏枝卷草紋。

一九四九年後出土，具體時地不詳。原藏上海市文物管理委員會，現藏嘉定博物館。

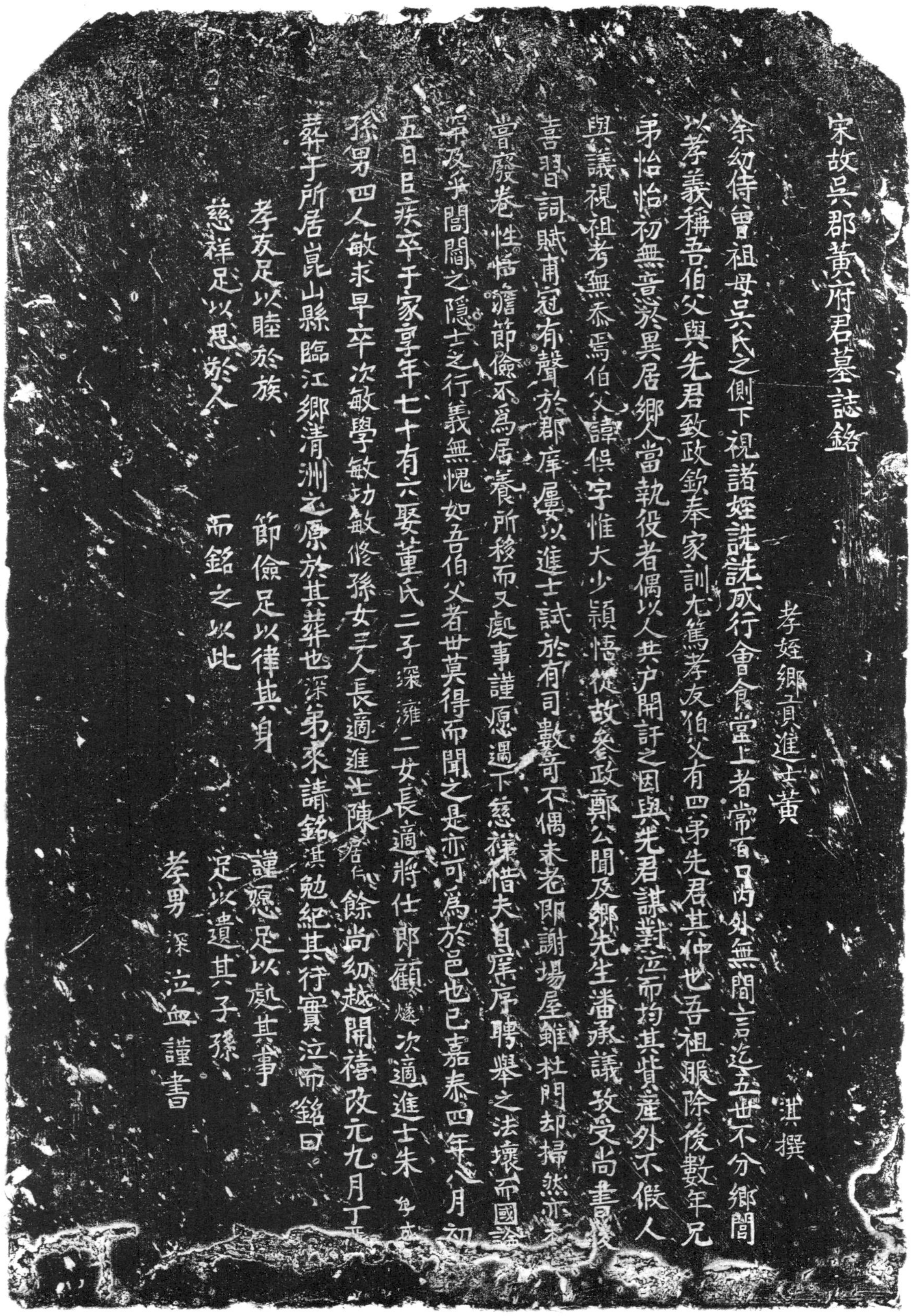

一二 南宋故吳郡黃府君（俣）墓誌銘

開禧元年（一二〇五）九月十四日

誌為石質，碑形，兩頂角均為斜殺，長七三、寬四九・五厘米。誌文一五行，行七至三九字不等。正書。誌下邊泐蝕，誌文略有殘損。

一九六三年浦東新區高橋鍾家弄老寶山城出土。原藏上海市文物管理委員會，現藏上海市歷史博物館。

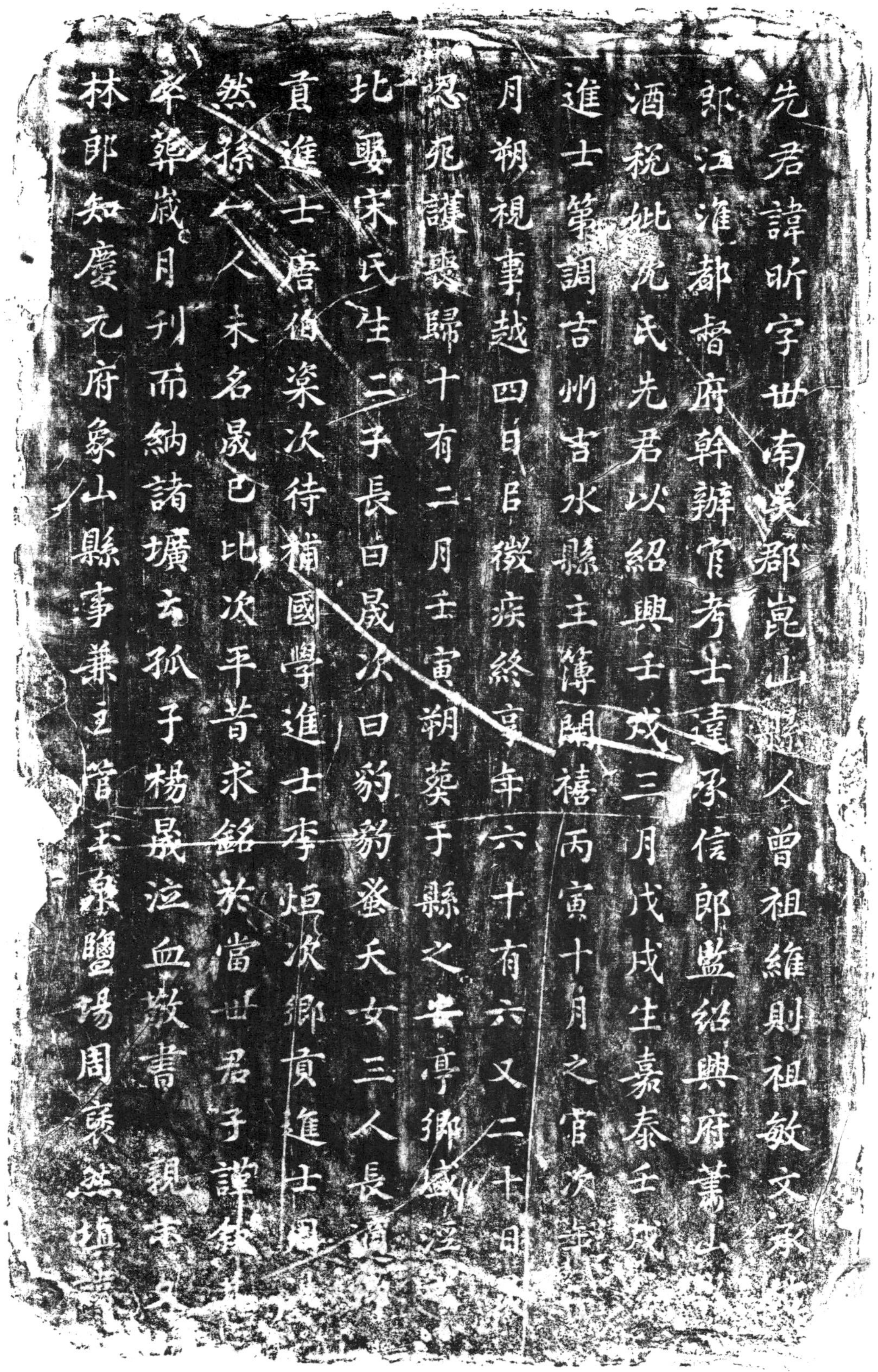
先君諱昕字世南吳郡崑山縣人曾祖維則祖敏文承
郎江淮都督府幹辦官考士達承信郎監紹興府蕭山
酒稅妣沈氏先君以紹興壬戌三月戊戌生嘉泰壬戌
進士第調吉州吉水縣主簿開禧丙寅十月之官次年
月朔視事越四日以微疾終享年六十有六又二十日
恐死護喪歸十有二月壬寅朔葬于縣之安亭鄉歲涇
北娶宋氏生二子長曰晟次曰豹豹蚤夭女三人長適
貢進士唐伯深次待補國學進士李烜次鄉貢進士周
然孫一人未名晟已比次平昔求銘於當世君子諱敘其
卒葬歲月刊而納諸壙云孤子楊晟泣血敬書 親末文
林郎知慶元府象山縣事兼主管玉泉鹽場周褒然填諱

一三　南宋故吉州吉水縣主簿楊昕墓誌

開禧三年（一二〇七）十二月一日誌為石質，碑形，長六六、寬四〇・五厘米。誌文一一行，滿行二二字。正書。誌文略有殘損。誌面有劃痕，下邊泐蝕。

一九四九年後出土，具體時地不詳。原藏上海市文物管理委員會，現藏嘉定博物館。

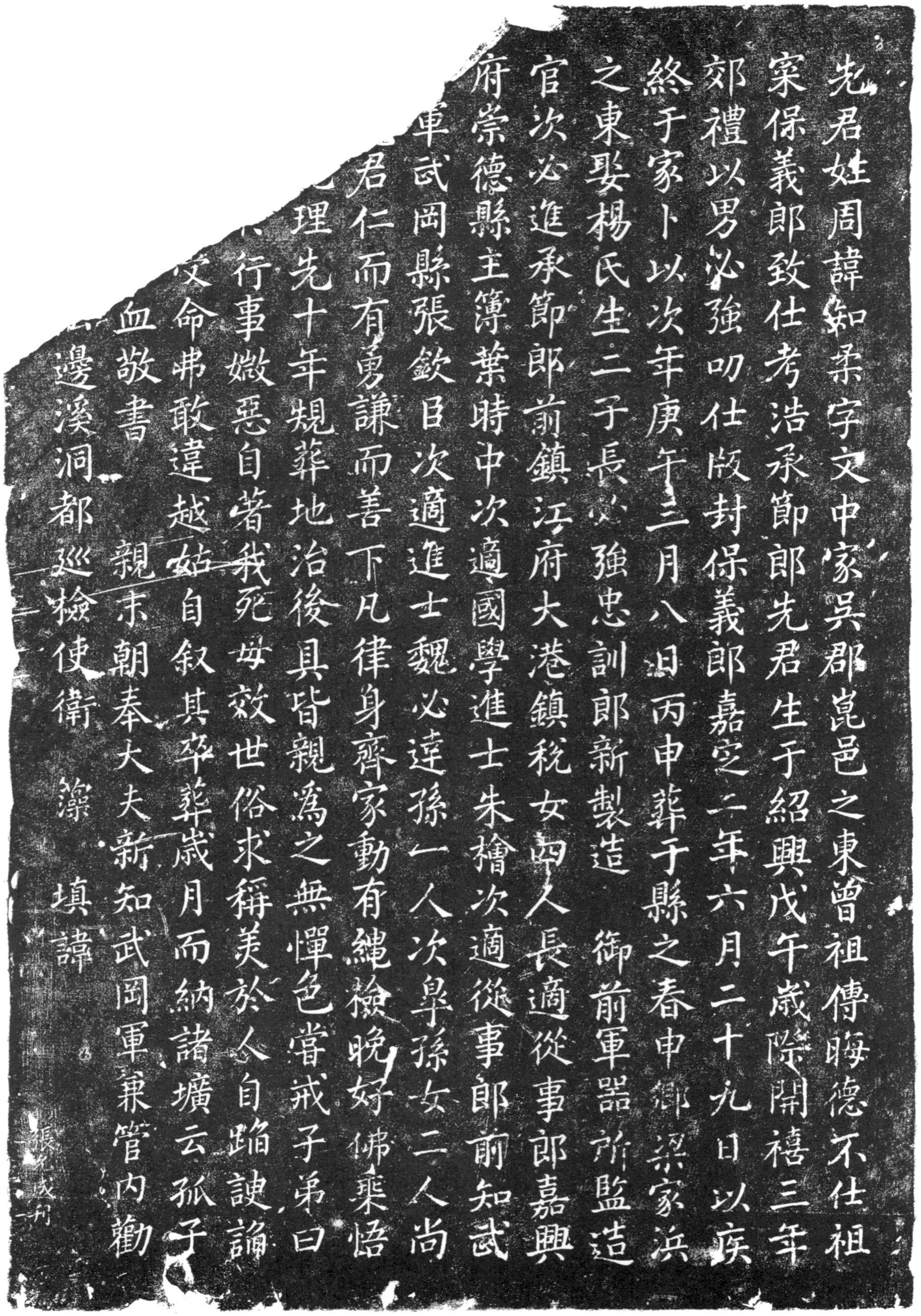
先君姓周諱知柔字文中家吳郡崑邑之東曾祖傳晦德不仕祖
案保義郎致仕考浩承節郎先君生于紹興戊午歲際開禧三年
郊禮以男必強叨仕啟封保義郎嘉定二年六月二十九日以疾
終于家卜以次年庚午三月八日丙申葬于縣之春申鄉梁家浜
之東娶楊氏生二子長必強忠訓郎新製造御前軍器所監造
官次必進承節郎前鎮江府大港鎮稅女四人長適從事郎嘉興
府崇德縣主簿葉時中次適國學進士朱檜次適從事郎前知武
軍武岡縣張欽臣次適進士魏必達孫一人次皐孫女二人尚
君仁而有勇謙而善下凡律身齊家動有繩檢晚好佛乘悟
理先十年規葬地治後具皆親為之無憚色嘗戒子弟曰
行事嬍惡自著我死毋效世俗求稱美於人自蹈諛諂
受命弗敢違越姑自叙其卒葬歲月而納諸壙云孤子
血敬書　親末朝奉大夫新知武岡軍兼管內勸
邊溪洞都巡檢使衛　濚　填諱

一四　南宋故封保義郎周知柔墓誌

嘉定三年(一二一〇)三月八日

誌為石質，碑形，長六六·七、寬四五厘米。誌文一五行，滿行二五字。正書。誌文略有殘缺。誌左上角斷佚。

一九五九年嘉定區西門康樂餅乾廠出土。原藏上海市文物管理委員會，現藏嘉定博物館。

宋故孺人賜冠帔楊氏之壙銘
先妣孺人賜冠帔楊氏世家平江府崑山縣曾祖維則
隱不仕祖敏文承信郎江淮都督府幹辦官父士達承
信郎監紹興府蕭山縣酒稅先妣生於紹興戊午年二
十歸我先君有子二人長必強忠訓郎前充製造御
前軍器所監造官次必進承節郎前監鎮江府大港鎮
稅女四人長適從事郎嘉興府崇德縣主簿葉時中次
適國學進士朱檜次適從事郎監 行在文思院中門
張欽臣次適進士魏必達孫男四人孫女三人皆幼嵗
際開禧 郊禮以男必強叨仕版被封嘉定六年十二月
二十三日以疾卒于正寢享年七十有六病革呼必強
必進戒曰吾性不好華靡因崇西方法得其趣今幸啓
手足汝兄弟當亟辦我歸土以順吾好毋效世俗浮飾
停喪于家必強等不敢違越以次年二月二十五日庚
申合葬于崑山縣春申鄉練祁市梁家浜東祔 先君之
兆 先君保義郎致仕諱知柔與妣氏實同庚先五載
而沒不肖孤謹敬識卒葬嵗月納諸壙云孤子周必強
必進泣血敬書迪功郎新江州司戶參軍孫華仲填諱
張允成

一五　南宋故孺人賜冠帔楊氏（周知柔妻）之壙銘

嘉定七年（一二一四）二月二十五日

銘為石質，碑形，長六五·七、寬四五·六厘米。上為額文，六行，滿行二字。篆書。下為銘文，一八行，滿行二一字。正書。

一九五九年嘉定區西門康樂餅乾廠出土。原藏上海市文物管理委員會，現藏嘉定博物館。

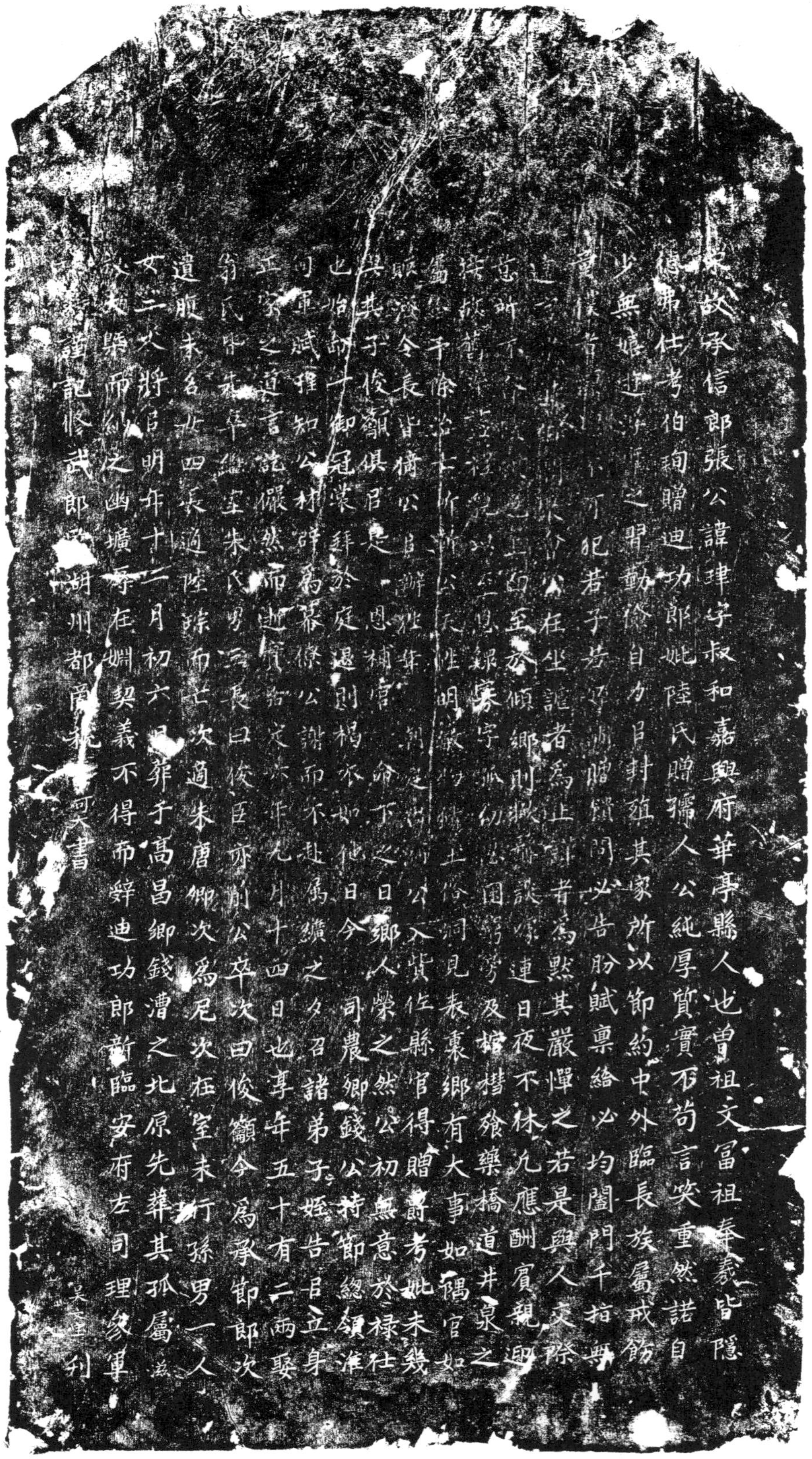
宋故承信郎張公諱瑋字叔和嘉興府華亭縣人也曾祖文富祖奉義皆隱
德弗仕考伯珣贈迪功郎妣陸氏贈孺人公純厚質實不苟言笑重然諾自
少無嬉遊[illegible][illegible]之習勤儉自力以封殖其家所以節約中外臨長族屬戒飭
嘗戒[illegible][illegible][illegible][illegible]不犯若子若孫[illegible]贈饋問必告盼賦稟給必均閭門千指無
違言[illegible][illegible][illegible][illegible][illegible]公在坐譏者為止訐者為默其嚴憚之若是與人交際
必所不[illegible][illegible][illegible]至於傾鄉則擬[illegible][illegible]連日夜不休凡應酬賓親迎
接[illegible]誓[illegible][illegible][illegible][illegible][illegible]鄉寮字孤幼[illegible]困窮及措棺殮藥橋道井泉之
為[illegible]于除[illegible][illegible][illegible]公天性明敏[illegible][illegible]土俗洞見表裏鄉有大事如遇官如
賑濟令長皆倚公[illegible]辦[illegible][illegible][illegible]之[illegible]公入貲佐縣官得贈爵考妣未幾
與其子俊顏俱以是[illegible]恩補官[illegible]命下之日鄉人榮之然公初無意於祿仕
也怡然十御冠裳拜於庭退則褐不如他日今司農卿錢公持節總領淮
司軍賦[illegible]知公材辟為幕僚公辭而不赴為續之夕召諸弟子姪告以立身
立家之道言訖儼然而逝實嘉定六年九月十四日也享年五十有二兩娶
翁氏皆先卒繼室朱氏男[illegible]長曰俊臣亦前公卒次曰俊顏今為承節郎次
遺腹未名女四長適陸𤪌而亡次適朱唐卿次為尼次在室未行孫男一人
女二次將以明年十二月初六日葬于高昌鄉錢漕之北原先葬其孤屬茲
故姑[illegible]而納之幽壙㝢在姻契義不得而辭迪功郎新臨安府左司理參軍
[illegible]謹記修武郎[illegible]湖州都[illegible][illegible][illegible]書　吳[illegible]刊

一六　南宋故承信郎張公(瑋)墓誌

嘉定七年(一二一四)十一月六日

誌為石質，碑形，兩頂角均為斜殺，長七六、寬四一厘米。誌文一八行，滿行二九字。正書。誌泐蝕，誌文略漫漶。

一九五八年閔行區梅隴出土。現藏上海博物館。

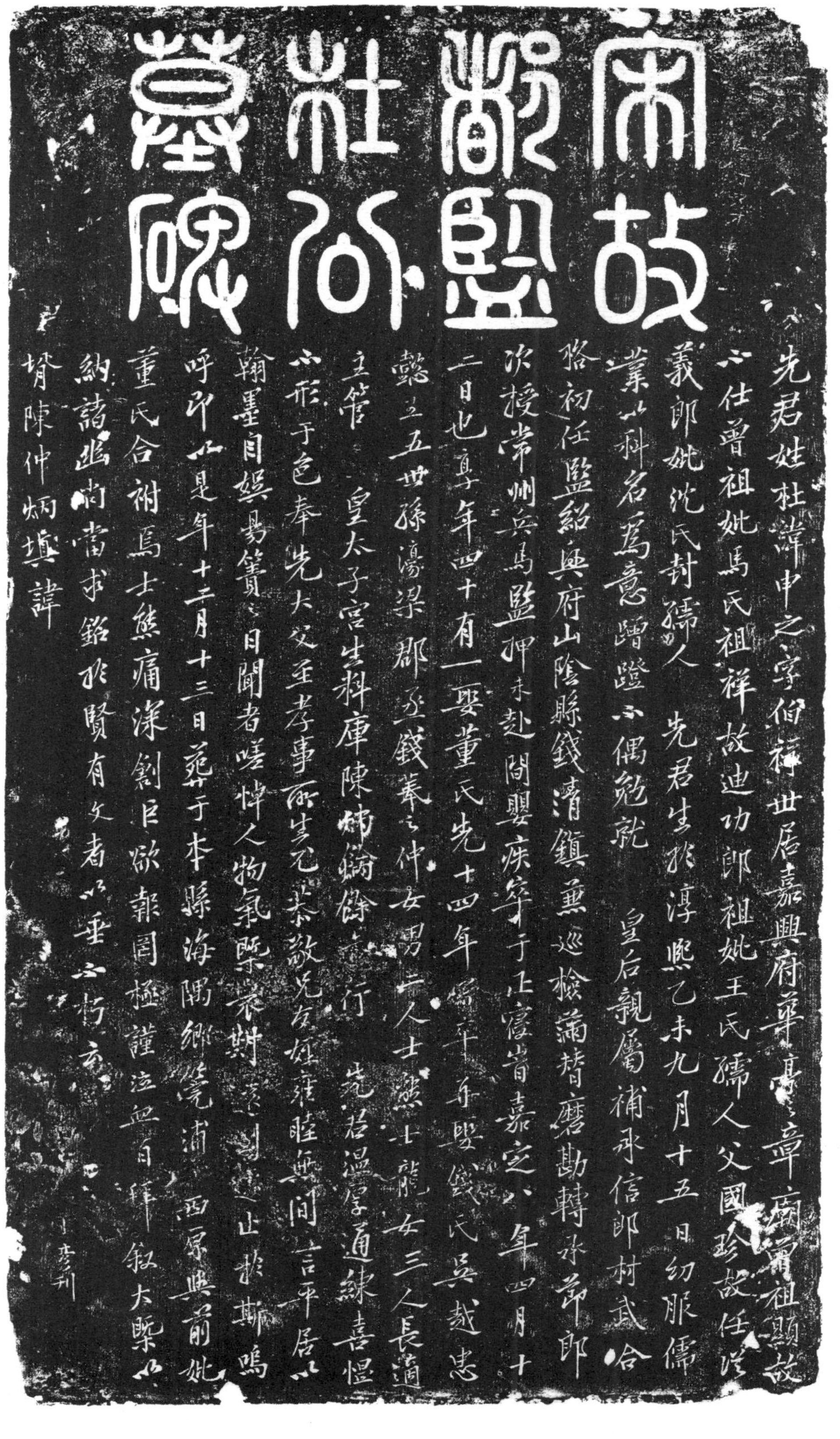
宋故都監杜公墓碑

先君姓杜諱申之字伯[illegible]世居嘉興府華亭[illegible]章堰曾祖顯故
不仕曾祖妣馬氏祖祥故迪功郎祖妣王氏孺人父國珍故任從
義郎妣沈氏封孺人　先君生於淳熙乙未九月十五日幼服儒
業以科名為意躓蹬不偶勉就　皇后親屬補承信郎材武合
格初任監紹興府山陰縣錢清鎮兼巡檢滿替磨勘轉承節郎
次授常州兵馬監押未赴聞嬰疾卒于正寢嘗嘉定八年四月十
二日也享年四十有一娶董氏先十四年[illegible]年[illegible]娶錢氏吳越忠
懿王五世孫濠梁郡丞錢蕃之仲女男二人士燕士龍女三人長適
主管　皇太子宮生料庫陳[illegible]餘[illegible]行　先君溫厚通練喜愠
不形于色奉先大父至孝事所生[illegible]恭敬兄友姪雍睦無間言平居以
翰墨自娛易簀之日聞者嗟悼人物氣槩[illegible]遽止於斯嗚
呼痛哉是年十二月十三日葬于本縣海隅鄉[illegible]浦西原與前妣
董氏合祔焉士燕痛深創巨欲報罔極謹泣血自拜敘大槩以
納諸幽尚當求銘於賢有文者以垂不朽云
婿陳仲炳填諱

一七　南宋故都監杜公（申之）墓碑

嘉定八年（一二一五）十二月十三日

碑為石質，長九二·二、寬五二厘米。上為額文，四行，滿行二字。篆書。下為碑文，一五行，行六至二七字不等。正行相間。

一九四九年後出土，具體時地不詳。原藏青浦區曲水園，現藏青浦博物館。

公姓周氏諱必強和卿其字也公之始祖居三衢好遊江浙間因樂吳會風土
而宅焉今為崑山人曾祖宗故封保義郎致仕祖浩故任承節郎考知柔以公
故封保義郎致仕妣楊氏孺人賜冠帔公天資不凡穎悟絶人好學操筆為篇
章志慕高尚視軒冕之榮澹如也 長樂推恩補承信郎遇 登極恩轉承
節郎授紹興府溪口鎮税兼蕭山諸暨兩縣巡檢鎮據山依谷其民險悍号為
難治賊魁名者百十為羣率以成習公至之日嘆曰此吾之責也公家之利而
私有之其可聽其自為而置之不問乎飭吏捕之一日吏獲數十輩而來曰是
將為盜釁者公察其情止罪其渠魁餘則諭以禍福開其自新之路而放縱之
自是闔境晏然轉保義郎授無為軍襄安鎮未上會言者以襄安事繁物夥易
以左選公以成忠郎改差充製造 御前軍器所監造官未幾轉忠翊郎丁保
義公憂公哀毀骨立克襄厥事妣楊氏素有目疾至是大作公切於救療勿憚
勞苦上而侯門戚畹之家下而至於重巖複嶺野人所居不遠千里或丐其方
或市其藥用是疾小間然楊氏稟性嚴急公承順顏色必驩然而後已既而丁
內艱公曰我之求仕為親榮也親既沒何以仕為遂閉關却掃每與客言則論
文賦詩消揺終日閲華嚴日數卷不輟也鄉間行頭品社公為之首季一周之
與釋子亹亹談論皆超詣至理得其旨歸焉累官至秉義郎人以為賀公獨介
然不移丙子七月俄得疾公指臆間曰是中未嘗不了了呼童櫛髮櫛罷瞑矣
寔閏月初三日也享年五十歲娶耿氏男二人長曰次臯次尚幼女一人未字
以明年十二月初三日丙午葬於春申鄉梁家浜之東祔于考保義公之穴
吉兆也公之姊歸于欽臣故公之歷官持己欽臣知之為甚詳姑次其大槩以
納諸壙妹壻宣教郎新知臨安府於潛縣主管勸農公事張欽臣謹誌
張宗元刊

一八 南宋故秉義郎御前軍器所監造官周公（必强）墓誌

嘉定十年（一二一七）十二月三日誌為石質，碑形，長七二·五、寬五三·六厘米。誌文二一行，滿行三〇字。正書。誌文略有殘損。

一九五九年嘉定區西門康樂餅乾廠出土。原藏上海市文物管理委員會，現藏嘉定博物館。

一九　南宋故承信郎于君（之英）墓誌

嘉定十四年（一二二一）正月

誌為石質，長七九、寬六四・五厘米。誌文一四行，滿行二五字。正書。誌泐蝕，誌文略漫漶。

一九四九年後出土，具體時地不詳。原藏上海市文物管理委員會，現藏嘉定博物館。

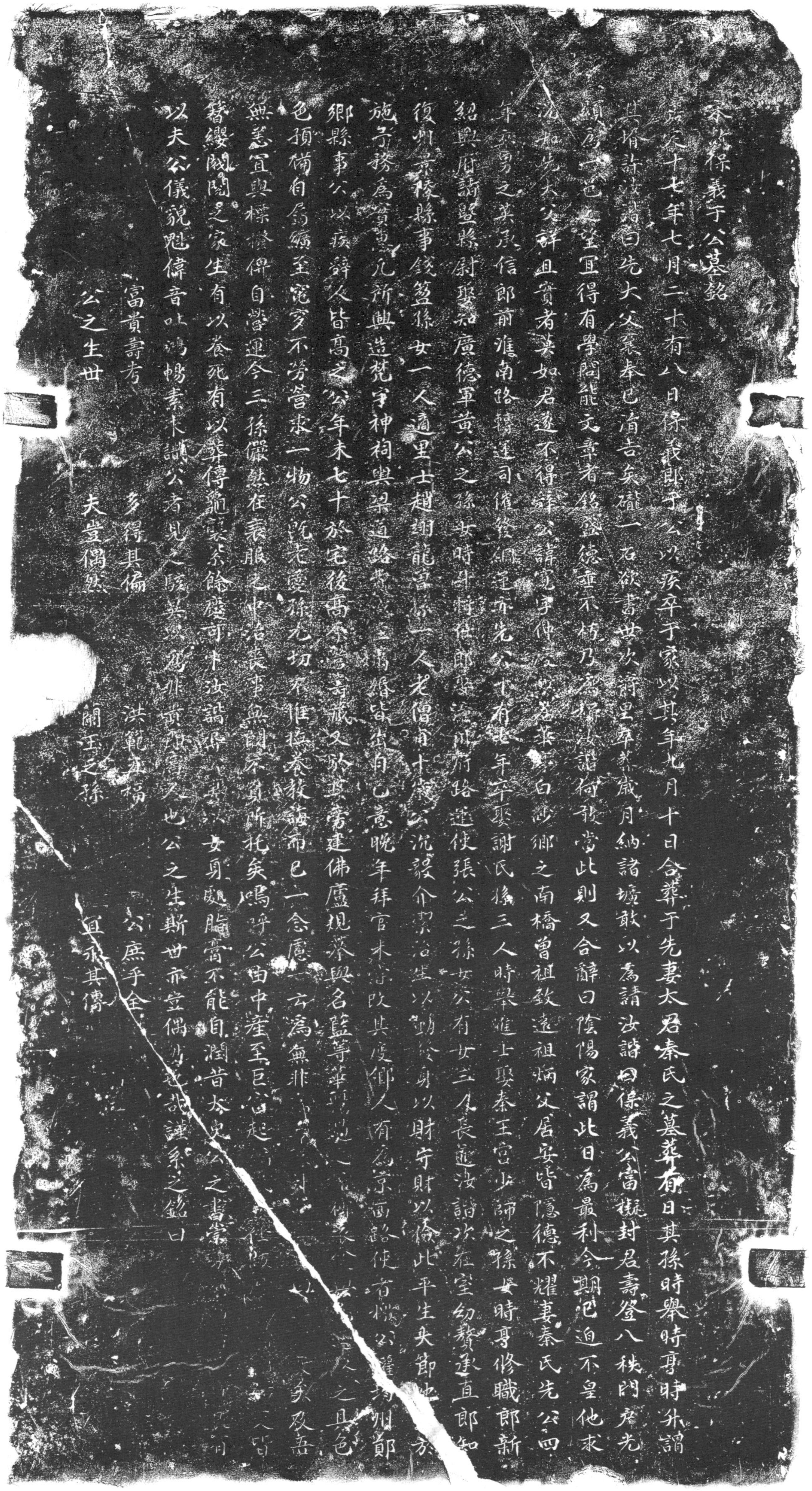
□□保義于公墓銘
嘉定十七年七月二十有八日保義郎于公以疾卒于家以其年九月十日合葬于先妻太君秦氏之墓葬有日其孫時舉時亨時升謂
其婿許汝諧曰先大父襄奉已有吉矣礦一石欲書世次爵里卒葬歲月納諸壙敢以為請汝諧曰保義公當擬封君壽登八秩門户光
顯為一邑人望宜得有學問能文章者銘盛德垂不朽乃為□汝諧何敢當此則又合辭曰陰陽家謂此日為最利今期已迫不皇他求
況知先大父詳且實者莫如君遂不得辭公諱寬字仲之□□□葬□白沙鄉之南橋曾祖致遠祖炳父居安皆隱德不耀妻秦氏先公四
年卒男之英承信郎前淮南路轉運司准備差遣亦先公十有□年卒娶謝氏孫三人時舉進士娶秦王宮少師之孫女時亨修職郎新
紹興府諸暨縣尉娶知廣德軍黄公之孫女時升將仕郎娶□□府路運使張公之孫女公有女三人長適汝諧次在室幼贅迪直郎知
復州景陵縣事錢筮孫女一人適里士趙翔龍曾孫□一人老傳甫十歲公沉毅介潔□生以勤□身以財守財以儉此平生大節也於
施予務為□□凡所興造梵宇神祠與梁道路□□□□婚皆出自己意晚年拜官未嘗改其度鄉人有為京西路使者欲公□□州節
鄉縣事公以疾辭人皆高之公年未七十於宅後高□□壽藏又於其旁建佛廬規摹與名藍等華□□□□□□□□之具色
色預備自為殮至窀穸不勞營求一物公既老愛孫尤切不惟撫養教誨而已一念慮□云為無非□□□□□□□□及吾
無恙宜與標□俾自營運今三孫儼然在衰服之中治喪事無闕不負所托矣嗚呼公由中産至巨□□起□□□□□□□皆
簪纓閥閲之家生有以養死有以葬傳龜襲紫餘慶可卜汝諧□□□女身飫脂膏不能自潤昔太史公之書嘗□□□□□□
以夫公儀貌魁偉音吐鴻暢素未識公者見之駭其□□為非貴□□久也公之生斯世亦豈偶□也哉謹系之銘曰
富貴壽考　多得其偏　洪範五福　公庶乎全
公之生世　夫豈偶然　關王之孫　宜永其傳

二〇　南宋故保義于公(寬)墓銘

嘉定十七年(一二二四)九月十日

銘為石質，碑形，長一五七・五、寬八〇厘米。銘文一六行，滿行五二字。正書。銘中部輕度泐蝕，銘文略有殘損。銘左邊中部略有殘缺，左下角斷裂。

一九四九年後出土，具體時地不詳。現藏奉賢博物館。

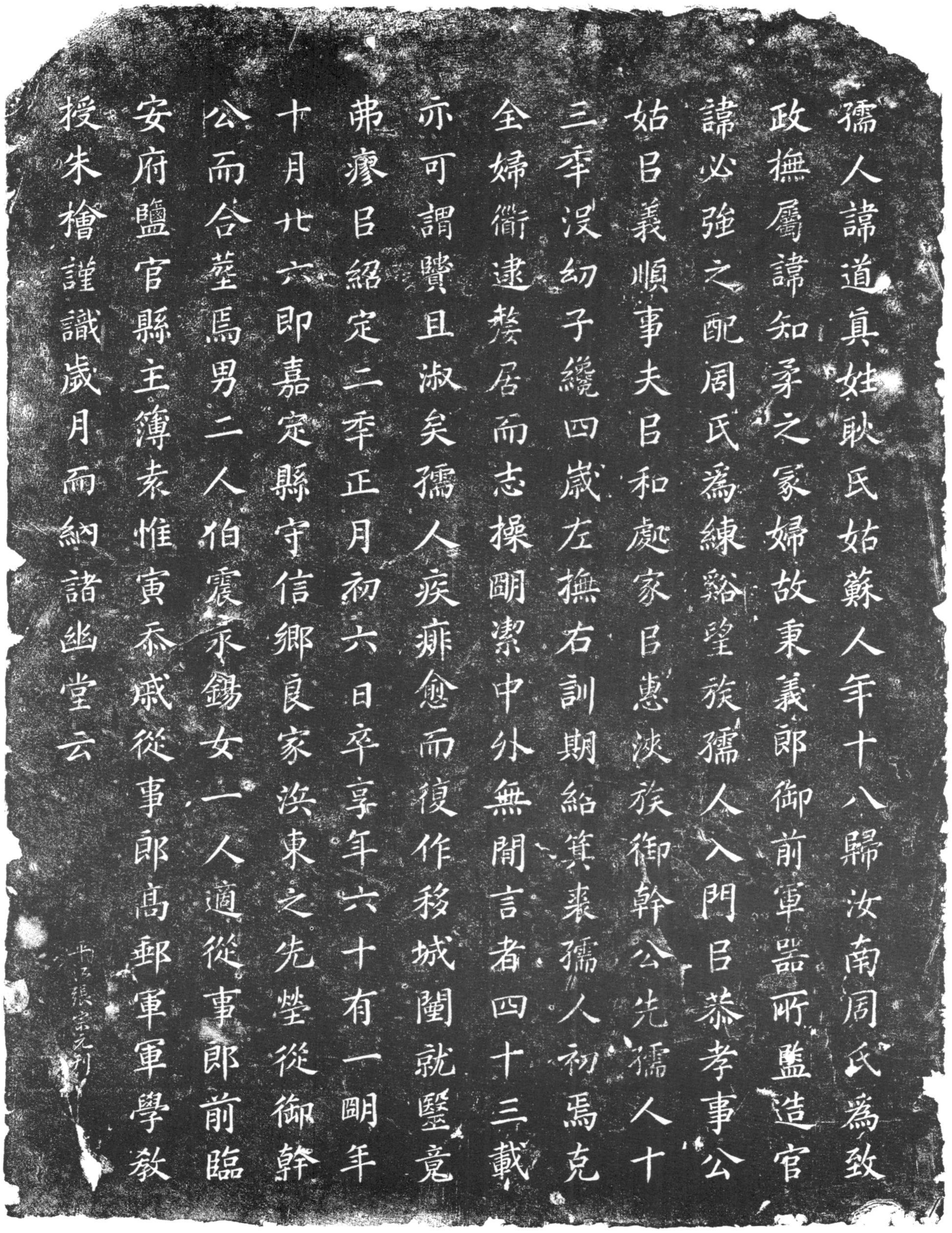
孺人諱道真姓耿氏姑蘇人年十八歸汝南周氏爲致
政撫屬諱知柔之冢婦故秉義郎御前軍器所監造官
諱必强之配周氏爲練谿望族孺人入門以恭孝事公
姑以義順事夫以和處家以惠洽族御幹公先孺人十
三年没幼子纔四歲左撫右訓期紹箕裘孺人初焉克
全婦衜逮嫠居而志操明潔中外無間言者四十三載
亦可謂賢且淑矣孺人疾亟愈而復作移城闉就醫竟
弗瘳以紹定二年正月初六日卒享年六十有一明年
十月廿六日即嘉定縣守信鄉良家浜東之先塋從御幹
公而合塟焉男二人伯震承錫女一人適從事郎前臨
安府鹽官縣主簿袁惟寅忝戚從事郎高郵軍軍學教
授朱槍謹識歲月而納諸幽堂云
張宗元刊

二一　南宋故孺人耿道真（周必强妻）墓誌

紹定三年（一二三〇）十月二十六日

誌為石質，碑形，兩頂角均為斜殺，長六八・四、寬五〇・五厘米。誌文一二行，滿行二二字。正書。

一九五九年嘉定區西門康樂餅乾廠出土。原藏上海市文物管理委員會，現藏嘉定博物館。

二二　南宋故承務譚公（思通）封誌

端平元年（一二三四）九月十三日

誌爲石質，碑形，長九一・五、寬五六・五厘米。誌文二一行，滿行三四字。正書。誌中部及下部泐蝕較重，誌文漫漶。

一九七二年寶山區月浦出土。原藏上海市文物管理委員會，現藏上海市歷史博物館。

二三　南宋故訓武鈐轄周公（必進）壙誌

淳祐元年（一二四一）十二月十七日

誌為石質，碑形，長八四、寬六四厘米。上為額文，五行，滿行二字。篆書。下為誌文，二〇行，行二五至三〇字不等。正書。誌輕度泐蝕，誌文略有殘損。誌上邊殘缺，左上角亦殘缺。

一九五九年嘉定區西門康樂餅乾廠出土。原藏上海市文物管理委員會，現藏嘉定博物館。

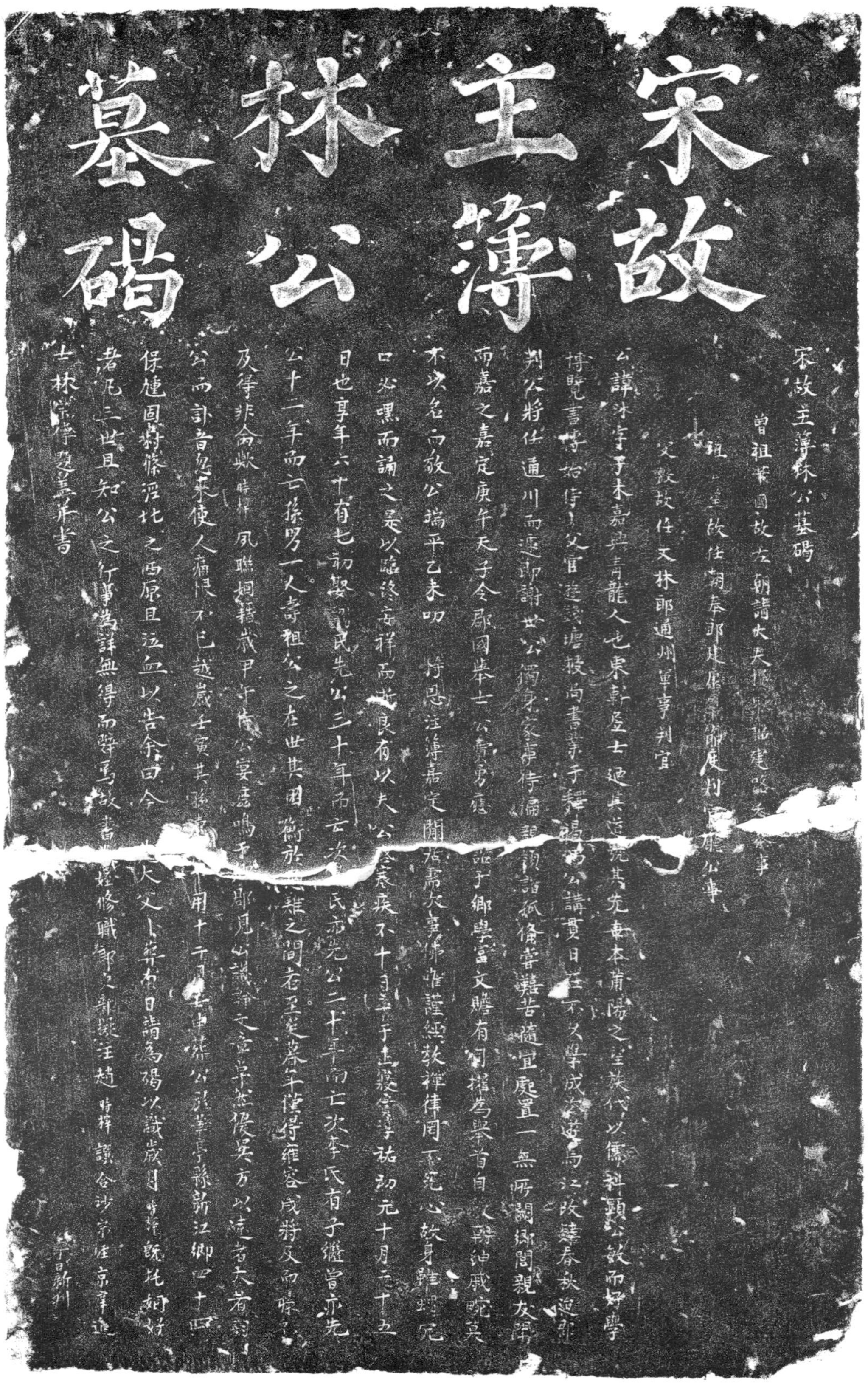

二四　南宋故主簿林公（沐）墓碣

淳祐二年（一二四二）十二月二十四日

碣為石質，碑形，長八四・五、寬五一・八厘米。上為額文，四行，滿行二字。下為碣文，一七行，滿行三九字。正書。碣中部橫向斷裂，碣文略有殘損。

一九四九年後出土，具體時地不詳。一九六一年青浦區重固發現。現藏青浦博物館。

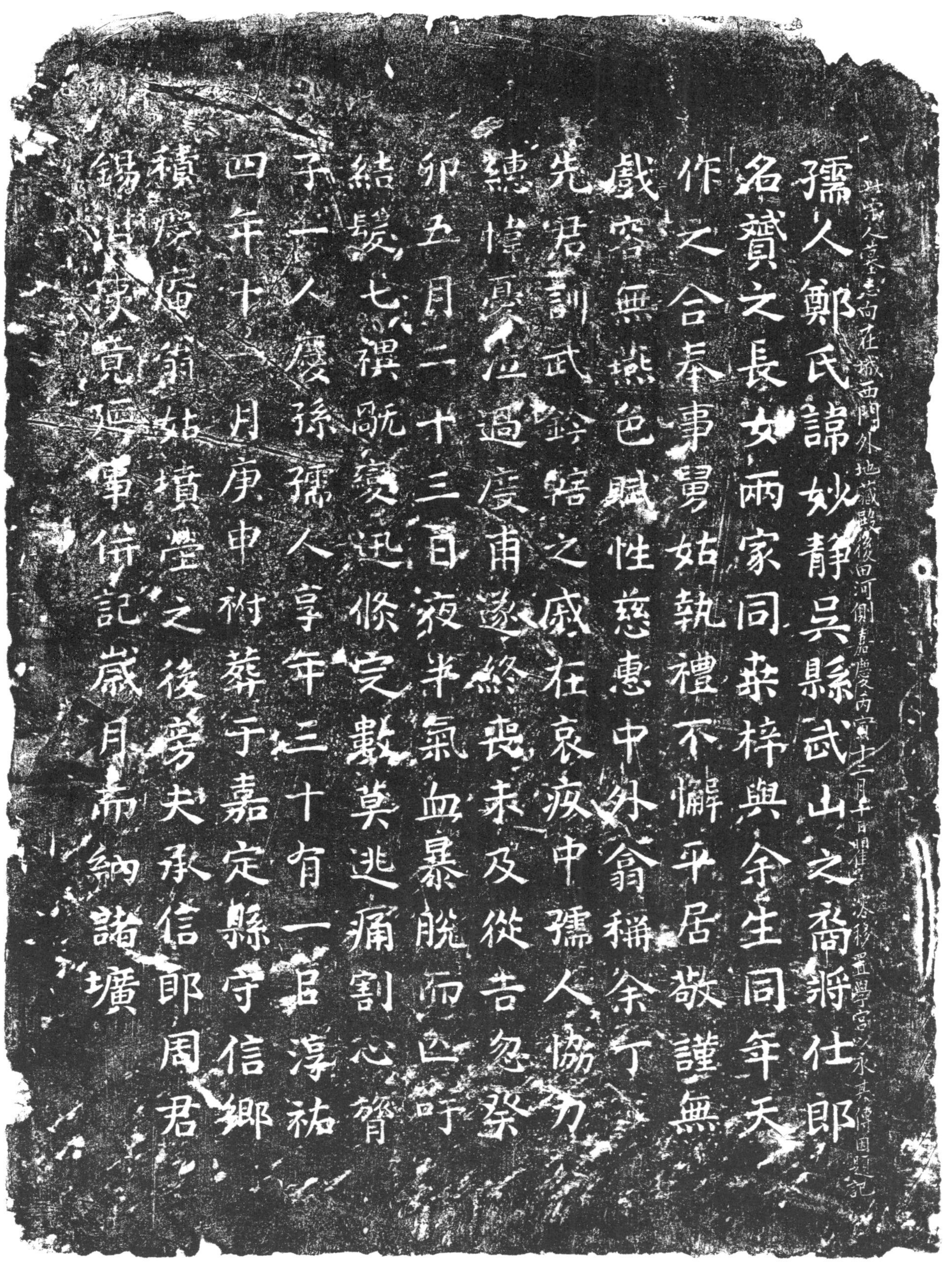

二五　南宋故孺人鄭氏(妙靜)墓誌

淳祐四年(一二四四)十一月二十三日

誌為石質,碑形,兩頂角均為弧形,長六八・七、寬五〇厘米。誌文一二行,滿行一六字。正書。另,誌文右邊有清人題記一行,行四〇字。正書。誌泐蝕,誌文略有殘損。

具體出土時地不詳,二十世紀五十年代發現。原藏上海市文物管理委員會,現藏嘉定博物館。

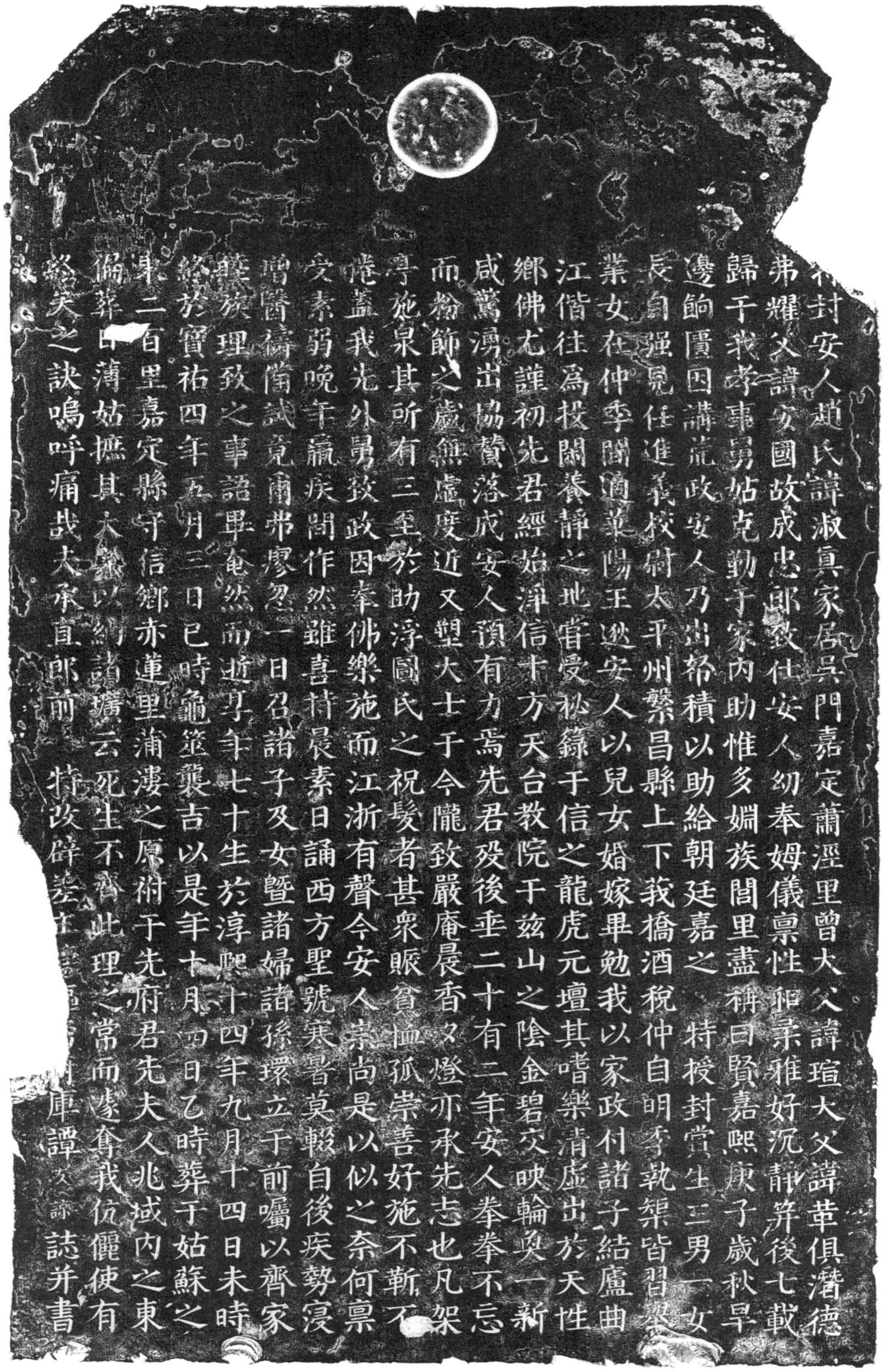

二六 南宋故特封安人趙氏（淑真）墓誌

寶祐四年（一二五三）十月四日

誌為石質，碑形，兩頂角均為斜殺，長九四・六、寬五八・二厘米。誌文一九行，滿行三〇字。正書。誌文略有殘損。額中有一圓形。誌右上邊略有殘缺，左邊中下部亦有殘缺。

一九四九年後寶山區月浦出土。原藏上海市文物管理委員會，現藏嘉定博物館。

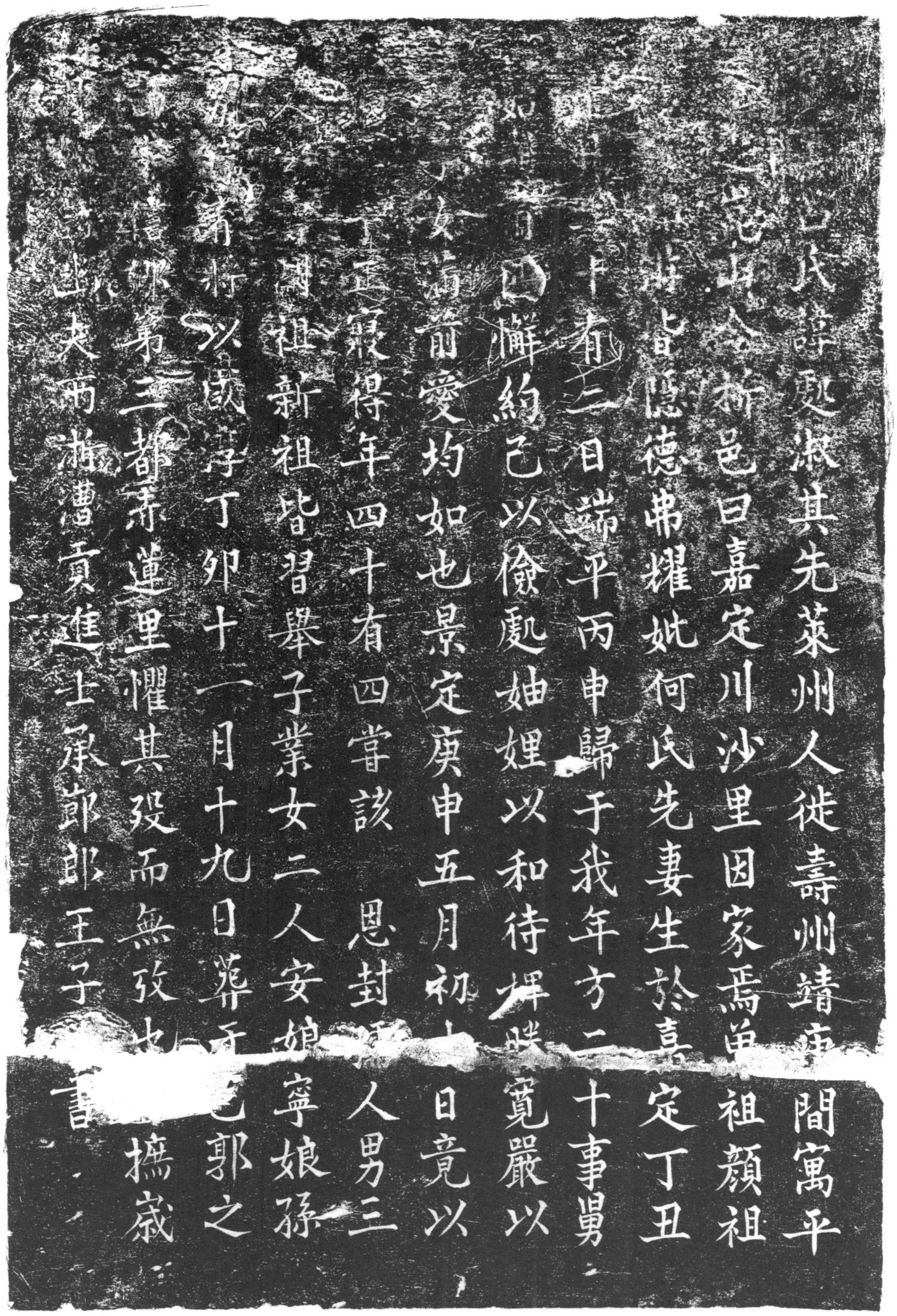

二七　南宋故先妻吕氏（處淑）墓誌

咸淳三年（一二六七）十一月十九日

誌為石質，碑形，長八一・六、寬五三・五厘米。誌文一一行，滿行二〇字。正書。誌文略有殘損。誌上部輕度泐蝕，下部横向斷裂。

一九五九年嘉定區西門外公路旁出土。原藏上海市文物管理委員會，現藏嘉定博物館。

二八　南宋故府君上舍陸公（垚叟）壙誌

咸淳七年（一二七一）十二月十二日

誌為石質，碑形，長八八・七、寬五六厘米。誌文二三行，滿行三一字。正書。誌輕度泐蝕，誌文略有殘損。

一九四九年後出土，具體時地不詳。原藏上海市文物管理委員會，現藏嘉定博物館。

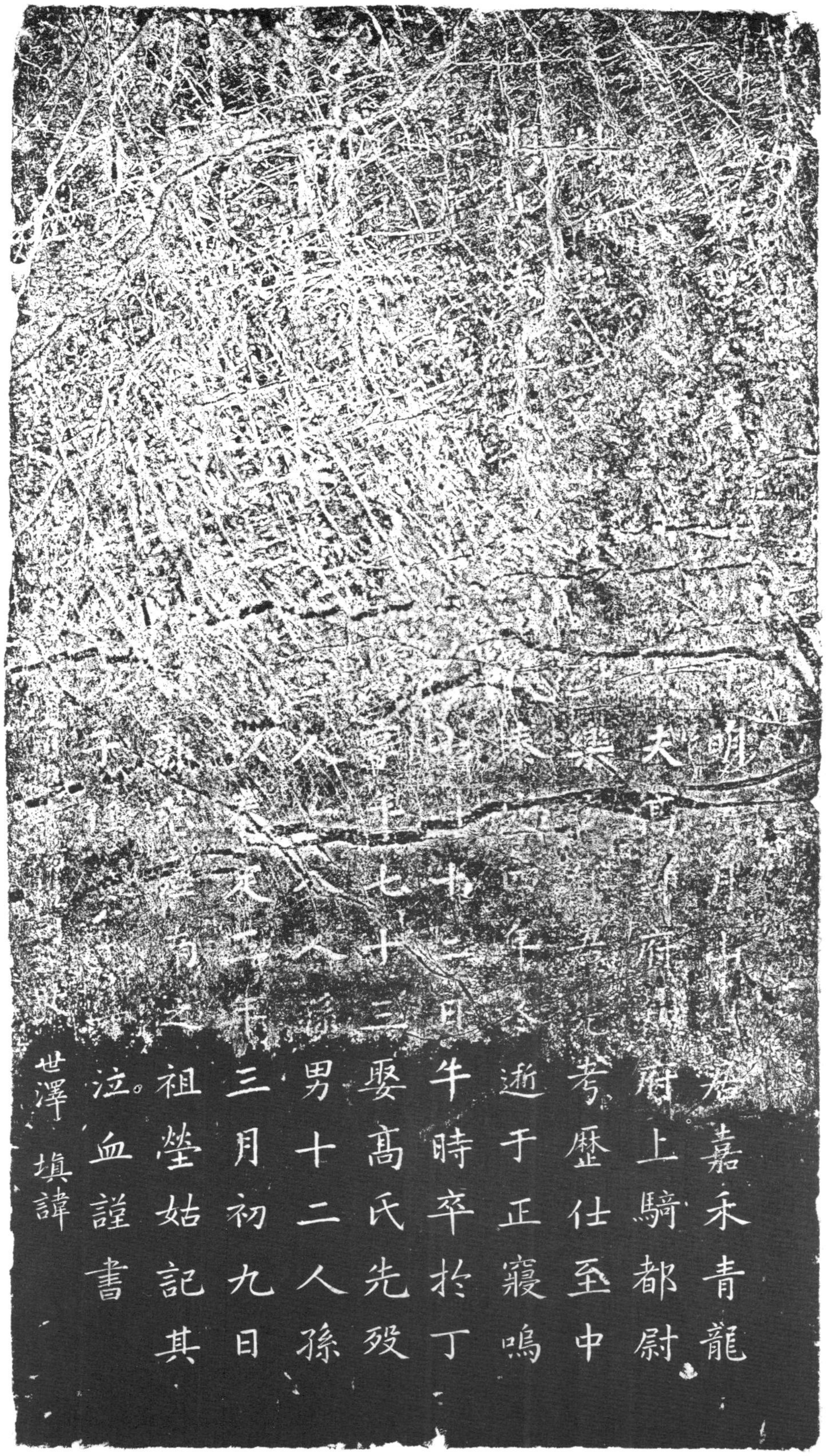

二九　元故中順大夫浙東宣慰副使任公（仁發）墓誌

泰定五年（一三二八）三月九日

誌爲石質，碑形，長九三、寬五〇・五厘米。誌文一一行，滿行一九字。正書。誌上部泐蝕嚴重，誌文漫漶。

一九五二年青浦區重固新豐村高家台出土。原藏上海市文物管理委員會，現藏青浦博物館。

大元

故
勅授集慶路溧陽州儒學教授
任公諱良佑字子德係松江府上
海縣人考諱仲夫母高氏至元六
年歲次辛巳九月初四日生娶吳
氏子五人敬德敬誠敬古敬簡敬
善女五人孫男八人孫女五人存日享
年五十八歲於至元四年歲次戊寅
閏八月初五日終是月十七日己酉
吉辰葬于新江鄉松溧里鄭
巷涇南祖塋之左至元四年閏八
月十七日孝男任敬德等謹誌

三〇　元故敕授集慶路溧陽州儒學教授任公（良佑）墓誌

至元四年（一三三八）閏八月十七日

誌為磚質，碑形，兩頂角均為斜殺，長三二・三、寬三二・七厘米。上為額文，一行，行二字。正書。下為誌文，一二行，行一至一五字不等。正書。

一九五二年青浦區重固新豐村高家台出土。原藏上海市文物管理委員會，現藏青浦博物館。

先考姓任氏諱賢德字子恭先世居徐邳三山曰仕於吳遂為青龍鎮人
曾大父通故宋宣義郎妣胡氏大父珣故贈中順大夫高郵府知府上騎
都尉追封樂安郡伯妣夏氏贈樂安郡君父仁發故中憲大夫浙東道宣
慰副使妣高氏黃氏贈樂安郡君先考生於己丑至元二十六年十一月
廿五日寅時幼而穎悟長而卓立孝友于家勤儉于躬遇事能決如蓍龜
所行必合於規矩好義樂善本乎自然繼志述事靡不周至尤長於水利
家傳之學人皆愛慕而敬服焉嘗奉
王宮令旨提舉錢穀稱職主者將上其功能遷陞仕辭以疾不就家居日
以琴尊款客為娛詩書教子為務乙酉至正五年夏忽感末疾醫禱罔功
十一月廿二日午時終于正寢享年五十有七嗚呼哀哉諸孤忍死卜以
次年四月十三日禮葬於松澤里鄭巷涇之陰其塋域密迩先壟蓋生前
所自經營嘗曰樂哉斯丘吾他日得所藏矣今從先志也娶金氏子男三
人士質娶蒙古必闍赤高時中之女士文娶 監脩
國史掾史娶南安路達魯花赤別里怯之孫士瑋娶教授徐子正之女女
二人長適徐子敬學録次在室孫男三人佐才太平奴百家奴孫女七人
皆幼葬日薄未能請銘當世立言君子姑叙其歲月梗槩納諸幽而藏其
副於家 孤子士質等泣血謹誌
朝請大夫吉安路吉水州知州兼勸農事陳明填諱

三一　元故提舉任公（賢德）墓誌

至正六年（一三四六）四月十三日

誌、蓋均為石質，碑形，兩頂角均為斜殺。誌長八〇、寬五三・二厘米；蓋長七四・五、寬五三・二厘米。蓋文橫一行，縱二行，行二至三字不等。正書。誌文一八行，滿行二八字，正書。蓋上邊略有殘缺。

一九五二年青浦區重固新豐村高家台出土。原藏上海市文物管理委員會，現藏青浦博物館。

三二　元故承務郎寧國路涇縣尹兼勸農事知渠堰事任公（賢能）之墓誌

至正九年（一三四九）正月二十八日

誌、蓋均為石質，碑形，兩頂角均為斜殺。誌長七七・五、寬五〇・三厘米；蓋長七六・五、寬五〇・七厘米。蓋文橫一行，縱二行，行二至一一字不等。正書。誌文一七行，滿行二八字。正書。誌、蓋均輕度泐蝕，誌上邊略有殘缺。

一九五二年青浦區重固新豐村高家台出土。原藏上海市文物管理委員會，現藏青浦博物館。

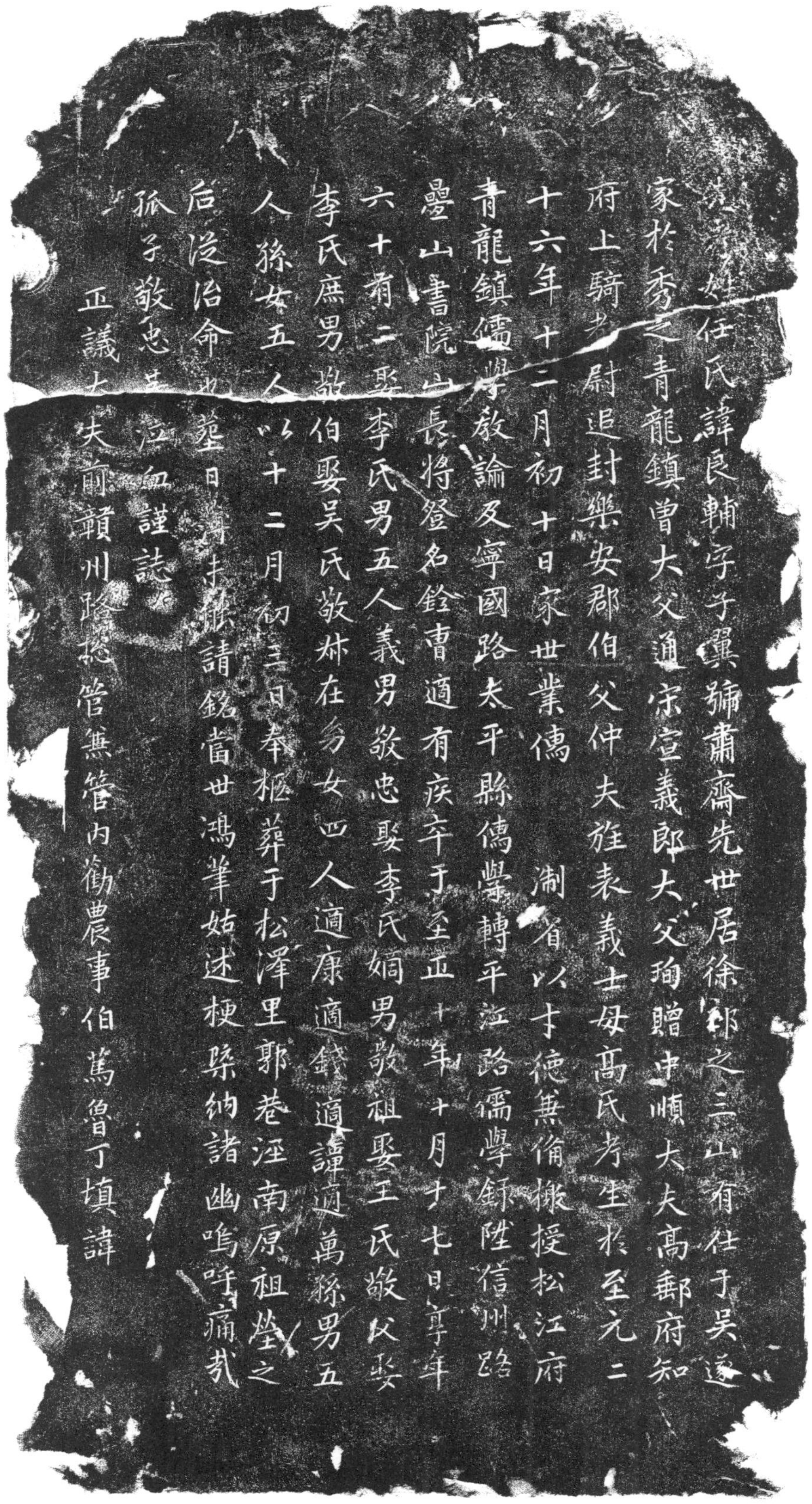
先考姓任氏諱良輔字子翼號肅齋先世居徐邳之三山有仕于吳遂
家於秀之青龍鎮曾大父通宗宣義郎大父珣贈中順大夫高郵府知
府上騎都尉追封樂安郡伯父仲夫旌表義士母高氏考生於至元二
十六年十二月初十日家世業儒　制省以才德兼備擬授松江府
青龍鎮儒學教諭及寧國路太平縣儒學轉平江路儒學錄陞信州路
疊山書院山長將登名銓曹適有疾卒于至正十年十月十七日享年
六十有二娶李氏男五人義男敬忠娶李氏嫡男敬祖娶王氏敬父娶
李氏庶男敬伯娶吳氏敬林在乡女四人適康適錢適譚適萬孫男五
人孫女五人以十二月初三日奉柩葬于松澤里郭巷涇南原祖塋之
后從治命也葬日迫未能請銘當世鴻筆姑述梗槩納諸幽嗚呼痛哉
孤子敬忠等泣血謹誌
正議大夫前贛州路總管兼管內勸農事伯篤魯丁填諱

三三　元故信州路疊山書院山長先考任公（良輔）墓誌

至正十年（一三五〇）十二月三日

誌為石質，碑形，兩頂角均為斜殺，長七二·五、寬三七·六厘米。誌文一二行，滿行二七字。正書。誌左、右兩邊均略有殘缺，上部橫向斷裂。

一九四九年後出土，具體時地不詳。一九九一年青浦區重固發現。現藏青浦博物館。

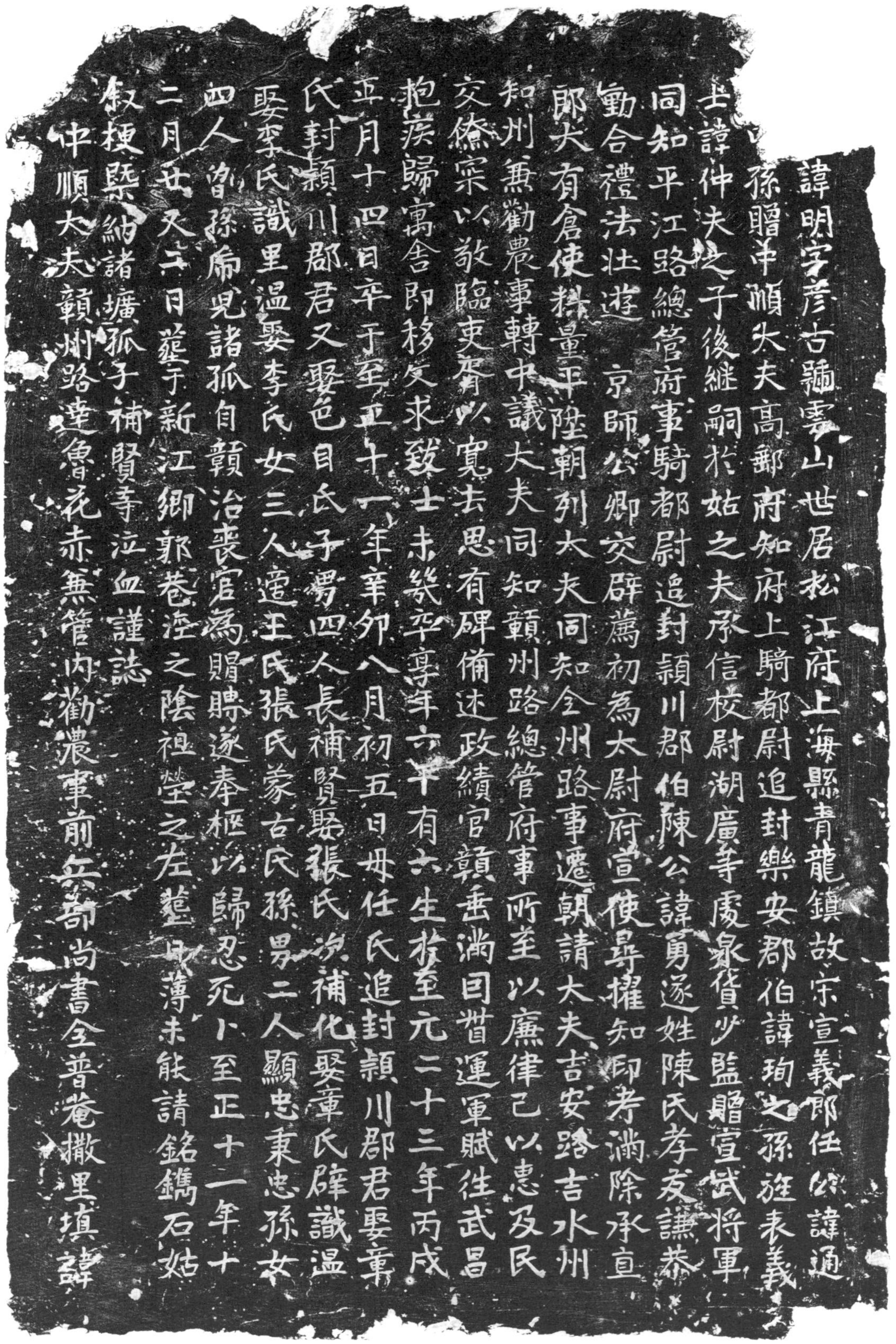

諱明字彥古號雲山世居松江府上海縣青龍鎮故宋宣義郎任公諱通
孫贈中順大夫高郵府知府上騎都尉追封樂安郡伯諱珣之孫旌表義
士諱仲夫之子後繼嗣於姑之夫承信校尉湖廣等處泉貨少監贈宣武將軍
同知平江路總管府事騎都尉追封穎川郡伯陳公諱勇遂姓陳氏孝友謙恭
勤合禮法壯遊　京師公卿交辟薦初為太尉府宣使尋擢知印考滿除承直
郎大有倉使料量平陸朝列大夫同知全州路事遷朝請大夫吉安路吉水州
知州兼勸農事轉中議大夫同知贛州路總管府事所至以廉律己以惠及民
交儉宗以敬臨吏胥以寬去思有碑備述政績官贑垂滿曰昔運軍賦往武昌
抱疾歸寓舍即移文求致仕未幾卒享年六十有六生於至元二十三年丙戌
正月十四日卒于至正十一年辛卯八月初五日母任氏追封穎川郡君娶葉
氏封穎川郡君又娶邑目氏子男四人長補賢娶張氏次補化娶韋氏辟識溫
娶李氏識里溫娶李氏女三人適王氏張氏蒙古氏孫男二人顯忠秉忠孫女
四人曾孫俑兒諸孤自贛治喪官為賵賻遂奉柩以歸忍死卜至正十一年十
二月廿又二日葬于新江鄉郭巷涇之陰祖塋之左葬日薄未能請銘鐫石姑
敘梗槩納諸壙孤子補賢等泣血謹誌
中順大夫贑州路達魯花赤兼管內勸農事前兵部尚書全普庵撒里填諱

三四　元故中議大夫同知贛州路總管府事陳公(明)墓誌銘

至正十一年(一三五一)十二月二十二日

誌為石質，碑形，兩頂角均為斜殺，長七二・五、寬四六・五厘米。誌文一六行，滿行三〇字。正書。誌文略有殘損。誌右上角殘缺。

一九五二年青浦區重固新豐村高家台出土。原藏上海市文物管理委員會，現藏青浦博物館。

三五　元故孺人欽察台氏（守真榮）之墓誌

至正十三年（一三五三）十二月二十八日

誌、蓋均為石質，碑形，兩頂角均為斜殺。誌、蓋均長八四・五、寬五三・五厘米。誌、蓋文橫一行，縱一行，行二至九字不等。正書。誌文一四行，滿行二八字。正書。有界格。誌右邊及下部泐蝕，誌文略漫漶。誌左上角殘缺。

一九五二年青浦區重固新豐村高家台出土。原藏上海市文物管理委員會，現藏青浦博物館。

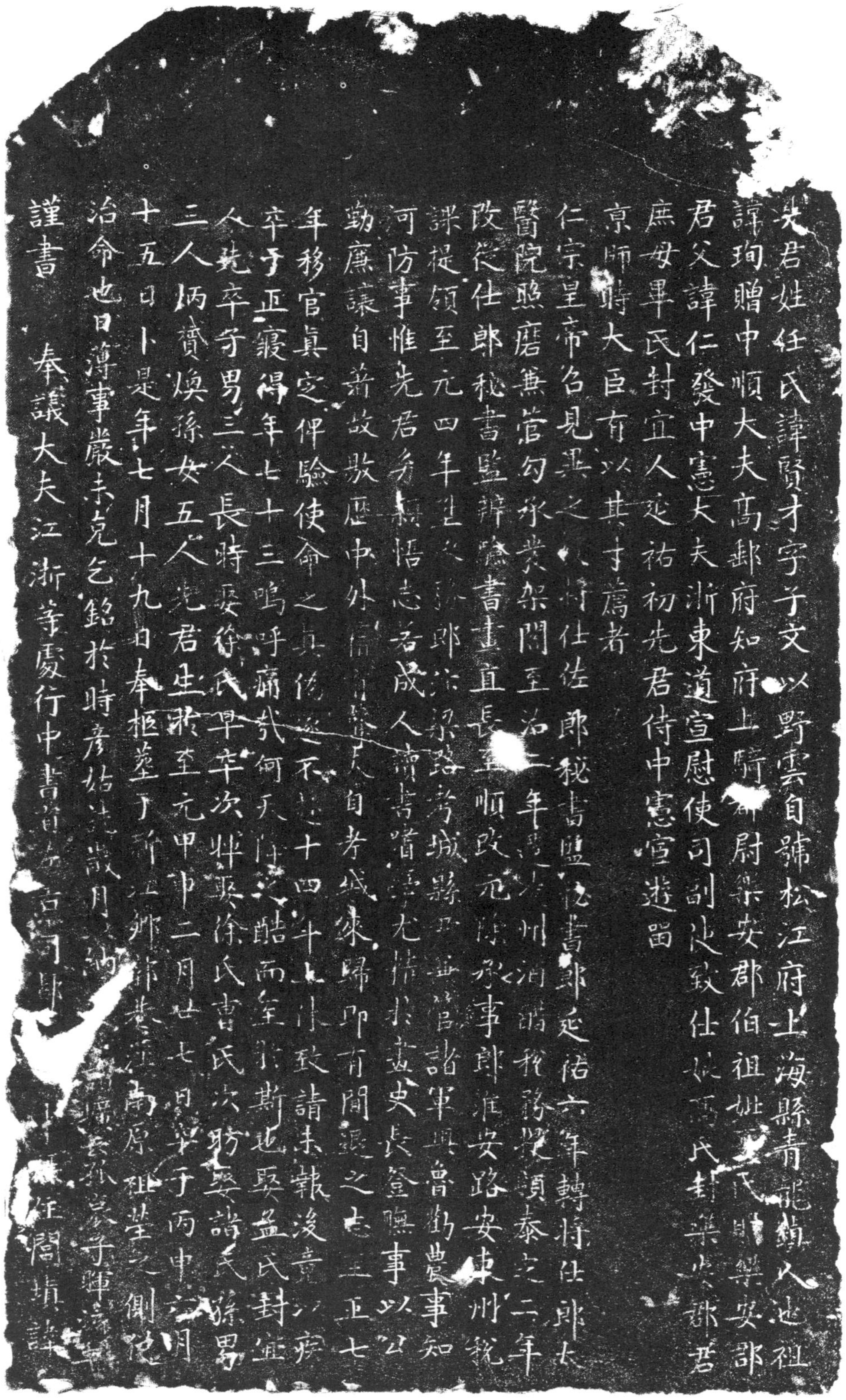

三六　元故承務郎汴梁路考城縣尹先君任公（賢才）墓誌

至正十六年（一三五六）七月十九日

誌為石質，碑形，兩頂角均為斜殺，長六四・三、寬三七・五厘米。誌文一八行，滿行二八字。正書。誌文略有殘損。誌右上角略有殘缺。

一九四九年後出土，具體時地不詳。一九八八年青浦區重固發現。現藏青浦博物館。

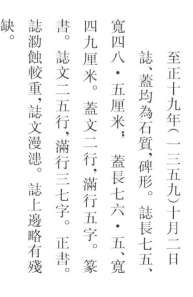

三七　元壙谿處士呂公（良佐）壙誌

至正十九年（一三五九）十月二日

誌、蓋均為石質，碑形。誌長七五、寬四八・五厘米；蓋長七六・五、寬四九厘米。蓋文二行，滿行五字。篆書。誌文二五行，滿行三七字。正書。誌泐蝕較重，誌文漫漶。誌上邊略有殘缺。

一九六二年金山區呂巷馬村出土。現藏金山博物館。

三八　明修元倪雲林（瓚）墓銘

洪武七年（一三七四）

銘為石質，長四五・五、寬四三厘米。上半部為銘文，一九行，滿行一五字。正書。下半部為綫刻畫像。銘左上角斷佚，左半部縱向斷裂。銘文有殘缺。

一九四九年後發現，具體出土時地不詳。原藏上海市文物管理委員會，現藏嘉定博物館。

宜人孫氏諱妙清松江府華亭縣人考
諱母邵氏大德九年六月廿二日生洪武
十一年正月十九日終是年二月十六日葬于
白砂鄉宜人適從仕郎淛東道宣慰使
司都事朱公曰次子熙致封宜人子男
三人長昱娶孫氏次熙奉訓大夫廣西
等處行中書省左右司郎中娶何氏次
煜敦武校尉崇德州判官娶賈氏陶氏
皆先亡女二人長淨[illegible]適邵德載次淨章適
衛敘益先亡孫男四人長璧娶何氏次
塈娶張氏秦氏次煌敦武校尉海鹽州
判官娶夏氏次塤未娶先亡孫女四人
玄孫一人壽昌童玄女孫六人
洪武十一年歲[illegible]戊[illegible]二月十六日孝孫男朱[illegible]謹書
賜同進士出身前將仕郎監察御史袁凱填諱

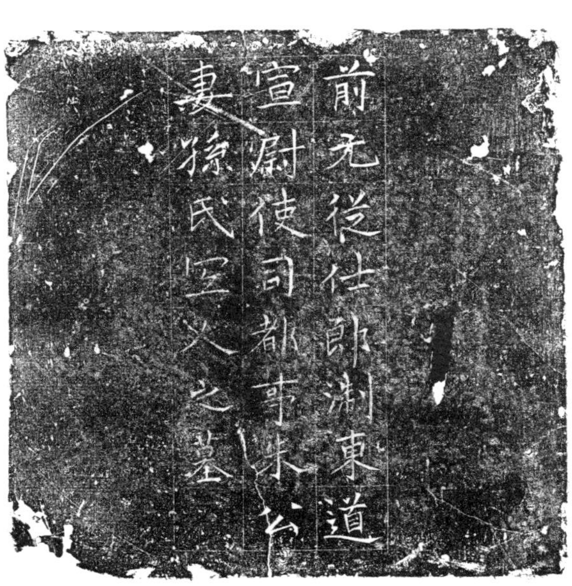
前元從仕郎淛東道
宣慰使司都事朱公
妻孫氏宜人之墓

三九　明修前元從仕郎浙東道宣慰使司都事朱公妻孫氏（妙清）宜人之墓誌

洪武十一年（一三七八）二月十六日

誌、蓋均為磚質。誌長二八・五、寬二八厘米；蓋長二九、寬二九厘米。蓋文三行，滿行八字。正書。有界格。誌文一五行，行一二至二一字不等。正書。亦有界格。誌文略有殘損。

一九七四年奉賢區泰日出土。原藏上海市文物管理委員會，現藏嘉定博物館。

四〇　明故太倉衛指揮王將軍（得）壙誌銘

洪武三十一年（一三九八）四月一日（撰）

誌為石質，長七九・五、寬七九・五厘米。誌文二九行，滿行三〇字。正書。誌下半部泐蝕，誌文略漫漶。蓋佚。

一九四九年後出土，具體時地不詳。原藏上海市文物管理委員會，現藏嘉定博物館。

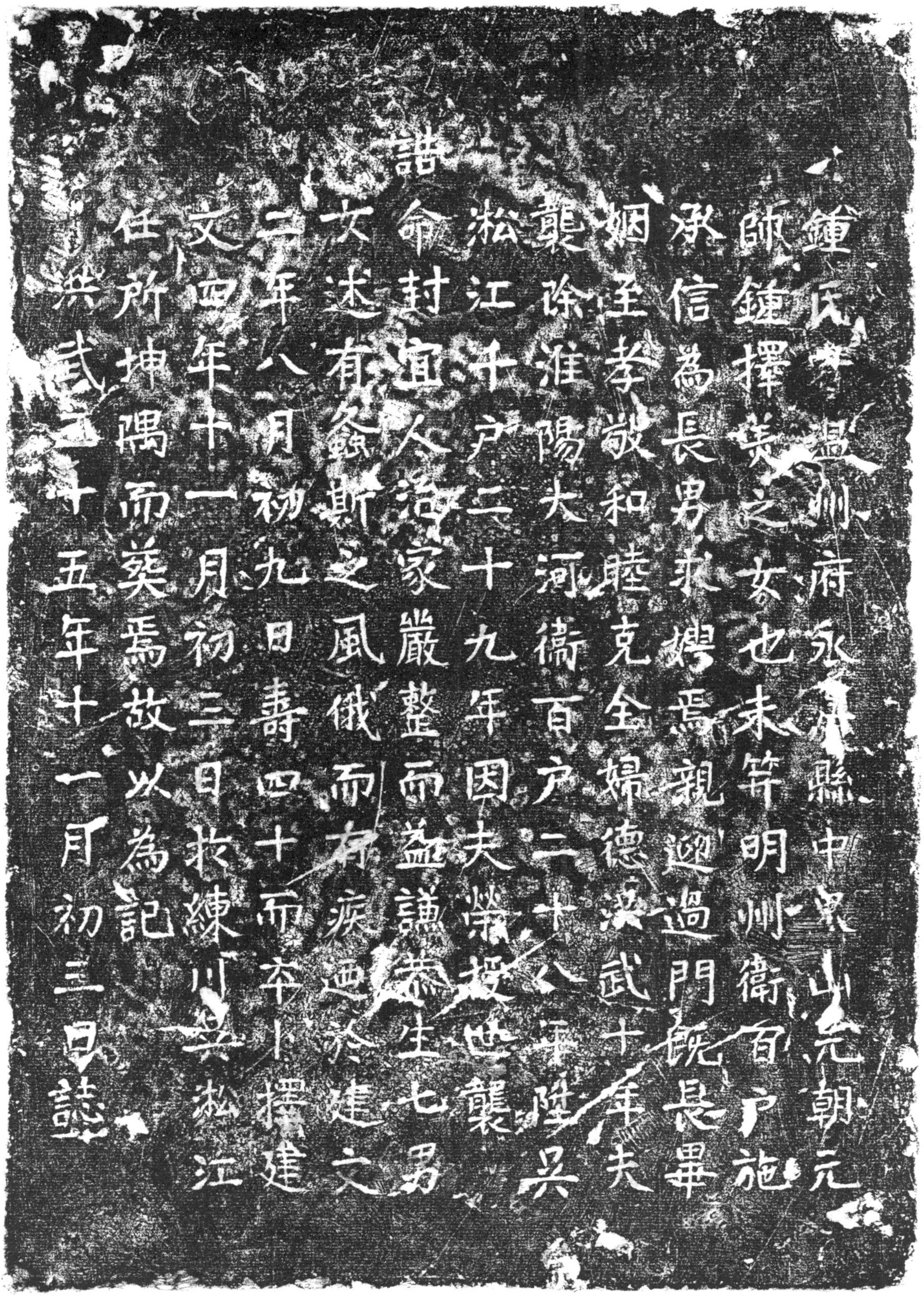

鍾氏[illegible]温州府永[illegible]縣中[illegible]山元朝元
帥鍾擇貴之女也未笄明州衛百户施
承信為長男求娉焉親迎過門既畢
姻至孝敬和睦克全婦德洪武十年夫
襲除淮陽大河衛百户二十八年陞吴
淞江千户二十九年因夫榮授世襲
誥
命封宜人治家嚴整而益謙恭生七男
女述有籤斯之風俄而有疾逝於建
二年八月初九日壽四十而卒卜擇建
文四年十一月初三日於練川吴淞江
任所坤隅而葬焉故以為記
洪武三十五年十一月初三日誌

吴淞江守禦所
千户施武畧室
宜人鍾氏之墓

四一　明吴淞江守禦所千户施武略室宜人鍾氏之墓誌

建文四年（一四〇二）十一月三日誌，蓋均為石質。誌長四〇·二、寬二七·六厘米；蓋長四〇·二、寬二七·二厘米。蓋文三行，滿行六字。正書。誌文一二行，滿行一六字。正書。誌、蓋均泐蝕，誌文略有殘損。

一九五八年寶山區寶楊路出土。現藏寶山區文物保護所。

四二　明中奉大夫廣東等處承宣布政使司右布政使王公(寅)墓誌

永樂二十年(一四二二)八月二十一日(卒)

誌為磚質，殘缺，殘長三七·五、寬四六·七厘米。上為額文，一一行，滿行二字。篆書。下為誌文，四一行，行殘存三至二六字不等。正書。周邊為單綫框。誌右半邊泐蝕，誌文漫漶；誌下半部斷佚，誌文殘缺。

一九四九年後出土，具體時地不詳。現藏奉賢博物館。

四三　明故中奉大夫廣東等處承宣布政使司布政使王公亮（寅）夫人朱氏之墓誌蓋

永樂二十年（一四二二）前後

蓋為石質，長五二·五、寬五三·五厘米。蓋文四行，滿行七字。篆書。周邊為單綫框。蓋泐蝕，蓋文略有殘損。誌佚。

一九四九年後出土，具體時地不詳。現藏奉賢博物館。

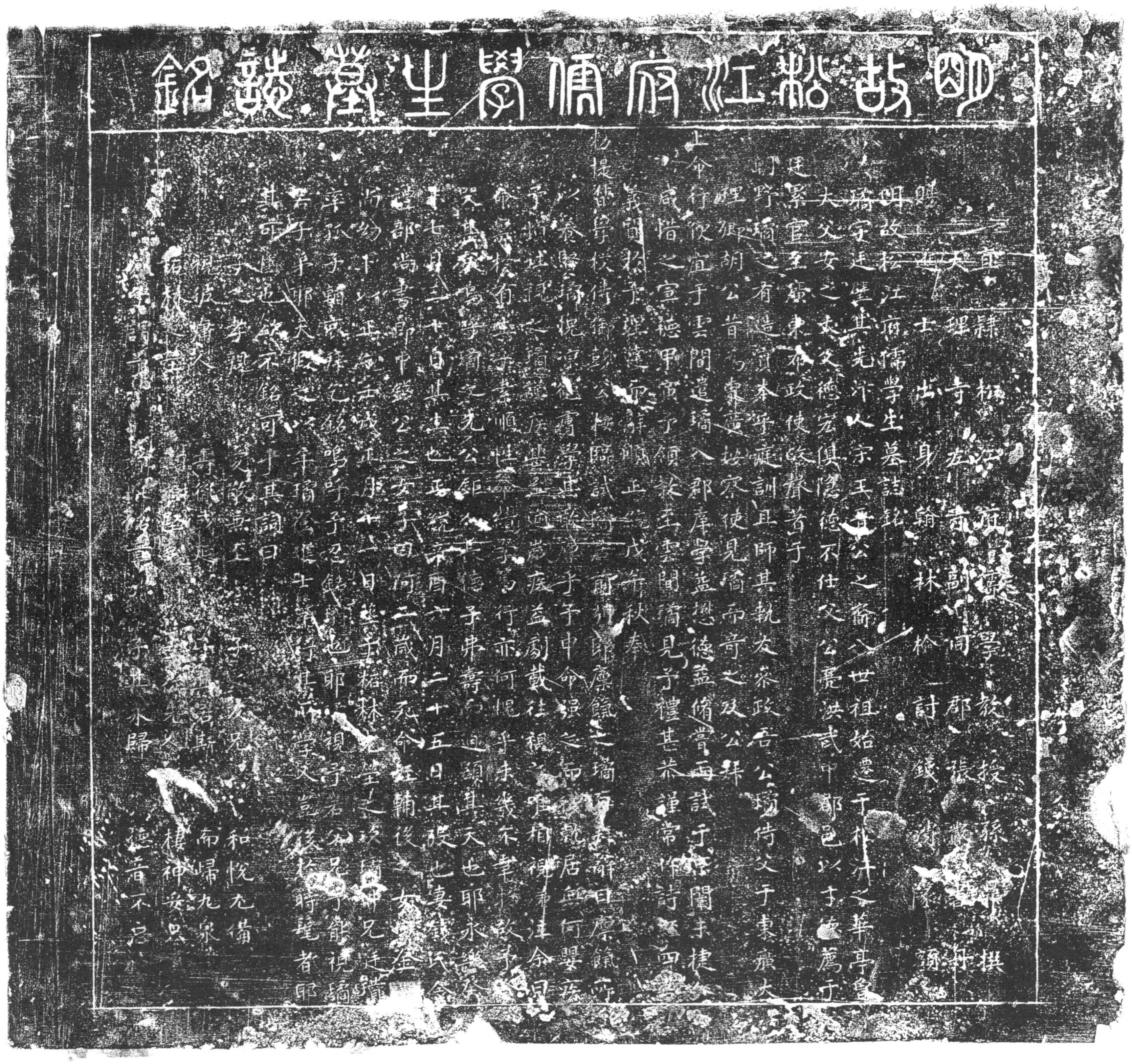

四四　明故松江府儒學生廷璧王公（璠）墓誌銘

正統七年（一四四二）正月十一日誌、蓋均為石質。誌長四九、寬五一厘米；蓋長四九、寬五〇厘米。蓋文二行，滿行七字。正書。誌上為額文，一行，行一一字。篆書。下為誌文，二七行，滿行二八字。正書。周邊為單綫框。誌泐蝕，誌文略漫漶。

一九九三年奉賢區柘林出土。現藏奉賢博物館。

四五　明故松崖處士梅公（彝）壙誌銘

正統八年（一四四三）三月十八日

誌、蓋均為石質。誌長五三・四、寬五三厘米；蓋長五三・二、寬五三厘米。蓋文四行，滿行四字。篆書。誌文二六行，滿行三四字。正書。

一九五二年閔行區朱行出土。原藏上海市文物管理委員會，現藏上海市歷史博物館。

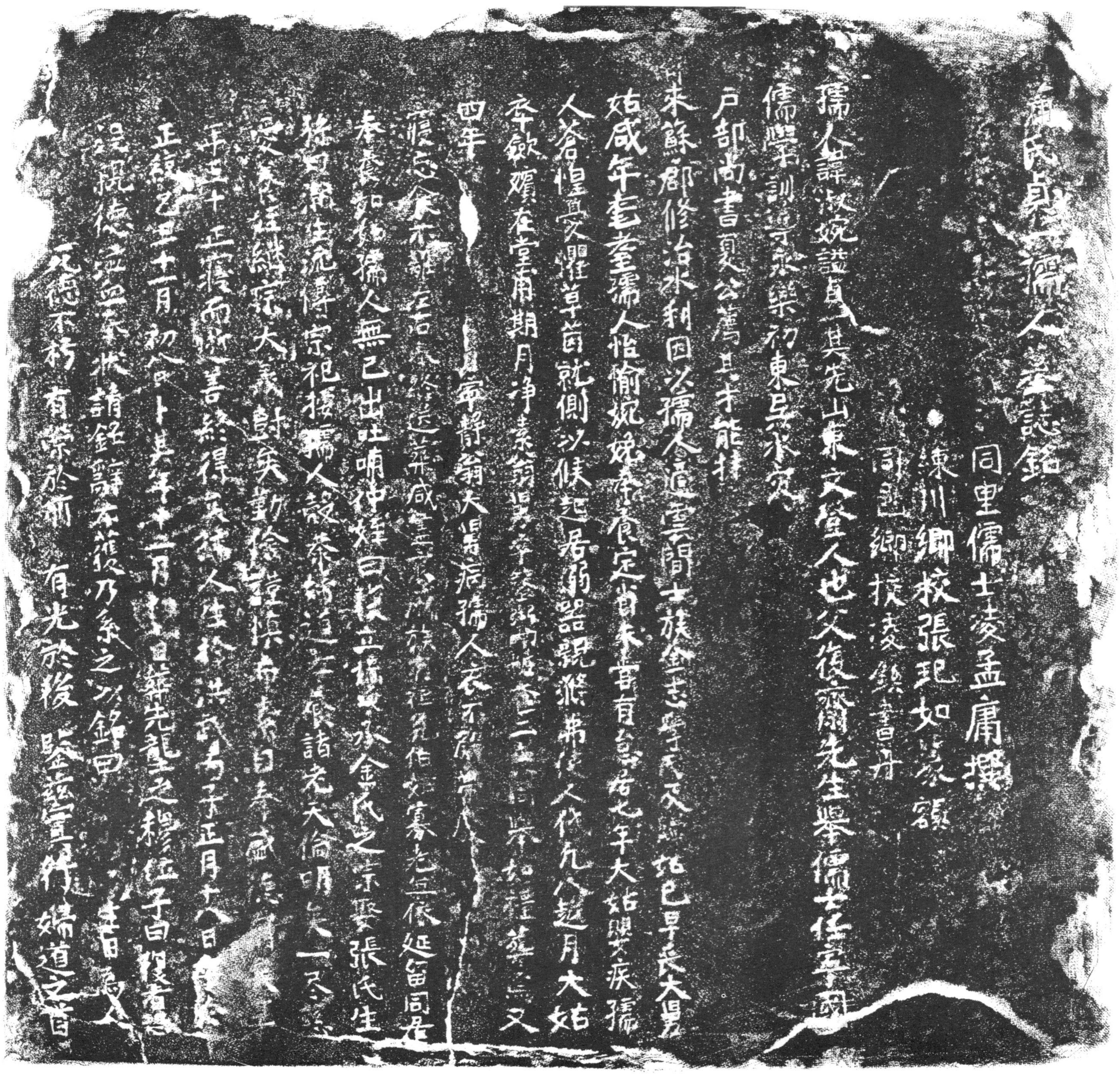

四六　明蕭氏貞一（淑婉）孺人墓誌銘

正統十年（一四四五）十二月七日

誌為石質，長四四・五、寬四五・一厘米。誌文二〇行，行八至三〇字不等。正書。誌泐蝕，誌文略有殘損。蓋佚。

一九四九年後出土，具體時地不詳。一九八八年青浦區練塘發現。現藏青浦博物館。

四七　明故處士陳汝敬（欽）墓誌銘

景泰二年（一四五一）十二月二十日

誌為石質，長五一・五、寬五二厘米。誌文二五行，滿行二五字。正書。誌輕度泐蝕，誌文略有殘損。蓋佚。

一九四九年後出土，具體時地不詳。原藏上海市文物管理委員會，現藏嘉定博物館。

四八　明故唐（侃）孺人左氏（懿正）墓誌銘

景泰六年（一四五五）八月二十七日

誌為石質，長四八、寬四七・四厘米。誌文二五行，滿行二六字。正書。誌輕度泐蝕，誌文略有殘損。蓋佚。

一九四九年後出土，具體時地不詳。原藏上海市文物管理委員會，現藏嘉定博物館。

四九　明范宗常（彝）室邵孺人（淑清）墓誌銘

天順三年（一四五九）十一月十二日

誌、蓋均為石質。誌長五六・一、寬五五・四厘米；蓋長五六・一、寬五六厘米。蓋文三行，滿行三字。篆書。誌文二九行，滿行二九字。正書。

一九四九年後出土，具體時地不詳。原藏上海市文物管理委員會，現藏嘉定博物館。

范宗常室邵孺人墓誌銘

崑山沈曾譔

太常寺卿會稽郡夏㬤書

賜進士出身同郡張翥篆

進士范純狀其母邵孺人之行持以之余而求銘諸墓且言曰吾母生我勞苦成我艱虞而棄我太蚤升斗之祿不及養而天遽降罰以禍我所恃我其何以仰息而自存哉辛哀而畀之言以圖其不朽者庶有以慰吾父而紓哀於衰年也予憫其言而為摭其槩焉孺人邵姓淑清諱世為蘇之嘉定人始祖華甫樂善急義為邑里望族曾大父子善大父思敬思敬無子以宗人孟瑄為後而室以朱孺人父母也長擇配適同邑范彝宗常宗常少孤力學能自樹孟瑄處以甥館時思敬之配沈年加耄耋性嚴厲而辟孺人能委曲承順竟得其歡心宗常家故多貲母殁而悉為伯氏所有宗常與孺人未嘗一言及之尤厚於宗族而於夙昔有憾者弗報有德者則不忘也隣媼來亦待以禮而未嘗一瀆其戶宗常值多故始而家豐後乃歉約孺人善相之不憚勞瘁平居必勤儉女紅必緻精主饋必豐潔奉先款賓禮師教子必誠必厚雖脫簪珥鬻衣奩不少靳宗常工詩而語意和平不事雕琢尤善教子而孺人性慈愛然不務姑息宗常或出而諸子釋書以游戲必叱怒曰汝父昨以教汝云何而遽違之邪宗常歸必以為言使懲其後由是子多以賢稱而純以學官弟子鄉舉屢見黜宗常曰汝怠學耳非數奇也孺人曰然事未有勤而無成者爾宜益勵焉後由鄉貢登甲科歸省宗常曰爾一第自溺未足多也必若古人基此而崇功業者自待耳孺人曰然驟進而易驕者未足與言遠大也故得失不見喜慍之色至與諸子婦亦相親愛無異己女雖多疾未嘗見其惰容天順戊寅十二月初九日卒去其生之年為永樂庚寅三月□日享年四十有九子三純其長也天順丁丑進士娶金先卒繼王次粹娶嚴次和議王氏女一嫁淩鳳孫男二曰俊曰如意保蚤卒孫女四卜以明年十月十二日庚寅塟邑城西項涇之東原純稱母氏賢明淑順可為世則予稽其狀行而知其不誣遂為銘曰

惟其能孝宜嗣人之承教惟其能賢宜順正於所天嗚呼胡不遐壽命也其誰咎

崑山唐芸鐫

范宗常室邵孺人之墓

五〇　明故迪功郎順德府知事潘公（譽）墓誌銘

天順六年（一四六二）十二月二十四日

誌、蓋均為石質。誌長五六・五、寬五八厘米；蓋長五九・二、寬五九厘米。蓋文四行，滿行四字。篆書。有界欄。誌文三六行，滿行三七字。正書。周邊為單綫框。誌泐蝕較重，誌文漫漶。

一九四九年後出土，具體時地不詳。原藏上海市文物管理委員會，現藏嘉定博物館。

五一　明故處士陳公（昭）墓誌銘

成化元年（一四六五）二月二十五日

誌為石質，長五四、寬五四・五厘米。誌文二八行，滿行二八字。正書。周邊為雙綫框。誌泐蝕較重，誌文漫漶。蓋佚。

一九四九年後出土，具體時地不詳。原藏上海市文物管理委員會，現藏嘉定博物館。

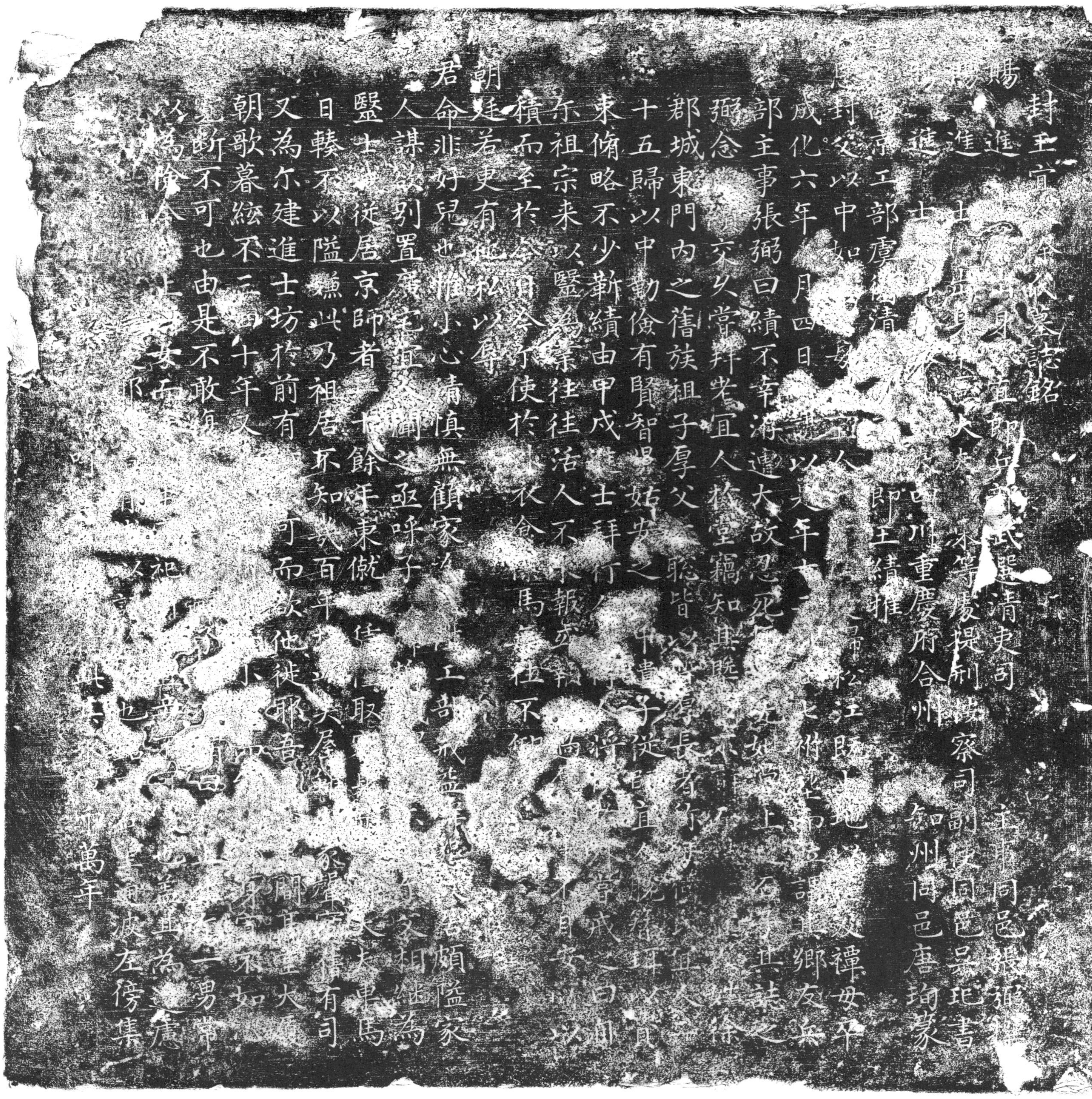

五二　明封王（以中）宜人徐氏墓誌銘

成化六年（一四七〇）十二月二十七日

誌、蓋均為石質。誌長四九、寬四九厘米；蓋長四八・五、寬四九厘米。蓋文三行，滿行三字。篆書。誌文二五行，滿行二八字。正書。誌、蓋均泐蝕較重，誌文漫漶。

一九四九年後出土，具體時地不詳。現藏松江博物館。

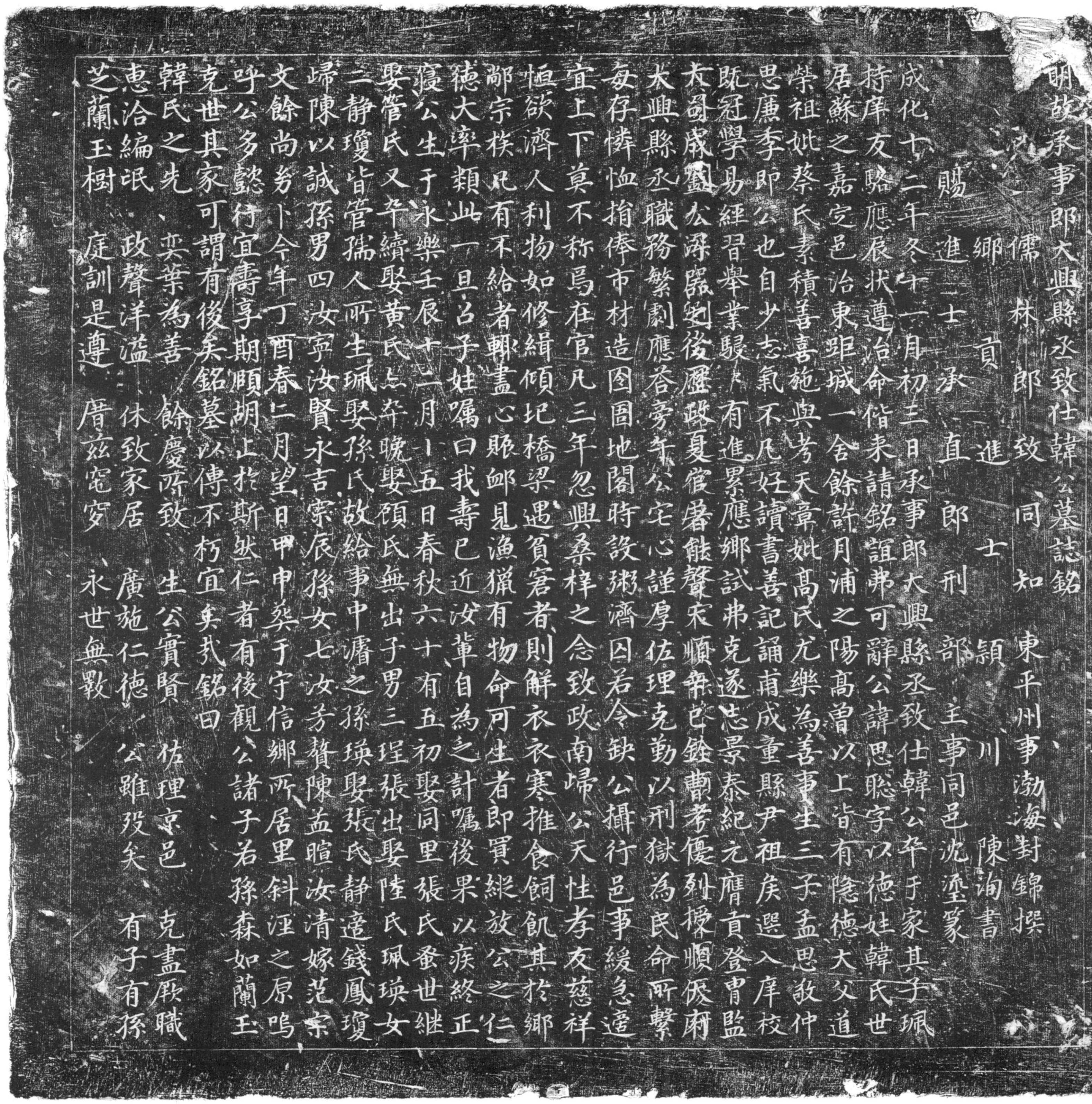

明故承事郎大興縣丞致仕韓公墓誌銘

儒林郎致同知東平州事渤海封錦撰

鄉貢進士穎川陳洵書

賜進士承直郎刑部主事同邑沈塈篆

成化十二年冬十一月初三日承事郎大興縣丞致仕韓公卒于家其子珮持庠友駱應辰狀遵治命偕來請銘誼弗可辭公諱思聰字以德姓韓氏世居蘇之嘉定邑治東距城一舍餘許月浦之陽高曾以上皆有隱德大父道榮祖妣蔡氏素積善喜施與考天章妣高氏尤樂為善事生三子孟思敬仲思廉季即公也自少志氣不凡好讀書善記誦甫成童縣尹祖侯選入庠校既冠學易經習舉業駸駸有進累應鄉試弗克遂志景泰紀元膺貢登胄監大學歲劉公溥薦劉後歷政夏官署能聲宷順芭銓曹考優列擢順府太興縣丞職務繁劇應荅旁午公宅心謹厚佐理克勤以刑獄為民命所繫每存憐恤指俸市材造囹圄地閣時設粥濟因若令缺公攝行邑事緩急達宜上下莫不稱焉在官凡三年忽興桑梓之念致政南歸公天性孝友慈祥恒欲濟人利物如修緝傾圮橋梁遇貧窘者則解衣衣寒推食飼飢其於鄉鄙宗族凡有不給者輒盡心賑卹見漁獵有物命可生者即買縱放公之仁德大率類此一旦召子姪囑曰我壽已近汝輩自為之計囑後果以疾終正寢公生于永樂壬辰十二月十五日春秋六十有五初娶同里張氏蚤世繼娶管氏又卒續娶黃氏亦卒曉娶顧氏無出子男三珵張出娶陸氏珮瑛女二靜瓊皆管孺人所生珮娶孫氏故給事中濬之孫瑛娶張氏靜適錢鳳瓊歸陳以誠孫男四汝享汝賢永吉宗辰孫女七汝芳贅陳益暄汝清嫁范宗文餘尚㓜卜今年丁酉春二月望日甲申葬于守信鄉所居里斜涇之原嗚呼公多懿行宜壽享期頤胡止於斯然仁者有後觀公諸子若孫森如蘭玉克世其家可謂有後矣銘墓以傳不朽宜矣乃銘曰

韓氏之先　奕葉為善　餘慶所致　生公實賢　佐理京邑　克盡厥職

惠洽編氓　政聲洋溢　休致家居　廣施仁德　公雖歿矣　有子有孫

芝蘭玉樹　庭訓是遵　營茲窀穸　永世無斁

明故承事郎大興縣丞致仕韓公之墓

五三　明故承事郎大興縣丞致仕韓公（思聰）墓誌銘

成化十三年（一四七七）二月十五日

誌、蓋均為石質。誌長四九・七、寬五一厘米；蓋長五〇・七、寬四九・七厘米。蓋文四行，滿行四字。篆書。誌文二七行，滿行二九字。正書。周邊為單綫框。

二〇〇一年寶山區楊行蘇家宅出土。現藏上海市文物管理委員會。

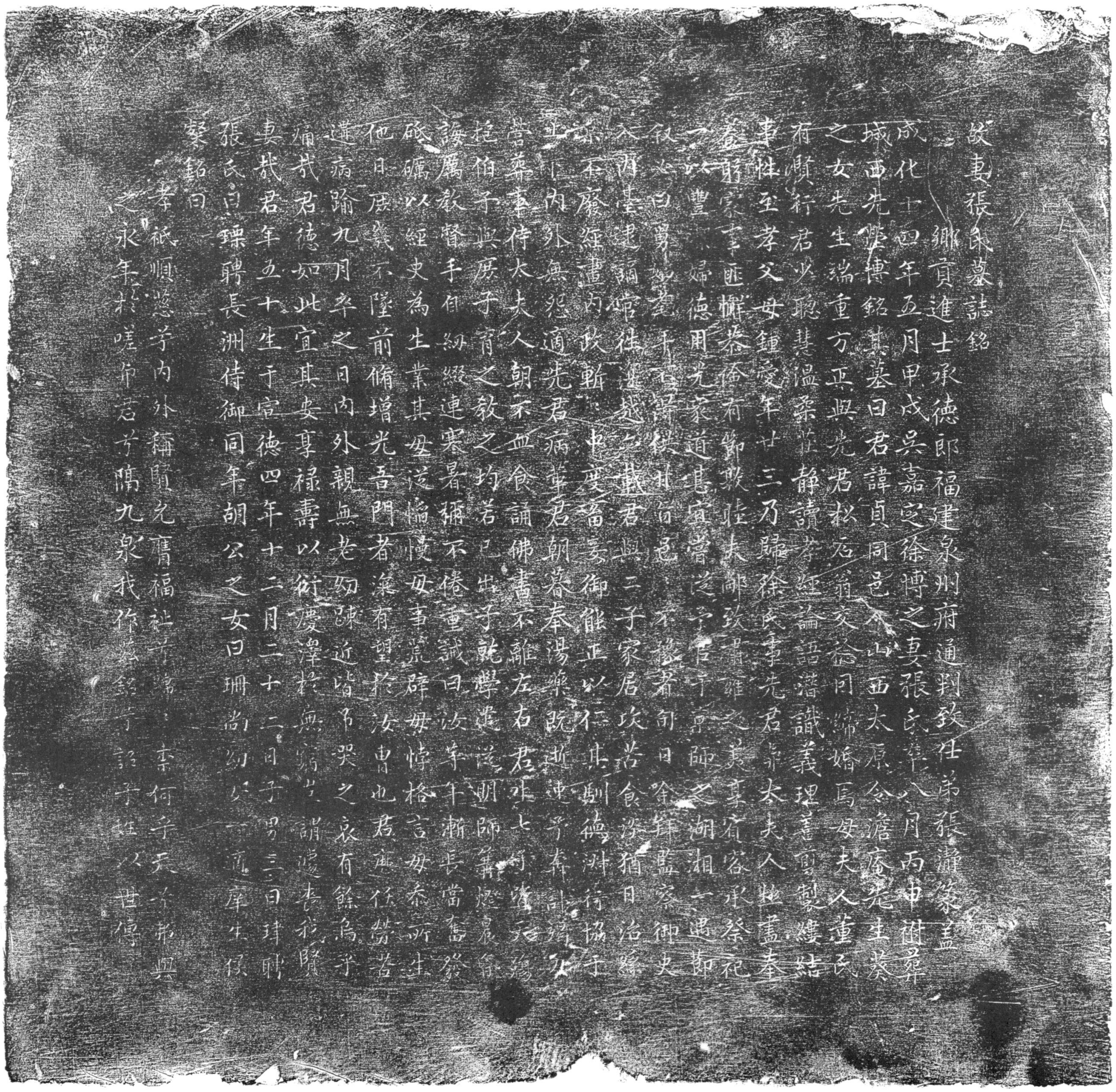

五四　明故（徐博）妻張氏（貞）墓誌銘

成化十四年（一四七八）八月七日

誌為石質，長六〇、寬六〇厘米。誌文二五行，滿行二五字。正書。誌輕度泐蝕，誌文略有殘損。蓋佚。

一九四九年後出土，具體時地不詳。現藏嘉定博物館。

五五　明柴幽人（貴）墓誌銘

成化十五年（一四七九）十月八日誌為石質，長四六・三、寬四七・五厘米。誌文二六行，滿行二六字。正書。誌輕度泐蝕，誌文略有殘損。

一九四九年後出土，具體時地不詳。原藏上海市文物管理委員會，現藏嘉定博物館。

五六　明柴幽人（貴）輓詩墓誌銘

成化十五年（一四七九）十月八日

誌為石質，長四五・五、寬四八厘米。上為額文，四行，滿行二字。篆書。下為誌文，二〇行，行一二至一六字不等。正書。誌輕度泐蝕，誌文略有殘損。

一九四九年後出土，具體時地不詳。原藏上海市文物管理委員會，現藏嘉定博物館。

五七　明故致仕教諭陳公（瑜）墓誌銘

成化十五年（一四七九）十一月二十五日

誌為石質，長四八、寬四六・五厘米。誌文二六行，滿行二七字。正書。誌輕度泐蝕，誌文略有殘損。誌上邊略有殘缺。蓋佚。

一九四九年後出土，具體時地不詳。原藏上海市文物管理委員會，現藏上海市歷史博物館。

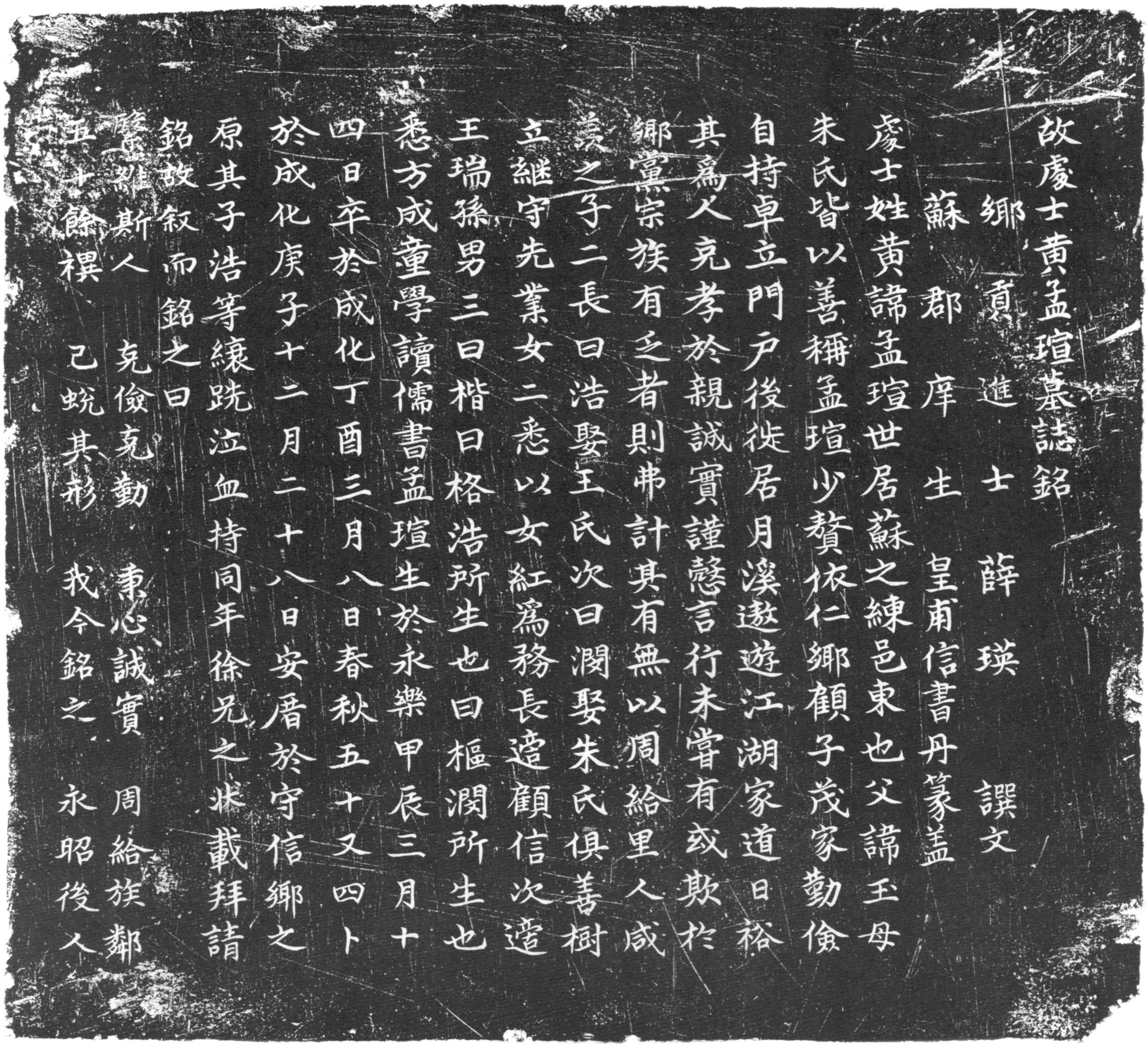
故處士黃孟瑄墓誌銘
鄉貢進士薛瑛譔文
蘇郡庠生皇甫信書丹篆蓋
處士姓黃諱孟瑄世居蘇之練邑東也父諱玉母
朱氏皆以善稱孟瑄少贅依仁鄉顧子茂家勤儉
其爲人克孝於親誠實謹慤言行未嘗有或欺於
自持卓立門戶後徙居月溪遨遊江湖家道日裕
鄉黨宗族有乏者則弗計其有無以周給里人咸
義之子二長曰浩娶王氏次曰潤娶朱氏俱善樹
立繼守先業女二悉以女紅爲務長適顧信次適
王瑞孫男三曰楷曰格浩所生也曰樞潤所生也
悉方成童學讀儒書孟瑄生於永樂甲辰三月十
四日卒於成化丁酉三月八日春秋五十又四卜
於成化庚子十二月二十八日安厝於守信鄉之
原其子浩等縗跣泣血持同年徐允之狀載拜請
銘故敘而銘之曰
繄維斯人　克儉克勤　秉心誠實　周給族鄰
五十餘禩　己蛻其形　我今銘之　永昭後人

故處士
黃孟瑄
墓誌銘

五八　明故處士黃孟瑄墓誌銘

成化十六年（一四八〇）十二月二十八日

誌、蓋均為石質。誌長四二・八、寬四六厘米；蓋長四三・二、寬四六・四厘米。蓋文三行，滿行三字。篆書。誌文一八行，滿行一九字。正書。

一九五八年寶山區月浦旗杆墳出土。原藏上海市文物管理委員會，現藏嘉定博物館。

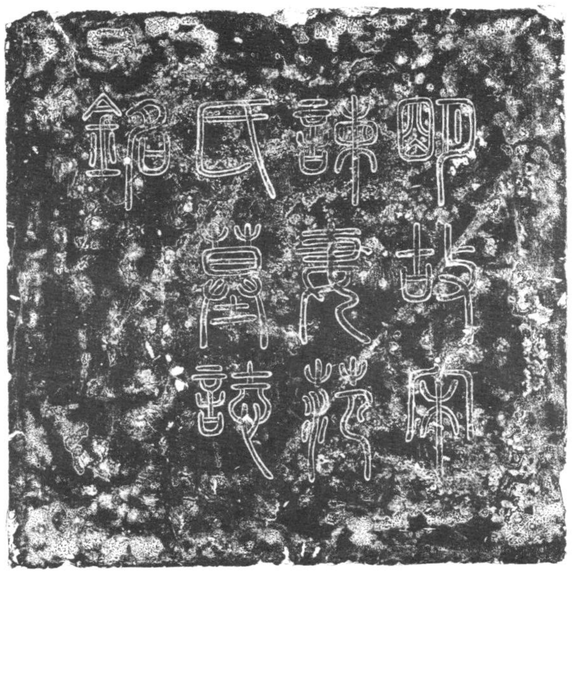

五九　明故宋諫妻范氏（秀清）墓誌銘

成化十七年（一四八一）十二月二日

誌、蓋均為石質。誌長四七・五、寬四七・五厘米；蓋長四七・五、寬四七・五厘米。蓋文四行，滿行三字。篆書。誌文一六行，滿行一七字。正書。誌、蓋均泐蝕，誌文略有殘損。誌面有劃痕。

一九四九年後出土，具體時地不詳。現藏奉賢博物館。

六〇　明故刑部郎中奚君（昊）墓誌銘

成化十九年（一四八三）三月四日

誌、蓋均為石質，均殘斷。誌殘長三八、寬五三・五厘米；蓋殘長三六・五、寬五四厘米。蓋文四行，滿行三字。篆書。誌文二九行，行殘存一一至二三字不等。正書。誌泐蝕，誌文殘缺。誌下半部斷佚，蓋上邊及下邊亦斷佚。

一九四九年後出土，具體時地不詳。現藏奉賢博物館。

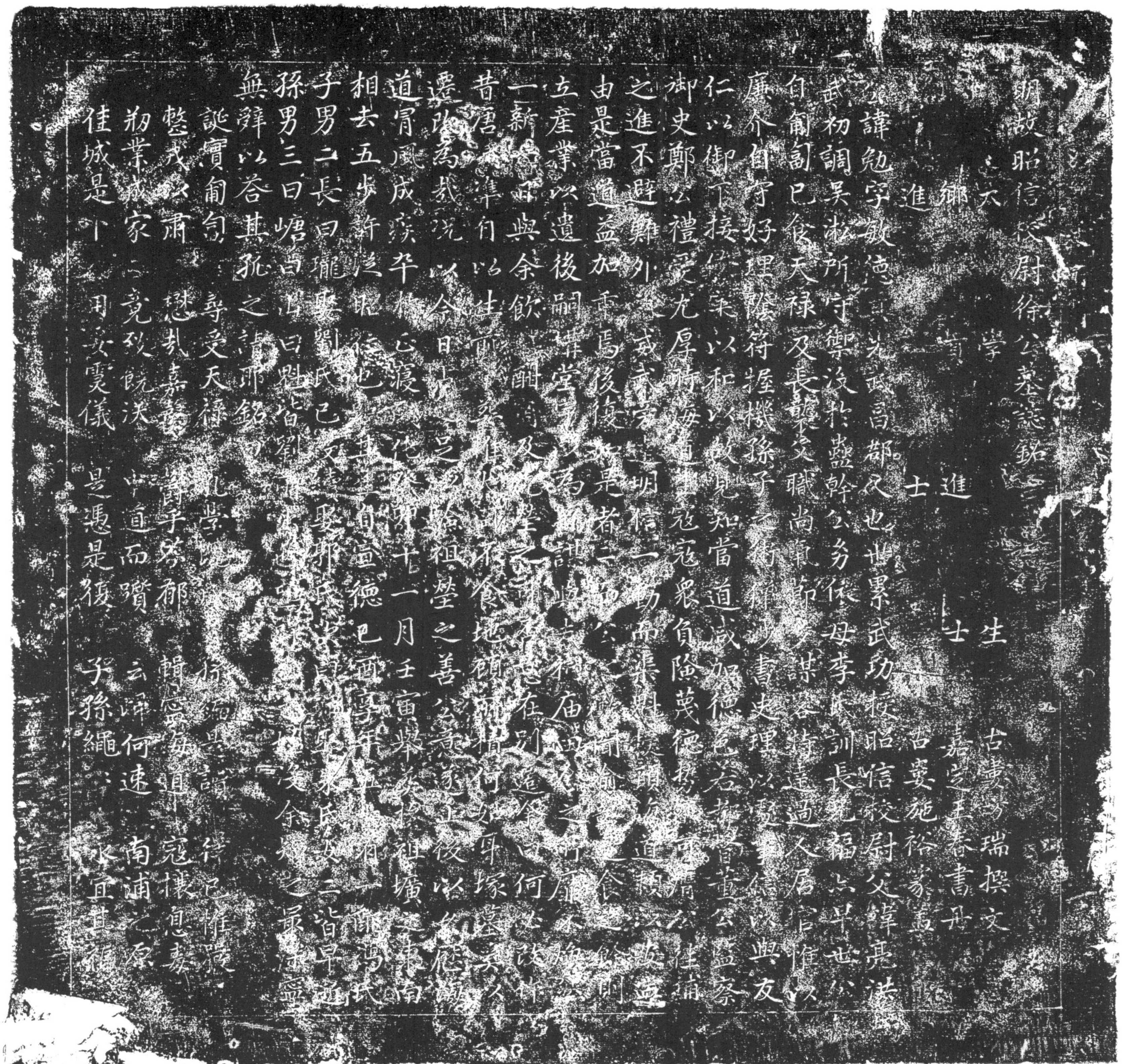

六一　明故昭信校尉徐公（勉）墓誌銘

成化十九年（一四八三）十一月十三日

誌、蓋均為石質。誌長五一・五、寬五一・五厘米；蓋長五一・二、寬五一・二厘米。蓋文二行，滿行四字。篆書。誌文二五行，滿行二六字。正書。周邊為單綫框。誌中部泐蝕，誌文略漫漶。

一九八〇年寶山區吳淞張建浜出土。原藏上海市文物管理委員會，現藏嘉定博物館。

六二　明故樂閑處士劉公（宗海）墓誌銘

成化二十年（一四八四）十月七日

誌為石質，長四四、寬四六厘米。誌文二一行，滿行二一字。正書。周邊為雙綫框。誌泐蝕，誌文略漫漶。誌左下角斷裂。

一九四九年後出土，具體時地不詳。現藏寶山區文物保護所。

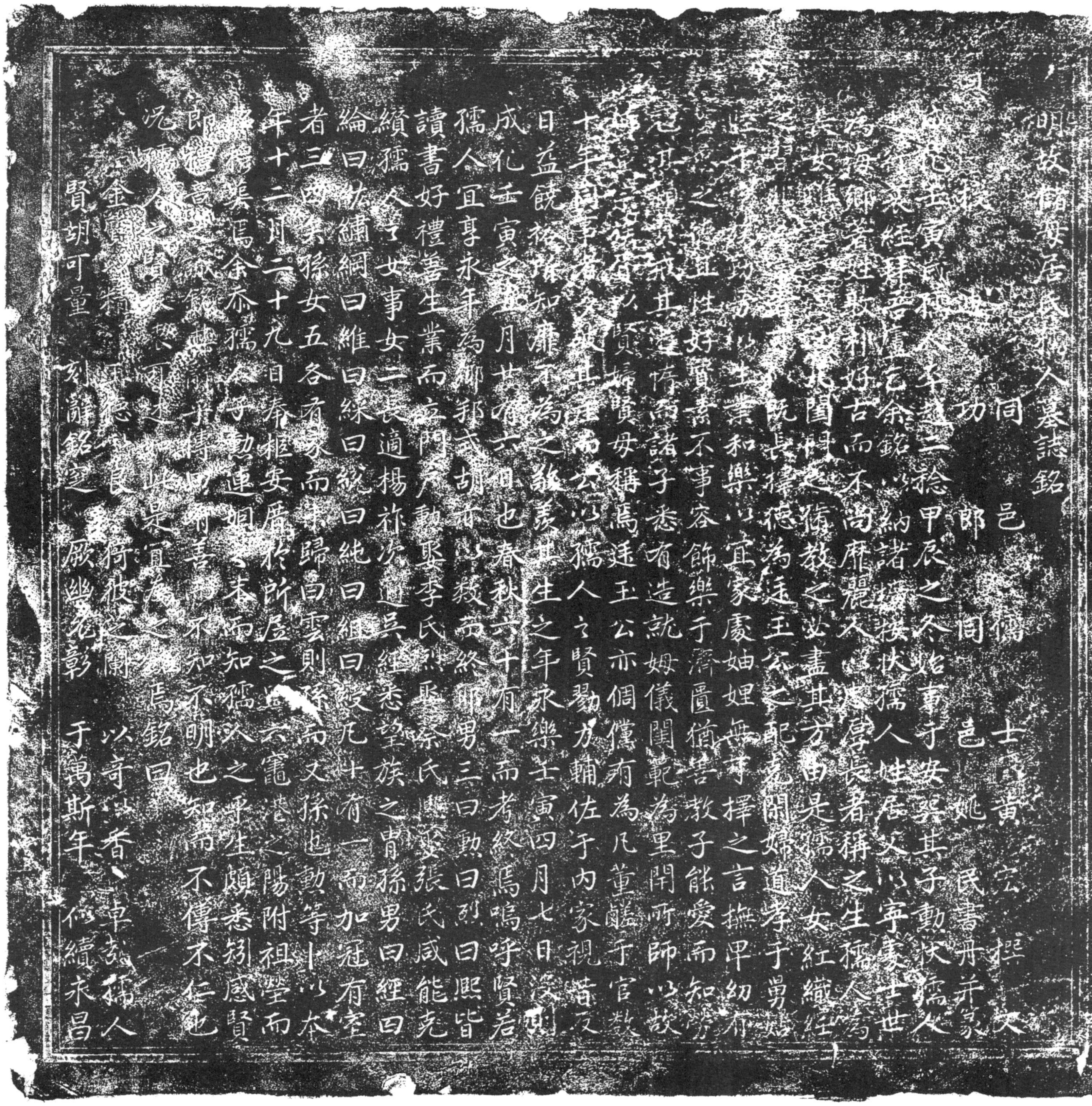

六三　明故儲（勳）母居氏孺人墓誌銘

成化二十年（一四八四）十二月二十九日

誌、蓋均為石質。誌長四二・五、寬四二・五厘米；蓋長四三、寬四二・五厘米。蓋文四行，滿行三字。篆書。周邊為雙綫框。誌文二六行，滿行二七字。正書。周邊亦為雙綫框。誌泐蝕，誌文略漫漶；蓋亦泐蝕，蓋文亦有殘損。蓋右下邊斷裂。

一九四九年後南匯區瓦屑出土。原藏上海市文物管理委員會，現藏上海市歷史博物館。

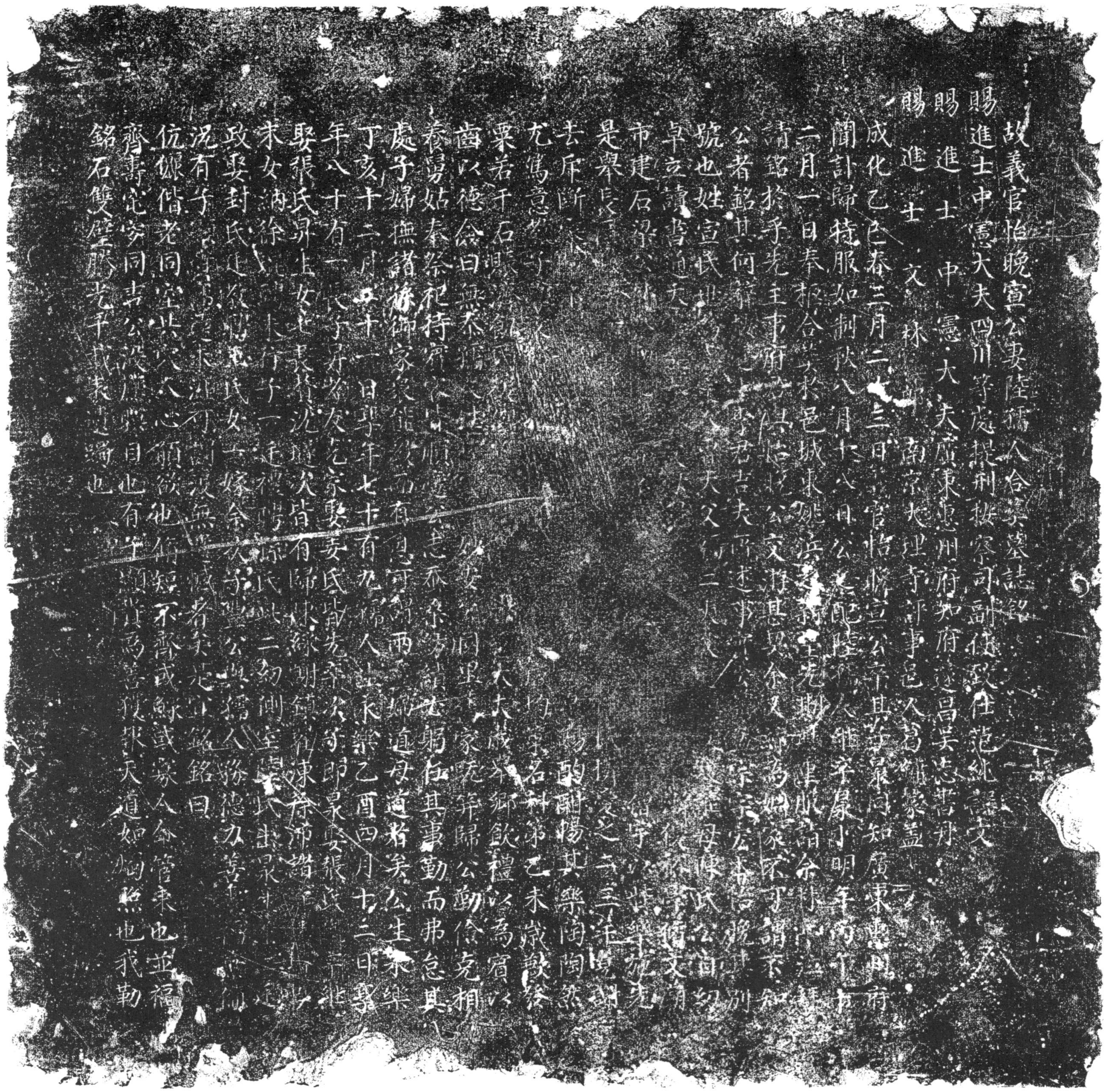

六四　明故義官怡晚宣公（孟宗）妻陸孺人（妙安）合葬墓誌銘

成化二十二年（一四八六）十二月一日

誌為石質，長五四・五、寬五四厘米。誌文二八行，滿行二九字。正書。誌中部泐蝕較重，誌文漫漶不清。蓋佚。

一九四九年後出土，具體時地不詳。原藏上海市文物管理委員會，現藏嘉定博物館。

六五　明故處士宣君汝暘（昇）合葬墓誌銘

成化二十二年（一四八六）十二月一日

誌、蓋均為石質。誌長五五、寬五五・四厘米；蓋長五四・六、寬五三・三厘米。蓋文三行，滿行三字。篆書。誌文三二行，滿行三三字。正書。誌泐蝕，誌文略有殘損。誌上部橫向斷裂，右下角斷佚。

一九四九年後出土，具體時地不詳。原藏上海市文物管理委員會，現藏嘉定博物館。

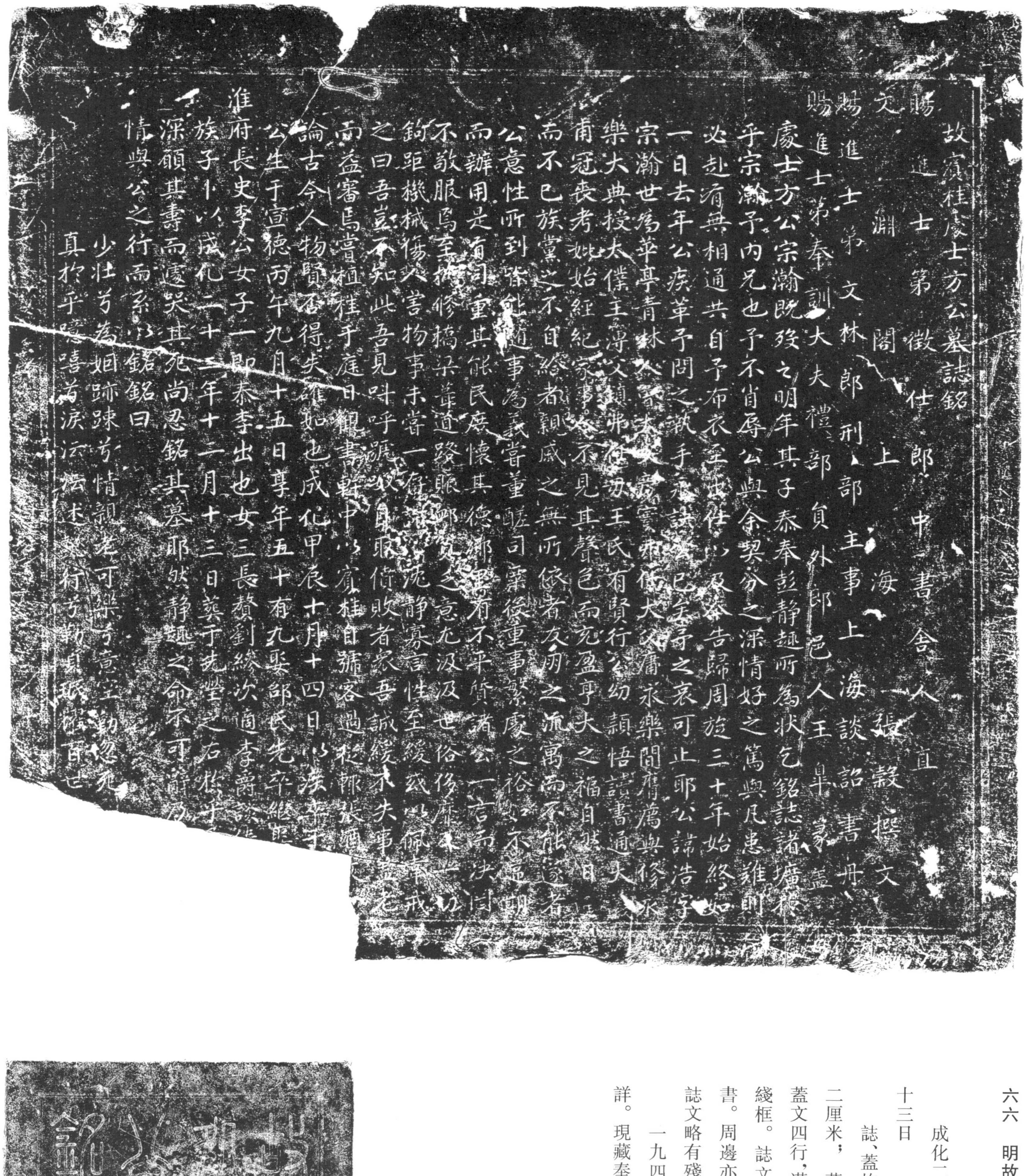

六六　明故賓桂處士方公（浩）墓誌銘

成化二十二年（一四八六）十二月十三日

誌、蓋均為石質。誌長四一、寬四二厘米；蓋長四一·五、寬四一厘米。蓋文四行，滿行三字。篆書。周邊為雙綫框。誌文二七行，滿行二八字。正書。周邊亦為雙綫框。誌左下角斷佚。誌、蓋均泐蝕，誌文略有殘缺。

一九四九年後出土，具體時地不詳。現藏奉賢博物館。

六七　明封奉政大夫南京刑部郎中李公(綱)繼配朱宜人墓誌銘

成化二十三年(一四八七)□九日(卒)

誌為石質，殘斷，殘長四四・七、殘寬四三厘米。誌文殘存二一行，行殘存一三至二四字不等。正書。誌泐蝕，誌文殘缺。誌右邊及下邊斷佚。

一九四九年後出土，具體時地不詳。現藏嘉定博物館。

六八　明先考封奉政大夫南京刑部郎中李府君（綱）墓誌

弘治元年（一四八八）十二月十三日

誌為石質，長五七·五、寬五八厘米。誌文三一行，滿行三六字。正書。誌上半部泐蝕較重，誌文漫漶。

一九四九年後出土，具體時地不詳。原藏上海市文物管理委員會，現藏嘉定博物館。

儼山韓先生墓誌銘
鄉貢進士崑山沈 撰
有高年厚德若古之所謂長者曰儼山韓先生先生姓韓諱瑄字汝溫別號養素其
先越人系出宋魏國忠獻王十四世孫五世祖子方仕元江浙行省宣使子方生道
華為先生高祖嘗因其外舅趙氏僑寓吳中遂占籍蘇之嘉定今為嘉定人曾祖諱
禮祖諱英考諱昇字士暘號竹雪家豐於貲而崇乎禮所交皆一時名勝東南文獻
家士論多歸於韓妣黃氏先生生有異質為童兒儼若成人既長益不泯於流俗處
事不為隨徇矯異必求合宜待人務於誠厚深懲儉薄故聞人有善若出諸己不善
亦掩匿之士有困阨無依者留連館穀久而不厭已而復資之人有稱貸不能償者
即毀其券使不存其跡嘗究岐黃之書居良藥以去人疾以疾來告即隨告者往不
憚寒暑風雨飢者或食糜粥死者或施於衾襚鄉人德之曩歲吳中大疫先生畀藥
往寓蘇之承天寺所濟蒙活者甚衆先生惟德量宏遠故意思舒曠而志行高潔嘗
作別墅於所居之東天順間民以濬河聚土積而成丘隨所積之高下起伏有岡陵
旋繞之勢乃鑿池構屋疊湖石植嘉木遠近望之儼然一山秀出平原百里之間大
冢宰雲間錢公元溥嘗過之因名曰儼山刻石以記先生因以為號而鄉人皆以儼
山先生稱之先生猶博雅好古多聚圖書彝器於其間日與客講討鑒別已而或循
運或俯檻賦詩御盈於水樹間飄然若神仙侶世下事一毫有不可干雖邑大夫每
以鄉飲賓禮聘先生先生以為今俗行禮情文不足甯匐有餘吾不易吾山間之樂
也屢以疾辭不赴人多高之成化丁未
詔錫官帶優老先生至是乃曰冐進而求榮士之恥也今
明天子舉行盛典在我老人分所宜得敢不敬恭服
命以榮吾之考終令乎人又艷之壽八十有七生於永樂元年十月初七日卒於弘
治二年二月廿八日以明年十二月十三日葬於斜涇之先塋配王氏有淑行子男
二長肇由胄監授河南之河內丞致仕次肅能守先業女二適張佩王樞繼室呂氏
女二適周碩張昂孫男七祐禧禎穡祿禋祾孫女五皆適名族曾孫男十三約絅紳
經纁紀綉綸紋維綷綺績曾孫女七皆幼余生也晚近而獲交於祐繼而進交於河
內君獨不得接先生之闊矩遠度以消我後人鄙狹之私徒緬懷長者之風於文字
間使人慨涕之無已也河內君以其友浦東白狀來徵銘銘之曰
安陽傳葉十有四　遺德綿綿能世濟　給困扶危多善施　問之鄉人難屈指
萬役千趨齊覆簣　天與佳山儼然峙　百尺山居迥遺世　山下行人仰高止
八十□□若川逝　斜涇膴原王斯貴　我昭銘辭真有俟　咨爾□□復其始

明故儼山韓先生之墓

六九　明故儼山韓先生（瑄）墓誌銘

弘治三年（一四九〇）十二月十三日

誌、蓋均為石質。誌長五八・二、寬五八厘米；蓋長五八・七、寬五八厘米。蓋文三行，滿行三字。篆書。誌文三一行，滿行三三字。正書。

一九四九年後出土，具體時地不詳。原藏上海市文物管理委員會，現藏嘉定博物館。

七〇　明故處士楊寅菴(達)墓誌銘

弘治四年(一四九一)十二月十一日

誌、蓋均為石質。誌長六〇・五、寬六〇厘米；蓋長六〇・二、寬六〇厘米。蓋文三行，滿行三字。篆書。周邊為單綫框。誌文二七行，滿行三〇字。正書。周邊亦為單綫框。誌中下部泐蝕較重，誌文漫漶。

一九四九年後出土，具體時地不詳。現藏松江博物館。

七一　明故芸軒處士劉公（宗湜）墓誌銘

弘治四年（一四九一）十二月十八日

誌、蓋均為石質。誌長四八・三、寬四八・五厘米；蓋長四八・五、寬四八厘米。蓋文四行，滿行三字。篆書。誌文二二行，滿行二五字。正書。蓋面有劃痕。

一九四九年後出土，具體時地不詳。現藏寶山區文物保護所。

明故范孺人俞氏墓誌銘
鄉貢進士文林郎茌平縣知縣邑人金洞撰文
孺人姓俞氏諱秀英嘉定外崗鎮舊家俞子誠之中女母趙
氏孺人生而端靜淑順父母鍾愛之既笄慎擇所歸配四川
提刑憲副范公之長子時彥時彥少性敏為邑庠生孺人
門脩守婦道孝事舅姑舅沒而奉姑安人委曲承順恭謹[illegible]
上奉祭待賓必誠必享處妯娌以和御婢僕以慈力於勤儉
躬自紡績每中夜隣壁猶聞機杼聲能忘其勞少暇即從容
勸於時彥曰妾在室嘗聞大人言吾舅舅以清苦力學少年
登進士歷職郎署至遷高位食重祿垂裕後昆以至今日蓋
時知君能繼其志致政歸即遣游庠序蓋欲見君學業有成
接踵科第以門常於時不幸舅背顧常以先人為心慎毋忘
其所學况姑之垂白子初知讀書養之教之責將焉歸凡家
事分所當為者妾以黽勉從命不使少累於君由是十有餘
年時彥畧無內顧專心致志肆力於學而自進不已皆孺人
善相之力也歲時洊饑弘治癸丑春夏復大疫孺人以家衆
而心獨憂之為之治生日夜勞瘁致疾而竟不能起時五月
二十八日也生於天順戊寅二月初三日年三十六子男一
萬聘天官郎中龔元之女女二酉生胖胖皆幼卜以是年十
二月[illegible][illegible]安厝於項涇祖塋之次萬來泣拜請銘予辱為時
彥姻戚而嘗得聞其槩銘奚可辭銘曰
內與其孝　外與其賢　胡不永年　[illegible]命自天
斯人之亡　斯德可述　婦道之貞　閨門之則
邑人[illegible][illegible]鐫

七二　明故范(時彥)孺人俞氏(秀英)墓誌銘

弘治六年(一四九三)十二月二十二日

誌、蓋均為石質。誌長四六、寬四四・八厘米；蓋長四六・二厘米，寬四六・八厘米。蓋文四行，滿行三字。篆書。誌文二四行，滿行二三字。正書。誌、蓋均泐蝕，誌文略有殘損。

一九四九年後出土，具體時地不詳。原藏上海市文物管理委員會，現藏嘉定博物館。

七三　明故足菴唐公（珣）墓誌銘

弘治八年（一四九五）十月十日（卒）

誌、蓋均為石質。誌長七一・九、寬六九・九厘米；蓋長七一・二、寬七一・二厘米。蓋文三行，滿行三字。篆書。周邊為單綫框。誌文三六行，滿行四八字。正書。周邊亦為單綫框。誌、蓋均泐蝕，誌文漫漶。誌右下角略有殘缺，左邊亦有殘缺。蓋右下角及右邊亦有殘缺。

二〇〇〇年松江區松東路出土。現藏松江博物館。

七四　明故奉議大夫福建汀州府同知潘公（齡）墓誌銘

弘治十一年（一四九八）十一月二十八日

誌為石質，長六九、寬六七・五厘米。誌文四〇行，滿行四四字。正書。誌泐蝕，誌文漫漶。

一九四九年後出土，具體時地不詳。原藏上海市文物管理委員會，現藏嘉定博物館。

七五　明先考州判侯府君（爵）墓誌

弘治十一年（一四九八）閏十一月二十一日

誌為石質，長五〇・五、寬五〇厘米。誌文三三行，滿行三四字。正書。誌泐蝕，誌文略漫漶。

一九四九年後出土，具體時地不詳。原藏上海市文物管理委員會，現藏嘉定博物館。

七六　明徐（旒）母王孺人（素寧）墓誌銘

弘治十二年（一四九九）十一月二十一日

誌、蓋均為石質。誌長五一、寬五二厘米；蓋長五一、寬五一厘米。蓋文三行，滿行三字。篆書。周邊為雙綫框。誌文一七行，滿行一八字。正書。周邊為單綫框。另，誌文右邊有清人題記三行，行二至一二字不等。正書。誌輕度泐蝕。

具體出土時地不詳。二十世紀五十年代發現。原藏上海市文物管理委員會，現藏嘉定博物館。

七七　明故顔（鈛）母唐孺人（玉英）墓誌銘

弘治十三年（一五〇〇）十二月二十六日

誌為石質，長四九、寬四九厘米。上為額文，一行，九字。篆書。下為誌文，二七行，滿行二六字。正行相間。周邊為單綫框。誌文略有殘損。

一九四九年後出土，具體時地不詳。現藏嘉定博物館。

明故橘逸吳公妻蘇氏墓誌銘
鄉貢進士同邑包祥撰文并書篆

七八　明故橘逸吳公（惟學）妻蘇氏（妙貞）墓誌銘

弘治十四年（一五〇一）十一月十六日

誌、蓋均為石質。誌長五二、寬五一・五厘米；蓋長四八・六、寬四九・五厘米。蓋文四行，滿行三字。篆書。誌文二一行，滿行二一字。正書。誌泐蝕，誌文略漫漶。誌面有劃痕。蓋亦泐蝕，縱向斷為二塊。

一九四九年後出土，具體時地不詳。一九八七年文物普查時發現。現藏閔行區博物館。

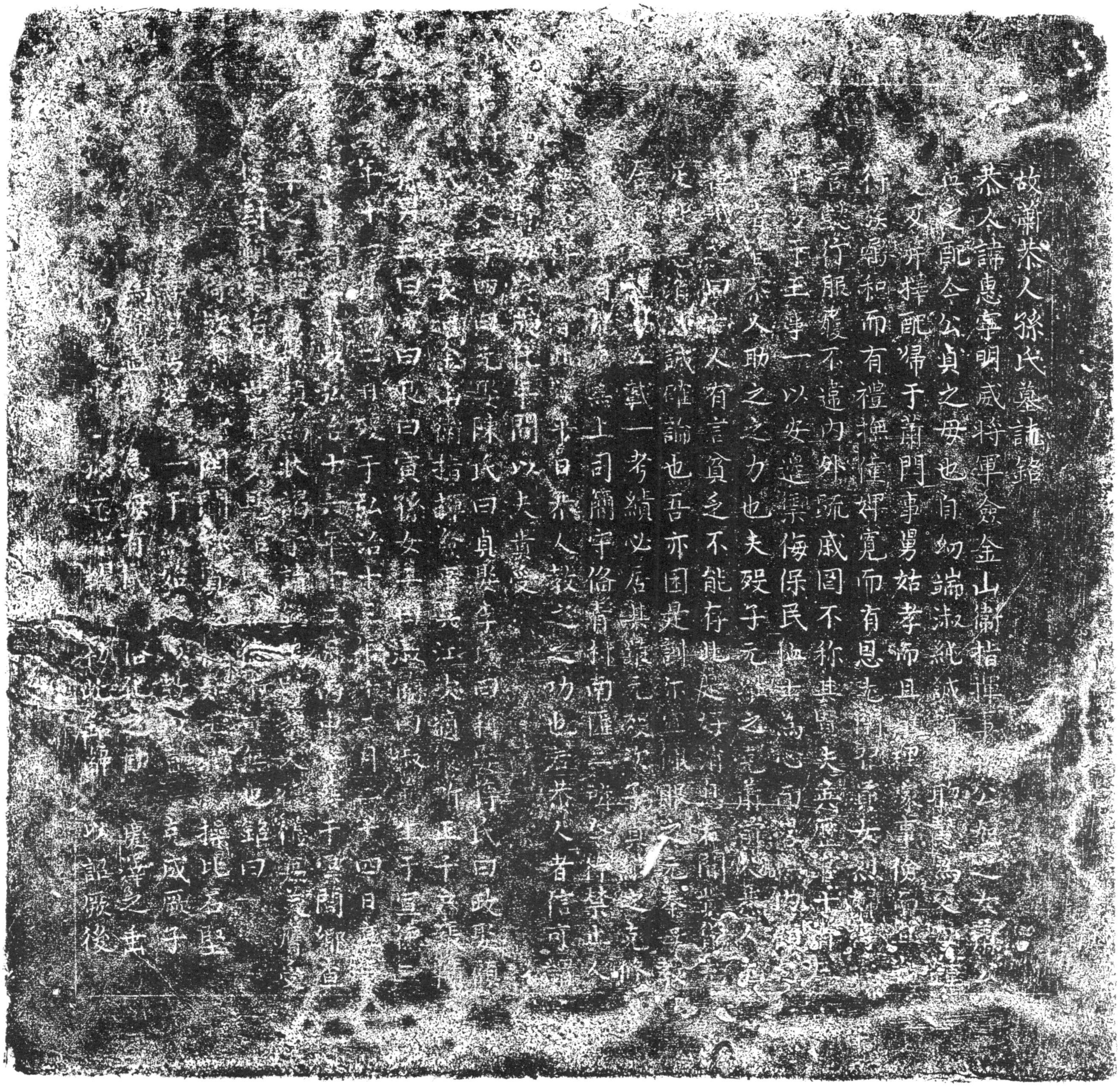

七九　明故蕭（英）恭人孫氏（惠寧）墓誌銘

弘治十六年（一五〇三）十二月三日

誌為石質，長五二、寬五二・三厘米。誌文二五行，滿行二五字。正書。周邊為單綫框。誌泐蝕，誌文略漫漶。

一九四九年後出土，具體時地不詳。原藏上海市文物管理委員會，現藏上海市歷史博物館。

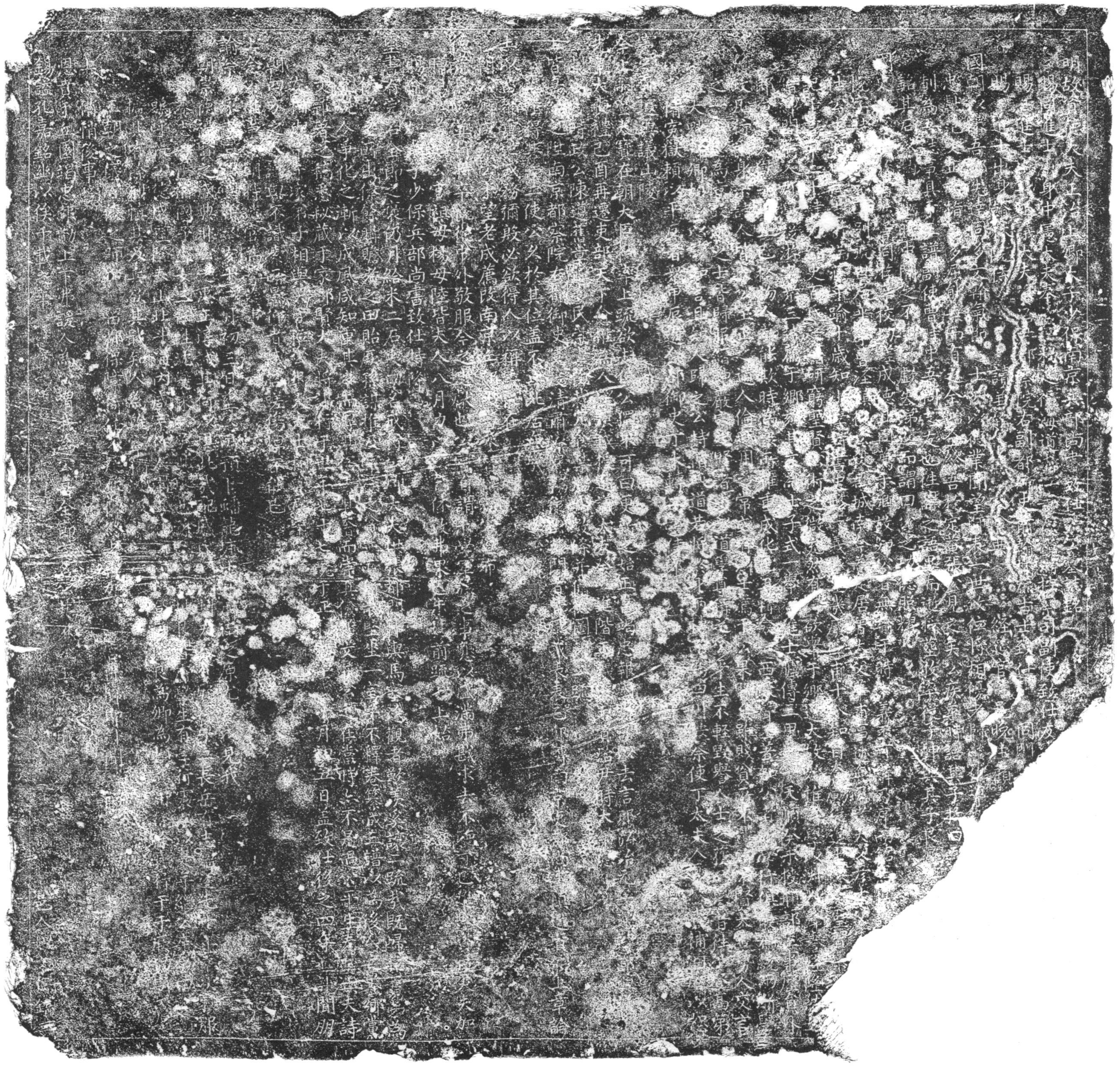

八〇　明故資德大夫正治上卿太子少保南京兵部尚書致仕張公(悅)墓誌銘

弘治十六年(一五〇三)十二月三日

誌為石質，長六八・五、寬七一厘米。誌文四五行，滿行四八字。正書。周邊為單綫框。誌泐蝕嚴重，誌文漫漶。誌右下角斷佚。蓋佚。

一九四九年後出土，具體時地不詳。現藏松江博物館。

八一　明故通議大夫工部右侍郎談公（倫）墓誌銘

弘治十八年（一五〇五）十二月四日

誌、蓋均為石質。誌長七三、寬七六·五厘米；蓋長七五·二、寬七七厘米。蓋文四行，滿行四字。篆書。周邊為單綫框。誌文三七行，滿行三七字。正書。周邊亦為單綫框。誌輕度泐蝕，右下角斷佚，誌文略有殘缺。

一九四九年後出土，具體時地不詳。誌為「文化大革命」中上交。原藏上海市文物管理委員會，現藏上海市歷史博物館。蓋為一九九八年閔行區杜行發現。現藏閔行區博物館。

八二　明故陸溪雲處士（瑜）并室張孺人合葬誌銘

正德元年（一五〇六）正月二日

誌、蓋均為石質，均長五五、寬五五厘米。蓋文四行，滿行四字。篆書。誌文二八行，滿行二九字。正書。誌泐蝕較重，誌文漫漶且有殘缺。誌右邊及下邊殘缺，左上角斷佚。蓋左上邊略有殘缺。

一九四九年後出土，具體時地不詳。一九八七年文物普查時於閔行區塘灣鄉村民蔣根生家發現。現藏閔行區博物館。

八三　明伯姑張（友梅）孺人楊氏（瑛）墓誌銘

正德元年（一五〇六）十月二十五日

誌為石質，長四九・五、寬五〇厘米。誌文二〇行，滿行二三字。正書。周邊為單綫框。誌上部泐蝕較重，誌文漫漶。

一九四九年後出土，具體時地不詳。現藏嘉定博物館。

八四　明誥封張（悦）夫人戚氏墓誌銘

正德二年（一五〇七）十月二十日

誌、蓋均為石質。誌長六六・三、寬六六厘米；蓋長六六・五、寬六六・三厘米。蓋文四行，滿行三字。篆書。周邊為單綫框。誌文三二行，滿行三七字。正書。周邊亦為單綫框。誌泐蝕嚴重，誌文漫漶。蓋亦泐蝕，蓋文亦漫漶。

一九四九年後出土，具體時地不詳。現藏松江博物館。

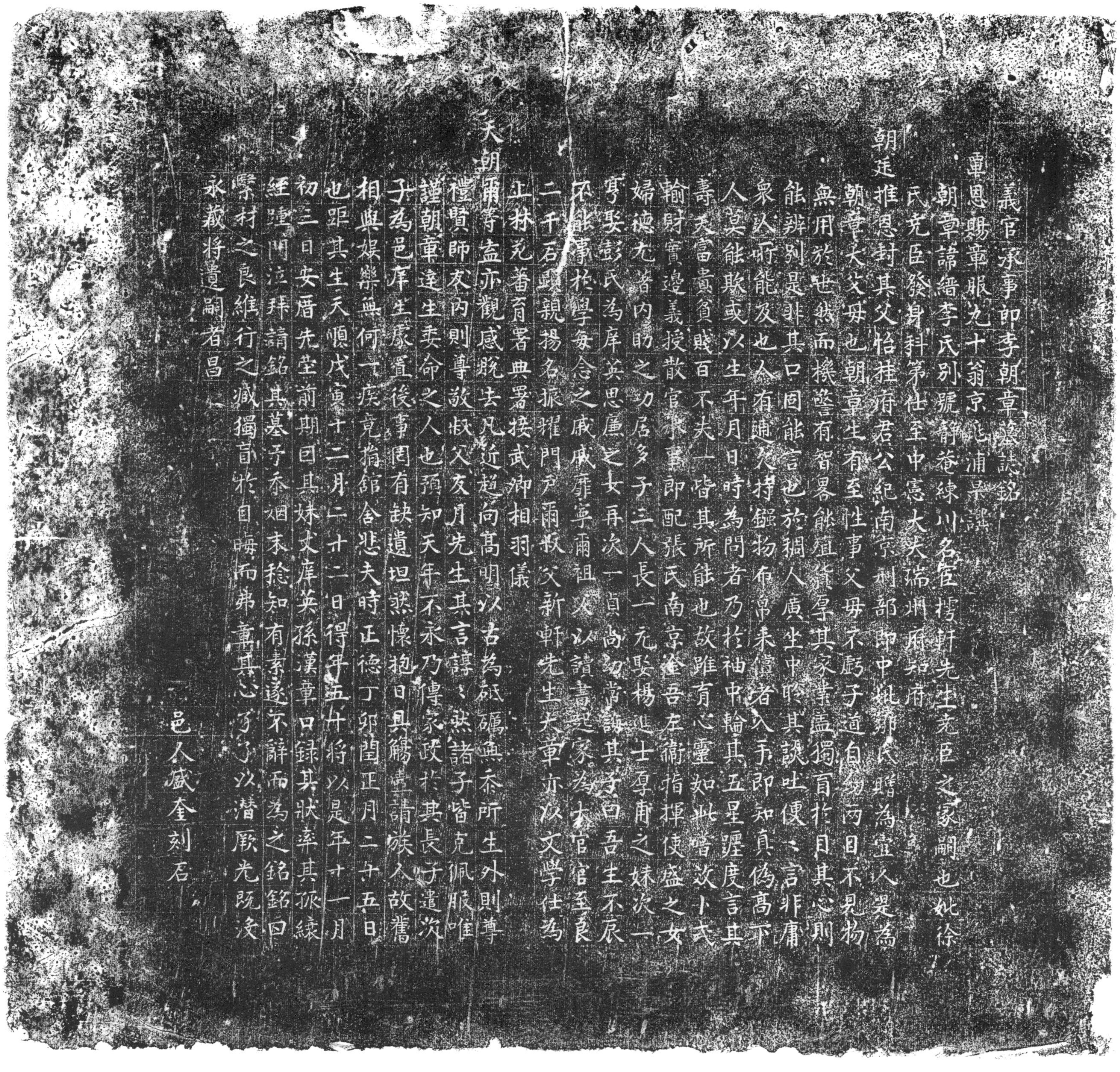

八五　明義官承事郎李朝章（縉）墓誌銘

正德二年（一五〇七）十一月三日

誌為石質，長五三、寬五四厘米。誌文二八行，滿行二八字。正書。有界格。

一九四九年後出土，具體時地不詳。現藏嘉定博物館。

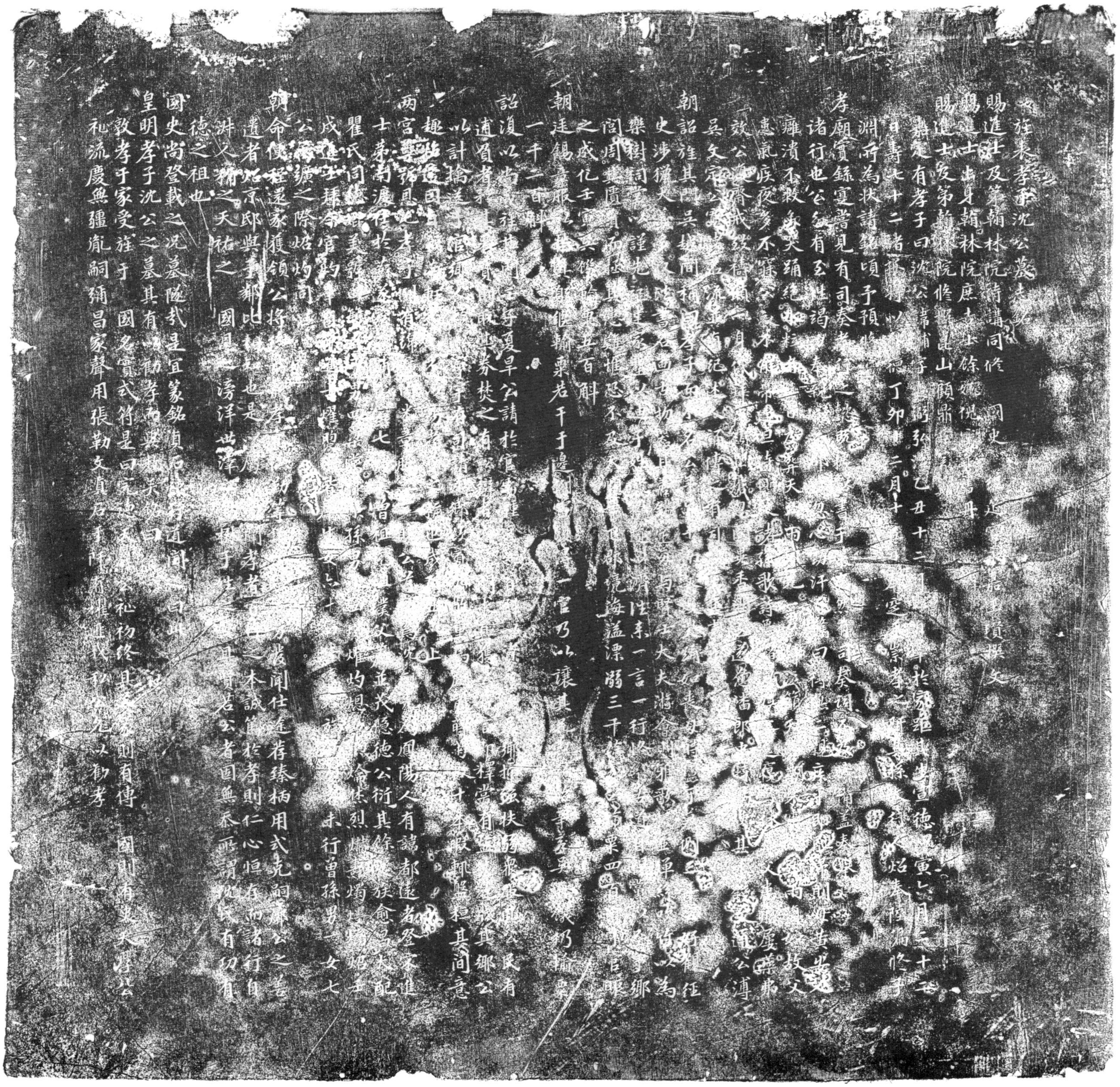

八六　明旌表孝子沈公（輔）墓誌銘

正德二年（一五〇七）十二月十五日

誌為石質，長六六・七、寬六四・三厘米。誌文三七行，滿行三八字。正書。誌泐蝕較重，誌文漫漶。蓋佚。

一九七六年浦東新區高橋新建出土。原藏上海市文物管理委員會，現藏嘉定博物館。

明故武略將軍伯明臧公太宜人郭氏合葬墓誌銘

八七　明故武略將軍伯明臧公（鑑）太宜人郭氏（寧）合葬墓誌銘

正德二年（一五〇七）

誌、蓋均為石質。誌長四二、寬四二·四厘米；蓋長四一、寬四三·五厘米。蓋文五行，滿行四字。篆書。誌文二四行，滿行二四字。正書。誌輕度泐蝕，誌文略漫漶。

一九四九年後出土，具體時地不詳。原藏上海市文物管理委員會，現藏上海市歷史博物館。

八八　明故沈君友梅(棣)墓誌銘

正德三年(一五〇八)正月十一日

誌為石質,長七四・五、寬六六・五厘米。誌文三〇行,滿行三〇字。正書。周邊為雙綫框。誌泐蝕,誌文略漫漶。蓋佚。

一九四九年後出土,具體時地不詳。原藏上海市文物管理委員會,現藏上海市歷史博物館。

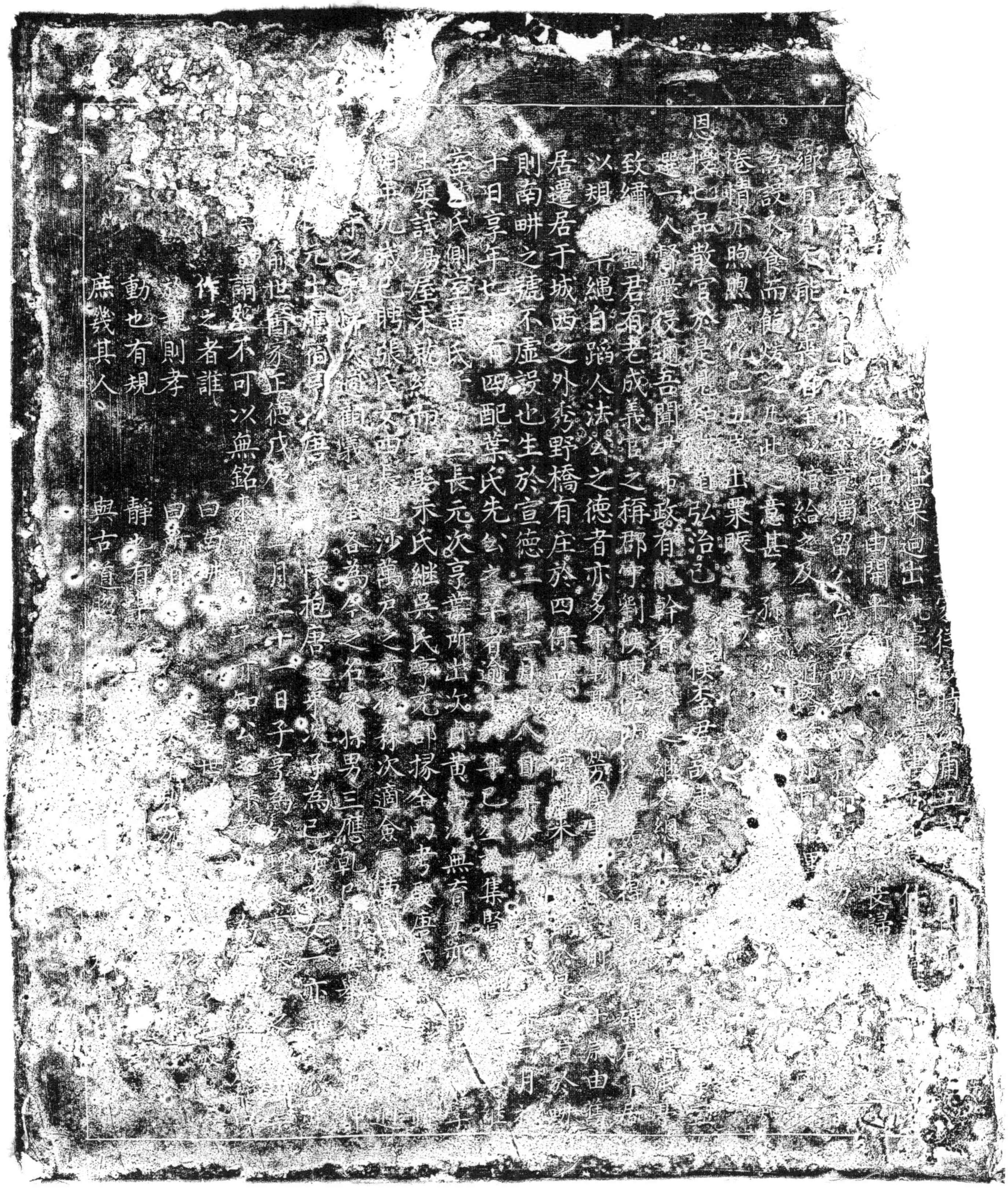

八九　明故義授郎南畊尹公（希）墓誌銘

正德三年（一五〇八）十二月二十一日

誌、蓋均為石質，誌殘斷。誌長五七・五、殘寬四七・五厘米；蓋長五七・三、寬五九・二厘米。蓋文四行，滿行三字。篆書。周邊為單綫框。誌文殘存二五行，滿行三二字。正書。周邊亦為單綫框。誌泐蝕，誌文漫漶且有殘缺。誌右邊斷佚。蓋亦泐蝕。

一九四九年後出土，具體時地不詳。現藏松江博物館。

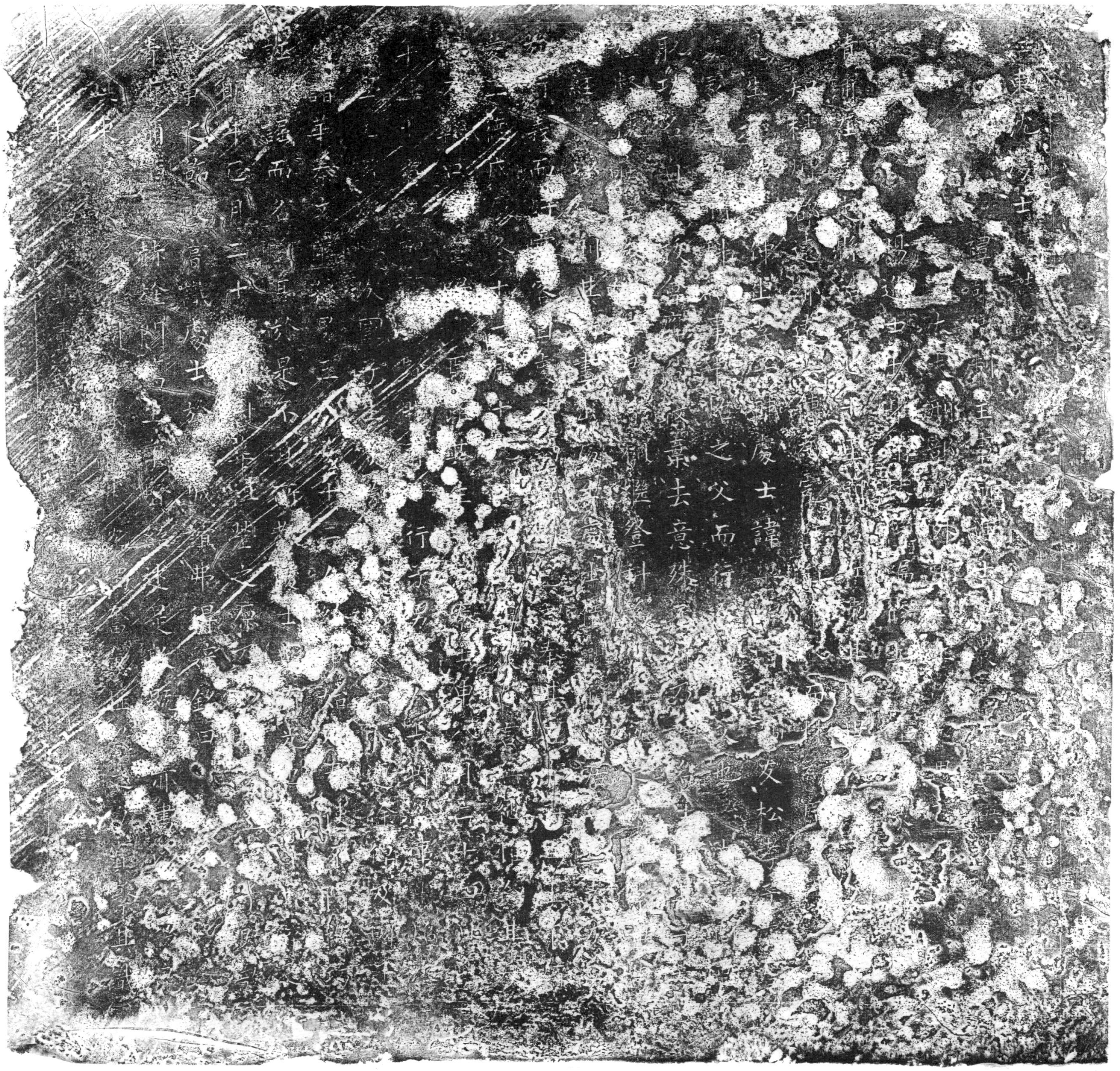

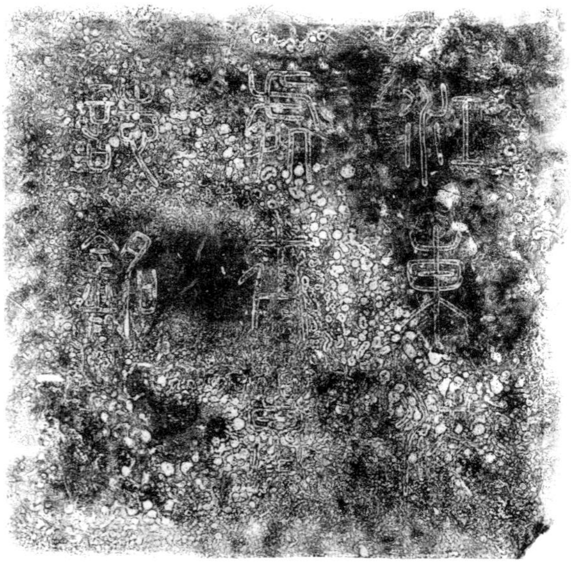

九〇　明江東沈處士（梁）墓誌銘

正德四年（一五〇九）正月二十□日

誌、蓋均為石質。誌長六七・四、寬六八・二厘米；蓋長六七・五、寬六五厘米。蓋文三行，滿行三字。篆書。周邊為單綫框。誌文二三行，滿行二四字。正書。周邊亦為單綫框。誌泐蝕嚴重，誌文漫漶不清；蓋亦泐蝕嚴重，蓋文亦有殘損。

一九七六年浦東新區高橋新建出土。原藏上海市文物管理委員會，現藏嘉定博物館。

九一　明故陸處士（純）墓誌銘

正德五年（一五一〇）二月十日

誌為石質，長五〇、寬四五・五厘米。誌文二七行，滿行二八字。正書。有界格。周邊為單綫框。誌輕度泐蝕，誌文略有殘損。左邊略有殘缺。

一九九四年嘉定區第一中學出土。原藏上海市文物管理委員會，現藏嘉定博物館。

九二　明故義授承事郎宣堯卿（廷政）墓誌銘

正德五年（一五一〇）十二月十五日

誌為石質，長六〇、寬四八厘米。上為額文，一行，八字。篆書。下為誌文，二七行，滿行二六字。正書。有界格。周邊為單綫框。

一九四九年後出土，具體時地不詳。現藏嘉定博物館。

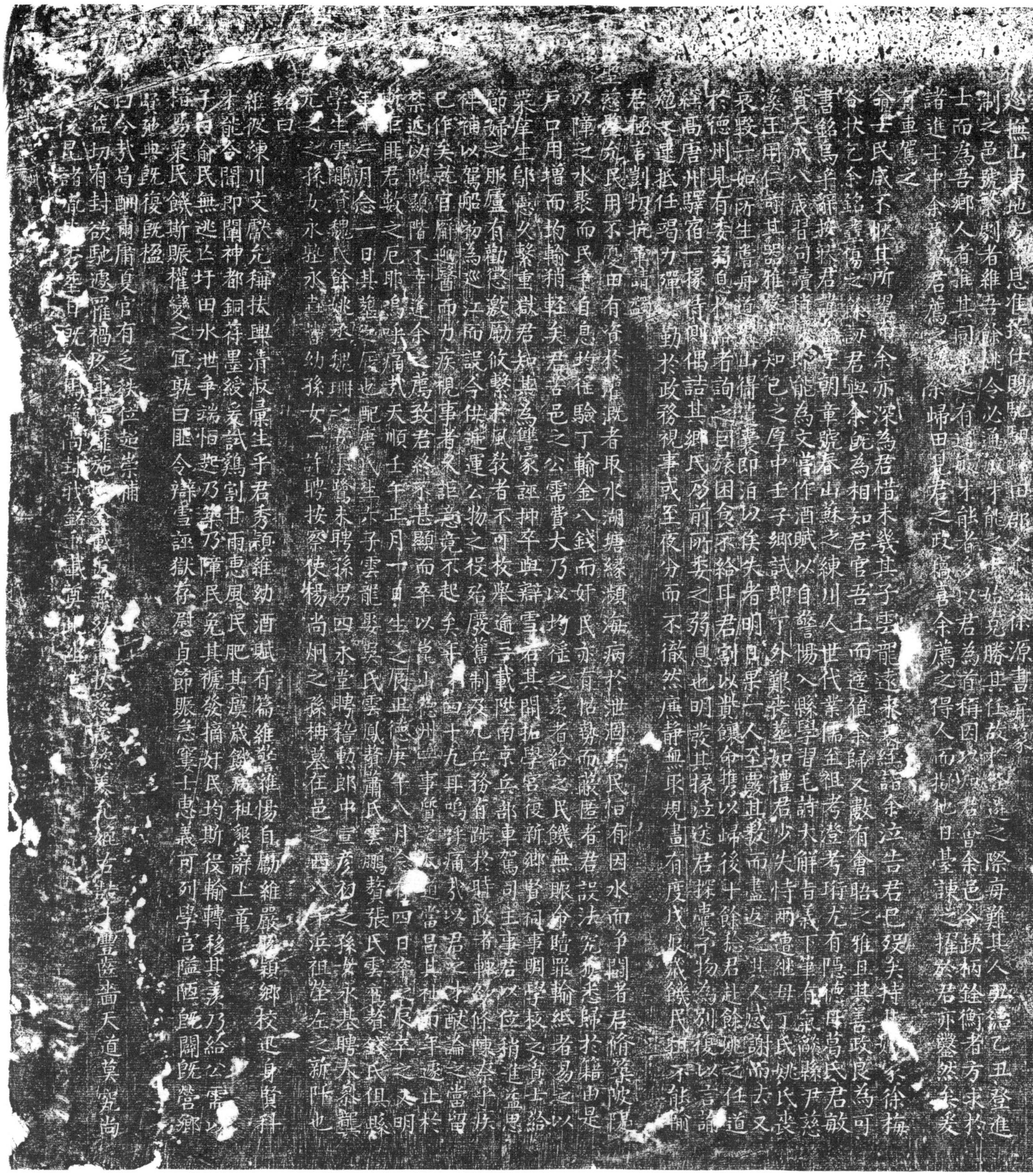

九三　明故南京兵部車駕清吏司主事顧君（倫）墓誌銘

正德六年（一五一一）十二月二十一日

誌、蓋均為石質。誌長五七、寬五五厘米；蓋長五〇・五、寬五一・二厘米。蓋文三行，滿行四字。篆書。誌文四〇行，滿行四一字。正書。有界格。誌輕度泐蝕，誌文略漫漶。

一九四九年後出土，具體時地不詳。原藏上海市文物管理委員會，現藏嘉定博物館。

明故唐碩人朱氏墓志銘
賜進士　刑□主□　王峯周愚譔文
容□居士　同邑浦博書篆
練川世醫唐先生德輝之妻碩人朱氏以今年癸酉五月三十日卒于正寢
其孤坤烽告于父將奉柩而納諸幽特以司王先生狀乞予銘乃按狀而書
之曰碩人姓朱氏諱蘭英世為邑城人大父諱孟昇任東光縣令綽有賢能
聲父以孝母陸氏生女二長先卒碩人其次也自少敏慧嫁淵既笄歸德輝
為冢婦德輝之先蜀人宋太醫提舉十世祖以道隨高宗南渡始徙紹興元
醫學教授八世祖永鄉再徙平江遂占籍嘉定永固右族與唐相埒碩人入
門夙承姆教事舅姑如父母待夫君如賓客處娣姒如兄弟外睦姻族下御
臧獲咸盡恩意至於祀先款賓女紅中饋以躬治之務極其精潔德輝遊邑
庠時凡師友之費每脫資之意有弗愜則從容訐告曾以己之二親乏嗣為
念白於德輝養生送死祭掃春秋舉無闕失不以出嫁降等德輝屢戰
南畿屢北碩人輒慰之曰功名富貴當聽命於天德輝脫然謝事惟以經
書教子醫藥濟人為務碩人經紀家政井然有條日則躬率僮奴勤苦生作
夜則篝燈辟纑課子讀書以助其勤恒戒其子曰吾家世業儒醫若曹各相
勉勵求不辱於其世可也宗族鄉黨咸稱其有古賢婦之風碩人生有懿行
淑德宜膺二子孝養俾德輝先生頤老北堂而傷天不慭遺竟以疾卒悲夫
得年六十有七距其生宣正統丁卯閏四月十一日也卜以正德八年十一
月二十日葬于何家浜之原子男二長即坤娶陳氏性至孝碩人病時嘗刲
股作粥以進人難之激厲陳保寧邑時屬為董倉義民以周備蓄
朝廷予其冠帶之榮次即烽娶王氏充學官弟子員不食於家待用有日是雖
德輝教養之功而碩人內訓之力亦不少焉女二壽容壽雲毛天錫壽瑞其
壻也孫男一金聘沈氏女三素珽素瑤素瓏受張樹德吳子學王化聘念悱
碩人在朱為賢女在唐為賢婦於德輝為賢妻於坤烽為賢母不一而書惡
可以無銘銘曰于嗟碩人維賢維孝行內一辭今之德耀既相其夫亦
令其子
褒崇將來鐫石以俟　邑人戚奎摹

九四　明故唐（炯）碩人朱氏（蘭英）墓誌銘

正德八年（一五一三）十一月二十日

誌為石質，長五七・五、寬五八厘米。誌文二九行，滿行三〇字。正書。誌輕度泐蝕。蓋佚。

一九四九年後出土，具體時地不詳。原藏上海市文物管理委員會，現藏嘉定博物館。

九五　明故唐德輝（烔）夫婦合葬墓誌銘蓋

正德八年（一五一三）十一月二十日後

蓋為石質，長五八、寬五七・六厘米。蓋文四行，滿行三字。篆書。左下角略有殘缺。誌佚。

一九四九年後出土，具體時地不詳。現藏嘉定博物館。

九六　明太學生沈公（階）墓誌銘

正德十年（一五一五）□月二十七日

誌為石質，長六一·五、寬六二厘米。誌文一八行，滿行二四字。正書。誌泐蝕，誌文略漫漶。

一九七六年浦東新區高橋新建出土。原藏上海市文物管理委員會，現藏嘉定博物館。

九七　明故唐警齋先生（迓）墓誌銘

正德十年（一五一五）十二月八日

誌、蓋均為石質。誌長五〇、寬五〇厘米；　蓋長五〇、寬四八·七厘米。蓋文三行，滿行三字。篆書。誌文二〇行，滿行三〇字。正書。誌輕度泐蝕，誌文略漫漶。蓋面有剔痕。

一九四九年後出土，具體時地不詳。原藏上海市文物管理委員會，現藏嘉定博物館。

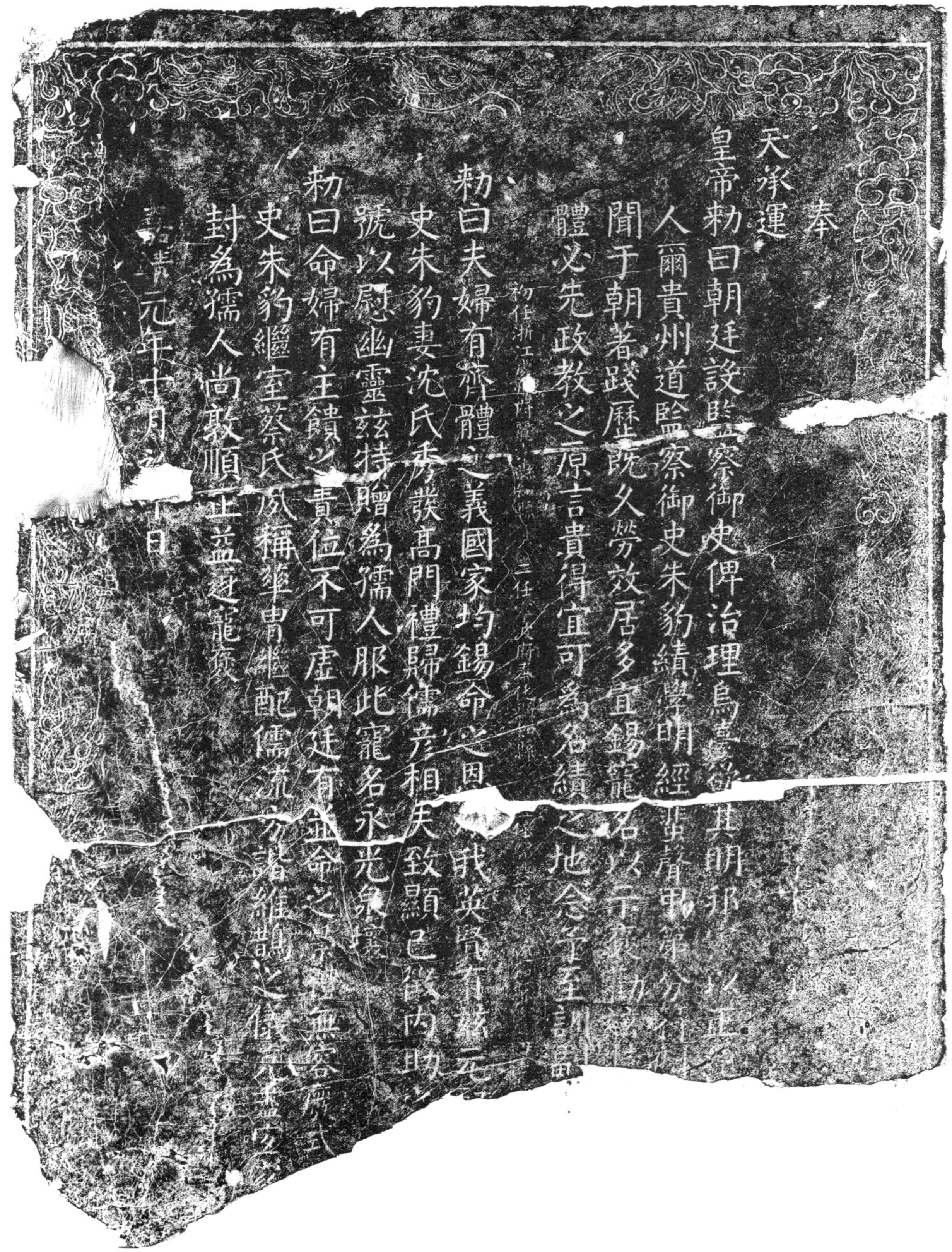

九八　明御賜貴州道監察御史朱豹及妻沈氏繼室蔡氏封贈碑

嘉靖元年（一五二二）十月□□日

碑為石質，殘斷。殘長一一三、寬八二·二厘米。碑文一四行，行殘存一至二六字不等。正書。周邊為雲龍紋。橫向斷為三截，左邊略有殘缺，下部斷佚。

一九九八年盧灣區局門路中長公寓工地出土。現藏上海市文物管理委員會。

九九　明故魯齋嚴公（浩）墓誌銘

嘉靖二年（一五二三）正月十九日

誌為石質，長四六・五、寬四五厘米。上為額文，一行，九字。篆書。下為誌文，二二行，滿行二〇字。正書。周邊為單綫框。誌輕度泐蝕，誌文略有殘損。

一九八一年閘北區寶昌路出土。原藏上海市文物管理委員會，現藏嘉定博物館。

一〇〇　明夢義先生（唐埣）墓誌銘

嘉靖二年（一五二三）十月二十四日

誌為石質，長五五、寬五五厘米。誌文一二行，滿行一四字。正行相間。

一九四九年後出土，具體時地不詳。現藏嘉定博物館。

一〇一　明（唐）元載配陳孺人（懿寧）墓誌銘

嘉靖二年（一五二三）十月二十四日

誌為石質，長五一・七、寬五一・二厘米。誌文一九行，滿行二〇字。正書。誌泐蝕，誌文略漫漶。誌左下角略有殘缺。

一九四九年後出土，具體時地不詳。現藏嘉定博物館。

一〇二　明故梅溪府君張公（熙）墓表

嘉靖八年（一五二九）後（撰）

表为石質，碑形，兩頂角均為斜殺。長一三〇・五、寬七〇・八厘米。上为額文，五行，满行二字。篆書。下为表文，二四行，满行四三字。正書。有界格。表下部泐蝕，表文略漫漶。表右上角略有殘缺。

一九七五年徐匯區桂林公園出土。原藏上海市文物管理委員會，現藏上海市歷史博物館。

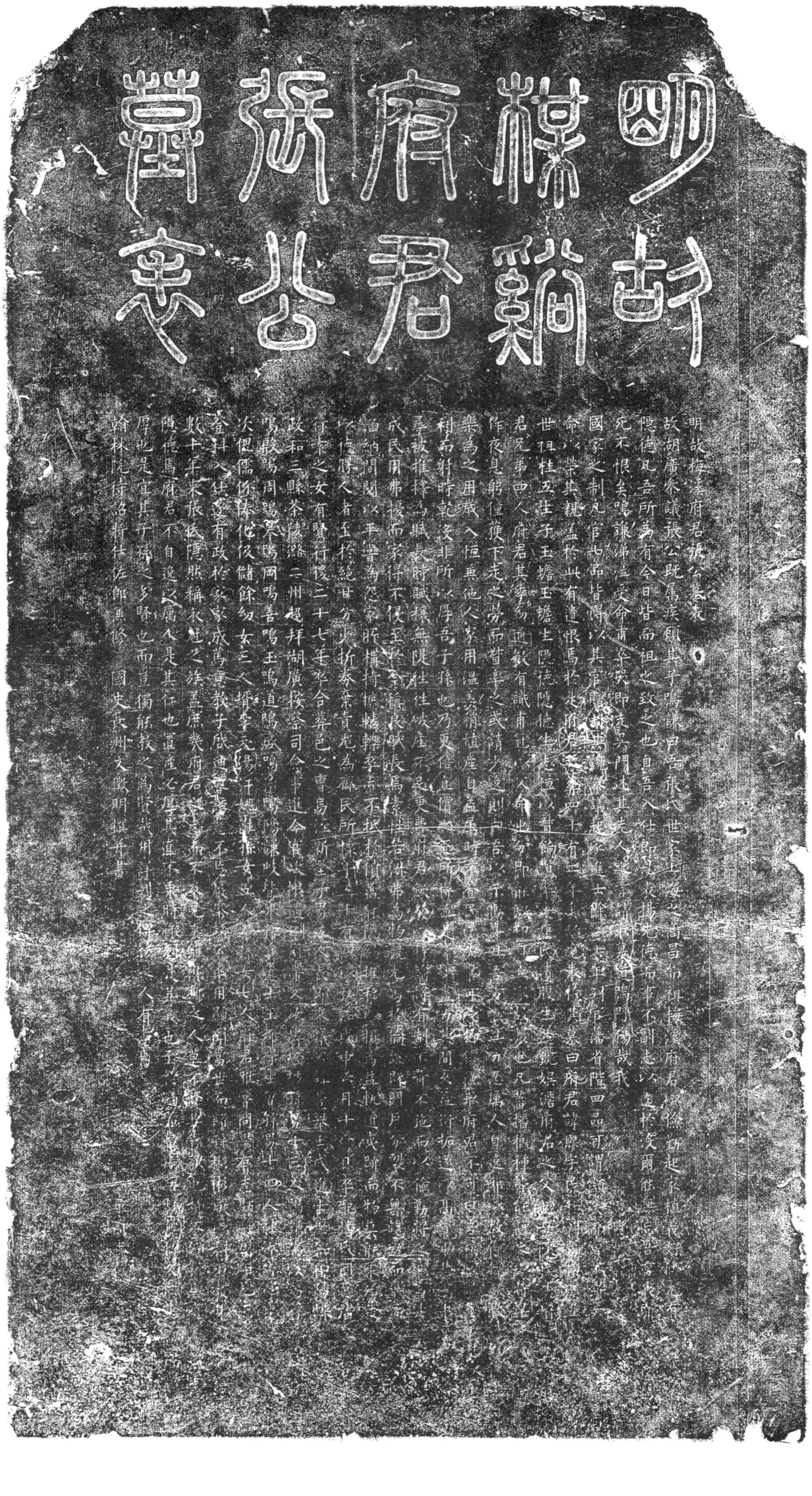

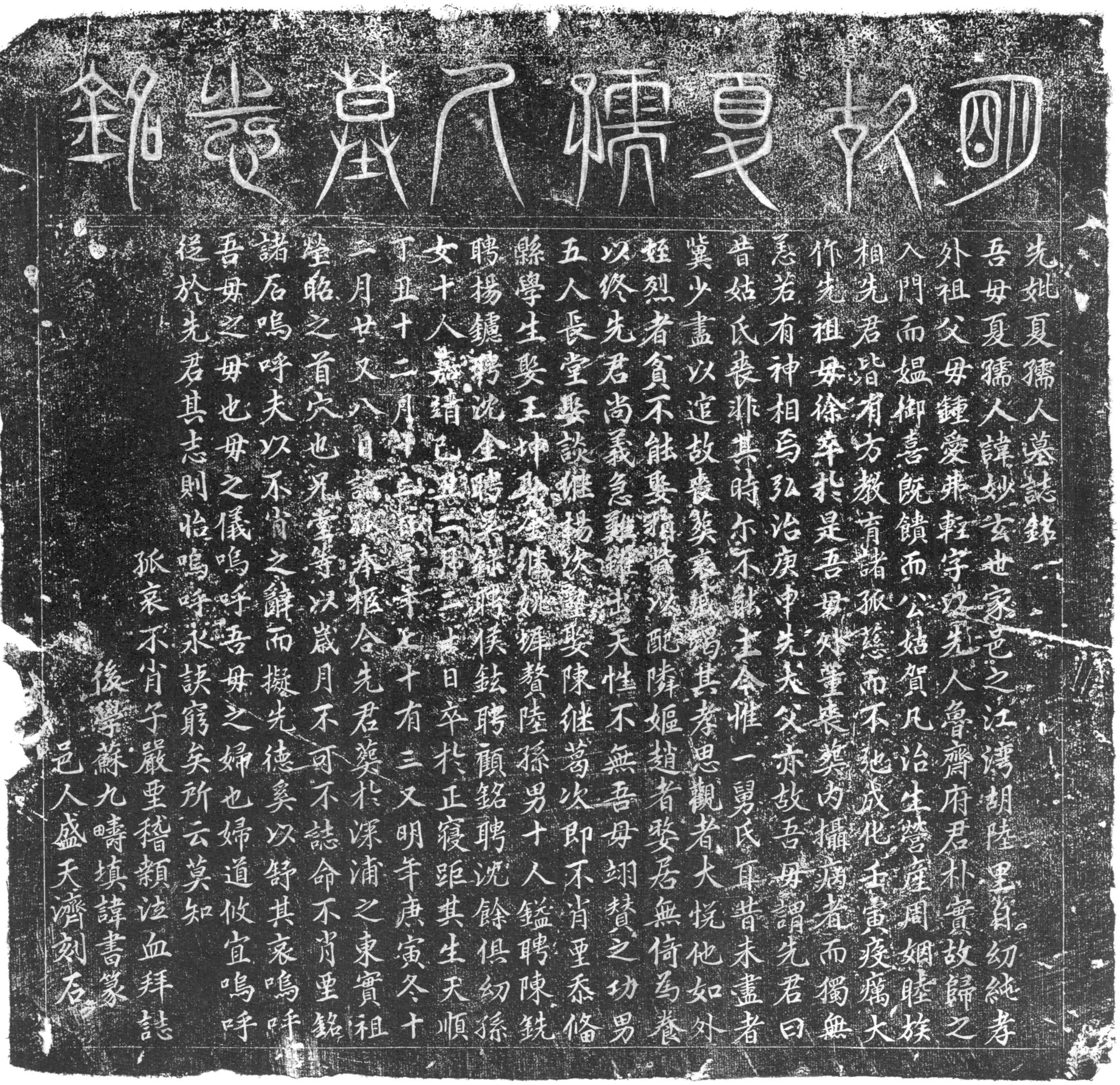

一〇三　明故先妣夏孺人（妙玄）墓誌銘

嘉靖九年（一五三〇）十二月二十八日

誌為石質，長四六・三、寬四六・四厘米。上為額文，一行，八字。篆書。下為誌文，二四行，滿行二一字。正書。周邊為單綫框。誌輕度泐蝕，誌文略有殘損。

一九四九年後出土，具體時地不詳。原藏上海市文物管理委員會，現藏上海市歷史博物館。

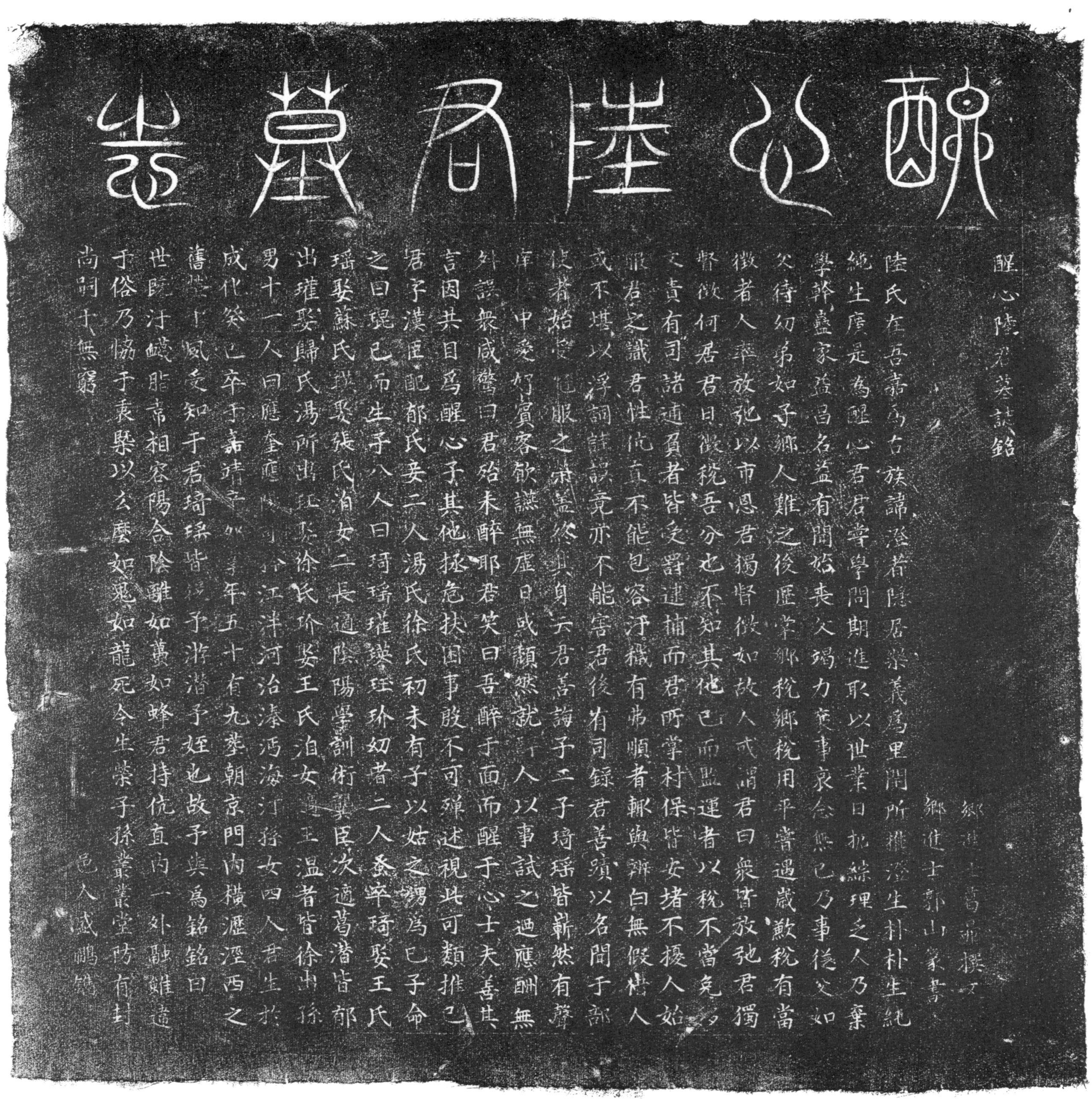

一〇四　明醒心陸君（廣）墓誌銘

嘉靖十年（一五三一）（卒）

誌為石質，長四八・五、寬四七・五厘米。上為額文，一行，六字。篆書。下為誌文，二六行，滿行二六字。正書。

一九九四年嘉定區第一中學出土。原藏上海市文物管理委員會，現藏嘉定博物館。

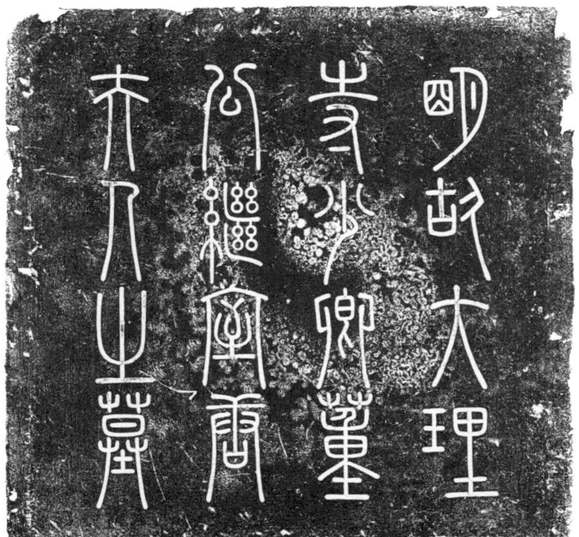

一〇五　明故大理寺少卿董公（恬）繼室唐夫人墓誌銘

嘉靖十二年（一五三三）十二月十七日

誌、蓋均為石質。誌長六五・五、寬六四・五厘米；蓋長六五、寬六四・五厘米。蓋文四行，滿行四字。篆書。周邊為單綫框。誌文二九行，滿行三二字。正書。有界格。周邊亦為單綫框。誌泐蝕，誌文漫漶。蓋亦泐蝕。

一九四九年後出土，具體時地不詳。原藏上海市文物管理委員會，現藏上海市歷史博物館。

一〇六　明故封（衛）南埜側室周氏墓誌銘

嘉靖十四年（一五三五）十二月二十日

誌為石質，長四九、寬四八厘米。誌文一九行，滿行二二字。正行相間。周邊為單綫框。誌泐蝕，誌文漫漶。

一九四九年後出土，具體時地不詳。原藏上海市文物管理委員會，現藏嘉定博物館。

一〇七　明故(衛)南埜封翁墓誌銘蓋

嘉靖十四年(一五三五)十二月二十日後

蓋為石質,長五五・二、寬五五五厘米。蓋文三行,滿行三字。篆書。蓋左上角略有殘缺。誌佚。

一九四九年後出土,具體時地不詳。原藏上海市文物管理委員會,現藏嘉定博物館。

一〇八　明海寧少尹王公(瑞)合葬墓誌銘

嘉靖二十一年(一五四二)正月二十五日

誌、蓋均為石質。誌長四二、寬四二・五厘米；蓋長四二・三、寬四二・六厘米。蓋文三行，滿行四字。篆書。周邊為單綫框。誌文二六行，滿行二七字。正書。周邊亦為單綫框。誌泐蝕，誌文略漫漶。蓋亦泐蝕，蓋文略有殘缺。

一九四九年後出土，具體時地不詳。原藏上海市文物管理委員會，現藏嘉定博物館。

一〇九　明通議大夫詹事府詹事兼翰林院學士贈禮部右侍郎謚文裕陸公（深）墓誌銘

嘉靖二十五年（一五四六）二月二十七日

誌、蓋均為石質。誌長七二·五、寬七二·一厘米；蓋長七二、寬七二·五厘米。蓋文六行，滿行五字。篆書。誌文五四行，滿行五五字。正書。有界格。

一九六九年浦東新區陸家嘴出土。原藏上海市文物管理委員會，現藏上海市歷史博物館。

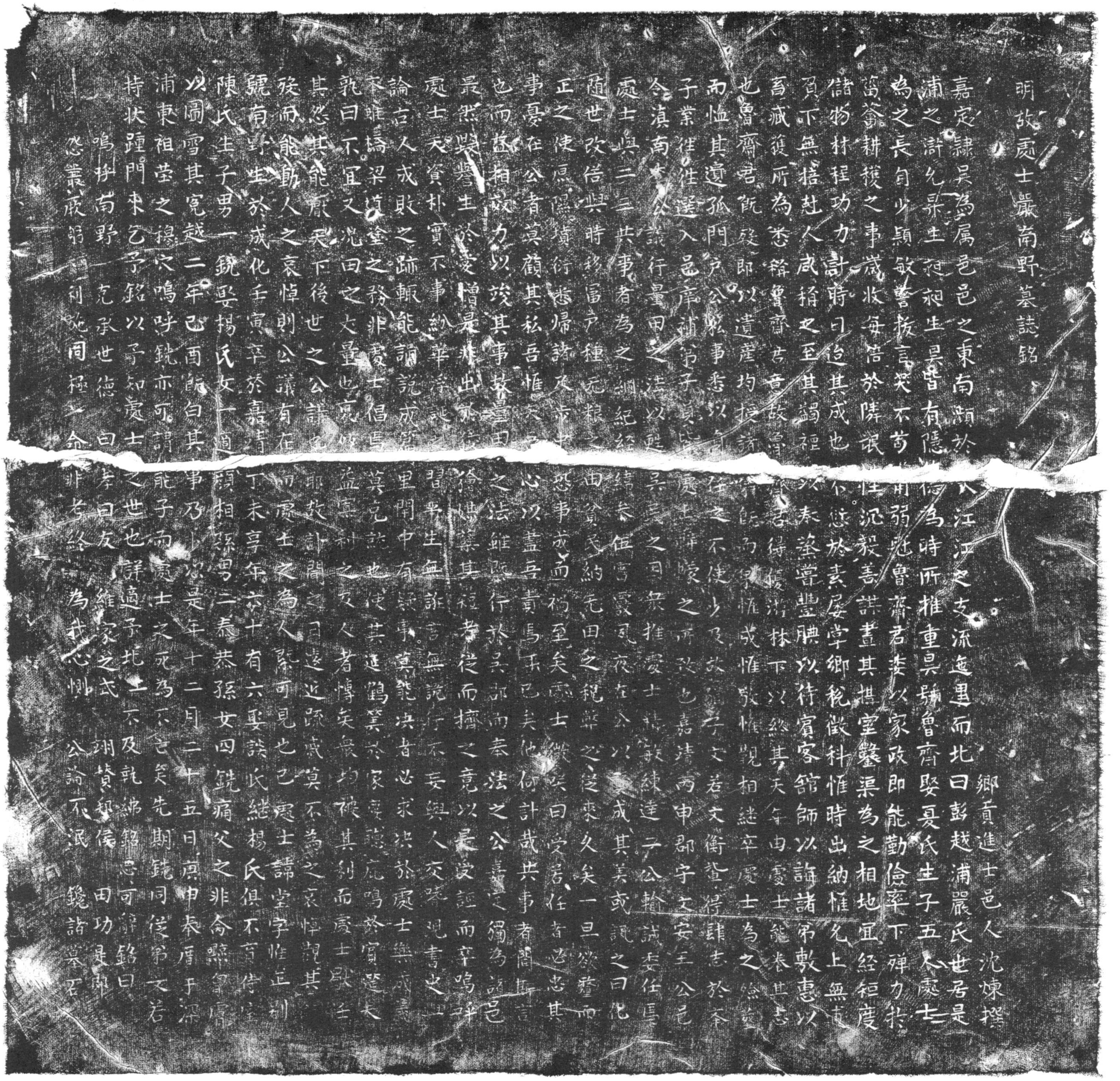
明故處士嚴南野墓誌銘

明故嚴公南野墓誌銘

一一〇　明故處士嚴南野（堂）墓誌銘

嘉靖二十八年（一五四九）十二月二十五日

誌、蓋均為石質。誌長五四·五、寬五五厘米；蓋長五五·七、寬五三·五厘米。蓋文三行，滿行三字。正書。誌文三二行，滿行三二字。正書。誌文略有殘損。誌中間橫向斷裂。

一九八一年閘北區寶昌路出土。原藏上海市文物管理委員會，現藏嘉定博物館。

一一一　明故倪（鏞）孺人陶氏合葬墓誌銘

嘉靖二十九年（一五五〇）正月七日

誌、蓋均為石質。誌長五六、寬五六・五厘米；蓋長五六、寬五五厘米。蓋文三行，滿行三字。篆書。誌文三一行，滿行三七字。正書。周邊為單綫框。誌中部泐蝕，誌文略有殘損。蓋亦泐蝕。

一九八〇年南匯區坦直出土。現藏上海市文物管理委員會。

一一二　明故宋(蕙)配吴孺人墓誌銘

嘉靖二十九年(一五五〇)正月八日

誌、蓋均為石質。誌長六九、寬六九厘米；蓋長六八・五、寬六八・五厘米。蓋文三行，滿行三字。篆書。誌文三三行，滿行四一字。正書。誌輕度泐蝕，誌文略漫漶。蓋左上角略有殘缺。

一九六五年奉賢區泰日姚堂出土。現藏奉賢博物館。

李君惟善墓誌銘
李瀚以嘉靖二十九年十一月二十五日葬其父李君先期爲
狀來請銘曰君姓李氏諱元字惟善高祖諱保曾祖諱虎祖諱
宗父諱英縣學生母袁氏君以嘉靖二十七年十一月十三日
卒年六十有九配張氏子男三澈瀚鴻澈鴻皆前死瀚縣學生
孫男二一鵬一鸞女一適宣應楫縣學生曾孫男一紹先李氏
世居嘉定守信鄉君以贅故居新涇新涇四十年前爲荒野今
起爲市商賈湊焉瀚卜葬去其居若干步望張墓狀如是予昔
嘗誌張翁言翁淳樸無世俗機[illegible]譬李君任家督日飲醇酒無
所問李君之不能豐其業而取張氏族子潮爲子已生三子
皆姓張氏而瀚復爲潮子聚是二姓歡無間嫌及翁年老乃以
潮後張氏而歸其三子之姓其始潮在諸子列也今謂爲舅涇
以渭濁湜湜其沚李君之謂矣春秋樂道人之善是宜書之不
一而足銘曰
吳松東流練水出岸眩大海沃出日土岡陁靡聚千室樹成吉
具雜黍稷有美丈夫從孟姞新涇之原生攸宅考終卜藏惟墨
食左爲翁阡森欝欝两丘相望亡媿色載詞于石永不泐
崑山鄉進士歸有光譔
嘉定縣學生沈果書丹
邑人葛天濟鐫

一一三　明李君惟善(元)墓誌銘

嘉靖二十九年(一五五〇)十一月二十五日

誌為石質，長五〇、寬五〇厘米。誌文二〇行，滿行二四字。正書。周邊為單綫框。誌文略有殘損。

一九四九年後出土，具體時地不詳。現藏嘉定博物館。

明故鴻臚
序班東湖
何公墓誌
銘

一一四　明故鴻臚序班東湖何公（文瑞）墓誌銘

嘉靖三十一年（一五五二）十二月十二日

誌、蓋均為石質。誌長五一・五、寬五二・五厘米；蓋長五一、寬五二・五厘米。蓋文四行，滿行四字。篆書。誌文三七行，滿行四六字。正書。誌泐蝕較重，誌文漫漶。誌中間縱向斷裂。

一九六五年閔行區塘灣出土。現藏閔行區博物館。

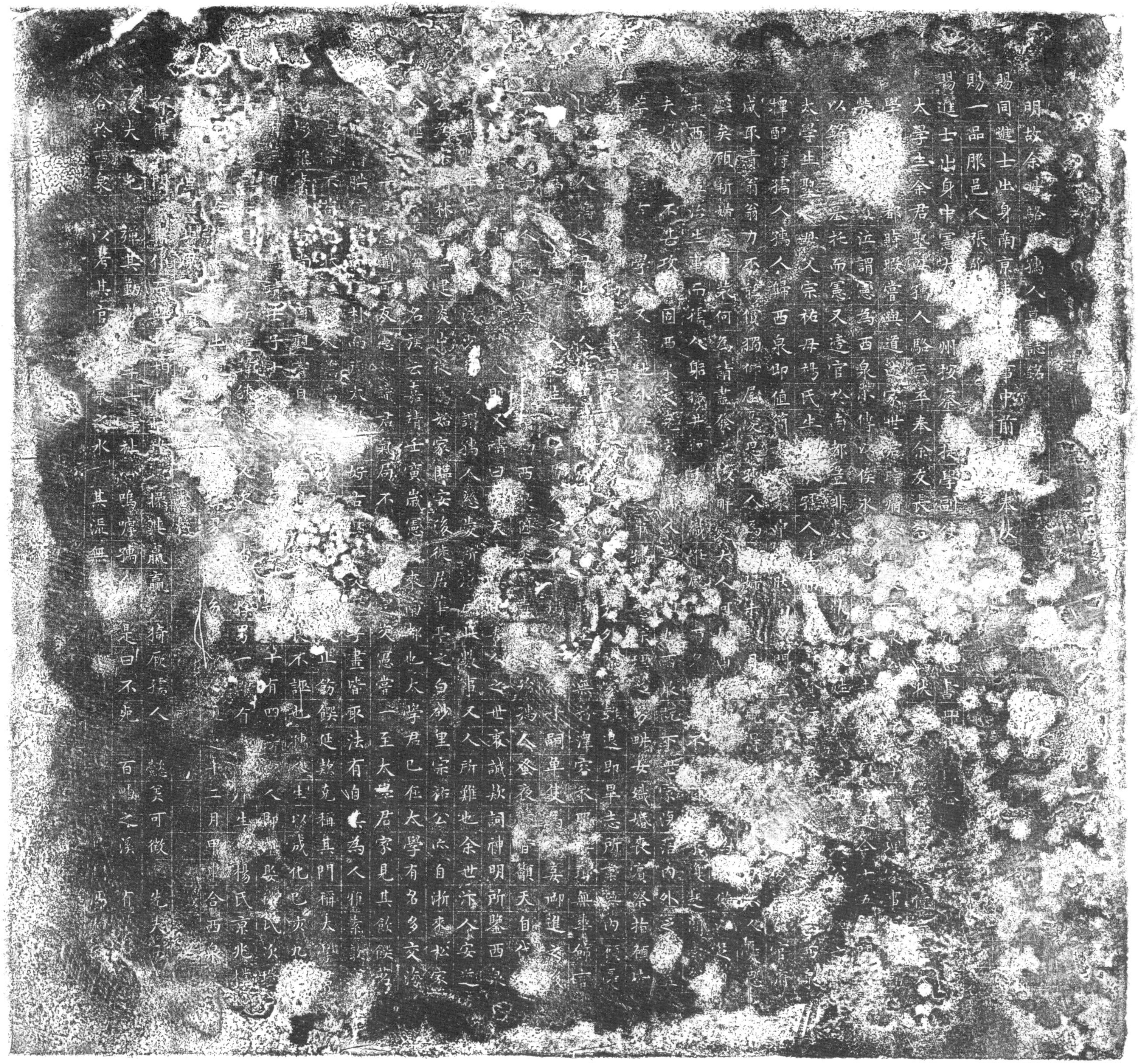

一一五　明故余（塾）母駱氏孺人墓誌銘

嘉靖三十二年（一五五三）十二月十二日

誌為石質，長五八·五、寬五九·五厘米。誌文三四行，滿行三五字。正書。有界格。誌泐蝕較重，誌文漫漶。

一九四九年後出土，具體時地不詳。一九七四年奉賢區齊賢發現。原藏上海市文物管理委員會，現藏上海市歷史博物館。

一一六　明祁南李君(澈)配朱孺人墓誌

嘉靖三十三年(一五五四)十二月二十四日

誌、蓋均為石質，蓋殘斷。誌長四九・五、寬四九・五厘米；蓋殘長三八・五、寬四六・五厘米。蓋文三行，行殘存三至四字不等。篆書。周邊為單綫框。誌文二一行，滿行二四字。正書。周邊亦為單綫框。誌右邊及左邊略有殘缺。蓋左上角略有殘缺，下半部斷佚，蓋文殘缺。

一九四九年後出土，具體時地不詳。現藏嘉定博物館。

予友唐君道虔以貢待選京師居二季得[illegible]州訓導以行未至濟州二十里卒于舟中時嘉靖
三十五季六月十八日也得年五十有六其弟[illegible]訓以是歲十一月二十九日葬嘉定縣何家浜
之先塋來請銘君姓唐氏諱欽堯字道虔其先[illegible]人宋時有以道者為太醫院提舉從康王渡江
因家浙之紹興其後世世為醫官元元貞中永卿為平江路醫學教授始占名數于嘉定四世至
公鉉以賢良方正薦于鄉為樂清主簿又六世君之[illegible]擇為博士弟子早卒君少孤贅于沈氏然
事母王孺人至孝家雖儒素甘旨常具為學生所得廩[illegible]必以歸其母嘗就試海虞忽心動亟歸
母方遘危疾禱于縣之神以求代疾良瘉每至歲旦必[illegible]拜廟以答神貺於沈翁懽如父子沈
氏所出一子時雍其二子時敘時升皆庶出比君之[illegible]而沈翁撫卹之必均人以是賢沈翁而益
知君之所以事翁者弟欽訓少時教育之為之昏[illegible]無間言君丰儀峻整望之儼然既
登譽遠出諸生上試常第一然不喜流俗剽竊之[illegible]務遇事發憤有大節嘉定瀕海
之縣然為令者治行歷歷可紀其親賢樂善有[illegible]敬禮君就以咨問而得君之裨
益為多令遷去有後來守郡者猶思君延致之[illegible]游人以為守容觀以金君叱去
之同舍生李炤被誣君率諸生与御史爭卒得白[illegible]婦為賊所殺獄未[illegible]君至學宮都
講為具析其所以縣乃取張氏小女奴問之其賊[illegible]以利害[illegible]動也海水溢沿海流漂數
千家歲復大侵米價翔涌君為泣請米賑之民以全活倭奴犯境君方計偕行至吳門聞警即還
言于大吏權假邳廬兵為援賊薄城下君仗劍登陴見[illegible]矢石一夕賊繞城三面[illegible]譟惟西南隅
寂然君疑之即躍馬以往見賊方自林麓中逦遲出將濟河君命連弩射之賊惶走竟解圍去
先是城中無儲君以縣邊海上賊必首犯請易漕糧以銀奏留十萬之粟以是城圍而民以無
恐時狼兵被調城守君出私財厚撫其豪長人人得其歡心以備倉卒可指麾也君雖不用於
世其所議論施設及於人則皆有位者之事也使世之君子如君之為亦可以不曠於其官矣予
與君同郡嘗同為諸生見君所爭李炤事御史与之反覆問辯欲窮之以辭君抗首高論辭氣凜
慨時諸生群吏會者數千人皆竦聽歎息予以為使君生兩漢時其風節即此可以顯名當世矣
而世莫能識也君在京師予試南宮數見君嘗有戚然不樂之色予欲留君語君時時與其客偕
不果後予南往聞君撫州之除數貽書友人李瀚問其還信且曰道虔平生岳岳為郡文學得無
不可其意然往江湖間尋荊國象山草廬邵庵之遺跡與諸生飲酒賦詩意氣當益豪也瀚久不
報而以訃音至可痛也已瀚与君交厚為著其行狀予頗採次其語君平生所為易說及詩文數
十卷藏于家而欽訓示予以所答友人問疾書言夢中事尤奇怪銘曰
吁嗟唐君有秩其容爰來于 京弗試其庸念不一釋以卒慺慺言夢陟皇風雨之從雲景杳靄
穆然寶宫日月光曜天暟星同濟濟翼翼虞廷百工卜人占之宜卿宜公胡以遼然周也亦空凡
今之人誰不顯榮君無一命惟世之病君則已矣冥寞新封滔滔大運曷既其終
京兆歸有光撰
清河張應壁書
邑人[illegible]楠刻

一一七　明唐君道虔（欽堯）墓誌銘

嘉靖三十五年（一五五六）十一月二十九日

誌為石質，長五一、寬五〇厘米。誌文三三行，滿行三七字。正書。有界格。周邊為單綫框。誌輕度泐蝕，誌文略有殘損。誌斜向斷裂。

一九六〇年嘉定區上海科技大學工地出土。原藏上海市文物管理委員會，現藏嘉定博物館。

一一八　明故敕封文林郎廣西道監察御史一默宋公（蕙）墓誌銘

嘉靖三十八年（一五五九）二月十七日

誌、蓋均為石質。誌長五二、寬五二厘米；　蓋長五三、寬五三厘米。蓋文四行，滿行七字。篆書。誌文三二行，滿行三六字。正書。有界格。周邊為單綫框。誌泐蝕，誌文略漫漶。蓋亦泐蝕，斜向斷為二塊。

一九六五年奉賢區泰日姚堂出土。原藏上海市文物管理委員會，現藏嘉定博物館。

明表兄張次實暨嫂陸孺人合葬墓誌銘
表弟振菴徐㦗頓首拜譔
從叔傚渠子應璧書丹
余從姑適學圃張君三十餘秊生子一曰次實蚤卒而厥配繼亡今年嘉靖已
未二月十八日學圃君啓次實之穴合葬其婦先是攜孤孫起予出其姪中谷
所譔行實以誌銘屬余余接之不勝隕涕謹按狀次實諱樹聲余姑出也生而
穎悟寡默長業舉子頗遂志甫弱冠學圃君食指既繁遂領家政不逾年母病
且死哀毀成疾憂莫能解學圃君命適意賈業即出內唯勤輒有贏息家是用
饒然性厭紛華嘗恬澹雖事貨殖手常不釋書史動中繩墨綽有士者風追事
繼母趙氏極力承順而待前母兄次宸尤恭學圃君亦安其養歲己酉二月十
九日病轉劇延藉所嘗以告父母云事此豆可衣食願息形神保餘秊又別貽
十金曰藉以濱母少酬人子情諄諄屬其妻惟期孝親慈孤既而以金五鎰托
友人封南津甘小泉曰此吾勤勞所積不忍重以累垂白之父乞識之為吾冕
霜之友果終諸益見平日交義所感諸事處分悉有條理遂卒時年二十有六
越明年庚戌正月七日葬于皇慶里祖塋東新阡穆兆配陸氏即余舅怡安君
長女年十七歸吾次實兄數載間半遭夫疾能服勞茹辛事两姑咸得其心方
將若西成家而夫病已不起爰是痛悼不輟形容齎豆送夫喪及墓幾自墜穴
中欲殉之僅以左右救免而哀毀傷肺竟卒於是年六月廿九日享年二十有
七生女一受封李金聘起予側出陸視之恩踰已子娶陳氏夭嗚呼大夫孰不
有生次實兄生未及壯而德誼足紀其賢矣乎婦人孰不有死陸孺人死為夫
亡而秉心從一其正終也已乃為之銘銘曰
後齡培德不永以年克相有終華冑貞媛封滋閥鼓鸞鸞崇阡維其後矣
肅容駢肩
葛天濟刊

一一九　明表兄張次實（樹聲）暨嫂陸孺人合葬墓誌銘

嘉靖三十八年（一五五九）二月十八日

誌為石質，長四九、寬四九厘米。誌文二四行，滿行三〇字。正書。周邊為單綫框。誌文略有殘損。

一九四九年後出土，具體時地不詳。現藏嘉定博物館。

一二〇　明平涼府通判陳應祥妻張氏（秀□）墓誌

嘉靖三十九年（一五六〇）十二月二十八日

誌為石質，長四一、寬四〇・八厘米。誌文二二行，滿行二三字。正書。誌泐蝕嚴重，誌文漫漶不清。

一九四九年後出土，具體時地不詳。原藏上海市文物管理委員會，現藏嘉定博物館。

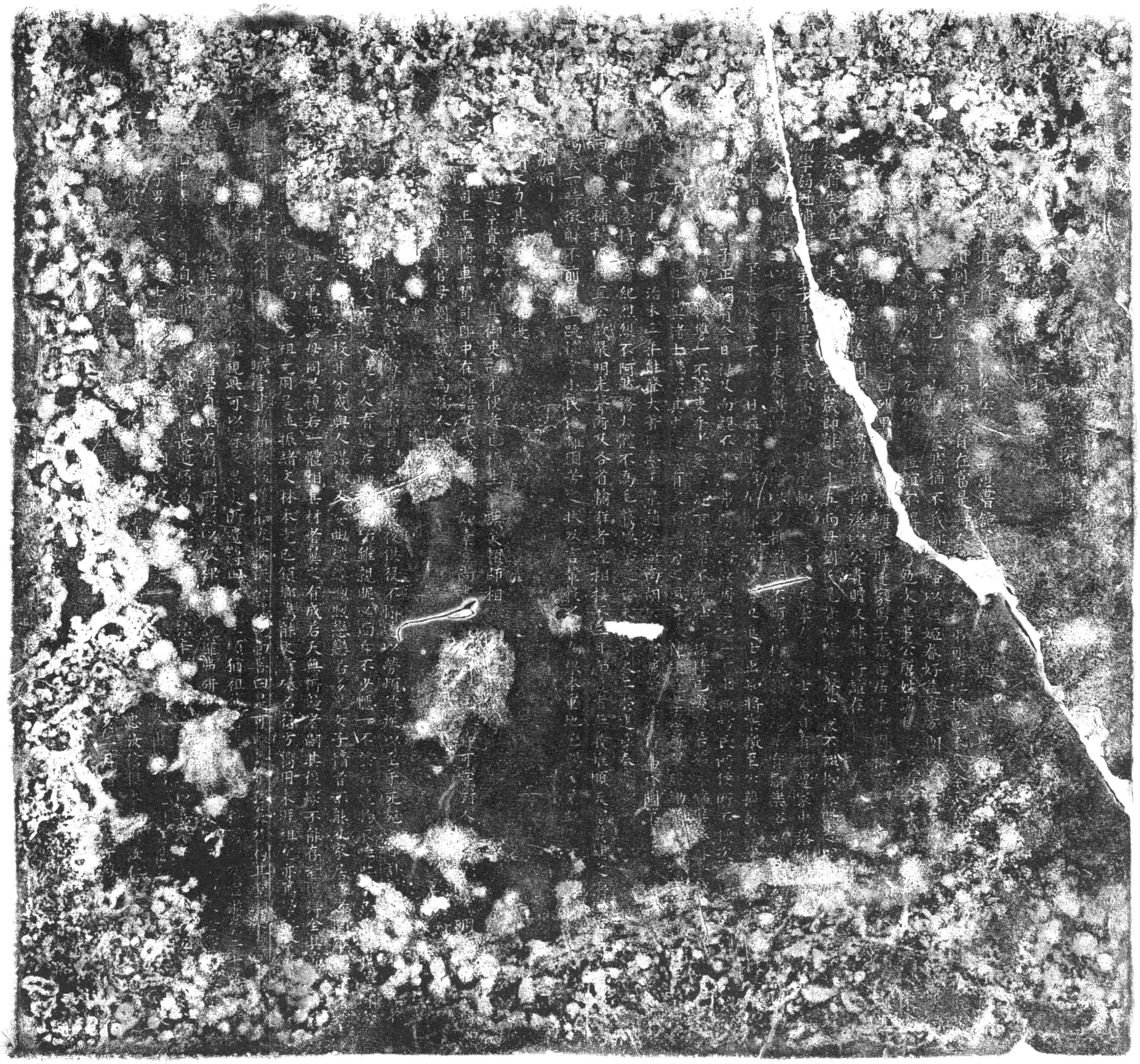

一二一　明故文林郎署兵部車駕司郎中事行人司司正前四川道監察御史韋室唐公（自化）墓誌銘

嘉靖四十二年（一五六三）二月

誌、蓋均為石質，誌長五八・五、寬六一厘米；蓋長五八・五、寬六二厘米。蓋文七行，滿行五字。篆書。誌文四〇行，行殘存二至五〇字不等。正書。誌周邊泐蝕嚴重，誌文漫漶。誌右上角斷裂。

一九四九年後出土，具體時地不詳。現藏寶山區文物保護所。

一一二二　明封承德郎禮部祠祭署郎中東婁徐公（甫）暨配陳安人合葬誌銘

嘉靖四十三年（一五六四）八月三日（卒）

誌、蓋均為石質。誌長五二、寬五一・七厘米；蓋長五二・五、寬五一・六厘米。蓋文五行，滿行五字。篆書。誌文三七行，滿行四一字。正書。有界格。周邊為單綫框。誌右上邊略有殘缺。誌泐蝕，誌文略漫漶。

一九四九年後出土，具體時地不詳。現藏嘉定博物館。

一二三　明雲濤唐先生（欽堯）配沈孺人墓誌銘

隆慶元年（一五六七）十月十六日

誌為石質，長四七・五、寬四七・五厘米。誌文三三行，滿行三四字。正書。有界格。周邊為單綫框。誌輕度泐蝕，誌文略有殘損。

一九六〇年嘉定區上海科技大學工地出土。原藏上海市文物管理委員會，現藏嘉定博物館。

一二四　明故文林郎雲南道監察御史南湖徐公(宗魯)墓誌銘

隆慶三年(一五六九)十二月二十一日

誌、蓋均為石質。誌長六〇・二、寬五九・七厘米;蓋長六〇、寬六〇・二厘米。蓋文四行,滿行三字。篆書。周邊為卷雲紋。誌文四九行,滿行四九字。正書。誌輕度泐蝕,誌文略有殘損。誌上邊及左上角略有殘缺。蓋上邊及左上角亦略有殘缺,中間縱向斷裂。

一九七一年松江區第三中學出土。原藏上海市文物管理委員會,現藏嘉定博物館。

一二五　明故鳳梧文學沈君（世瑞）墓誌銘

萬曆元年（一五七三）正月十六日誌，蓋均為石質。誌長四九・五、寬四九厘米；蓋長五〇、寬四九・五厘米。蓋文三行，滿行三字。篆書。誌文二六行，滿行三〇字。正書。周邊為單綫框。誌輕度泐蝕，誌文略漫漶。誌上邊略有殘缺。

一九四九年後出土，具體時地不詳。原藏上海市文物管理委員會，現藏嘉定博物館。

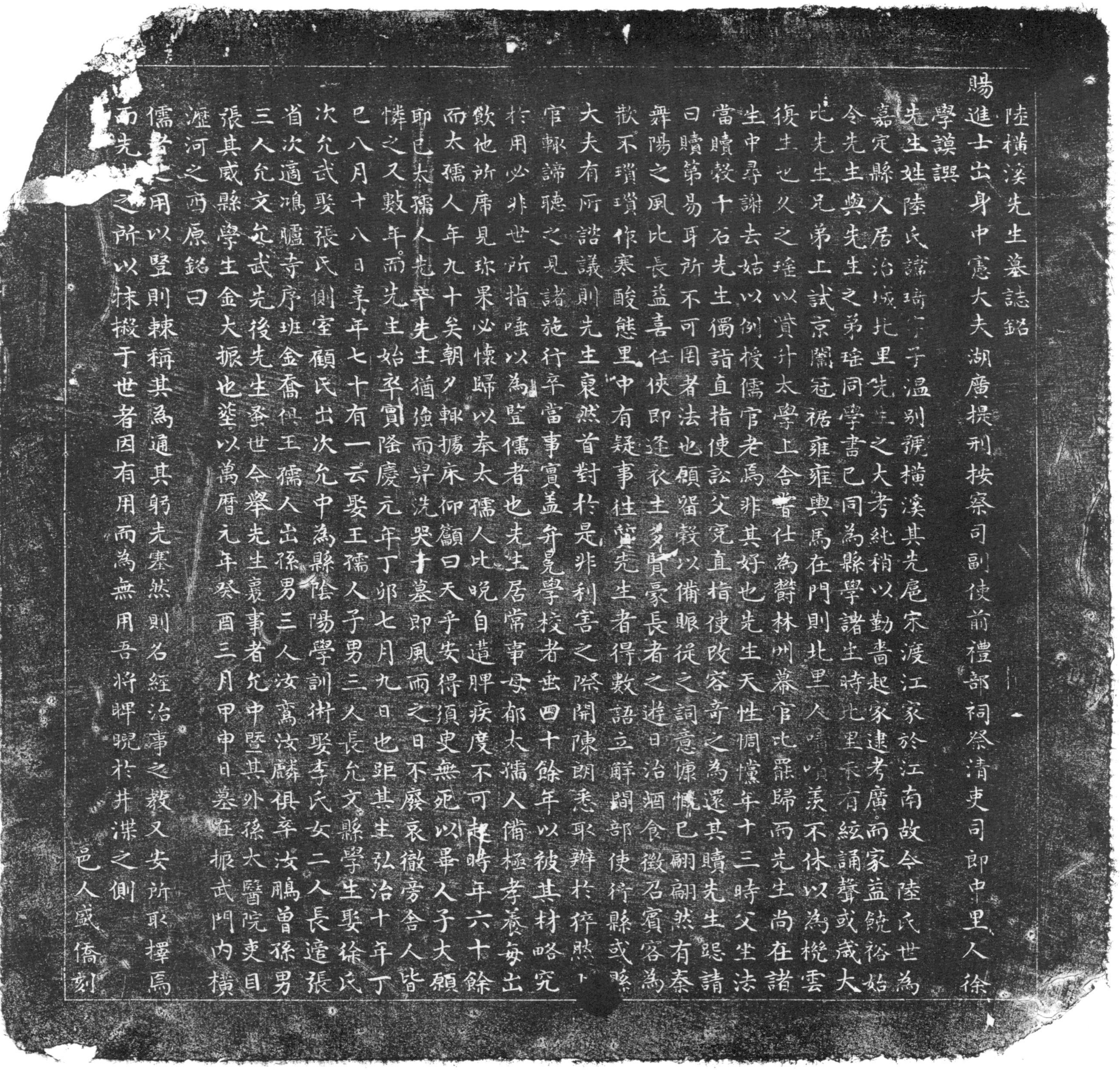

一二六　明陸橫溪先生(琦)墓誌銘

萬曆元年(一五七三)三月四日誌、蓋均為石質。誌長四六・三、寬四七厘米;蓋長四五・五、寬四五・七厘米。蓋文二行,滿行四字。篆書。周邊為單綫框。誌文二九行,滿行三一字。正書。周邊亦為單綫框。誌左上角略有殘缺。蓋右上角亦殘缺。

一九九四年嘉定區第一中學出土。原藏上海市文物管理委員會,現藏嘉定博物館。

一二七　明故通議大夫南京禮部右侍郎幼海董公（傳策）墓誌銘

萬曆九年（一五八一）九月二十一日

誌、蓋均為石質，已佚，具體尺寸不詳。拓片誌、蓋均長約六二·五、寬六〇·五厘米。蓋文四行，滿行五字。篆書。誌文四二行，滿行五〇字。正書。誌泐蝕，誌文漫漶。

一九四九年後閔行區出土。誌、蓋原石均已佚，拓片現藏上海市文物管理委員會。

一二八　明故鬱林州吏目陸公（瑶）配蘇孺人墓誌銘

萬曆十年（一五八二）二月十三日

誌為石質，長四〇、寬四〇厘米。周邊為單綫框。誌文三〇行，滿行三二字。正書。誌中間横向斷裂，上邊及中部均有殘缺。

一九九四年嘉定區第一中學出土。原藏上海市文物管理委員會，現藏嘉定博物館。

一二九　明故鄆城令徐公(應解)墓誌銘

萬曆□年(一五七三—一五八二)十月八日(卒)

誌為石質，殘斷。長五一、寬五一・五厘米。誌文三一行，行殘存五至一七字不等。正書。誌泐蝕嚴重，誌文漫漶不清。誌左上角及右下角斷佚，左下角斷裂。

一九四九年後出土，具體時地不詳。現藏嘉定博物館。

一三〇　明誥封中大夫南京太僕寺卿南濱林公（正蔭）暨配贈淑人王氏合葬墓誌銘

萬曆十三年（一五八五）三月十四日

誌為石質，長三一・五、寬九九・五厘米。右為蓋文，四行，滿行七字。篆書。誌文五九行，滿行二一字。正書。誌泐蝕，誌文略漫漶。

一九四九年後出土，具體時地不詳。現藏松江博物館。

一三一　明李(汝箕)母程氏墓誌銘

萬曆十三年(一五八五)九月十三日(卒)

誌為石質,殘缺。殘長二八、寬五六・五厘米。誌文三一行,行殘存六至一九字不等。正書。周邊為單綫框。誌文殘缺。誌上邊及下邊均殘缺。

一九四九年後出土,具體時地不詳。現藏嘉定博物館。

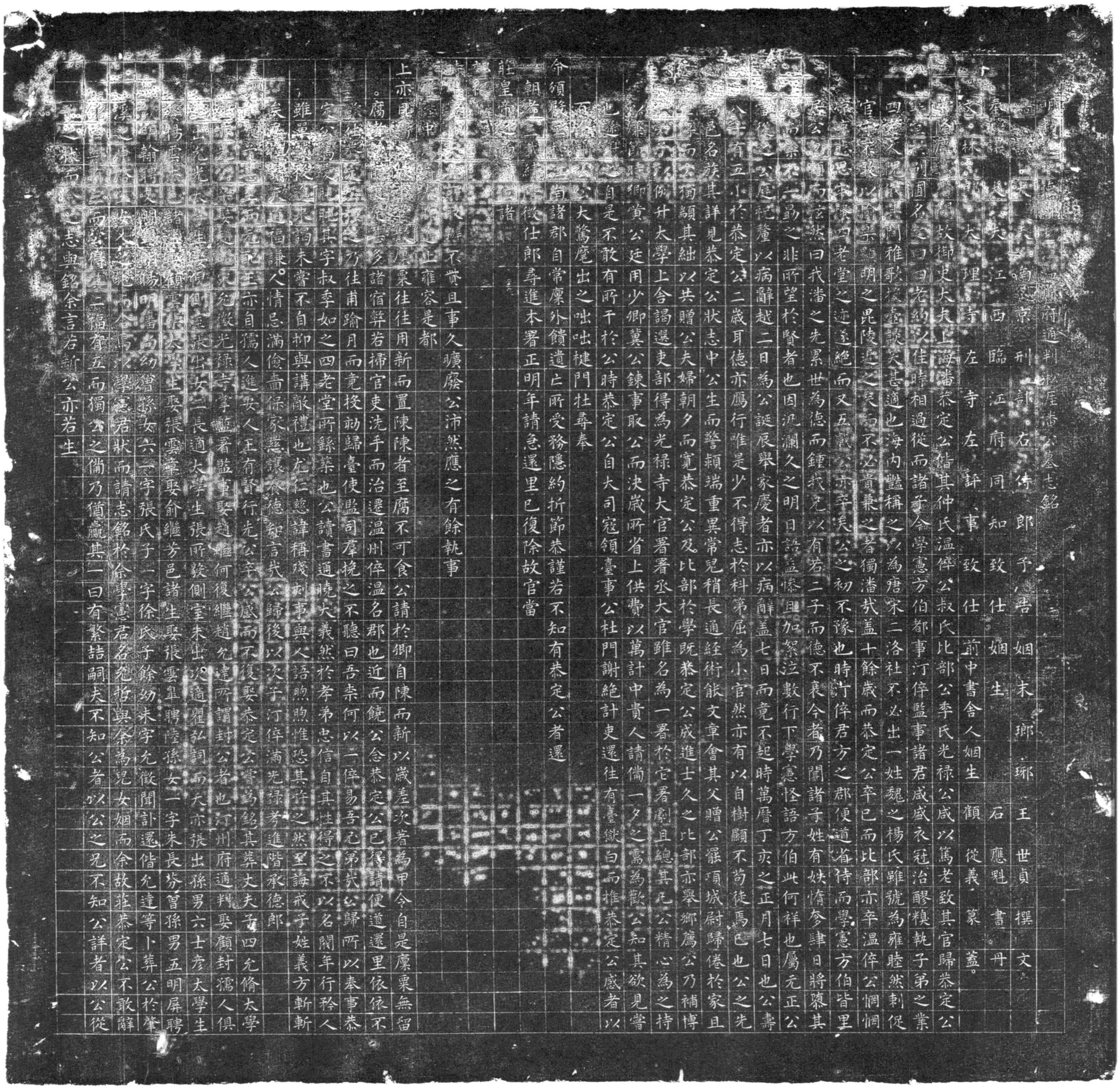

一三二　明敕進承德郎浙江溫州府通判淞涯潘公(惠)墓誌銘

萬曆十五年(一五八七)正月七日(卒)

誌、蓋均為石質。誌長七〇・五、寬七〇厘米；蓋長七〇、寬七〇・五厘米。蓋文四行，滿行五字。篆書。誌文三九行，滿行四七字。正書。有界格。周邊為單綫框。誌泐蝕，誌文略漫漶。

一九六〇年盧灣區肇家浜路出土。原藏上海市文物管理委員會，現藏嘉定博物館。

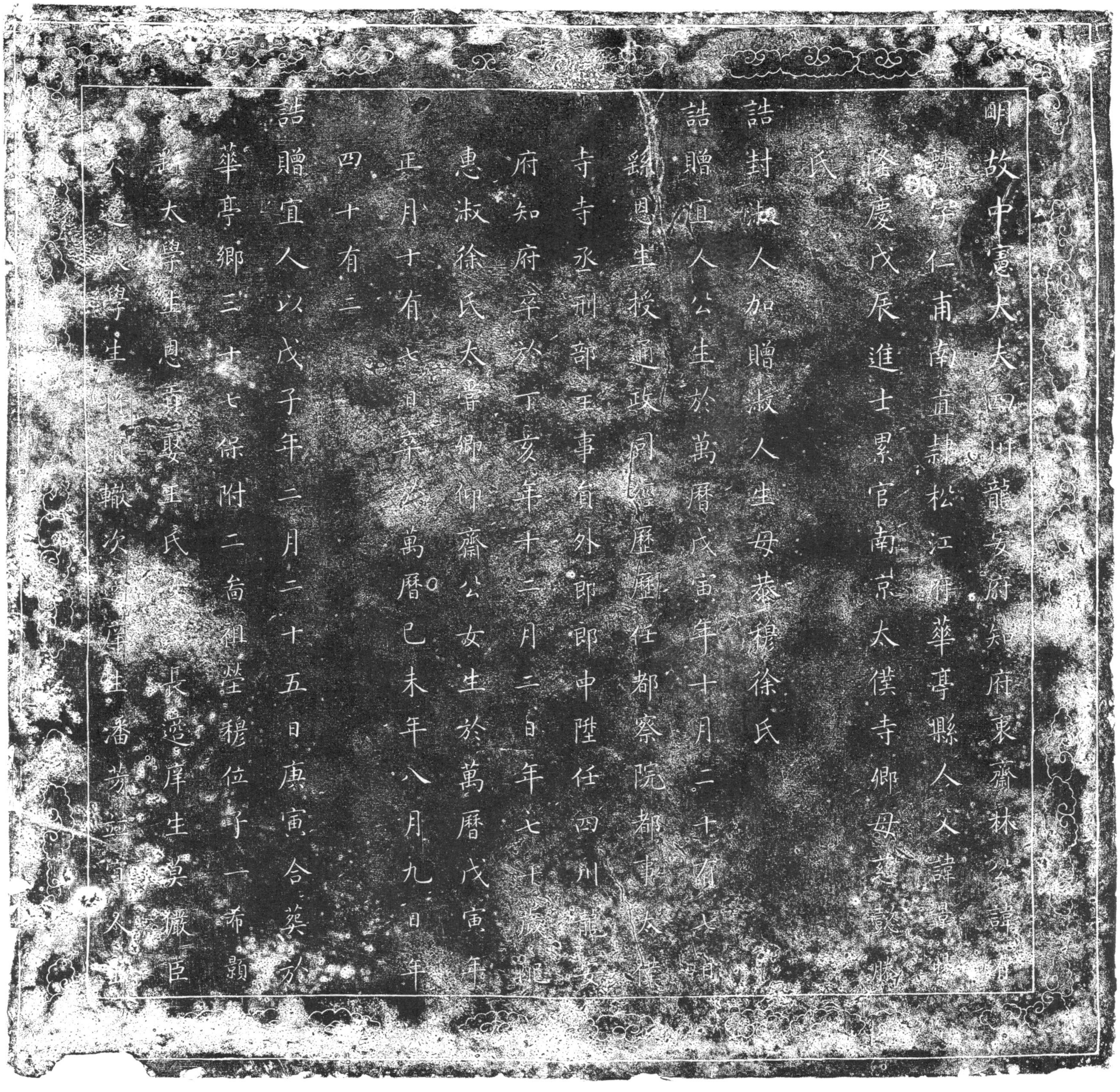

明故中憲大夫四川龍安府知府衷齋林公諱有
麟字仁甫南直隸松江府華亭縣人父諱[illegible]
隆慶戊辰進士累官南京太僕寺卿母[illegible]
氏
誥封淑人加贈淑人生母恭穆徐氏
誥贈宜人公生於萬曆戊寅年十月二十有七日
錫恩生授通政司經歷歷任都察院都事太僕
寺寺丞刑部主事員外郎郎中陞任四川龍安
府知府卒於丁亥年十二月二日年七十歲
惠淑徐氏太常卿御齋公女生於萬曆戊寅年
正月十有七日卒於萬曆己未年八月九日年
四十有二
誥贈宜人以戊子年二月二十五日庚寅合葬於
華亭鄉三十七保附二啚祖塋穆位子一希顥
郡太學生恩貢娶王氏長遵庠生莫[illegible]臣
[illegible]

明故中憲大夫四川龍安府知府衷齋林公暨配誥贈宜人惠淑徐氏之墓

一三三　明故中憲大夫四川龍安府知府衷齋林公（有麟）暨配誥贈宜人惠淑徐氏之墓誌

萬曆十六年（一五八八）二月二十五日

誌、蓋均為石質。誌長六一・六、寬六〇・九、厚一二厘米；蓋長六〇・六、寬六〇・九、厚一二厘米。蓋文六行，滿行五字。篆書。周邊為卷雲紋。誌文一六行，滿行一九字。正書。周邊亦為卷雲紋。誌輕度泐蝕，誌文略有殘損。

一九四九年後出土，具體時地不詳。現藏松江博物館。

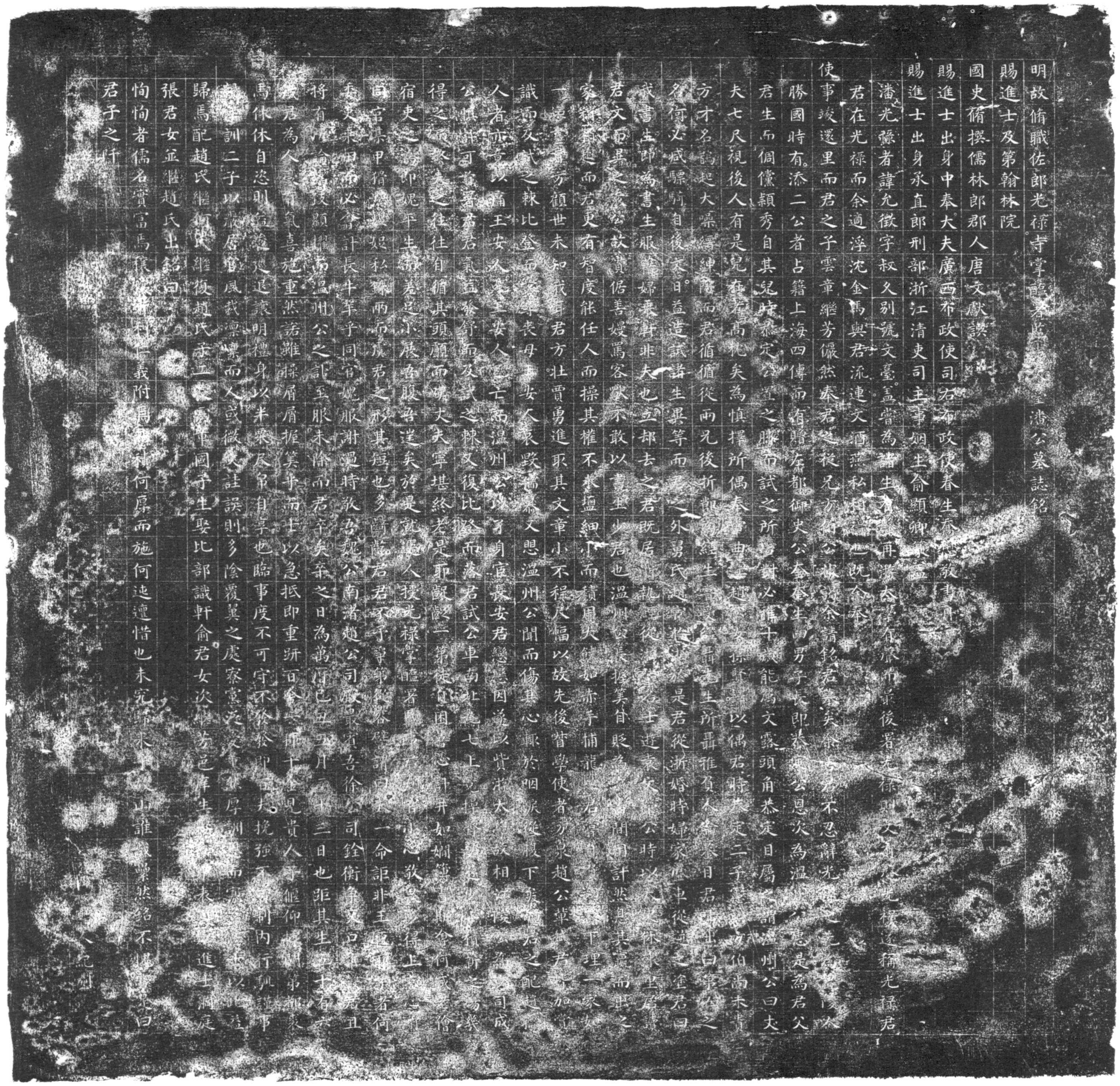

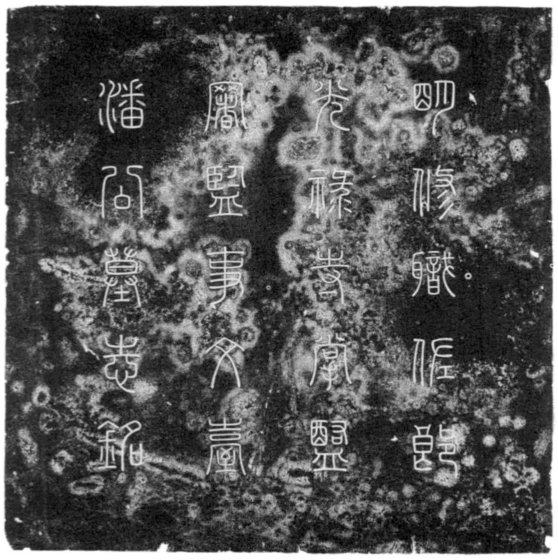

一三四　明故修職佐郎光禄寺掌醢署監事文臺潘公（允徵）墓誌銘

萬曆十七年（一五八九）五月二十三日（卒）

誌、蓋均為石質。誌長六四、寬六四厘米；蓋長六四、寬六二·五厘米。蓋文四行，滿行五字。篆書。誌文三三行，滿行四五字。正書。有界格。周邊為單綫框。誌泐蝕，誌文漫漶。蓋亦泐蝕。

一九六〇年盧灣區肇家浜路出土。原藏上海市文物管理委員會，現藏嘉定博物館。

一三五　明從仕郎直内閣誥敕房中書舍人潘君(雲驥)墓誌銘

萬曆十七年(一五八九)十二月二十四日

誌、蓋均為石質。誌長五九、寬五九・五厘米；蓋長五九、寬五九・五厘米。蓋文五行，滿行四字。篆書。誌文四四行，滿行四五字。正書。誌泐蝕，誌文漫漶。蓋亦泐蝕。

一九四九年後出土，具體時地不詳。原藏上海市文物管理委員會，現藏上海市歷史博物館。

明太醫院吏目徐公配李孺人合葬墓誌銘

一三六　明太醫院吏目徐公（學禮）暨配李孺人合葬墓誌銘

萬曆二十年（一五九二）十二月十六日

誌、蓋均為石質。誌長五一・二、寬五一・二厘米；蓋長五一・六、寬五一・五厘米。蓋文五行，滿行四字。篆書。誌文三二行，滿行三七字。正書。周邊為單綫框。誌輕度泐蝕，誌文略有殘損。

一九四九年後出土，具體時地不詳。原藏上海市文物管理委員會，現藏嘉定博物館。

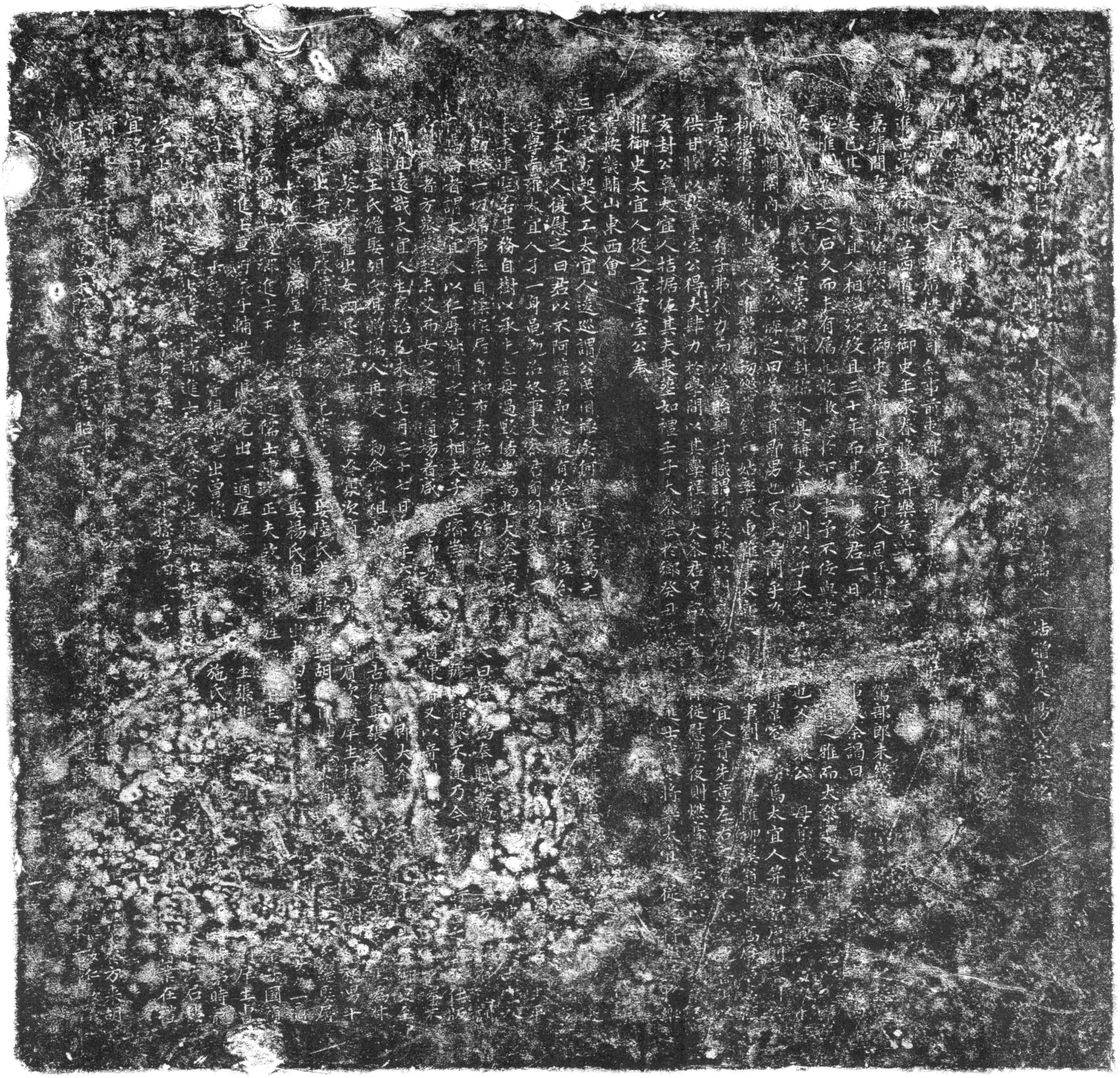

一三七　明故兵部車駕司郎中贈奉政大夫韋室唐公（自化）配敕封孺人誥贈宜人楊氏墓誌銘

萬曆二十一年（一五九三）後（撰）誌、蓋均為石質。誌長六一・五、寬六一・五厘米；蓋長六一・五、寬六〇・五厘米。蓋文七行，滿行五字。篆書。誌文三七行，滿行四七字。正書。誌泐蝕，誌文漫漶。

一九四九年後出土，具體時地不詳。現藏松江博物館。

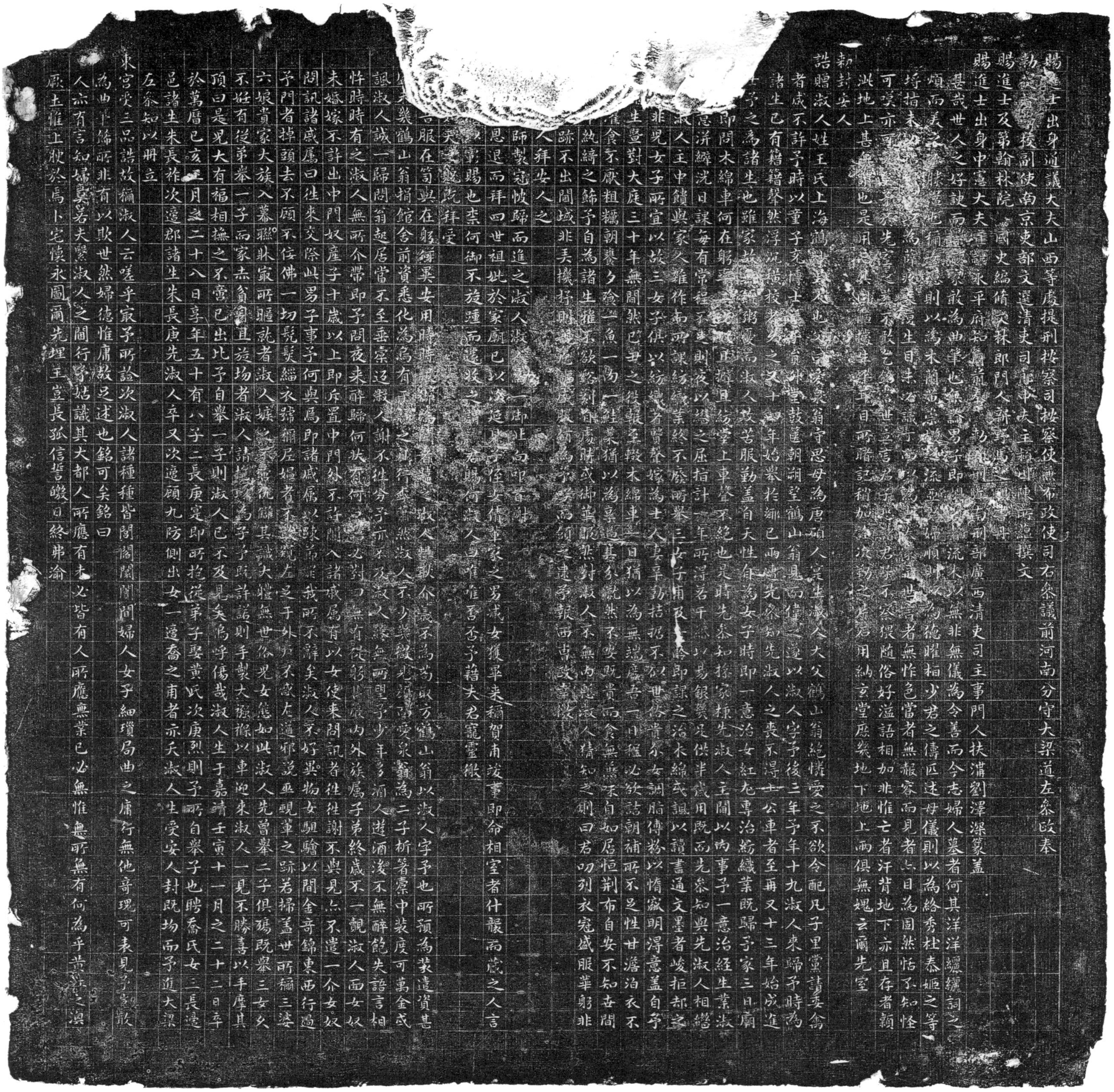

一三八　明（陳所蘊）先室敕封安人誥贈淑人王氏墓誌銘

萬曆二十七年（一五九九）正月二十八日（卒）

誌、蓋均為石質。誌長六〇、寬六〇厘米；蓋長五九·五、寬六〇厘米。蓋文五行，滿行四字。篆書。有界格。周邊為單綫框。誌文四四行，滿行五〇字。正書。有界格。周邊亦為單綫框。誌文略有殘損。誌上邊中部略有殘缺。

一九五七年黃浦區五七中學出土。誌、蓋原石均已佚，拓片現藏上海市文物管理委員會。

一三九　明故陸（彦章）母顧孺人墓誌銘蓋

萬曆二十八年（一六〇〇）三月三日（卒）

蓋為石質，長六六、寬六四厘米。蓋文四行，滿行三字。篆書。周邊為單綫框。蓋左下角斷裂。誌佚。

一九四九年後出土，具體時地不詳。現藏松江博物館。

一四〇　明徐尚賢自撰誓碑

萬曆三十年（一六〇二）刻

碑為石質，長七二・五、寬七二厘米。碑文三七行，滿行三六字。正書。碑左、右下角均略有殘缺。

一九四九年後出土，具體時地不詳。現藏嘉定博物館。

一四一　明故資政大夫太子少保禮部尚書兼翰林院學士贈太子太保謚文定平泉先生陸公（樹聲）墓誌銘蓋

萬曆三十三年（一六〇五）七月九日（卒）

蓋為石質，長六四、寬六三・五厘米。蓋文八行，滿行五字。篆書。周邊為單綫框。誌佚。

一九四九年後出土，具體時地不詳。現藏松江博物館。

皇明刑部左侍郎贈都察院右都御史心泉何公暨誥封淑人吴氏合葬内壙志
先君姓何諱源字仲深號心泉江西廣昌縣人宋寶謨閣直學士廉廣東提刑謚文
定諱坦第十四世孫明太子太保吏部尚書諱文淵第六世孫高祖諱宗字本茂
即吏部公長子曾祖諱會同祖諱豐父諱鐩母黄氏繼母胡氏公兄弟五人公居長
濤流漁湖其弟也公生于大明正德己卯年正月初五日子時以書經中嘉靖丙午
年江西鄉試第八名登己未科進士授浙江嘉興縣知縣陞工部主事差管呂梁洪
調兵部職方司陞本司員外郎中隆慶丁卯年養病萬曆癸酉年起吏部考功司郎
中甲戌調文選司本年十月陞太常寺少卿丙子年養病甲申年召起原職尋陞
太理寺少卿乙酉年陞太常寺卿大理寺卿丙戌年陞南京吏部右侍郎戊子年改
刑部右侍郎尋轉左本年三品考滿贈祖父父俱刑部左侍郎祖母母封贈俱太淑
人萬曆己丑年六月養病七月二十二日戌時卒于京享年七十一蒙 恩差官諭
祭壹壇勅賜三品全塟贈都察院右都御史娶新坊賴氏因贈淑人繼地隅魏氏生
子孔賢又繼東隅吴氏因封淑人生子孔賓吴淑人諱貴弟本縣人祖吴廷器父吴
鉞母高氏生于大明嘉靖戊申年九月初六日子時甲子年先母魏淑人卒于任先
祖禮聘淑人請外父母送親之呂梁時淑人年十七明年乙丑先君考滿封安人
隆慶丁卯覃恩封爲宜人萬曆甲申又以覃恩封爲恭人戊子年三品考滿又封爲
淑人己丑年先君京卒時賢賓俱不在側凡含殮治喪之勞淑人以一身當之上疏
陳情恩䘏寵及淑人其女中丈夫哉萬曆辛亥年三月十九日申時卒享年六十
四孔賢蔭官生通政使司經歷娶易氏繼娶魏氏生女五人孔賓監生娶黄氏先君
孝友天成禔身正大立朝不阿權勢居鄉恩施桑梓垂殁之日無以爲殮其清節如
此鄉人感德立祠祀之辛卯年塟先君于盱南里姚家坊十七年不吉萬曆癸丑年
七月二十八甲申日奉先君與吴淑人柩合塟于本縣文會里清修上名上白丁山
癸向兼午子三分奔沚龍形壙内甃以窯磚築以灰隔壙上蓋以石條疊五層護
衛堅密墳前豎誥勅諭龍亭泐立文官武將虎羊馬華表又建石坊一座周圍磚
石垣牆制作悉遵憲典崇隆 聖恩表揚先德賢賓謹述世系及先君吴淑人生卒
塟之年月鑄銅方冊内于壙中以永不朽至於行實之詳有史氏志焉
皇明萬曆四十一年癸丑七月甲申日不肖孤何孔賢孔賓泣血謹述

一四二　明刑部左侍郎贈都察院右都御史心泉何公(源)暨誥封淑人吴氏(貴弟)合葬内壙誌

萬曆四十一年(一六一三)七月二十八日

誌為石質，長四五・二、寬四三・二厘米。誌文二七行，滿行三二字。剔底陽文。正書。

一九四九年後出土，具體時地不詳。誌原石已佚，拓片現藏上海市文物管理委員會。

一四三　明故沈府君（自成）暨葛孺人墓誌銘

萬曆四十二年（一六一四）十二月二十四日

誌、蓋均為石質。誌長四六、寬四六厘米；蓋長四五・五、寬四六厘米。蓋文三行，滿行四字。篆書。蓋文略有殘缺。周邊為單綫框。誌文三〇行，滿行三二字。正書。周邊亦為單綫框。誌輕度泐蝕，誌文略有殘損。誌上邊及左邊略有殘缺。蓋右下角斷佚。

一九八二年寶山區淞南鎮出土。原藏上海市文物管理委員會，現藏上海市歷史博物館。

一四四　明故沈（日昌）母徐孺人墓誌銘

天啓三年（一六二三）十二月二十一日

誌爲石質，長八七・五、寬三〇・五厘米。右爲蓋文，一行，一〇字，篆書。誌文四六行，滿行一八字，正書。有界格。周邊爲單綫框。誌文略有殘損。誌上邊中部略有殘缺，中部及左部縱向斷裂。

一九八二年寶山區淞南鎮出土。原藏上海市文物管理委員會，現藏上海市歷史博物館。

一四五　明王公先考淳宇府君(□)先妣張太安人李安人遷墓記

崇禎十五年（一六四二）十二月八日

誌、蓋均為石質。誌長四八、寬四八厘米；蓋長四八、寬四八·五厘米。正書。蓋文二行，行一五至一七字不等。正書。中間有一圓形。誌文三〇行，滿行三四字。正書。誌泐蝕，誌文略漫漶。蓋亦泐蝕。

一九四九年後出土，具體時地不詳。現藏松江博物館。

一四六　明御授昭勇將軍成山衛指揮使李君墓誌蓋

崇禎十七年（一六四四）前

蓋為石質，長五四・五、寬五三・三厘米。蓋文四行，滿行四字。篆書。周邊為單綫框。蓋泐蝕。誌佚。

一九四九年後出土，具體時地不詳。現藏嘉定博物館。

一四七　明封奉政大夫廣西按察司僉事頤菴潘公墓誌銘蓋

崇禎十七年（一六四四）前

蓋為石質，長五九、寬五九・三厘米。蓋文五行，滿行四字。篆書。蓋泐蝕。誌佚。

一九四九年後出土，具體時地不詳。原藏上海市文物管理委員會，現藏上海市歷史博物館。

一四八　明故半山李君墓誌銘蓋

崇禎十七年（一六四四）前

蓋為石質，長四九・二、寬四九・五厘米。蓋文三行，滿行三字。篆書。周邊為單綫框。蓋泐蝕，蓋文略有殘損。誌佚。

一九四九年後出土，具體時地不詳。現藏嘉定博物館。

一四九　明故朝列大夫福建布政使司右參議前南京兵科給事中順齋鍾公墓誌蓋

崇禎十七年（一六四四）前

蓋為石質，長五七・五、寬五八厘米。蓋文六行，滿行五字。篆書。周邊為卷雲紋。蓋泐蝕。誌佚。

一九四九年後出土，具體時地不詳。現藏閔行區博物館。

一五〇　明故陳思畊處士暨先繼貳楊孺人之合葬墓誌銘蓋

崇禎十七年（一六四四）前

蓋為石質，長四五・五、寬四五・五厘米。蓋文五行，滿行四字。篆書。周邊為單綫框。蓋泐蝕。誌佚。

一九四九年後出土，具體時地不詳。現藏寶山區文物保護所。

一五一　明故嵩明州同知董文美墓誌銘蓋

崇禎十七年（一六四四）前

蓋為石質，長五六、寬五八厘米。蓋文四行，滿行四字。篆書。周邊為單綫框。蓋文略有殘損。蓋左下角斷佚。誌佚。

一九四九年後出土，具體時地不詳。一九八七年文物普查時於閔行區馬橋發現。現藏閔行區博物館。

一五二　明故處士張東槎墓誌銘蓋

崇禎十七年（一六四四）前

蓋為石質，長四七・二、寬四七・二厘米。蓋文三行，滿行四字。篆書。周邊為單綫框。另，左邊有倒刻「明胡人」、「上大人」六字，正書。疑為古人刻。蓋右上邊略有殘缺。誌佚。

一九四九年後出土，具體時地不詳。現藏嘉定博物館。

一五三　明故歐王貳安人墓誌銘蓋

崇禎十七年（一六四四）前

蓋為石質，長五五・五、寬五六・一厘米。蓋文四行，滿行三字。篆書。周邊為單綫框。蓋泐蝕。誌佚。

一九四九年後出土，具體時地不詳。現藏嘉定博物館。

一五四　明故將仕郎直隸松江府醫學正科杜公墓誌銘蓋

崇禎十七年（一六四四）前

蓋為石質，長四三・五、寬四三、厚五厘米。蓋文五行，滿行四字。篆書。蓋泐蝕。誌佚。

一九四九年後出土，具體時地不詳。現藏松江博物館。

一五五　明故唐雪岡墓誌銘蓋

崇禎十七年（一六四四）前

蓋為石質，長四二・六、寬四二・四厘米。蓋文三行，滿行三字。篆書。周邊為單綫框。蓋泐蝕。誌佚。

一九四九年後出土，具體時地不詳。現藏嘉定博物館。

一五六　明故吴氏墓誌銘蓋

崇禎十七年（一六四四）前

蓋為石質，長五七・七、寬五七厘米。蓋文三行，滿行三字。篆書。蓋左下邊及角略有殘缺。誌佚。

一九四九年後出土，具體時地不詳。現藏嘉定博物館。

一五七　明故縣學生惕菴李君墓誌銘

蓋

崇禎十七年（一六四四）前

蓋為石質，長四八・二、寬四六・六厘米。蓋文三行，滿行四字。篆書。有界欄。周邊為單綫框。誌佚。

一九四九年後出土，具體時地不詳。現藏嘉定博物館。

一五八　明故徐夫人張氏之墓誌蓋

崇禎十七年（一六四四）前

蓋為石質，長六一、寬六一厘米。蓋文三行，滿行三字。篆書。誌佚。

一九四九年後出土，具體時地不詳。現藏嘉定博物館。

一五九　明故張東阜同室孔氏秦氏合葬墓誌銘蓋

崇禎十七年（一六四四）前

蓋爲石質，長四三・二、寬四四厘米。蓋文四行，滿行四字。篆書。蓋右下角略有殘缺。誌佚。

一九四九年後出土，具體時地不詳。現藏嘉定博物館。

一六〇　明故中大夫都察院右僉都御史前太□□□□南〼某公墓誌銘蓋

崇禎十七年（一六四四）前

蓋為石質，長六一・五、寬六一厘米。蓋文五行，僅存四行，滿行五字。篆書。周邊為卷雲紋。蓋泐蝕，蓋文漫漶。蓋右下角斷佚。誌佚。

一九四九年後出土，具體時地不詳。現藏松江博物館。

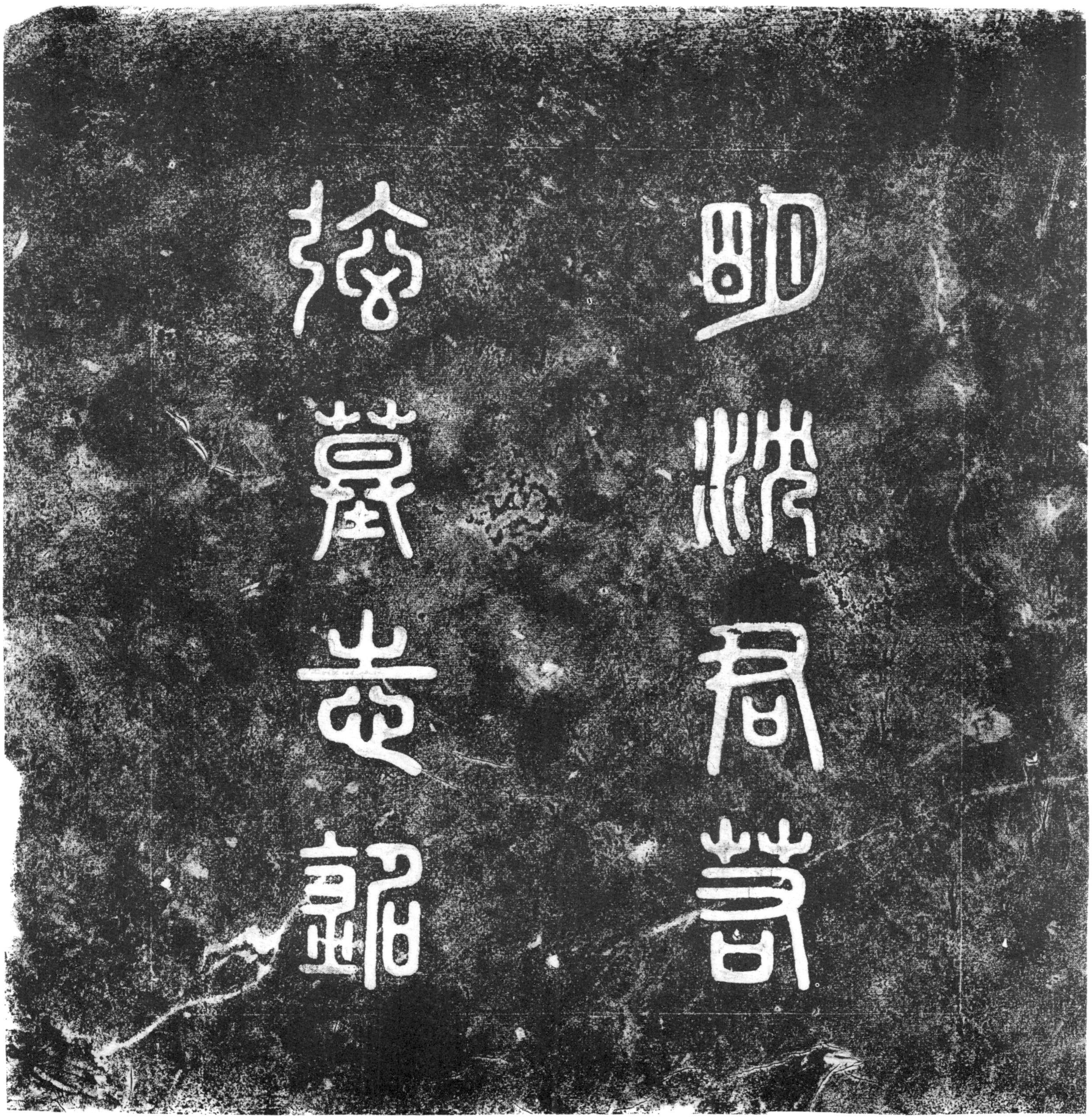

一六一　明沈君若弦墓誌銘蓋

崇禎十七年（一六四四）前

蓋為石質，長四五・五、寬四三・三厘米。蓋文二行，滿行四字。篆書。周邊為單綫框。誌佚。

一九四九年後出土，具體時地不詳。現藏嘉定博物館。

一六二　明撫州府學訓導唐君墓誌銘

蓋

崇禎十七年（一六四四）前

蓋為石質，長五〇、寬五〇・二厘米。蓋文三行，滿行四字。篆書。周邊為單綫框。誌佚。

一九四九年後出土，具體時地不詳。現藏嘉定博物館。

一六三　明曹以中妻宋氏墓誌銘蓋

崇禎十七年（一六四四）前

蓋為石質，長五二、寬五一・五厘米。蓋文三行，滿行三字。篆書。蓋泐蝕。誌佚。

一九四九年後出土，具體時地不詳。現藏嘉定博物館。

一六四　明陳後山配張孺人及其繼曹孺人墓誌銘蓋

崇禎十七年（一六四四）前

蓋為石質，長五四、寬五四・三厘米。蓋文四行，滿行四字。篆書。周邊為單綫框。蓋左上角略有殘缺。誌佚。

一九四九年後出土，具體時地不詳。現藏嘉定博物館。

一六五　明誥封宜人朱氏墓誌銘蓋

崇禎十七年(一六四四)前

蓋為石質,長六〇・五、寬五八厘米。蓋文三行,滿行三字。篆書。誌佚。

一九四九年後出土,具體時地不詳。現藏嘉定博物館。

一六六　明故梅莊處士陸公墓誌蓋

崇禎十七年（一六四四）前

蓋為石質，長五一・三、寬五二厘米。蓋文三行，滿行三字。篆書。蓋泐蝕。誌佚。

一九四九年後出土，具體時地不詳。現藏嘉定博物館。

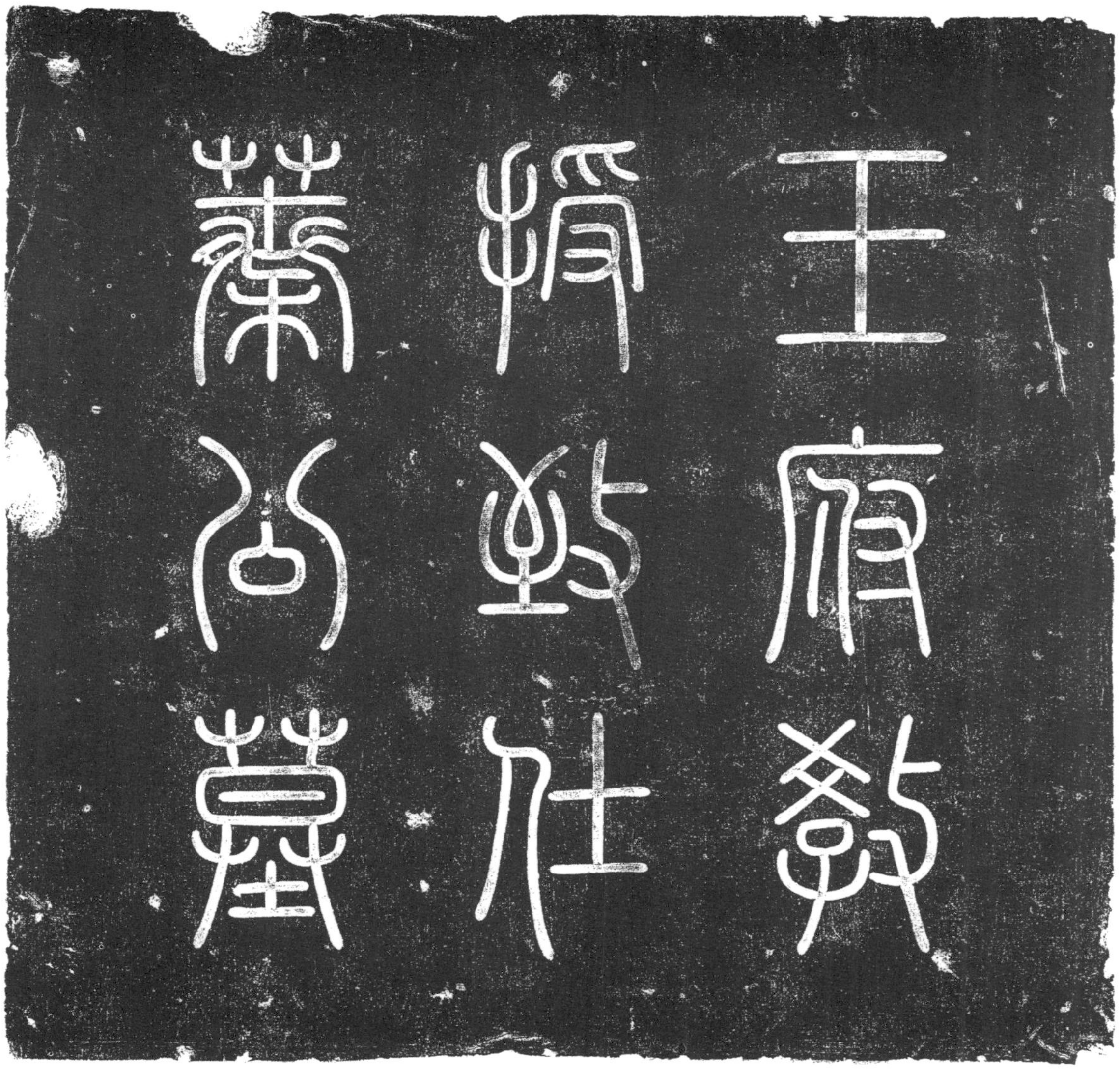

一六七　明王府教授致仕葉公墓誌蓋

崇禎十七年（一六四四）前

蓋為石質，長五二、寬五三・六厘米。蓋文三行，滿行三字。篆書。誌佚。

一九四九年後出土，具體時地不詳。現藏嘉定博物館。

一六八　明王君廷珪墓誌銘蓋

崇禎十七年（一六四四）前

蓋為石質，長五四・五、寬五四・六厘米。蓋文二行，滿行四字。正書。蓋泐蝕。蓋左上角略有殘缺。誌佚。

一九四九年後出土，具體時地不詳。現藏閔行區博物館。

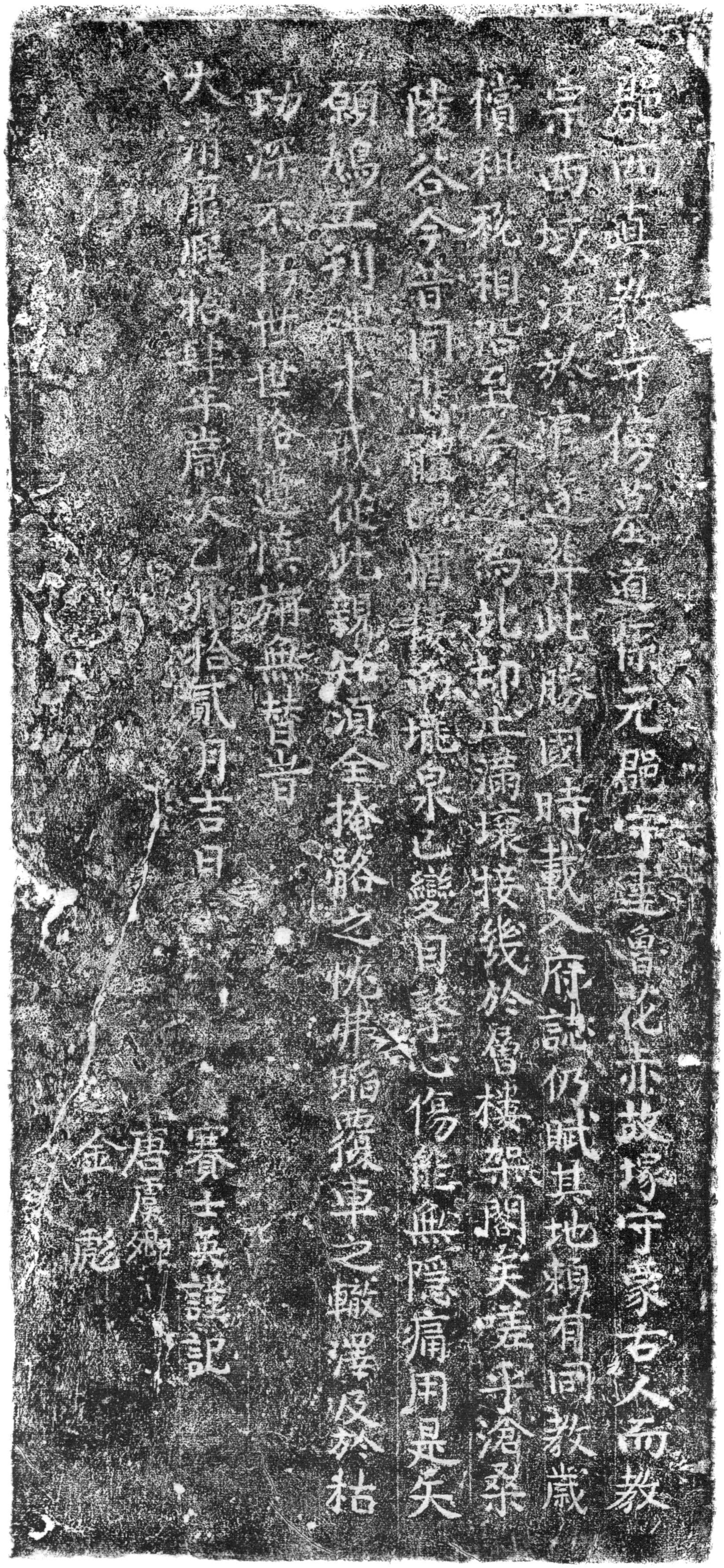

一六九　清修元郡守達魯花赤故塚碑記

康熙十四年（一六七五）十二月

（記）

碑為石質，長七五、寬三三厘米。碑文九行，滿行二六字。正書。

一九四九年後出土，具體時地不詳。現藏松江博物館。

孔宅衣冠墓碑記
洪惟我
聖朝紹天立極握符御宇天下郡邑廣建學宫褒崇之典有加在昔及我
皇上儲精垂神宰制六合坱圠萬類以兹闕里為風教所先廟貌寢園肅為增飾於是乎我
祖至聖之道昭融流衍莫有盛於今日精禋之禮宜其慕隆大備而超軼往牒歟余不佞嗣守藩服夙夜兢兢靡墜是懼仰體我
皇上重道崇儒之至意因思至聖周遊天下其車轍馬跡應有存在人耳目者惜余諮訪之未至也歲在辛未接青邑令李君若元牒及雲間志始得孔宅
衣冠墓始末云按志郡北六十里地名孔宅宋淳熙間居民浚河得一碑云天寶六載浚池令蔡於孔宅之西南則孔宅之名由來久矣考其故蓋自
至聖二十代孫後漢太守少傳諱潛避地會稽遂為郡人嗣後若梁則有海鹽令諱滔若隋則有吳郡主簿諱嗣哲迨大業二年三十四代孫諱禎為
蘇州刺史奉至聖之衣冠瘞於此地因以墓名遂以我宗譜系參考互証其出處年月無不脗合始知志據分明源流有自不可忽也夫過大梁
者或佇想於夷門游九原者亦流連於隨會而况至聖遺蹟應有什伯於尋常者顧可使之湮沒勿彰歟惜乎宋元以來雖有表章明季蒞茲土者若
郡守張九德邑宰韓原善吳之琦聿興禮教與一時耆宿若申時行錢大復陸應陽錢龍錫李世祺陳濂賢李淛等丕肅文風從而鼎新之庀工鳩
材鼓繕凡木之工楹欐楶之杇者易之凡繢之工藻綠丹漆之渝者飾之凡陶之工甗瓴甓甋之缺者補之凡金石之工礎璿螭首龜趺堿級之剝且
契者更之
本朝進士諸舜裳諸嗣郢舉人蔡文炳貢士王夢求朱天瑛胡昌穎庠生陳功張墾陞孫彥朝諸懋敏吳達孝王夢參潘吡葉之奇邵天僩孫日隆蔡簡黃石
輩各先增葺而庠生方正范於墓之周遭鳩工築石樹立豐碑厥功尤懋於是丹艧烱光棟宇輝煌車器畢陳金絲可聽士大夫揖讓其中以時脩祭有
不低佪靈跡慕懷道蘊思以接聖神之令緒宣
昭代之宏輝者哉因敘其始末勒之貞珉俾不致失隊
至聖六十七代孫太子少師襲封衍聖公闕里孔毓圻謹撰
賜進士出身翰林院編脩癸酉河南主考高唐孔毓書丹
賜進士出身朝議大夫提督山東學政按察司僉事陸鳴珂篆額
江南松江府青浦縣知縣董名弼 儒學教諭葉舒毅 縣丞姚天錦 主簿王應鼎
訓導方正玭 王明圖 典史趙以超
龍飛康熙四十年歲次辛巳仲春穀旦 立石

一七〇 清修孔宅衣冠墓碑記

康熙四十年（一七〇一）二月（立）

碑為石質，長一九二·五、寬八八·二厘米。碑文二三行，滿行五九字。正書。周邊為陰刻雲龍紋。

原立青浦區孔宅衣冠墓前，現藏青浦區萬壽塔，原拓片藏上海市文物管理委員會。

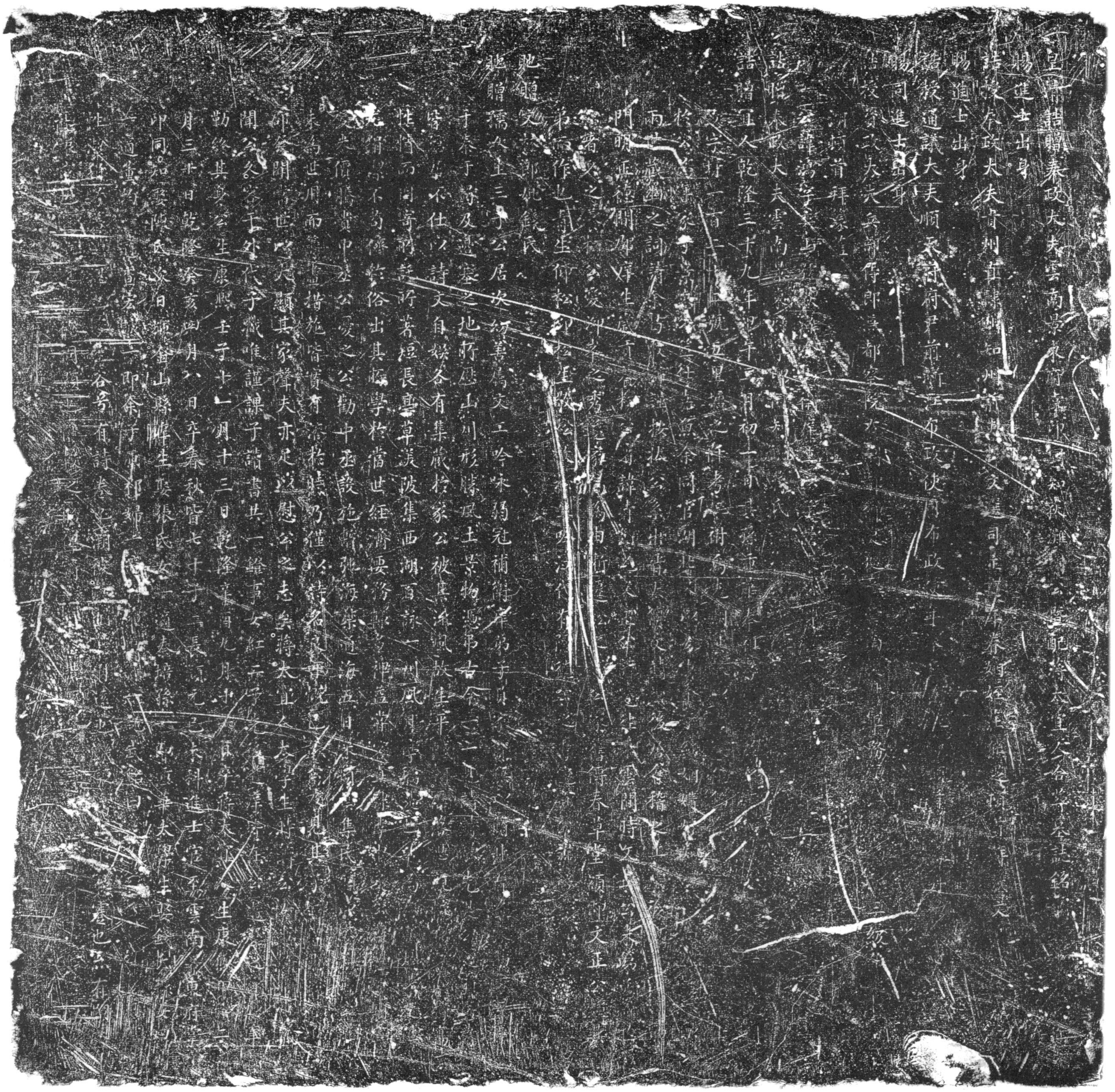

一七一　清誥贈奉政大夫雲南景東府掌印同知荻灘謝公（鴻）暨配蔣太宜人合葬墓誌銘

乾隆三十九年（一七七四）三月一日

誌、蓋均為石質。誌長五三・一、寬五二・五厘米；蓋長五四、寬五二・五厘米。蓋文七行，滿行六字。篆書。誌文三三行，滿行三八字。正書。誌下部泐蝕，誌文漫漶。誌面有劃痕。

一九四九年後出土，具體時地不詳。現藏松江博物館。

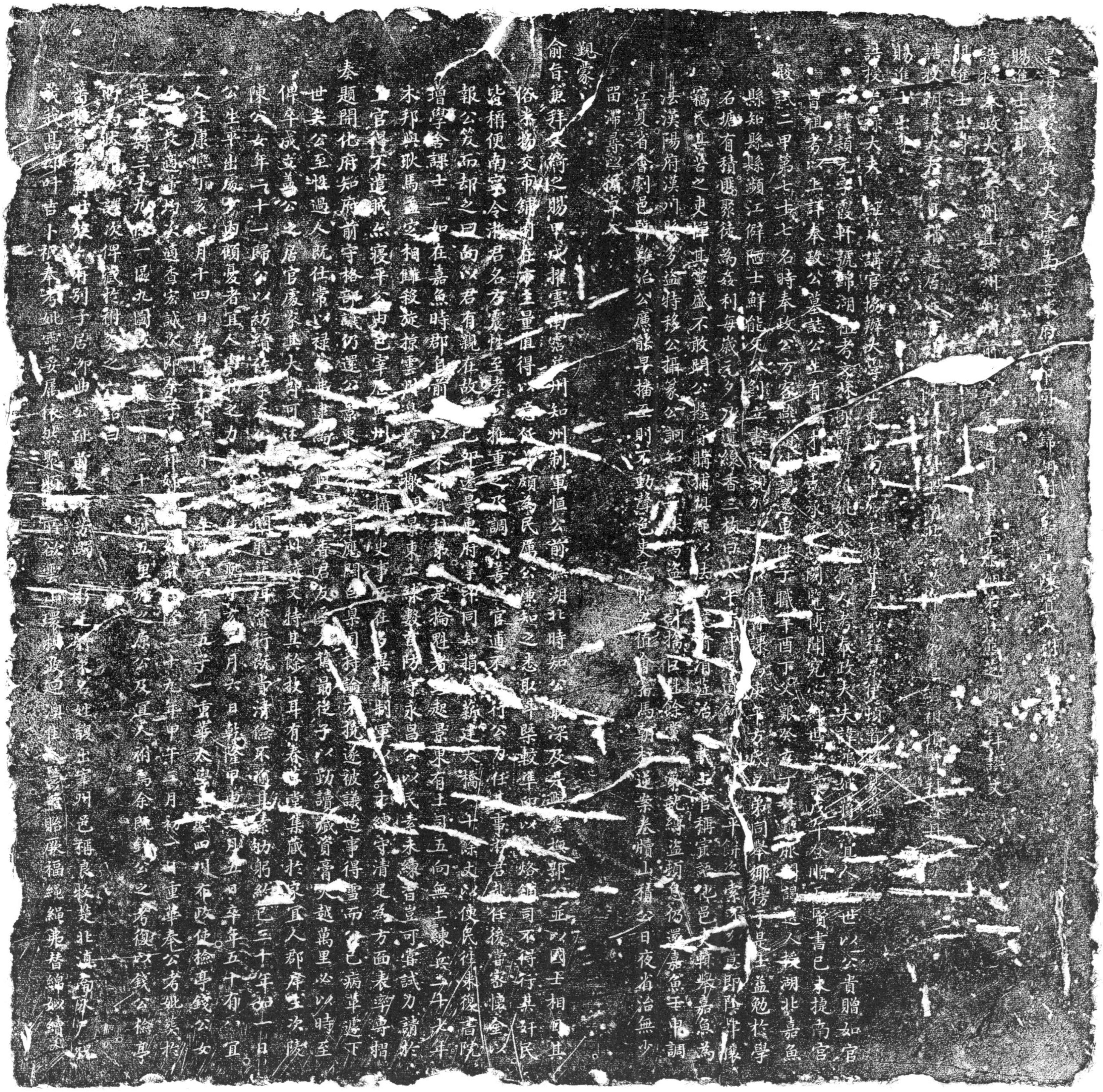

一七二　清誥授奉政大夫雲南景東府掌印同知錦湖謝公（穎元）暨配陳宜人祔葬墓誌銘

乾隆三十九年（一七七四）三月一日

誌、蓋均為石質。誌長五六、寬五四・五厘米；蓋長五六・五、寬五五厘米。蓋文六行，滿行六字。篆書。誌文三五行，滿行四五字。正書。誌泐蝕，誌文漫漶。誌面有劃痕。

一九四九年後出土，具體時地不詳。現藏松江博物館。

皇清誥
贈資政
大夫大
理寺卿
王公墓
志銘

皇清誥贈資政大夫大理寺卿王
公墓志銘
賜進士及第前翰林院侍讀學士
餘姚盧文弨撰文
賜進士出身　日講起居注官翰
林院侍講錢唐梁同書書丹
副榜貢生嘉定錢坫篆蓋
今大理寺卿王君昶之將葬其先
贈公也上書陳情
天子乞假使得理窀穸事既
報可即馳歸卜日得吉諆所以為
銘者向知文弨不肎為澶漫喻愉

之辭其言宜可取信遂以書與狀
來請勤懇甚至文弨其可以苟辭
乎哉案狀公名士毅字鴻遠王氏
松江青浦人先世由浙之蘭溪遷
焉考諱璵壯三子公其季也九歲
而孤少長竭力為母營甘旨自奉
則取其家觳者伯兄出為人後常
苦貧時時為給朝夕費仲兄沒無
後公兼主其祭歲時對几筵輒泣
然興哀檢身治家嚴而有法有祀
者罔不與校嘗擇經語十二條取
史事附著之以朝夕自鏡因益悟
誠中為立身行己之大本誠則未
有不形誠則未有不動顏子居陋
巷言語不多見聖人乃亟稱之諸
子皆自以為莫及漢黃叔度徐孺
子管幼安之倫皆終身隱約而當
時稱之後世信之此於人世文章
功業有弗藉焉剡富貴利祿耶公
之志趣見於言者如此予就傅後
每夕為陳說通鑑事又取古來名
臣碩儒自屈子而下止於明季凡
百二十人本傳揔編之命曰百世
師錄俾誦習之引其志使不落於
庸近也同時宿學者德咸取其書
以詔於學者乾隆九年八月二十
二日卒年六十有四以子貴三遇
覃恩初贈文林郎內閣中書舍人
再贈奉直大夫吏部考功司主事
晉贈資政大夫大理寺卿妻陸氏

一七三　清誥贈資政大夫大理寺卿王公（士毅）墓誌銘

乾隆四十四年（一七七九）七月十日

誌為石質，三方。第一方長三〇・五、寬八二厘米；第二方長三〇・五、寬八一・五厘米；第三方長三〇・五、寬七八厘米。第一方右為蓋文，六行，滿行三字。篆書。餘為誌文，共計六八行，滿行一三字。正書。

一九四九年後出土，具體時地不詳。原藏青浦區朱家角王昶祠堂，現藏青浦博物館。

一七四　清誥封奉直大夫晉贈朝議大夫掌浙江道監察御史加一級嘯亭許公（雲鵬）暨配誥封宜人晉封恭人陸太恭人墓誌銘

乾隆四十四年（一七七九年）冬

誌為石質，二方。第一方長六一、寬六〇厘米；第二方長六二・六、寬六一・五厘米。均分上、下兩欄。第一方上欄為蓋文，一二行，滿行六字。篆書。餘為誌文，共計八八行，滿行一四字。正書。誌均泐蝕，誌文略漫漶。

一九四九年後出土，具體時地不詳。現藏嘉定博物館。

圓津禪院振華長老塔銘并序
誥封光禄大夫刑部侍郎同邑王昶撰
賜進士及第翰林院侍讀石門陳萬青書
圓津禪院歷代諸長老皆以能繪事工篆刻世
其傳流風餘韻蓋昉於語石語公殁貞朗蕉士
繼之及旭林而名益盛余少及見旭公其畫本
諸家世益以王翬為師旭公老授筆法於振華
而篆刻尤工然樸質沉静退然不自見所長是
以其畫雖散落四方友人且梓行其印譜而世
之知之者絶少院瀕於漕溪精舍皆清迴幽絶
為東南名士游賞地振華飾其所未備興其所
已廢又取名士詩文書畫裝潢蔵弆無損蝕遺
佚以供来游者之玩筆墨稍暇率其徒侶從事
於耕作不以勞勩自解又嘗受欲人方楚崖醫
法問岀以應病者之求縣令稔其誠慈命司僧
録意攸脩然不屑也嗚呼觀此足以知師矣振
華童姓名本曜蘇州吴縣人生康熙六十一年
某月日滅以乾隆四十九年十一月十三日僧
臘五十有六世壽六十三弟子二人曰覺安覺
銘師寂時余方由西安移任雲南覺銘以書来
云吾師將以五十二年十月廿三日葬吴縣之
堯峰願有以銘於塔余童丱時常往来於院蓋
交於師者五十餘年矣銘何可辭銘曰
弗問禪弗縛律唯藝事之能以寓日也勤農功
兼醫術事理如如實也堯峰之山雲林
蒙密用為供養永安其室也
乾隆五十六年歲次辛亥正月十六日建

一七五　清圓津禪院（童）振華（曜）長老塔銘

乾隆五十六年（一七九一）正月十六日（建）

銘為石質，長四二·五、寬八二厘米。銘文二八行，滿行一八字。正書。銘文略有殘損。銘左面縱向斷裂。

現藏青浦區朱家角漕港灘圓津禪院。原拓片藏上海市文物管理委員會。

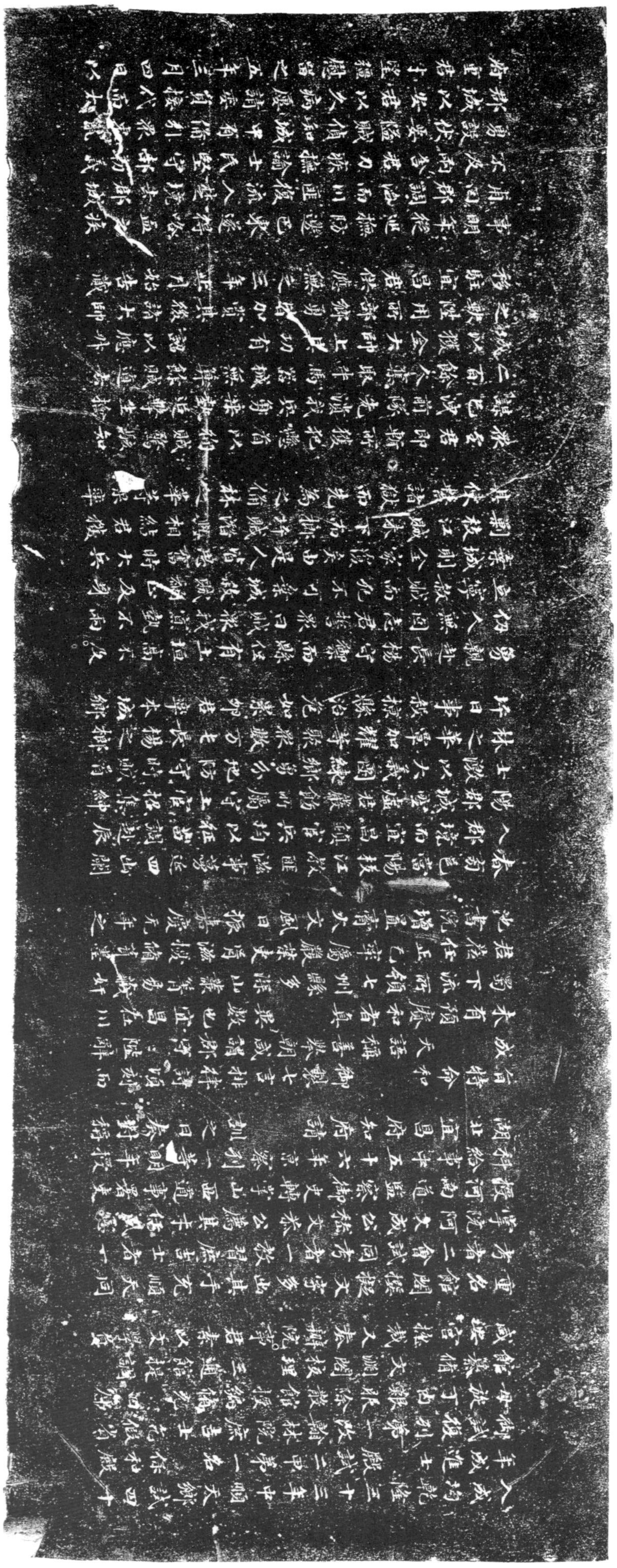

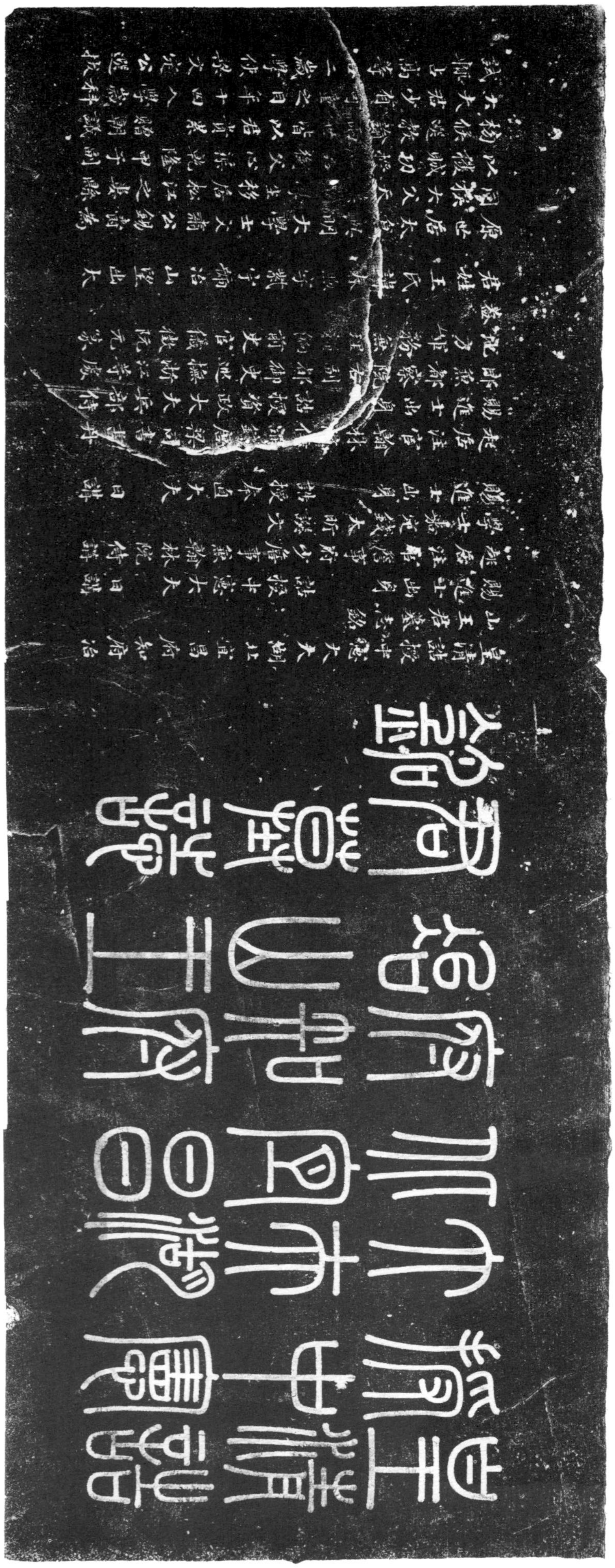

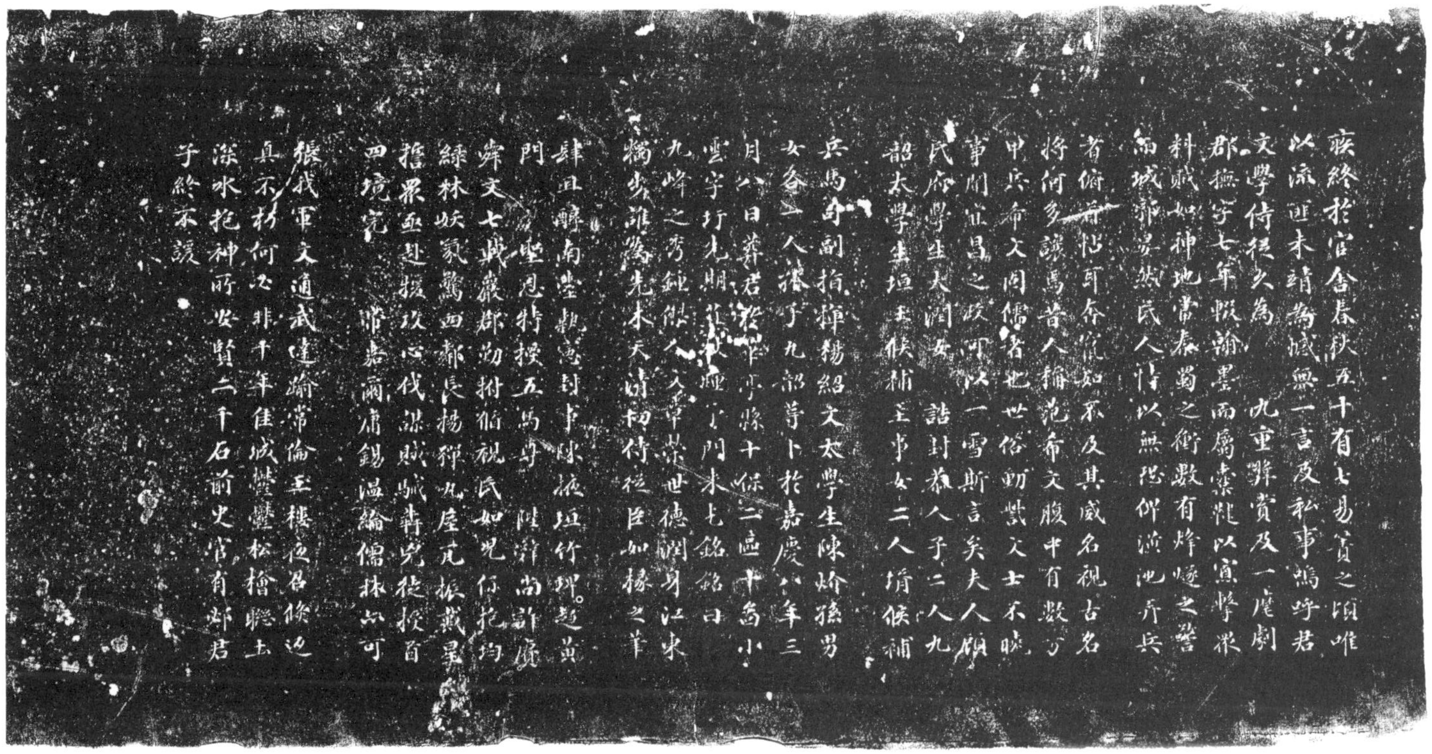

一七六　清誥授中憲大夫湖北宜昌府知府冶山王君（春煦）墓誌銘

嘉慶八年（一八〇三）三月八日

誌為石質，三方。第一、二方均長三二、寬六二·五厘米；第三方長三二、寬八六厘米。第一方右為蓋文，八行，滿行三字。篆書。餘為誌文，共計八六行，滿行一六字。正書。第一方左面有劃痕。

一九四九年後出土，具體時地不詳。原藏上海市文物管理委員會，現藏上海市歷史博物館。

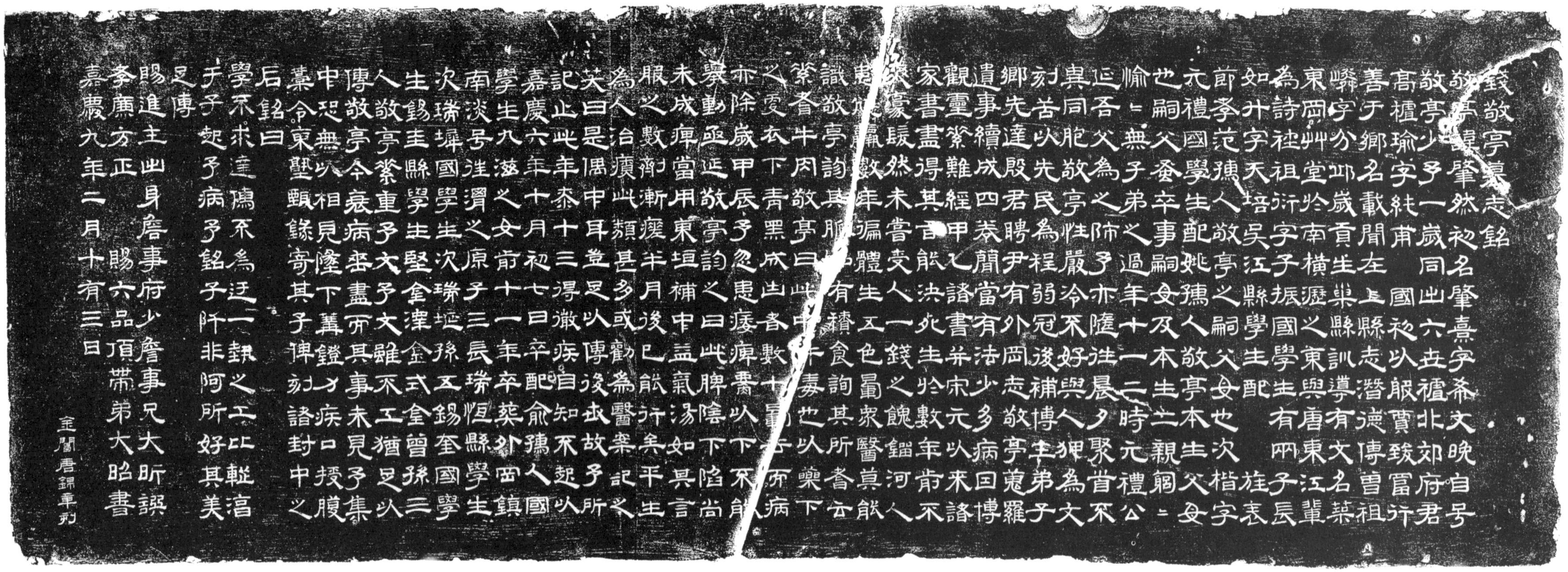

一七七　清錢敬亭（肇然）墓誌銘

嘉慶九年（一八〇四）二月十三日（刻）

誌爲石質，長三六・五、寬一〇六厘米。誌文四九行，滿行一五字。隸書。誌文略有殘損。誌中間縱向斷裂。一九四九年後出土，具體時地不詳。現藏嘉定博物館。

一七八　清誥授中憲大夫詹事府少詹事錢君（大昕）墓誌銘

嘉慶十年（一八〇五）十二月六日

誌為石質，長一〇〇、寬一〇〇厘米。誌文四三行，滿行四八字。隸書。蓋佚。

一九六六年「文化大革命」時嘉定區外岡出土。現藏嘉定博物館。

清故光祿大夫刑部右侍郎王蘭泉先生墓志銘

清故刑部右侍郎王公墓誌銘并序
誥授通議大夫順天府府尹年
侍生秦瀛頓首拜譔

賜進士出身翰林院編修充國史館
纂修官門人顏崇頓首拜書丹
賜進士及第山東督糧道加三級門人
孫星衍頓首拜篆蓋
青浦刑部右侍郎王公蘭泉以嘉慶十
一年六月七日卒於家於是公致仕家
居十有二年矣孫肇和述公遺言屬余
為銘由之文于鄞公女夫嚴秉守榮譔
為年譜以書抵余京師按譜公諱昶字
德甫號述菴又號蘭泉先世浙江蘭谿
人高祖懋忠始遷青浦名列戴社諸
名曾祖之輔祖與父士毅三世皆以
貴累
贈光祿大夫刑部右侍郎曾祖妣雷氏
祖妣沈氏妣陸氏生妣錢氏皆
贈封一品夫人公成童勵學即擅文譽
年十七補博士弟子□然出儕輩嘗游
長洲沈文慤公之門時有吳中七子詩
選其□詩傳海外公其一也乾隆十八
年□□□江南鄉試踰年登進士
第班□□二十二年
[illegible]
召試第一授內閣中書未幾入直軍
[illegible]
□誥□□□□公于遷刑部主事再遷
至刑部郎中三十三年坐言語不密罷
職會□□□阿公桂總督雲貴請公
□□永昌騰越間軍書旁午黃畫械

宜公之力為多無何阿公罷溫公福代
之留公戎幕始終三十七年屬四川小
金川土司僧格桑構亂
上命溫公移師討之請以公行會
上復起阿公會勦公又參阿公軍除吏
部主事擢員外郎郎中木果木之變公
友趙公文哲隨溫公沒於事而公在南
路得無恙四十一年隨阿公奏凱還京
師擢鴻臚寺卿
賞戴花翎仍入直軍機處前後在
軍營者凡九年始還尋擢大理寺卿都
察院左副都御史授江西按察使丁母
憂服闋起為陝西按察使遷雲南布政使
調江西
召為刑部右侍郎時公年六十有六矣
在刑部時屢奉
命讞獄江南湖北咸稱平允五十八年
年七十乞假省墓假還隨以原品致政
退居三泖漁莊者十餘年而以疾卒年
八十有三論者謂公壯歲從戎名望重
於絕域及為藩臬慎訟獄興教化所在
有治行可稱方按察陝西時甘肅石峰
堡之役公督兵防禦邊境賊以無擾當
責尤著公所表襮亦匪專徵於時而余
則觀公生平志事知以古人開物成
務之學見諸措施所見者止此尚不
足盡公之蘊公嘗言其師王□□先生
太岳位至方伯甚學多聞而未施為壽

一七九　清故刑部右侍郎王公（昶）墓誌銘

嘉慶十二年（一八〇七）二月十七日

誌為石質，五方。第一方長三一・五，寬七〇・八厘米；第二方長二九・八，寬六八厘米；第三方長二九・五、寬六三・三厘米；第四方長三一・五，殘寬四六・五厘米；第五方長三〇・四厘米，寬三六・二厘米。第一方右為蓋文，七行，滿行三字。篆書。餘為誌文，共計八四行，滿行一五字。正書。有界欄。周邊為單綫框。誌文略有殘缺。第四方右半部斷佚。

一九四九年後出土，具體時地不詳。原藏青浦區朱家角鎮王昶祠堂，現藏青浦博物館。原拓片藏上海市文物管理委員會。

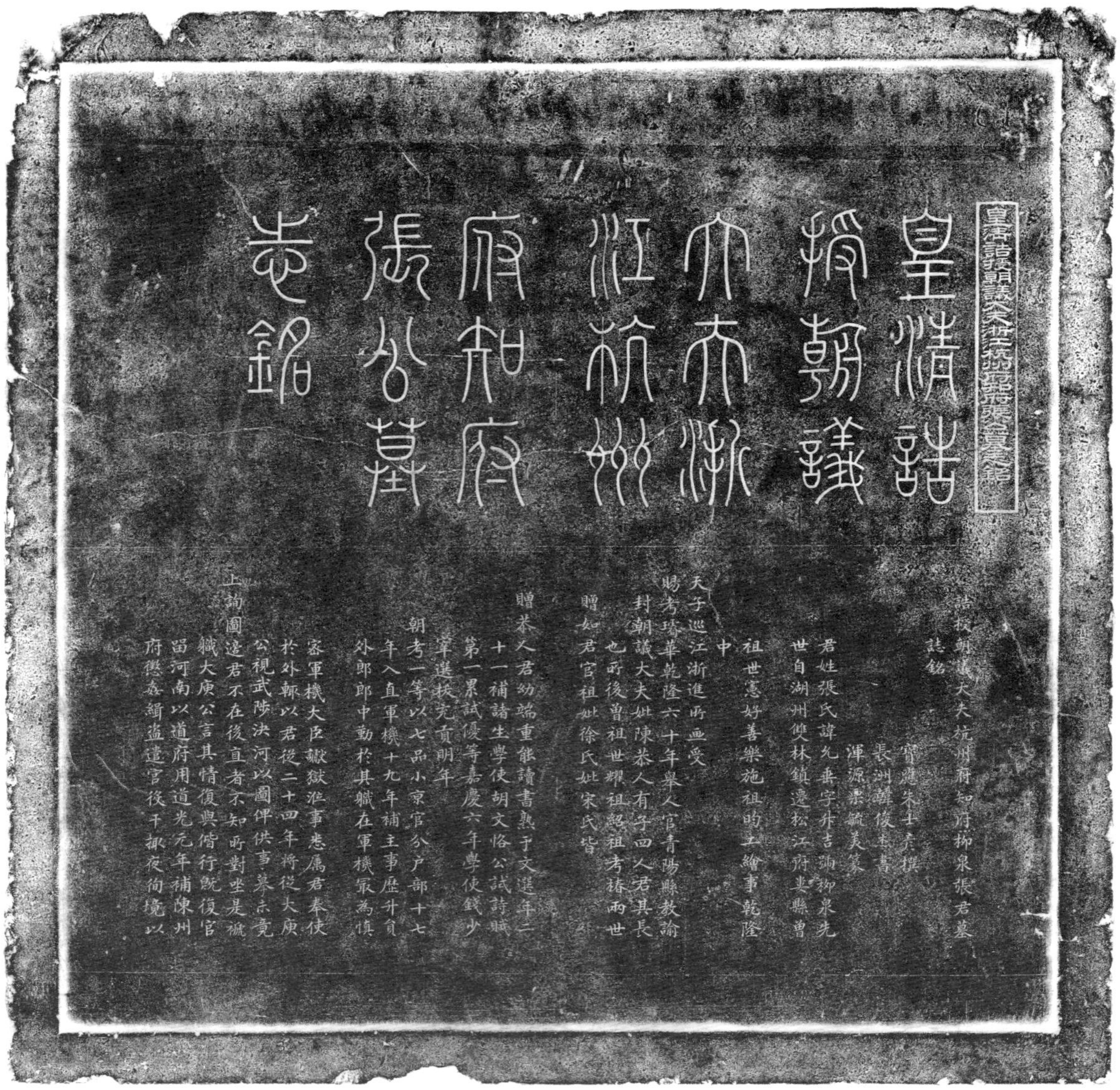

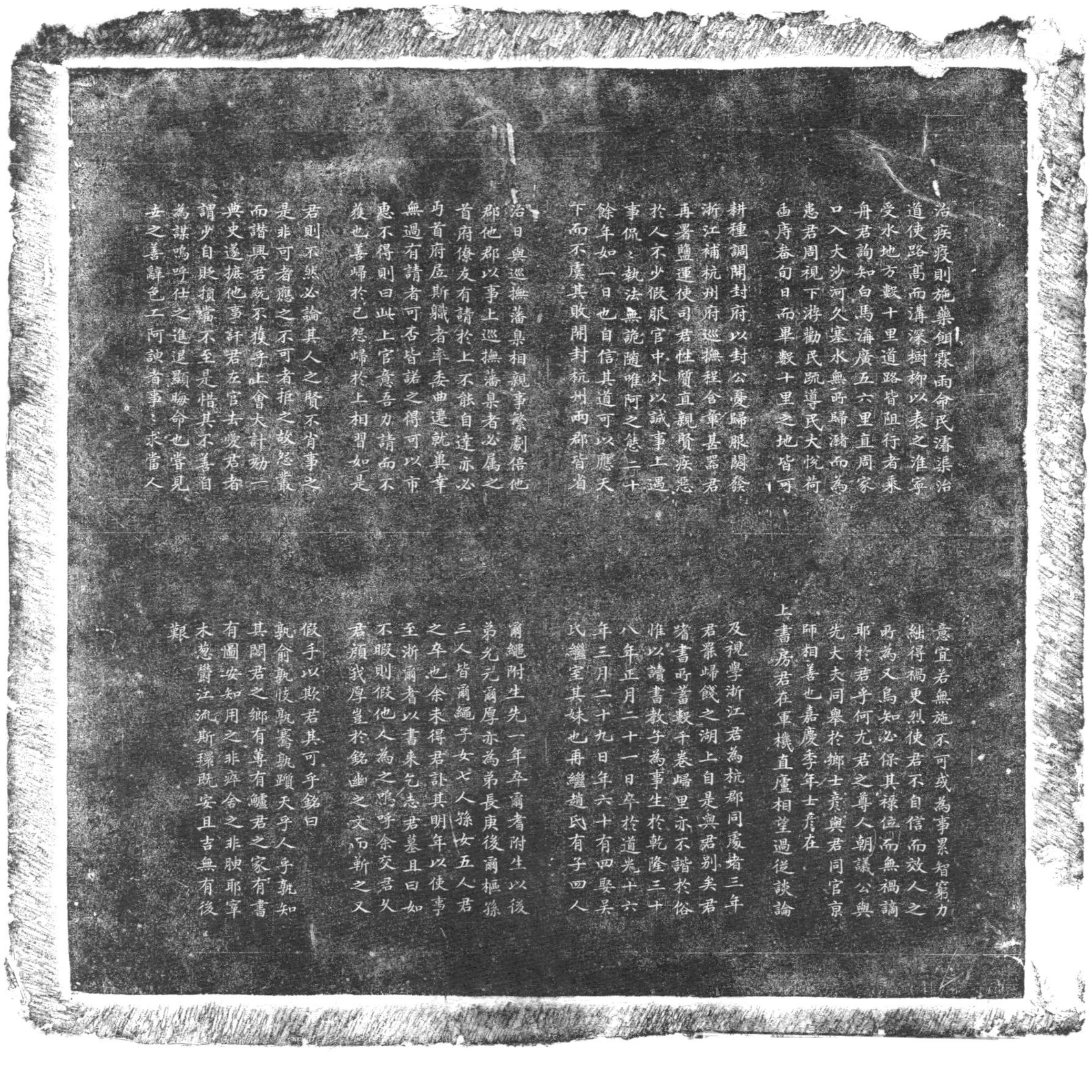

一八〇　清誥授朝議大夫浙江杭州府知府柳泉張君（允垂）墓誌銘

道光十七年（一八三七）（撰）

誌為石質，二方。第一方長七六・五、寬七七厘米；　第二方長七六、寬七六・五厘米。均分上、下欄。第一方上欄右為籤文，一行，二〇字。隸書。左為蓋文，七行，滿行三字。篆書。餘為誌文，共計八四行，滿行一七字。正書。周邊均為單綫框。

一九四九年後出土，具體時地不詳。現藏松江博物館。

一八一　清例授奉直大夫候選主事加一級胡君(澄)墓誌銘

道光十八年(一八三八)三月四日(卒)

誌為石質，長五九、寬六八厘米。誌文二九行，滿行三〇字。正書。誌左邊略有殘缺。蓋佚。

一九四九年後嘉定區出土。現藏嘉定博物館。

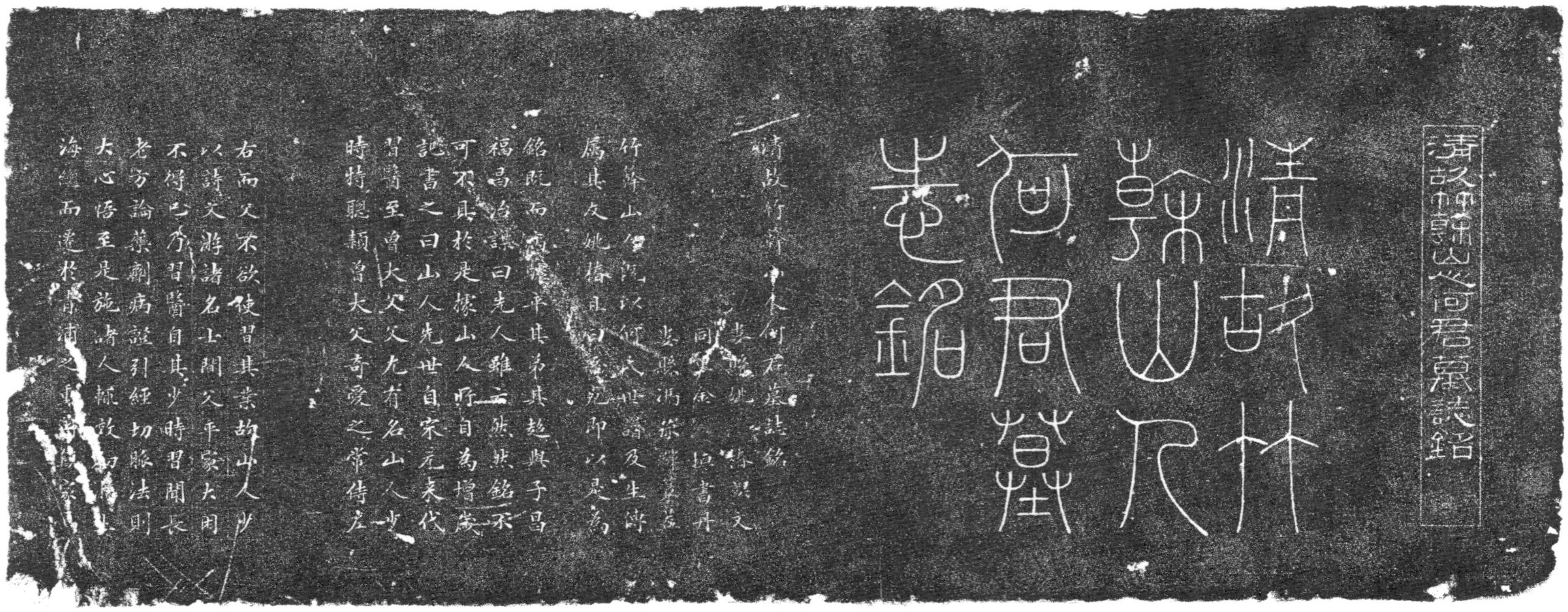

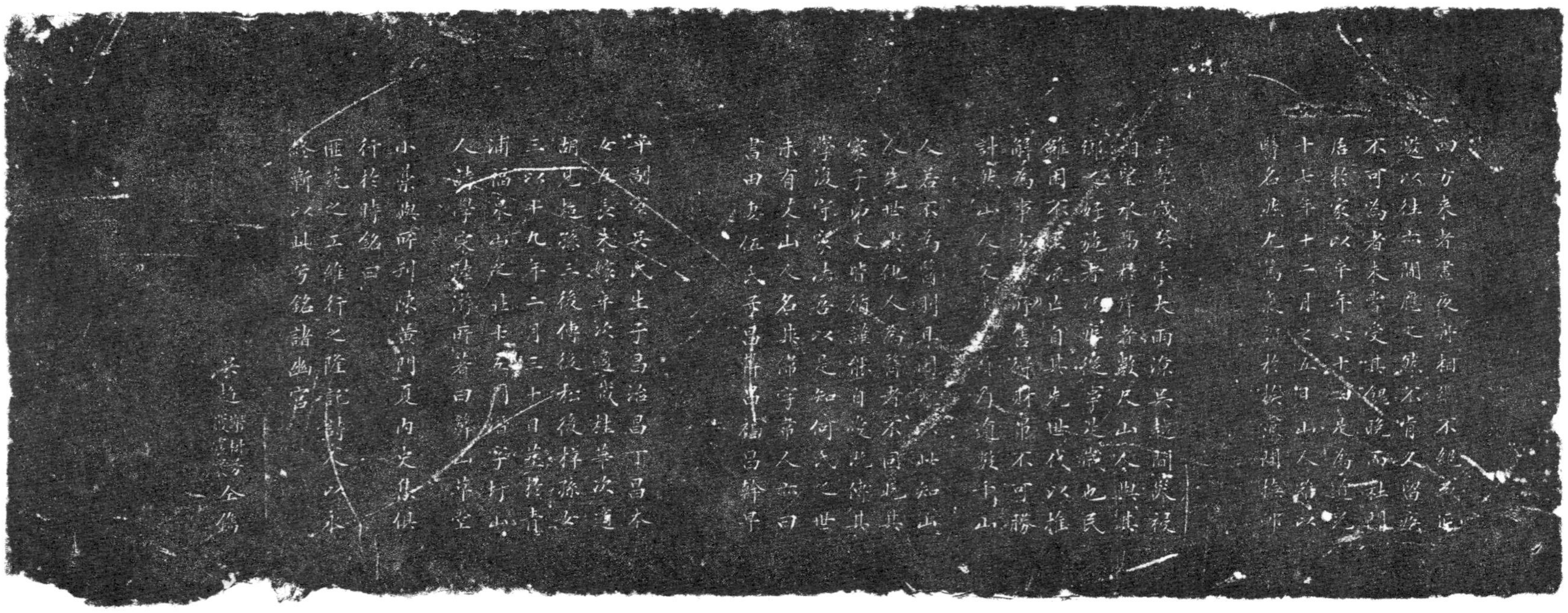

一八二　清故竹簳山人何君（其偉）墓誌銘

道光十九年（一八三九）二月三十日

誌為石質，二方。第一方長二九、寬七三・六厘米；第二方長二八・六、寬七三・六厘米。第一方右為籤文，一行，一一字。隸書。中為蓋文，四行，滿行三字。篆書。餘為誌文，共計四七行，滿行一三字。正書。誌文略有殘損。誌面有劃痕。

一九四九年後出土，具體時地不詳。一九八七年青浦區重固發現。現藏青浦博物館。

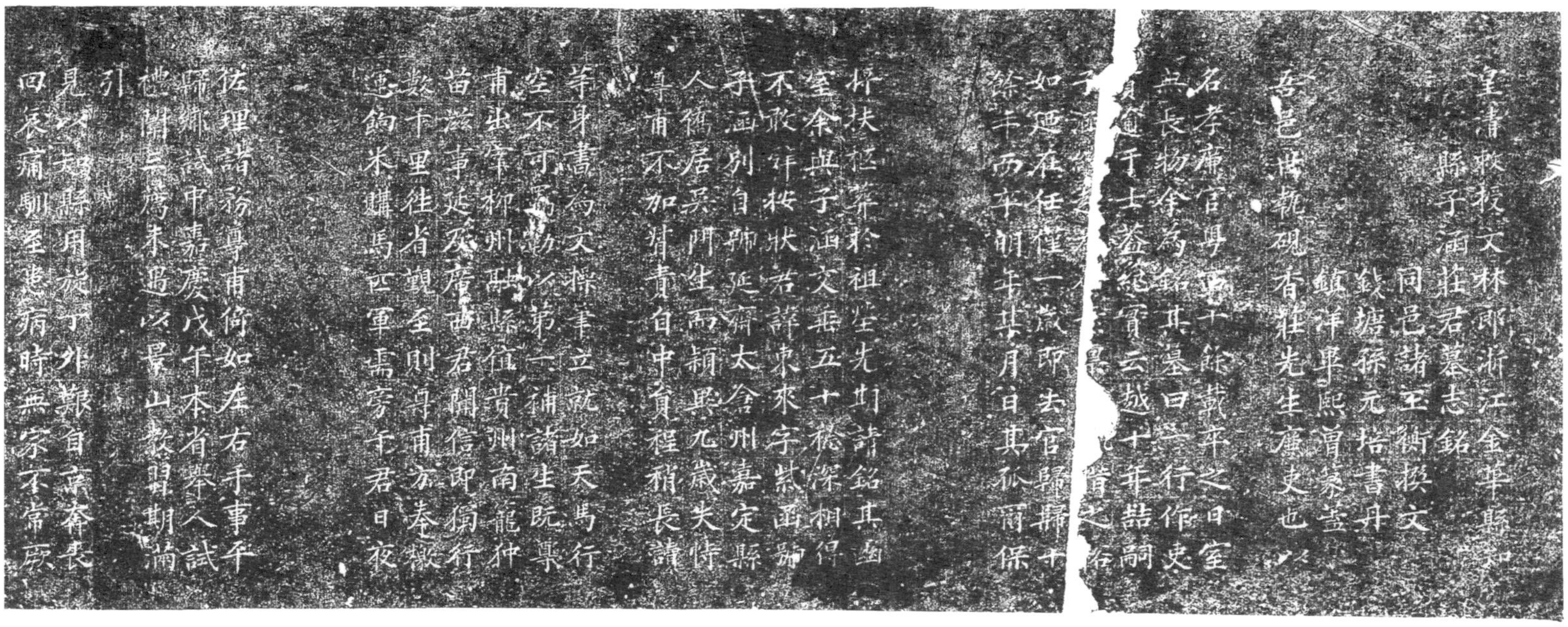

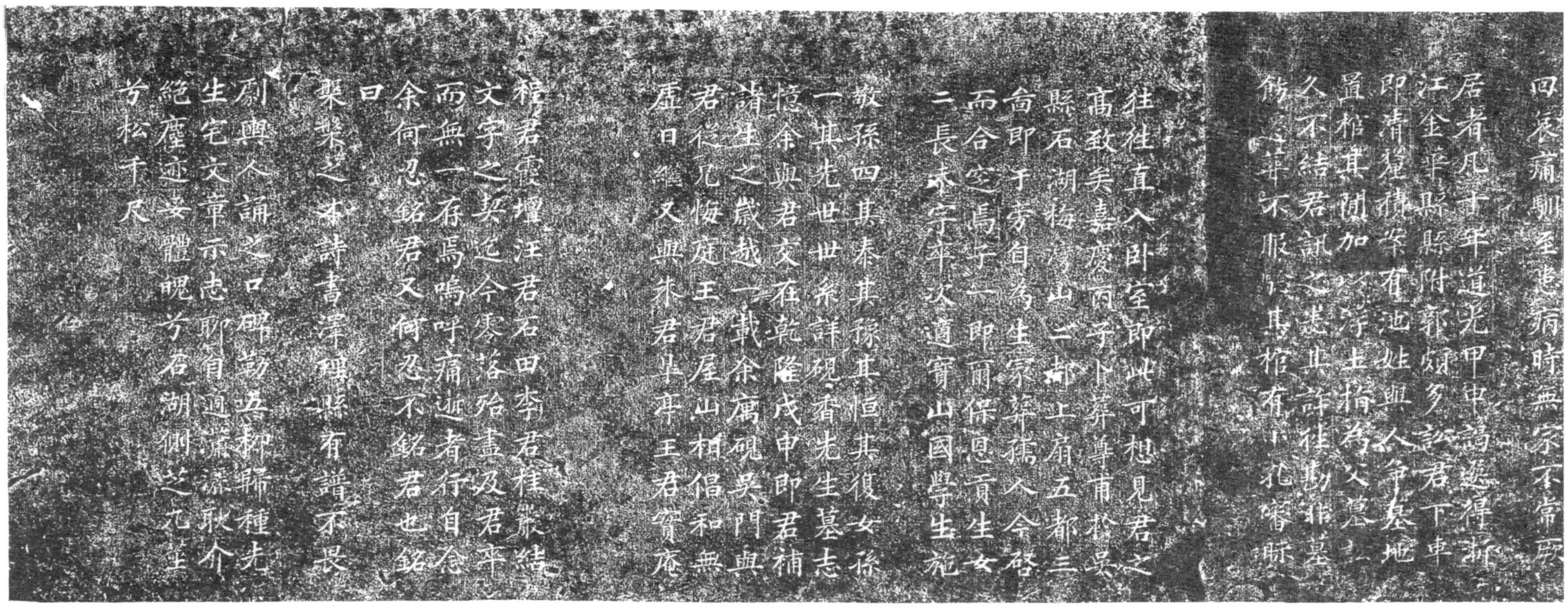

一八三　清敕授文林郎浙江金華縣知縣子涵莊君（東來）墓誌銘

道光二十年（一八四〇）前後

誌為石質，長二六・三、寬一三一・七厘米。誌文六〇行，滿行一三字。正書。誌文略有殘損。誌右部縱向斷裂。蓋佚。

一九四九年後出土，具體時地不詳。現藏嘉定博物館。

皇清誥授中憲大夫道銜貴州貴陽府知府前翰林院編修椅城廖君墓志銘

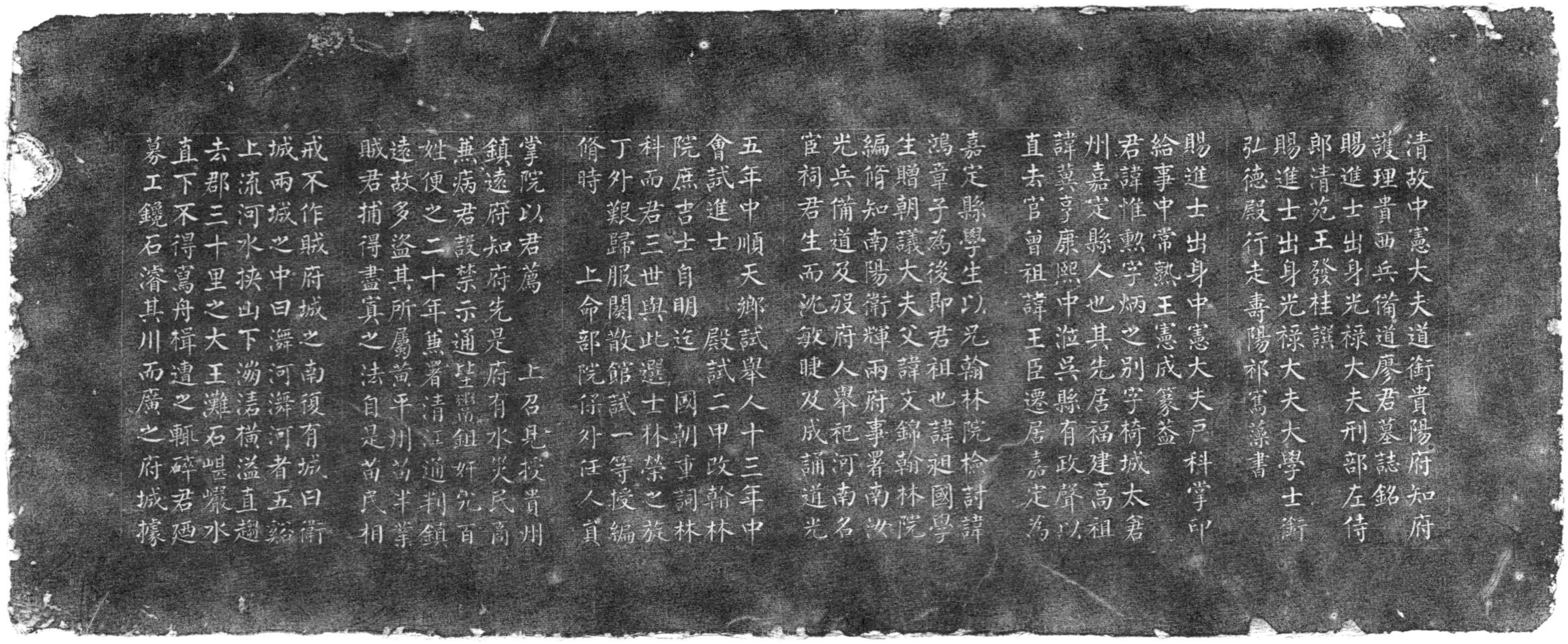

清故中憲大夫道銜貴陽府知府護理貴西兵備道廖君墓誌銘
賜進士出身光祿大夫刑部左侍郎清苑王發桂譔
賜進士出身光祿大夫大學士銜弘德殿行走壽陽祁寯藻書
賜進士出身中憲大夫戶科掌印給事中常熟王憲成篆蓋
君諱惟勲字炳之别字椅城太倉州嘉定縣人也其先居福建高祖諱冀亨康熙中涖吳縣有政聲以直去官曾祖諱王臣遷居嘉定爲嘉定縣學生以兄翰林院檢討諱鴻章子爲後即君祖也諱廸國學生贈朝議大夫父諱文錦翰林院編脩知南陽衛輝兩府事署南汝光兵備道及歿府人舉祀河南名宦祠君生而沈敏睫及成誦道光五年中順天鄉試舉人十三年中會試進士殿試二甲改翰林院庶吉士自明迄國朝重詞林科而君三世與此選士林榮之旋丁外艱歸服闋散館試一等授編脩時 上命部院保外任人員掌院以君薦 上召見授貴州鎮遠府知府先是府有水災民高蕪病君設禁示通[illegible][illegible]奸宄百姓便之二十年蕪署清江通判鎮遠故多盜其所屬黃平州苗半業賊君捕得盡寘之法自是苗民相戒不作賊府城之南復有城曰衛城兩城之中曰㵲河㵲河者五谿上流河水挾山下湍濤橫溢直趨去郡三十里之大王灘石嵁巇水直下不得駕舟楫遭之輒碎君廼募工鑱石濬其川而廣之府城據

一八四　清誥授中憲大夫道銜貴州貴陽府知府前翰林院編修椅城廖君(惟勳)墓誌銘

道光二十年(一八四〇)後

誌為石質,僅存二方。第一方長三五·五、寬八一厘米; 第二方長三五·五、寬八一厘米。第一方為蓋文,一〇行,滿行三字。篆書。周邊為單綫框。第二方為誌文,三六行,滿行一三字。正書。周邊亦為單綫框。

一九四九年後出土,具體時地不詳。現藏嘉定博物館。

一八五　清修元國子學録除浙西榷鹺使述齋秦公諱良顥墓碑

同治十一年（一八七二）七月（立）

碑長九八・二、寬三七・三厘米。碑文三行，行一一至一九字不等。正書。

一九九八年閔行區陳行秦裕伯祠堂旁發現。現藏閔行區博物館。

一八六　清修元進士福建行省郎中上海邑神景容秦公諱裕伯墓碑

同治十一年（一八七二）七月（立）

碑長九二、寬四一厘米。碑文三行，行一一至二一字不等。正書。

一九九八年閔行區陳行秦裕伯祠堂旁發現。現藏閔行區博物館。

一八七　清誥封朝議大夫候選州同胡君(泰)墓誌銘

光緒二十八年(一九〇二)十一月十日

誌、蓋均為石質。誌長三九・四、寬五四厘米；蓋長三九・四、寬五四・四厘米。蓋文六行，滿行三字。篆書。誌文二三行，滿行一九字。正書。

一九四九年後出土，具體時地不詳。現藏嘉定博物館。

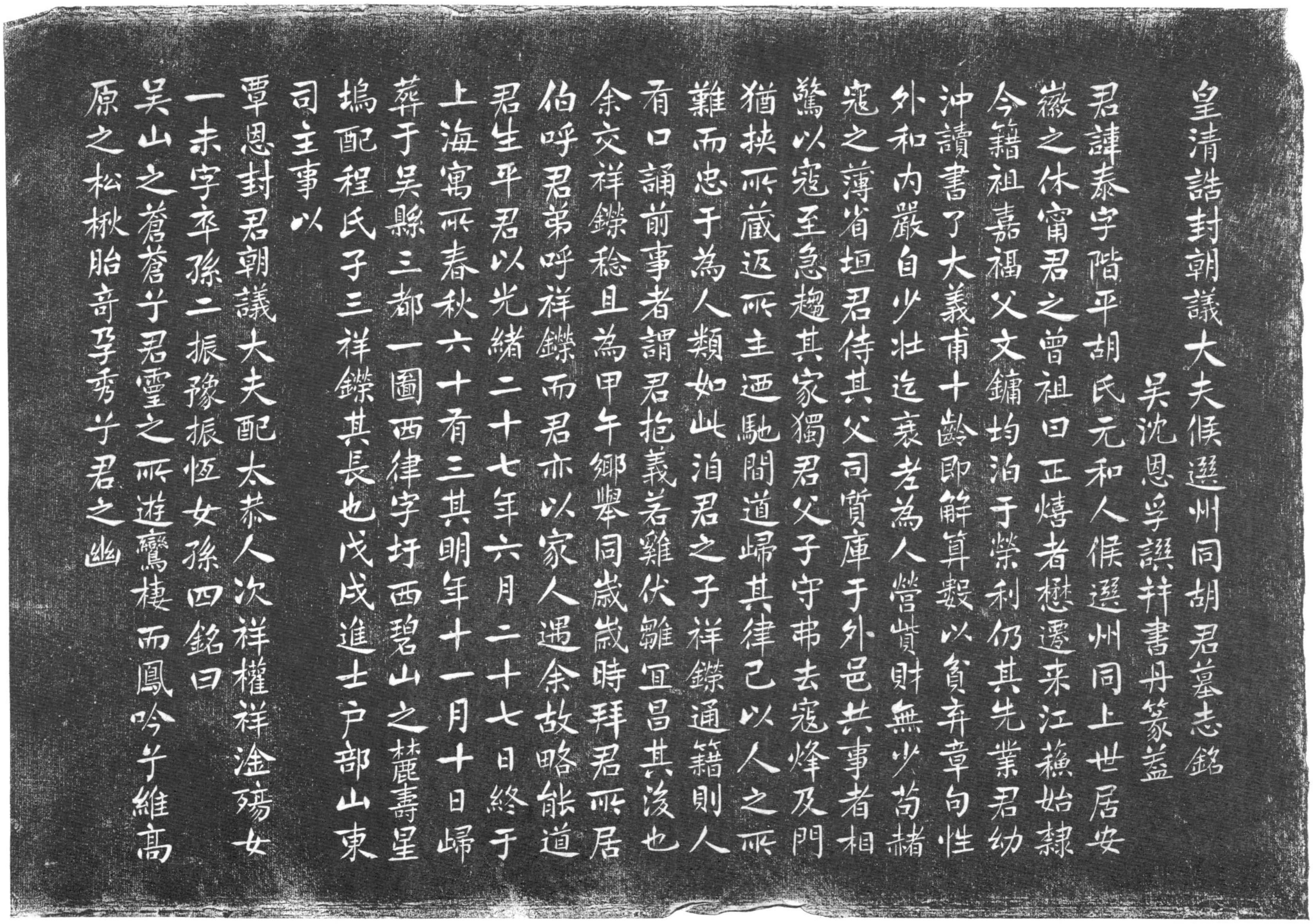
皇清誥封朝議大夫候選州同胡君墓志銘
吳沈恩孚譔幷書丹篆蓋
君諱泰字階平胡氏元和人候選州同上世居安
徽之休甯君之曾祖曰正煒者懋遷來江蘇始隸
今籍祖嘉福父文鏞均泊于榮利仍其先業君幼
沖讀書了大義甫十齡即解算毅以貧弃章句性
外和內嚴自少壯迄衰老為人營貲財無少苟赭
寇之薄省垣君侍其父司質庫于外邑共事者相
驚以寇至急趨其家獨君父子守弗去寇烽及門
猶挾所藏返所主迺馳間道歸其律己以人之所
難而忠于為人類如此洎君之子祥鑅通籍則人
有口誦前事者謂君抱義若雞伏雛宜昌其後也
余交祥鑅稔且為甲午鄉舉同歲歲時拜君所居
伯呼君弟呼祥鑅而君亦以家人遇余故略能道
君生平君以光緒二十七年六月二十七日終于
上海寓所春秋六十有三其明年十一月十日歸
葬于吳縣三都一圖西律字圩西碧山之麓壽星
塢配程氏子三祥鑅其長也戊戌進士戶部山東
司主事以
覃恩封君朝議大夫配太恭人次祥權祥淦殤女
一未字卒孫二振豫振恆女孫四銘曰
吳山之蒼蒼兮君靈之所遊鸞棲而鳳吟兮維高
原之松楸貽奇孕秀兮君之幽

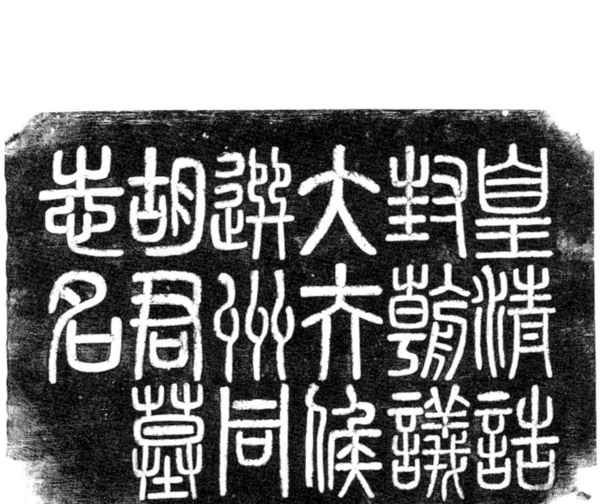
皇清誥封朝議大夫候選州同胡君墓志銘

一八八　清故松江府學優廩生族弟(朱)偉卿(士祺)權厝銘

光緒三十年(一九〇四)二月二十九日

銘為石質，長五一、寬四七・五厘米。銘為兩部分：前部分為銘文，一七行，滿行二四字。正書。後部分為續記文，六行，滿行二三行。正書。銘泐蝕。

一九四九年後出土，具體時地不詳。現藏松江博物館。

皇清誥授奉政大夫五品銜廣東候補縣丞陳君墓志銘
同里錢溯耆撰文
嘉定周世恒書丹并篆蓋
君姓陳氏諱敬熙字雍民江蘇太倉州鎮洋縣人曾祖諱鴻逵監生
祖諱錫圭監生候選州同父諱寶祺歲貢生就職訓導君其長子也
出繼世父中書公寶善後幼嗜學弱冠遊邑庠以秋闈屢躓入貲為
縣丞分發廣東然非君志也會肺疾作遂不果行休神家巷益肆力
於金石書畫及音律之學嘗隨妻父石堰場任所晨起每書擘窠大
字百兼習篆隸歷寒暑如一日署齋有小沼輙滌筆於此久之水常
黑人以右軍墨池擬之執既精遠近求者踵相接君固樂此不疲也
光緒癸卯赴試秣陵渡京口登金山之妙高臺憑闌吹錢遂一時韻
事東南播為佳話尤好吟詠家庭間常與季父輩以唱和為樂戊戌
政變後乃與同里張仲翔嘐城周次咸諸子結長留詩社牋札往還
同志日衆十年来婁東一隅風雅之盛君實倡之君天性篤於孝友
弟敬時疾亟弟婦錢氏為余從姪女無所出擔以身殉君百計拯護
始獲無恙及弟殁君愀然曰弟婦年少苦節膝下長虛曷以慰乎立
命四子尚質為之後戊申四月君薄游嘐城猝聞本生父凶耗馳歸
一慟幾絕親友百端勸慰始稍稍殺哀然病體支離至此乃羸瘠愈
甚嗚呼末世薄俗如君者可以風矣君生於同治八年己巳十月三
日以宣統二年庚戌正月二十五日卒於家春秋四十有二妻廖氏
廣東茂暉場鹽課大使壽鏞女男子六尚達尚賢尚忠尚質尚嘉尚
清尚質出嗣女子子一箸有浩然齋詩草二卷金石補録一卷尚達
等將以是年十二月二十八日葬君於縣境二十三都下一圖結字
圩之原君之妻余甥也命其孫来乞銘余弗能辭銘曰
藝無限兮學無窮後起之秀兮齋志以終媿無大文兮奠君之幽宮
周梅谷刻

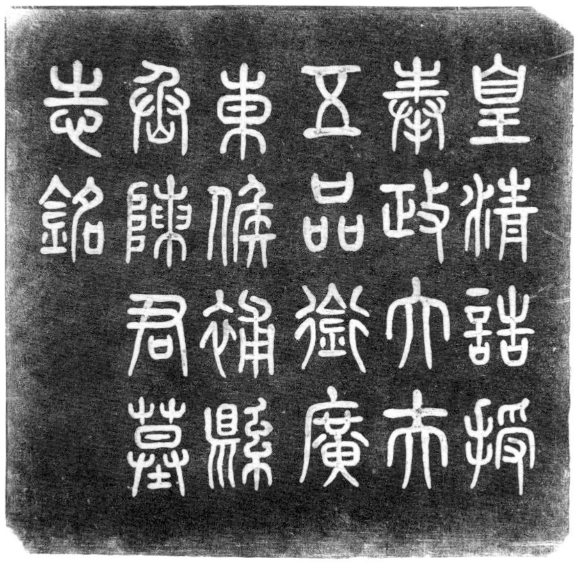

皇清誥授
奉政大夫
五品銜廣
東候補縣
丞陳君墓
志銘

一八九　清誥授奉政大夫五品銜廣東候補縣丞陳君（敬熙）墓誌銘

宣統二年（一九一〇）十二月二十八日

誌、蓋均為石質。誌長四八、寬五〇・五厘米；蓋長四六・六、寬四六厘米。蓋文六行，滿行四字。篆書。誌文二六行，滿行二六字。正書。

一九四九年後出土，具體時地不詳。現藏嘉定博物館。

一九〇　清誥封通議大夫吏部左侍郎鄉飲大賓筠齋張公偕元配誥封淑人陸氏合葬墓誌銘蓋

宣統三年（一九一一）前

蓋為石質，長八二・五、寬八六・一厘米。蓋文六行，滿行六字。篆書。上邊陰刻二龍戲珠，左、右兩邊為雲鶴紋，下邊為纏枝牡丹花卉紋。蓋泐蝕。誌佚。

一九四九年後出土，具體時地不詳。現藏浦東新區文物保護管理署。

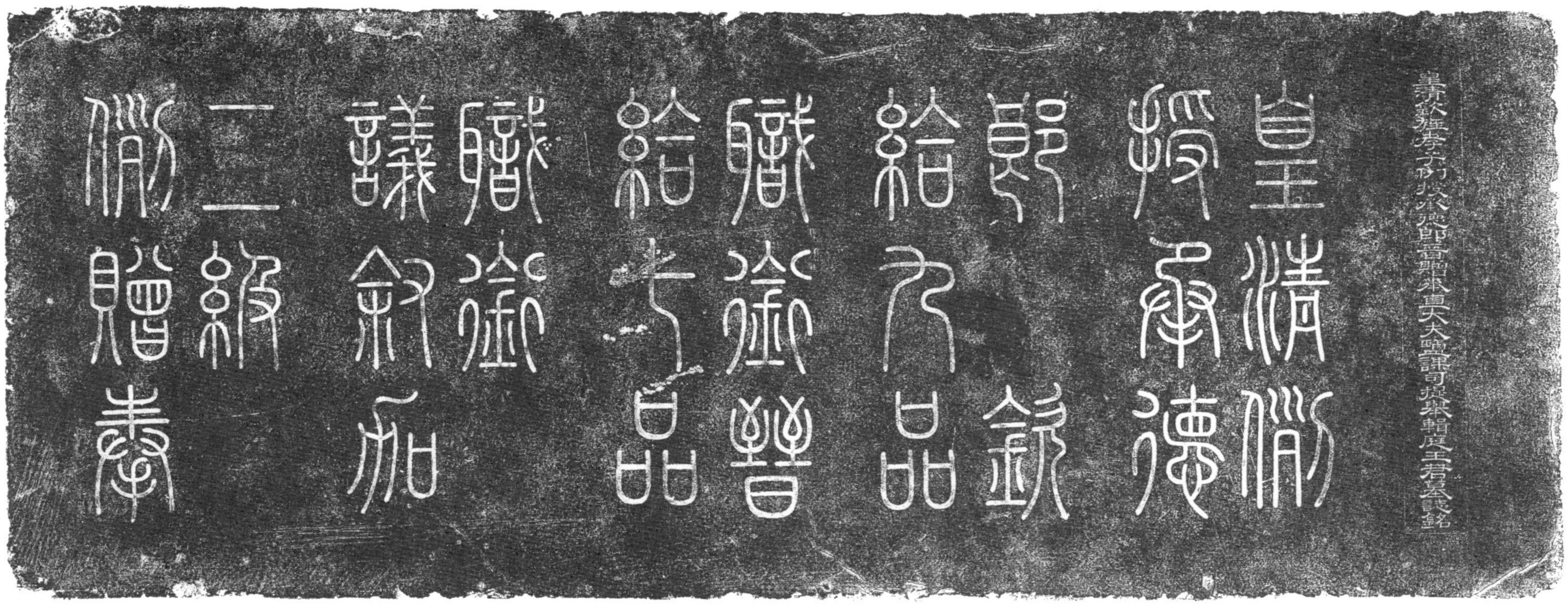

一九一　清欽旌孝子例授承德郎晉贈奉直大夫鹽課司提舉輯庭王君墓誌銘蓋

宣統三年（一九一一）前

蓋為石質，二方。第一方長三一・五、寬八二厘米；第二方長三五、寬八六厘米。第一方右為籤文，一行，二九字。隸書。左及第二方為蓋文，一九行，滿行三字。篆書。第二方左邊斷佚。誌佚。

一九四九年後出土，具體時地不詳。原藏上海市文物管理委員會，現藏嘉定博物館。

一九二　清宋孺人錢氏墓誌銘蓋

宣統三年（一九一一）前

蓋為石質，長五六・五、寬五七・一厘米。蓋文四行，滿行二字。篆書。蓋泐蝕。誌佚。

一九四九年後出土，具體時地不詳。現藏寶山區文物保護所。

一九三　民國徐夫人（□蓉）墓誌

民國元年（一九一二）八月十四日

誌為石質，長四六・五、寬五二厘米。誌文一七行，滿行九字。正書。誌泐蝕，誌文略漫漶。

一九四九年後出土，具體時地不詳。一九八九年文物普查時於閔行區馬橋發現。現藏閔行區博物館。

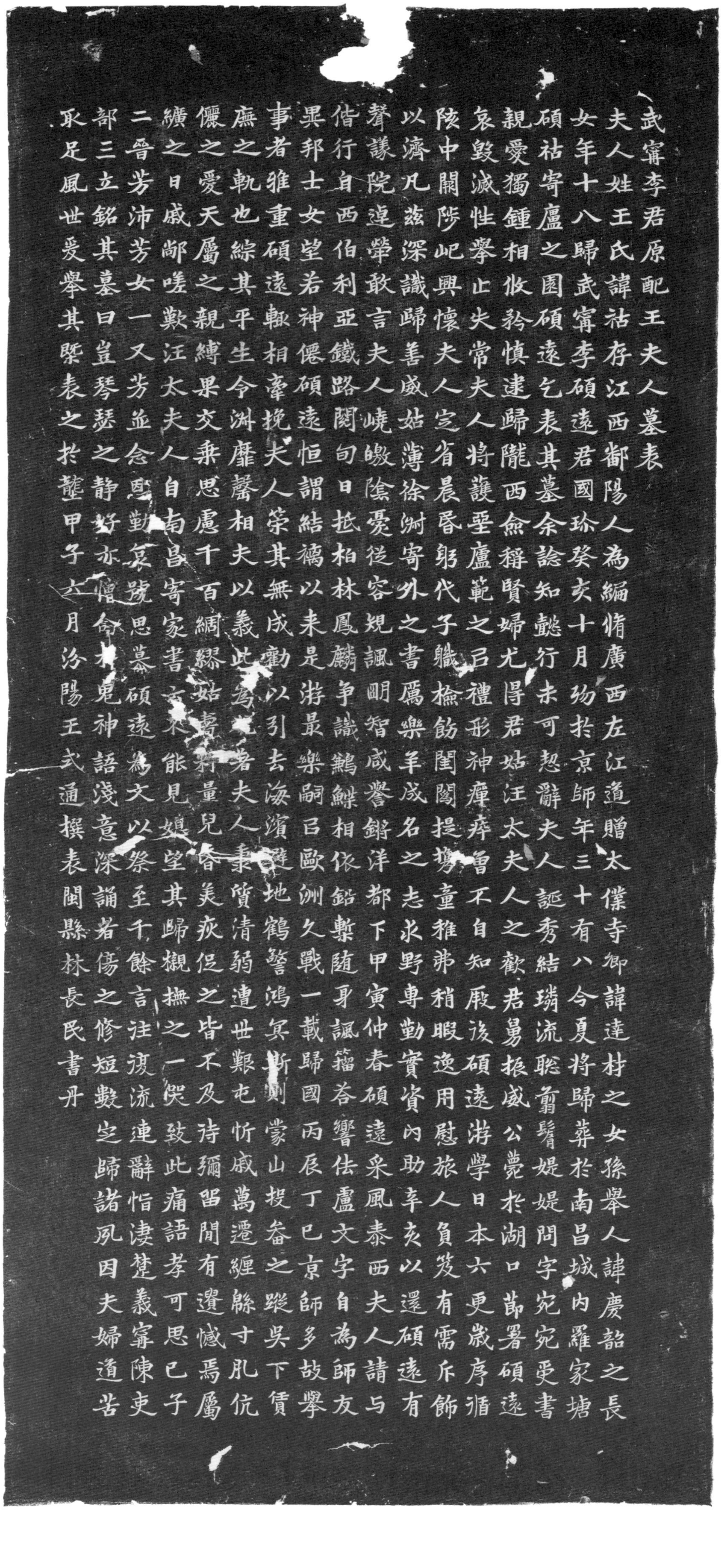
武寗李君原配王夫人墓表

夫人姓王氏諱祜存江西御陽人為編脩廣西左江道贈太僕寺御諱達村之女孫舉人諱慶韶之長女年十八歸武寗李碩遠君國琮癸亥十月殁於京師年三十有八今夏將歸葬於南昌城內羅家塘碩祜寄廬之園碩遠乞表其墓余諗知懿行未可㤜辭夫人誕秀結璘流聦翦髫媞媞問字宛宛受書親愛獨鍾相攸矜慎逮歸隴西僉稱賢婦尤得君姑汪太夫人之歡君舅振威公甍於湖口節署碩遠哀毀滅性擧止失常夫人將護堊廬範之以禮形神癯瘁曾不自知服後碩遠游學日本六更歲序循陔中闈陟屺興懷夫人定省晨昏躬代子職撿飭閨閣提攜童稚弗稍暇逸用慰旅人負笈有需斥飾以濟凡茲深識歸善威姑薄徐㳙寄外之書厲樂羊成名之志求野專勤實資內助辛亥以還碩遠有聱謙院違㷀敢言夫人嶢皦陰憂從容規諷明智咸譽鏘洋都下甲寅仲春碩遠采風泰西夫人請与偕行自西伯利亞鐵路閱旬日抵柏林鳳麟爭識鶼鰈相依鉛槧隨身諷籀呑響佉盧文字自為師友異邦士女望若神僊碩遠恒謂結褵以来是游最樂嗣已歐洲久戰一載歸國丙辰丁巳京師多故擧事者雖重碩遠輙相牽挽夫人榮其無成勸以引去海濱避地鶴警鴻冥斯則蒙山投畚之蹤吳下賃廡之軌也綜其平生令淑靡馨相夫以義此為尤著夫人秉質清弱遭世艱屯忻戚萬遷纏緜寸肌伉儷之愛天屬之親縛果交乘思慮千百綢繆姑壽莳量兒昏美疢促之皆不及待彌留閒有遺憾焉屬纊之日戚鄗嗟歎汪太夫人自南昌寄家書亦未能見媳望其歸櫬撫之一哭致此痛語孝可思已子二晉芳沛芳女一又芳並念恩勤哀號思慕碩遠為文以祭至千餘言往復流連辭悁悽楚義寗陳吏部三立銘其墓曰豈琴瑟之靜好亦憎命於鬼神語淺意深誦者傷之修短數定歸諸夙因夫婦道苦取足風世爰舉其槩表之於壟甲子六月汾陽王式通撰表閩縣林長民書丹

一九四　民國武甯李君(國珍)原配王夫人(祜存)墓表

民國十三年(一九二四)六月(撰)　一九四九年後出土,具體時地不詳。現藏嘉定博物館。

表為石質,長一三〇・五、寬五九厘米。表文一八行,滿行三九字。正書。表文略有殘損。表上邊中部略有殘缺。

一九五　民國修清授奉直大夫黃君（錫蕃）暨配吳宜人墓誌銘

民國十九年（一九三〇）十月五日

誌為石質，二方。第一方長四三・五、寬九二厘米；第二方長四三・五、寬九二・五厘米。第一方右為蓋文，四行，滿行四字。篆書。餘為誌文，共計五一行，滿行一六字。正書。誌泐蝕，誌文略有殘損。

一九四九年後出土，具體時地不詳。現藏奉賢博物館。

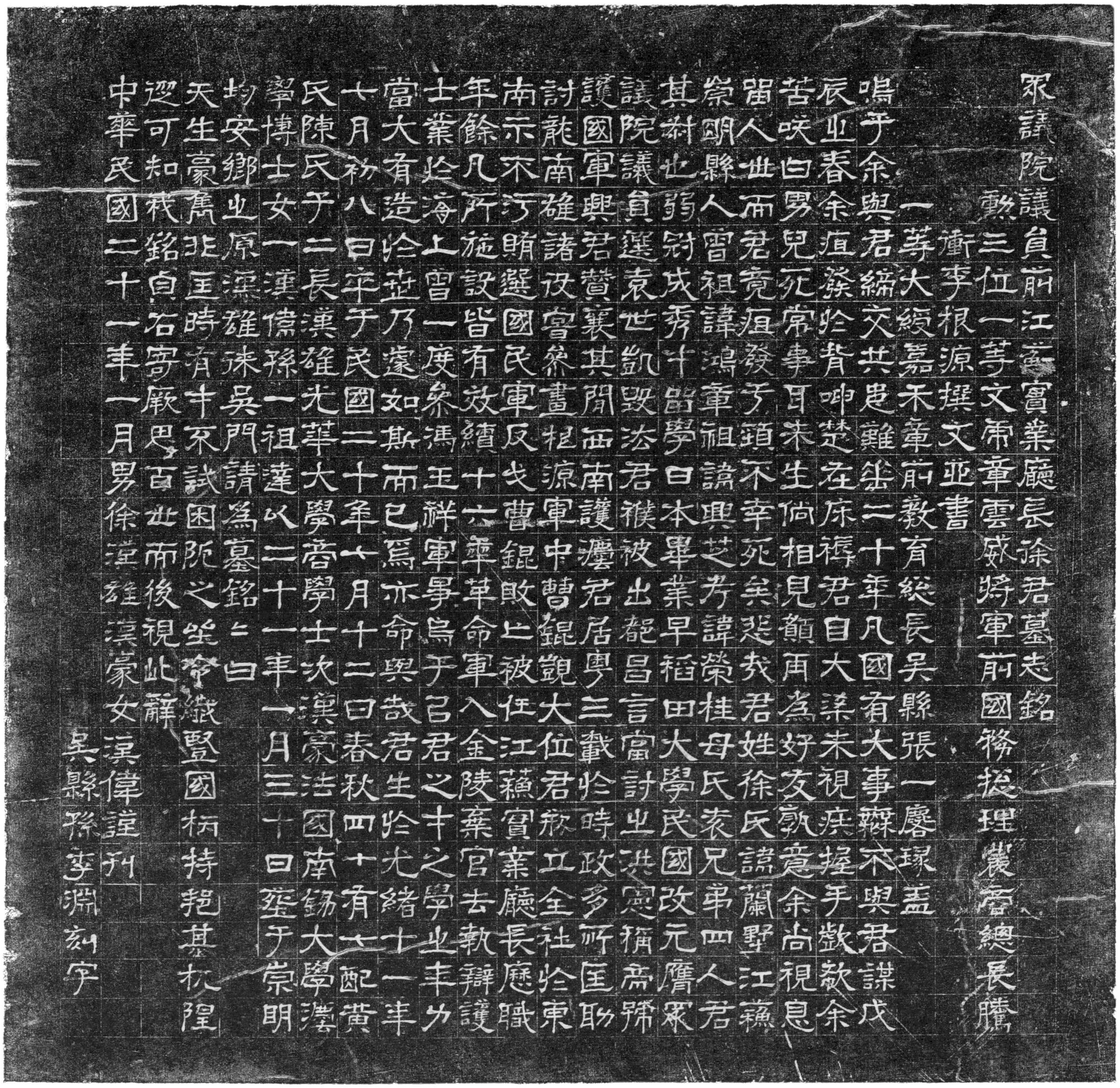
眾議院議員前江蘇實業廳長徐君墓志銘
勲三位一等文虎章雲麾將軍前國務攝理農商總長騰
衝李根源撰文并書
一等大綬嘉禾章前教育總長吳縣張一麐篆蓋
嗚乎余與君締交共患難垂二十年凡國有大事靡不與君謀戊
辰之春余疽發於背呻楚在床褥君自大梁來視疾握手歔欷余
苦咲曰男兒死常事耳未生倘相見顧再為好友孰意余尚視息
留人世而君竟疽發于頸不幸死矣悲哉君姓徐氏諱蘭墅江蘇
崇明縣人曾祖諱鴻章祖諱興芝考諱榮桂母氏袁兄弟四人君
其季也弱冠成秀才留學日本畢業早稻田大學民國改元膺眾
議院議員選袁世凱毀法君襆被出鄂昌言討之洪憲稱帝歸
護國軍興君贊襄其間西南護灋君居粵三載於時政多所匡助
討龍南雄諸役嘗參畫根源軍中曹錕覬大位君欲立全社於東
南示不汙賄選國民軍反戈曹錕敗上被任江蘇實業廳長歷職
年餘凡所施設皆有效績十六年革命軍入金陵棄官去執辯護
士業於海上曾一度參馮玉祥軍事烏乎召君之才之學之年力
當大有造於並世乃遽如斯而已焉亦命與哉君生於光緒十一年
七月初八日卒于民國二十年十月十二日春秋四十有七配黃
民陳氏子二長漢雄光華大學商學士次漢豪法國南錫大學灋
學博士女一漢儒孫一祖達以二十一年一月三十日葬于崇明
均安鄉之原漢雄來吳門請為墓銘銘曰
天生豪雋北匡時有才不試困阨之坐令纖豎國柄持艷甚杌隉
迺可知我銘貞石寄厥思百世而後視此辭
中華民國二十一年一月男徐漢雄漢豪女漢偉謹刊
吳縣孫李淵刻字

一九六　民國眾議院議員前江蘇實業廳長徐君（蘭墅）墓誌銘

民國二十一年（一九三二）一月三十日

誌為石質，長六四・五、寬六四・五厘米。誌文二五行，滿行二五字。隸書。有界格。蓋佚。

一九九二年崇明縣廟鎮鎮出土。現藏崇明博物館。

附録一（一一）　明故贈奉直大夫夷陵州知州殷公洎配吴宜人合葬墓誌銘

萬曆二十一年（一五九三）閏十一月

誌、蓋均為石質，誌長四八・五、寬四九・五厘米；蓋長四九、寬四八・五厘米。蓋文六行，滿行四字。篆書。誌文三五行，滿行三九字。正書。誌泐蝕嚴重，誌文漫漶不清。

一九四九年後出土，具體時地不詳。現藏嘉定博物館。

附録一（二） 明故金守齋翁暨配劉孺人墓誌銘

崇禎十七年（一六四四）前誌為石質，僅存一方。長三〇・五、寬八五・五厘米。右為蓋文，四行，滿行四字。篆書。誌文二四行，滿行一九字。正書。周邊為單綫框。誌泐蝕嚴重，誌文漫漶不清。誌右邊略有殘缺。

一九四九年後出土，具體時地不詳。現藏寶山區文物保護所。

附録一（三） 明處士金君仲達暨元配
吴孺人墓誌銘

崇禎十七年（一六四四）前

誌為石質，僅存一方。長三〇・二、寬八五厘米。右為蓋文，四行，滿行四字。篆書。誌文二四行，滿行一九字。正書。有界欄。周邊為單綫框。誌泐蝕嚴重，誌文漫漶不清。

一九四九年後出土，具體時地不詳。現藏寶山區文物保護所。

附録二(一)　清信士黄鳳為先妣誥封孺人薛氏買地券

乾隆元年(一七三六)十二月二十三日

券為磚質，兩頂角為弧形，長四三・二、寬四三厘米。上為額文，一行，二字。正書。下為券文，一八行，滿行一七字。回讀。正書。有界格。周邊為雙綫框。券左下角略有殘缺。

一九九八年崇明縣港東鄉出土。現藏崇明博物館。

圖版（天津地區）

一　北齊滄州重合人趙文玉妻鄭豊姒墓磚銘

天保八年（五五七）八月二十九日

銘爲磚質，長二九、寬一四・五、厚六厘米。銘文三行，行三至一二字不等。正書。周邊略有殘損。

二〇〇六年武清區泗村店鎮齊村遺址出土。現藏天津市文化遺産保護中心。

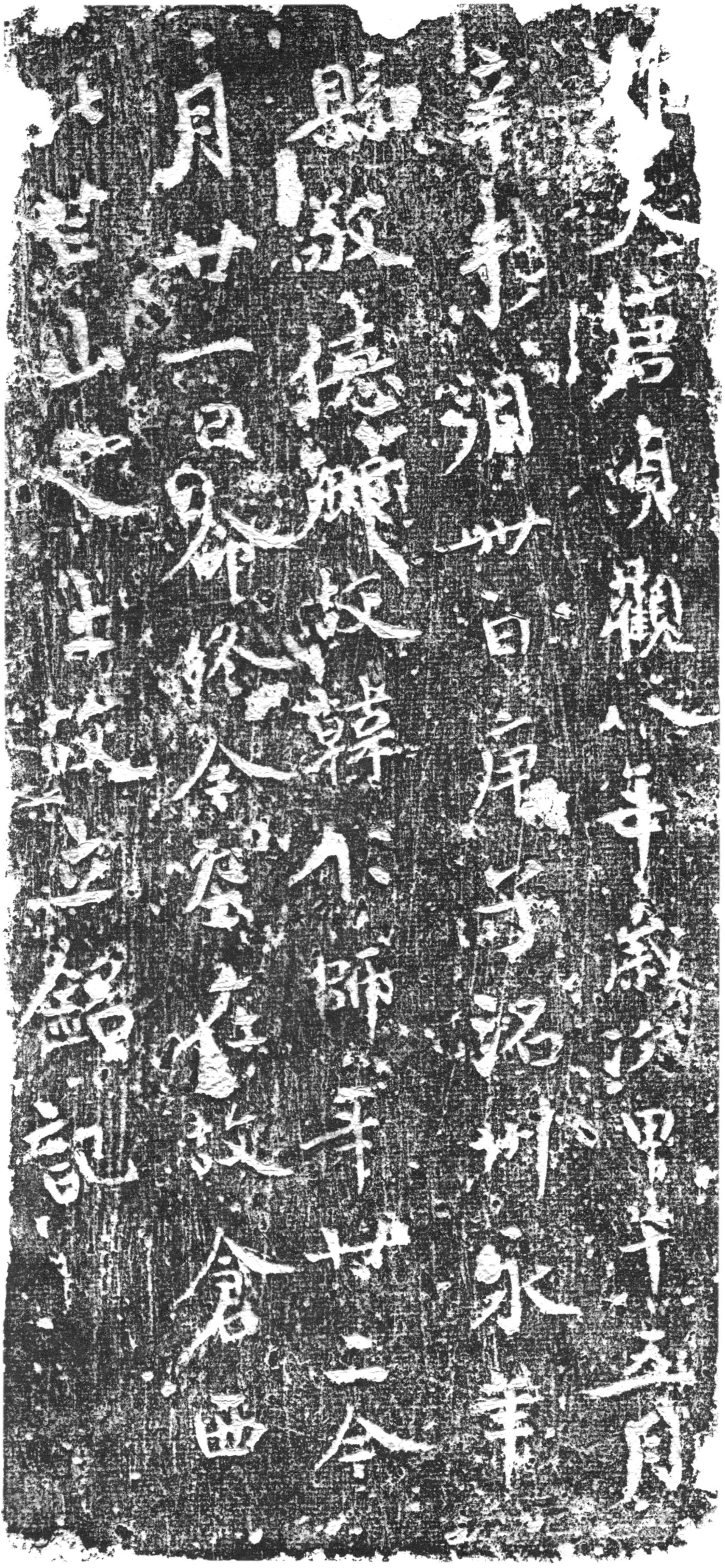

二　唐韓仁師墓磚銘

貞觀八年（六三四）五月三十日

銘為磚質，長三四、寬一七、厚七厘米。銘文五行，行九至一三字不等。正書。字口填朱。

具體出土時地不詳，一九四九年後徵集。現藏天津博物館。

三　遼燕京武清縣張東周母天水郡故趙氏夫人之實録

應曆十四年（九六四）十月一日

誌為石質，長五〇、寬五〇厘米。誌文二〇行，行五至三二字不等。正書。誌泐蝕，誌文略有殘損。蓋佚。

一九四九年後武清區出土，具體時地不詳。現藏天津博物館。

四　明故提督守備薊州明威將軍劉公（榮）墓誌銘

天顺七年（一四六三）八月二十七日（卒）

誌、蓋均為石質，均長四七、寬四六、厚一〇厘米。蓋文四行，滿行四字。篆書。誌文二四行，滿行二二字。正書。誌上部泐蝕較重，誌文略有殘損；蓋亦泐蝕，蓋文亦有殘損。

一九八七年七月一日薊縣泗溜鄉大現渠村北出土。現藏薊縣文物保管所。

封太恭人劉氏墓誌銘
奉直大夫吏部員外郎直內閣兼
經筵官預修國史兼掌尚寶司事吳城馬紹榮撰
徵仕郎中書舍人直文淵閣永嘉柳楷書丹
太中大夫太僕寺卿前尚寶司卿致仕東吳楊杞篆蓋
弘治二年十一月二十九日明威將軍天津右衛指揮僉事楊檜母太恭人劉
氏卒檜奉前鄉貢進士崑山丞衛君琳所述事狀詣予泣曰不肖檜禍不自戕
奄及吾母哀痛孰甚焉弁有日矣匪親長憫而賜之銘以揜其藏曷以闡吾母
懿德焉按狀太恭人姓劉氏諱妙德府軍前衛副千戶義之女母王氏太恭人
為處子婉嫕柔慧女紅亨飪不煩姆教最為父母所鍾愛慎擇所宜配而得天
津右衛指揮僉事楊天澤婦焉太恭人時年十八恪脩婦道事舅姑以孝奉賓
祭以誠遐邇姻戚譽之無間言逮天澤卒太恭人年甫二十有八檜甫六齡太
恭人屛膏沐衣布素拮据捋荼茹苦啖淡人不堪其憂太恭人泣曰未亡人當
如是既而舅姑相繼卒乃脫簪珥罄橐槖以營殯葬舉無違禮檜雖武弁子太
恭人恒教習幼儀年十四遣從泮師十九遣襲前職尋得軍政兼理屯田總督
衛庠政太恭人戒之曰而毋失怙氣冀予立門衰祚薄幸至今日備官務勤敏
尚慎旃哉毋驟世緒檜循例請于
朝得
誥封太恭人孫寡承
恩其榮矣哉檜初娶故後軍都督府都督僉事張公孫女先卒繼張氏本衛後所
正千戶能之姪女亦卒載繼滄洲李氏山西行陽縣尹清之女太恭人視三媳
婦親愛如己出閨壼之內曏敢勃谿至閑則之至是卒得年六十有三距生之
年宣德丁未十二月六日子男一即檜孫男一勛孫女四檜卜以卒之次年庚
戌三月九日祔葬于靜海縣稍直口里渭河南之原予亦都督公壻稔聞太恭
人孀居守節幾四十年卒無瑕玷行遇良有司題
聞于
朝將有
表厥宅里之舉於檜之請義不靳也乃敘而銘之銘曰
處為淑女婦為節婦教為慈母備是三者稽之列傳奚愧於古

五　明封太恭人劉氏（妙德）墓誌銘

弘治三年（一四九〇）三月九日

誌、蓋均為石質，均長五五、寬五五、厚八厘米。蓋文三行，滿行三字。篆書。誌文二九行，滿行三一字。正書。

二〇〇一年十一月西青區西營門鄉小稍口村出土。現藏西青區楊柳青鎮文昌閣院內。

六　明故處士燕公（祥）墓誌銘

弘治十年（一四九七）五月一日

誌、蓋均為石質，均長五八、寬五七、厚九厘米。蓋文三行，滿行三字。篆書。誌文二九行，滿行三三字。正書。誌面有劃痕，誌文略有殘損。誌左邊及下邊均略有殘缺。

一九八三年薊縣城關鎮東大井村北出土。現藏薊縣文物保管所。

明故處士宋公孺人彭氏合葬墓誌銘
賜進士及第翰林院　國史修撰南海倫文叙撰
中憲大夫太僕寺少卿直　文華殿奉　勅提督中書事安成李綸書
奉直大夫鴻臚寺左少卿武清孫繩篆
進士宋君鏜奔母孺人喪還將卜葬乃命護喪走書於予并其考處
士公事狀辱以銘請予於進士君為同年謹按狀為序及銘惟公宋
姓諱鳳字廷瑞其先燕山龍虎蔚人也元季擾亂曾祖德用避地南
徙遂居于河間靜海之楊青鄉祖讓考寬俱積德弗試迨公之生資
性敏慧學識周於世務孝友聞於鄉邦年甫既冠即失所怙偕同氣
飭治家蠱要以勤儉為本卒致資產豐裕母心以寧處族姻有恩居
里黨不以盱睢藐物至或質以不平則畧不少假人初若懟之卒亦
服其公晚為鄉耆老於凡大小辯訟賴以取直者尤多郡邑守宰咸
禮重焉自鏜知向學即戒之曰吾嘗有志用世柰進身無階汝其大
肆所學登進賢科以成吾志可也弘治癸丑二月二十一日以疾卒
是年十月初四日葬于桑園村之原配彭氏東安士人旺之女性柔
淑寡言咲工蠶織而不事纂組事公數十年閨範聿脩晚孀居訓誨
諸子一如公規屬鏜遊學京師所遺衣服飲食必自檢視而後發及
鏜由戊午鄉薦登己未進士乃曰吾教子之願酬矣輙騰書京邸諭
以專忠所事無以老身為念適年庚申夏四月二十五日一疾弗起
將以是年十月四日合兆于公禮也公生於宣德辛亥二月初五日
孺人生於宣德癸丑八月初六日子男三長鎡次即鏜卓偉凝重為
時名流李鏍女二長適鴻臚卿子孫章次適士人李雲孫男六瀾泮
沂浩洙湜孫女五銘曰
直方之操幹敏之良時既不偶壽復不長豈天故邪後嗣聿昌後嗣
聿昌公為不亡有截幽室伉儷雙藏銘兮貽之百世用彰

明故處士宋公孺人彭氏合葬之墓

七　明故處士宋公（鳳）孺人彭氏合葬墓誌銘

弘治十三年（一五〇〇）十月四日誌，蓋均為石質，均長五四、寬五四厘米。蓋文五行，滿行三字。篆書。誌文二五行，滿行二六字。正書。蓋左上角有裂痕。

一九四九年後西青區出土，具體時地不詳。現藏西青區楊柳青鎮後桑園村。

明故封承德郎戶部主事劉公合葬墓誌銘
賜進士及第翰林院 國史編修文林郎郡人孫清撰
賜進士出身承德郎兵部主事句容曹崐書
賜進士出身觀工部政潞陽甯河篆
公諱忠姓劉氏字盡己其先永平之昌黎人洪武中祖諱得全君以兵故
西抵武清時年漸壯聞柳林屯孟公有女乃求媒妁入門作贅遂受廛為
氓於此無復東歸之念孟氏生榮榮娶趙氏生二女俱外嫁繼趙者孟氏
生子一人即公也公方九歲榮君告終與母孟氏寡居讀書勤苦有儒者
氣象中外無賴家貧親老故不得已棄文事以務農貫始娶張氏內助夫
婦克諧事母甚孝惜乎張氏厥壽維殤先公三十年而卒因娶王氏女為
之繼室張氏生子一命名曰芳德馨其字也蚤年敏慧立志專篤為邑庠
首稱未幾領成化丙午鄉薦登弘治庚戌進士越三年擢戶部主事歷官
六載由員外郎拜山西按察司僉事王氏生子一命名曰萲亦習舉子業
公踵父祖遺塵積德修行純厚不浮敬以處己恭以待人生平有無窮之
懿此特其畧耳所以受
孝宗皇帝勅封如子官者豈易得耶正統癸亥公始生也自弘治十八年十一
月罹疾不瘥至正德丙寅八月七日卒于正寢年六十有四長子娶縣丞
郝公慶女仲子未受室長女配知州許公弼男汝麒次女未適人男孫三
長曰良娶張氏女孫三長歸東安給事中孫公瑞嫡子應科次許同學鄉
進士葉公文嫡子蓁餘子孫皆在襁褓子芳當公之歸夢思無既食粥臥
苫哀痛迫切城西柳林屯之原祖塋在也卜今年秋九月初八日扶柩壙
于墓與
贈母安人張氏合窆焉獨恨無銘以垂久遠乃托余窓友尹紳公華叙狀來
乞余銘嗚呼公今逝矣余忍不為之銘銘曰
傳姓為劉系出陶唐得劉為姓代生畯良惟公之子麟鳳之祥惟子之賢
邦家之光公以正斃無異平素孝子慈孫徹天號呼勒辭于石昭明世故欲
垂永久藏之在墓

明故封承
德郎戶部
主事劉公
合葬之墓

八 明故封承德郎戶部主事劉公（忠）合葬墓誌銘

正德元年（一五〇六）九月八日

誌、蓋均為石質，均長六三、寬六三、厚一〇厘米。蓋文四行，滿行四字。篆書。誌文二七行，滿行三〇字。正書。

二〇〇〇年武清區城關鎮柳林屯村出土。現藏武清區城關鎮柳林屯村。

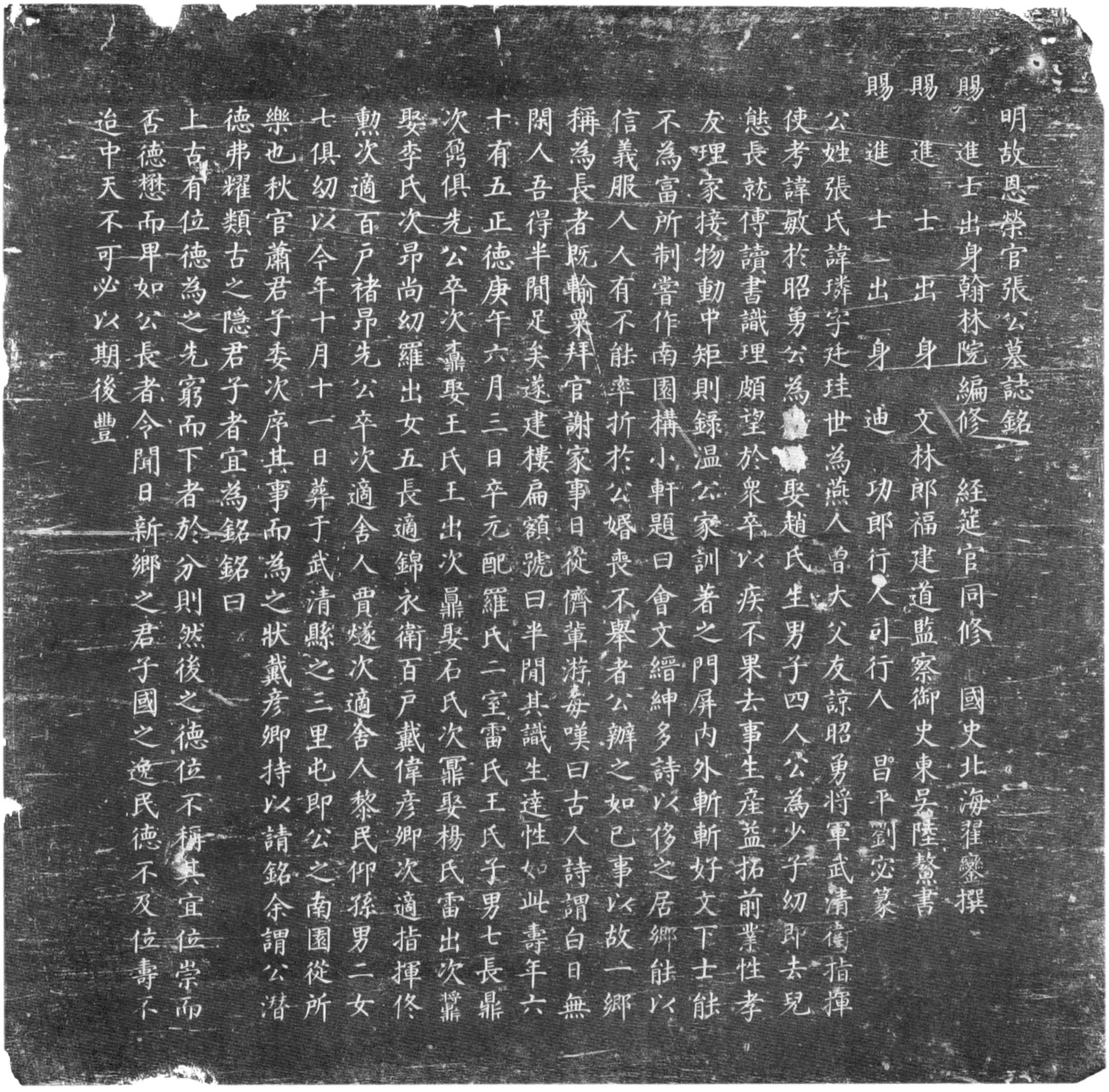

明故恩榮官張公墓誌銘
賜進士出身翰林院編修　經筵官同修　國史北海翟鑾撰
賜進士出身　文林郎福建道監察御史東吴陸鰲書
賜進士出身迪功郎行人司行人　昌平劉宓篆
公姓張氏諱璘字廷珪世為燕人曾大父友諒昭勇將軍武清衛指揮
使考諱敏於昭勇公為[illegible][illegible]娶趙氏生男子四人公為少子幼即去兒
態長就傅讀書識理頗望於衆卒以疾不果去事生産益拓前業性孝
友理家接物動中矩則録温公家訓著之門屏内外斬斬好文下士能
不為富所制嘗作南園構小軒題曰會文縉紳多詩以侈之居鄉能以
信義服人人有不能率折於公婚喪不舉者公辦之如己事以故一鄉
稱為長者既輸粟拜官謝家事日從儕輩游每嘆曰古人詩謂白日無
閑人吾得半閒足矣遂建樓扁額號曰半閒其識生達性如此壽年六
十有五正德庚午六月三日卒元配羅氏二室雷氏王氏子男七長鼎
次爵俱先公卒次鼒娶王氏王出次鼐娶石氏次鼏娶楊氏雷出次鬵
娶李氏次昂尚幼羅出女五長適錦衣衛百戶戴偉彥卿次適指揮佟
勳次適百戶褚昂先公卒次適舍人賈燧次適舍人黎民仰孫男二女
七俱幼以今年十月十一日葬于武清縣之三里屯即公之南園從所
樂也秋官蕭君子委次序其事而為之狀戴彥卿持以請銘余謂公潜
德弗耀類古之隱君子者宜為銘銘曰
上古有位德為之先窮而下者於分則然後之德位不稱其宜位崇而
否德懋而卑如公長者令聞日新鄉之君子國之逸民德不及位壽不
迨中天不可必以期後豐

九　明故恩榮官張公（璘）墓誌銘

正德五年（一五一〇）十月十一日誌、蓋均為石質，均長六九、寬六九厘米。蓋文四行，滿行三字。篆書。誌文二二行，滿行二八字。正書。

一九四九年後武清區黃莊鄉三里屯村出土。現立武清區楊村小世界碑林。

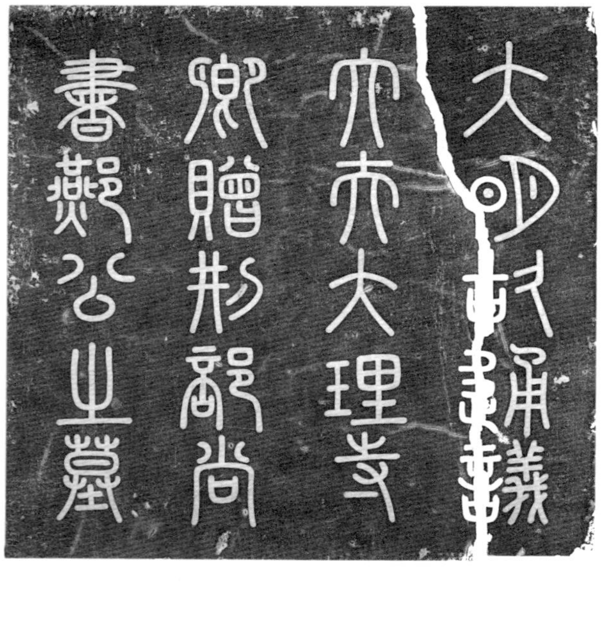

一〇　明故通議大夫大理寺卿贈刑部尚書燕公（忠）墓誌銘

正德十年（一五一五）八月六日

誌、蓋均為石質，均長七〇、寬七〇、厚一一厘米。蓋文四行，滿行五字。篆書。誌文三九行，滿行四八字。正書。誌輕度泐蝕，誌文略有殘損。誌右下角略有殘缺，蓋右邊首行處縱向斷裂。

一九八三年薊縣城關鎮東大井村北出土。現藏薊縣文物保管所。

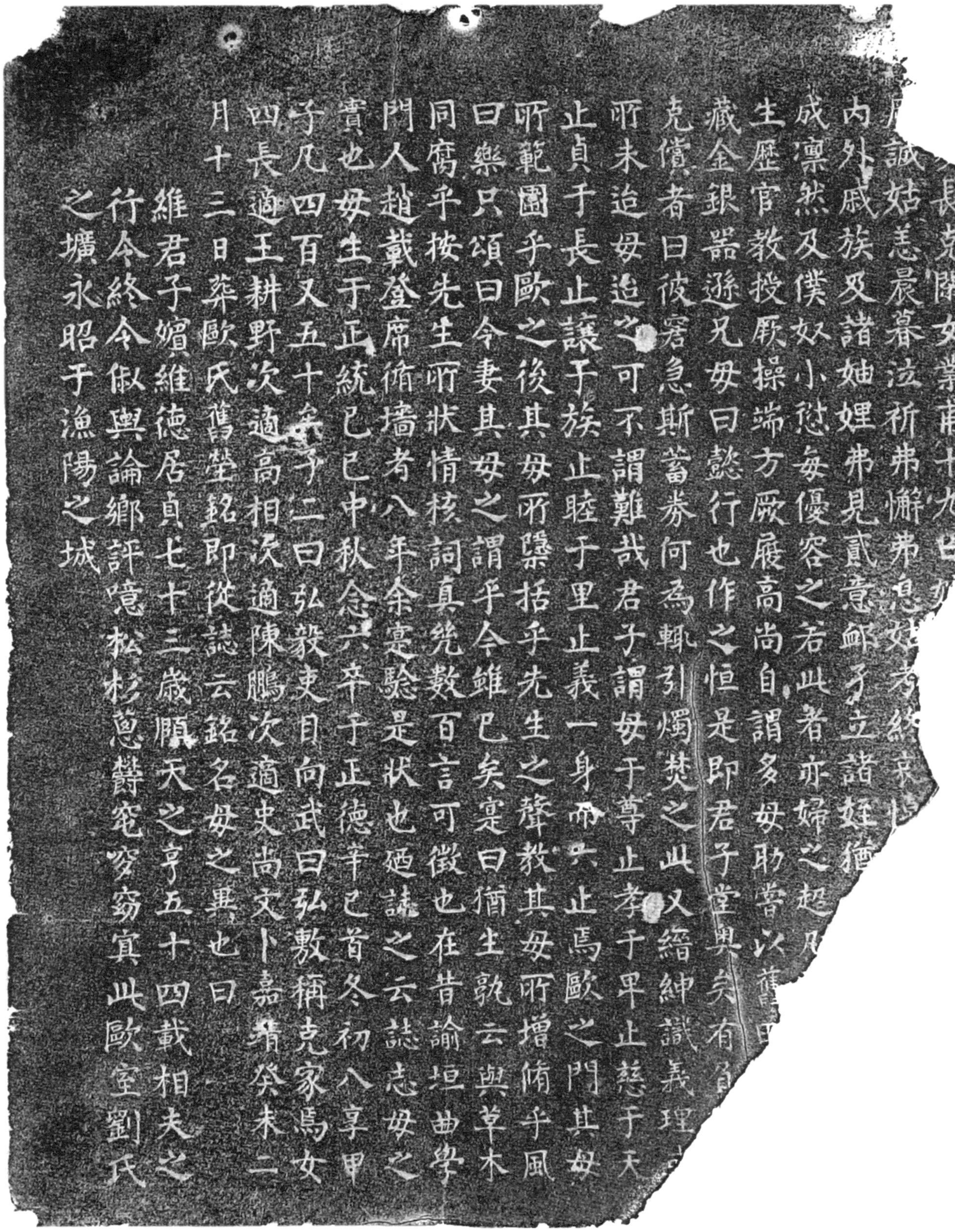

一一　明故歐（弘毅）母劉氏墓誌銘

嘉靖二年（一五二三）二月十三日

誌、蓋均為石質。誌殘，長五三、殘寬五一、厚七厘米；蓋長五三、寬五五、厚七厘米。蓋文三行，滿行三字。篆書。誌文殘缺，殘存二一行，滿行二五字。正書。誌右邊斷佚，蓋中間縱向斷裂。

一九四九年後薊縣出土，具體時地不詳。現藏薊縣文物保管所。

一二　明故明威將軍天津左衛指揮僉事黃公(溥)暨配封恭人龔氏合葬墓誌銘

嘉靖二年(一五二三)閏四月九日誌，蓋均為石質，均長六二・七、寬六三・二、厚七・四厘米。蓋文五行，滿行五字。篆書。誌文三五行，滿行四〇字。正書。周邊為單綫框。誌輕度泐蝕，誌文略有殘損。

一九五四年河西區舊墻子河邊浦口道與今南京路交口處天津市煤建公司小樓外出土。現藏天津博物館。

一三　明耕樂先生宋公（鐶）誌銘

嘉靖七年（一五二八）五月三日

誌為石質，長六三、寬六三、厚一二厘米。誌文三五行，滿行三四字。正書。誌文略有殘損。誌上邊及右上角略有殘缺。蓋佚。

一九四九年後西青區楊柳青鎮後桑園村出土，具體時間不詳。現藏西青區楊柳青鎮文昌閣院內。

明光祿大夫少保兼太子太保吏部尚書贈少傅廖公墓誌銘
賜進士光祿大夫少保兼太子太保吏部尚書　武英殿大學士知　制誥
經筵官　國史總裁同郡李時譔
公諱紀字廷陳別號龍灣世居閩父瑄商於東光因家焉公幼有至性好學不喜嬉
戲爲樂成化庚子領京闈鄉薦庚戌舉進士登第時屠公總憲風裁炳著少許可公
觀政屬下獨見器重逮握銓柄首疏公爲考功主事公亦節介不渝期副所薦鄉有
士將遊仕途奉贄謁薦蒙二三公不辭既完璧充贐以歸其清而不激類如此歷遷
考功郎中再轉文選雅不阿時宰士類高之陞太僕少卿太常卿皆有實政可紀又
擢工部右侍郎督理易州山廠時歲羨餘將萬金公一無所染悉以上供所司因以
爲例陞吏部左侍郎既而擢南京吏部尚書項又轉兵部參贊機務凡執權私役卒
之俾盡還伍戎政用肅因人言求退章再上獲
允家居踰兩載
召起爲吏部尚書公感激益自磨淬值修
獻皇帝實錄受命總裁事竣　進太子太保　賜鞍馬金幣丙戌請老
上不奪其志加少保給人夫月米庸示優遇仍　敕乘傳歸既抵家日惟杜門研索古義
嘗著庸學論孟管窺少業毛詩晚年尤嗜易欲述未遑竟賫志以沒嘉靖壬辰八月
二十五日也距生景泰乙亥正月二十八日享年七十有八配郭氏贈淑人繼室李
氏封夫人俱卒繼室翁氏子承恩國子生女四人孫男女各一人公卒訃聞
天子爲罷朝一日贈少傅謚僖靖
賜祭九壇
命工部營葬恩禮稠至士林榮之嘉靖十三年二月二十九日附葬於衛濱祖塋之次
公沈靜簡默外渾淪而內極分辨於物無忤事皆從厚人多敬愛之予於公既生同
鄉官同朝且辱公知侍御王君子尚懇以銘請是其可辭銘曰
瀛海之秀鬱而生公厥秀維何有度斯弘有度斯弘有器斯裒蚤躋首科歷試聿通
暨于晚節愈堅以宏秉均持衡惟平惟公
天子是嘉百僚是風功成固居勞謙有終葬幾人哀福履載隆云胡凋謝仙夢清穹衆我
人斯中心惘惘衛濱莫覗高冢龍銘詞載勒以召無窮

一四　明光禄大夫少保兼太子太保吏部尚書贈少傅廖公（紀）墓誌銘

嘉靖十三年（一五三四）二月二十九日

誌、蓋均為石質，均長六七、寬六七・五厘米。蓋文五行，滿行五字。篆書。誌文二七行，滿行三四字。正書。誌文略有殘損。蓋左上角殘缺，右上角斷裂。

一九四九年後出土，具體時地不詳。誌石現藏地點不詳，拓片現藏天津市文化遺産保護中心。

明光祿大夫少保兼太子太保吏部尚書贈少傅廖公墓誌銘

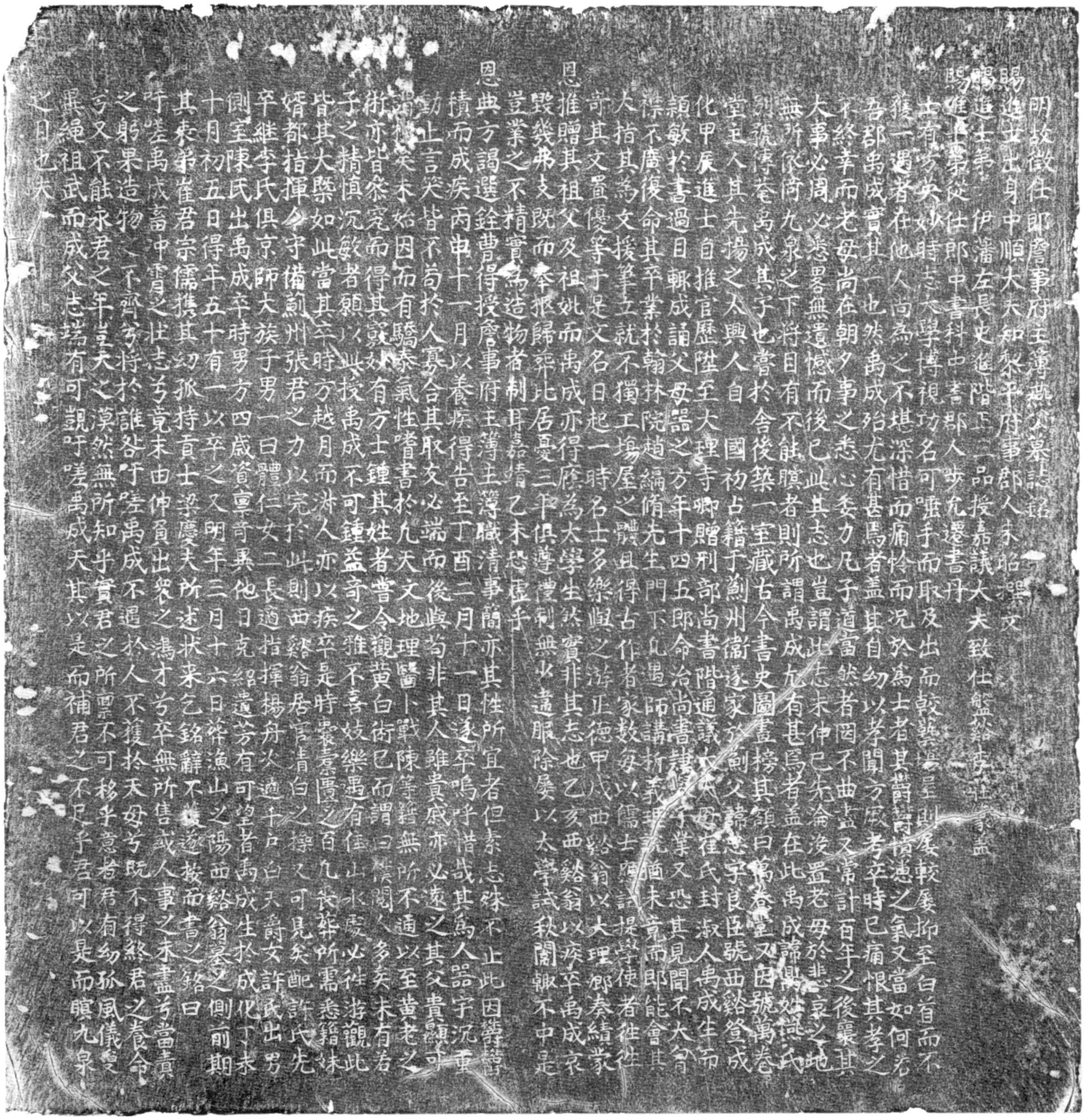

一五　明故徵仕郎詹事府主簿燕公（鼎）墓誌銘

嘉靖十八年（一五三九）三月十六日

誌、蓋均為石質，均長五七、寬五三厘米；誌厚九厘米，蓋厚一〇厘米。蓋文四行，滿行四字。篆書。誌文三七行，滿行三六字。正書。

一九八三年薊縣城關鎮東大井村北出土。現藏薊縣文物保管所。

一六　明故承德郎武崗同知静菴彭公（效）墓誌銘

嘉靖二十一年（一五四二）四月二十日

誌、蓋均為石質，均長五七、寬五三、厚一二厘米。蓋文四行，滿行四字。篆書。誌文三三行，滿行三九字。正書。誌左上部泐蝕嚴重，誌文漫漶。誌上邊及左上角略有殘缺。

一九四九年後薊縣出土，具體時地不詳。現藏薊縣文物保管所。

一七　明故儒官敦公（典）墓誌銘

嘉靖二十一年（一五四二）十月九日

誌、蓋均為石質，均長六〇、寬六四、厚一二厘米。蓋文三行，滿行三字。篆書。誌文二八行，滿行二九字。正書。誌、蓋均泐蝕，誌文略有殘損，蓋文亦略有殘損。

二〇〇四年薊縣東關墓地出土。現藏天津市文化遺産保護中心。

一八　明通奉大夫陝西左布政使直庵鄭公（氣）墓誌銘

嘉靖二十四年（一五四五）七月一日（卒）

誌、蓋均為石質，均長六五、寬六五、厚一二厘米。蓋文五行，滿行五字。篆書。誌文三四行，滿行三三字。正書。誌、蓋均泐蝕，誌文略有殘損，蓋文亦略有殘損。蓋左邊中部有裂痕。

一九八六年静海縣出土，具體地點不詳。現立静海縣城兒童樂園內。

一九　明故七品散官南泉歐公（思廉）墓誌銘

嘉靖二十四年（一五四五）八月二十四日

誌、蓋均為石質，均長六五、寬六五、厚八・五厘米。蓋文五行，滿行三字。篆書。誌文殘缺，殘存二四行，滿行三一字。正書。蓋文亦略有殘損。誌左下部斷佚，蓋斷為五塊。

二十世紀六十年代末薊縣城西關出土，具體時間不詳。現存薊縣飛雁小區南一〇〇米處王鐵良家院外。

二〇　明故錦衣衛冠帶總旗仁齋高君(選)墓誌銘

嘉靖三十二年(一五五三)三月八日

誌、蓋均為石質，均長七二、寬七二、厚一二厘米。蓋文四行，滿行四字。篆書。下邊為湖石及纏枝花卉紋，上邊及左、右邊為纏枝花卉紋。誌文二六行，滿行三〇字。正書。下邊亦為湖石及纏枝花卉紋，上邊及左、右邊亦為纏枝花卉紋。誌、蓋均泐蝕，誌文略有殘損，蓋文亦略有殘損。

一九四九年後西青區楊柳青鎮十六街出土，具體時間不詳。現藏西青區楊柳青鎮文昌閣院內。

明故錦衣
衛冠帶總
旗仁齋高
君墓誌銘

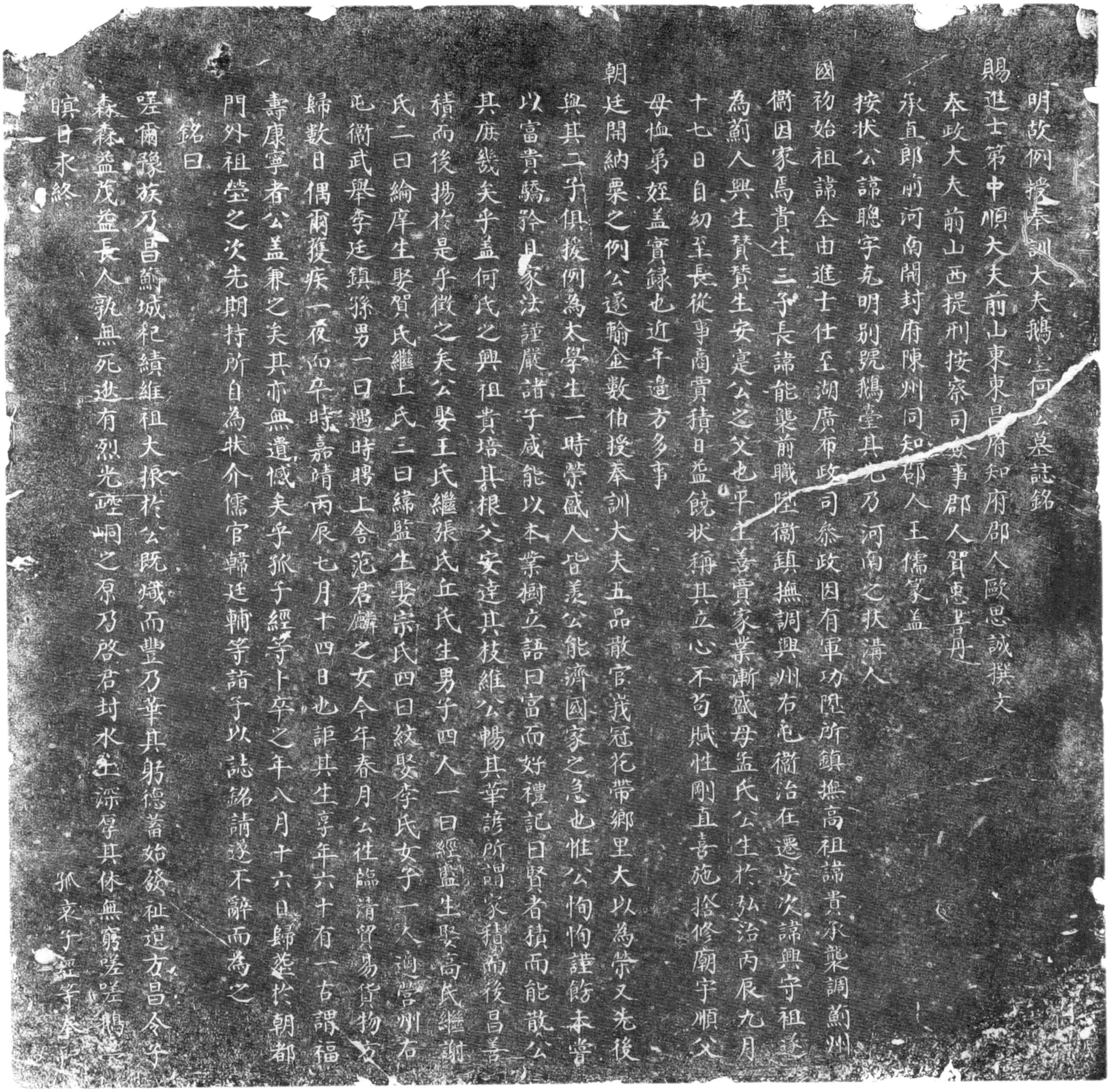

明故例授奉訓大夫鵝臺何公墓誌銘
賜進士第中順大夫前山東東昌府知府郡人歐思誠撰文
奉政大夫前山西提刑按察司僉事郡人賀惠書丹
承直郎前河南開封府陳州同知郡人王儒篆蓋
按狀公諱聰字克明別號鵝臺其先乃河南之汝蒲人
國初始祖諱全由進士仕至湖廣布政司參政因有軍功陞所鎮撫高祖諱貴承襲調薊州
衛因家焉貴生三子長諱能襲前職陞衛鎮撫調興州右屯衛治在遷安次諱興守祖塋
為薊人興生贇贇生安寔公之父也平生善賈家業漸盛母孟氏公生於弘治丙辰九月
十七日自幼至長從事商賈積日益饒狀稱其立心不苟賦性剛直喜施捨修廟宇順父
母恤弟姪蓋實錄也近年邊方多事
朝廷開納粟之例公遂輸金數佰授奉訓大夫五品散官戴冠花帶鄉里大以為榮又先後
與其二子俱援例為太學生一時榮盛人皆羨公能濟國家之急也惟公恂恂謹飭未嘗
以富貴驕矜且家法謹嚴諸子咸能以本業樹立語曰富而好禮記曰賢者積而能散公
其庶幾矣乎蓋何氏之興祖貴培其根父安達其枝維公暢其華諺所謂家積而後昌善
積而後揚於是乎徵之矣公娶王氏繼張氏丘氏生男子四人一曰經監生娶高氏繼謝
氏二曰綸庠生娶賀氏繼王氏三曰緯監生娶宗氏四曰紋娶李氏女子一人適營州右
屯衛武舉李廷鎮孫男一曰遇時聘上舍范君麟之女今年春月公往臨清貿易貨物及
歸數日偶爾獲疾一夜而卒時嘉靖丙辰七月十四日也距其生享年六十有一古謂福
壽康寧者公蓋兼之矣其亦無遺憾矣乎孤子經等卜卒之年八月十六日歸塟於朝都
門外祖塋之次先期持所自為狀介儒官韓廷輔等詣予以誌銘請遂不辭而為之
銘曰
嗟爾豫族乃昌薊城杞續維祖大振於公既熾而豐乃華其躬德蓄始發祉遺方昌令乎
森森益茂益長人孰無死逝有烈光崆峒之原乃啟君封水土深厚其休無窮嗟嗟鵝臺
瞑目永終　孤哀子經等奉

明故例授
奉訓大夫
鵝臺何公
墓誌銘

二一　明故例授奉訓大夫鵝臺何公（聰）墓誌銘

嘉靖三十五年（一五五六）八月十六日

誌、蓋均為石質，均長六四、寬六二、厚一一厘米。蓋文四行，滿行四字。篆書。誌文二四行，滿行三五字。正書。誌右邊中部有裂痕，蓋左下角斷裂。

一九四九年後薊縣城關鎮閭子嶺出土，具體時間不詳。現藏薊縣文物保管所。

二二　明故侯（東）孺人朱氏墓誌銘

嘉靖四十二年（一五六三）十一月十日

誌、蓋均為石質，均長六五・五、寬六五・五、厚一三厘米。蓋文三行，滿行三字。篆書。誌文二三行，滿行二五字。正書。誌輕度泐蝕，誌文略漫漶。蓋左、右二邊均略有殘缺。

一九七八年薊縣城關鎮東大井村北出土。現藏薊縣文物保管所。

二三　明故中順大夫山東東昌府知府東泉歐公（思誠）墓誌銘

嘉靖四十二年（一五六三）十一月十五日

誌、蓋均為石質，均長六五、寬六七、厚一五厘米。蓋文五行，滿行四字。篆書。誌文三一行，滿行四〇字。正書。誌輕度泐蝕，誌文略有殘損。誌左邊及下邊均略有殘缺。蓋左下邊及角斷裂。

二十世紀六十年代末薊縣城西關出土，具體時間不詳。現存薊縣飛雁小區南一〇〇米處王鐵良家院外。

二四　明故贈少保左都督特進榮禄大夫謚忠勇鎮守遼東總兵殷公（尚質）墓誌銘

嘉靖四十四年（一五六五）

誌、蓋均為石質，均長六二・五、寬六二・五厘米。蓋文五行，滿行六字。篆書。誌文三六行，滿行四二字。正書。誌輕度泐蝕，誌文略有殘損。誌右下角斷佚。

一九四九年後南开區出土，具體時地不詳。誌石現藏地點不詳，拓片現藏天津市文化遺産保護中心。

二五　明故賀（惠）宜人（韓氏）墓誌銘

嘉靖四十五年（一五六六）五月二十二日（卒）

誌、蓋均為石質，均長六四、寬五九、厚一二厘米。蓋文三行，滿行三字。篆書。誌文三一行，滿行三四字。正書。誌文略有殘損。誌右邊及左邊均略有殘缺，蓋面有劃痕。

一九六六年薊縣二六九醫院北側耕地出土。現藏薊縣文物保管所。

二六　明故奉議大夫山西按察司僉事龍村賀公（惠）墓誌銘

隆慶元年（一五六七）正月二十八日

誌、蓋均為石質，均長六二、寬六一·五、厚一四厘米。蓋文五行，滿行四字。篆書。誌文二八行，滿行三二字。正書。誌輕度泐蝕，誌文略有殘損。蓋右邊略有殘缺，左上角亦有殘缺。

一九九六年薊縣二六九醫院北側耕地出土。現藏薊縣文物保管所。

明中憲大夫山東按察司副使東河趙公墓誌銘

明中憲大
夫山東按
察司副使
東河趙公
墓誌銘

二七　明中憲大夫山東按察司副使東河趙公（紳）墓誌銘

隆慶四年（一五七〇）四月六日

誌、蓋均為石質，均長六九、寬六九、厚一五厘米。蓋文五行，滿行四字。篆書。誌文三二行，滿行四二字。正書。誌文略有殘損。蓋左下部泐蝕，蓋文亦略有殘損。

一九七八年武清區雙樹鄉小河村出土。現立武清區楊村小世界碑林。

二八　明指揮僉事王公（文翰）暨配孺人周氏之墓誌

萬曆十二年（一五八四）八月十七日

誌、蓋均為石質，均長六二、寬六二、厚一二厘米。蓋文四行，滿行四字。篆書。誌文三六行，滿行四一字。正書。誌右邊泐蝕嚴重，誌文漫漶。

一九八六年寶坻區城關鎮核桃園村出土。現存寶坻區村民家院內。

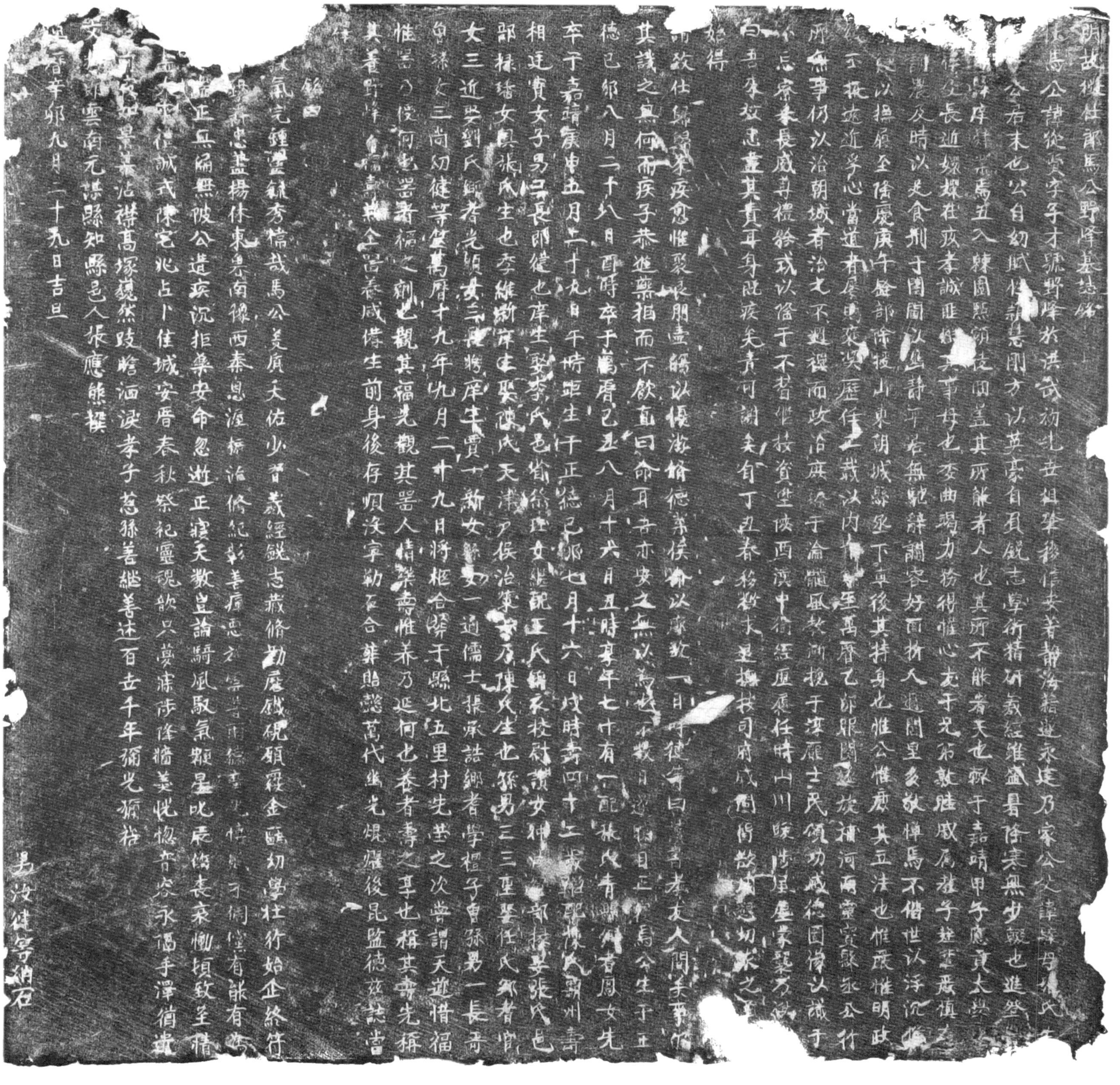

二九　明故徵仕郎馬公野峰（從賢）墓誌銘

萬曆十九年（一五九一）九月二十九日

誌、蓋均為石質，均長五六、寬五六、厚一二厘米。蓋文一行，行一二字。篆書。誌文三二行，滿行四〇字。正書。誌文略有殘損。誌上邊及下邊均略有殘缺。

一九八六年靜海縣北五里村出土。現立靜海縣城兒童樂園內。

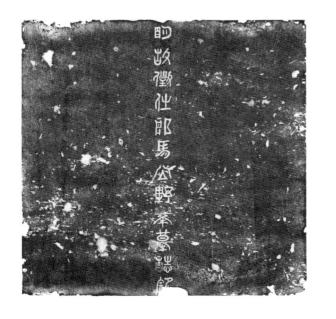

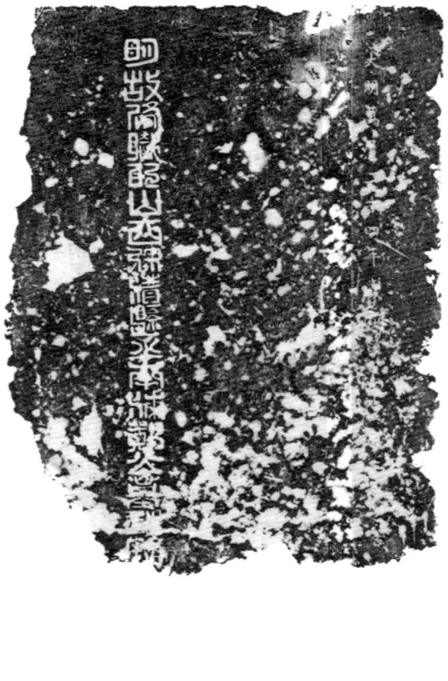

三〇 明故修職郎山西徐溝縣丞南浦鄭公(訓)墓誌銘

萬曆二十四年(一五九六)十一月二十日

誌、蓋均為石質,均長六〇、寬六〇、厚一四厘米。蓋文一行,行一八字。篆書。另,右邊有款識一行,行存一一字。正書。誌文三六行,滿行三五字。正書。誌文略有殘損。誌左、右二邊及上邊左部均略有殘缺。蓋泐蝕,字跡漫漶。

一九八六年静海縣出土,具體地點不詳。現立静海縣城兒童樂園内。

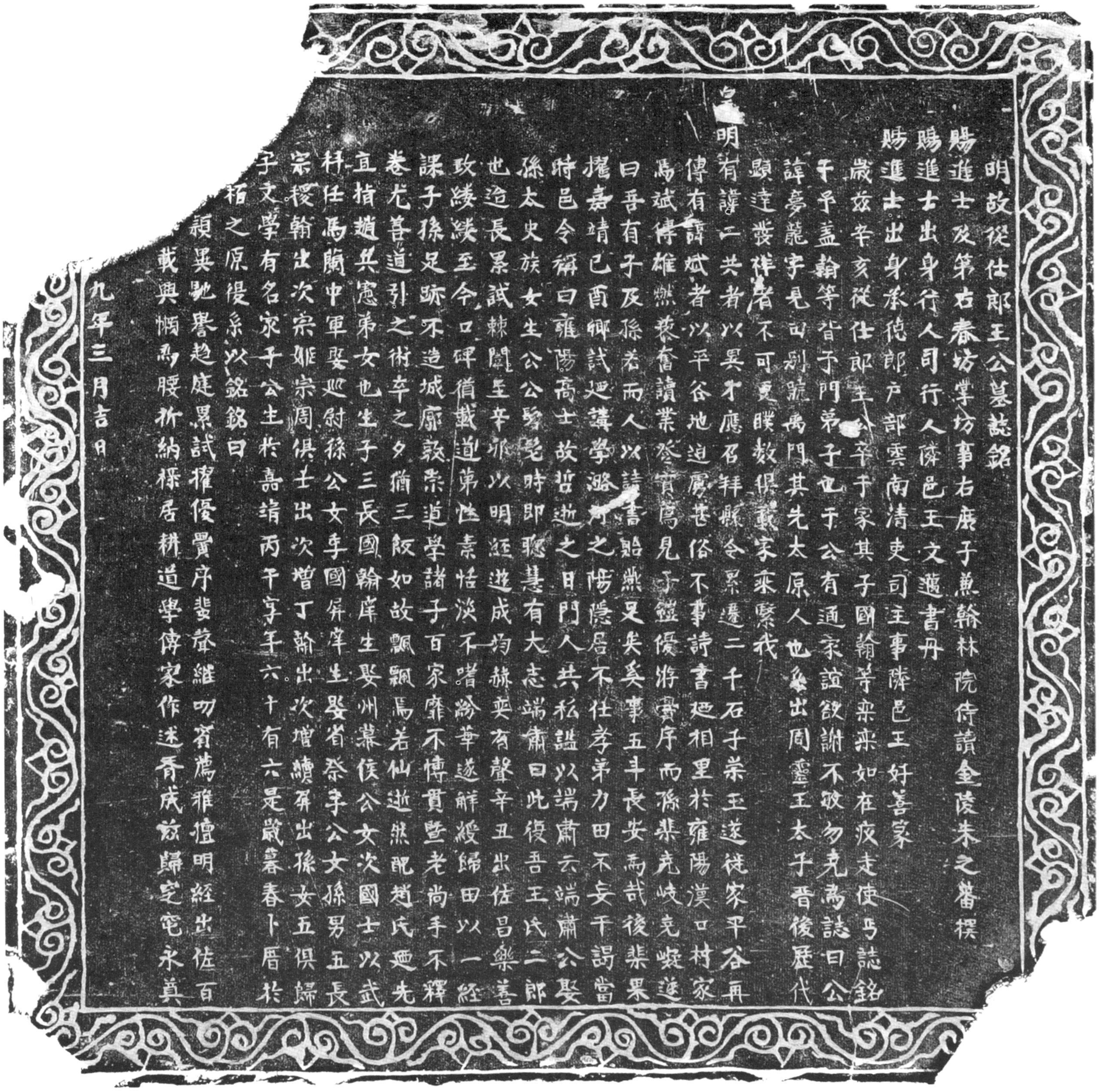

明故從仕郎王公墓誌銘
賜進士及第右春坊掌坊事右庶子兼翰林院侍讀金陵朱之蕃撰
賜進士出身行人司行人蒲邑王文邁書丹
賜進士出身承德郎戶部雲南清吏司主事蒲邑王好善篆
歲玆辛亥從仕郎王公卒于家其子國翰等栾栾如在疚走使丐誌銘
于予蓋翰等皆予門弟子也于公有通家誼欲謝不敢勿克為誌曰公
諱夢龍字見田别號禹門其先太原人也系出周靈王太子晉後歷代
顯達叢祥者不可更僕數俱載家乘繫我
皇明有諱二共者以異才應召拜縣令累遷二千石子崇玉遂徙家平谷再
傳有諱斌者以平谷地迫關塞俗不事詩書迺相里於雍陽漢口村家
焉斌傳雄然發奮讀業發賁為見于鑑優游黌序而孫棐克岐克嶷遂
曰吾有子及孫若而人以詩書貽燕足矣奚事五斗長安為哉後棐果
擢嘉靖己酉鄉試迺講學潞河之陽隱居不仕孝弟力田不妄干謁當
時邑令稱曰雍陽高士故哲逝之日門人共私謚以端肅云端肅公娶
孫太史族女生公公髫髫時即聰慧有大志端肅曰此復吾王氏之郎
也迨長累試棘闈至辛卯以明經遊成均赫奕有聲辛丑出佐昌樂善
政綫綫至今口碑猶載道第性素恬淡不嗜紛華遂解綬歸田以一經
課子孫足跡不造城府敦崇道學諸子百家靡不博貫暨老尚手不釋
卷尤善道引之術卒之夕猶三飯如故飄飄焉若仙逝然配趙氏迺先
直指趙共憲第女也生子三長國翰庠生娶州幕侯公女次國士以武
科任馬蘭中軍娶廸尉孫公女季國屏庠生娶省祭李公女孫男五長
宗稷翰出次宗雖宗周俱士出次增丁翰出次增續屏出孫女五俱歸
子文學有名家子公生於嘉靖丙午享年六十有六是歲暮春卜厝於
栢之原優系以銘銘曰
穎異馳譽趨庭累試擢優貫序斐聲維叨賓薦雅擅明經出佐百
載與惆為腰折納祿居耕道學傳家作述香成玆歸窀窆永真
九年三月吉日

三一　明故從仕郎王公（夢龍）墓誌銘

萬曆三十九年（一六一一）三月

誌、蓋均為石質，均長四八・五、寬四七・五厘米。蓋文三行，滿行三字。篆書。周邊為綫刻纏枝卷草紋。誌文二七行，滿行二九字。正書。周邊亦為綫刻纏枝卷草紋。誌左上角斷佚，右下角及左下角均略有殘缺。蓋右上角亦略有殘缺。

一九四九年後北辰區雙街出土，具體時地不詳。現藏北辰區雙街漢溝村。

三二　明故承德郎杜公（宸）暨配安人李氏繼配安人劉氏合葬墓誌銘

萬曆四十五年（一六一七）四月二日

誌、蓋均為石質，均長八九、寬八九、厚一七厘米。蓋文四行，滿行六字。篆書。誌文三七行，滿行四五字。正書。周邊為綫刻纏枝蔓草花紋。誌右下角斷佚，蓋中下部橫向斷裂。

一九四九年後西青區沙窩村出土，具體時間不詳。現藏天津博物館。

三三　明故文林郎河南河南府鞏縣知縣玄鑑邊公（維新）墓誌銘

崇禎三年（一六三〇）五月十七日

誌為石質，長六〇、寬六〇、厚一四厘米。誌文三六行，滿行四七字。正書。周邊為雙綫框。誌文略有殘損。誌左上邊及下邊均有殘缺，右上邊及角亦有殘缺。蓋佚。

一九八六年静海縣邊莊子村出土。現立静海縣兒童樂園。

三四　明考恩榮壽官薛府君暨妣孺人李氏合葬墓誌銘蓋

崇禎十七年（一六四四）前

蓋為石質，長八四、寬七五、厚一三厘米。蓋文四行，滿行五字。篆書。蓋文略有殘損。蓋左上角斷佚。誌佚。

一九四九年後寶坻區出土，具體時地不詳。現藏寶坻區電影公司院内。

三五　明故敕封文林郎山西道監察御史崔公墓誌銘蓋

崇禎十七年（一六四四）前

蓋為石質，長六一、寬五九、厚一二厘米。蓋文五行，滿行四字。篆書。蓋文略有殘損。誌佚。

二十世紀六十年代末薊縣城西關出土，具體時間不詳。現存薊縣飛雁小區南一〇〇米處王鐵良家院外。

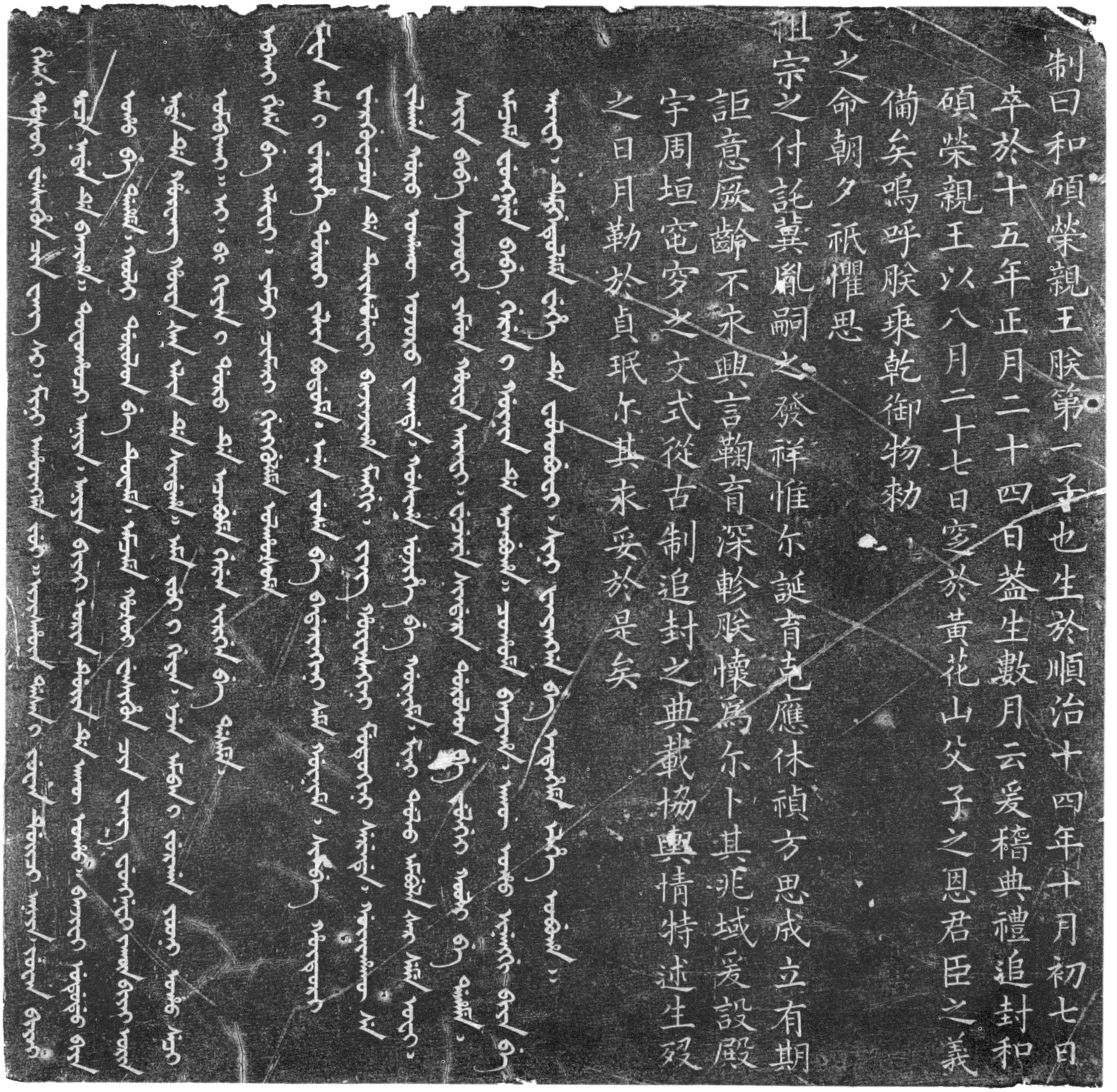
制曰和碩榮親王朕第一子也生於順治十四年十月初七日
卒於十五年正月二十四日蓋生數月云爰稽典禮追封和
碩榮親王以八月二十七日窆於黃花山父子之恩君臣之義
備矣嗚呼朕秉乾御物勅
天之命朝夕祇懼思
祖宗之付託冀胤嗣之發祥惟尔誕育克應休禎方思成立有期
詎意厥齡不永興言鞠育深軫朕懷為尔卜其兆域爰設殿
宇周垣窀穸之文式從古制追封之典載協輿情特述生歿
之日月勒於貞珉尔其永妥於是矣

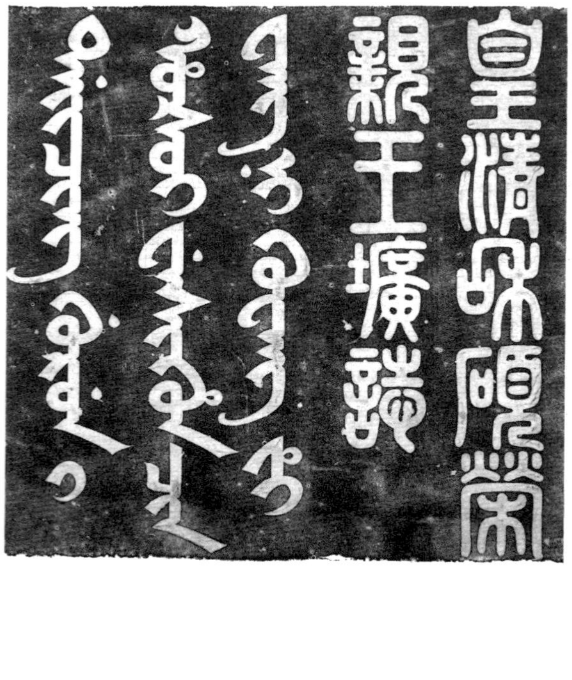
皇清和碩榮
親王壙誌

三六　清和碩榮親王壙誌

順治十五年（一六五八）八月二十七日

誌、蓋均為石質，均長七〇、寬七〇・三、厚一九厘米。蓋文共五行：右邊為漢文，二行，滿行五字。篆書。左邊為滿文，三行。誌文共二一行：右邊為漢文，九行，滿行二五字。正書。左邊為滿文，一二行。

一九八七年薊縣孫各莊鄉丈煙臺村西北出土。現藏薊縣文物保管所。

三七　清故孝廉寒西邊公（之韓）暨元配孺人李氏合葬墓誌銘

康熙六年（一六六七）四月十七日誌，蓋均為石質，均長七四、寬七一、厚一七厘米。蓋文四行，滿行四字。篆書。周邊為菊花紋。誌文三六行，滿行四七字。正書。周邊亦為菊花紋。誌左邊上部殘缺。誌文略有殘損。

一九八六年静海縣邊莊子村出土。現立静海縣兒童樂園內。

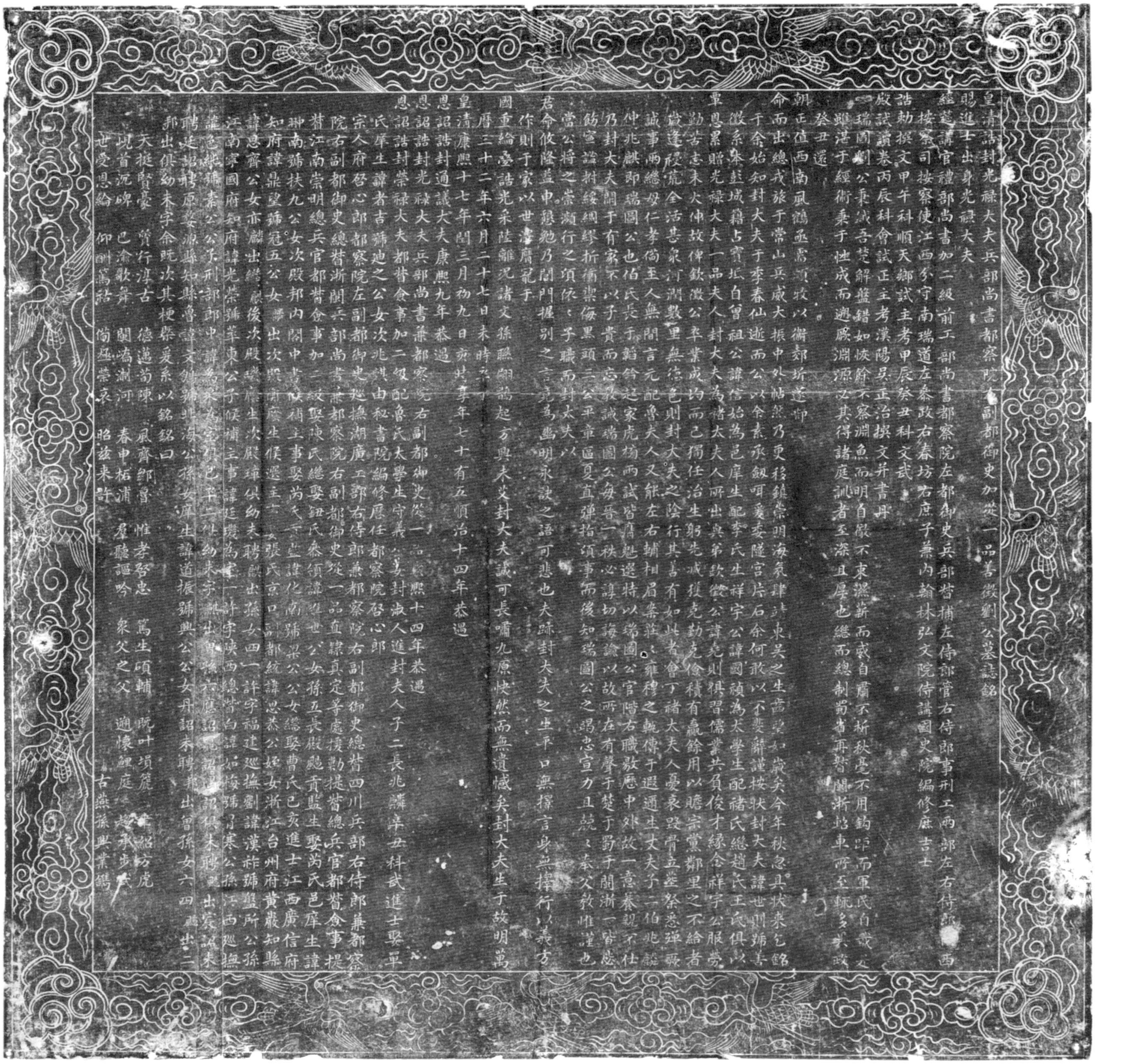

三八　清誥封光祿大夫兵部尚書都察院右副都御史加從一品善徵劉公(世則)墓誌銘

康熙十七年(一六七八)閏三月九日(卒)

誌、蓋均為石質，均長八三、寬八三、厚一六厘米。蓋文三行，滿行六字。篆書。周邊為綫刻雲鶴紋，四角為雲紋。誌文四三行，滿行四五字。正書。周邊亦為綫刻雲鶴紋，四角亦為雲紋。誌文略有殘損。

一九七四年八月一日寧河縣豐臺鎮西村村西五〇米處出土。現藏寧河縣豐臺鎮天尊閣院內。

三九　清誥封淑人李（煒）母曹氏墓誌銘

康熙二十二年（一六八三）十一月十七日

誌、蓋均為石質，均長七六、寬七六、厚一四厘米。蓋文四行，滿行四字。篆書。周邊為綫刻雲鶴紋，四角為雲紋。誌文三五行，滿行四三字。正書。周邊亦為綫刻雲鶴紋，四角亦為雲紋。誌輕度泐蝕，誌文略漫漶。

一九四九年後武清區出土，具體時地不詳。現立武清區楊村小世界碑林。

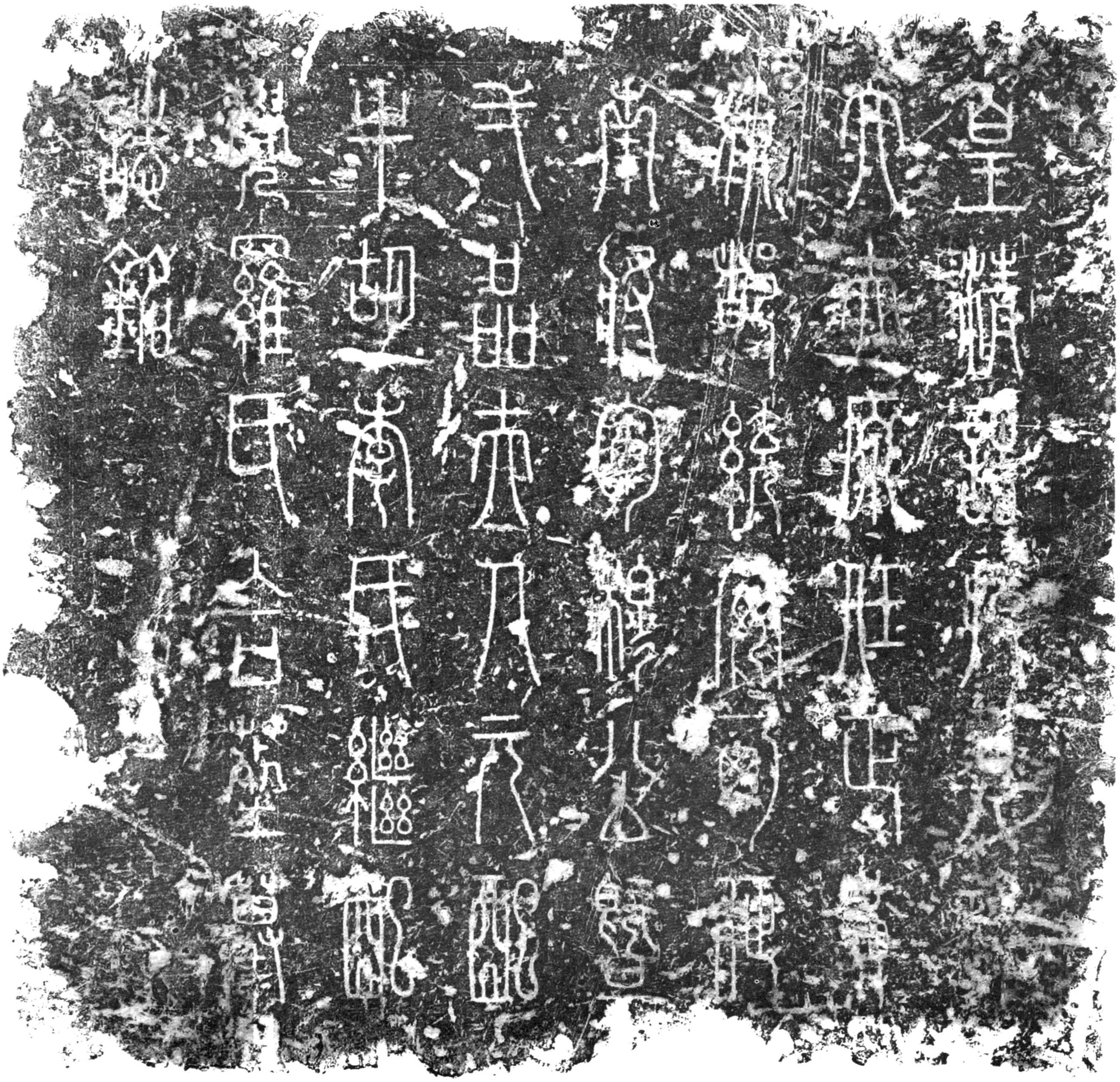

四〇　清誥授光禄大夫原任正黃旗都統安西征南將軍穆公(占)暨一品夫人元配牛胡李氏繼配覺羅氏合葬墓誌銘蓋

康熙二十二年(一六八三)後

蓋為石質,長九〇、寬九〇、厚一四厘米。蓋文八行,滿行六字。篆書。蓋輕度泐蝕,蓋文略有殘損。誌佚。

一九四九年後東麗區出土,具體時地不詳。現藏天津博物館。

四一　清待贈承務郎淑叟孟公（宗軻）暨元配于孺人合葬墓誌銘

康熙二十三年（一六八四）二月六日

誌、蓋均為石質，均長五一、寬五五、厚一五厘米。蓋文四行，滿行六字。正書。周邊為綫刻纏枝蓮花紋。誌文一七行，滿行二三字。正書。周邊亦為綫刻纏枝蓮花紋。誌文略有殘損。蓋輕度泐蝕，蓋文亦略有殘損。

一九四九年後北辰區出土，具體時地不詳。二十世紀九十年代後徵集。現藏天津博物館。

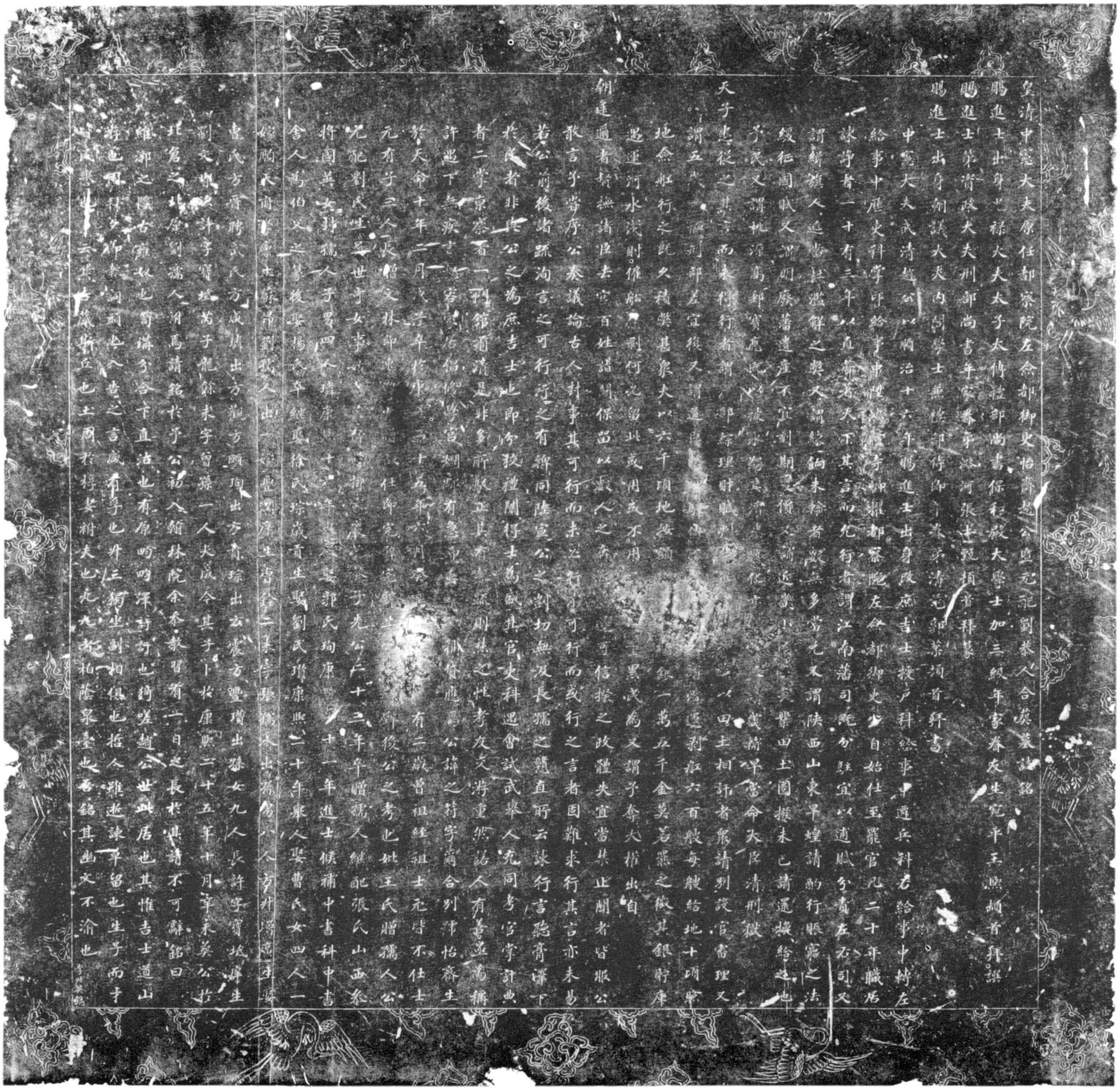

四二　清中憲大夫原任都察院左僉都御史怡齋趙公（之符）暨元配劉恭人合葬墓誌銘

康熙二十五年（一六八六）十月二十日

誌為石質，長八九・五、寬八九・五厘米。誌文三三行，滿行四〇字。正書。周邊為綫刻雲鶴紋，四角為雲紋。誌中部泐蝕，誌文略有殘損。蓋佚。

一九四九年後北辰區雙街出土，具體時間不詳。現藏北辰區雙街趙莊子村。

四三　清誥封中大夫待贈資政大夫湖廣湖北等處承宣布政使司布政使加一級坦齋李公(可□)墓誌銘

康熙三十年(一六九一)七月十日(卒)

誌、蓋均為石質，均長七六、寬七六、厚一六厘米。蓋文四行，滿行五字。篆書。周邊為雲龍紋，四角為雲紋。誌文四〇行，滿行五三字。正書。周邊亦為雲龍紋，四角亦為雲紋。誌泐蝕，誌文略漫漶。

一九四九年後武清區出土，具體時地不詳。現立武清區楊村小世界碑林。

四四　清待封懷遠將軍陳公（諫）墓誌銘

康熙三十年（一六九一）十月（立）

誌、蓋均為石質，均長六四、寬五一、厚一一厘米。蓋文一行，滿行一三字。正書。周邊為綫刻纏枝蔓草紋。誌文二四行，滿行三六字。正書。周邊亦為綫刻纏枝蔓草紋。誌泐蝕，誌文略有殘損。

二〇〇五年薊縣桃花園墓地出土。現藏天津市文化遺產保護中心。

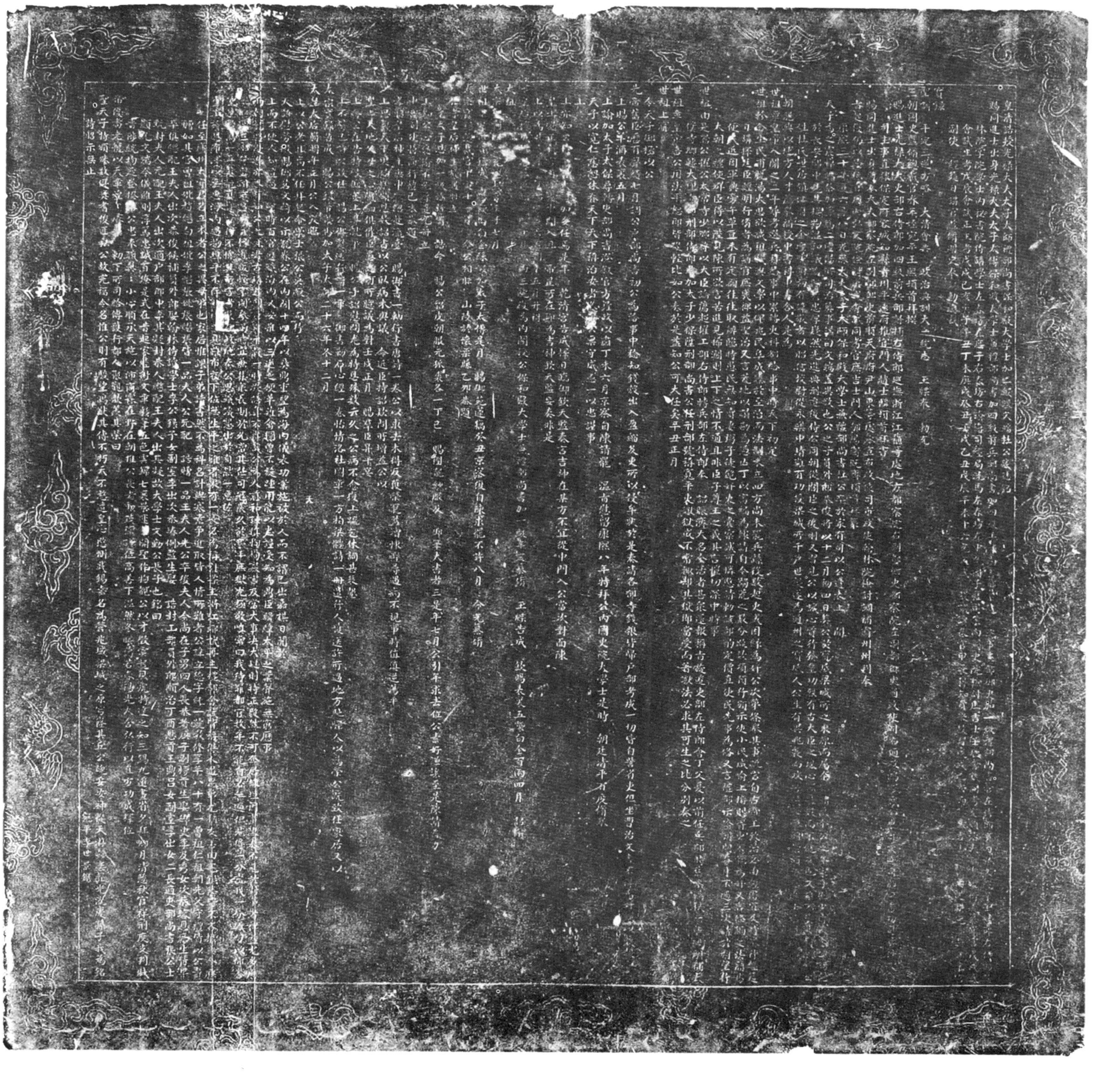

四五　清誥授光禄大夫太子太師禮部尚書保和殿大學士加二級謚文端杜公（立德）墓誌銘

康熙三十年（一六九一）十二月四日

誌為石質，長八四・五、寬八四・五、厚一六・五厘米。誌文六七行，滿行七四字。正書。周邊為綫刻雲鶴紋，四角為雲紋。誌泐蝕，誌文略漫漶。蓋佚。

一九四九年後寧河縣寧河鎮色光廠出土，具體時間不詳。現藏寧河縣寧河鎮炮廠。

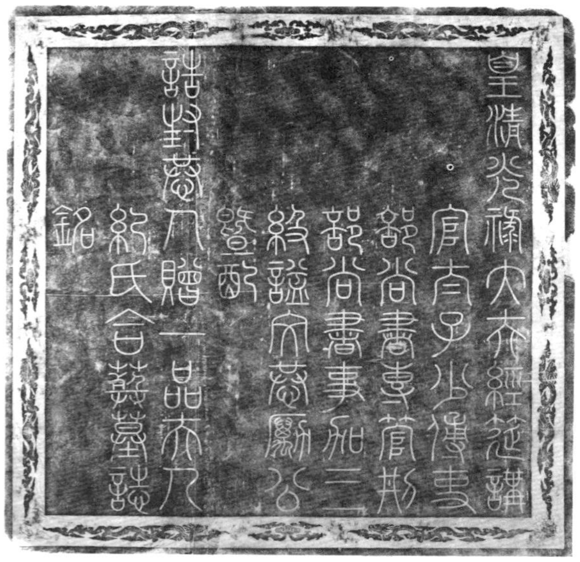

四六　清光禄大夫經筵講官太子少傅吏部尚書專管刑部尚書事加三級謚文恭勵公（廷儀）暨配誥封恭人贈一品夫人紀氏合葬墓誌銘

乾隆五年（一七四〇）十二月

誌、蓋均為石質，均長一〇三、寬一〇〇、厚一六厘米。蓋文九行，滿行九字。篆書。周邊為潛浮雕刻雲獸紋。誌文四九行，滿行五六字。正書。周邊亦為潛浮雕刻雲獸紋。誌泐蝕，誌文略有殘損。

一九八六年静海縣北五里村出土。現立静海縣城兒童樂園内。

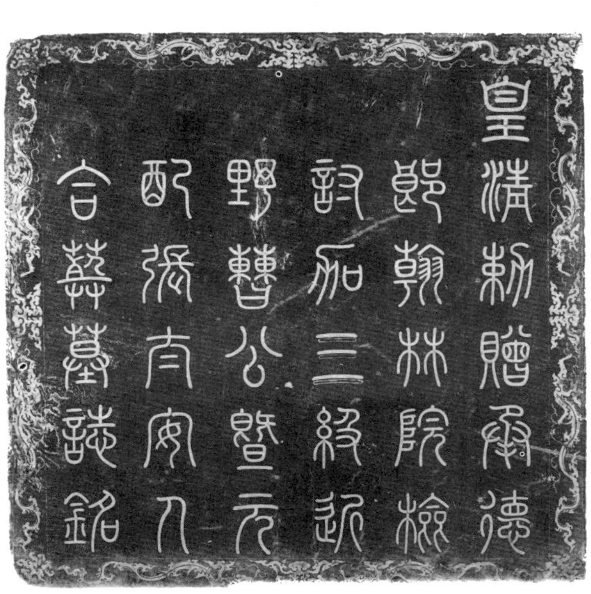

四七　清敕贈承德郎翰林院檢討加三級近野曹公（傳）暨元配張太安人合葬墓誌銘

乾隆二十年（一七五五）三月三日誌、蓋均為石質，均長九八、寬九八、厚一六厘米。蓋文六行，滿行六字。篆書。周邊為雲獸紋，四角為雲紋。誌文四五行，滿行五三字。正書。周邊亦為雲獸紋，四角亦為雲紋。誌文略有殘損。

一九四九年後武清區東馬圈安家楊垈村出土，具體時間不詳。現立武清區楊村小世界碑林。

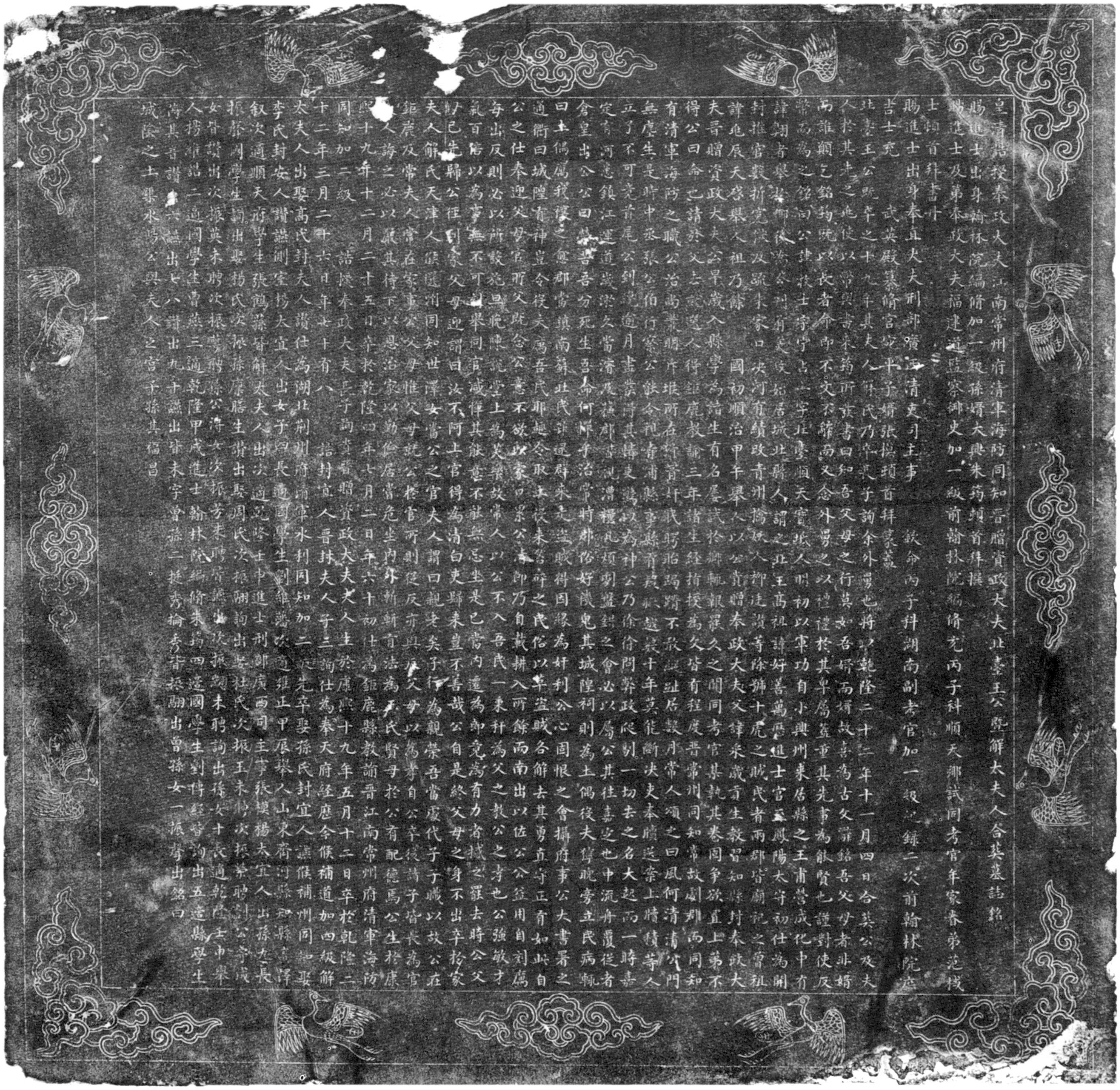

四八　清誥授奉政大夫江南常州府清軍海防同知晉贈資政大夫北臺王公（枚士）暨解太夫人合葬墓誌銘

乾隆二十二年（一七五七）十一月四日

誌、蓋均為石質，均長七六、寬七六、厚一五厘米。蓋文八行，滿行六字。篆書。周邊為綫刻雲鶴紋，四角為雲紋。誌文四〇行，滿行四二字。正書。周邊亦為綫刻雲鶴紋，四角亦為雲紋。

一九八六年寶坻區城關鎮北臺村出土。現存寶坻區城關鎮北臺村東區一排十號村民院內。

四九　清誥授奉政大夫四川道監察御史例授中憲大夫分守山東登萊青道加三級約堂趙公（晃）墓誌銘

乾隆二十三年（一七五八）十月二十五日

誌二方，均為石質，均長九四、寬九六、厚八・五厘米。均分三欄。第一方：第一欄及第二欄首行為蓋文，一六行，滿行三字。篆書。餘為誌文前部分。周邊為綫刻雲鶴紋，四角為雲紋。第二方為誌文後部分。周邊亦為綫刻雲鶴紋，四角亦為雲紋。誌文共一三二行，滿行一二字。正書。誌文略有殘損。第一方右邊中部及下邊均略有殘缺，右上角斷佚；第二方左邊及右邊亦均有殘缺，左上角亦斷佚。

一九八四年十月北辰區引河橋磚廠出土。現藏天津博物館。

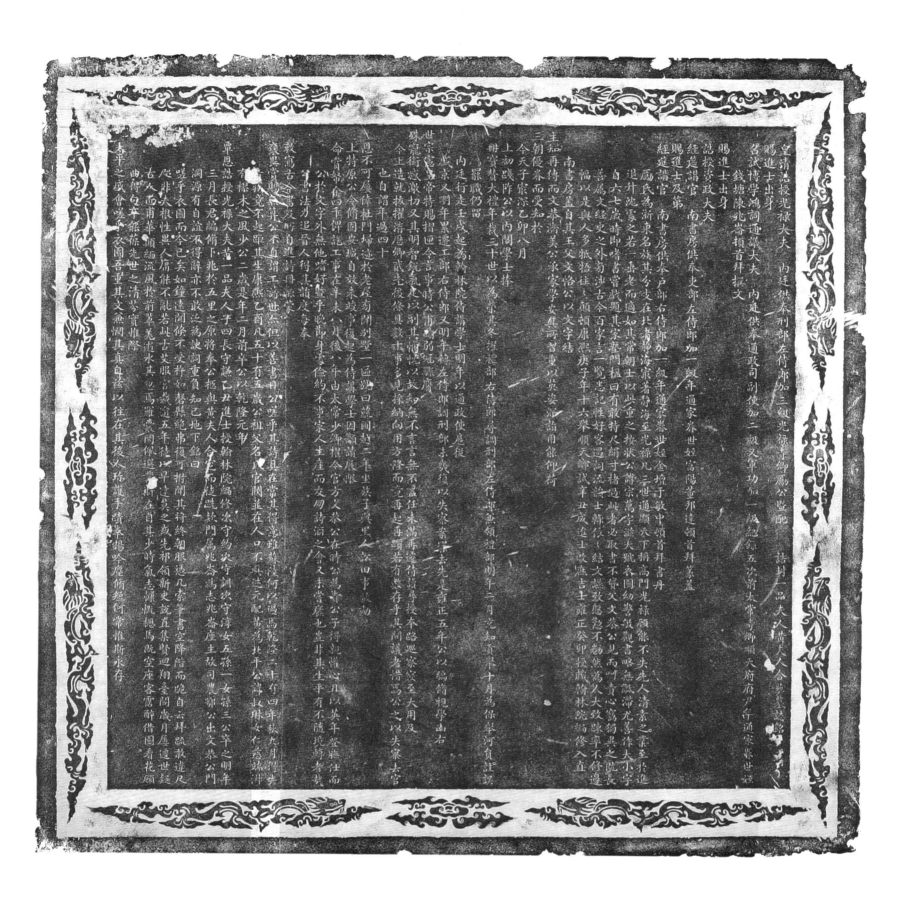

五〇 清誥授光禄大夫内廷供奉刑部左侍郎加三級光禄寺卿勵公（宗萬）暨配誥封一品夫人黄夫人合葬墓誌銘

乾隆二十五年（一七六〇）三月

誌為石質，長九三、寬九二、厚一九厘米。誌文四四行，滿行五〇字。正書。周邊為潛浮雕刻雲獸紋。誌文略有殘損。蓋佚。

一九八六年静海縣北五里村出土。現立静海縣城兒童樂園内。

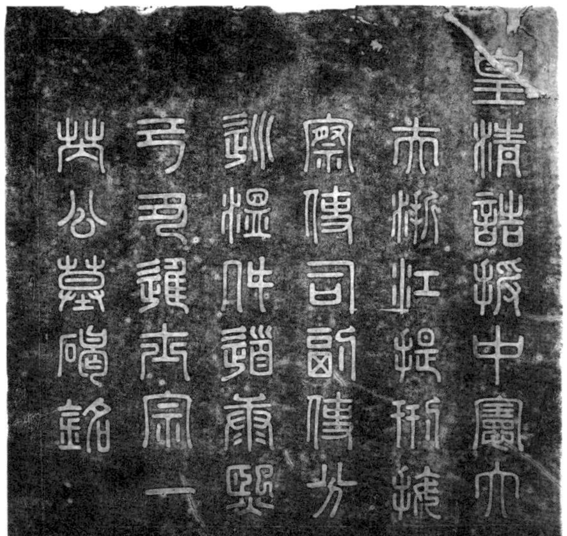

五一　清誥授中憲大夫浙江提刑按察使司副使分巡温處道芮公（復傳）墓碣銘

乾隆四十年（一七七五）十月三日（卒）

碣、蓋均為石質，均長八九、寬八九、厚一一厘米。蓋文六行，滿行七字。篆書。周邊為綫刻雲鶴紋，四角為雲紋。碣分三欄，碣文共一一九行，滿行一九字。正書。周邊亦為綫刻雲鶴紋，四角亦為雲紋。碣面有劃痕，蓋右上角斷裂。

一九八四年寶坻區城關鎮大口巷村芮家墳出土。現藏寶坻區電影公司院内。

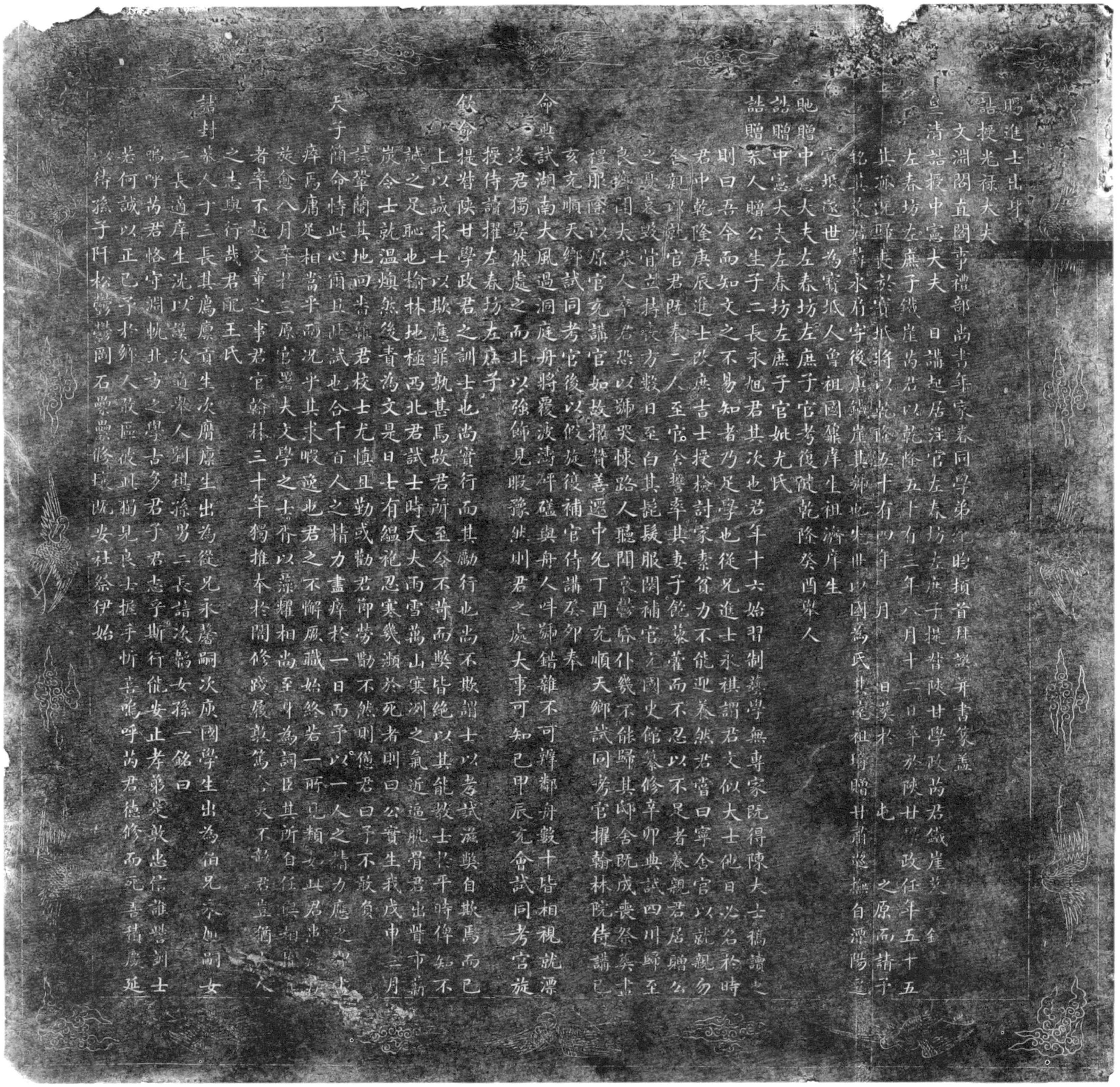

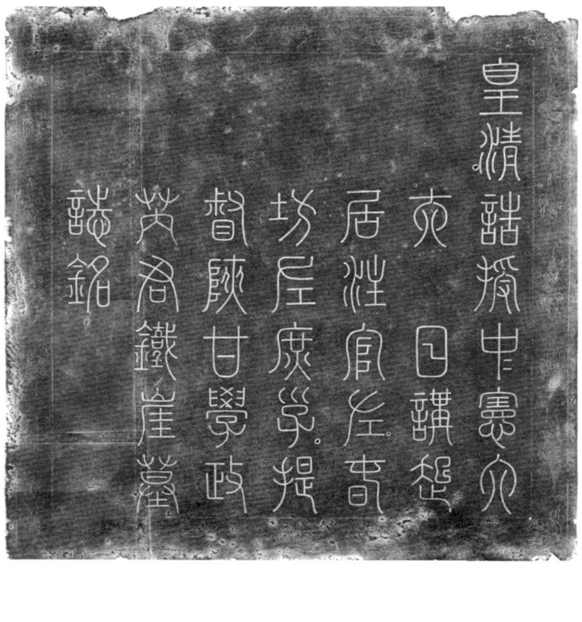

五二　清誥授中憲大夫日講起居注官左春坊左庶子提督陝甘學政芮君鐵崖（永肩）墓誌銘

乾隆五十四年（一七八九）

誌、蓋均為石質，均長八七、寬八七、厚一二厘米。蓋文七行，滿行七字。篆書。周邊為綫刻雲鶴紋，四角為雲紋。誌文三六行，滿行三六字。正書。周邊亦為綫刻雲鶴紋，四角亦為雲紋。

一九八四年寶坻區城關鎮大口巷村芮家墳出土。現藏寶坻區文化館院內。

五三　清誥授光禄大夫頭品頂帶兵部侍郎都察院司副都御史巡撫廣西等處地方紫峯高公（崇基）墓誌銘蓋

光緒十六年（一八九〇）九月

蓋為石質，長九六、寬一六一、厚一九厘米。蓋文一三行，滿行三字。篆書。周邊為單綫框。誌佚。

二〇〇六年大港區小王莊鎮小蘇莊村高氏宗族墓地出土。現藏大港區小王莊鎮小蘇莊村高氏宗族墓地。該墓誌「文化大革命」中被破壞。葬年係據傳世《高崇基墓誌銘》底本定。

五四　清品贈文林郎剛侯李公暨元配劉孺人合葬墓誌銘蓋

宣统三年（一九一一）前

蓋為石質，長七三、寬七一、厚一四厘米。蓋文五行，滿行六字。篆書。周邊為綫刻雲鶴紋，四角為雲紋。誌佚。

一九八六年静海縣出土，具體地點不詳。現立静海縣城兒童樂園内。

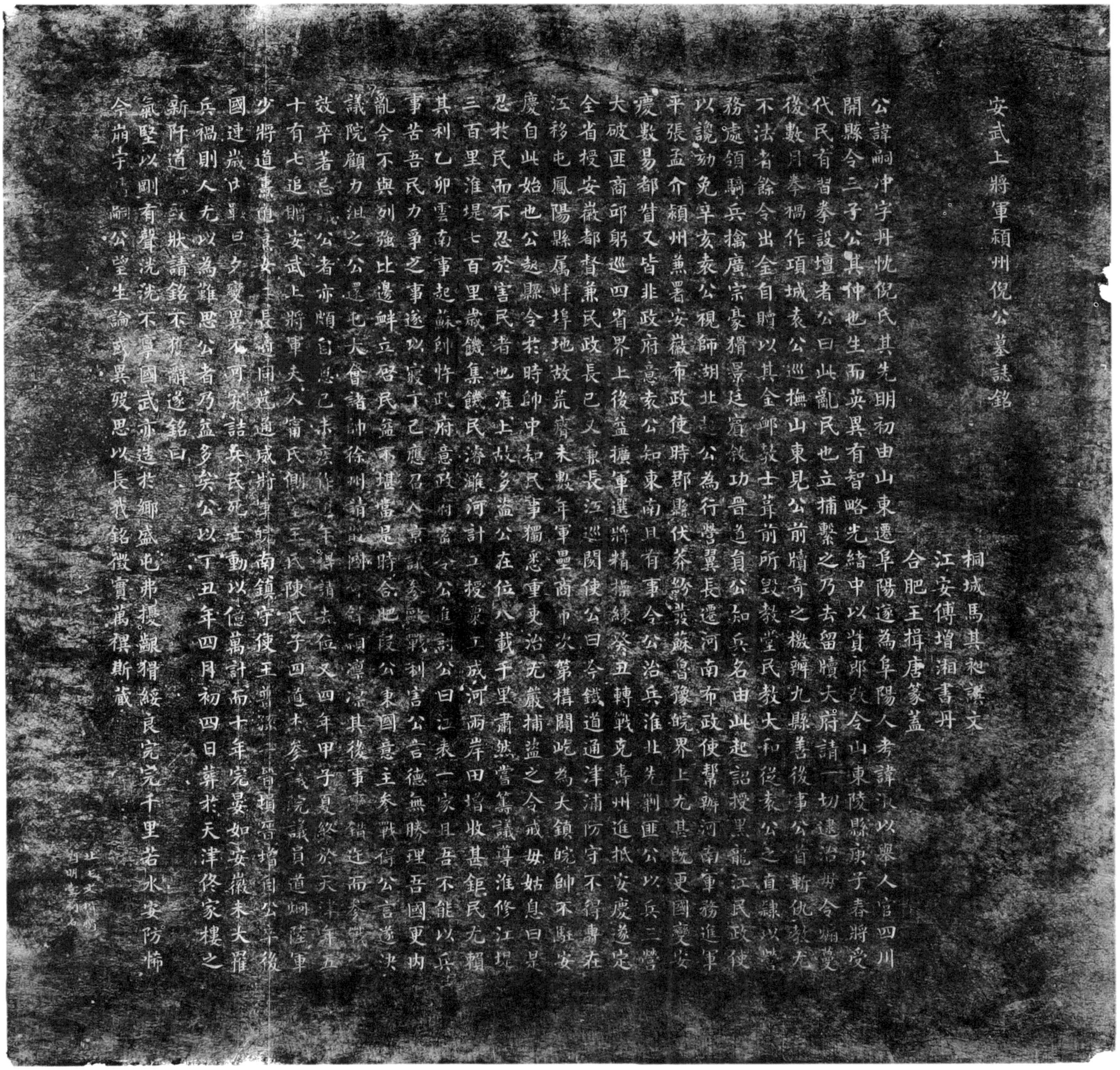
安武上將軍潁州倪公墓誌銘
桐城馬其昶譔文
江安傅增湘書丹
合肥王揖唐篆蓋

五五　民國安武上將軍潁州倪公（嗣沖）墓誌銘

民國二十六年（一九三七）四月四日

誌、蓋均為石質，均長九五、寬九五、厚一七厘米。蓋文四行，滿行三字。篆書。誌文三三行，滿行三三字。正書。蓋右上角斷佚。

一九四九年後河西區佟樓出土，具體時間不詳。現藏天津博物館。

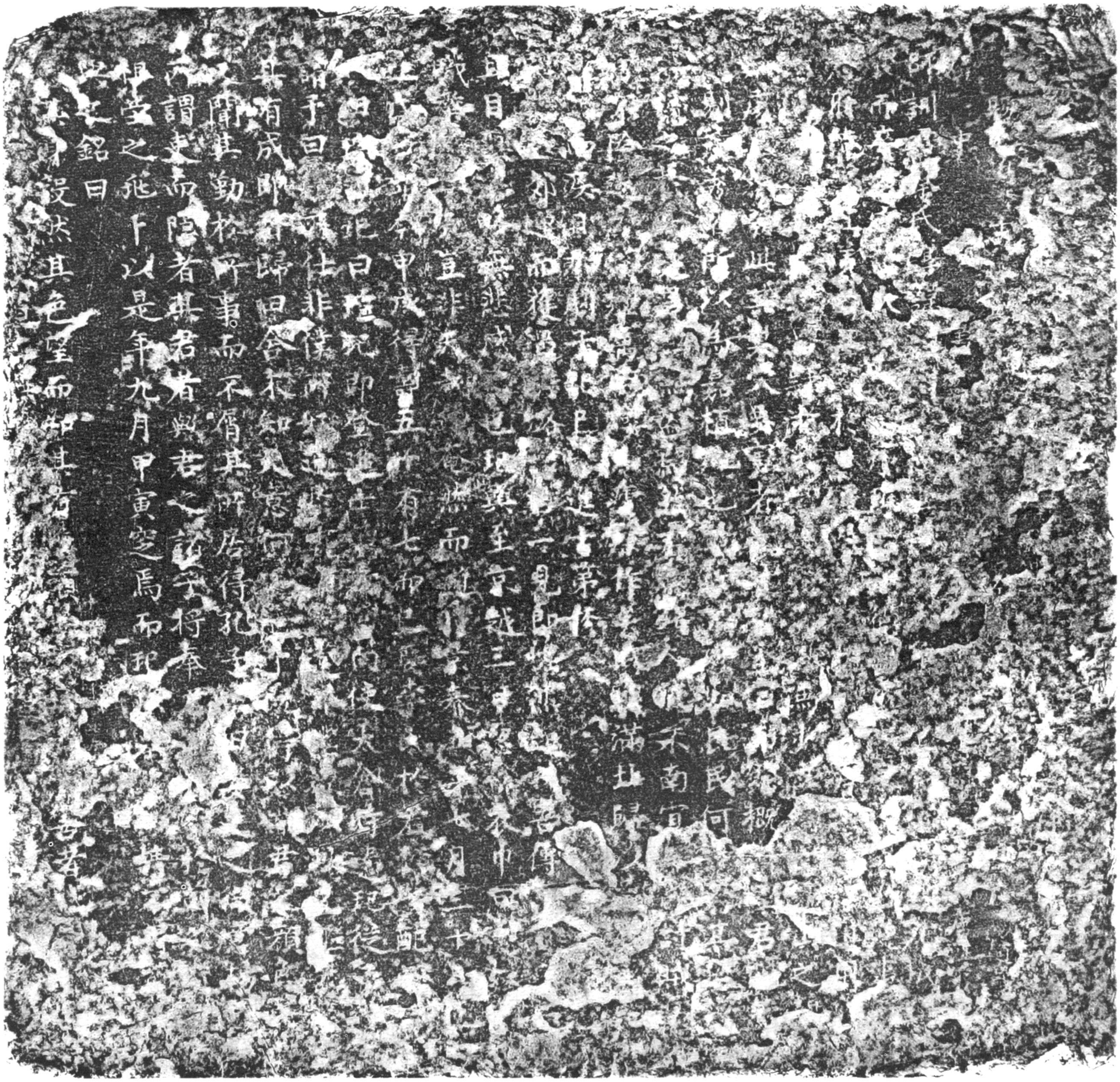

附録一(一)　明秦師訓(諄)墓誌銘

景泰五年(一四五四)九月六日

誌、蓋均為石質,均長四五・五、寬四五・七、厚七・五厘米。蓋文二行,滿行三字。篆書。誌文二五行,滿行二五字。正書。誌右部及下部泐蝕嚴重,誌文漫漶。

一九四九年後薊縣出土,具體時地不詳。現藏薊縣文物保管所。

附録一（二）　明故處士李公（何）墓誌銘

弘治六年（一四九三）閏五月二十七日

誌、蓋均為石質，均長三六、寬四五、厚一〇厘米。蓋文三行，滿行三字。篆書。誌文二八行，滿行二四字。正書。誌周邊泐蝕嚴重，誌文漫漶；蓋周邊亦泐蝕，左邊略有殘損。

一九四九年後薊縣城東出土，具體時地不詳。現藏薊縣文物保管所。

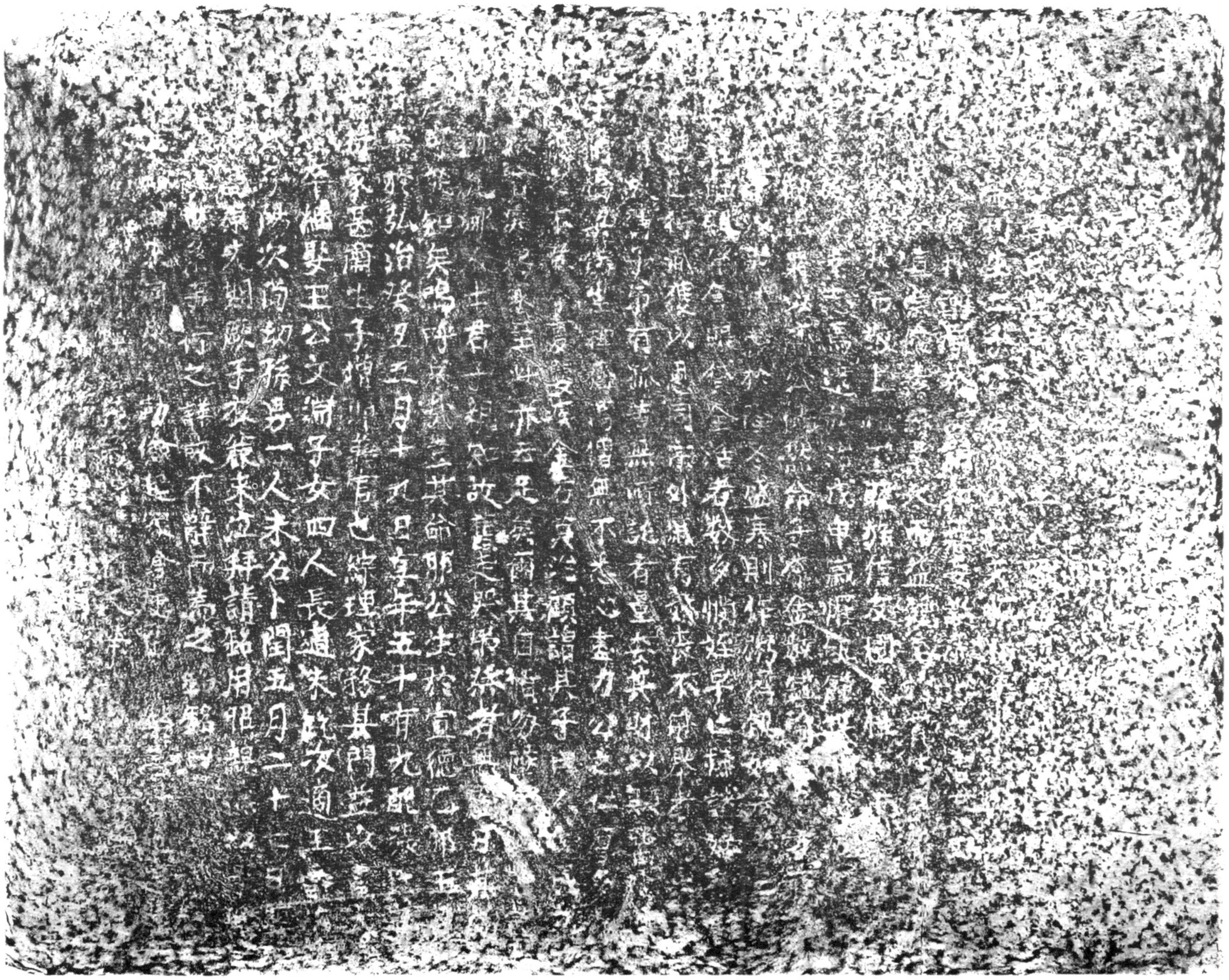

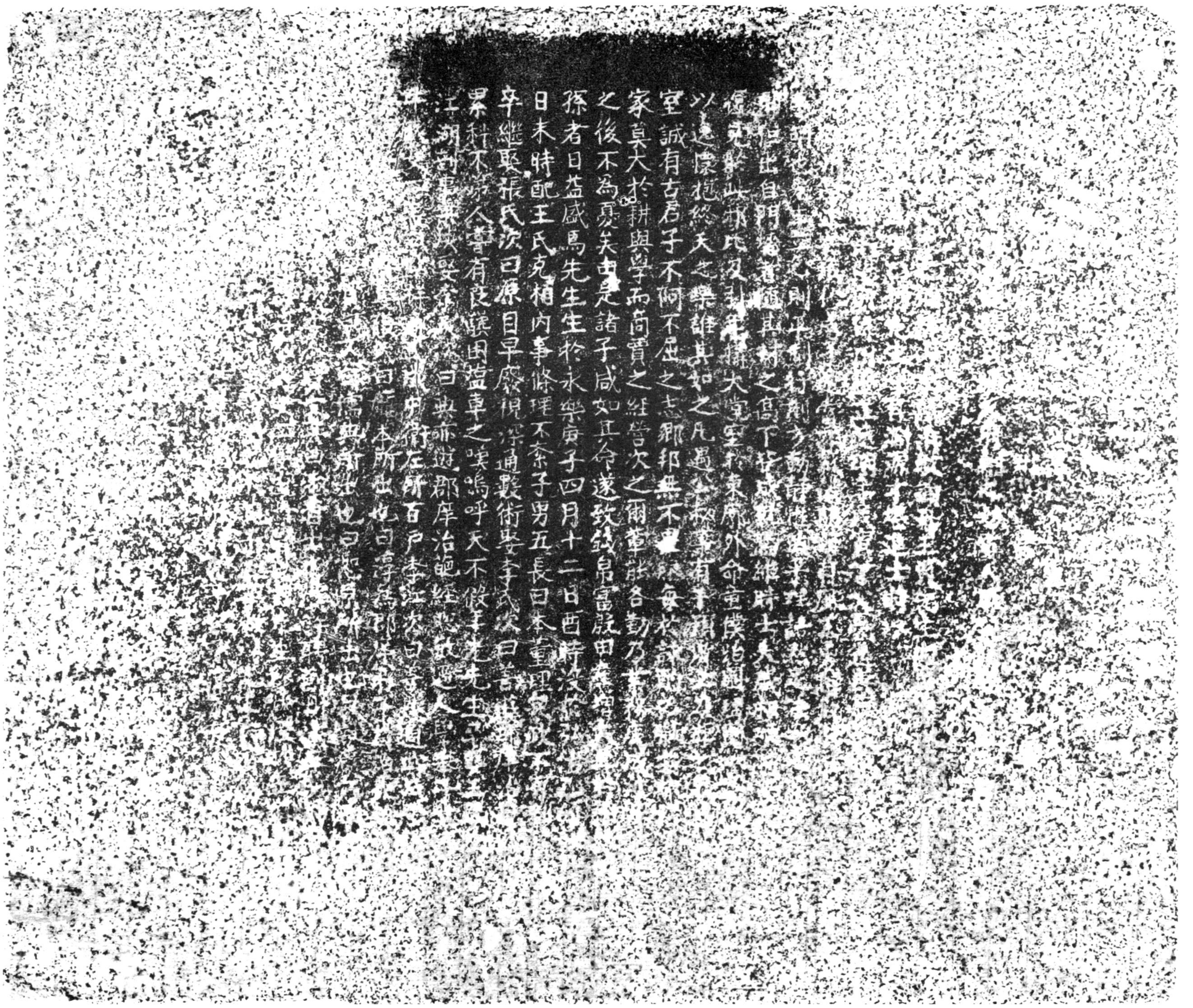

附録一（三）　明故磁州學正敦先生（信）墓誌銘

弘治八年（一四九五）（卒）

誌、蓋均為石質，均長五五、寬六一・五、厚一一厘米。蓋文四行，滿行三字。篆書。誌文存二四行，行存二二至二六字不等。正書。誌周邊泐蝕嚴重，誌文漫漶；蓋周邊亦泐蝕。

一九八七年薊縣城關鎮東北隅村北出土。現藏薊縣文物保管所。

附録一（四） 明故（張）淑人李公（何）妻墓誌銘

正德十一年（一五一六）三月五日誌，蓋均為石質，均長六二、寬六二、厚九厘米。蓋文三行，滿行三字。篆書。誌文二四行，滿行二五字。正書。誌右邊及下部泐蝕較重，誌文漫漶。

一九四九年後薊縣城東出土，具體時地不詳。現藏薊縣文物保管所。

附録一（五）　明故兵部職方清吏司主事任公（天祚）墓誌銘

天啓五年（一六二五）正月

誌為石質，長四五・五、寬四五・七、厚七・五厘米。誌文約三九行，滿行約三〇字。正書。字跡潦草，且多缺筆。誌泐蝕，誌文殘損。蓋佚。

一九四九年後西青區小稍口村南出土，具體時間不詳。誌石現藏地點不詳，拓片現藏天津市文化遺産保護中心。

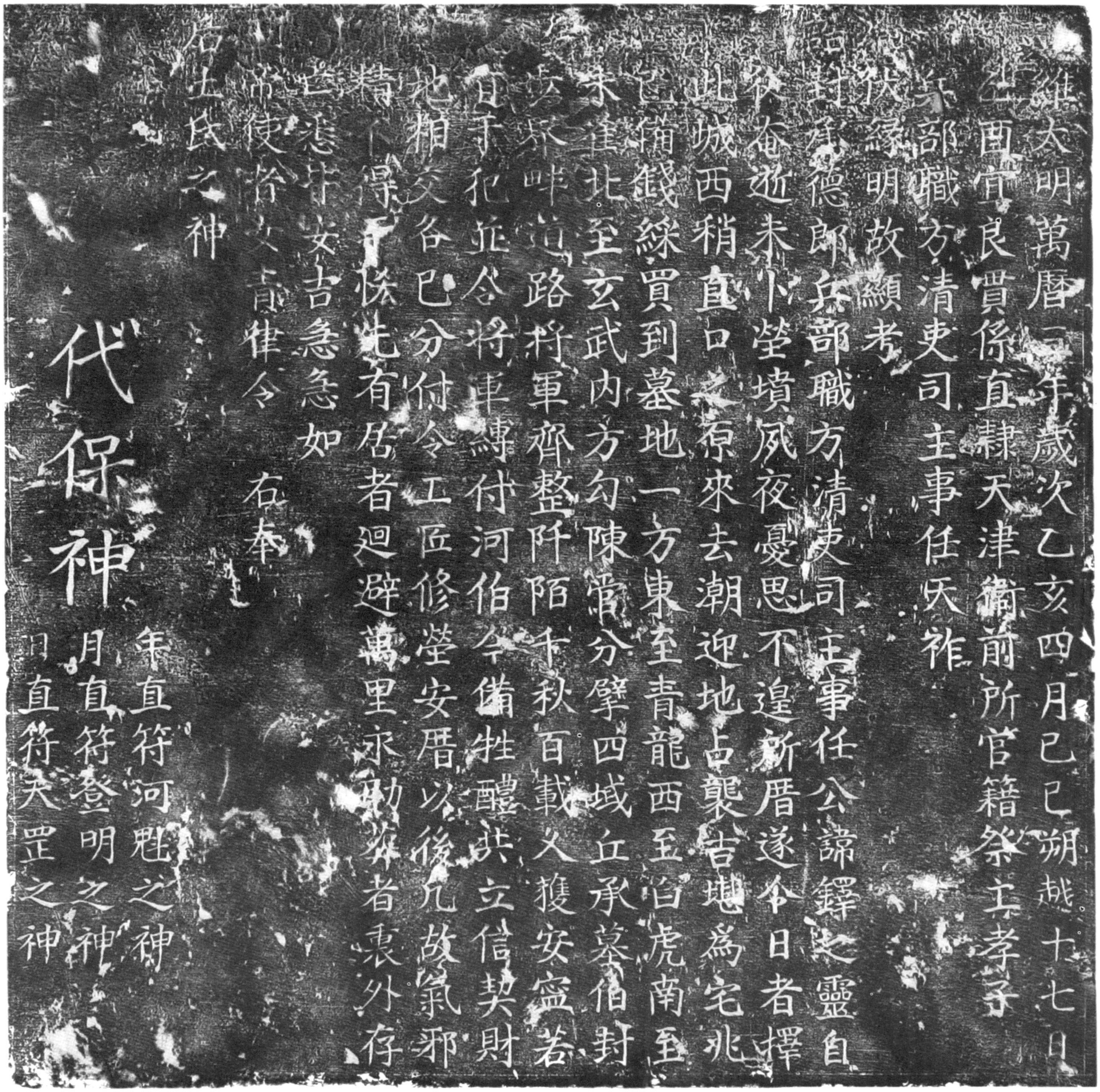

維大明萬曆三年歲次乙亥四月己巳朔越十七日
乙酉良貫係直隸天津衛前所官籍祭主孝子
兵部職方清吏司主事任天祚
伏緣明故顯考
誥封承德郎兵部職方清吏司主事任公諱鐸之靈自
從奄逝未卜塋墳夙夜憂思不遑所厝遂令日者擇
此城西稍直口之原來去潮迎地占襲吉地為宅兆
已備錢綵買到墓地一方東至青龍西至白虎南至
朱雀北至玄武內方勾陳管分擘四域丘承墓伯封
步界畔道路將軍齊整阡陌千秋百載永獲安盜若
有干犯並令將軍縛付河伯今備牲醴共立信契財
地相交各已分付令工匠修塋安厝以後凡故氣邪
精[illegible]得[illegible]悋先有居者迴避萬里永[illegible][illegible]者[illegible]外存
亡[illegible]悉皆安吉急急如
[illegible]帝使者女青律令　右奉
后土氏之神
代保神
年直符河魁之神
月直符登明之神
日直符天罡之神

附録二(一一)　明兵部職方清吏司主事任天祚為故顯考誥封承德郎兵部職方清吏司主事任公(鐸)買地券

萬曆三年(一五七五)四月十七日(立)

券長四一、寬四〇厘米。券文一七行，滿行二一字。正書。周邊為單綫框。券文略有殘損。

一九四九年後西青區小稍口村南出土，具體時間不詳。券石現藏地點不詳，拓片現藏天津市文化遺産保護中心。